OEUVRES
DE VIRGILE

TRADUCTION FRANÇAISE

(DE LA COLLECTION PANCKOUCKE)

NOUVELLE ÉDITION

TRÈS-SOIGNEUSEMENT REVUE ET AMÉLIORÉE

AVEC DES CORRECTIONS IMPORTANTES
ET DE NOMBREUX CHANGEMENTS DANS LA TRADUCTION
DE L'ÉNÉIDE

PAR M. FÉLIX LEMAISTRE

ET PRÉCÉDÉE

D'UNE ÉTUDE SUR VIRGILE

PAR

M. SAINTE-BEUVE

de l'Académie Française

PARIS

GARNIER FRÈRES, LIBRAIRES-ÉDITEURS

6 rue des Saints-Pères, et Palais-Royal, 215

1859

ŒUVRES
DE VIRGILE

ŒUVRES
DE VIRGILE

TRADUCTION FRANÇAISE

(DE LA COLLECTION PANCKOUCKE)

Nouvelle édition

TRÈS-SOIGNEUSEMENT REVUE ET AMÉLIORÉE

AVEC DES CORRECTIONS IMPORTANTES
ET DE NOMBREUX CHANGEMENTS DANS LA TRADUCTION DE L'ÉNÉIDE

PAR M. FELIX LEMAISTRE

Et précédée

D'UNE ÉTUDE SUR VIRGILE

PAR

M. SAINTE-BEUVE

de l'Académie Française.

PARIS

GARNIER FRÈRES, LIBRAIRES-ÉDITEURS

6 rue des Saints-Pères, et Palais-Royal, 215

1859

VIRGILE

I. VIE DE VIRGILE.

Virgile, né dans un bourg près de Mantoue, le 15 octobre 684 de la fondation de Rome (cette date s'est transmise avec précision, parce que plus d'un dévot à Virgile en célébrait religieusement l'anniversaire), fils de parents qu'on dit avoir été pauvres, mais qui étaient devenus d'assez riches cultivateurs, et qui jouissaient d'une très-honnête médiocrité, reçut une éducation à laquelle rien ne paraît avoir manqué. Il étudia d'abord dans des villes assez voisines, à Crémone, à Milan; et ensuite, s'il n'alla point à Athènes, comme Horace, pour y puiser aux sources les plus pures et s'y imprégner de cet air fin et brillant de l'Attique, « là où l'on dit qu'autrefois (selon Euripide) les neuf chastes Muses Piérides enfantèrent la blonde Harmonie, » il put aller du moins à Naples, dans cette Grèce de l'Italie, et qui devint comme la seconde patrie du poëte. Il y étudia, ou alors ou depuis, sous un Grec, Parthénius de Nicée, auteur d'une collection de fables et poëte lui-même ou versificateur. Il lut beaucoup Thucydide, dit-on; il lut toutes choses. Il approfondit le système d'Épicure sous un philosophe de cette école nommé Syron. Mathématiques, médecine, il apprit tout ce qu'on pouvait apprendre. C'est l'idée qu'ont eue de lui les Anciens, qui reconnaissaient dans sa poésie une exactitude et une fidélité exemplaire de savant et d'observateur; ce qui a fait dire à Macrobe, cherchant à expliquer un passage astronomique des *Géorgiques* : « ...Virgile, qui ne commet jamais d'erreur en matière de science. »

Il écrivit d'abord des distiques, des épigrammes, de petits poëmes ; on croit en avoir quelques-uns. Dans l'un de ces premiers poëmes, *le Moucheron*, et dans l'un des passages qui paraissent être de Virgile, on reconnaît, au moment où le pasteur de chèvres est montré conduisant ses troupeaux au pâturage, un tableau du bonheur de la vie champêtre, de celle du pasteur, qui est comme une ébauche du futur tableau des *Géorgiques* en l'honneur des laboureurs : « Heureux le pasteur aux yeux de quiconque n'a pas désappris déjà par trop de science à aimer les champs, la pauvreté rurale ! »

Mais ce sont les *Églogues* qui marquent véritablement son début. De bonne heure, il conçut l'idée de naturaliser dans la littérature et la poésie romaine certaines grâces et beautés de la poésie grecque, qui n'avaient pas encore reçu en latin tout leur agrément et tout leur poli, même après Catulle et après Lucrèce. C'est par Théocrite, en ami des champs, qu'il commença. De retour dans le domaine paternel, il en célébra les douceurs et le charme en transportant dans ses tableaux le plus d'imitations qu'il y put faire entrer du poëte de Sicile. C'était l'époque du meurtre de César, et bientôt du triumvirat terrible de Lépide, d'Antoine et d'Octave : Mantoue, avec son territoire, entra dans la part d'empire faite à Antoine, et Asinius Pollion fut chargé pendant trois ans du gouvernement de la Gaule Cisalpine, qui comprenait cette cité. Il connut Virgile, il l'apprécia et le protégea ; la reconnaissance du poëte a chanté, et le nom de Pollion est devenu immortel et l'un des beaux noms harmonieux qu'on est accoutumé à prononcer comme inséparables du plus poli des siècles littéraires.

Pollion ! Gallus ! saluons avec Virgile ces noms plus poétiques pour nous que politiques, et ne recherchons pas de trop près quels étaient les hommes mêmes. Nourris et corrompus dans les guerres civiles, ambitieux, exacteurs, intéressés, sans scrupules, n'ayant en vue qu'eux-mêmes, ils avaient bien des vices. Pollion fit preuve jusqu'au bout d'habileté et d'un grand sens, et il sut vieillir d'un air d'indépendance sous Auguste, avec dignité et dans une considération extrême. Gallus, qui eut part avec lui dans la protection du jeune Virgile, finit de bonne heure par une catastrophe et par le suicide ; lui aussi il semble, comme Fouquet au début de Louis XIV, n'avoir pu tenir bon contre *les attraits enchanteurs de la prospérité.* Il semble avoir pris pour devise : *Quo non ascendam ?* La tête lui tourna, et il fut précipité. Mais ces hommes aimaient l'esprit, aimaient le talent ; ils en avaient peut-être eux-mêmes, quoiqu'il soit plus sûr encore pour leur gloire, j'imagine, de ne nous être connus comme auteurs, Pollion, de tragédies, Gallus, d'élégies, que par les louanges et les vers de Virgile. Les noms de ces premiers patrons, et aussi celui de Varus, décorent les essais bucoliques du poëte, leur impriment un caractère romain, avertissent de temps en temps qu'il convient que les forêts soient *dignes d'un Consul,* et nous apprennent enfin à quelles épreuves pénibles fut soumise la jeunesse de celui qui eut tant de fois besoin d'être protégé.

Au retour de la victoire de Philippes remportée sur Brutus et Cassius, Octave, rentré à Rome, livra, pour ainsi dire, l'Italie entière en partage et en proie à ses vétérans. Dans cette dépossession soudaine et violente, et qui atteignit aussi les poëtes Tibulle et Properce dans leur patrimoine, Virgile perdit le champ paternel. La première églogue, qui n'est guère que la troisième dans l'ordre chronologique, nous a dit dès l'enfance comment Tityre, qui n'est ici que Virgile lui-même, dut aller dans la grande ville, à Rome ; comment, présenté, par l'intervention de Mécène probablement, au maître déjà suprême, à celui qu'il appelle un Dieu, à Auguste, il fut remis en possession de son héritage, et put célébrer avec reconnaissance son bonheur, rendu plus sensible par la calamité universelle. Mais ce bonheur ne fut pas sans quelque obstacle ou quelque trouble nouveau. L'églogue neuvième, qui paraît avoir été composée peu après la précédente, nous l'atteste : Virgile s'y est désigné lui-même sous le nom de Ménalque : « Hé quoi ! n'avais-je pas ouï dire (c'est l'un des bergers qui parle) que depuis l'endroit où les collines commencent à s'incliner en douce pente, jusqu'au bord de la rivière et jusqu'à ces vieux hêtres dont le faîte est rompu, votre Ménalque, grâce à la beauté de ses chansons, avait su conserver tout ce domaine ? » Et l'autre berger reprend : « Oui, vous l'avez entendu dire, et ç'a été en effet un bruit fort répandu ; mais nos vers et nos chansons, au milieu des traits de Mars, ne comptent pas plus, ô Lycidas ! que les colombes de Dodone quand l'aigle fond du haut des airs. » Puis il donne à entendre qu'il s'en est fallu de peu que Ménalque, cet aimable chantre de la contrée, n'eût perdu la vie : « Et qui donc alors eût chanté les Nymphes ? s'écrie Lycidas ; qui eût répandu les fleurs dont la prairie est semée, et montré l'ombre verte sous laquelle murmurent les fontaines ? »

C'est à ce danger de Ménalque que se rapporte probablement l'anecdote du centurion ravisseur qui ne voulait point rendre à Virgile le champ usurpé, et qui, mettant l'épée à la main, força le poëte, pour se dérober à sa poursuite, de passer le Mincio à la nage. Il fallut quelque protection nouvelle et présente, telle que celle de Varus (on l'entrevoit), pour mettre le poëte à l'abri de la vengeance, et pour tenir la main à ce que le bienfait d'Octave eût son exécution ; à moins qu'on n'admette que ce ne fut que l'année suivante, et après la guerre de Pérouse, Octave devenant de plus en plus maître, que Virgile reconquit décidément sa chère maison et son héritage.

Ce n'est qu'en lisant de près les *Églogues* qu'on peut suivre et deviner les vicissitudes de sa vie, et plus certainement les sentiments de son âme en ces années : même sans entrer dans la discussion du détail, on se les représente aisément. Une âme tendre, amante de l'étude, d'un doux et calme paysage, éprise de la campagne et de la muse pastorale de Sicile ; une âme modeste et modérée, née et nourrie dans cette médiocrité domestique qui rend toutes choses plus senties et plus chères ; — se voir arracher tout cela, toute cette possession et cette paix, en un jour, par la brutalité de soldats vainqueurs ! ne se dérober à l'épée nue du centurion qu'en fuyant ! quel fruit des guerres civiles ! Virgile en garda l'impression durable et profonde. On peut dire que sa politique, sa morale publique et sociale, datèrent de là. Il en garda une mélancolie, non pas vague, mais naturelle et positive ; il ne l'oublia jamais. Le cri de tendre douleur qui lui échappa alors, il l'a mis dans la bouche de son berger Mélibée, et ce cri retentit encore dans nos cœurs après des siècles :

« Est-ce que jamais plus il ne me sera donné, après un long temps, revoyant ma terre paternelle et le toit couvert de chaume de ma pauvre maison, après quelques étés, de me dire en les contemplant : « C'était pourtant là mon do- « maine et mon royaume ! » Quoi ? un soldat sans pitié possédera ces cultures si soignées où j'ai mis mes peines ! un barbare aura ces moissons ! Voilà où la discorde a conduit nos malheureux concitoyens ! voilà pour qui nous avons ensemencé nos champs [1] ! »

Toute la biographie intime et morale de Virgile est dans ces paroles et dans ce sentiment.

Plus qu'aucun poëte, Virgile est rempli du dégoût et du malheur des guerres civiles, et, en général, des guerres, des dissensions et des luttes violentes. Que ce soit Mélibée ou Énée qui parle, le même accent se retrouve, la même note douloureuse : « Vous m'ordonnez donc, ô reine ! de renouveler une douleur qu'il faudrait taire..., de repasser sur toutes les misères que j'ai vues, et dont je suis moi-

---

1. Dans ces traductions, je me suis occupé à mettre en saillie le sentiment principal, sauf à introduire dans le texte une légère explication. Si l'on traduisait avec suite tout un ouvrage, on devrait s'y prendre différemment ; mais pour de simples passages cités, je crois qu'il est permis et qu'il est bon de faire ainsi.

même une part vivante ! » ainsi dira Énée à Didon après sept années d'épreuves, et dans un sentiment aussi vif et aussi saignant que le premier jour. Voilà Virgile et l'une des sources principales de son émotion.

Je crois être dans le vrai en insistant sur cette médiocrité de fortune et de condition rurale dans laquelle était né Virgile, médiocrité, ai-je dit, qui rend tout *mieux senti et plus cher,* parce qu'on y touche à chaque instant la limite, parce qu'on y a toujours présent le moment où l'on a acquis et celui où l'on peut tout perdre : non que je veuille prétendre que les grands et les riches ne tiennent pas également à leurs vastes propriétés, à leurs forêts, leurs chasses, leurs parcs et châteaux ; mais ils y tiennent moins tendrement, en quelque sorte, que le pauvre ou le modeste possesseur d'un enclos où il a mis de ses sueurs, et qui y a compté les ceps et les pommiers ; qui a presque compté à l'avance, à chaque récolte, ses pommes, ses grappes de raisin bientôt mûres, et qui sait le nombre de ses essaims. Que sera-ce donc si ce possesseur et ce fils de la maison est, à la fois, un rêveur, un poëte, un amant ; s'il a mis de son âme et de sa pensée, et de ses plus précoces souvenirs, sous chacun de ses hêtres et jusque dans le murmure de chaque ombrage ? Ce petit domaine de Virgile (et pas si petit peut-être), qui s'étendait entre les collines et les marécages, avec ses fraîcheurs et ses sources, ses étangs et ses cygnes, ses abeilles dans la haie de saules, nous le voyons d'ici, nous l'aimons comme lui ; nous nous écrions avec lui, dans un même déchirement, quand il s'est vu en danger de le perdre : *Barbarus has segetes !...*

Il ne serait pas impossible, je le crois, dans un pèlerinage aux bords du Mincio, de deviner à très-peu près (comme on vient de le faire pour la villa d'Horace) et de déterminer approximativement l'endroit où habitait Virgile. En partant de ce lieu pour aller à Mantoue, lorsqu'on arrivait à l'endroit où le Mincio s'étend en un lac uni, on était à mi-chemin ; c'est ce que nous apprend le Lycidas de la neuvième églogue, en s'adressant au vieux Mœris, qu'il invite à chanter : « Vois, le lac est là immobile, qui te fait silence ; tous les murmures des vents sont tombés ; d'ici, nous sommes déjà à moitié du chemin, car on commence à apercevoir le tombeau de Bianor. » Il ne manque, pour avoir la mesure précise, que de savoir où pouvait être ce tombeau de Bianor. Je trouve dans l'ouvrage d'un exact et ingénieux auteur anglais une description du domaine de Virgile, que je prends plaisir à traduire, parce qu'elle me paraît composée avec beaucoup de soin et de vérité :

« La ferme, le domaine de Virgile, nous dit Dunlop (*Histoire de la Littérature romaine*), était sur les bords du Mincio. Cette rivière, qui, par la couleur de ses eaux, est d'un vert de mer profond, a sa source dans le Bénaque ou lac de Garda. Elle en sort et coule au pied de petites collines irrégulières qui sont couvertes de vignes ; puis, passé le château romantique, qui porte aujourd'hui le nom de Valleggio, situé sur une éminence, elle descend à travers une longue vallée, et alors elle se répand dans la plaine en deux petits lacs, l'un au-dessus et l'autre juste au-dessous de la ville de Mantoue. De là, le Mincio poursuit son cours, dans l'espace d'environ deux milles, à travers un pays plat mais fertile, jusqu'à ce qu'il se jette dans le Pô (à Governolo). Le domaine du poëte était situé sur la rive droite du Mincio, du côté de l'ouest, à trois milles environ au-dessous de Mantoue et proche le village d'Andès ou Pictola. Ce domaine s'étendait sur un terrain plat, entre quelques hauteurs au sud-ouest et le bord uni de la rivière, comprenant dans ses limites un vignoble, un verger, un rucher et d'excellentes terres de pâturage qui permettaient au propriétaire de porter ses fromages à Mantoue, et de nourrir des victimes pour les autels des Dieux. Le courant même, à l'endroit où il bordait le domaine de Virgile, est large, lent et sinueux. Ses bords marécageux sont couverts de roseaux, et des cygnes en grand nombre voguent sur ses ondes ou paissent l'herbe sur sa marge humide et gazonnée.

« En tout, le paysage du domaine de Virgile était doux, d'une douceur un peu pâle et stagnante, de peu de caractère, peu propre à exciter de sublimes émotions ou à suggérer de vives images ; mais le poëte avait vécu de bonne heure au milieu des grandes scènes du Vésuve ; et, même alors, s'il étendait ses courses un peu au delà des limites de son domaine, il pouvait visiter, d'un côté, le cours grandiose du rapide et majestueux Éridan, ce *roi des fleuves*, et, de l'autre côté, le Bénaque, qui présente par moments l'image de l'Océan agité.

« Le lieu de la résidence de Virgile est bas et humide, et le climat en est froid à certaines saisons de l'année. Sa constitution délicate et les maux de poitrine dont il était affecté le déterminèrent, vers l'année 714 ou 715, vers l'âge de trente ans, à chercher un ciel plus chaud… »

Mais ceci tombe dans la conjecture. — Le plus voyageur des critiques, M. Ampère, a touché, comme il sait faire, le ton juste de ce même paysage et de la teinte morale qu'on se plaît à y répandre, dans un chapitre de son *Voyage Dantesque :*

« Tout est Virgilien à Mantoue, dit-il ; on y trouve la topographie virgilienne et la Place Virgilienne ; aimable lieu qui fut dédié au poëte de la cour d'Auguste par un décret de Napoléon.

« Dante a caractérisé le Mincio par une expression exacte et énergique, selon son habitude : « (Il ne court pas longtemps sans trouver
« une plaine basse dans laquelle il s'étend et qu'il *emmarécage*.)

Non molto ha corso che trova una lama
Nella qual *si distende e la impaluda*. »

Ce qui n'a pas la grâce de Virgile : « (… là où le large Mincio s'égare
« en de lents détours sinueux et voile ses rives d'une molle ceinture
« de roseaux.)

. . . . Tardis ingens ubi flexibus errat
Mincius, et tenera prætexit arundine ripas. »

« La brièveté expressive et un peu sèche du poëte florentin, comparée à l'abondance élégante de Virgile, montre bien la différence du style de ces deux grands artistes peignant le même objet.

« Du reste, le mot *impaluda* rend parfaitement l'aspect des environs de Mantoue. En approchant de cette ville, il semble véritablement qu'on entre dans un autre climat; des prairies marécageuses s'élève presque constamment une brume souvent fort épaisse. Par moments on pourrait se croire en Hollande.

« Tout l'aspect de la nature change : au lieu des vignes, on ne voit que des prés, des prés virgiliens, *herbosa prata*. On conçoit mieux ici la mélancolie de Virgile dans cette atmosphère brumeuse et douce, dans cette campagne monotone, sous ce soleil fréquemment voilé. »

Notons la nuance, mais n'y insistons pas trop et n'exagérons rien ; n'y mettons pas trop de cette vapeur que Virgile a négligé de nous décrire ; car il n'est que Virgile pour être son propre paysagiste et son peintre, et, dans la première des descriptions précédentes (je parle de celle de l'auteur anglais), on a pu le reconnaître, ce n'est, après tout, que la prose du paysage décrit par Virgile lui-même en ces vers harmonieux de la première églogue : *Fortunate senex, hic inter flumina nota...* Que tous ceux, et ils sont encore nombreux, qui savent par cœur ces vers ravissants se les redisent.

Ainsi Virgile est surtout sensible à la fraîcheur profonde d'un doux paysage verdoyant et dormant ; au murmure des abeilles dans la haie ; au chant, mais un peu lointain, de l'émondeur là-bas, sur le coteau ; au roucoulement plus voisin du ramier ou de la tourterelle ; il aime cette habitude silencieuse et tranquille, cette monotonie qui prête à une demi-tristesse et au rêve.

Même lorsqu'il arrivera, plus tard, à toute la grandeur de sa manière, il excellera surtout à peindre de grands paysages reposés.

Peu après qu'il eut quitté tout à fait son pays natal, nous trouvons Virgile du voyage de Brindes, raconté par Horace, que ce voyage soit de l'année 715 ou 717. Il rejoint en chemin Mécène et Horace ; il a pour compagnons Plotius et Varius, et l'agréable narrateur les qualifie tous trois (mais nous aimons surtout à rapporter l'éloge à Virgile) les âmes les plus belles et *les plus sincères* que la terre ait portées, celles auxquelles il est attaché avec le plus de tendresse.

Si Pollion, comme on le croit, avait conseillé à Virgile d'écrire les poésies bucoliques, qu'il mit trois ans à composer et à corriger, ce fut Mécène qui lui proposa le sujet si romain, si patriotique et tout pacifique des *Géorgiques*, auquel il consacra sept années. Sur ce conseil ou cet ordre amical donné par Mécène à Virgile, et dont lui seul pouvait dignement embrasser et conduire le difficile labeur, l'un des hommes qui savaient le mieux la *chose romaine*, Gibbon, a eu une vue très-ingénieuse, une vue élevée : selon lui, Mécène aurait eu l'idée, par ce grand poëme rural, tout à fait dans le goût des Romains, de donner aux vétérans, mis en possession des terres (ce qui était une habitude depuis Sylla), le goût de leur nouvelle condition et de l'agriculture. La plupart des vétérans en effet, mis d'abord en possession des terres, ne les avaient pas cultivées, mais en avaient dissipé le prix dans la débauche. Il s'agissait de les réconcilier avec le travail des champs, si cher aux aïeux, et de leur en présenter des images engageantes : « Quel vétéran, s'écrie Gibbon, ne se reconnaissait dans le vieillard des bords du Galèse ? Comme eux, accoutumé aux armes dès sa jeunesse, il trouvait enfin le bonheur dans une retraite sauvage, que ses travaux avaient transformée en un lieu de délices. »

Je ne sais trop si Gibbon ne met pas ici un peu du sien, si les vétérans lisaient l'épisode du vieillard de Tarente. Les fils de ces vétérans, du moins, purent le lire.

Ayant renoncé, non pas de cœur, à son pays de Mantoue, Virgile, comblé des faveurs d'Auguste, passa les années suivantes et le reste de sa vie, tantôt à Rome, plus souvent à Naples et dans la Campanie heureuse, occupé à la composition des *Géorgiques*, et, plus tard, de *l'Énéide ;* délicat de santé, ayant besoin de recueillement pour ses longs travaux; peu homme du monde, mais homme de solitude, d'intimité, d'amitié, de tendresse; cultivant le loisir obscur et enchanté, au sein duquel il se consumait sans cesse à perfectionner et à accomplir ses œuvres de gloire, à édifier son *temple de marbre*, comme il l'a dit allégoriquement. Félicité rare! destinée, certes, la plus favorisée entre toutes celles des poëtes épiques, si souvent errants, proscrits, exilés! Mais il savait, et il s'en souvenait sans cesse, combien l'infortune pour l'homme est voisine du bonheur, et que c'est entre les calamités d'hier et celles de demain que s'achètent les intervalles de repos du monde. Après les déchirements de la spoliation et de l'exil, ayant reconquis, et si pleinement, toutes les jouissances de la nature et du foyer, il n'oublia jamais qu'il n'avait tenu à rien qu'il ne les perdît: un voile légèrement transparent en demeura sur son âme pieuse et tendre.

Je ne conçois pas, à cette distance où nous sommes, d'autre biographie de Virgile qu'une *biographie idéale*, si je puis dire. Les anciens grammairiens, chez qui on serait tenté de chercher une biographie positive du poëte, y ont mêlé trop d'inepties et de fables; mais, de quelques traits pourtant qu'ils nous ont transmis et qui s'accordent bien avec le ton de l'âme et la couleur du talent, résulte assez naturellement pour nous un Virgile timide, modeste, rougissant, comparé à une vierge, parce qu'il se troublait aisément, s'embarrassait tout d'abord, et ne se développait qu'avec lenteur; charmant et du plus doux commerce quand il s'était rassuré; lecteur exquis (comme Racine), surtout pour les vers, avec des insinuations et des nuances dans la voix; un vrai *dupeur d'oreilles* quand il récitait d'autres vers que les siens. Dans un chapitre du *Génie du Christianisme*, où il compare Virgile et Racine, M. de Chateaubriand a trop bien parlé de l'un et de l'autre, et avec trop de goût, pour que je n'y relève pourtant pas un passage hasardé qui n'irait à rien moins qu'à fausser, selon moi, l'idée qu'on peut se faire de la personne de Virgile :

« Nous avons déjà remarqué, dit M. de Chateaubriand, qu'une des premières causes de la mélancolie de Virgile fut sans doute le sentiment des malheurs qu'il éprouva dans sa jeunesse. Chassé du toit paternel, il garda toujours le souvenir de sa Mantoue; mais ce n'était plus le Romain de la république, aimant son pays à la manière dure et âpre des Brutus, c'était le Romain de la monarchie d'Auguste, le rival d'Homère et le nourrisson des Muses.

« Virgile cultiva ce germe de tristesse en vivant seul au milieu des bois. Peut-être faut-il encore ajouter à cela des accidents particuliers. Nos défauts moraux ou physiques influent beaucoup sur notre humeur, et sont souvent la cause du tour particulier que prend notre caractère. Virgile avait une difficulté de prononciation; il était faible de corps [1], rustique d'apparence. Il semble avoir eu dans sa jeunesse des passions vives auxquelles ses imperfections naturelles purent mettre des obstacles. Ainsi des chagrins de famille, le goût des champs, un amour-propre en souffrance et des passions non satisfaites s'unirent pour lui donner cette rêverie qui nous charme dans ses écrits. »

Tout cela est deviné à ravir et de poëte à poëte : mais l'*amour-propre en souffrance* et les *passions non satisfaites* me semblent des conjectures très-hasardées : parlons seulement de l'âme délicate et sensible de Virgile et de ses malheurs de jeunesse. D'ailleurs, il avait précisément le contraire de la *difficulté de prononciation ;* il avait un merveilleux enchantement de prononciation. Ce qui a trompé l'illustre auteur, qui, à tous autres égards, a parlé si excellemment de Virgile, c'est qu'il est dit en un endroit de la Vie du poëte, par Donat, qu'il était *sermone tardissimus ;* mais cela signifie seulement qu'il n'improvisait pas, qu'il n'avait pas, comme on dit, la parole en main. Il ne lui arriva de plaider qu'une seule fois en sa vie, et sans faire la réplique. En un mot, et c'est ce qui n'étonnera personne, Virgile était aussi peu que possible un avocat. Son portrait par Donat, qui a servi de point de départ à celui qu'on vient de lire par M. de Chateaubriand, peut se traduire plus légèrement peut-être, et s'expliquer comme il suit, en évitant tout ce qui pourrait charger: Virgile

---

[1]. Dans la première édition l'auteur avait ajouté : « laid de visage. »

était grand de corps, de stature (je me le figure cependant un peu mince, un peu frêle, à cause de son estomac et de sa poitrine, quoiqu'on ne le dise pas); il avait gardé de sa première vie et de sa longue habitude aux champs le teint brun, hâlé, un certain air de village, un premier air de gaucherie ; enfin, il y avait dans sa personne quelque chose qui rappelait l'homme qui avait été élevé à la campagne. Il fallait quelque temps pour que cette urbanité qui était au fond de sa nature se dégageât.

Les portraits de lui qui nous le représentent les cheveux longs, l'air jeune, le profil pur, en regard de la majestueuse figure de vieillard d'Homère, n'ont rien d'authentique, et seraient aussi bien des portraits d'Auguste ou d'Apollon.

Sénèque, dans une lettre à Lucilius, parle d'un ami de ce dernier, d'un jeune homme de bon et ingénu naturel, qui, dans le premier entretien, donna une haute idée de son âme, de son esprit, mais toutefois une idée seulement : car il était pris à l'improviste et il avait à vaincre sa timidité : « et même, en se recueillant, il pouvait à peine triompher de cette pudeur, excellent signe dans un jeune homme ; tant la rougeur, dit Sénèque, lui sortait du fond de l'âme (*adeo illi ex alto suffusus est rubor*) ; et je crois même que, lorsqu'il sera le plus aguerri, il lui en restera toujours. » Virgile me semble de cette famille ; il avait la rougeur prompte et la tendresse du front (*frontis mollities*); c'était une de ces rougeurs intimes qui viennent d'un fonds durable de pudeur naturelle. Il était de ceux encore dont Pope, l'un des plus beaux esprits et des plus sensibles, disait : « Pour moi, j'appartiens à cette classe dont Sénèque a dit : « Ils sont si amis de l'ombre, qu'ils considèrent « comme étant dans le tourbillon tout ce qui est dans la « lumière. »

Virgile aimait trop la gloire pour ne pas aimer la louange, mais il l'aimait de loin et non en face; il la fuyait au théâtre ou dans les rues de Rome ; il n'aimait pas à être montré au doigt et à ce qu'on dit : *C'est lui!* Il aimait à faire à loisir de belles choses qui rempliraient l'univers et qui rassembleraient dans une même admiration tout un peuple de nobles esprits ; mais ses délices, à lui, étaient de les faire en silence et dans l'ombre, et sans cesser de vivre avec les Nymphes des bois et des fontaines, avec les dieux cachés.

Et, dans tout ceci, je n'imagine rien ; je ne fais qu'user et profiter de traits qui nous ont été transmis, mais en les interprétant comme je crois qu'il convient le mieux. Avec Virgile, on court peu de risque de se tromper, en inclinant le plus possible du côté de ses qualités intérieures.

A ce que je viens de dire que Virgile était décoré de pudeur, il ne serait pas juste d'opposer comme une contradiction ce qu'on raconte d'ailleurs de certaines de ses fragilités : « Il fut recommandable dans tout l'ensemble de sa vie, a dit Servius ; il n'avait qu'un mal secret et une faiblesse, il ne savait pas résister aux tendres désirs. » On pourrait le conclure de ses seuls vers. Mais, dans son estimable Vie d'Horace, M. Walckenaer me semble avoir touché avec trop peu de ménagement cette partie de la vie et des mœurs de Virgile. Combattant sans beaucoup de difficulté l'opinion exagérée qu'on pourrait se faire de la chasteté de Virgile, il ajoute : « Plus délicat de tempérament qu'Horace, Virgile s'abandonna avec moins d'emportement que son ami, mais avec aussi peu de scrupule, aux plaisirs de Vénus. Il fut plus sobre et plus retenu sur les jouissances de la table et dans les libations faites à Bacchus. Chez les modernes, il eût passé pour un homme bon, sensible, mais voluptueux et adonné à des goûts dépravés : à la Cour d'Auguste, c'était un sage assez réglé dans sa conduite, car il n'était ni prodigue ni dissipateur, et il ne cherchait à séduire ni les vierges libres ni les femmes mariées. » Tout ce croquis est bien heurté, bien brusque, et manque de nuances, et, par conséquent, de ressemblance et de vérité. Je ne suis pas embarrassé pour Virgile de ce qu'il eût passé pour être s'il eût vécu chez les modernes; je crois qu'il eût passé pour un peu mieux que cela, et que la vraie morale eût eu à se louer plus qu'à se plaindre de lui, aussi bien que la parfaite convenance. Et en acceptant même sur son compte les quelques anecdotes assez suspectes que les anciens biographes ou grammairiens nous ont transmises, et qui intéressent ses mœurs, on y trouverait encore ce qui répond bien à l'idée qu'on a de lui et ce qui le distingue à cet égard de son ami Horace, de la retenue jusque dans la vivacité du désir, quelque chose de sérieux, de profond et de discret dans la tendresse.

C'est ce sérieux, ce tour de réflexion noble et tendre, ce principe d'élévation dans la douceur et jusque dans les faiblesses, qui est le fond de la nature de Virgile, et qu'on ne doit jamais perdre de vue à son sujet.

II. SUITE DE LA VIE DE VIRGILE.

Il y a, en étudiant la vie de Virgile, à faire la part de ses beaux talents naturels, de sa vocation continue et manifeste, et celle aussi des circonstances uniques et des conseils incomparables qui le favorisèrent et l'enhardirent. Dans cette destinée et cette carrière si pleine de convenance et d'harmonie, les deux parts semblent également essentielles et se confondent : il n'est pas sans intérêt de les distinguer et de les démêler, pour en mieux admirer l'accord.

Virgile, dès sa jeunesse et dans ses productions premières, marquait déjà une inclination secrète d'imagination et d'âme vers les sujets et les points de vue qui allaient agrandir son horizon. Il avait en lui-même et il annonçait déjà les sources profondes qui ne demanderaient ensuite que le signal et la pente pour jaillir et composer le grand fleuve. Un poëte spirituel, et qui est un des plus modernes de façon parmi les Anciens, Martial n'a pas su le comprendre. Dans une épigramme connue, où il met Virgile en jeu, il a l'air de supposer que ses grandes entreprises poétiques tinrent uniquement aux libéralités dont il fut l'objet de la part des Mécènes : « Vous vous étonnez, dit Martial à l'un de ses patrons ou de ses riches amis qui voulait de lui des louanges, vous vous étonnez que lorsque le siècle de nos aïeux le cède à notre époque (car ç'a été de tout temps une illusion facile que de croire qu'on vaut mieux que ses devanciers), et quand Rome est plus grande qu'elle ne l'a jamais été sous un prince plus grand (sous Domitien), il n'y ait plus de ces talents merveilleux et divins tels que celui d'un Virgile, et qu'aucune voix épique ne chante avec cette fierté les exploits et les guerres. Qu'il y ait seulement des Mécènes, ô Flaccus ! et vous ne manquerez pas de Virgiles ; vous en trouverez jusque dans vos terres :

> Sint Mæcenates, non deerunt, Flacce, Marones,
> Virgiliumque tibi vel tua rura dabunt. »

Et Martial, refaisant en deux mots et à ce point de vue toute l'histoire de Virgile, le montre qui pleurait la perte de son champ et de ses troupeaux : Mécène le voit et sourit ; d'une parole il répare tout, et chasse la pauvreté qui allait étendre sur ce beau talent son influence maligne : « Prends ta part de nos richesses, lui dit-il, et sois le plus grand des poëtes !

> Accipe divitias, et vatum maximus esto. »

Et comme surcroît de grâce, comme suprême motif d'inspiration, Martial n'oublie pas le cadeau d'un jeune esclave, d'un échanson que Virgile aurait vu en soupant chez Mécène, d'autres disent chez Pollion, et qui lui fut donné pour serviteur. Et c'est à ces largesses, à ces nouvelles facilités d'existence, que Martial attribue aussitôt les hautes conceptions du chantre d'Énée et toute cette distance d'essor qui sépare le poëme du *Moucheron* de la mâle pensée qui se porta à célébrer les origines de Rome. La recette lui paraît sûre pour créer des Virgiles à volonté : essayez-en ! Et lui-même au besoin il se propose.

Sortons de ces explications matérielles et plates à l'usage d'un Martial, c'est-à-dire d'un homme d'esprit qui tendait la main, et lisons mieux dans l'âme, dans les sources vraies du talent de Virgile. Tout en convenant avec le généreux satirique Juvénal qu'il y a un degré de pauvreté et de gêne qui aurait paralysé sa veine épique, et que « si Virgile n'avait pas eu de valet pour le servir ni de logis un peu commode, tous ces serpents qu'il a hérissés sur la tête de la furie Alecton seraient tombés d'eux-mêmes, et qu'elle n'eût pas eu de souffle pour faire résonner si fort son cor infernal, » n'allons pas mettre le principe de l'inspiration dans ce qui n'a été qu'une condition favorable. Dès ses *Bucoliques,* Virgile nous découvre son côté social, ce sentiment nouveau qui allait faire de lui le chantre d'une époque et le représentant le plus direct, le plus en vue du monde ancien regardant désormais le monde moderne. De bonne heure le poëte a l'aspiration aux grandes choses, aux grands sujets vers lesquels il se dirige dans sa calme et puissante douceur. Après la guerre de Pérouse, Pollion étant consul, il y eut une ébauche de pacification universelle : Antoine épousa Octavie, sœur d'Octave, et celui-ci épousa Scribonie ; ces deux femmes étaient enceintes : est-ce à l'un des deux enfants qui devaient naître d'elles, ou tout simplement au fils qui naquit vers ce temps-là à Pollion, que s'appliquent les pronostics magnifiques et en apparence si disproportionnés de la quatrième Églogue (*Magnus ab integro seclorum nascitur ordo*)? On a beaucoup raisonné et subtilisé sur les sens mystérieux qu'on a cru voir dans cette pièce toute fatidique, toute remplie des promesses de l'Age d'or. J'y vois une preuve certaine de l'instinct et du pressentiment social de Virgile ; il aspirait dès lors, avec une ardeur qui ne peut s'empêcher d'éclater, à cette pacification définitive qu'il faudra encore dix années pour accomplir. Cette Églogue, même en y faisant la part de tout dithyrambe composé sur un berceau, dépasse les limites du genre, et elle devance aussi sa date ; elle est plus grande que son moment, et digne déjà des années qui suivront Actium. Virgile, dans une courte éclaircie d'orage, anticipe et découvre le repos et la félicité du monde sous un Auguste ou sous un Trajan.

Dans ses *Géorgiques* il fait de même, il aspire au delà. Et qu'est-ce donc, par exemple, que ce début solennel du livre III, cette espèce de triomphe que se décerne à lui-même le poëte pour avoir le premier enrichi sa patrie des dépouilles d'Ascrée et y avoir amené les Muses de l'Hélicon? Il bâtira, dit-il, un temple de marbre au sein d'une vaste prairie verdoyante, sur les rives du Mincio. Il y placera César (c'est-à-dire Auguste) comme le dieu du temple, et il instituera, il célébrera des courses et des jeux tout à l'entour, des jeux qui feront déserter à la Grèce ceux d'Olympie. Lui le fondateur, le front ceint d'une couronne d'olivier et dans tout l'éclat de la pourpre, il décernera les prix et les dons. Sur les dehors du temple se verront gravés dans l'or et dans l'ivoire les combats et les trophées de celui en qui se personnifie le nom romain. On y verra aussi debout, en marbre de Paros, des statues où la vie respire, toute la descendance d'Assaracus, cette suite de héros venus de Jupiter, Tros le grand ancêtre, et Apollon fondateur de Troie. L'Envie enchaînée et domptée par la crainte des peines vengeresses achèvera la glorieuse peinture. Les vers sont admirables et des plus polis, des plus éblouissants qui soient sortis de dessous le ciseau de Virgile. Cette pure et sévère splendeur des marbres au sein de la verdure tranquille du paysage nous offre un parfait emblème de l'art virgilien. Le poëme didactique ici est dépassé dans son cadre : c'est grand, c'est triomphal, c'est épique déjà. Ce *temple de marbre,* peuplé de héros troyens, que se promettait d'édifier Virgile, et qui est tout allégorique, il l'a réalisé d'une autre manière et qu'il ne prévoyait point alors, il l'a exécuté dans *l'Énéide :* il n'avait fait que présager et célébrer à l'avance son *Exegi monumentum !* En mourant, il doutait qu'il l'eût accompli : c'est à nous de rendre aux choses et à l'œuvre tout leur sens, d'y voir toute l'harmonieuse ordonnance, et de dire que Virgile mourant, au lieu de se décourager et de défaillir, aurait pu se faire relire son hymne glorieux du troisième chant des *Géorgiques*, et, satisfait de son vœu rempli, rendre le dernier souffle dans une ivresse sacrée [1].

Et maintenant, ce me semble, que nous nous rendons mieux compte de ce sentiment élevé et allant au grand sous son voile de douceur, qui de tout temps existait dans l'âme et dans le talent de Virgile, et qui n'avait besoin que d'être soutenu et encouragé par Pollion, par Mécène (la gradation est à souhait), par Auguste enfin, nous n'avons pas à craindre de faire amplement la part de celui-ci et de le voir intervenir. L'histoire de la conception de *l'Énéide* ne saurait se séparer en effet des premières années de l'empire d'Auguste, et il importe, pour apprécier l'influence et toute l'inspiration du poëme de Virgile, de se bien représenter l'état de la chose romaine (je ne dis plus de la république) à ce moment.

Laissons dans le lointain les souvenirs affreux du triumvir, dépouillons Octave avec Auguste, dans cette forme nouvelle et suprême qu'il revêtit ; tâchons de tout en oublier, comme fit le monde. Auguste, qui, depuis quelques années qu'il gouvernait seul l'Italie et l'Occident, avait fait l'essai de son système d'habileté clémente, arraché à ces heureux préludes et forcé de se tourner contre un rival, avait dû encore, et d'un même coup, tout risquer et tout

---

1. On a supposé que ce morceau du IIIe livre des *Géorgiques* y avait été inséré après coup par le poëte, et lorsque déjà il s'occupait de *l'Énéide ;* il y a des détails qui semblent en effet avoir été ajoutés un peu plus tard ; mais le cadre premier existait, je le crois, et le sens général, selon l'opinion de Heyne, est plutôt prophétique qu'historique.

sauver ; il avait remporté contre Antoine la victoire d'Actium ; il avait soumis l'Égypte, il rentrait à Rome en triomphe. Un immense besoin de cette paix à peine goûtée, tant de fois rompue, fit que tous se précipitèrent à sa rencontre et lui offrirent, lui jetèrent aux pieds tous les pouvoirs comme à un libérateur et à un Dieu. Il avait trente-trois ans.

Il s'est vu, à certaines heures du monde, de ces moments extraordinaires où toute une nation épuisée, haletante depuis des années, depuis des demi-siècles, aspirant à un état meilleur, se tourne ardemment vers l'ordre, vers le repos et le salut, par une sorte de conspiration sociale, violente, universelle ; mais nul moment n'a été plus solennel, plus marqué par une convulsion, par une crise publique de ce genre, que cet ancien et premier retour d'Égypte et d'Orient, cette rentrée d'Auguste triomphateur et pacificateur dans Rome : depuis Brindes où il débarqua, jusqu'à la Ville éternelle, sa marche au milieu du concours des populations n'était qu'un triomphe. Plus rien d'Octave n'était plus : l'ère d'Auguste avait commencé.

Ce triomphe dura trois jours (août, 29 ans avant Jésus-Christ). Auguste (car il l'était déjà sans en avoir encore le nom) dédia la chambre Julienne, le palais Jules, consacré au dictateur César, et qui fut le lieu des assemblées du Sénat ; il y plaça sur un autel la statue de la Victoire rapportée de Tarente, cette statue célèbre depuis dans la lutte du Christianisme contre les faux dieux et qui lui résista longtemps. On célébra durant plusieurs jours des jeux de toute espèce : « Marcellus, Tibère, et les jeunes Romains des premières familles, brillèrent dans ce qu'on appelait le *jeu de Troie*, simulacre d'un combat de cavalerie que les Césars aimaient à donner en spectacle au peuple à cause de leur origine troyenne, qu'ils faisaient remonter jusqu'à Iule, fils d'Énée et fondateur d'Albe-la-Longue. » Auguste, après César, avait institué cette joute élégante et parfois périlleuse, où figuraient, en mémoire d'Iule, la tendre élite de la jeunesse, les adolescents de quatorze à dix-huit ans.

ÉTUDE SUR VIRGILE.

Ce sont ces mêmes jeux troyens par où se couronne et se termine la description des jeux célébrés par Énée en Sicile en l'honneur d'Anchise : « L'escadron des enfants s'avance, et tous pareils, devant les yeux de leurs parents, ils brillent sur des chevaux à freins d'or. » Chez Virgile, l'armée équestre est divisée en trois brigades, qui ont chacune son chef, un jeune Priam, un jeune Atys l'ami d'Ascagne, et Ascagne lui-même, monté sur un cheval de Tyr ou de Numidie, présent de Didon. Leurs combats, leurs mêlées, leurs tours et leurs retours sont comparés par le poëte aux mille entrelacements du labyrinthe de Crète, ou aux fuites et refuites des dauphins jouant dans la sérénité sur la surface des flots.

Le jour où, pour le triomphe d'Auguste, on célébrait ces jeux au Cirque, et où Virgile, ayant accompli le chef-d'œuvre de ses *Géorgiques,* venait sans doute de Naples à Rome pour être témoin de tant de magnificences ; ce jour-là, où il ressentait en lui, dans cette âme de poëte qui est au plus haut degré l'âme de tous, cet immense besoin de paix et de félicité dans la grandeur, qui était alors le cri impérieux de tout le monde romain, — besoin de paix si puissant et si véritablement sorti des entrailles de la terre, que le pieux et savant Tillemont n'a voulu y voir qu'une soif instinctive et un pressentiment de cette autre paix divine qu'allait apporter dans l'ordre moral le Sauveur du monde ; — ce jour où le temple de Janus enfin était fermé, ce qui ne se voyait que pour la troisième fois depuis la fondation de Rome (non pas qu'il n'y eût encore quelques troubles en Espagne, dans les Gaules et ailleurs, *mais cela,* dit Tillemont, *ne se considérait pas dans la grandeur de l'Empire ;*) — ce jour-là Virgile sentait déjà flotter en lui le cadre et le monde de son *Énéide,* et s'il fallut un mot d'Auguste pour l'y décider, ce mot ne fit qu'éclairer à ses propres yeux son désir, lui en donner le courage, et illuminer rapidement en lui le chaos fécond qui aspirait de soi-même à la lumière.

Il décrira ces jours d'allégresse et d'immortel triomphe sur le bouclier divin de son Énée, et couronnera par là le VIIIe livre, le plus romain de toute *l'Énéide*.

Auguste devenait donc *Imperator,* il commandait les armées ; il était le *Tribun du Peuple,* le *Consul* sans cesse renouvelé, le *Proconsul* quand il était hors de Rome, le *Grand Pontife,* le *Censeur* perpétuel ; qu'il en acceptât ou non les titres qu'on lui offrait, ou qu'il parût les résigner et les déposer quelquefois, il en réunissait tous les pouvoirs ; il s'appelait *César, Auguste,* au lieu d'Octavien ; proclamé *Père de la Patrie,* il assumait tous les droits de la puissance paternelle, qui étaient énormes chez les Romains ; il avait droit de vie et de mort sur les sénateurs et les chevaliers : on lui avait donné, réunis en un seul faisceau, par une fiction gigantesque, tous les pouvoirs et toutes les autorités publiques et domestiques de l'ancien ordre républicain. Il avait enfin des autels, et le Ciel après sa mort : que lui fallait-il encore ? le passé, l'origine divine, le nimbe d'or de la tradition ; il lui fallait que tout cela eût été préparé dès la haute antiquité par le Destin, prédit par les Oracles, et élaboré comme le dernier enfantement merveilleux à travers tous les siècles même de l'épreuve austère et de la vertu républicaine ; il fallait que les Fabricius même et les Dentatus, ces intègres personnages qui avaient vécu et étaient morts pour une patrie libre, ne parussent lui avoir servi que comme d'éclaireurs et de valeureux précurseurs, — une manière de cortége anticipé ! Cette dernière ambition, toute d'opinion et d'esprit, qui est comme un luxe d'une imagination délicate en même temps que grandiose et sévère, honore Auguste à nos yeux, et doit lui faire pardonner beaucoup de choses, comme les lui pardonnait Corneille ; car cela veut dire qu'il lui fallait Virgile comme un dernier artiste qui mettrait la main à son empire pour en achever la décoration et l'ornement. Auguste n'était content et tout à fait glorieux qu'à ce prix, et c'est pourquoi il lui a demandé, à lui le poëte modeste et rou-

gissant, il lui a commandé, comme à son peintre favori,
l'Énéide.

Lui qui ne voulait pas de couronne comme roi ni comme
chef d'Empire, il a voulu une couronne des mains de
Virgile.

Et comme homme de goût et comme homme de gouvernement, Auguste avait raison : l'éloquence, il l'avait
apaisée et pacifiée ; la poésie, la haute poésie elle-même,
qui n'était auparavant comprise que comme une étude
moindre, un art moins grave (*leviores artes, leviora studia*,
disait Cicéron aux derniers jours de l'éloquence), va prendre
un rang plus élevé, passer sur le premier plan, et devenir
à son tour, aux mains du génie, une puissance.

Et notez ce mérite d'Auguste d'avoir deviné dans l'homme
modeste, dans le poëte des bois et des campagnes (*studiis
florentem ignobilis oti*), le poëte épique, héroïque, celui
qui sera au niveau de la plus haute entreprise où puisse
aspirer le génie de la poésie. En excitant Virgile à prendre
ainsi possession de tout son talent et de toute sa gloire, en
discernant, au milieu de ses timidités et de ses rougeurs,
son vœu intime et son désir le plus ardent, Auguste a fait
un grand acte de goût. La postérité doit lui en savoir un
gré immortel, — aussi immortel que l'œuvre qu'il a pro-
voquée.

« Il se plaisait à favoriser, dit Suétone, les esprits, les
génies de son temps de toutes sortes de manières. Il écoutait
avec patience et avec bienveillance ceux qui lui récitaient,
soit des poëmes, soit des œuvres d'histoire, soit même des
harangues et des dialogues ; cependant il s'offensait s'il
devenait lui-même le sujet de quelque composition qui
ne fût pas sérieuse et du fait des plus excellents[1], et il
avertissait les préteurs de ne point souffrir que son nom
tombât dans le domaine des théâtres et dans les assauts

---

1. Horace de même a montré Auguste pareil à un ombrageux coursier qui, dès
qu'on le flattait mal, se cabrait et regimbait de toutes parts :

Cui male si palpere, recalcitrat undique tutus.

publics des beaux-esprits. » Voilà le prince, le monarque qui se révèle dans l'homme poli, et qui pose en principe la dignité du goût.

Ce serait après avoir parlé de Virgile, d'Horace, de Tibulle, de Properce, d'Ovide et de Tite-Live, ces six grands écrivains ou poëtes, les seuls d'alors parvenus jusqu'à nous, qu'il serait tout à fait opportun de s'arrêter devant Auguste, et de considérer dans son ensemble le siècle auquel il a donné son nom en même temps qu'il y a mis partout son cachet poli et délicat. On entrevoit déjà, à travers les différences et sauf l'incomparable supériorité de son esprit, ses quelques ressemblances directes avec Louis XIV.

C'était bien le même homme qui voulait Horace pour son secrétaire, et qui ambitionnait de l'enlever à Mécène : « Auparavant, disait-il à ce dernier, je suffisais moi-même à écrire des lettres à mes amis : maintenant que je suis accablé d'affaires et un peu malade, je voudrais débaucher de toi notre Horace. Qu'il s'en vienne donc de cette table de parasite à notre table royale, et il nous aidera à écrire nos lettres. » Et comme Horace refusait en s'excusant sur sa santé, Auguste (chose plus rare!) ne lui en voulait pas : « Tu pourras, lui écrivait-il, apprendre de notre Septimius quel souvenir je garde de toi, car il est arrivé que devant lui j'ai eu à m'exprimer sur ton compte; et de ce que tu as si fièrement méprisé notre amitié, il ne s'ensuit pas que nous te rendions *dédain pour dédain.* » Il badinait et raillait avec l'élégant et fin poëte : au poëte le plus sensible et le plus noblement idéal, il demandait des tableaux élevés et la gloire.

Il suffit d'ouvrir les premiers livres de *l'Énéide* pour voir combien Virgile a emprunté d'Homère, combien il l'a imité à chaque pas et presque dans toutes les inventions, qui ne sont chez lui, à bien des égards, que des emprunts et des transplantations ; mais le côté original, et qui vivifiera tout, qui distinguera le poëme de Virgile de toutes les autres imitations latines des sujets et des formes grecques, ce sera, indépendamment du degré de talent, l'inspiration romaine profonde et l'à-propos national. N'oublions jamais cela.

Auguste, et la chose romaine prise au point de vue d'Auguste d'une part, de l'autre Homère et ses deux immortels poëmes, telles sont les grandes sources qu'il importe de bien posséder tout entières, et sur lesquelles la critique a, pour ainsi dire, à s'établir à demeure pour bien comprendre *l'Énéide ;* car c'est là que le poëte s'est inspiré tour à tour ou à la fois, c'est ce qu'il a combiné dans un art profond. Le but de Virgile dans *l'Énéide*, nous le savons positivement par les interprètes latins eux-mêmes, a été de faire un grand poëme romain, de doter sa patrie d'une vraie épopée : *imiter Homère* et *louer Auguste dans ses ancêtres,* grande œuvre poétique et politique ! Il y a admirablement réussi.

Cependant une explication ici, une précaution est nécessaire. En insistant, comme je le fais, sur l'influence d'Auguste et sur l'importance dont il est dans l'épopée de Virgile, je suis loin d'admettre, et à aucun degré, le système ingénieux, mais faux et froid, que je vois soutenu par un savant auteur d'une Histoire de la littérature latine (Dunlop). Dans ce système, Énée ne serait qu'un type idéal, mais rigoureusement ressemblant, d'Auguste ; pieux envers son père, comme Auguste envers César ; comparé à Apollon pour la beauté, comme Auguste aimait à l'être ; descendant aux Enfers selon les degrés de l'initiation, de même qu'Auguste, dans son séjour à Athènes, voulut être initié aux mystères d'Éleusis ; combattant Turnus, Latinus, Amate, comme Auguste, au temps du siége de Pérouse, combattit Antoine et le frère d'Antoine, et Fulvie ; fuyant Didon et en triomphant, comme Auguste triompha de Cléopâtre ; que sais-je encore ? — Turnus, c'est Antoine, dit résolûment Dunlop. — Évandre, le vieil ami d'Anchise et l'allié d'Énée, représente les vieux Césariens qui prennent parti pour Auguste contre Antoine. — Achate est Agrippa ; Lavinia, c'est Livia : Latinus, c'est Lépidus ; Amata, c'est Fulvie ; l'orateur Drancès (oh! ici je me révolte) serait Cicéron. Il n'est pas jusqu'au médecin Iapis qui ne soit Antonius Musa, le médecin d'Auguste. — Non, non, encore une fois non, me crie de toutes ses forces ma conscience poétique ; non, cela n'est pas, et plus vous dépensez d'esprit et de curiosité ingénieuse à découvrir quelques rapports dans de petites circonstances rapprochées du poëme à l'histoire, plus vous prouvez contre vous-même, car jamais génie vraiment poétique n'a procédé ainsi. Que Virgile, qui pensait à beaucoup de choses, ait répandu et comme projeté en maint endroit, dans la composition de son poëme, des reflets et des teintes empruntés aux événements et aux personnages d'alentour, comme il y a des réflexions mouvantes des nuages qui courent sur les vastes paysages verdoyants et sur les cimes agitées des forêts ; que cela donne des jours et fasse passer des rayons qui éveillent aussi toutes sortes de pensées, je ne le nie pas ; mais qu'on prétende réduire cet ensemble à la proportion calculée et symétrique d'une allégorie concertée et continuelle, là est le faux, l'absurde.

Certes, il y a dans le caractère d'Énée des intentions, des réverbérations marquées et sensibles du caractère et de la politique d'Auguste, des teintes d'Auguste sur le front d'Énée, mais rien que des réverbérations et des teintes.

En un mot, Virgile a fait un poëme, c'est-à-dire quelque chose de libre et d'inspiré, de combiné en vertu d'éléments secrets dont nul ne sait tout à fait les proportions ni les mystères : il n'a pas pris son époque avec ses personnages et ses passants au miroir dans la chambre obscure. — Chassons donc à jamais cette idée petite et toute mécanique d'allégorie, et tenons-nous dans l'idée générale et vaste d'un grand poëme national romain.

Il n'a fait ni voulu faire ni une *Théséide*, ni une *Thébaïde*, ni une *Iliade* purement grecque en beau style latin : il n'a pas voulu non plus faire purement et simplement un poëme à la *Pharsale*, tout latin et en l'honneur de César, où il célébrerait historiquement et avec plus d'éloquence que de poésie les actes d'Auguste, la victoire d'Actium, ce qui a précédé chronologiquement et suivi : il est trop poëte par l'imagination pour cela, pour revenir aux chroniques métriques des Nævius et des Ennius ; il a fait quelque chose qui est l'union et la fusion savante et vivante de l'une et de l'autre manière, une *Odyssée* pour les six premiers livres, et pour les six derniers une *Iliade,* mais julienne et romaine, merveilleusement combinée et construite, et dont tous les détails sont faits pour intéresser non pas seulement les lettrés et les lecteurs instruits, amoureux des Muses grecques et les aimant jusque dans leurs copies, mais tout un peuple et toute la jeunesse romaine fière désormais de son poëte, et s'écriant par la bouche de Properce, dans une immortelle élégie :

« C'est à Virgile qu'il appartient de chanter les rivages d'Actium que Phébus protége, et de dire les flottes victorieuses de César ; Virgile, qui maintenant ressuscite les guerres du Troyen Énée, et les murailles renversées au rivage de Lavinium. Faites place, écrivains romains, et vous, Grecs, laissez l'arène ! il s'enfante quelque chose de plus grand que *l'Iliade.* »

L'orgueil d'une civilisation devenue florissante et maîtresse à son tour respire dans cet accent du plus généreux des élégiaques, de celui qui ressentait et représentait bien en lui l'enthousiasme de toute la jeunesse contemporaine, et qui était, comme il se le fait dire par elle, *le grand poëte de ses amours.* Si Virgile faisait aux Romains cette illusion d'avoir égalé ou surpassé Homère, c'est qu'il avait touché fortement la fibre romaine.

Quand Properce parlait ainsi, *l'Énéide* n'était pas publiée ; on ne la connaissait que par le bruit des lectures particulières, et Virgile vivait encore. Il ne cessait de s'adonner à son œuvre, n'étant pas de ceux qui se contentent aisément. Macrobe nous a conservé un fragment de lettre de Virgile à Auguste, un simple mot, mais qui atteste à la fois tout le soin qu'il mettait et la diversité d'études qu'il faisait entrer dans la composition de son poëme. Auguste demandait instamment à en lire au moins une partie, et pressait le poëte : « Je reçois fréquemment de vos lettres, répondait Virgile… En ce qui est de mon Énée, si, en vérité, je le voyais déjà digne de vous être lu, je vous l'enverrais bien volontiers. Mais une si grande chose n'est qu'à l'état d'ébauche : il y a des moments où je crois que j'étais peu dans mon bon sens lorsque j'ai entrepris un si grand ouvrage ; d'autant plus, comme vous le savez, que je suis forcé d'y joindre, pour le bien traiter, d'autres études et d'un ordre beaucoup plus élevé. » Ainsi parlait cette conscience scrupuleuse, jalouse d'enfermer le plus de docte matière sous la plus noble forme, et toujours inquiète du mieux. A la fin pourtant, lorsqu'il crut avoir suffisamment achevé les premiers livres et les avoir amenés à peu près jusqu'à ce degré de perfection qu'il imaginait, il se laissait vaincre, et il les lisait à Auguste devant Octavie, en cette scène touchante que la peinture a consacrée, et dans l'attitude modeste où la postérité continuera de le voir.

On a varié sur le lieu où mourut Virgile. Quelques-uns l'ont fait finir à Tarente ; mais la version généralement adoptée est qu'il mourut à Brindes, l'an de Rome 735, à l'âge de cinquante-deux ans, en revenant de la Grèce, où il était allé pour perfectionner son poëme et pour y visiter, et de là jusqu'en Asie, les lieux principaux du pèlerinage d'Énée. Ce départ de Virgile pour la Grèce est resté mémorable et cher à tous par l'ode d'Horace. Il n'alla, dit-on, que jusqu'à Athènes, où il rencontra Auguste qui revenait d'Orient, et, déjà malade, il retourna avec lui jusqu'à Brindes, où il trouva le terme de sa vie. Il fut enseveli à Naples, avec l'épitaphe qu'on sait, et qu'il s'était composée à lui-même. Ceux qui ont monté la douce colline du Pausilype aiment à croire que c'est là qu'il repose. Il avait longtemps et habituellement vécu dans ces contrées.

Il avait, dit-on, des terres près de Nole, et on le fait habiter aussi en Sicile.

Il n'était plus maître d'étouffer et d'anéantir son *Énéide* quand il l'aurait voulu, et comme il paraît bien qu'en effet, dans une heure de désespoir, il y a sérieusement songé : elle appartenait désormais au monde. Elle devint du premier jour le poëme de prédilection et l'épopée adoptive du nouvel univers. Auguste, qui en assura le destin et qui en procura la publication, ne fit en cela, comme en beaucoup de choses, qu'exécuter les ordres de Rome et devancer les intentions du genre humain : il y trouva sa récompense.

En mourant jeune, ou du moins avant la vieillesse, et dans la douzième année (à compter depuis Actium) d'un règne qui devait durer trente-deux ans encore, et qui eut ses tristesses et ses dernières heures assombries comme tous les longs règnes, Virgile nous en exprime le plus bel éclat et le plein soleil, de même que dans son Églogue à Pollion il en avait salué et préconisé l'aurore. De loin il lui rend, à ce merveilleux régime d'Auguste, et il lui prête certainement autant qu'il en a reçu. Il nous fait croire, par la grave suavité de sa parole, par la pure lumière qui émane de son œuvre et de son génie, à quelque chose de poli, de brillant, de généralement éclairé, à quelque chose d'humain et presque de pieux, qui n'existait sans doute alors que dans une élite très-restreinte de la société, et qui n'y était qu'avec bien des mélanges. Il nous donne le sentiment avancé d'une civilisation qui ne se maintint pas, à beaucoup près, à ce degré dans l'empire romain, et que recouvrirent vite les cruautés et les voluptés grossières : mais, à ces premiers sommets du long règne dont il inaugurait la grandeur, et à l'heure propice où il y dressait son noble phare, les choses de l'avenir apparaissaient ainsi, dans les perspectives de l'espérance. Virgile, avec sa chaîne d'or, liant le passé au présent, donne l'idée de vertus qui n'étaient déjà plus depuis longtemps des vertus romaines. Avec lui on ne prévoit que des Trajans, et nullement les prochains et menaçants Tibères. La venue même du Christ n'a rien qui étonne quand on a lu Virgile. Son Énée est le saint Louis de l'antiquité. J'ai toujours regretté, oserai-je le dire? que dans l'admirable page du *Discours sur l'Histoire universelle* où Bossuet arrive à la naissance du Christ, et où, pour la préparer, il prolonge comme la plus magnifique des avenues le spectacle étonnant de la toute-puissance d'Auguste, il n'y eût pas un simple mot ajouté : « ... Rome tend les bras à César, qui demeure, sous le nom d'Auguste et sous le titre d'Empereur, seul maître de tout l'Empire ; il dompte, vers les Pyrénées, les Cantabres et les Asturiens révoltés; l'Éthiopie lui demande la paix; les Parthes épouvantés lui renvoient les étendards pris sur Crassus, avec tous les prisonniers romains; les Indes recherchent son alliance ; ses armes se font sentir aux Rhètes ou Grisons, que leurs montagnes ne peuvent défendre; la Pannonie le reconnaît, la Germanie le redoute, et le Véser reçoit ses lois. Victorieux par mer et par terre, il ferme le temple de Janus. Tout l'univers vit en paix sous sa puissance, *Virgile a chanté*, et Jésus-Christ vient au monde. » — *Virgile a chanté*, c'est là involontairement le mot que j'ajoute tout bas; car il me semble que l'époque décisive d'Auguste n'a tout son sens moral et ne nous livre tout son magnanime tressaillement que quand on y a entendu Virgile.

III. QU'IL FAUT QUE LE POËTE ÉPIQUE SOIT PLUS OU MOINS DE SON TEMPS DANS SON POËME.

L'apparition de *l'Énéide* fit une révolution dans le goût et dans les études des Romains. On a entendu dans les paroles de Properce le cri enthousiaste qui s'élevait à la veille même de la publication du poëme, et sur le seul bruit qui en courait : que sera-ce dans les générations romaines qui suivront? Nous disons aujourd'hui indifféremment Virgile et Horace, Horace et Virgile, en embrassant d'un même goût et d'un même amour les deux poëtes et les deux amis, et nous avons bien raison. Mais c'est le moment de le dire : je ne crois pas, en y regardant de près, qu'il en ait été ainsi dès l'abord, et qu'il y ait eu égalité entre eux pour le degré et l'étendue de leur réputation et de leur autorité chez les Romains. Horace fut bientôt mis sans doute aux mains des enfants dans les écoles des grammairiens, comme l'était Virgile ; il y était expliqué, bien qu'avec certaines réserves que Quintilien indique, et il faisait partie de l'éducation classique. Les gens de goût et les connaisseurs appréciaient comme on le doit son tact moral délicat et son curieux bonheur d'expression. Néanmoins ce poëte si cher aux modernes, si digne de l'être par tout ce qu'il rassemble d'exquis en bien des genres, n'est pas constamment et perpétuellement cité parmi ses compatriotes. Velleius Paterculus, écrivant au lendemain du règne d'Auguste, a pu l'omettre (chose singulière !) dans l'énumération des quatre ou cinq noms d'auteurs célèbres qu'il choisit en courant pour figurer le grand siècle. Plus tard, Fronton parlant de lui l'appelle un poëte *mémorable*. Mais Virgile, il ne saurait être ni oublié ni loué ainsi : du premier jour, c'est *le poëte ;* il est dans toutes les bouches ; on le voit cité sans cesse. Il n'est presque pas une seule lettre de Sénèque à Lucilius où Virgile n'entre pour quelques vers. Sénèque aurait pu dire de Virgile, à la lettre : C'est le poëte qui habite ma pensée. — A dater de Virgile, les Romains ont droit de croire qu'ils sont en effet dispensés d'Homère ; ils ont leur prince des poëtes à eux.

Jusqu'alors les grammairiens à Rome avaient été des Grecs pour la plupart, et c'était en grec aussi qu'ils faisaient les principaux exercices de leur enseignement, un peu comme chez nous, où, avant le siècle de Louis XIV, on ne parlait que latin dans les écoles. Une réforme, on l'entrevoit, a lieu à partir de Virgile : les grammairiens deviennent Latins ; ils s'accoutument à faire en latin leurs exercices ; ils ont à lire et à interpréter les poëtes nouveaux, désormais classiques et immortels à leur tour. La littérature romaine enfin a ses écoles et ses maîtres à elle, dont l'un des derniers a attaché si honorablement son nom à l'œuvre de Virgile, et nous est encore si utile pour le bien comprendre, le recommandable Servius.

On a discuté une question qui a ici tout son à-propos. Dans ces derniers temps encore, un auteur anglais, fils d'un père respecté et célèbre, et fort distingué lui-même, M. Matthew Arnold, en tête d'un recueil de Poésies (1853), s'est demandé, au point de vue de l'art et de la beauté classique, s'il n'était pas mieux pour le poëte qui aspire à la haute et sévère poésie de prendre ses sujets dans le passé, et même dans un passé lointain et refroidi, à la seule condition que ces sujets présentent au talent qui les veut traiter les principaux éléments et les passions éternelles de la nature humaine. M. Arnold a très-bien montré le grand et inépuisable intérêt qui s'attache encore, qui s'attachera éternellement à *l'Iliade*, à l'*Électre* de Sophocle, à cette trilogie d'Eschyle qu'on appelle *l'Orestie*, à l'épisode de Didon, et il l'a opposé à cet autre intérêt si vif, mais si passager et si vite fané, qui décore les poëmes modernes plus ou moins voisins du roman, *Hermann et Dorothée*, par exemple, ou *Childe-Harold*, ou *l'Excursion* de Wordsworth, ou même l'aimable *Jocelyn*. Il s'est demandé de plus si les grands sujets publics modernes étaient aussi propices à la poésie que les anciens; s'il n'y avait pas aujourd'hui surtout des époques *trop claires*, où les événements présents deviennent pour le poëte presque impossibles à traiter, et n'appartiennent de droit qu'à l'historien. Il a remarqué que *les Perses* d'Eschyle n'avaient jamais été réputés supérieurs par l'intérêt à ses autres tragédies. Tout cela est vrai, et, en discutant ainsi, l'ingénieux auteur anglais s'est montré un vrai critique classique de l'école de Lessing. Pourtant, dans ces questions que la critique agite en vain, et que le talent peut seul décider et trancher, il est un point que je n'abandonnerai jamais, à savoir : l'importance et la nécessité pour que le poëme ait vie, — une vie réelle à sa date et parmi les contemporains, et non pas une vie froide pour quelques amateurs dans le cabinet, — la nécessité d'un élément moderne, d'un intérêt moderne actuel et jeune, cet intérêt ne fût-il qu'adapté et comme infusé dans un sujet ancien. Et puisqu'il s'agit d'une discussion classique, d'abord nous avons pour nous Homère : dès le premier chant de *l'Odyssée*, Phémius assiste au festin des prétendants; il y chante les malheurs de la guerre de Troie, et les infortunes du retour. Pénélope l'entend du fond de son appartement; elle descend et l'engage à chanter tant d'autres actions des hommes et des Dieux, dont il sait les poétiques récits, mais à s'abstenir du sujet récent et funeste qui réveille en elle toutes ses conjugales douleurs. Télémaque se fâche presque, et prend le parti du chantre : « Ma mère, pourquoi reproches-tu au chantre harmonieux de nous chanter selon que sa pensée s'élance et le lui inspire? Ce n'est point aux chantres qu'il faut s'en prendre, c'est à Jupiter seul, lequel donne selon qu'il lui plaît aux humains, à chacun son lot. Il n'y a pas à se fâcher contre celui-ci de ce qu'il chante le mauvais destin des Grecs; *car le chant que les hommes applaudissent le plus, c'est celui qui est le plus récent et le plus nouveau pour ceux qui l'écoutent.* » C'est cette nouveauté qu'il faut savoir introduire à propos dans tout chef-d'œuvre, et combiner avec les conditions durables, éternelles, sans quoi il n'y a pas émotion et fièvre, sans quoi il n'y a pas flamme.

Virgile l'a su faire autant et plus qu'aucun poëte épique depuis Homère. Combien n'y avait-il pas eu en Grèce de ces poëtes cycliques, épiques, aux diverses époques! que de talents dont les œuvres ont péri, et dont nous savons à peine les noms, un Arctinus, un Leschez, un Pisandre, un Panyasis, oncle d'Hérodote, un Antimaque, tous noms autrefois célébrés à la suite d'Homère! Chœrilus, dès le temps de la guerre du Péloponèse, se plaignait de venir trop tard, et que la *prairie des Muses* fût tout entière dépouillée de ses fleurs et moissonnée. Virgile, quoique Romain, et dès lors plus à l'aise, mais venu déjà après tant d'autres, après tant de devanciers que nous ne savons pas, sentit cette même difficulté, et il l'a exprimée avec sollicitude, avec conscience de sa force, au début du IIIe livre des *Géorgiques :* « Tous les sujets (il parle surtout des sujets grecs) sont déjà usés et rebattus... Il me faut tenter une voie nouvelle par où je puisse à mon tour m'élever de terre, et voler victorieux de bouche en bouche dans les discours des hommes. » Aussi, pour triompher du lieu-commun dans l'épopée, pour en rajeunir le thème poétique, que n'a-t-il pas fait ? Il a su associer tout d'abord l'orgueil romain, le patriotisme avec ses ambitions et ses ferveurs, à cette célébration d'Énée et au récit tant de fois répété des antiques douleurs et calamités troyennes ; il a montré et placé au cœur de sa composition, soit au moyen du bouclier merveilleux d'Énée, soit dans les perspectives pythagoriciennes de son Élysée et les prédictions d'Anchise, toute l'histoire de la grandeur et de l'éternité romaine future. Il a même montré le moment de crise de cette grandeur et les terribles périls encourus, lorsque du haut du bûcher de sa Didon il lui a fait prophétiser Annibal. Tenons-nous ici au plus rapide aperçu, ne regardons qu'aux plus évidents endroits. Quelle beauté à la fois sévère, sublime et touchante ! Anchise (rappelons-nous-le), Anchise, après avoir expliqué à son fils descendu aux Enfers, pourquoi ces âmes en foule destinées à de nouveaux corps se pressent pour boire aux eaux du Léthé, et comment la quantité d'âme et de vie qui circule dans l'univers se déplace, se partage, comment les parcelles qui sont les âmes s'emprisonnent et s'organisent dans les corps, s'y exercent, y souffrent, s'y souillent, s'en délivrent avec gémissement, puis expient avec douleur, se purifient, puis encore oublient, s'empressent de nouveau, et recommencent à vouloir rentrer, les malheureuses ! dans la gêne de la vie (*Quæ lucis miseris tam dira cupido!*), Anchise, après cette explication de philosophie secrète et mystérieuse, conduit son fils et la Sibylle sur une hauteur, et de là, dans une énumération et une revue héroïque, il reconnaît d'avance chaque grand homme qui naîtra ; il les nomme tous avec orgueil à celui dont ils seront la postérité. « Énée, a dit énergiquement Gibbon, contient en lui le germe de tous ses descendants. »

Et d'abord on a le catalogue et le dénombrement des rois, ceux d'Albe-la-Longue, Silvius, Procas et Capys, et Numitor, et ceux de Rome ; Romulus portant sa double aigrette au front, et que Jupiter lui-même a marqué de son signe lumineux. C'est lui qui ouvre l'ère des triomphes : « C'est sous lui, mon fils, c'est sous ses auspices que cette illustre Rome n'aura pour limites à son empire que la terre, à son ambition que l'Olympe, et qu'elle enceindra les sept collines d'une seule muraille, heureuse et fière de sa fécondité de héros : telle la mère Déesse (Cybèle) qu'on honore sur le Bérécynthe est portée sur un char à travers les villes phrygiennes, le front couronné de tours, glorieuse de sa postérité de Dieux, et de montrer à la fois entre ses bras cent petits-fils tous habitants du Ciel, tous occupant les sublimes demeures. » C'est alors qu'Anchise se met à dérouler les fastes et les gloires de la seconde patrie : César d'abord, et Auguste en perspective, Auguste le mortel ou plutôt le Dieu promis à sa race, le pacificateur du monde, qui restaurera le règne de Saturne, et soumettra plus de pays que jamais n'en parcoururent Alcide et Bacchus : « Et nous pourrions hésiter encore à préparer par nos exploits et à mériter de tels neveux !

Et dubitamus adhuc virtutem extendere factis ! »

Après ce premier entraînement, il revient à énumérer la suite régulière des ancêtres, et Numa, le sage et pieux roi, aux cheveux blancs, à la barbe blanche, ami des sacrifices ; le guerrier Tullus ; Ancus, le fastueux, et qui promet déjà d'être trop sensible à l'applaudissement populaire ; et Brutus, et ceux qui immolent tout autre sentiment à la liberté, qui leur paraît plus belle ; les Décius, les Drusus, les Camille. En apercevant de loin les âmes de César et de Pompée, qui semblent d'accord tant qu'elles restent dans l'ombre, et que désunira la gloire, le pressentiment de ces terribles guerres civiles entre le beau-père et le gendre le ressaisit ; il rompt encore une fois son énumération et laisse échapper vers sa postérité un cri de miséricorde, un cri de clémence qu'entendra César : « Sois le premier à jeter bas les armes, toi qui es mon sang. »

Anchise, par un naturel et heureux désordre, s'écarte ainsi, à tout moment, de la suite chronologique et se porte où son cœur l'appelle, c'est-à-dire à ce qui était l'émotion vivante à l'heure où chantait Virgile.

Après une courte reprise où il va retrouver des héros oubliés, Mummius, Paul-Émile, ces vainqueurs des Grecs et ces vengeurs de Troie ; le nom inévitable de Caton ; les Gracques; les Scipions, ces foudres de guerre ; le grand Fabius; il résume tout le génie de sa prophétique histoire dans cette célèbre et grandiose définition de la vertu propre et de la qualité romaine : « A d'autres les triomphes de l'art, les merveilles de la statuaire, de l'éloquence, de la science même des cieux : à vous, Romains, l'art de gouverner les peuples, de savoir dicter la paix ou la guerre, de pardonner aux vaincus et d'abaisser les superbes : à vous d'être la nation positive et politique par excellence, le peuple-roi. »

Dans cet immortel passage dont je n'exprime que l'essence, le vieil Anchise a promulgué le texte magnifique que n'auront qu'à développer et sur lequel vivront ensuite tous les Machiavel et les Montesquieu.

Pour clore par une touchante et jeune image, Anchise, interrogé par Énée, indique comme à regret et révèle avec délicatesse le nom de ce beau jeune homme au regard triste, qui accompagne le grand et triomphant Marcellus ;

il flatte et consacre ces récentes amours, ces illusions peut-être du peuple romain, qui sont aussi les douleurs de la famille d'Auguste : « Les Destins ne feront que le montrer à la terre... Malheureux enfant, pour peu que tu puisses vaincre la fatalité rigoureuse, tu seras Marcellus. »

Et maintenant, qu'on joigne par la pensée à cette prédiction magnifique d'Anchise ce qui la complète dans le bouclier également prophétique d'Énée, le spectacle de la bataille d'Actium, Auguste d'un côté, majestueux, tranquille, debout et en vue à la poupe avec tous les Dieux légitimes, tous les Dieux de la patrie; de l'autre, Antoine et Cléopâtre, et leurs peuples bigarrés venus des rivages de l'Aurore, et tous leurs Dieux bizarres aussi, tous ces Dieux hurlants, aboyants, sortis des fanges du Nil pour faire assaut à l'Olympe et à ses nobles divinités au profil sévère; et Apollon l'arc à la main, encore une fois vainqueur de Python et, du haut de son promontoire d'Actium où il a un temple, dissipant de ses flèches d'or toute cette cohue confuse et barbare : qu'on se représente, qu'on se rappelle dans les vers les plus noblement harmonieux et les plus amis de la mémoire tout ce que je parcours à la hâte, cet abrégé vivant de l'histoire et de la destinée présente du grand peuple qui se croyait alors l'univers; on n'aura pas de peine à comprendre comment, avec de si neufs tableaux allant se rejoindre aux splendeurs du passé et réchauffer les peintures homériques elles-mêmes, Virgile a rajeuni son sujet, se l'est rendu tout à fait propre à lui et à sa nation, et y a intéressé tous les orgueils, ou mieux que cela, tous les cœurs.

Quand un poëte a le génie et l'art d'exprimer ainsi le sentiment présent et actuel de sa nation (que cette nation soit petite ou grande, pourvu qu'elle soit glorieuse), d'exalter le sentiment de sa domination et de son triomphe, et aussi de réfléchir et de peindre les horizons lointains et les antiquités fabuleuses, il unit tout, il ne lui manque rien pour ravir et enlever son siècle et l'avenir.

Voyez un autre poëte d'un beau talent sans doute, mais tout alexandrin, c'est-à-dire savant, érudit, élégant, Apollonius de Rhodes. Dans son poëme des *Argonautes* il a fait une œuvre ingénieuse, instructive, un poëme géographique et mythologique, tout parsemé de beautés de détail et relevé d'épisodes dont un seul, celui de l'amour de Médée pour Jason, a justement mérité d'inspirer Virgile. Mais ce poëme d'Apollonius ne repose que sur des données mythologiques ou sur une curiosité historique un peu éparse ; il fit honneur à son poëte ; il eut du succès à Rhodes, à Alexandrie ; il enchanta l'école rhodienne et amusa la Cour des Ptolémées ; mais il ne fit battre aucun cœur, il ne fut l'épopée d'aucune nation. Ce poëme, qui avait réuni tant de traditions de peuples et de colonies, n'avait point de patrie à lui, point de centre, point de Pergame ni de Capitole. Son plus grand titre aujourd'hui est d'avoir, par Médée, servi à quelques égards de modèle à Virgile pour sa Didon. Le doux Virgile a pu dépouiller le vieux poëte sans que personne le lui ait reproché. C'est que Virgile, dans cette lutte avec les poëtes secondaires qu'il imite et qu'il fait involontairement oublier, a pour lui en définitive, comme Auguste dans ce combat d'Actium, le peuple, le sénat, les Dieux du foyer, et ceux de l'Empire et de la patrie.

Notez que tous les poëmes modernes qui ont eu vie, qui ont ému et charmé les contemporains, avaient ainsi, quelle que fût la date des sujets, un coin actuel et présent, ce que j'appelle la pointe d'or de la flèche trempée dans le breuvage récent. Pour Dante, pour Camoëns, c'est trop évident ; tout, à leur date, en était moderne ; tout chez Camoëns se rapportait à la grandeur de cette petite et héroïque nation portugaise. Le Tasse en son poëme n'avait fait qu'introduire la chevalerie brillante des derniers temps, la courtoisie des princes d'Italie et la galanterie de Ferrare jusque sous la tente des mâles et rudes Croisés. Milton, qui avait animé ses souvenirs et ses imaginations bibliques d'un souffle religieux puritain et très-présent pour les contemporains de Cromwell, ne fit paraître son poëme que tard et quand cet esprit religieux austère était déjà remplacé par un autre tout contraire, frivole et mondain ; ce qui intercepta ou ajourna la gloire. Le *Télémaque*, si antique et en apparence si hors-d'œuvre par le sujet, était tout actuel à cette fin de Louis XIV par les allusions et l'à-propos de morale politique : de là le grand et prompt succès. Il n'est pas jusqu'à *la Henriade*, qu'on ose à peine nommer à côté des vrais poëmes, qui n'ait dû sa vogue de près d'un siècle à l'à-propos philanthropique et à cet accommodement de la figure de Henri IV au goût déjà libéral du temps. Le dirai-je? un poëme en prose des plus distingués et des plus élevés par le talent, *les Martyrs* de M. de Chateaubriand n'ont jamais vécu, faute de cette rencontre et de cette sorte d'inoculation dans l'esprit général de l'époque. Le sentiment de renaissance religieuse en effet venait d'être suffisamment servi et satisfait par *le Génie du Christianisme*, et quand M. de Chateaubriand fit paraître *les Martyrs*, composition assurément très-supérieure et son plus remarquable ouvrage, il ne trouva plus la même disposition flottante et à l'état de vague désir. Je ne sais s'il aurait pu trouver alors dans l'âme du public un autre sentiment par où insinuer et mettre en vogue son épopée; mais il ne l'essaya pas, et ce poëme distingué, malgré les belles Stances de Fontanes et sa prédiction de poëte et d'ami, n'a jamais existé que pour quelques lecteurs choisis et studieux : il n'est pas entré dans la circulation et dans l'habitude universelle.

Ainsi, pour résumer et conclure cette petite digression et discussion dont *l'Énéide* a été l'occasion naturelle, je dirai : Pour un poëme épique, tout sujet qui présente une belle, une noble et humaine matière, une riche tradition, peut être bon à traiter ; l'éloignement même ne s'oppose en rien à l'intérêt, et, bien loin de nuire, peut servir l'imagination du poëte en lui laissant plus de carrière. Reculez donc tant que vous le voudrez et élargissez l'horizon; remontez aux antiquités, aux origines; reprenez même en partie des sujets déjà traités par d'autres : mais que par quelque endroit essentiel, par quelque courant principal de l'inspiration, il y ait nouveauté, et application, *appropriation* des choses passées au temps présent, à l'âge du monde où vous êtes venu, et à ce qui est de nature à intéresser d'une manière élevée le plus d'esprits et d'âmes : le vrai et vivant succès est à ce prix. — Vivez au moins une première fois, c'est la première condition pour vivre toujours.

IV. LE CHANTRE ÉPIQUE SELON HOMÈRE, ET LE POETE ÉPIQUE SELON VIRGILE.

Sans entrer ici dans les définitions générales de ce qu'est un poëme épique, une narration épique, toutes choses qui se définissent par elles-mêmes et par la lecture des poëtes bien mieux que par des formules, je ne puis cependant ne pas faire et établir la grande division.

Il y a eu la narration épique primitive, la *rhapsodie* homérique, ce qu'au moyen-âge on appelait la *chanson de geste*, une branche de récit qui se racontait en public, souvent avec accompagnement de musique (une musique très-sobre), de manière à faire une sorte de récitatif distinct et accentué. Et il y a eu, il y a le poëme épique proprement dit, ouvrage de haute méditation et de cabinet, et le plus noble produit de l'effort poétique aux époques de culture et de goût.

Homère, avec les deux poëmes qu'on lui attribue, et qui semblent en effet porter, dans leur ensemble au moins, l'empreinte d'un seul et même génie, Homère offre le plus grand et le plus bel exemple de la première espèce de narration épique, alors que le poëte était véritablement un *chantre;* il est le père et comme le dieu de cette première race des chantres divins qu'il a lui-même si souvent introduits et montrés en action dans ses poëmes, et qui ne sont que des Homérides précurseurs, Phémius à Ithaque, Démodocus chez les Phéaciens. Ce sont des vieillards, des aveugles, personnages honorés qui chantent dans les assemblées et les festins, qui savent toutes sortes d'histoires des hommes et des Dieux, mais surtout les grands événements récents qui passionnent la curiosité et qui ébranlent l'imagination des contemporains. Pour les définir, il n'y a rien de plus simple ni de plus agréable que d'emprunter les paroles mêmes d'Homère. Ulysse, chez Alcinoüs, voit entrer Démodocus au milieu du festin; il lui envoie par la main du héraut une tranche choisie de sanglier, un morceau d'honneur, et dit : « Héraut, prends et remets cette viande à Démodocus, et dis-lui que je le salue, tout affligé que je suis; car, pour tous les hommes qui peuplent la terre, les chantres ont reçu en partage l'honneur et le respect, parce que la Muse leur a enseigné les harmonieux récits, et qu'elle a chéri la race des chantres. » — « O Démodocus! lui dit-il encore, je te glorifie au-dessus de tous les humains : c'est, ou la Muse, fille de Jupiter, qui t'a enseigné, ou c'est Apollon lui-même; car tu chantes dans un ordre admirable la calamité des Grecs, ce qu'ils ont fait et ce qu'ils ont souffert, et tous les labeurs qu'ils ont endurés, comme y ayant été en quelque sorte présent toi-même ou l'ayant entendu d'un autre qui y était. » C'est en effet un des caractères de cette première race de poëtes, de chanter plus près de la source et de faire l'illusion, à ceux qui les écoutent, ou d'avoir vu les choses qu'ils célèbrent, ou de les tenir de témoins immédiats : la *réalité* vit dans leurs chants. — Et Ulysse, poursuivant son discours, demande à Démodocus de lui chanter un épisode déterminé, celui du cheval de bois, de ce stratagème imaginé par lui-même Ulysse, pour la ruine d'Ilion : « Si tu me récites tout cela convenablement, je m'empresserai à mon tour de dire à tous les hommes qu'un Dieu bienveillant t'a donné en partage un chant divin. »

Louange et renommée, c'est en effet la plus grande et la vraie récompense aux yeux du chantre; c'est par là aussi qu'Ulysse sait le prendre et lui chatouiller le cœur. Cet amour de la gloire resta le trait distinctif des Grecs. Horace l'a reconnu d'eux en son temps; ils n'avaient d'ambition et d'*avarice* que pour la gloire; ils étaient *cupides d'honneur,* et de rien de plus, à la différence des Romains, peuple positif qui, à force de bonnes institutions, s'éleva sans doute jusqu'à ce culte orgueilleux de la haute renommée, mais que gagna ou reprit de bonne heure la rouille de l'usure, le soin du pécule. Et « c'est par cet amour de la gloire, aiguillon vers toute belle chose, que l'emportaient entre tous les Grecs les Athéniens, au dire de Xénophon, bien plus encore que par l'euphonie du langage ou par telle qualité ou vertu corporelle. »

On a cru voir dans ces éloges qu'Homère, par la bouche d'Ulysse, accorde à Démodocus, un portrait indirect de lui-même. « Il se mire dans ces vers, » a dit Eustathe; — il s'y est du moins réfléchi involontairement.

J'ai à peine touché les endroits qui nous peignent cette première condition large, honorée et abondante des anciens chantres épiques chez les Grecs; ils étaient une partie essentielle de la vie sociale et des fêtes : « Car je dis (c'est encore Ulysse chez Alcinoüs qui parle) qu'il n'y a point de moment plus gracieux dans la vie que lorsque l'allégresse possède tout un peuple, et que des convives, assis par rangées dans les maisons, prêtent l'oreille à un chantre, tandis que les tables servies sont chargées de pain et de viandes, et que, puisant le vin dans l'amphore, l'échanson le porte et le verse dans les coupes à la ronde : voilà ce qui paraît la plus belle des choses à mon cœur. » — Boire le vin d'honneur et entendre le chantre, ce sont les magnifiques largesses d'une table hospitalière, et Alcinoüs se vante à bon droit qu'on les trouve dans sa maison. Je crois que c'est le poëte Gray qui eût fait son paradis, disait-il, de lire un bon roman, étendu sur un sofa. Il me semble qu'on le voit d'ici ce lecteur délicat et sensible, un jour d'été, le

store baissé, dans une chambre silencieuse et recueillie :
c'est un autre extrême qui appartient à la vie littéraire
raffinée. Le plaisir primitif des Grecs exprimé par la bouche
d'Ulysse est bien autrement social, et il fait à la poésie une
bien plus belle et plus large part dans l'habitude et le plein
courant de la vie. C'était véritablement alors le règne de la
lyre, « dont les Dieux ont fait la compagne du festin. »

On a donc là, représentée naïvement, l'image des premiers chanteurs épiques, ces hommes d'une vaste mémoire qui se souvenaient de telle branche ou de tel épisode à volonté, selon qu'un désir du maître de la maison ou l'inspiration du moment le leur rappelait, et qui, chez un peuple ami de l'harmonie et de la gloire, tenaient un rang des plus respectés, presque à l'égal des prêtres. Les malheurs, les calamités les plus lamentables passant par leur bouche devenaient un charme, et il semblait que les hommes n'avaient jamais pu les payer trop cher, puisqu'ils avaient par là l'honneur d'occuper et d'enchanter la postérité. « Ce sont les Dieux qui l'ont voulu, disait Alcinoüs à Ulysse pleurant d'entendre réciter ses propres malheurs, et ils ont tramé ces calamités aux hommes pour qu'elles servissent ensuite de chant, même aux races futures. » Toujours cette idée grecque de la gloire, qui compense et couronne tout !

Maintenant il est bien clair que le premier et principal office de cette race de chantres était d'intéresser avant tout et de charmer ; les leçons, les moralités qu'ils pouvaient mêler à leurs récits ne venaient qu'en second lieu. Les poëtes, a dit Horace, veulent instruire ou plaire, ou combiner les deux à la fois : dire des choses qui plaisent, et qui se trouvent en même temps applicables à la vie. L'immortel honneur d'Homère, ç'a été d'unir, dans les vastes et sublimes assemblages qui composent ses poëmes, le plus grand charme, la plus vivifiante puissance, et une moralité intérieure et insensible, la plus vraie des moralités, celle qui sort et déborde sans qu'on y songe et comme en s'épanchant. Homère est comme ces grands fleuves vieillards dont nous voyons les statues dans nos jardins : il laisse l'urne pleine de moralités se pencher négligemment et se verser.

Avec Virgile le procédé est tout différent. Mais entre Homère et Virgile, que de siècles s'étaient écoulés, mille ans peut-être ! Quelles révolutions dans les mœurs et dans les âges ! L'écriture avait fixé les poëmes ; des critiques de profession y avaient passé, et avaient dû nécessairement y mettre la main dès le moment de cette transformation et de cette rédaction par écrit. Les Homérides, ces disciples directs d'Homère, et toute une suite de poëtes épiques et cycliques, avaient imité le grand poëte fabuleux, l'avaient suivi religieusement et s'étaient modelés sur lui ; des écoles érudites avaient cultivé l'épopée comme un genre de littérature ; en un mot, le législateur intellectuel de l'antiquité, Aristote, était venu et avait fixé les limites, avait posé les principes et les lois de chaque ordre de composition. Virgile, né dans un pays où toute la littérature, à l'origine, était empruntée et transplantée de la Grèce, se voyait plus sujet encore qu'un autre, s'il était possible, à cette condition et à toutes ces conventions régulières de l'épopée du second âge. Mais je dirai que ces différences mêmes entre le récit épique tel qu'il se menait et se célébrait au temps d'Homère, et tel que le réclamait l'époque de Virgile, étaient bien d'accord avec le genre de talent de celui-ci, et bien plus capables de le soutenir et de l'aider que de le contrarier et de le restreindre. Car, de même qu'Homère est le premier des grands vieillards et des aveugles harmonieux qui, tenant une lyre, chantent et font leurs récits dans les assemblées publiques et les festins ; que la foule qui les presse et les écoute inspire, et en qui l'improvisation et la composition se confondent dans la vivacité et la présence d'esprit d'une mémoire enchanteresse : de même Virgile est et sera toujours le premier des poëtes qui composent dans la chambre et le cabinet, qui étudient longuement et se recueillent, qui corrigent beaucoup et n'improvisent jamais. On a dit qu'il comparait lui-même les produits de son esprit aux petits de l'ourse, qui, d'abord laids et grossiers, ne prennent forme et figure qu'à force d'être léchés par leur mère. Après le premier jet du matin, il passait le reste de la journée à revoir et à retoucher ses vers. Il ne néglige rien, il a tous les scrupules, il est châtié et diligent : c'est sa manière, à lui, d'avoir toute sa séve. Il est de ceux qui, pour plus de sûreté, écrivent volontiers les canevas de leurs poëmes en prose avant de les mettre en vers, et l'on dit que c'est ainsi qu'il fit pour *l'Enéide*. Il est de ceux que la foule effraie loin de les inspirer, et l'on dit qu'à Rome, où il venait rarement, s'il se voyait remarqué, suivi dans les rues, il se dérobait vite et entrait dans la première maison. Ce n'est pas lui qui eût rempli de sa voix la vaste salle d'un festin ; mais il avait sa revanche de lecteur dans un petit cercle d'amis. Enfin, par tout l'ensemble de sa nature et de son procédé, Virgile est le premier (si l'on me permet un anachronisme d'expression qui rend d'un mot toute ma pensée) — le premier, dans l'ordre épique, des poëtes *Raciniens,* le plus complet et le plus parfait. Il est le chef et, comme dirait Montaigne, le *maître du chœur* du second groupe, en regard du groupe d'Homère. Les lois et les règles mêmes de l'épopée devenue plus précise, loin de lui être une gêne, lui furent un maintien et une grâce.

Quant au caractère de sa narration épique, et pour ne la définir que par des traits généraux qui lui sont encore communs avec celle d'Homère, bien qu'ils acquièrent chez lui plus de correction et de netteté, je dirai que le poëme épique, comme il l'entend, est une narration sévère, élevée, ornée, grave et touchante, faite pour exciter l'admiration avec charme, et pour émouvoir les plus nobles puissances de l'âme ; c'est une poésie qui se marie à l'histoire, à l'amour de la religion, de la patrie, de l'humanité, de la famille, au culte des ancêtres et au respect de la postérité, à toutes les grandes affections vertueuses, comme aussi aux affections délicates et tendres sans trop de mollesse et

d'un pathétique tempéré par la dignité décente ; une poésie
magnifique d'où sortent d'indirectes et salutaires leçons,
puisées dans des impressions profondes et sensibles, et
rendues dans de beaux vers qui se gravent d'eux-mêmes ;
une poésie qui, pour la peindre en ses plus illustres lecteurs, a sa place dans la cassette d'un Auguste, ou sous le
chevet d'un Chatham et d'un Fox, comme d'un Fénelon :
j'appelle de ce dernier nom tout homme de goût et de
sentiment. Telle est l'épopée régulière, non plus homérique,
mais de la moyenne antiquité et déjà moderne, telle qu'on
la peut définir, en général, au sortir de la lecture de Virgile, et en lui laissant son plus beau sens.

V. DE QUOI SE COMPOSE LE GÉNIE ET L'ART D'UN VIRGILE ; ET QU'IL EST BON DE S'EN PROPOSER L'IDÉE EN CE TEMPS-CI.

Avant d'entrer dans l'analyse du poëme (ce que j'ai fait
ailleurs [1]) et d'en être à cette lecture de *l'Énéide,* à laquelle
je ne puis convier chacun en particulier que de loin, il y a
besoin encore pour moi de bien établir et de rappeler à l'a-
vance ce que cette lecture justifierait à chaque page, et ce
que les souvenirs de tous m'autorisent dès à présent à résumer, les principales et différentes qualités et comme les
éléments constitutifs du génie même de Virgile, plusieurs
des parties du moins qu'il a su réunir dans une harmonie
et une proportion qui est une dernière qualité suprême et
le cachet achevé de ce génie. Son originalité relative et sa
perfection, en regard d'Homère et des poëtes primitifs plus
grandioses, plus naturellement sublimes et animés de plus
de feu, va résulter de cet ensemble de qualités qui se
joignent si bien et s'assortissent savamment sous un doux
maître.

J'énumère donc quelques-uns des talents et des mérites

---

1. Dans le volume intitulé *Étude sur Virgile,* d'où ces Prolégomènes sont tirés.

principaux de Virgile, comme je les conçois et à mesure qu'ils me viennent à l'esprit, sans chercher à y mettre un ordre systématique. Virgile, relu de près, livre en main, pourrait seul se présenter à nous et se démontrer lui-même avec le développement et le charme désirables; pour le moment, il me suffit du Virgile que nous avons tous présent dès l'enfance.

1° Il a l'amour de la nature, de la campagne. Qui en douterait? Il y a été nourri, il y a puisé ses premières impressions, ses premiers plaisirs; il a consacré aux jeux ou aux travaux rustiques ses premières études, comme ensuite il leur a voué ses plus parfaits tableaux. Il est né l'homme des champs; il en a la science, la connaissance pratique, comme aussi la joie et le doux rêve. Il y a mis son coloris poétique et délicieux, ce qu'Horace, parlant de la première manière de Virgile, a si bien défini par le *molle atque facetum*. « Je n'appelle pas *gaieté* ce qui excite le rire, a dit quelque part La Fontaine, mais un certain charme, un air agréable qu'on peut donner à toutes sortes de sujets. » Voilà bien le *facetum* d'Horace en tant qu'il s'applique à Virgile, cette fraîcheur d'agrément, ce doux charme sans fadeur qui attache aux images de la vie rurale et que nous retrouvons en maint endroit chez le même La Fontaine; mais chez Virgile il y a de la beauté en plus et de la pureté de dessin et de lumière: — la campagne lombarde ou romaine, au lieu des horizons champenois. Virgile a conservé cette première religion et ce pieux amour des champs, dans le même temps qu'il rassemble et exprime les préceptes positifs et techniques de la culture en agriculteur consommé, et comme le ferait, à l'élégance près, un vieux Romain, un Varron ou un Caton. C'est cet amour, cette pratique de la nature champêtre qui a un peu manqué à notre Racine, dont le goût et le talent de peindre ont été presque uniquement tournés du côté de la nature morale.

Mais avec ce talent et cette science de décrire les choses de la nature, avez-vous remarqué comme Virgile, dans *l'Enéide*, en use et n'en abuse pas, et ne s'y abandonne jamais? Quelle sobriété dans les peintures naturelles! rien que le nécessaire. Tant qu'Énée voyage et raconte ses navigations, on n'a que le profil des rivages, ce qu'il faut pour donner aux horizons la réalité, et la solidité aux fonds des tableaux. Dans cette Sicile que Virgile avait vue et où il avait habité, il ne prend aussi du paysage que l'essentiel, ce qui se rapporte à l'action ; et même alors le moral domine, comme en ce bel endroit où les femmes troyennes, assises toutes ensemble sur la grève déserte, découragées et lassées, regardent en pleurant la grande mer immense. Et dans la peinture du Latium et du royaume pastoral d'Évandre, là où la description sortait de toutes parts, était comme sollicitée par tant de souvenirs, et où les Romains l'auraient certainement acceptée jusque dans son luxe, c'est en deux ou trois vers à jamais mémorables et éternels comme son sujet que Virgile a exprimé le contraste des anciens lieux et des lieux nouveaux, ce Forum, alors un pâturage où les bœufs mugissent, ce Capitole qui sera de marbre et d'or un jour, mais hérissé alors de son bois sauvage. Toujours ami et peintre de la nature, Virgile, dans *l'Enéide*, l'est chaque fois qu'il le faut, mais il ne l'est jamais que dans les limites de l'action. A la grâce suave et bucolique des impressions de jeunesse a succédé le paysage historique dans sa forte et mûre beauté.

2° En même temps que Virgile aime directement la nature et les paysages, il y joint ce que n'ont pas toujours ceux qui les sentent si vivement, il aime les livres; il tient de son éducation première une admiration passionnée des anciens auteurs et des grands poëtes : trait distinctif de ces poëtes cultivés et studieux du second âge. Il a le culte de tout grand homme, de tout grand écrivain qui a précédé, comme l'avait et comme l'a souvent rendu avec tant de ferveur Cicéron. Toutes les peintures, toutes les beautés des poëtes ses devanciers et ses maîtres, qu'il a lus et relus dès l'enfance et qu'il brûle d'atteindre à son tour et d'égaler,

le poursuivent dans ses rêves; il les a retenues, et il n'aura
de contentement que lorsqu'il les aura à son tour reproduites et imitées. Surtout s'il s'agit des Grecs, si c'est dans
leur langue et leur littérature qu'il puise pour enrichir
la sienne, il a hâte de montrer son butin. Sa première
Églogue, je veux dire la première en date, est toute parsemée des plus gracieuses images de Théocrite, de même
que son premier livre de *l'Énéide* se décore des plus célèbres et des plus manifestes comparaisons d'Homère;
c'est tout d'abord et aux endroits les plus en vue qu'il les
présente et qu'il les place. Loin d'en être embarrassé, il y
met son honneur, il se pare de ses imitations avec orgueil,
avec reconnaissance. C'est, à un degré de parenté encore
plus prochain, le même sentiment qui fait que Racine est
heureux de marquer dans sa poésie un souvenir d'Euripide
et de Sophocle. Cette imitation des livres et des auteurs,
à ce degré de sentiment et avec une si vive réflexion des
beautés, est encore une manière de naturel; c'est le sang
qui parle; ce ne sont pas des auteurs qui se copient, ce
sont des parents qui se reconnaissent et se retrouvent. Et à
leur tour les gens instruits sont heureux de retrouver dans
une seule lecture le souvenir et le résumé de toutes leurs
belles lectures.

En vain, du temps de Virgile et depuis, des critiques ont-ils essayé de réclamer sur ce grand nombre d'imitations,
et d'introduire à ce sujet l'accusation odieuse de plagiat.
On a fait des volumes tout composés de ces passages empruntés aux Grecs par Virgile; il y en a eu des recueils qui
ont paru chez les Romains peu après la publication de
l'Énéide, et dans une pensée de dénigrement; on a refait
de tels recueils à l'usage des modernes depuis la Renaissance, et dans une simple vue d'érudition. Dès longtemps
la question est jugée, et le sentiment qui a prévalu est
celui que je voyais hier encore exprimé dans une correspondance familière par un homme de grand goût (l'illustre
Fox) : « J'admire Virgile plus que jamais pour cette faculté

qu'il a de donner l'originalité à ses plus exactes imitations. »
Plus on examine, et plus on en revient à cette conclusion,
qui concilie les droits du talent à tous les degrés et aux
divers âges.

Cependant il faut tout dire : s'il s'agit des Latins, et en
exceptant Lucrèce, qu'il semble avoir honoré comme un
véritable ancien, Virgile en use un peu plus librement et
certes avec un moindre sentiment de respect : c'est ainsi
qu'en même temps qu'il prend à Nævius pour le fond, il
dérobe à Ennius surtout, à Attius et sans doute à d'autres
encore, le petit nombre de bons vers et de beaux mots qui
méritent d'être sauvés du naufrage et de l'oubli. Il fait
comme Molière, il prend son bien où il le trouve. Comme
on lui demandait ce qu'il faisait d'un Ennius qu'il avait
entre les mains : « Je tire de l'or, répondait-il, du fumier
d'Ennius. » Ici on sent moins le disciple pieux et l'admirateur que le poëte souverain à son tour, qui use de son droit
avec licence. Il sait bien qu'il fait honneur à ces vieux poëtes
Italiotes et tout pleins de rusticité en leur prenant ce qu'ils
ont de bon et en y donnant asile. S'il y a un beau vers perdu
quelque part chez eux et comme tombé de leurs œuvres
ou errant, il le place chez lui et le loge dans son palais de
marbre, en un lieu éclairé. Voilà leur vers devenu immortel ! ils n'ont qu'à le remercier et non à se plaindre.

Quelquefois aussi pourtant, même avec les Latins, s'il
prend un vers connu et qui est dans toutes les mémoires,
c'est pour rendre hommage et faire une politesse à celui de
qui il l'emprunte notoirement et à qui chacun le rapporte.
Ainsi fait-il, au moins en un endroit, pour son ami et son
contemporain un peu plus ancien d'âge, Varius. Il a mis
deux vers de lui presque en entier dans son sixième livre.
C'était une manière publique de lui dire : « Je ne saurais
rien trouver de mieux. » Mais en fait d'emprunts purement
latins et domestiques, ce dernier sentiment de déférence
chez Virgile est moins habituel que le sentiment opposé.

Ainsi, double procédé : avec les grands auteurs et poëtes

grecs, une imitation, une transplantation pleine d'art et de respect, avouée, assortie, enchâssée ou greffée avec une habileté neuve et qui honore; avec les vieux Latins, un butin de bonne prise, qu'on trouve dans le tiroir de la maison, un bien de famille dont on s'accommode à son gré, sans façon et sans gêne; mais, dans l'un et l'autre cas, grande attention aux écrits des devanciers et à tout ce qu'on a de poëtes dans sa bibliothèque.

3° Virgile a l'érudition. Ce ne sont pas seulement les poëtes dans leurs beautés qu'il lit et relit, et qu'il sait par cœur, ce sont les auteurs plus spéciaux, les vieux historiens, ceux qui ont écrit sur les antiquités et les origines romaines obscures, qu'il consulte et qu'il possède essentiellement. On peut lui appliquer ce qu'Énée dit quelque part de son père Anchise, compulsant en idée les dires et les traditions des ancêtres :

Tum genitor veterum volvens monumenta virorum.

Il a fouillé dans les vieux titres et les monuments de l'antiquité romaine, et son poëme présente tout un fonds d'archéologie historique qui le rend des plus respectables à ceux mêmes qui y cherchent autre chose encore que le charme des tableaux et de la couleur, aux savants qui s'étudient à retrouver l'Italie d'avant les Romains. Il est, dit-on, dans les derniers livres de son *Énéide* le guide le plus sûr encore pour tout ce qui est des anciens peuples latins. On voit de plus par Macrobe combien les critiques latins érudits admiraient Virgile et y trouvaient quantité de choses qu'ils s'exagéraient peut-être, sur ce qui était relatif au droit des pontifes, au droit augural; ils le trouvaient si exact et si scrupuleux dans le choix des termes, dans le rituel des sacrifices, dans l'ordre et le détail des cérémonies, qu'ils disaient de lui qu'il aurait mérité d'être *grand Pontife*.

S'il savait l'agriculture comme le vieux Caton, il paraissait savoir les augures comme un Lélius. Virgile en son temps méritait ainsi à sa manière qu'on le louât comme Dante, duquel on disait qu'il était *théologien* et qu'aucun dogme ne lui échappait.

Ce sont toutes ces études, auxquelles il faut joindre les notions astronomiques, les doctrines philosophiques, pythagoriciennes et autres, qu'il appelait à son aide pour faire de son *Enéide* un monument complet qui satisfît et représentât les goûts de son époque, et qui rachetât par la diversité et la richesse des accessoires ce qu'il sentait bien y manquer pour une certaine verve et un certain feu continu, réservé peut-être aux seules épopées premières.

4° Virgile a pourtant, comme inspiration générale de son poëme (je l'ai déjà montré), une veine habituelle ardente ou du moins très-fière, et qui revient à tout instant, le patriotisme romain, l'orgueil légitime d'être citoyen de ce peuple-roi, de ce peuple politique et sensé, de qui l'ancien Caton se flattait en son temps d'avoir laissé une si haute idée aux Athéniens, jusqu'à leur faire dire « qu'aux Grecs la parole sortait des lèvres, et aux Romains du cœur et de la pensée. » Virgile savait mieux que personne ce qu'une telle parole avait d'injuste; mais, tout Grec qu'il était par ses admirations et par sa finesse de talent, il sentait néanmoins et tenait à marquer ce coin solide et sensé qui était, à cette date, la supériorité de la nation romaine.

5° Il tempérait ce que ce patriotisme chez les Romains de vieille roche avait de trop dur et d'exclusif, par un esprit déjà moderne d'humanité universelle. Ce côté du génie de Virgile est présent à tous et lui est particulier entre les poëtes anciens, dont il est à notre égard le plus rapproché par l'esprit et par le cœur. Je sais qu'on trouverait chez les Grecs mêmes, et dans Homère, et dans Ménandre, et en beaucoup d'autres, des traces originales de bien des vers miséricordieux et humains qui nous sont surtout connus et qui ont été mis en circulation par Virgile. En accordant ce qui est dû à l'un, n'allons pas oublier ce qui est dû bien antérieurement aux autres. Où ai-je donc lu récemment « que la poésie dans Homère brille surtout des couleurs du monde matériel, et qu'elle ne commence que dans Virgile à toucher le cœur par l'expression du sentiment? » O hérésie et blasphème! Ceux qui disent cela n'ont pas lu ou n'avaient plus présent Homère, si plein des grandes sources de la sensibilité naturelle. Mais la sensibilité sous sa forme déjà moderne, plus sobre, plus discrète d'expression et encore profonde, telle que nous aimons à nous l'exprimer à nous-mêmes dans une civilisation perfectionnée, elle est surtout chez Virgile. Cette veine intérieure est trop habituelle en lui et trop constante, elle pénètre trop avant dans toutes les parties de sa composition pour ne pas être distinguée comme un signe personnel de son génie. Virgile, comme son héros, a la piété et la pitié, parfois une teinte de tristesse, de mélancolie presque, quoiqu'il faille prendre garde en cela de ne pas trop tirer Virgile à nous; la mélancolie, en effet, c'est déjà la *maladie* de la sensibilité : Virgile n'a encore cette sensibilité qu'à l'état naturel et sain, bien qu'avec une grande délicatesse. Il a, dans la peinture de sa touchante victime, de sa Didon immortelle, toutes les tendresses et les secrets féminins de la passion. Il a (et je me plais à rassembler ici toutes les qualités qui se touchent), il a même la chasteté, malgré de certains endroits de ses écrits et malgré de certains accents; mais j'appelle ainsi, pour un talent poétique, le sérieux dans la manière de sentir, la réserve et la pudeur de l'expression observées jusqu'au milieu de ce qui peut sembler de l'égarement. Et cela est si vrai, que Dante, le poëte austère et l'adorateur de l'amour pur, a été naturellement amené par instinct à se choisir Virgile pour maître et pour guide; et il le conserve avec lui durant ce voyage mystique, non-seulement dans les cercles de l'Enfer, mais jusqu'aux dernières limites du Purgatoire. Ce n'est que lorsque Béatrix descend du Ciel et lui apparaît, ce n'est que lorsqu'à cette vue il se retourne vers Virgile comme vers un père ou vers une mère pour lui dire, en lui empruntant une de ses paroles : « Je reconnais en moi les signes de l'ancienne flamme... » *Agnosco veteris vestigia flammæ*... parole de Didon qui lui sert à exprimer sa pensée pour Béatrix ! — ce n'est qu'alors qu'il s'aperçoit que Virgile a disparu et l'a abandonné. De la flamme d'Élise à l'ardeur pure de Béatrix il y a tout un rapprochement, et comme un moment où l'on dirait qu'elles vont se joindre et se confondre. Saint Augustin, on le sait, a mêlé aussi Virgile à ses *Confessions;* on voit qu'il l'avait goûté et aimé, qu'il avait pleuré sur Didon, quoique ce soit plus agréable à citer de loin qu'à lire de près, saint Augustin étant beaucoup moins tendre et moins touchant en cela qu'on ne se plaît à l'imaginer. Mais Dante nous suffit, et l'on a droit de dire : Tout chrétien dans son pèlerinage aime à cheminer avec Virgile le plus longtemps qu'il peut, et ne se détache de lui, si tant est qu'il doive à un moment s'en détacher, qu'à la dernière extrémité et en pleurant.

Bornons ici l'énumération. J'ai parcouru les principaux points qu'assemble sous son astre et qu'anime de son doux rayon cette beauté, cette puissance d'un ordre unique, cette chose parfaite et charmante qu'on appelle le génie virgilien : amour de la nature ; — culte de la poésie, respect déjà classique des maîtres, imitation savante ; — érudition et science d'antiquaire ; — patriotisme ; — humanité, piété, sensibilité et tendresse ; c'est là une première esquisse par laquelle il était juste de commencer. Mais je n'aurais pas dit ce qui est surtout à remarquer et ce qui donne à ce génie de Virgile, comme à un degré un peu moindre, je le crois, à celui de Racine, — comme, dans un autre ordre de productions, au génie de Raphaël, — son principal caractère et sa perfection, si je n'insistais dès à présent sur cette qualité souveraine qui embrasse en elle et unit toutes les autres, et que de nos jours on est trop tenté d'oublier et de méconnaître : je veux parler de l'unité de ton et de couleur, de l'harmonie et de la convenance des parties entre elles, de la proportion, de ce goût soutenu, qui est ici un des signes du génie, parce qu'il tient au fond comme à la fleur de l'âme, et qu'on me laissera appeler une suprême délicatesse ; je multiplie tous les noms pour rendre ce que je sens, ce que les autres sentent comme moi, et ce qui n'a son entière définition que dans le sentiment même. Mais, s'il est malaisé de définir en soi cette qualité essentiellement virgilienne, qui consiste souvent, comme tout ce qui est d'un art exquis et d'un art moral, à n'agir qu'à l'intérieur et à se dérober, combien il nous serait facile de la mieux faire comprendre et de la montrer par ses contraires !

Les contraires, hélas ! ce sont bien des choses qui nous entourent et qui sont les marques et les symptômes des littératures vieillies, riches encore et fécondes, mais curieuses à la fois et blasées à l'excès ; c'est tout ce qui force le ton, tout ce qui jure et crie dans la couleur, dans le style, dans la pensée, dans l'observation et la description des objets extérieurs, dans les découvertes et les analyses à perte de vue qu'on prétend donner de la nature humaine, et qui en déplacent violemment le centre, qui en bouleversent l'équilibre. De grands talents sont compatibles avec ces défauts : que dis-je ! ils en vivent, ils s'en glorifient et s'en parent, ils en triomphent comme de beautés nouvelles et de conquêtes. J'aime peu à parler, dès que je n'y suis plus obligé, des productions de nos jours : non que je ne les apprécie et que je n'admire bien souvent tout ce qu'il faut de verve, de jet vif et abondant, de récidive féconde, de main-d'œuvre habile et rapide pour occuper et amuser en courant, pour arrêter, ne fût-ce qu'un instant au passage, une société de plus en plus exigeante et affairée. A ces productions modernes, dès qu'une heureuse qualité, un signe d'invention s'y marque, il est juste de leur savoir gré de tout, de leur tenir compte des difficultés sans nombre, et de leur laisser, fussent-elles destinées à périr jeunes, le peu de vie et le succès d'une saison qui leur est accordé. Mais pourtant une étude de la poésie latine et de cette moyenne antiquité à laquelle nous atteignons si aisément, et dont le commerce n'a pas cessé de nous être facile, serait trop incomplète, serait trop inactive et trop morte si l'on n'en tirait à l'occasion les conséquences naturelles et les leçons qui peuvent nous convenir et nous éclairer. Or quelle leçon nous donne avant tout le génie, l'art de Virgile, lorsqu'on en a parcouru en idée les principaux mérites et qu'on le considère un moment dans son ensemble?

Une leçon de goût, d'harmonie, de beauté humaine soutenue et modérée. Essayons un peu d'opposer à cette impression que l'on doit au noble poëte quelques-uns de nos défauts habituels ; et, pour ne rien choquer, qu'on me laisse un moment métamorphoser les choses, leur donner un air de mythologie, en les revêtant de quelques-unes des images et des figures que la lecture même de Virgile et des anciens nous suggère.

Je me suis quelquefois demandé ce qu'un de ces personnages extraordinaires, fabuleux, monstrueux en partie, qui ont du divin et de la bête, un de ces Titans qui voulurent escalader le Ciel et que Jupiter foudroya ; ou cet Encelade qui faisait bouillonner l'Etna et trembler toute la Sicile toutes les fois qu'il se remuait ; ou bien ce Cyclope cousin des Titans et géant lui-même, ce Polyphème qui, dans sa jeunesse pourtant, jouait si habilement de la flûte : ou bien un de ces Sphinx de mystère, une de ces magiciennes dont il nous est fait de si terribles peintures, mais qui avaient aussi quelques parties supérieures et spécieuses, et le don de divination et de prophétie ; une de ces Nymphes, de ces déesses secondaires qui ont quelque chose en elles de la Chimère ou de la Sirène ; ou quelqu'un encore de ces demi-dieux champêtres qui bondissaient à la suite du dieu Pan ; un de ces êtres, en un mot, qui sont à la fois au-dessus et au-dessous de l'homme (et, prenons garde! cet être-là, c'est bien aisément nous-mêmes si nous n'avons reçu du Ciel le plus heureux mélange, et pour peu que nous nous abandonnions), — je me suis donc demandé ce qu'il en serait si quelqu'un de ces êtres, démons ou génies, se civilisant en apparence, était supposé tout d'un coup doué de talent, du talent d'écrire, de composer des livres, des poëmes, des romans, etc.; s'il avait appris enfin tout l'usage qu'on peut tirer de ce petit instrument qu'on tient à la main, une plume. Bon Dieu! que d'étonnantes choses on verrait! que de prodiges à première vue! que de coups de force! que de tours d'adresse! que de pénétration! ce serait, par moments, à donner le vertige. Mais on le voit trop aussi, et l'on a déjà achevé ma pensée : à côté de ces prouesses gigantesques de talent, ou de ces merveilles et de ces splendeurs de peinture et de ces magnificences de tissu, ou de ces projections infinies et subtiles dans les sentiments raffinés, ou de ces mouvantes et soudaines constructions de récits, que de chutes, que de catastrophes, et, pour tout dire, que d'éclaboussures! car, faute du goût humain, il n'y a aucune garantie : à côté d'une apparence de beauté, d'un commencement de beauté, ou de grandeur, ou d'émotion, tout d'un coup une énormité, un quartier de rocher qui vous tombe sur la tête, une crudité qui vous révolte, en un mot, une offense à la délicatesse. Oh! jamais avec Virgile, jamais avec un génie de cette famille si bien née, avec un talent nourri de cette lecture et qui la sent profondément, jamais vous n'avez à craindre de telles rencontres, de telles subites avanies, qui (je parle du moins pour moi) corrompent tout plaisir, et qui glacent dans sa source le bonheur de l'admiration.

Le génie de Virgile a naturellement contre lui les monstres. Caligula ordonna un jour que toutes les images ou statues de Virgile, comme celles de Tite-Live, seraient enlevées des bibliothèques publiques, et les exemplaires de leurs ouvrages détruits. Le caractère d'un talent se juge d'après ceux qui le haïssent non moins sûrement que d'après ceux qui l'admirent.

On a compris à l'avance l'utilité dont pourrait être une lecture bien faite et bien sentie de Virgile, un commerce salutaire ainsi doucement renoué. Il m'arrive à tout instant de parler d'Homère, de cet Homère qui mériterait d'avoir, comme Dante, un prêtre à part pour l'expliquer, pour le lire et le développer, pour le recommencer sans cesse en public quand on l'aurait fini, et duquel je ne parle ici qu'en balbutiant. Cette admiration que j'ai pour Homère, on la devine sans peine très-supérieure (ce n'est plus une hardiesse de le dire) à celle même que j'ai pour Virgile. Mais, le dirai-je aussi ? les qualités et les vertus poétiques d'Homère et de l'épopée homérique, on est assez en veine et en disposition de les goûter, de les célébrer aujourd'hui. Je craindrais plutôt, si on livrait sans préparation Homère à ceux qui s'attachent en tout à la forme plutôt qu'à l'esprit, qu'on n'en prît occasion d'un faux sublime, d'une naïveté prétentieuse de couleur, d'un naturel excessif, et qui n'est vrai qu'à sa place et à son âge du monde. On est trop porté de nos jours à outrer le caractère extérieur, sauf à ne pas être fidèle à l'esprit ; tandis qu'avec Virgile, dans la disposition littéraire présente, il n'y a nul danger et il n'y aurait que profit à s'en approcher et à y puiser les leçons indirectes et intimes qu'il nous donne. Oh ! qu'en ce moment nous irait bien le génie ou tout au moins le tempérament virgilien ! Ne rien outrer, ne rien affecter, plutôt rester un peu en deçà, ne point trop accuser la ligne ni le ton, voilà de quoi nous avons besoin d'être avertis. Jamais la littérature latine, étudiée dans sa période classique, dans sa nuance d'Auguste, avec ce qu'elle offre de digne, de grave, de précis, de noble et de sensé, n'a été plus nécessaire qu'aujourd'hui. Encore une fois, je ne veux pas médire de notre temps: il a de grands mérites, notamment une intelligence historique et critique plus étendue qu'on n'en a jamais eu, le sentiment des styles à toutes les époques, et des différentes manières ; mais la manière qui repose et qui ennoblit est celle encore à laquelle on devrait aimer, ce semble, à revenir après les courses en tous sens et les excès ou les fatigues. Rien n'est perdu de la délicatesse d'une âme si, quoi qu'elle ait fait et vu et cherché, elle se retrouve sensible en présence de Virgile, et s'il fait naître une larme, — une de ces larmes d'émotion comme j'en ai vu rouler un jour dans les yeux d'un noble statuaire [1] devant qui un étranger osait, dans la galerie du Vatican, critiquer l'Apollon du Belvédère : l'artiste offensé ne répondit que par cette larme.

J'aime à marier ces deux ordres de beauté, à rapprocher ces chefs-d'œuvre de l'art noble; contenu, poli, civilisé, qui enferment et disent plus de choses qu'ils n'en accusent. Je sais que l'Apollon, si admiré et presque adoré de nos pères, est moins en faveur aujourd'hui qu'autrefois ; une sculpture plus énergique a prévalu ; mais de son piédestal harmonieux il continue de régner toujours, et son calme fier n'a pas cessé d'être l'image du plus décent des poëtes. Car notez le rapport merveilleux et la parenté : de même que le Jupiter de Phidias, s'il s'était mêlé de peindre, aurait remonté à sa source et aurait peint comme Homère, de même l'Apollon du Belvédère, s'il se mêlait d'écrire, écrirait comme Virgile.

[1]. Fogelberg.

SAINTE-BEUVE.

LES
BUCOLIQUES

TRADUCTION DE

M. CHARPENTIER (DE SAINT-PREST)

INSPECTEUR HONORAIRE DE L'ACADÉMIE DE PARIS,
AGRÉGÉ DE LA FACULTÉ DES LETTRES.

LES BUCOLIQUES

ÉGLOGUE I.

MÉLIBÉE, TITYRE.

MÉLIBÉE.

O Tityre! étendu sous l'abri de ce hêtre touffu, tu essaies des airs champêtres sur ton léger chalumeau; et nous, exilés de notre patrie, nous quittons ses douces campagnes; nous fuyons la patrie! toi, Tityre, mollement couché sous l'ombrage, tu apprends aux forêts à redire le nom de la belle Amaryllis.

TITYRE.

O Mélibée! c'est un dieu qui nous a fait ce loisir; oui, toujours il sera un dieu pour moi; son autel sera souvent arrosé du sang d'un tendre agneau sorti de ma bergerie. C'est lui qui a permis à mes génisses d'errer en liberté, comme tu le vois, et à moi-même de jouer sur ma flûte rustique les airs que je voudrais.

ECLOGA I.

MELIBŒUS, TITYRUS.

MELIBŒUS.

Tityre, tu patulæ recubans sub tegmine fagi,
Silvestrem tenui musam meditaris avena;
Nos patriæ fines et dulcia linquimus arva;
Nos patriam fugimus! Tu, Tityre, lentus in umbra
Formosam resonare doces Amaryllida silvas.   5

TITYRUS.

O Melibœe, deus nobis hæc otia fecit :
Namque erit ille mihi semper deus; illius aram
Sæpe tener nostris ab ovilibus imbuet agnus.
Ille meas errare boves, ut cernis, et ipsum
Ludere quæ vellem calamo permisit agresti.   10

MÉLIBÉE.

Je ne suis point jaloux de ton bonheur; mais il m'étonne : tant de troubles agitent nos campagnes! Moi-même, faible et malade, j'emmène mes chèvres loin de ces lieux; en voici une, Tityre, qui a peine à me suivre. Ici, parmi ces épais coudriers, elle vient de mettre bas et de laisser, hélas! sur une roche nue deux jumeaux, l'espoir de mon troupeau. Ce malheur, si mon esprit n'eût été aveuglé, souvent, je m'en souviens, les chênes frappés de la foudre me l'annoncèrent; souvent, du creux de l'yeuse, la corneille sinistre me l'a prédit. Mais enfin ce dieu, quel est-il, Tytire, dis-le-moi?

TITYRE.

La ville qu'on appelle Rome, ô Mélibée, je la croyais, dans ma simplicité, semblable à la ville voisine, où nous avons coutume, nous autres bergers, de conduire nos tendres agneaux. Ainsi je voyais les jeunes chiens ressembler à leurs pères, les chevreaux à leurs mères; ainsi aux petites choses je comparais les grandes. Mais Rome élève autant la tête parmi les autres villes que les cyprès parmi les viornes flexibles.

MÉLIBÉE.

Et quel motif si puissant te conduisait à Rome?

MELIBOEUS.

Non equidem invideo, miror magis : undique totis
Usque adeo turbatur agris! En ipse capellas
Protenus æger ago; hanc etiam vix, Tityre, duco.
Hic inter densas corylos modo namque gemellos,
Spem gregis, ah! silice in nuda connixa reliquit.   15
Sæpe malum hoc nobis, si mens non læva fuisset,
De cœlo tactas memini prædicere quercus;
Sæpe sinistra cava prædixit ab ilice cornix.
Sed tamen, iste deus qui sit, da, Tityre, nobis.

TITYRUS.

Urbem, quam dicunt Romam, Melibœe, putavi   20
Stultus ego huic nostræ similem, quo sæpe solemus
Pastores ovium teneros depellere fetus.
Sic canibus catulos similes, sic matribus hædos
Noram; sic parvis componere magna solebam.
Verum hæc tantum alias inter caput extulit urbes,   25
Quantum lenta solent inter viburna cupressi.

MELIBOEUS.

Et quæ tanta fuit Romam tibi causa videndi?

TITYRE.

La liberté, qui, bien que tardive, me regarda, dans mon insouciance, d'un œil favorable, quand ma barbe tombait déjà blanchie sous le rasoir; enfin, après une longue attente, elle m'a souri, et elle est venue, depuis qu'Amaryllis me tient sous sa loi et que Galatée m'a quitté. Car je l'avouerai, tant que j'appartins à Galatée, je n'avais ni espoir de liberté ni soin de mon pécule. En vain de mes étables sortaient de nombreuses victimes; en vain pour une ville ingrate je pressurais mon plus pur laitage : jamais je ne revenais au logis les mains chargées d'argent.

MÉLIBÉE.

Et je m'étonnais si, toujours triste, Amaryllis, tu invoquais les dieux! si tu laissais pendre à l'arbre les fruits mûrs! Tityre était absent. Ah! Tityre, ces pins, ces fontaines, ces arbrisseaux t'appelaient.

TITYRE.

Que faire? Je ne pouvais autrement sortir d'esclavage ni espérer ailleurs des dieux aussi favorables. C'est là que je l'ai vu, ô Mélibée! ce jeune héros pour qui chaque année, douze fois sur nos autels, fume l'encens; là, qu'à ma prière il a répondu : « Faites

TITYRUS.

Libertas, quæ sera tamen respexit inertem,
Candidior postquam tondenti barba cadebat;
Respexit tamen, et longo post tempore venit,   30
Postquam nos Amaryllis habet, Galatea reliquit.
Namque, fatebor enim, dum me Galatea tenebat,
Nec spes libertatis erat, nec cura peculi.
Quamvis multa meis exiret victima septis,
Pinguis et ingratæ premeretur caseus urbi,
Non unquam gravis ære domum mihi dextra redibat. 35

MELIBŒUS.

Mirabar quid mœsta deos, Amarylli, vocares,
Cui pendere sua patereris in arbore poma.
Tityrus hinc aberat. Ipsæ te, Tityre, pinus,
Ipsi te fontes, ipsa hæc arbusta vocabant.

TITYRUS.

Quid facerem? Neque servitio me exire licebat,   40
Nec tam præsentes alibi cognoscere divos.
Hic illum vidi juvenem, Melibœe, quotannis
Bis senos cui nostra dies altaria fumant.

paître vos **génisses** comme auparavant; soumettez au joug vos taureaux. »

MÉLIBÉE.

Heureux vieillard! ainsi tes champs, tu les conserveras! ils sont assez grands pour toi, bien que resserrés par un rocher stérile et par un marais qui les couvre de joncs limoneux. Tes brebis pleines n'auront point à souffrir d'une pâture inaccoutumée, et, devenues mères, elles ne craindront pas la contagion d'un troupeau voisin. Heureux vieillard! ici, sur la rive du fleuve que tu connais, près des fontaines sacrées, tu respireras la fraîcheur de l'ombrage épais. Tantôt, sur cette haie qui borde ton héritage, l'abeille du mont Hybla viendra butiner la fleur du saule, et, par son léger bourdonnement, t'inviter au sommeil; tantôt, au pied de cette roche élevée, le vigneron, en effeuillant sa vigne, fera retentir l'air de ses chansons, tandis que les ramiers, tes amours, ne cesseront de roucouler, et la tourterelle de gémir sur la cime aérienne de l'ormeau.

TITYRE.

Aussi l'on verra dans les plaines de l'air paître les cerfs légers, la mer abandonner les poissons à sec sur le rivage; et, changeant

Hic mihi responsum primus dedit ille petenti :
« Pascite, ut ante, boves, pueri; submittite tauros.» 45

MELIBŒUS.

Fortunate senex! ergo tua rura manebunt!
Et tibi magna satis, quamvis lapis omnia nudus
Limosoque palus obducat pascua junco.
Non insueta graves tentabunt pabula fetas,
Nec mala vicini pecoris contagia lædent. 50
Fortunate senex! hic, inter flumina nota
Et fontes sacros, frigus captabis opacum.
Hinc tibi, quæ semper vicino ab limite sepes
Hyblæis apibus florem depasta salicti;
Sæpe levi somnum suadebit inire susurro. 55
Hinc alta sub rupe canet frondator ad auras;
Nec tamen interea raucæ, tua cura, palumbes,
Nec gemere aeria cessabit turtur ab ulmo.

TITYRUS.

Ante leves ergo pascentur in æthere cervi,
Et freta destituent nudos in litore pisces; 60
Ante, pererratis amborum finibus, exsul

BUCOLIQUES, ÉGLOGUE I.

de pays, le Parthe exilé boira les eaux de l'Arar, et le Germain celles du Tigre, avant que son image s'efface de mon cœur.

MÉLIBÉE.

Mais nous, exilés de ces lieux, nous irons les uns chez l'Africain brûlé par le soleil, les autres dans la Scythie, ou en Crète, sur les bords de l'Oaxe rapide, ou chez les Bretons séparés du reste de l'univers. Oh! jamais, après un long exil, après plusieurs moissons, ne reverrai-je le sol de ma patrie et le toit rustique de ma pauvre chaumière, jamais ce petit champ qui formait mon royaume? Un soldat impie possédera ces terres cultivées avec tant de soin? un Barbare, ces moissons? Voilà où la discorde a conduit nos malheureux citoyens! voilà pour qui nous avons ensemencé nos champs! Va maintenant, Mélibée, greffer tes poiriers, aligner tes ceps! Et vous, troupeau jadis heureux, allez, mes chèvres, allez! étendu dans une grotte verdoyante, je ne vous verrai plus de loin suspendues aux flancs d'une roche buissonneuse. Désormais plus de chants. Non, vous n'irez plus, sous ma conduite, brouter le saule amer et le cytise fleuri.

TITYRE.

Cependant cette nuit, tu peux encore la passer avec moi sur un lit de feuillage. Nous avons des fruits mûrs, des châtaignes

Aut Ararim Parthus bibet, aut Germania Tigrim,
Quam nostro illius labatur pectore vultus.

MELIBŒUS.

At nos hinc alii sitientes ibimus Afros;
Pars Scythiam, et rapidum Cretæ veniemus Oaxem, 65
Et penitus toto divisos orbe Britannos.
En unquam patrios longo post tempore fines,
Pauperis et tuguri congestum cespite culmen,
Post aliquot, mea regna videns, mirabor aristas?
Impius hæc tam culta novalia miles habebit? 70
Barbarus has segetes? En quo discordia cives
Perduxit miseros! En quis consevimus agros!
Insere nunc, Melibœe, pyros, pone ordine vites!
Ite meæ, felix quondam pecus, ite capellæ:
Non ego vos posthac, viridi projectus in antro, 75
Dumosa pendere procul de rupe videbo.
Carmina nulla canam : non, me pascente, capellæ,
Florentem cytisum et salices carpetis amaras.

TITYRUS.

Hic tamen hanc mecum poteris requiescere noctem
Fronde super viridi. Sunt nobis mitia poma. 80

tendres et du fromage en abondance. Déjà, du faîte des chaumières, s'élève au loin la fumée, et, du haut des montagnes, les ombres descendent plus grandes dans la plaine.

ÉGLOGUE II.

ALEXIS.

Le berger Corydon brûlait pour le bel Alexis, les délices de son maître; et il n'avait aucun espoir. Seulement, chaque jour, il venait sous les cimes ombreuses des hêtres touffus. Là, solitaire, il jetait en vain aux montagnes et aux forêts ces plaintes sans art : O cruel Alexis! tu dédaignes mes chants! tu es pour moi sans pitié! tu me forceras enfin à mourir. Voici l'heure où les troupeaux eux-mêmes cherchent l'ombre et la fraîcheur; où le vert lézard se cache sous les buissons; où Thestylis broie, pour les moissonneurs épuisés par l'ardeur accablante du soleil, l'ail et le serpolet odorants : et moi, pour suivre la trace de tes pas, je brave les ardeurs du midi, et ma voix seule se mêle, dans les halliers, au cri de la cigale. Oh! qu'il eût mieux valu supporter les tristes emportements d'Amaryllis et ses superbes dédains! Qu'il

<pre>
        Castaneæ molles et pressi copia lactis.
        Et jam summa procul villarum culmina fumant,
  •   Majoresque cadunt altis de montibus umbræ.
</pre>

ECLOGA II.

ALEXIS

<pre>
    Formosum pastor Corydon ardebat Alexin,
    Delicias domini; nec quid speraret habebat.
    Tantum inter densas, umbrosa cacumina, fagos
    Assidue veniebat; Ibi hæc incondita solus
    Montibus et silvis studio jactabat inani: 5
    O crudelis Alexi, nihil mea carmina curas!
    Nil nostri miserere! mori me denique coges.
    Nunc etiam pecudes umbras et frigora captant;
    Nunc virides etiam occultant spineta lacertos;
    Thestylis et rapido fessis messoribus æstu   10
    Allia serpyllumque herbas contundit olentes :
    At mecum raucis, tua dum vestigia lustro,
    Sole sub ardenti resonant arbusta cicadis.
    Nonne fuit satius tristes Amaryllidis iras
    Atque superba pati fastidia? nonne Menalcan,   15
</pre>

eût mieux valu préférer Ménalque, malgré son teint basané, malgré la blancheur du tien ! O bel enfant ! ne te fie pas trop à ces fraîches couleurs : le blanc troëne, on le laisse tomber, et on recueille le noir vaciet.

Tu me méprises, Alexis, et tu ne demandes même pas qui je suis ; si j'ai de nombreux troupeaux ; si, dans mon bercail, coule en abondance un lait blanc comme la neige. J'ai mille brebis qui errent sur les montagnes de Sicile ; en été, comme en hiver, le lait nouveau ne me manque jamais. Je chante les airs que chantait Amphyon sur l'Aracynthe, au bord de la fontaine de Dircé, quand il rappelait ses troupeaux. Et je ne suis pas si difforme : l'autre jour, près du rivage, je me suis vu, pendant que les vents étaient calmes et la mer immobile ; et si l'image est fidèle, je ne craindrais pas Daphnis, en te prenant pour juge.

Oh ! viens seulement habiter avec moi ces campagnes que tu dédaignes, et vivre sous nos humbles cabanes ! viens forcer le cerf dans les bois, et, la verte houlette à la main, guider mon troupeau de chèvres ! Émules de Pan, nous ferons retentir les forêts de nos chants. C'est Pan qui le premier apprit à unir avec la cire plusieurs chalumeaux ; Pan protége les brebis et les maîtres des brebis. Ne crains point de froisser tes lèvres avec nos pipeaux rustiques ; pour en savoir autant, que ne faisait point Amyntas ?

Quamvis ille niger, quamvis tu candidus esses ?
O formose puer, nimium ne crede colori :
Alba ligustra cadunt, vaccinia nigra leguntur.
Despectus tibi sum, nec qui sim quæris, Alexi,
Quam dives pecoris, nivei quam lactis abundans.   20
Mille meæ Siculis errant in montibus agnæ ;
Lac mihi non æstate novum, non frigore defit.
Canto quæ solitus, si quando armenta vocabat,
Amphion Dircæus in Actæo Aracyntho.
Nec sum adeo informis ; nuper me in litore vidi,   25
Quum placidum ventis staret mare. Non ego Daphnim,
Judice te, metuam, si nunquam fallit imago.
O tantum libeat mecum tibi sordida rura,
Atque humiles habitare casas, et figere cervos,
Hædorumque gregem viridi compellere hibisco !   30
Mecum una in silvis imitabere Pana canendo.
Pan primus calamos cera conjungere plures
Instituit ; Pan curat oves oviumque magistros.
Nec te pœniteat calamo trivisse labellum :
Hæc eadem ut sciret, quid non faciebat Amyntas ?   35

Je possède une flûte composée de sept tuyaux d'inégale longueur ; c'est un présent de Damétas, et en mourant il me dit : « Sois-en le second maître. » Ainsi parla Damétas, et Amyntas en fut sottement jaloux. J'ai de plus deux jeunes chevreuils, que j'ai surpris, non sans danger, dans le fond d'un ravin. Leur poil est encore tacheté de blanc ; chaque jour, ils épuisent les deux mamelles d'une brebis ; c'est pour toi que je les garde. Depuis bien longtemps, Thestylis me les demande avec instance ; et Thestylis les obtiendra, puisque mes présents n'ont nul prix à tes yeux.

Viens, ô bel enfant ! viens en ces lieux ; vois les nymphes t'apporter leurs corbeilles pleines de lis, la blanche Naïade cueillir pour toi la pâle violette et le pavot superbe, y joindre le narcisse, l'aneth parfumé, le romarin odoriférant, et relever, par l'éclat du souci doré, les molles couleurs du vaciet. Moi-même, je cueillerai les fruits que blanchit un léger duvet, et les châtaignes que mon Amaryllis aimait ; j'y joindrai les prunes dorées, et ce fruit aussi aura son prix ; lauriers, et vous, myrtes, je vous rapprocherai, et j'enlacerai vos rameaux, puisqu'ainsi réunis vous mariez si bien vos suaves parfums.

Corydon, tu n'es qu'un villageois ; tes présents ne touchent

<pre>
    Est mihi disparibus septem compacta cicutis
    Fistula, Damœtas dono mihi quam dedit olim,
    Et dixit moriens : « Te nunc habet ista secundum, »
    Dixit Damœtas ; invidit stultus Amyntas.
    Præterea duo, nec tuta mihi valle reperti,   40
    Capreoli, sparsis etiam nunc pellibus albo,
    Bina die siccant ovis ubera : quos tibi servo.
    Jam pridem a me illos abducere Thestylis orat ;
    Et faciet, quoniam sordent tibi munera nostra.
    Huc ades, o formose puer ; tibi lilia plenis   45
    Ecce ferunt nymphæ calathis ; tibi candida Naïs,
    Pallentes violas et summa papavera carpens,
    Narcissum et florem jungit bene olentis anethi :
    Tum, casia atque aliis intexens suavibus herbis,
    Mollia luteola pingit vaccinia caltha.   50
    Ipse ego cana legam tenera lanugine mala,
    Castaneasque nuces, mea quas Amaryllis amabat ;
    Addam cerea pruna ; et honos erit huic quoque pomo.
    Et vos, o lauri, carpam, et te, proxima myrte,
    Sic positæ quoniam suaves miscetis odores.   55
    Rusticus es, Corydon, nec munera curat Alexis :
</pre>

point Alexis; et quand, par des présents, tu voudrais disputer son cœur, Iolas ne te le céderait point. Hélas! malheureux, qu'ai-je fait! j'ai sur les fleurs déchaîné le vent du midi, et dans les claires fontaines lâché les sangliers.

Jeune insensé! sais-tu bien qui tu fuis? Pâris issu de Dardanus et les Dieux eux-mêmes ont habité les forêts : laisse Pallas se plaire aux cités, elle qui les a bâties; pour nous, à tout autre séjour préférons les forêts. La lionne farouche cherche le loup, le loup cherche la chèvre, et la chèvre le cytise fleuri ; mais Corydon, c'est toi qu'il cherche, ô Alexis! Chacun cède au penchant qui l'entraîne.

Vois ces jeunes taureaux qui rapportent la charrue suspendue à leur joug; le soleil, en se retirant, double les ombres croissantes : moi, cependant, l'amour me brûle encore; eh! quel terme, en effet, aux tourments de l'amour? Ah! Corydon, Corydon, quel est ton délire! ta vigne languit à demi taillée sur l'orme touffu. Ah! plutôt, donne tes soins à quelques ouvrages utiles : tresse en corbeilles le jonc ou l'osier flexible. Si celui-ci te dédaigne, tu trouveras un autre Alexis.

    Nec, si muneribus certes, concedat Iolas.
    Eheu! quid volui misero mihi? floribus Austrum
Perditus, et liquidis immisi fontibus apros.
Quem fugis, ah demens! Habitarunt di quoque silvas,   60
Dardaniusque Paris. Pallas, quas condidit, arces
Ipsa colat; nobis placeant ante omnia silvæ.
Torva leæna lupum sequitur; lupus ipse capellam ;
Florentem cytisum sequitur lasciva capella ;
Te Corydon, o Alexi : trahit sua quemque voluptas.   65
Adspice, aratra jugo referunt suspensa juvenci,
Et sol crescentes decedens duplicat umbras :
Me tamen urit amor; quis enim modus adsit amori?
Ah! Corydon, Corydon, quæ te dementia cepit!
Semiputata tibi frondosa vitis in ulmo est.   70
Quin tu aliquid saltem potius quorum indiget usus,
Viminibus mollique paras detexere junco?
Invenies alium, si te hic fastidit, Alexin.

ÉGLOGUE III.

MÉNALQUE, DAMÉTAS, PALÉMON.

MÉNALQUE.

Dis-moi, Damétas, à qui ce troupeau? à Mélibée?

DAMÈTE.

Non, mais à Égon; Égon me l'a confié depuis peu.

MÉNALQUE.

Troupeau toujours malheureux! pauvres brebis! Tandis que le maître courtise Neéra et tremble qu'elle ne me préfère à lui, ce gardien mercenaire trait les brebis deux fois par heure, enlevant aux mères la force, et le lait aux agneaux.

DAMÈTE.

Songes-y pourtant; à des hommes, de tels reproches se doivent faire avec plus de réserve; nous savons qui te.... les boucs te regardaient de travers, et l'antre sacré où.... mais, trop indulgentes, les nymphes ne firent qu'en rire.

MÉNALQUE.

Ce fut sans doute le jour où elles me virent, d'une serpe mal-

ECLOGA III.

MÉNALQUE, DAMÈTE, PALÉMON.

MENALCAS.

Dic mihi, Damœta, cujum pecus? an Melibœi?

DAMŒTAS.

Non; verum Ægonis: nuper mihi tradidit Ægon.

MENALCAS.

Infelix o semper, oves, pecus! Ipse Neæram
Dum fovet, ac, ne me sibi præferat illa, veretur,
Hic alienus oves custos bis mulget in hora; 5
Et succus pecori, et lac subducitur agnis.

DAMŒTAS.

Parcius ista viris tamen objicienda memento.
Novimus et qui te, transversa tuentibus hircis,
Et quo, sed faciles nymphæ risere, sacello.

MENALCAS.

Tum, credo, quum me arbustum videre Miconis 10

faisante, couper les nouveaux plants et les jeunes vignes de Micon.

DAMÈTE.

Ou lorsqu'ici, près de ces vieux hêtres, tu brisas l'arc et les flèches de Daphnis. Méchant que tu es! irrité de les avoir vu donner à cet enfant, tu te désolais, et, si tu n'avais trouvé quelque moyen de lui nuire, tu serais mort de dépit.

MÉNALQUE.

Que feront donc les maîtres, si des valets fripons ont tant d'audace? Mais moi, ne t'ai-je pas vu, misérable, surprendre dans des piéges et emporter un chevreau de Damon? Lycisca avait beau aboyer; tandis que je m'écriais : « Où fuit ce voleur? Tityre, rassemble ton troupeau »; déjà tu étais caché derrière les glaïeuls.

DAMÈTE.

Vaincu par mes chants, que ne me livrait-il le chevreau qu'avaient mérité et ma flûte et mes vers? Si tu l'ignores, ce chevreau m'appartenait, et Damon lui-même en convenait; mais me le livrer! il ne le pouvait, disait-il.

MÉNALQUE.

Toi, vainqueur de Damon? as-tu jamais seulement possédé une flûte dont la cire réunît les tuyaux? N'est-ce pas toi, pâtre gros-

Atque mala vites incidere falce novellas.

DAMŒTAS.

Aut hic ad veteres fagos, quum Daphnidis arcum
Fregisti et calamos; quæ tu, perverse Menalca,
Et, quum vidisti puero donata, dolebas;
Et, si non aliqua nocuisses, mortuus esses.   15

MENALCAS.

Quid domini facient, audent quum talia fures?
Non ego te vidi Damonis, pessime, caprum
Excipere insidiis, multum latrante Lycisca?
Et quum clamarem : « Quo nunc se proripit ille?
Tityre, coge pecus; » tu post carecta latebas.   20

DAMŒTAS.

An mihi, cantando victus, non redderet ille,
Quem mea carminibus meruisset fistula, caprum?
Si nescis, meus ille caper fuit; et mihi Damon
Ipse fatebatur; sed reddere posse negabat.

MENALCAS.

Cantando tu illum? aut unquam tibi fistula cera   25
Juncta fuit? Non tu in triviis, indocte, solebas

sier, qu'on vit si souvent dans les carrefours, fredonnant de misérables airs sur ton aigre chalumeau ?

DAMÈTE.

Eh bien, veux-tu que nous fassions, tour à tour, l'essai de nos talents ? Tu vois cette génisse (ne la dédaigne pas ; deux fois chaque jour on la trait, et elle nourrit deux petits) ; elle sera mon enjeu ; et toi, quel est ton gage ?

MÉNALQUE.

De mon troupeau je n'oserais rien hasarder dans ce défi ; car j'ai à la maison un père avare et une injuste marâtre. Matin et soir, l'un et l'autre comptent mes brebis, et l'un d'eux compte aussi mes chevreaux. Mais voici, puisque tu veux faire une folie, un gage bien supérieur au tien ; toi-même tu en conviendras : ce sont deux coupes de hêtre ciselées, chefs-d'œuvre du divin Alcimédon : son ciseau facile les a couronnées d'une vigne flexible, et y a jeté çà et là des grappes qu'un lierre revêt de son pâle feuillage. Au milieu, sont deux figures, Conon, et... quel est l'autre dont le compas a mesuré le monde, et marqué le temps du labour, le temps de la moisson ? Ces coupes, je ne les ai point encore approchées de mes lèvres ; je les garde soigneusement renfermées.

Stridenti miserum stipula disperdere carmen ?

DAMŒTAS.

Vis ergo inter nos, quid possit uterque, vicissim
Experiamur ? Ego hanc vitulam (ne forte recuses,
Bis venit ad mulctram, binos alit ubere fetus)　　　30
Depono ; tu dic mecum quo pignore certes.

MENALCAS.

De grege non ausim quidquam deponere tecum :
Est mihi namque domi pater, est injusta noverca ;
Bisque die numerant ambo pecus, alter et hædos.
Verum, id quod multo tute ipse fatebere majus,　　　35
(Insanire libet quoniam tibi) pocula ponam
Fagina, cælatum divini opus Alcimedontis :
Lenta quibus torno facili superaddita vitis
Diffusos hedera vestit pallente corymbos.
In medio duo signa, Conon ; et... quis fuit alter ?...　　40
Descripsit radio totum qui gentibus orbem,
Tempora quæ messor, quæ curvus arator haberet ?
Necdum illis labra admovi, sed condita servo.

DAMÈTE.

Le même Alcimédon nous a fait aussi deux coupes : une branche d'acanthe en embrasse mollement les anses; au milieu, on voit Orphée et les forêts qui le suivent. Je ne les ai point encore approchées de mes lèvres ; je les garde soigneusement renfermées. Auprès de ma génisse, tes coupes ne méritent pas qu'on les vante.

MÉNALQUE.

Tu ne m'échapperas pas aujourd'hui ; toutes tes conditions, je les accepterai. Que ce berger qui s'avance nous écoute seulement ; ah ! c'est Palémon. Je vais, pour toujours, t'ôter l'envie de défier personne aux combats du chant.

DAMÈTE.

Allons, montre ce que tu sais ; je suis prêt à te répondre, et je ne crains personne : seulement, voisin Palémon, prête-nous une oreille attentive ; la chose en vaut la peine.

PALÉMON.

Chantez, jeunes bergers, puisque nous voilà assis sur un tendre gazon. Déjà les campagnes ont repris leur fécondité, les arbres leur verdure, les forêts leur feuillage ; l'année est dans toute sa beauté. Commence, Damète ; toi, Ménalque, tu répondras. Tour à

DAMŒTAS.

Et nobis idem Alcimedon duo pocula fecit,
Et molli circum est ansas amplexus acantho ; 45
Orpheaque in medio posuit, silvasque sequentes.
Necdum illis labra admovi, sed condita servo.
Si ad vitulam spectas, nihil est quod pocula laudes.

MENALCAS.

Nunquam hodie effugies ; veniam, quocumque vocaris.
Audiat hæc tantum, vel qui venit, ecce, Palæmon. 50
Efficiam posthac ne quemquam voce lacessas.

DAMŒTAS.

Quin age, si quid habes ; in me mora non erit ulla,
Nec quemquam fugio : tantum, vicine Palæmon,
Sensibus hæc imis, res est non parva, reponas.

PALÆMON.

Dicite, quandóquidem in molli consedimus herba : 55
Et nunc omnis ager, nunc omnis parturit arbos ;
Nunc frondent silvæ, nunc formosissimus annus.
Incipe, Damœta ; tu deinde sequere, Menalca.

tour vous chanterez ; les muses aiment que l'on chante tour à tour.

DAMÈTE.

Muses, commençons par Jupiter : tout est plein de sa divinité : il féconde nos campagnes ; il s'intéresse à mes chants.

MÉNALQUE.

Et moi, Phébus m'aime ; j'ai toujours chez moi pour Phébus les dons qu'il préfère : le laurier et l'hyacinthe au doux incarnat.

DAMÈTE.

Galatée me jette une pomme, et s'enfuit, la folâtre qu'elle est, derrière les saules ; mais elle veut d'abord être aperçue.

MÉNALQUE.

Amyntas, mes amours, vient de lui-même s'offrir à mes yeux, et déjà Délie n'est pas mieux connue de mes chiens.

DAMÈTE.

J'ai pour celle que j'aime un présent tout prêt ; car j'ai remarqué l'endroit où des ramiers ont fait leur nid aérien.

MÉNALQUE.

Je viens d'envoyer à mon jeune ami dix pommes d'or cueillies sur un oranger sauvage ; c'est tout ce que j'ai pu faire : demain, il en recevra dix autres.

Alternis dicetis : amant alterna camœnæ.

DAMŒTAS.

Ab Jove principium, musæ ; Jovis omnia plena : 60
Ille colit terras : illi mea carmina curæ.

MENALCAS.

Et me Phœbus amat ; Phœbo sua semper apud me
Munera sunt : lauri, et suave rubens hyacinthus.

DAMŒTAS.

Malo me Galatea petit, lasciva puella,
Et fugit ad salices, et se cupit ante videri. 65

MENALCAS.

At mihi sese offert ultro, meus ignis, Amyntas ;
Notior ut jam sit canibus non Delia nostris.

DAMŒTAS.

Parta meæ Veneri sunt munera : namque notavi
Ipse locum aeriæ quo congessere palumbes.

MENALCAS.

Quod potui, puero silvestri ex arbore lecta 70
Aurea mala decem misi : cras altera mittam.

DAMÈTE.

Que de fois Galatée m'a dit de douces paroles! zéphyrs, portez-en quelque chose aux oreilles des dieux!

MÉNALQUE.

Que me sert, Amyntas, de n'être point l'objet de tes mépris, si, pendant que tu relances les sangliers, moi, je garde les filets?

DAMÈTE.

Iolas, envoie-moi Phyllis ; c'est le jour de ma naissance : quand j'immolerai une génisse pour la moisson, viens toi-même.

MÉNALQUE.

Phyllis! je l'aime, plus que toutes les autres ; car, elle a pleuré de me voir partir, et longtemps elle m'a répété : « Adieu, beau Ménalque, adieu ! »

DAMÈTE.

Le loup est funeste aux bergeries, la pluie aux moissons déjà mûres, l'Aquilon aux arbrisseaux, et à moi le courroux d'Amaryllis.

MÉNALQUE.

L'eau plaît aux champs ensemencés, l'arboisier aux chevreaux sevrés, le saule flexible aux brebis pleines, et à moi le seul Amyntas.

DAMŒTAS.
O quoties et quæ nobis Galatea locuta est !
Partem aliquam, venti, divûm referatis ad aures !

MENALCAS.
Quid prodest, quod me ipse animo non spernis, Amynta,
Si, dum tu sectaris apros, ego retia servo ?   75

DAMŒTAS.
Phyllida mitte mihi, meus est natalis, Iola ;
Quum faciam vitula pro frugibus, ipso venito.

MENALCAS.
Phyllida amo ante alias ; nam me discedere flevit,
Et longum « formose, vale, vale, » inquit, « Iola. »

DAMŒTAS.
Triste lupus stabulis, maturis frugibus imbres,   80
Arboribus venti, nobis Amaryllidis iræ.

MENALCAS.
Dulce satis humor, depulsis arbutus hædis,
Lenta salix feto pecori, mihi solus Amyntas.

DAMÈTE.

Pollion aime nos chants, bien qu'un peu rustiques ; muses, nourrissez une génisse pour le lecteur de vos vers.

MÉNALQUE.

Pollion, lui aussi, fait des vers d'un goût nouveau ; nourrissez pour lui un taureau qui déjà menace de la corne, et qui des pieds fasse voler la poussière.

DAMÈTE.

Puisse, ô Pollion, celui qui t'aime monter où il se réjouit de te voir parvenu ! Que pour lui coulent des ruisseaux de miel ! que pour lui le buisson épineux produise l'amome !

MÉNALQUE.

Que quiconque ne hait point Bavius, aime tes vers, ô Mévius ! et qu'il aille atteler les renards et traire les boucs.

DAMÈTE.

Bergers qui cueillez les fleurs et l'humble fraise, fuyez ce lieu : un froid serpent est caché sous l'herbe.

MÉNALQUE.

Craignez, ô mes brebis, de trop avancer : la rive est peu sûre ; le bélier lui-même n'a pas encore séché sa toison.

DAMŒTAS.
Pollio amat nostram, quamvis est rustica, musam ;
Pierides, vitulam lectori pascite vestro.   85

MENALCAS.
Pollio et ipse facit nova carmina : pascite taurum,
Jam cornu petat et pedibus qui spargat arenam.

DAMŒTAS.
Qui te, Pollio, amat, veniat quo te quoque gaudet :
Mella fluant illi, ferat et rubus asper amomum.

MENALCAS.
Qui Bavium non odit, amet tua carmina, Mævi ;   90
Atque idem jungat vulpes, et mulgeat hircos.

DAMŒTAS.
Qui legitis flores et humi nascentia fraga,
Frigidus, o pueri, fugite hinc, latet anguis in herba.

MENALCAS.
Parcite, oves, nimium procedere ; non bene ripæ
Creditur : ipse aries etiam nunc vellera siccat.   95

DAMÈTE.

Tityre, éloigne les chèvres des rives du fleuve où elles paissent ; moi-même, lorsqu'il en sera temps, je les laverai toutes à la fontaine.

MÉNALQUE.

Bergers, rassemblez vos brebis à l'ombre : si, comme l'autre jour, la chaleur vient à tarir leur lait, vainement nos mains presseront leurs mamelles.

DAMÈTE.

Hélas! que mes taureaux sont maigres en ce gras pâturage! Le même amour consume et le pasteur et le troupeau.

MÉNALQUE.

Ces brebis, ce n'est assurément point l'amour qui les tourmente ; cependant la chair revêt à peine leurs os. Je ne sais quel mauvais œil a fasciné mes tendres agneaux.

DAMÈTE.

Dis, et tu seras pour moi le grand Apollon, dis en quelles contrées le ciel n'a pas plus de trois coudées.

MÉNALQUE.

Dis en quelles contrées naissent les fleurs où sont inscrits des noms de rois ; et Phyllis est à toi seul.

DAMŒTAS.

Tityre, pascentes a flumine reice capellas ;
Ipse, ubi tempus erit, omnes in fonte lavabo.

MENALCAS.

Cogite oves, pueri : si lac præceperit æstus,
Ut nuper, frustra pressabimus ubera palmis.

DAMŒTAS.

Eheu! quam pingui macer est mihi taurus in arvo!   100
Idem amor exitium est pecori pecorisque magistro.

MENALCAS.

His certe neque amor causa est; vix ossibus hærent :
Nescio quis teneros oculus mihi fascinat agnos.

DAMŒTAS.

Dic quibus in terris, et eris mihi magnus Apollo,
Tres pateat cœli spatium non amplius ulnas.   105

MENALCAS.

Dic quibus in terris inscripti nomina regum
Nascantur flores ; et Phyllida solus habeto.

PALÉMON.

Il ne m'appartient pas de prononcer entre vous dans un si grand débat. Tous deux, vous méritez la génisse ; toi et lui, et tout berger qui, comme vous, saura exprimer les douceurs et les tourments de l'amour. Il est temps, jeunes pasteurs, de fermer les canaux ; les prairies sont assez abreuvées.

ÉGLOGUE IV.

POLLION.

Muses de Sicile, élevons un peu nos chants : tout le monde n'aime pas les arbrisseaux et les humbles bruyères ; si nous chantons les forêts, que les forêts soient dignes d'un consul.

Il est venu ce dernier âge prédit par la sibylle de Cumes ; le grand ordre des siècles épuisés recommence : déjà revient Astrée, et avec elle le règne de Saturne ; déjà du haut des cieux descend une race nouvelle.

Cet enfant dont la naissance doit bannir le siècle de fer et ramener l'âge d'or dans le monde entier, daigne, chaste Lucine, le protéger ! déjà règne Apollon, ton frère. Ton consulat, Pollion, verra naître ce siècle glorieux, et les grands mois commencer leur cours.

PALÆMON.

Non nostrum inter vos tantas componere lites :
Et vitula tu dignus, et hic, et quisquis amores
Aut metuet dulces, aut experietur amaros.   110
Claudite jam rivos, pueri ; sat prata biberunt.

ECLOGA IV.

POLLIO.

Sicelides musæ, paulo majora canamus :
Non omnes arbusta juvant humilesque myricæ ;
Si canimus silvas, silvæ sint consule dignæ.
Ultima Cumæi venit jam carminis ætas :
Magnus ab integro sæclorum nascitur ordo.   5
Jam redit et Virgo, redeunt Saturnia regna ;
Jam nova progenies cœlo demittitur alto.
Tu modo nascenti puero, quo ferrea primum
Desinet, ac toto surget gens aurea mundo,
Casta, fave, Lucina : tuus jam regnat Apollo.   10
Teque adeo decus hoc ævi, te consule, inibit,
Pollio, et incipient magni procedere menses.

Sous tes lois, les dernières traces de nos crimes, s'il en reste encore, pour toujours effacées, affranchiront la terre d'une éternelle frayeur. Cet enfant vivra de la vie des dieux ; il verra les héros mêlés parmi les Immortels ; ils le verront lui-même partager leurs honneurs. Il gouvernera l'univers pacifié par les vertus de son père.

Bientôt, divin enfant, la terre, féconde sans culture, t'offrira pour prémices le lierre rampant avec le baccar, et la colocase mariée à la gracieuse acanthe. D'elles-mêmes, les chèvres rapporteront à l'étable leurs mamelles gonflées de lait ; les troupeaux ne craindront plus les lions terribles ; ton berceau, de lui-même, se couvrira des plus belles fleurs. Désormais, plus de serpents dangereux, plus de plantes aux perfides venins ; en tous lieux croîtra l'amome d'Assyrie.

Mais dès que tu pourras lire les exploits des héros et les hauts faits de ton père, et sentir le prix de la vertu, tu verras les champs se couvrir peu à peu de moissons jaunissantes, la grappe rougir, suspendue aux buissons sans culture, et la dure écorce du chêne distiller une rosée de miel.

Cependant quelques vestiges de l'ancienne perversité subsisteront encore : ils forceront les mortels à braver, sur une nef fragile, les fureurs de Thétis, à entourer les villes de remparts, à

Te duce, si qua manent sceleris vestigia nostri,
Irrita perpetua solvent formidine terras.
Ille deum vitam accipiet, divisque videbit   15
Permixtos heroas, et ipse videbitur illis,
Pacatumque reget patriis virtutibus orbem.
At tibi prima, puer, nullo munuscula cultu,
Errantes hederas passim cum baccare tellus,
Mixtaque ridenti colocasia fundet acantho.   20
Ipsae lacte domum referent distenta capellae
Ubera ; nec magnos metuent armenta leones.
Ipsa tibi blandos fundent cunabula flores.
Occidet et serpens, et fallax herba veneni
Occidet ; Assyrium vulgo nascetur amomum.   25
At simul heroum laudes et facta parentis
Jam legere, et quae sit poteris cognoscere virtus,
Molli paulatim flavescet campus arista,
Incultisque rubens pendebit sentibus uva,
Et durae quercus sudabunt roscida mella.   30
Pauca tamen suberunt priscae vestigia fraudis,
Quae tentare Thetim ratibus, quae cingere muris

creuser dans la terre un pénible sillon : un autre Tiphys conduira, sur un autre Argo, l'élite des guerriers ; de nouvelles guerres éclateront, et aux rivages d'une nouvelle Troie descendra un nouvel Achille.

Mais lorsque l'âge, en te fortifiant, t'aura fait homme, le nautonier abandonnera les mers ; le pin navigateur n'échangera plus les marchandises ; toute terre produira tout. Le sol ne sentira plus la dent de la herse, ni la vigne le tranchant de la serpe. Le robuste laboureur affranchira du joug le front de ses taureaux. La laine n'apprendra plus à se farder de couleurs menteuses ; le bélier, couché dans la prairie, verra sa toison, d'elle-même, se changer, tantôt en un pourpre de la nuance la plus suave, tantôt en un safran doré ; un vermillon naturel teindra l'agneau au sein des pâturages.

Tournez, fuseaux ; filez ces siècles fortunés, ont dit les Parques d'accord avec l'ordre immuable des destins.

Les temps approchent ; monte aux honneurs suprêmes, enfant chéri des dieux, noble rejeton de Jupiter ! Vois, sur son axe ébranlé, se balancer le monde ; vois la terre, les mers dans leur immensité, le ciel et sa voûte profonde, la nature tout entière tressaillir à l'espérance du siècle à venir.

 Oppida, quæ jubeant telluri infindere sulcos.
Alter erit tum Tiphys, et altera quæ vehat Argo
Delectos heroas ; erunt etiam altera bella,   35
Atque iterum ad Trojam magnus mittetur Achilles.
Hinc, ubi jam firmata virum te fecerit ætas,
Cedet et ipse mari vector, nec nautica pinus
Mutabit merces ; omnis feret omnia tellus.
Non rastros patietur humus, non vinea falcem ;   40
Robustus quoque jam tauris juga solvet arator ;
Nec varios discet mentiri lana colores ;
Ipse sed in pratis aries jam suave rubenti
Murice, jam croceo mutabit vellera luto ;
Sponte sua sandyx pascentes vestiet agnos.   45
Talia sæcla, suis dixerunt, currite, fusis
Concordes stabili fatorum numine Parcæ.
Aggredere o magnos, aderit jam tempus, honores,
Cara deum soboles, magnum Jovis incrementum !
Aspice convexo nutantem pondere mundum,   50
Terrasque, tractusque maris, cœlumque profundum ;
Aspice venturo lætentur ut omnia sæclo.
O mihi tam longæ maneat pars ultima vitæ,

Ah! puissé-je conserver assez de vie, assez de force, pour célébrer tes belles actions! Non, je ne craindrais ni Orphée de Thrace, ni Linus, fussent-ils inspirés, Orphée par Calliope, sa mère, Linus par son père, le bel Apollon. Pan lui-même, s'il prenait l'Arcadie pour juge de nos combats, Pan, au jugement de l'Arcadie, s'avouerait vaincu.

Commence, jeune enfant, à connaître ta mère à son sourire : ta mère! elle a, pendant dix mois, souffert bien des ennuis! commence, jeune enfant; celui à qui n'ont pas souri ses parents ne fut jamais admis à la table des dieux, jamais au lit d'une déesse.

ÉGLOGUE V.

MÉNALQUE, MOPSUS.

MÉNALQUE.

Puisque nous voici réunis, cher Mopsus, habiles tous les deux, toi, dans l'art d'enfler un léger chalumeau, moi, de chanter des vers, pourquoi ne pas nous asseoir à l'ombre de ces ormes et de ces coudriers qui confondent leur feuillage?

MOPSUS.

Plus jeune que toi, Ménalque, je te dois obéir. Reposons-nous,

Spiritus et, quantum sat erit tua dicere facta!
Non me carminibus vincet nec Thracius Orpheus,   55
Nec Linus; huic mater quamvis atque huic pater adsit,
Orphei Calliopea, Lino formosus Apollo.
Pan etiam Arcadia mecum si judice certet,
Pan etiam Arcadia dicat se judice victum.
Incipe, parve puer, risu cognoscere matrem: 60
Matri longa decem tulerunt fastidia menses.
Incipe, parve puer : cui non risere parentes,
Nec deus hunc mensa, dea nec dignata cubili est.

ECLOGA V.

MENALCAS, MOPSUS.

MENALCAS.

Cur non, Mopse, boni quoniam convenimus ambo,
Tu calamos inflare leves, ego dicere versus,
Hic corylis mixtas inter consedimus ulmos?

MOPSUS.

Tu major : tibi me est æquum parere, Menalca;

si tu le veux, sous ces arbres, dont les zéphyrs agitent les ombrages mobiles, ou plutôt dans cette grotte; vois comme une vigne sauvage en tapisse l'entrée de ses grappes jetées çà et là!

MÉNALQUE.

Seul, sur nos montagnes, Amyntas oserait te disputer le prix du chant.

MOPSUS.

Eh! à Phébus même ne le disputerait-il pas?

MÉNALQUE.

Commence, Mopsus; dis, si tu te les rappelles, ou les amours de Phyllis, ou les louanges d'Alcon, ou la querelle de Codrus. Commence : Tityre veillera sur nos chevreaux qui paissent.

MOPSUS.

Non, j'aime mieux essayer ces vers que, l'autre jour, j'ai inscrits sur la verte écorce d'un hêtre, chantant et écrivant tour à tour : écoute, et dis ensuite à ton Amyntas de me disputer le prix.

MÉNALQUE.

Autant le saule flexible le cède au pâle olivier, l'humble lavande à la rose purpurine; autant, à mon avis, Amyntas le cède à Mopsus.

Sive sub incertas zephyris motantibus umbras,   5
Sive antro potius succedimus. Aspice ut antrum
Silvestris raris sparsit labrusca racemis.

MENALCAS.
Montibus in nostris solus tibi certat Amyntas.

MOPSUS.
Quid, si idem certet Phœbum superare canendo?

MENALCAS.
Incipe, Mopse, prior : si quos aut Phyllidis ignes,   10
Aut Alconis habes laudes, aut jurgia Codri :
Incipe; pascentes servabit Tityrus hædos.

MOPSUS.
Imo hæc, in viridi nuper quæ cortice fagi
Carmina descripsi, et modulans alterna notavi,
Esperiar : tu deinde jubeto certet Amyntas.   15

MENALCAS.
Lenta salix quantum pallenti cedit olivæ,
Puniceis humilis quantum saliunca rosetis,
Judicio nostro tantum tibi cedit Amyntas.

MOPSUS.

Berger, n'en dis pas davantage; nous voici dans la grotte.
Daphnis n'était plus ; les nymphes pleuraient sa mort cruelle. Coudriers, et vous, fleuves, vous fûtes témoins de la douleur des nymphes, lorsque, serrant entre ses bras les déplorables restes de son fils, une mère reprochait aux astres et aux dieux leur cruauté. En ces jours de deuil, nul berger, ô Daphnis! ne guida, au sortir du pâturage, ses taureaux vers les fraîches fontaines; nul troupeau n'effleura l'eau du fleuve, nul l'herbe des prairies. Daphnis, les lions d'Afrique eux-mêmes gémirent de ta mort : les forêts, les montagnes sauvages redisent encore leurs cris de douleur. Daphnis nous apprit à soumettre au joug les tigres d'Arménie; Daphnis, le premier, conduisit, en l'honneur de Bacchus, des danses sacrées, et enlaça d'un tendre feuillage le thyrse flexible. La vigne embellit les arbres, le raisin la vigne, le taureau un troupeau nombreux, les moissons une fertile campagne; ainsi, Daphnis, tu fus la gloire des tiens. Depuis que tu nous as été ravi, Palès, Apollon lui-même, ont déserté nos campagnes. Dans ces sillons, auxquels nous avons tant de fois confié nos semences les plus belles, dominent la triste ivraie et l'avoine stérile. Plus de douces violettes, plus de narcisses pourprés : par-

MOPSUS.

Sed tu desine plura, puer; successimus antro.
Exstinctum nymphæ crudeli funere Daphnim   20
Flebant; vos, coryli, testes, et flumina, nymphis,
Quum, complexa sui corpus miserabile nati,
Atque deos atque astra vocat crudelia mater.
Non ulli pastos illis egere diebus
Frigida, Daphni, boves ad flumina ; nulla neque amnem 25
Libavit quadrupes, nec graminis attigit herbam.
Daphni, tuum Pœnos etiam ingemuisse leones
Interitum, montesque feri silvæque loquuntur.
Daphnis et Armenias curru subjungere tigres
Instituit; Daphnis thiasos inducere Baccho,   30
Et foliis lentas intexere mollibus hastas.
Vitis ut arboribus decori est, ut vitibus uvæ,
Ut gregibus tauri, segetes ut pinguibus arvis;
Tu decus omne tuis. Postquam te fata tulerunt,
Ipsa Pales agros atque ipse reliquit Apollo.   35
Grandia sæpe quibus mandavimus hordea sulcis,
Infelix lolium et steriles dominantur avenæ.
Pro molli viola, pro purpureo narcisso,

tout naît la ronce aux pointes aiguës. Bergers, couvrez la terre de feuillage, et d'ombres les fontaines : tels sont les honneurs que réclame Daphnis. Élevez-lui un tombeau, et sur ce tombeau inscrivez ces paroles : « Je fus Daphnis, habitant des bois, d'où mon nom s'est élevé jusqu'aux cieux : gardien d'un beau troupeau, plus beau moi-même. »

MÉNALQUE.

Tes chants, poëte divin, sont pour nous ce qu'est pour le voyageur fatigué le sommeil sur un tendre gazon, ce qu'est, dans les ardeurs de l'été, la source jaillissante où s'étanche notre soif. Égal à ton maître, pour la flûte, tu l'es encore pour le chant, heureux berger ! tu seras un autre Daphnis. Cependant je vais, à mon tour, essayer de mon mieux quelques vers où j'élève jusqu'aux astres ton cher Daphnis ; oui, je porterai Daphnis jusqu'aux astres ; et moi aussi, Daphnis m'aima.

MOPSUS.

Quel présent nous pourrait être plus agréable qu'un tel souvenir ? Oui, ce jeune berger était bien digne de tes chants ; et depuis longtemps Stimicon m'a fait l'éloge de tes vers.

MÉNALQUE.

Daphnis, tout brillant de lumière, contemple avec étonnement

Carduus et spinis surgit paliurus acutis.
Spargite humum foliis, inducite fontibus umbras, 40
Pastores ; mandat fieri sibi talia Daphnis.
Et tumulum facite, et tumulo superaddite carmen :
« Daphnis ego in silvis, hinc usque ad sidera notus,
Formosi pecoris custos, formosior ipse. »

MENALCAS.

Tale tuum carmen nobis, divine poeta, 45
Quale sopor fessis in gramine, quale per æstum
Dulcis aquæ saliente sitim restinguere rivo.
Nec calamis solum æquiparas, sed voce magistrum.
Fortunate puer, tu nunc eris alter ab illo.
Nos tamen hæc quocumque modo tibi nostra vicissim 50
Dicemus, Daphninque tuum tollemus ad astra ;
Daphnin ad astra feremus : amavit nos quoque Daphnis.

MOPSUS.

An quidquam nobis tali sit munere majus ?
Et puer ipse fuit cantari dignus ; et ista
Jam pridem Stimicon laudavit carmina nobis. 55

MENALCAS.

Candidus insuetum miratur limen Olympi,

le palais de l'Olympe, son nouveau séjour ; il voit sous ses pieds et les astres et les nuages. Aussi la plus vive allégresse anime nos bois et nos campagnes : le dieu Pan, les bergers et les jeunes Dryades, tout en ressent les transports. La brebis ne craint plus les embûches du loup ; le cerf, les toiles du chasseur. Divinité bienfaisante, Daphnis aime la paix. Les montagnes à la cime touffue renvoient jusqu'au ciel mille cris de joie ; les rochers, les buissons eux-mêmes redisent : « C'est un dieu, oui, c'est un dieu, Ménalque ! »

O Daphnis ! sois propice aux pasteurs, tes anciens amis ; sois leur bienfaiteur ! Voici quatre autels, deux en ton honneur, deux autres en l'honneur d'Apollon. Tous les ans, je t'offrirai deux coupes où brillera l'écume d'un lait nouveau, et deux vases remplis du jus onctueux de l'olive ; puis, par des flots de vin égayant le repas, près du feu l'hiver, l'été sous un berceau, je ferai couler des flacons de Chio une liqueur pareille au nectar. Damète et le Crétois Ægon feront entendre leurs chants ; Alphésibée imitera, par ses bonds, la danse des Satyres. Ces hommages, ô Daphnis ! nous te les rendrons en tous temps, soit aux fêtes solennelles des nymphes, soit lorsque autour de nos champs nous promènerons la victime propitiatoire. Oui, tant que le sanglier se plaira sur les montagnes, le poisson dans les eaux ; tant que l'a-

Sub pedibusque videt nubes et sidera Daphnis.
Ergo alacris silvas et cetera rura voluptas
Panaque, pastoresque tenet, Dryadasque puellas.
Nec lupus insidias pecori, nec retia cervis   60
Ulla dolum meditantur : amat bonus otia Daphnis.
Ipsi laetitia voces ad sidera jactant
Intonsi montes ; ipsae jam carmina rupes,
Ipsa sonant arbusta : « Deus, Deus ille, Menalca ! »
Sis bonus o felixque tuis ! En quatuor aras :   65
Ecce duas tibi, Daphni, duas altaria Phœbo.
Pocula bina novo spumantia lacte quotannis,
Craterasque duo statuam tibi pinguis olivi ;
Et multo in primis hilarans convivia Baccho,
Ante focum, si frigus erit, si messis, in umbra,   70
Vina novum fundam calathis Arvisia nectar.
Cantabunt mihi Damœtas et Lyctius Ægon ;
Saltantes Satyros imitabitur Alphesibœus.
Haec tibi semper erunt, et quum solemnia vota
Reddemus nymphis, et quum lustrabimus agros.   75
Dum juga montis aper, fluvios dum piscis amabit,

beille se nourrira de thym, la cigale de rosée, ton nom, tes vertus et ton culte vivront parmi nous. Comme à Bacchus et à Cérès, les laboureurs, chaque année, t'adresseront des vœux que tu les forceras d'accomplir, en les exauçant.

MOPSUS.

Quels dons, quel prix t'offrir pour de tels accents? Moins doux sont à mon oreille le souffle naissant de l'Auster, le bruit des flots qui battent le rivage, le murmure d'un ruisseau roulant à travers les vallées sur un lit de cailloux.

MÉNALQUE.

Je veux qu'auparavant tu reçoives de moi ce léger chalumeau ; c'est lui qui chanta : « Corydon brûlait pour le bel Alexis; » et encore : « A qui ce troupeau? à Mélibée? »

MOPSUS.

Et toi, Ménalque, accepte cette houlette; bien souvent, sans avoir pu l'obtenir, Antigène me la demanda (alors cependant Antigène méritait d'être aimé); elle est remarquable par l'égalité de ses nœuds et l'airain dont elle est ornée.

Dumque thymo pascentur apes, dum rore cicadæ,
Semper honos, nomenque tuum, laudesque manebunt.
Ut Baccho Cererique, tibi sic vota quotannis
Agricolæ facient : damnabis tu quoque votis.   80

MOPSUS.

Quæ tibi, quæ tali reddam pro carmine dona?
Nam neque me tantum venientis sibilus Austri,
Nec percussa juvant fluctu tam littora, nec quæ
Saxosas inter decurrunt flumina valles.

MENALCAS.

Hac te nos fragili donabimus ante cicuta.   85
Hæc nos, *Formosum Corydon ardebat Alexin:*
Hæc eadem docuit, *Cujum pecus? an Melibœi?*

MOPSUS.

At tu sume pedum, quod, me quum sæpe rogaret,
Non tulit Antigenes (et erat tum dignus amari),
Formosum paribus nodis atque ære, Menalca.   90

ÉGLOGUE VI.

SILÈNE.

Ma muse a daigné la première s'égayer sur le ton du poëte de Syracuse, et n'a point rougi d'habiter les forêts. Un jour je chantais les rois et les combats, lorsque le dieu du Cynthe, me tirant par l'oreille, me dit : « De grasses brebis et de simples chansonnettes, voilà, Tityre, ce qui convient à un berger. » Je vais donc, ô Varus (car assez d'autres s'empresseront de célébrer tes louanges, et de chanter les guerres funestes), je vais essayer quelques airs champêtres sur mon léger chalumeau. Je ne chante pas sans l'aveu d'Apollon. Si quelqu'un trouve de l'attrait à ces vers et se plaît à les lire, il entendra, ô Varus! nos bois et nos bruyères répéter ton nom. Est-il page plus agréable à Phébus que celle où l'on voit écrit en tête le nom de Varus ?

Poursuivez, déesses du Pinde. Chromis et Mnasyle, jeunes bergers, virent au fond d'une grotte Silène endormi, les veines gonflées, comme toujours, du vin qu'il avait bu la veille. Seulement, loin de lui gisait sa couronne de fleurs, tombée de sa tête, et sa lourde coupe était suspendue à sa ceinture par une anse tout usée.

ECLOGA VI.

SILENUS.

Prima Syracusio dignata est ludere versu
Nostra, nec erubuit silvas habitare, Thalia.
Quum canerem reges et proelia, Cynthius aurem
Vellit, et admonuit : « Pastorem, Tityre, pingues
Pascere oportet oves, deductum dicere carmen. »   5
Nunc ego (namque super tibi erunt qui dicere laudes,
Vare, tuas cupiant, et tristia condere bella),
Agrestem tenui meditabor arundine musam.
Non injussa cano. Si quis tamen hæc quoque, si quis
Captus amore leget, te nostræ, Vare, myricæ,   10
Te nemus omne canet : nec Phœbo gratior ulla est
Quam sibi quæ Vari præscripsit pagina nomen.
Pergite, Pierides. Chromis et Mnasylus in antro
Silenum pueri somno videre jacentem,
Inflatum hesterno venas, ut semper, Iaccho :   15
Serta procul tantum capiti delapsa jacebant,
Et gravis attrita pendebat cantharus ansa.

Les bergers le saisissent (car depuis longtemps le vieillard les leurrait de l'espoir d'une chanson), et l'enchaînent avec ses propres guirlandes. Églé se joint à eux et les encourage, Églé, la plus belle des Naïades ; et au moment où Silène ouvre les yeux, elle lui rougit avec le jus de la mûre et le front et les tempes. Lui, riant de leur malice : « A quoi bon ces liens? dit-il ; déliez-moi, enfants ; c'est assez d'avoir pu me surprendre. Ces chants que vous demandez, vous allez les entendre. Pour vous les chants ; à Églé, je réserve un autre salaire. » Aussitôt il commence.

Alors vous eussiez vu les Faunes et les animaux sauvages s'ébattre en cadence autour de lui, et les chênes les plus durs balancer leur cime harmonieuse. Avec moins de joie le Parnasse entendait la lyre d'Apollon ; le Rhodope et l'Ismare écoutaient avec moins de ravissement les accords d'Orphée.

Car il chantait comment, dans l'immensité du vide, se rassemblèrent les principes créateurs de la terre, des mers, de l'air et du feu fluide ; comment de ces premiers éléments sortirent tous les êtres ; comment, molle argile d'abord, le globe s'arrondit en une masse solide, se durcit peu à peu, força Thétis à se renfermer dans ses limites, et prit insensiblement mille formes différentes. Il chantait la terre, étonnée aux premiers rayons du so-

   Aggressi, (nam sæpe senex spe carminis ambo
   Luserat), injiciunt ipsis ex vincula sertis.
   Addit se sociam timidisque supervenit Ægle,   20
   Ægle, Naïadum pulcherrima ; jamque videnti
   Sanguineis frontem moris et tempora pingit.
   Ille dolum ridens : « Quo vincula nectitis ? inquit.
   Solvite me, pueri : satis est potuisse videri.
   Carmina quæ vultis cognoscite ; carmina vobis,   25
   Huic aliud mercedis erit. » Simul incipit ipse.
   Tum vero in numerum Faunosque ferasque videres
   Ludere, tum rigidas motare cacumina quercus.
   Nec tantum Phœbo gaudet Parnasia rupes,
   Nec tantum Rhodope mirantur et Ismarus Orphea.   30
   Namque canebat uti magnum per inane coacta
   Semina terrarumque, animæque, marisque fuissent,
   Et liquidi simul ignis ; ut his exordia primis
   Omnia, et ipse tener mundi concreverit orbis ;
   Tum durare solum, et discludere Nerea ponto   35
   Cœperit, et rerum paulatim sumere formas ;
   Jamque novum ut terræ stupeant lucescere solem,
   Altius atque cadant summotis nubibus imbres ;

leil ; les nuages, s'élevant dans l'espace, pour retomber en pluie du haut des airs ; les forêts montrant leur cime naissante, et les animaux errant, peu nombreux encore, sur des montagnes inconnues.

Puis il rappelle les cailloux jetés par Pyrrha, le règne de Saturne, les vautours du Caucase et le larcin de Prométhée. Il dit aussi Hylas, et les Argonautes le redemandant en vain à la fontaine où ils l'ont laissé, et les échos du rivage répétant : « Hylas ! Hylas ! » Il chante aussi Pasiphaé, heureuse si jamais il n'eût existé de troupeaux, et il compatit à son amour pour un taureau blanc comme la neige. Ah ! fille infortunée, quel délire s'est emparé de toi ! Si les filles de Prœtus remplirent les campagnes de faux gémissements, aucune d'elles, du moins, ne rêva de si honteux accouplements; bien que plus d'une fois elles eussent redouté pour leur cou le joug de la charrue, et cherché sur leur front poli des cornes imaginaires. Fille infortunée ! maintenant tu erres sur les montagnes ; et lui, de ses flancs d'albâtre, pressant la molle hyacinthe, il rumine, à l'ombre d'une yeuse, les herbes pâlissantes, ou poursuit quelque génisse dans un nombreux troupeau. Fermez, nymphes, nymphes du Dicté, fermez toutes les issues de ce bois! Peut-être s'offriront à mes yeux les traces du taureau vagabond. L'attrait de l'herbe fraîche ou quelques

```
    Incipiant silvæ quum primum surgere, quumque
    Rara per ignotos errent animalia montes.           40
    Hinc lapides Pyrrhæ jactos, Saturnia regna,
    Caucasiasque refert volucres, furtumque Promethei.
    His adjungit Hylan nautæ quo fonte relictum
    Clamassent ; ut littus, Hyla, Hyla, omne sonaret ;
    Et fortunatam, si nunquam armenta fuissent ,       45
    Pasiphaen nivei solatur amore juvenci.
    Ah ! virgo infelix, quæ te dementia cepit !
    Prœtides implerunt falsis mugitibus agros ;
    At non tam turpes pecudum tamen ulla secuta est
    Concubitus, quamvis collo timuisset aratrum,       50
    Et sæpe in levi quæsisset cornua fronte.
    Ah ! virgo infelix, tu nunc in montibus erras :
    Ille, latus niveum molli fultus hyacintho,
    Ilice sub nigra pallentes ruminat herbas,
    Aut aliquam in magno sequitur grege. Claudite, nymphæ, 55
    Dictææ nymphæ, nemorum jam claudite saltus,
    Si qua forte ferant oculis sese obvia nostris
    Errabundæ bovis vestigia : forsitan illum
```

génisses l'amèneront peut-être, à la suite d'un troupeau, jusqu'aux étables de Gortyne.

Silène chante aussi cette jeune fille que charmèrent si malheureusement les pommes d'or des Hespérides ; puis il entoure les sœurs de Phaéton d'une écorce amère et les élance en aunes altiers. Il peint Gallus errant aux bords du Permesse ; une des neuf sœurs le conduisant aux sommets d'Aonie ; à sa vue, le chœur tout entier d'Apollon se levant pour lui faire honneur ; le berger Linus, couronné de fleurs et d'ache amère, lui disant, dans la langue des dieux : « Reçois, ô Gallus! ces chalumeaux que les muses donnèrent jadis au vieillard d'Ascra ; c'est au moyen de leurs doux accords qu'il faisait descendre du sommet des montagnes les frênes les plus durs. Qu'ils te servent à chanter l'origine de la forêt de Grynée, pour qu'il n'y ait plus de bois sacré dont Apollon se glorifie davantage. »

Dirai-je comment il chanta Scylla, fille de Nisus, dont les flancs étaient, dit-on, ceints d'une meute aboyante ; et ce monstre entraînant les vaisseaux d'Ulysse dans ses gouffres profonds, et ses chiens marins dévorant les malheureux nautoniers? Le montrerai-je racontant la métamorphose de Térée ; quels mets, quels présents lui offrit Philomèle ; sa fuite précipitée à travers les

    Aut herba captum viridi, aut armenta secutum
    Perducant aliquæ stabula ad Gortynia vaccæ.   60
    Tum canit Hesperidum miratam mala puellam :
    Tum Phaethontiadas musco circumdat amaræ
    Corticis, atque solo proceras erigit alnos.
    Tum canit errantem Permessi ad flumina Gallum
    Aonas in montes ut duxerit una sororum ;   65
    Utque viro Phœbi chorus assurrexerit omnis ;
    Ut Linus hæc illi divino carmine pastor,
    Floribus atque apio crines ornatus amaro,
    Dixerit : « Hos tibi dant calamos, en accipe, musæ,
    Ascræo quos ante seni, quibus ille solebat   70
    Cantando rigidas deducere montibus ornos.
    His tibi Grynæi nemoris dicatur origo,
    Ne quis sit lucus quo se plus jactet Apollo. »
    Quid loquar, aut Scyllam Nisi, quam fama secuta est
    Candida succinctam latrantibus inguina monstris   75
    Dulichias vexasse rates, et gurgite in alto
    Ah! timidos nautas canibus lacerasse marinis?
    Aut, ut mutatos Terei narraverit artus?
    Quas illi Philomela dapes, quæ dona pararit ?
    Quo cursu deserta petiverit, et quibus ante   80

déserts, et cette infortunée voltigeant, oiseau plaintif, sur le toit de son palais abandonné?

Tous ces chants, qu'autrefois l'Eurotas entendit de la bouche même d'Apollon, et que ce fleuve apprit aux lauriers de ses rives, Silène les redit, et l'écho des vallons les renvoie jusqu'au ciel. Mais enfin Vesper, forçant les bergers à ramener et à compter les troupeaux, s'avance dans l'Olympe qui le voit à regret.

ÉGLOGUE VII.

MÉLIBÉE, CORYDON, THYRSIS.

MÉLIBÉE.

Daphnis était assis sous un chêne au feuillage harmonieux. Corydon et Thyrsis avaient rassemblé leurs troupeaux : Thyrsis ses brebis, Corydon ses chèvres aux mamelles gonflées de lait ; tous deux dans la fleur de l'âge, Arcadiens tous deux, également habiles à chanter, et prêts à se répondre tour à tour.

Tandis que je m'occupais à garantir du froid mes jeunes myrtes, le chef de mon troupeau, le bouc s'était égaré. J'aperçois Daphnis ; lui, à peine il m'a vu : « Accours, Mélibée, accours ici ; ton bouc et tes chevreaux sont en sûreté, et si tu as quelque

```
        Infelix sua tecta supervolitaverit alis ?
        Omnia quæ, Phœbo quondam meditante, beatus
        Audiit Eurotas, jussitque ediscere lauros,
        Ille canit : pulsæ referunt ad sidera valles :
        Cogere donec oves stabulis, numerumque referre      85
        Jussit, et invito processit vesper Olympo.
```

ECLOGA VII.

MELIBŒUS, CORYDON, THYRSIS.

MELIBŒUS.

```
        Forte sub arguta consederat ilice Daphnis,
        Compulerantque greges Corydon et Thyrsis in unum,
        Thyrsis oves, Corydon distentas lacte capellas :
        Ambo florentes ætatibus, Arcades ambo,
        Et cantare pares, et respondere parati.             5
        Hic mihi, dum teneras defendo a frigore myrtos,
        Vir gregis ipse caper deerraverat : atque ego Daphnin
        Aspicio : ille ubi me contra videt : « Ocius, inquit,
        Huc ades, o Melibœe; caper tibi salvus et hædi,
```

loisir, repose-toi sous cet ombrage. D'eux-mêmes tes jeunes bœufs viendront, à travers les prés, se désaltérer près de nous ; ici le Mincio borde ses rives verdoyantes de tendres roseaux, et, dans le creux du chêne sacré, on entend bourdonner des essaims d'abeilles. »

Que faire? je n'avais ni Alcippe, ni Phyllis pour renfermer dans la bergerie mes agneaux nouvellement sevrés; d'un autre côté, entre Corydon et Thyrsis, c'était un grand défi. Enfin, à mes occupations je préférai leurs jeux. Ils commencèrent donc la lutte en chantant tour à tour : les muses leur ordonnaient ces chants alternatifs. Ainsi chantait d'abord Corydon, ainsi lui répondait Thyrsis.

CORYDON.

Nymphes de Libéthra, nymphes, mes amours, inspirez-moi des vers pareils à ceux que vous dictez à mon cher Codrus (ses vers approchent des chants d'Apollon); ou, si cette faveur n'est accordée à tous, je veux suspendre à ce pin sacré ma flûte mélodieuse.

THYRSIS.

Bergers de l'Arcadie, couronnez de lierre un poëte naissant, pour que Codrus en crève de dépit; ou, s'il me loue plus qu'il

Et, si quid cessare potes, requiesce sub umbra.   10
Huc ipsi potum venient per prata juvenci ;
Hic viridis tenera prætexit arundine ripas
Mincius, eque sacra resonant examina quercu. »
Quid facerem? neque ego Alcippen, nec Phyllida habebam,
Depulsos a lacte domi quæ clauderet agnos ;   15
Et certamen erat, Corydon cum Thyrside, magnum.
Posthabui tamen illorum mea seria ludo.
Alternis igitur contendere versibus ambo
Cœpere; alternos musæ meminisse volebant.
Hos Corydon, illos referebat in ordine Thyrsis.   20

CORYDON.

Nymphæ, noster amor, Libethrides, aut mihi carmen
Quale meo Codro, concedite (proxima Phœbi
Versibus ille facit); aut, si non possumus omnes,
Hic arguta sacra pendebit fistula pinu.

THYRSIS.

Pastores, hedera crescentem ornate poetam,   25
Arcades, invidia rumpantur ut ilia Codro :
Aut, si ultra placitum laudarit, baccare frontem

ne convient, ceignez mon front de baccar, de peur que sa langue dangereuse ne nuise au poëte futur.

CORYDON.

Le jeune Mycon te consacre, ô vierge de Délos ! cette hure de sanglier aux longues soies, et cette ramure d'un vieux cerf. Si ce bonheur est constant, il t'élèvera une statue de marbre poli, les jambes ornées d'un cothurne de pourpre.

THYRSIS.

Un vase de lait, quelques gâteaux, voilà, Priape, les seules offrandes que, chaque année, tu puisses attendre de moi : tu ne gardes qu'un petit verger. Je t'ai élevé une statue de marbre, selon mes moyens ; mais, si la fécondité des mères répare les pertes de mon troupeau, tu seras d'or.

CORYDON.

Fille de Nérée, ô Galatée ! plus douce à mon gré que le thym de l'Hybla, plus blanche que le cygne, plus belle que le lierre argenté, dès que les taureaux rassasiés regagneront l'étable, viens, si ton Corydon t'est cher encore.

THYRSIS.

Et moi, je veux te paraître plus amer que l'herbe de Sardaigne, plus hérissé que le houx, plus vil que l'algue que rejettent les

Cingite, ne vati noceat mala lingua futuro.

CORYDON.

Setosi caput hoc apri tibi, Delia, parvus
Et ramosa Mycon vivacis cornua cervi. 30
Si proprium hoc fuerit, levi de marmore tota
Punicco stabis suras evincta cothurno.

THYRSIS.

Sinum lactis, et hæc te liba, Priape, quotannis
Exspectare sat est : custos es pauperis horti.
Nunc te marmoreum pro tempore fecimus ; at tu, 35
Si fetura gregem suppleverit, aureus esto.

CORYDON.

Nerine Galatea, thymo mihi dulcior Hyblæ,
Candidior cycnis, hedera formosior alba,
Quum primum pasti repetent præsepia tauri,
Si qua tui Corydonis habet te cura, venito. 40

THYRSIS.

Imo ego Sardois videar tibi amarior herbis,
Horridior rusco, projecta vilior alga,

flots, si ce jour ne me semble déjà plus long qu'une année entière. Allons, mes bœufs, n'avez-vous pas honte de paître si longtemps? retournez à l'étable.

CORYDON.

Fontaines bordées de mousse, gazon si doux pour le sommeil, et toi, vert arboisier, qui les couvres à peine d'un léger ombrage, défendez mon troupeau des ardeurs du solstice : déjà arrive l'été brûlant ; déjà sur la vigne féconde se gonflent les bourgeons.

THYRSIS.

Ici nous avons un foyer, du bois résineux, un grand feu et des poutres toutes noires d'une éternelle fumée. Ici on s'inquiète du souffle glacé de Borée, comme le loup du nombre des brebis, comme le torrent de ses rives.

CORYDON.

Voyez s'élever le genévrier et le châtaignier épineux; leurs fruits jonchent la terre, épars çà et là sous les arbres qui les ont portés : aujourd'hui tout est riant ; mais si le bel Alexis abandonnait nos montagnes, les fleuves mêmes tariraient.

THYRSIS.

Nos champs sont desséchés; l'herbe flétrie meurt dans les

Si mihi non hæc lux toto jam longior anno est.
Ite domum, pasti, si quis pudor, ite, juvenci.

CORYDON.

Muscosi fontes, et somno mollior herba,   45
Et quæ vos rara viridis tegit arbutus umbra,
Solstitium pecori defendite : jam venit æstas
Torrida, jam læto turgent in palmite gemmæ.

THYRSIS.

Hic focus, et tædæ pingues, hic plurimus ignis
Semper, et assidua postes fuligine nigri.   50
Hic tantum Boreæ curamus frigora, quantum
Aut numerum lupus, aut torrentia flumina ripas.

CORYDON.

Stant et juniperi, et castaneæ hirsutæ;
Strata jacent passim sua quæque sub arbore poma:
Omnia nunc rident : at, si formosus Alexis   55
Montibus his abeat, videas et flumina sicca.

THYRSIS.

Aret ager ; vitio moriens sitit aeris herba

prairies altérées ; Bacchus refuse à nos collines l'ombrage du pampre. A l'arrivée de ma Phyllis, nos bois vont reverdir, et Jupiter, en pluie féconde, descendra sur nos campagnes.

CORYDON.

Le peuplier plaît à Hercule, la vigne à Bacchus, le myrte à la belle Vénus ; le laurier est cher à Phébus. Mais Phyllis aime les coudriers ; tant que Phyllis les aimera, les coudriers ne le céderont ni au myrte de Vénus ni au laurier d'Apollon.

THYRSIS.

Le frêne embellit les forêts, le pin les jardins, le peuplier le cours des fleuves, et le sapin les hautes montagnes ; mais viens, beau Lycidas, viens me voir plus souvent, et le frêne dans nos bois, le pin dans nos jardins pâliront devant toi.

MÉLIBÉE.

Tels furent les chants dont je me souviens. Thyrsis, vaincu, voulut en vain disputer le prix. Depuis ce temps, Corydon est toujours pour moi le divin Corydon.

Liber pampineas invidit collibus umbras :
Phyllidis adventu nostræ nemus omne virebit,
Jupiter et læto descendet plurimus imbri.   60

CORYDON.

Populus Alcidæ gratissima, vitis Iaccho,
Formosæ myrtus Veneri, sua laurea Phœbo :
Phyllis amat corylos ; illas dum Phyllis amabit,
Nec myrtus vincet corylos, nec laurea Phœbi.

THYRSIS.

Fraxinus in silvis pulcherrima, pinus in hortis,   65
Populus in fluviis, abies in montibus altis :
Sæpius at si me, Lycida formose, revisas,
Fraxinus in silvis cedat tibi, pinus in hortis.

MELIBŒUS.

Hæc memini, et victum frustra contendere Thyrsin.
Ex illo Corydon Corydon est tempore nobis.

ÉGLOGUE VIII.

DAMON, ALPHÉSIBÉE.

Je redirai les chants de Damon et d'Alphésibée : attentive à leur lutte, la génisse oublia l'herbe tendre ; les lynx charmés s'arrêterent immobiles ; les fleuves troublés suspendirent leurs cours : Je redirai les chants de Damon et d'Alphésibée.

O toi, soit que déjà tu franchisses les rochers du Timave, soit que tu côtoies les bords de la mer d'Illyrie, ne viendra-t-il jamais, le jour où je pourrai célébrer tes exploits, et faire connaître à l'univers entier tes vers, les seuls dignes de la muse tragique de Sophocle? Premier objet de mes chants, tu en seras le dernier. Accepte ces vers composés par ton ordre, et permets que ce lierre s'entrelace sur ton front avec les lauriers de la victoire.

L'ombre froide de la nuit avait à peine quitté le ciel ; la rosée, si douce aux troupeaux, brillait encore sur l'herbe tendre, lorsque Damon, appuyé sur sa houlette d'olivier, commença ainsi :

DAMON.

« Parais, étoile du matin, et ramène derrière toi la clarté bien-

ECLOGA VIII.

DAMON, ALPHESIBŒUS.

Pastorum musam Damonis et Alphesibœi,
Immemor herbarum quos est mirata juvenca
Certantes, quorum stupefactæ carmine lynces,
Et mutata suos requierunt flumina cursus ;
Damonis musam dicemus et Alphesibœi. 5
Tu mihi, seu magni superas jam saxa Timavi,
Sive oram Illyrici legis æquoris, en erit unquam
Ille dies, mihi quum liceat tua dicere facta ?
En erit, ut liceat totum mihi ferre per orbem
Sola Sophocleo tua carmina digna cothurno ? 10
A te principium ; tibi desinet : accipe jussis
Carmina cœpta tuis, atque hanc sine tempora circum
Inter victrices hederam tibi serpere lauros.
Frigida vix cœlo noctis decesserat umbra,
Quum ros in tenera pecori gratissimus herba, 15
Incumbens tereti Damon sic cœpit olivæ :

faisante du jour, tandis que, indignement trompé par la perfide Nisa, je gémis, et que mourant j'adresse aux dieux (bien que je n'aie rien gagné à les avoir pour témoins) ma dernière prière.

O ma flûte! essaie avec moi les chants du Ménale.

Le Ménale a toujours des bois harmonieux et des arbres parlants ; toujours il retentit des amours des bergers et des airs du dieu Pan; de Pan qui le premier sut faire parler les roseaux muets auparavant.

O ma flûte! essaie avec moi les chants du Ménale.

Donner Nisa à Mopsus! à quoi ne devons-nous pas nous attendre, nous autres amants? Désormais aux cavales s'accoupleront les griffons; bientôt même les daims timides viendront avec les chiens se désaltérer aux mêmes sources. Mopsus, prépare de nouveaux flambeaux ; on t'amène l'épouse ; mari, sème les noix sur ta route; pour toi, Vesper abandonne l'Œta.

O ma flûte! essaie avec moi les chants du Ménale.

Il est digne de toi cet époux ! de toi qui dédaignes et ma flûte, et mes chants, et mes sourcils hérissés, et ma longue barbe, et qui crois les dieux indifférents aux actions des mortels !

O ma flûte! essaie avec moi les chants du Ménale.

Tu n'étais qu'une enfant, lorsque je te vis avec ta mère (j'étais

DAMON.

« Nascere, præque diem veniens age, Lucifer, almum,
Conjugis indigno Nisæ deceptus amore
Dum queror, et divos (quanquam nil testibus illis
Profeci) extrema moriens tamen alloquor hora.   20
Incipe Mænalios mecum, mea tibia, versus.
Mænalus argutumque nemus pinosque loquentes
Semper habet : semper pastorum ille audit amores,
Panaque, qui primus calamos non passus inertes.
Incipe Mænalios mecum, mea tibia, versus.   25
Mopso Nisa datur ; quid non speremus amantes ?
Jungentur jam gryphes equis, ævoque sequenti
Cum canibus timidi venient ad pocula damæ.
Mopse, novas incide faces : tibi ducitur uxor.
Sparge, marite, nuces : tibi deserit Hesperus Œtam.   30
Incipe Menalios mecum, mea tibia, versus.
O digno conjuncta viro, dum despicis omnes,
Dumque tibi est odio mea fistula, dumque capellæ,
Hirsutumque supercilium, promissaque barba,
Nec curare deum credis mortalia quemquam !   35
Incipe Mænalios mecum, mea tibia, versus.
Sepibus in nostris parvam te roscida mala

votre guide), cueillir dans nos vergers des pommes humides de rosée. J'entrais alors dans ma douzième année ; déjà je pouvais atteindre le bout des branches. Je te vis, et je fus perdu ! Un fatal délire emporta ma raison.

O ma flûte ! essaie avec moi les chants du Ménale.

Maintenant je connais l'Amour : il est né sur les plus durs rochers du Tmare ou du Rhodope, ou chez les Garamantes, aux extrémités de la terre. Cet enfant n'est ni de notre espèce ni de notre sang.

O ma flûte ! essaie avec moi les chants du Ménale.

L'Amour, le cruel Amour apprit à une mère à souiller ses mains du sang de ses enfants. Mère barbare ! étais-tu plus barbare ? était-il plus méchant ? Sans doute l'Amour fut cruel ; mais tu fus aussi bien barbare !

O ma flûte ! essaie avec moi les chants du Ménale.

Que l'on voie désormais le loup fuir devant les brebis, les chênes porter des pommes d'or, le narcisse fleurir sur les aunes, l'aride bruyère distiller l'ambre onctueux, le hibou égaler le chant du cygne, Tityre devenir un Orphée, un Orphée dans les forêts, un Arion parmi les dauphins.

O ma flûte ! essaie avec moi les chants du Ménale.

Que toute la terre se change en une mer sans rivages ! Adieu,

(Dux ego vester eram) vidi cum matre legentem :
Alter ab undecimo tum me jam ceperat annus ;
Jam fragiles poteram a terra contingere ramos.   40
Ut vidi, ut perii, ut me malus abstulit error !
Incipe Mænalios mecum, mea tibia, versus.
Nunc scio quid sit Amor. Duris in cotibus illum
Aut Tmaros, aut Rhodope, aut extremi Garamantes,
Nec generis nostri puerum, nec sanguinis, edunt.   45
Incipe Mænalios mecum, mea tibia, versus.
Sævus Amor docuit natorum sanguine matrem
Commaculare manus. Crudelis tu quoque, mater ;
Crudelis mater magis, an puer improbus ille ?
Improbus ille puer ; crudelis tu quoque, mater.   50
Incipe Mænalios mecum, mea tibia, versus.
Nunc et oves ultro fugiat lupus ; aurea duræ
Mala ferant quercus ; narcisso floreat alnus ;
Pinguia corticibus sudent electra myricæ ;
Certent et cycnis ululæ ; sit Tityrus Orpheus,   55
Orpheus in silvis, inter delphinas Arion.
Incipe Mænalios mecum, mea tibia, versus.
Omnia vel medium fiant mare. Vivite, silvæ :

forêts! je vais du sommet de cette roche escarpée me précipiter dans les ondes. Que ma mort, ô Nisa! te soit une dernière preuve de mon amour!

Cesse, ma flûte, cesse de répéter les chants du Ménale. »

Ainsi chantait Damon; c'est à vous, muses, de nous apprendre ce que répondit Alphésibée : une même voix ne se peut prêter à tous les tons.

ALPHÉSIBÉE.

Apporte l'eau lustrale; entoure l'autel de bandelettes flexibles; fais-y brûler l'encens mâle et la verveine résineuse; essayons d'égarer, par un sacrifice magique, la raison d'un insensible amant : rien ne manque plus ici que les paroles magiques.

Ramenez, charmes puissants, ramenez Daphnis de la ville en ces lieux!

Les paroles magiques peuvent même faire descendre la lune du haut des cieux; par elles, Circé transforma les compagnons d'Ulysse; dans les prairies, le froid serpent se brise et expire sous la voix de l'enchanteur.

Ramenez, charmes puissants, ramenez Daphnis de la ville en ces lieux!

Je commence par entourer ton image de trois bandelettes de trois couleurs différentes, et je la promène trois fois autour de cet autel; le nombre impair plaît à la divinité.

    Præceps aerii specula de montis in undas
    Deferar; extremum hoc munus morientis habeto.   60
    Desine Mænalios, jam desine, tibia, versus. »
    Hæc Damon; vos, quæ responderit Alphesibœus,
    Dicite, Pierides : non omnia possumus omnes.

ALPHESIBŒUS.

    « Effer aquam, et molli cinge hæc altaria vitta,
    Verbenasque adole pingues et mascula thura,   65
    Conjugis ut magicis sanos avertere sacris
    Experiar sensus: nihil hic nisi carmina desunt.
    Ducite ab urbe domum, mea carmina, ducite Daphnin.
    Carmina vel cœlo possunt deducere lunam;
    Carminibus Circe socios mutavit Ulyxei;   70
    Frigidus in pratis cantando rumpitur anguis.
    Ducite ab urbe domum, mea carmina, ducite Daphnin.
    Terna tibi hæc primum triplici diversa colore
    Licia circumdo, terque hæc altaria circum
    Effigiem duco: numero Deus impare gaudet.   75

Ramenez, charmes puissants, ramenez Daphnis de la ville en ces lieux !

Amaryllis, serre de trois nœuds ces bandelettes de trois couleurs ; Amaryllis, serre-les à l'instant, et dis : « Je noue les liens de Vénus. »

Ramenez, charmes puissants, ramenez Daphnis de la ville en ces lieux !

Le même feu durcit cette argile et fait fondre cette cire : puisse mon amour avoir autant d'empire sur Daphnis ! Répands la farine sacrée, et embrase ces lauriers avec le soufre. Daphnis me brûle, le méchant ! et moi, dans ce laurier, je brûle Daphnis.

Ramenez, charmes puissants, ramenez Daphnis de la ville en ces lieux !

Que Daphnis soit en proie à l'amour, comme la génisse qui, lasse de chercher, à travers les bois et les forêts profondes, un jeune taureau l'objet de ses désirs, tombe au bord d'un ruisseau, et, sans espoir, haletante, oublie la nuit qui la rappelle à l'étable. Qu'ainsi Daphnis soit en proie à l'amour, et qu'il me trouve insensible à ses maux !

Ramenez, charmes puissants, ramenez Daphnis de la ville en ces lieux !

Voici les dépouilles que naguère m'a laissées le perfide : gages bien chers de son amour ! je les enfouis sous le seuil même de cette porte : terre, je te les confie ; ces gages doivent me rendre Daphnis.

> Ducite ab urbe domum, mea carmina, ducite Daphnin.
> Necte tribus nodis ternos, Amarylli, colores ;
> Necte Amarylli, modo, et «Veneris», dic, «vincula necto.»
> Ducite ab urbe domum, mea carmina, ducite Daphnin.
> Limus ut hic durescit, et hæc ut cera liquescit   80
> Uno eodemque igni, sic nostro Daphnis amore.
> Sparge molam, et fragiles incende bitumine lauros.
> Daphnis me malus urit ; ego hanc in Daphnide laurum.
> Ducite ab urbe domum, mea carmina, ducite Daphnin.
> Talis amor Daphnin, qualis quum fessa juvencum   85
> Per nemora atque altos quærendo bucula lucos
> Propter aquæ rivum viridi procumbit in ulva
> Perdita, nec seræ meminit decedere nocti :
> Talis amor teneat, nec sit mihi cura mederi !
> Ducite ab urbe domum, mea carmina, ducite Daphnin.   90
> Has olim exuvias mihi perfidus ille reliquit,
> Pignora cara sui ; quæ nunc ego limine in ipso,
> Terra, tibi mando : debent hæc pignora Daphnin.

Ramenez, charmes puissants, ramenez Daphnis de la ville en ces lieux !

Ces herbes enchantées, ces poisons cueillis dans le Pont, c'est Méris lui-même qui me les a donnés : le Pont les produit en abondance. J'ai vu, par leur secours, Méris, plus d'une fois, se changer en loup et s'enfoncer dans les bois ; du fond de leurs tombeaux évoquer les mânes, et transporter les moissons d'un champ dans un autre.

Ramenez, charmes puissants, ramenez Daphnis de la ville en ces lieux !

Emporte ces cendres, Amaryllis, jette-les, par-dessus ta tête, dans le courant du ruisseau ; surtout ne regarde pas derrière toi. C'est le dernier charme que j'emploie contre Daphnis. Mais le cruel se rit des dieux et des enchantements.

Ramenez, charmes puissants, ramenez Daphnis de la ville en ces lieux !

Regarde : tandis que je tarde à enlever cette cendre, elle a d'elle-même entouré l'autel de flammes tremblantes. Qu'heureux soit le présage ! Mais qu'entends-je ? Hylax aboie à la porte ! Le croirai-je ? n'est-ce pas une de ces illusions que se forment les amants ?

Cessez, charmes puissants, cessez : Daphnis revient de la ville en ces lieux. »

```
       Ducite ab urbe domum, mea carmina, ducite Daphnin.
       Has herbas, atque hæc Ponto mihi lecta venena,      95
       Ipse dedit Mœris : nascuntur plurima Ponto.
       His ego sæpe lupum fieri, et se condere silvis
       Mœrin, sæpe animas imis excire sepulcris,
       Atque satas alio vidi traducere messes.
       Ducite ab urbe domum, mea carmina, ducite Daphnin. 100
       Fer cineres, Amarylli, foras, rivoque fluenti
       Transque caput jace ; nec respexeris. His ego Daphnin
       Aggrediar ; nihil ille deos, nil carmina curat.
       Ducite ab urbe domum, mea carmina, ducite Daphnin.
       Aspice ; corripuit tremulis altaria flammis          105
       Sponte sua, dum ferre moror, cinis ipse. Bonum sit !
       Nescio quid certe est ; et Hylax in limine latrat.
       Credimus ? an, qui amant, ipsi sibi somnia fingunt ?
       Parcite, ab urbe venit, jam parcite, carmina, Daphnis. »
```

ÉGLOGUE IX.

LYCIDAS, MÉRIS.

LYCIDAS.

Où portes-tu tes pas, Méris? Vas-tu où ce chemin te conduit, à la ville?

MÉRIS.

O Lycidas! n'avons-nous tant vécu que pour voir (ce que rien ne devait nous faire craindre) un étranger s'emparer de notre humble domaine et nous dire: « Ceci est à moi; partez, anciens colons. » Maintenant vaincus, pleins de tristesse, jouets du sort qui bouleverse tout, il nous faut encore envoyer ces chevreaux au ravisseur : puisse ce don lui être funeste !

LYCIDAS.

J'avais pourtant ouï-dire que, depuis l'endroit où la colline commence à s'abaisser et descend, par une pente plus douce, jusqu'au fleuve et jusqu'à ce vieux hêtre dont les ans ont brisé la cime, votre Ménalque, pour prix de ses vers, avait conservé tous ses biens.

MÉRIS.

On te l'a dit, et le bruit en a couru; mais, Lycidas, au milieu

ECLOGA IX.

LYCIDAS, MŒRIS.

LYCIDAS.

Quo te, Mœri, pedes? an, quo via ducit, in urbem?

MŒRIS.

O Lycida, vivi pervenimus, advena nostri
(Quod nunquam veriti sumus) ut possessor agelli
Diceret: « Hæc mea sunt; veteres, migrate, coloni. »
Nunc victi, tristes, quoniam fors omnia versat,   5
Hos illi (quod nec vertat bene!) mittimus hædos.

LYCIDAS.

Certe equidem audieram, qua se subducere colles
Incipiunt, mollique jugum demittere clivo,
Usque ad aquam et veteris jam fracta cacumina fagi,
Omnia carminibus vestrum servasse Menalcan.   10

MŒRIS.

Audieras, et fama fuit; sed carmina tantum

du tumulte des armes, nos vers ont aussi peu de force que les colombes de Chaonie, quand l'aigle fond sur elles ; et si, du creux d'un chêne, la corneille ne m'eût averti de couper court à de nouveaux démêlés, ni ton cher Méris ni Ménalque lui-même ne vivraient plus.

LYCIDAS.

Hélas! peut-on comprendre un tel forfait? Quoi! Ménalque, on a failli nous ravir avec toi toute consolation! Qui désormais eût chanté les nymphes, couvert la terre d'herbes fleuries, couronné les fontaines d'ombrages verdoyants? Quel autre eût fait ces vers que je te surpris l'autre jour, à ton insu, lorsque tu te rendais auprès d'Amaryllis, nos amours? « Tityre, jusqu'à mon retour (je ne vais pas loin) fais paître mes chèvres ; ensuite, mène-les à la fontaine ; mais, en les conduisant, évite la rencontre du bouc : il frappe de la corne ; prends-y garde. »

MÉRIS.

Ou plutôt ces vers qu'encore inachevés il adressait à Varus: « O Varus, ton nom, si Mantoue nous est conservée, Mantoue trop voisine, hélas! de l'infortunée Crémone, les cygnes, dans leurs chants sublimes, le porteront jusqu'aux nues. »

Nostra valent, Lycida, tela inter Martia, quantum
Chaonias dicunt, aquila veniente, columbas.
Quod nisi me quacumque novas incidere lites
Ante sinistra cava monuisset ab ilice cornix, 15
Nec tuus hic Mœris, nec viveret ipse Menalcas.

LYCIDAS.

Heu! cadit in quemquam tantum scelus? Heu! tua nobis
Pæne simul tecum solatia rapta, Menalca!
Quis caneret nymphas? Quis humum florentibus herbis
Spargeret, aut viridi fontes induceret umbra? 20
Vel quæ sublegi tacitus tibi carmina nuper,
Quum te ad delicias ferres, Amaryllida, nostras?
« Tityre, dum redeo, brevis est via, pasce capellas;
Et potum pastas age, Tityre, et inter agendum
Occursare capro (cornu ferit ille), caveto. » 25

MŒRIS.

Imo hæc, quæ Varo, necdum perfecta, canebat:
« Vare, tuum nomen (superet modo Mantua nobis,
Mantua væ miseræ nimium vicina Cremonæ!)
Cantantes sublime ferent ad sidera cycni. »

LYCIDAS.

Puissent tes essaims ne se reposer jamais sur les ifs de Corse! puisse le cytise nourrissant gonfler les mamelles de tes brebis! Commence, si tu sais quelques vers nouveaux. Et moi aussi, les muses m'ont fait poëte; moi aussi, j'ai composé des vers; moi aussi, les bergers me disent inspiré; mais je ne crois point à leurs éloges, car je n'ai encore rien fait qui me semble digne de Varus et de Cinna : faible oison, je mêle aux chants mélodieux des cygnes mes cris discordants.

MÉRIS.

Je songe à te satisfaire, cher Lycidas, et cherche tout bas à me rappeler certains vers; ils ne sont pas sans mérite: « Viens, ô Galatée! quel plaisir trouves-tu dans les ondes? Ici, brille le printemps aux couleurs de pourpre ; ici, la terre embellit le bord des fleuves de mille fleurs variées; ici, le blanc peuplier se penche languissant sur ma grotte, et la vigne la couvre de ses rameaux entrelacés. Viens; laisse la vague furieuse battre follement le rivage. »

LYCIDAS.

Et ces vers que je t'ai entendu chanter seul pendant une belle nuit? J'ai retenu l'air ; si je me souvenais des paroles!

LYCIDAS.

Sic tua Cyrneas fugiant examina taxos; 30
Sic cytiso pastæ distendant ubera vaccæ!
Incipe, si quid habes. Et me fecere poetam
Pierides; sunt et mihi carmina; me quoque dicunt
Vatem pastores; sed non ego credulus illis;
Nam neque adhuc Varo videor, nec dicere Cinna 35
Digna, sed argutos inter strepere anser olores.

MŒRIS.

Id quidem ago, et tacitus, Lycida, mecum ipse voluto,
Si valeam meminisse; neque est ignobile carmen.
« Huc ades, o Galatea; quis est nam ludus in undis?
Hic ver purpureum; varios hic flumina circum 40
Fundit humus flores; hic candida populus antro
Imminet, et lentæ texunt umbracula vites.
Huc ades : insani feriant sine littora fluctus. »

LYCIDAS.

Quid, quæ te pura solum sub nocte canentem
Audieram? numeros memini, si verba tenerem. 45

MÉRIS.

« Pourquoi, Daphnis, contempler le lever des anciennes constellations ? vois s'avancer l'astre de César, fils de Vénus : astre bienfaisant, sa douce influence fécondera nos guérets, et, sur nos coteaux, mûrira la grappe vermeille. Greffe tes poiriers, Daphnis : tes arrière-neveux en recueilleront les fruits. »

Le temps emporte tout ; tout, même l'esprit. Souvent, bien jeune encore, je passais, il m'en souvient, des journées entières à chanter ; maintenant tous ces airs, je les ai oubliés. Déjà même la voix manque à Méris ; pauvre Méris ! des loups t'auront aperçu les premiers. Quant à ces vers que tu me demandes, souvent Ménalque te les redira.

LYCIDAS.

Que tous ces délais irritent mes désirs ! Tu le vois : pour toi l'onde s'est calmée : elle dort silencieuse : les vents se taisent, et l'on n'entend pas le plus léger murmure. Nous voici à la moitié du chemin ; déjà le tombeau de Bianor commence à nous apparaître. Vois-tu ces arbres dont la main du laboureur élague le feuillage trop épais ? c'est ici, Méris, qu'il nous faut chanter ; dépose ici tes chevreaux ; nous serons encore assez tôt à la ville. Mais si tu crains que la pluie et la nuit ne nous surprennent,

MŒRIS.

« Daphni, quid antiquos signorum suspicis ortus ?
Ecce Dionæi processit Cæsaris astrum ;
Astrum, quo segetes gauderent frugibus, et quo
Duceret apricis in collibus uva colorem.
Insere, Daphni, pyros : carpent tua poma nepotes. »   50
Omnia fert ætas, animum quoque. Sæpe ego longos
Cantando puerum memini me condere soles ;
Nunc oblita mihi tot carmina. Vox quoque Mœrin
Jam fugit ipsa ; lupi Mœrin videre priores.
Sed tamen ista satis referet tibi sæpe Menalcas.   55

LYCIDAS.

Causando nostros in longum ducis amores.
Et nunc omne tibi stratum silet æquor, et omnes,
Aspice, ventosi ceciderunt murmuris auræ.
Hinc adeo media est nobis via ; namque sepulcrum
Incipit apparere Bianoris. Hic, ubi densas   60
Agricolæ stringunt frondes, hic, Mœri, canamus ;
Hic hædos depone ; tamen veniemus in urbem.
Aut si, nox pluviam ne colligat ante, veremur,

nous pouvons, en chantant, poursuivre notre route; elle en sera moins pénible. Pour que tu puisses chanter en marchant, je veux te soulager de ce fardeau.

MÉRIS.

Cesse d'insister, enfant; songeons d'abord au but de mon voyage : nous chanterons avec plus de plaisir, quand Ménalque sera de retour.

ÉGLOGUE X.

GALLUS.

Une dernière fois, Aréthuse, souris à mes efforts. Inspire-moi pour mon cher Gallus quelques vers, mais des vers qui soient lus de Lycoris elle-même. Qui pourrait refuser des vers à Gallus? Puisse ainsi, quand tu coules sous les flots de Sicile, Doris ne point mêler son onde amère à la tienne !

Commence : disons les tourments amoureux de Gallus, tandis que mes chèvres camuses brouteront le feuillage des tendres arbrisseaux. Nos chants ne sont pas perdus ; l'écho des bois y répond.

Quelles forêts, quels bocages vous retenaient, jeunes Naïades, lorsque d'un indigne amour Gallus périssait consumé? car alors ni les sommets du Parnasse, ni ceux du Pinde, ni la fontaine

Cantantes licet usque (minus via lædet), eamus.
Cantantes ut eamus, ego hoc te fasce levabo.   65
MŒRIS.
Desine plura, puer; et quod nunc instat agamus.
Carmina tum melius, quum venerit ipse, canemus.

ECLOGA X.

GALLUS.

Extremum hunc, Arethusa, mihi concede laborem :
Pauca meo Gallo, sed quæ legat ipsa Lycoris,
Carmina sunt dicenda : neget quis carmina Gallo?
Sic tibi, quum fluctus subterlabere Sicanos,
Doris amara suam non intermisceat undam!   5
Incipe : sollicitos Galli dicamus amores,
Dum teneræ attondent simæ virgulta capellæ.
Non canimus surdis; respondent omnia silvæ.
Quæ nemora, aut qui vos saltus habuere, puellæ
Naïdes, indigno quum Gallus amore periret?   10
Nam neque Parnassi vobis juga, nam neque Pindi

Aganippe n'arrêtèrent vos pas. Les lauriers, les bruyères même pleurèrent Gallus. Et le Ménale aussi avec ses forêts de pins, et le Lycée avec ses glaces pleurèrent, en le voyant étendu au pied d'un rocher solitaire. Autour de lui ses brebis se tiennent immobiles : (les brebis s'intéressent à nos peines ; et toi, divin poëte, ne rougis pas de guider un troupeau : le bel Adonis lui-même menait paître ses brebis le long des fleuves).

Le berger vient d'abord ; viennent ensuite les pesants bouviers, puis arrive Ménalque tout mouillé de la glandée d'hiver. Tous lui demandent : « Pourquoi ce fol amour? » Apollon accourt et lui dit : « Gallus, quel est ton délire? L'objet de toutes tes pensées, Lycoris, suit un autre amant à travers les frimas et les horreurs des camps. »

Ensuite arriva Silvain, la tête ornée d'une couronne champêtre, agitant des branches d'arbrisseaux en fleur et de longues tiges de lis. Le dieu de l'Arcadie, Pan, vint aussi ; nous-mêmes nous l'avons vu, le visage coloré de vermillon et du jus sanglant de l'hièble : « Quand finiront tes regrets? dit-il ; l'Amour n'est point sensible à de telles douleurs. Le cruel Amour ne se rassasie pas plus de larmes que les prés de l'eau des ruisseaux, les abeilles de cytise, les chèvres de feuillage. »

Mais lui, toujours triste : « Arcadiens, vous chanterez du moins

  Ulla moram fecere, neque Aoniæ Aganippe.
  Illum etiam lauri, illum etiam flevere myricæ ;
  Pinifer illum etiam sola sub rupe jacentem
  Mænalus et gelidi fleverunt saxa Lycæi.   15
  Stant et oves circum ; (nostri nec pœnitet illas :
  Nec te pœniteat pecoris, divine poeta :
  Et formosus oves ad flumina pavit Adonis).
  Venit et upilio ; tardi venere bubulci ;
  Uvidus hiberna venit de glande Menalcas.   20
  Omnes, « Unde amor iste, » rogant, « tibi? » Venit Apollo :
  « Galle, quid insanis? inquit : tua cura Lycoris
  Perque nives alium perque horrida castra secuta est. »
  Venit et agresti capitis Silvanus honore,
  Florentes ferulas et grandia lilia quassans.   25
  Pan, deus Arcadiæ, venit, quem vidimus ipsi
  Sanguineis ebuli baccis minioque rubentem :
  « Ecquis erit modus? » inquit ; « Amor non talia curat.
  Nec lacrymis crudelis Amor, nec gramina rivis,
  Nec cytiso saturantur apes, nec fronde capellæ. »   30
  Tristis at ille : « Tamen cantabitis, Arcades, » inquit.

mes tourments à vos montagnes ; seuls, Arcadiens, vous savez chanter. Oh ! que mollement reposera ma cendre, si votre flûte un jour redit mes amours ! Et plût aux dieux que j'eusse été l'un de vous, ou gardien de vos troupeaux, ou vendangeur de vos grappes mûries ! Du moins, quel que fût l'objet de ma flamme, Phyllis, Amyntas, ou tout autre, (et qu'importe qu'Amyntas soit basané ? la violette aussi est noire, et noir le vaciet), il reposerait avec moi parmi les saules, à l'ombre des pampres flexibles. Pour moi Phyllis tresserait des guirlandes de fleurs, Amyntas chanterait. Ici, Lycoris, sont de fraîches fontaines, de molles prairies, d'épaisses forêts : ici je coulerais mes jours avec toi. Mais maintenant un fol amour me retient sous les drapeaux de Mars, au milieu des armes et des traits ennemis. Loin de ta patrie (que ne puis-je en douter !), tu braves les neiges des Alpes et les glaces du Rhin, seule, hélas ! et sans moi ! Ah ! puisse le froid t'épargner ! puissent les durs glaçons ne point blesser tes pieds délicats !

« J'irai ; je chanterai sur les pipeaux du pasteur de Sicile les vers que m'inspira le poëte de Chalcis. C'est décidé, j'aime mieux souffrir au milieu des forêts, dans les repaires des bêtes sauvages, et graver mes amours sur la tendre écorce des ar-

« Montibus hæc vestris : soli cantare periti
Arcades. O mihi tum quam molliter ossa quiescant,
Vestra meos olim si fistula dicat amores !
Atque utinam ex vobis unus, vestrique fuissem   35
Aut custos gregis, aut maturæ vinitor uvæ !
Certe sive mihi Phyllis, sive esset Amyntas,
Seu quicumque furor, (quid tum, si fuscus Amyntas ?
Et nigræ violæ sunt, et vaccinia nigra),
Mecum inter salices lenta sub vite jaceret :   40
Serta mihi Phyllis legeret, cantaret Amyntas.
Hic gelidi fontes ; hic mollia prata, Lycori ;
Hic nemus : hic ipso tecum consumerer ævo.
Nunc insanus amor duri me Martis in armis
Tela inter media atque adversos detinet hostes.   45
Tu procul a patria (nec sit mihi credere tantum !)
Alpinas, ah ! dura, nives et frigora Rheni
Me sine sola vides. Ah ! te ne frigora lædant !
Ah ! tibi ne teneras glacies secet aspera plantas !
Ibo, et, Chalcidico quæ sunt mihi condita versu   50
Carmina, pastoris Siculi modulabor avena.
Certum est in silvis, inter spelæa ferarum,
Malle pati, tenerisque meos incidere amores

bres : les arbres croîtront ; avec eux vous croîtrez, mes amours !

« Cependant, je parcourrai, en compagnie des nymphes, les détours du Ménale, ou je poursuivrai le sanglier fougueux. Les rigueurs de l'hiver ne m'empêcheront pas d'entourer de ma meute les bois du Parthenius. Déjà même je crois franchir les rochers, les forêts retentissantes ; rival du Parthe, je me plais à lancer les flèches de Cydon. D'un amour incurable remèdes impuissants ! Le dieu qui me poursuit se laisse-t-il donc attendrir aux peines des mortels ? Déjà, et les nymphes des bois, et les chants que j'aimais, tout m'importune : adieu forêts, adieu ! Tous nos efforts ne sauraient changer l'Amour. En vain nous irions, au plus fort de l'hiver, boire les eaux glacées de l'Hèbre ; en vain nous affronterions les neiges et les pluies de la Thrace ; en vain dans la saison où l'écorce meurt desséchée sur l'ormeau, nous ferions paître sous le brûlant Cancer les troupeaux d'Éthiopie : l'Amour triomphe de tout ; nous aussi, cédons à l'Amour ! »

C'est assez, Muses, pour votre poëte d'avoir chanté ces vers, tandis qu'assis il tresse en corbeilles le jonc flexible. C'est vous qui rendrez ces vers précieux pour Gallus ; Gallus, pour qui d'heure en heure s'accroît mon amour, comme au retour du printemps s'élance dans les airs l'aune verdoyant.

    Arboribus : crescent illæ ; crescetis, amores.
    Interea mixtis lustrabo Mænala nymphis,   55
    Aut acres venabor apros : non me ulla vetabunt
    Frigora Parthenios canibus circumdare saltus.
    Jam mihi per rupes videor lucosque sonantes
    Ire ; libet Partho torquere Cydonia cornu
    Spicula· tanquam hæc sint nostri medicina furoris,   60
    Aut deus ille malis hominum mitescere discat !
    Jam neque Hamadryades rursum, nec carmina nobis
    Ipsa placent ; ipsæ rursum concedite, silvæ.
    Non illum nostri possunt mutare labores ;
    Nec si frigoribus mediis Hebrumque bibamus,   65
    Sithoniasque nives hiemis subeamus aquosæ ;
    Nec si, quum moriens alta liber aret in ulmo,
    Æthiopum versemus oves sub sidere Cancri.
    Omnia vincit Amor, et nos cedamus Amori. »
    Hæc sat erit, divæ, vestrum cecinisse poetam,   70
    Dum sedet, et gracili fiscellam texit hibisco,
    Pierides : vos hæc facietis maxima Gallo ;
    Gallo, cujus amor tantum mihi crescit in horas,
    Quantum vere novo viridis se subjicit alnus.

Levons-nous ; toujours l'ombre est funeste aux chanteurs, surtout l'ombre du genévrier : l'ombre nuit aussi aux moissons. Allez mes chèvres ; vous êtes rassasiées ; voici Vesper, allez au bercail.

<blockquote>
Surgamus : solet esse gravis cantantibus umbra ;   75
Juniperi gravis umbra ; nocent et frugibus umbræ.
Ite domum saturæ, venit Hesperus, ite, capellæ.
</blockquote>

GÉORGIQUES

TRADUCTION DE

M. CHARPENTIER (DE SAINT-PREST)

INSPECTEUR HONORAIRE DE L'ACADÉMIE DE PARIS
AGRÉGÉ DE LA FACULTÉ DES LETTRES

LES
GÉORGIQUES

LIVRE PREMIER

 Quel art produit les riantes moissons, sous quel signe il faut retourner la terre et marier la vigne à l'ormeau, quels soins exigent les bœufs, comment on multiplie le bétail, quelle industrie est nécessaire pour l'éducation de l'abeille économe : voilà, Mécène, ce que je vais chanter.

 Astres éclatants de lumière, qui guidez dans le ciel la marche des saisons, Bacchus, et toi bienfaisante Cérès, si, grâce à vos dons, la terre remplaça par de riches épis les glands de Chaonie, et mêla le jus de la vigne à l'eau des fontaines ; et vous, divinités protectrices des campagnes, venez, Faunes ; venez aussi, jeunes Dryades : ce sont vos bienfaits que je chante. Et toi, dont le trident redoutable fit, du sein de la terre, bondir le coursier fré-

LIBER PRIMUS.

Quid faciat lætas segetes, quo sidere terram
Vertere, Mæcenas, ulmisque adjungere vites
Conveniat; quæ cura boum, qui cultus habendo
Sit pecori; atque apibus quanta experientia parcis,
Hinc canere incipiam. Vos, o clarissima mundi   5
Lumina, labentem cœlo quæ ducitis annum ;
Liber, et alma Ceres, vestro si munere tellus
Chaoniam pingui glandem mutavit arista,
Poculaque inventis Acheloia miscuit uvis ;
Et vos, agrestum præsentia numina, Fauni,   10
Ferte simul Faunique pedem, Dryadesque puellæ :
Munera vestra cano. Tuque o, cui prima frementem
Fudit equum magno tellus percussa tridenti,

missant, Neptune; et toi, habitant des forêts, toi dont les nombreux taureaux, plus blancs que la neige, paissent les fertiles bruyères de Cée; toi-même, Pan, protecteur de nos brebis, quitte un moment les bois paternels et les ombrages du Lycée, et si ton Ménale t'est toujours cher, viens, dieu du Tégée, favoriser mes chants. Minerve, qui nous donnas l'olivier; enfant, inventeur de la charrue; Silvain, qui dans tes mains portes un jeune cyprès; dieux et déesses qui veillez sur nos campagnes; qui nourrissez les plantes nouvelles nées sans semence, et du haut des cieux versez aux moissons des pluies fécondes, venez, et soyez favorables à mes chants.

Et toi, qui dois un jour prendre place dans les conseils des dieux, choisis, César : veux-tu, protecteur de nos villes et de nos campagnes, régner sur l'univers? l'univers est prêt à révérer en toi l'auteur des fruits qu'il produit, le maître des saisons, et à ceindre ton front du myrte maternel. Dominateur souverain des mers, désires-tu recevoir seul les vœux des matelots? Thulé, aux extrémités du monde, se courbe sous tes lois; Téthys, au prix de toutes ses eaux, achète l'honneur de t'avoir pour gendre. Aimes-tu mieux, nouvel astre d'été, te placer entre Érigone et le Scorpion qui la poursuit? déjà devant toi le Scorpion replie ses

```
    Neptune; et cultor nemorum, cui pinguia Ceæ
    Ter centum nivei tondent dumeta juvenci;           15
    Ipse, nemus linquens patrium saltusque Lycæi,
    Pan, ovium custos, tua si tibi Mænala curæ,
    Adsis, o Tegeæe, favens : oleæque Minerva
    Inventrix, uncique puer monstrator aratri,
    Et teneram ab radice ferens, Silvane, cupressum;   20
    Dique deæque omnes, studium quibus arva tueri,
    Quique novas alitis non ullo semine fruges,
    Quique satis largum cœlo demittitis imbrem.
    Tuque adeo, quem mox quæ sint habitura deorum
    Concilia, incertum est, urbesne invisere, Cæsar,   25
    Terrarumque velis curam  et te maximus orbis
    Auctorem frugum tempestatumque potentem
    Accipiat, cingens materna tempora myrto;
    An deus immensi venias maris, ac tua nautæ
    Numina sola colant, tibi serviat ultima Thule,     30
    Teque sibi generum Tethys emat omnibus undis;
    Anne novum tardis sidus te mensibus addas,
    Qua locus Erigonen inter Chelasque sequentes
    Panditur: ipse tibi jam brachia contrahit ardens
```

serres brûlantes, et t'abandonne dans le ciel une espace plus que suffisant. Quel que soit l'empire qui t'est réservé (car les enfers n'oseraient t'espérer pour roi, et tu ne saurais pousser jusque-là le désir de régner, quoique la Grèce vante ses Champs-Élysées, et que Proserpine dédaigne la voix d'une mère qui l'appelle), rends ma course facile, favorise mes efforts et mon audace; et, sensible comme moi aux peines des laboureurs, viens les guider dans les routes qu'ils ignorent; et accoutume toi à recevoir, dès à présent, les vœux des mortels.

Au retour du printemps, quand, du sommet des montagnes qu'elle blanchissait, la neige fondue commence à s'écouler, quand la glèbe s'amollit et cède au souffle du Zéphyr, je veux déjà voir le taureau gémir sous le poids du joug, et le soc de la charrue briller dans le sillon. La terre ne comblera les vœux du laboureur avide que si elle a senti deux fois les chaleurs de l'été, deux fois les rigueurs de l'hiver : c'est alors que les greniers crouleront sous le poids de la récolte.

Mais, avant d'enfoncer le fer dans une terre inconnue, il faut étudier l'influence des vents qui y règnent, la nature du climat, les procédés de l'expérience, les traditions locales, enfin les productions que donne ou refuse chaque contrée. Ici jaunissent les moissons; là mûrissent les vignes; ailleurs, les arbres et les

```
       Scorpius, et cœli justa plus parte relinquit :        35
       Quidquid eris, ( nam te nec sperent Tartara regem,
       Nec tibi regnandi veniat tam dira cupido,
       Quamvis Elysios miretur Græcia campos,
       Nec repetita sequi curet Proserpina matrem ),
       Da facilem cursum, atque audacibus annue cœptis,      40
       Ignarosque viæ mecum miseratus agrestes,
       Ingredere, et votis jam nunc assuesce vocari.
       Vere novo, gelidus canis quum montibus humor
       Liquitur, et Zephyro putris se gleba resolvit,
       Depresso incipiat jam tum mihi taurus aratro          45
       Ingemere, et sulco attritus splendescere vomer.
       Illa seges demum votis respondet avari
       Agricolæ, bis quæ solem, bis frigora sensit;
       Illius immensæ ruperunt horrea messes.
       At prius ignotum ferro quam scindimus æquor           50
       Ventos et varium cœli prædiscere morem
       Cura sit, ac patrios cultusque habitusque locorum,
       Et quid quæque ferat regio, et quid quæque recuset.
       Hic segetes, illic veniunt felicius uvæ,
```

7.

prairies se couvrent naturellement de fruits et de verdure. Ainsi le Tmolus nous envoie son safran, l'Inde son ivoire, les plaines de Saba leur encens, le noir Chalybe son fer, le Pont son fétide castoréum, l'Epire ses cavales célèbres par les palmes de l'Élide.

Telles sont les lois immuables que la nature a, dans le principe, imposées à chaque contrée, lorsque, pour repeupler l'univers, Deucalion jeta sur la terre déserte ces pierres qui produisirent des hommes durs comme elles.

Courage donc! Si la terre est forte, que, dès les premiers mois de l'année, de vigoureux taureaux la retournent, et qu'exposées aux rayons du soleil d'été les mottes soient ainsi réduites et pulvérisées; mais si le sol est peu fécond, il suffira d'y tracer, au retour de l'Arcture, un léger sillon. De cette manière, dans les terres fortes, l'herbe n'étouffera pas le bon grain, et les terres légères ne perdront pas le peu de suc dont elles sont humectées.

Il faut, les blés enlevés, laisser ton champ se reposer et se raffermir pendant une année; on n'y sème du froment que l'année suivante, et après en avoir tiré une récolte de pois secs, de vesce légère ou d'amers lupins à la tige fragile, à la bruyante cosse. Mais écarte le lin, l'avoine, le pavot soporifique: ils des-

    Arborei fetus alibi, atque injussa virescunt   55
    Gramina. Nonne vides croceos ut Tmolus odores,
    India mittit ebur, molles sua thura Sabæi ;
    At Chalybes nudi ferrum, virosaque Pontus
    Castorea, Eliadum palmas Epirus equarum ?
    Continuo has leges æternaque fœdera certis   60
    Imposuit natura locis, quo tempore primum
    Deucalion vacuum lapides jactavit in orbem,
    Unde homines nati, durum genus. Ergo age, terræ
    Pingue solum primis extemplo a mensibus anni
    Fortes invertant tauri, glebasque jacentes   65
    Pulverulenta coquat maturis solibus æstas.
    At si non fuerit tellus fecunda, sub ipsum
    Arcturum tenui sat erit suspendere sulco:
    Illic, officiant lætis ne frugibus herbæ ;
    Hic, sterilem exiguus ne deserat humor arenam.   70
    Alternis idem tonsas cessare novales,
    Et segnem patiere situ durescere campum ;
    Aut ibi flava seres, mutato sidere, farra,
    Unde prius lætum siliqua quassante legumen,
    Aut tenuis fetus viciæ, tristisque lupini   75
    Sustuleris fragiles calamos silvamque sonantem.
    Urit enim lini campum seges, urit avenæ,

sèchent, ils brûlent la terre. La terre, cependant, les pourra supporter, pourvu qu'on les sème alternativement, et qu'un épais fumier ou les sels de la cendre raniment sa vigueur épuisée. Ainsi ton champ se repose par le seul changement de productions. Avec plus de reconnaissance encore la terre te payerait le repos d'une année.

Souvent aussi il est bon d'incendier un champ stérile, et de livrer le chaume léger à la flamme pétillante : soit que le feu communique à la terre une vertu secrète et des sucs plus abondants; soit qu'il la purifie et en sèche l'humidité superflue; soit qu'il ouvre les pores et les canaux souterrains qui portent la séve aux racines des plantes nouvelles ; soit qu'il durcisse le sol, en resserre les veines trop ouvertes, et en ferme l'entrée aux pluies excessives, aux rayons brûlants du soleil, au souffle glacé de Borée.

Ce laboureur qui, le râteau ou la herse à la main, brise les glèbes stériles, rend service à son champ : du haut de l'Olympe, la blonde Cérès le regarde favorablement, de même que celui qui, écrasant les mottes dont la charrue a hérissé le sol, croise par de nouveaux sillons les sillons déjà tracés, tourmente la terre sans relâche et lui commande en maître.

> Urunt Lethæo perfusa papavera somno.
> Sed tamen alternis facilis labor; arida tantum
> Ne saturare fimo pingui pudeat sola, neve   80
> Effetos cinerem immundum jactare per agros.
> Sic quoque mutatis requiescunt fetibus arva ;
> Nec nulla interea est inaratæ gratia terræ.
> Sæpe etiam steriles incendere profuit agros,
> Atque levem stipulam crepitantibus urere flammis : 85
> Sive inde occultas vires et pabula terræ
> Pinguia concipiunt; sive illis omne per ignem
> Excoquitur vitium, atque exsudat inutilis humor;
> Seu plures calor ille vias et cæca relaxat
> Spiramenta, novas veniat qua succus in herbas ;   90
> Seu durat magis, et venas adstringit hiantes,
> Ne tenues pluviæ, rapidive potentia solis
> Acrior, aut Boreæ penetrabile frigus adurat.
> Multum adeo, rastris glebas qui frangit inertes,
> Vimineasque trahit crates, juvat arva; neque illum 95
> Flava Ceres alto nequidquam spectat Olympo ;
> Et qui, proscisso quæ suscitat æquore terga,
> Rursus in obliquum verso perrumpit aratro,
> Exercetque frequens tellurem, atque imperat arvis.

Laboureurs, demandez au ciel des étés humides et des hivers sereins ; un hiver poudreux promet une abondante récolte : alors, surtout, la Mysie vante ses belles cultures, et le Gargare lui-même admire la richesse de ses moissons.

Que dirai-je de celui qui, la semence à peine confiée à la terre, brise les mottes dont la plaine est hérissée, y introduit ensuite l'eau d'un fleuve coupé par de nombreux canaux? Et, lorsque l'herbe meurt desséchée par un soleil brûlant, voyez-le amener de la pente d'un coteau l'onde docile qui, roulant avec un doux murmure sur un lit de cailloux, ravive la verdure des champs désaltérés. Parlerai-je de celui qui, pour empêcher les tiges trop faibles de plier sous le poids des épis, abandonne à ses troupeaux le luxe de l'herbe naissante, lorsque le blé, encore en herbe, commence à poindre au niveau du sillon? ou de celui qui fait couler dans des rigoles les eaux qui dorment sur ses guérets, surtout si les fleuves débordés ont inondé les campagnes, et formé ces mares d'où s'exhalent d'impures vapeurs?

Cependant, malgré ces efforts et des hommes et des bœufs pour remuer la terre, craignez encore l'oie vorace, la grue du Strymon, les herbes amères, et l'ombre nuisible. Jupiter a voulu que

> Humida solstitia atque hiemes orate serenas, 100
> Agricolæ; hiberno lætissima pulvere farra,
> Lætus ager: nullo tantum se Mysia cultu
> Jactat, et ipsa suas mirantur Gargara messes.
> Quid dicam, jacto qui semine cominus arva
> Insequitur, cumulosque ruit male pinguis arenæ; 105
> Deinde satis fluvium inducit rivosque sequentes ;
> Et, quum exustus ager morientibus æstuat herbis,
> Ecce supercilio clivosi tramitis undam
> Elicit? Illa cadens raucum per levia murmur
> Saxa cier, scatebrisque arentia temperat arva. 110
> Quid, qui, ne gravidis procumbat culmus aristis,
> Luxuriem segetum tenera depascit in herba,
> Quum primum sulcos æquant sata? quique paludis
> Collectum humorem bibula deducit arena ?
> Præsertim incertis si mensibus amnis abundans 115
> Exit, et obducto late tenet omnia limo,
> Unde cavæ tepido sudant humore lacunæ.
> Nec tamen, hæc quum sint hominumque boumque labores
> Versando terram experti, nihil improbus anser,
> Strymoniæque grues, et amaris intyba fibris 120
> Officiunt, aut umbra nocet. Pater ipse colendi

la culture des champs fût un rude travail; le premier, il demanda à l'art leur fécondité, et, excitant les mortels par l'aiguillon de la nécessité, il ne souffrit pas que son empire s'engourdît dans une lâche indolence.

Avant Jupiter, aucun laboureur n'avait dompté les guérets; on ne pouvait même, par des bornes, en marquer le partage : c'était l'héritage commun; et la terre produisait tout d'elle-même librement et sans contrainte. Ce fut Jupiter qui arma les serpents de leur noir poison; qui commanda au loup de vivre de rapines, à la mer de se soulever; qui dépouilla les feuilles des arbres du miel qu'elles produisaient, et arrêta les ruisseaux de vin qui coulaient en tous lieux. Il voulait que l'expérience avec la réflexion enfantât peu à peu les différents arts, apprît à l'homme à tirer du sillon le froment nourricier, et à faire jaillir des veines du caillou la flamme qu'il recèle.

Alors, pour la première fois, les fleuves sentirent le poids de l'aune habilement creusé; le pilote compta les étoiles, leur donna des noms, distingua les Pléiades, les Hyades et l'Ourse brillante, fille de Lycaon. Alors on apprit à tendre des pièges aux bêtes sauvages, à tromper l'oiseau avec de la glu, à entourer les forêts d'une meute ardente. L'un jette son épervier dans le fond des fleuves; l'autre, au milieu des mers, traîne ses filets humi-

  Haud facilem esse viam voluit, primusque per artem
  Movit agros, curis acuens mortalia corda,
  Nec torpere gravi passus sua regna veterno.
  Ante Jovem nulli subigebant arva coloni; 125
  Ne signare quidem aut partiri limite campum
  Fas erat : in medium quærebant, ipsaque tellus
  Omnia liberius, nullo poscente, ferebat.
  Ille malum virus serpentibus addidit atris,
  Prædarique lupos jussit, pontumque moveri, 130
  Mellaque decussit foliis, ignemque removit,
  Et passim rivis currentia vina repressit :
  Ut varias usus meditando extunderet artes
  Paulatim, et sulcis frumenti quæreret herbam,
  Et silicis venis abstrusum excuderet ignem. 135
  Tunc alnos primum fluvii sensere cavatas;
  Navita tum stellis numeros et nomina fecit,
  Pleiadas, Hyadas, claramque Lycaonis Arcton.
  Tum laqueis captare feras et fallere visco
  Inventum, et magnos canibus circumdare saltus; 140
  Atque alius latum funda jam verberat amnem,
  Alta petens; pelagoque alius trahit humida lina.

des. Bientôt le fer retentit sur l'enclume, et l'on entendit grincer la scie; car, pour fendre le bois, les premiers hommes ne se servaient que de coins. Vinrent ensuite tous les arts; un travail opiniâtre triompha de toutes les difficultés, et le besoin pressant fit naître l'industrie.

Cérès la première apprit aux hommes à ouvrir la terre avec le soc de la charrue, lorsque leur manquèrent les glands et les fruits de la forêt sacrée, et que Dodone leur refusa la nourriture accoutumée. Mais, bientôt, que de peines attachées à la culture! la rouille funeste rongea les épis; le chardon inutile hérissa les guérets; les moissons périrent sous une forêt d'herbes pernicieuses, de bardanes et de tribules; et, au milieu des plus belles campagnes, dominèrent l'odieuse ivraie et l'avoine stérile. Si le râteau infatigable ne tourmente sans cesse la terre, si un bruit continuel n'en écarte l'oiseau, si la faux n'élague l'ombre importune, si tes vœux n'ont appelé des pluies salutaires, vainement tu contempleras les richesses d'un voisin; il te faudra, pour apaiser ta faim, secouer le chêne des forêts.

Disons maintenant les instruments nécessaires au laboureur pour semer et faire lever son grain. Qu'il ait d'abord un soc et un corps de charrue du bois le plus dur; des chariots à la marche pesante, tels que les ordonna la déesse d'Éleusis; des rou-

    Tum ferri rigor, atque argutæ lamina serræ,
    (Nam primi cuneis scindebant fissile lignum) :
    Tum variæ venere artes : labor omnia vicit   145
    Improbus, et duris urgens in rebus egestas.
    Prima Ceres ferro mortales vertere terram
    Instituit, quum jam glandes atque arbuta sacræ
    Deficerent silvæ, et victum Dodona negaret.
    Mox et frumentis labor additus : ut mala culmos   150
    Esset rubigo, segnisque horreret in arvis
    Carduus : intereunt segetes; subit aspera silva,
    Lappæque tribulique; interque nitentia culta
    Infelix lolium et steriles dominantur avenæ.
    Quod nisi et assiduis terram insectabere rastris,   155
    Et sonitu terrebis aves, et ruris opaci
    Falce premes umbras, votisque vocaveris imbrem;
    Heu! magnum alterius frustra spectabis acervum,
    Concussaque famem in silvis solabere quercu.
    Dicendum et quæ sint duris agrestibus arma,   160
    Quîs sine nec potuere seri, nec surgere messes.
    Vomis, et inflexi primum grave robur aratri,

leaux ferrés, des traîneaux, des herses et de lourds râteaux ; puis, les ouvrages d'osier, meubles peu chers, inventés par Célée ; les claies d'arboisier, le van mystique consacré à Bacchus. Tels sont les instruments que tu auras soin de te procurer longtemps d'avance, si tu aspires à l'honneur d'avoir un champ bien cultivé.

Dans la forêt même qui l'a vu naître, on courbe avec de grands efforts un jeune ormeau, pour le disposer à prendre la forme d'une charrue : on y adapte un timon qui s'étend de huit pieds en avant, et, entre deux oreillons, on fixe un double soc. Il faut aussi couper d'avance et le tilleul et le hêtre légers, destinés à former, l'un le joug, l'autre le manche qui doit, par derrière, tourner à volonté la charrue : on laisse la fumée du foyer où ces bois sont suspendus les éprouver et les durcir.

Je puis te rappeler une foule d'autres préceptes qui nous viennent de nos ancêtres, si tu ne dédaignes pas de t'arrêter avec moi à ces petits détails.

Il faut d'abord, sous un long cylindre, aplanir l'aire où tu battras le blé ; puis, avec ta main, la pétrir, en y mêlant une craie visqueuse ; autrement les herbes y croîtraient ; et, en la crevassant, la sécheresse ouvrirait un passage à mille fléaux. Souvent le mulot y a creusé sa demeure et construit ses greniers ;

```
       Tardaque Eleusinæ matris volventia plaustra,
       Tribulaque, traheæque, et iniquo pondere rastri ;
       Virgea præterea Celei vilisque supellex,              165
       Arbuteæ crates, et mystica vannus Iacchi :
       Omnia quæ multo ante memor provisa repones,
       Si te digna manet divini gloria ruris.
       Continuo in silvis magna vi flexa domatur
       In burim, et curvi formam accipit ulmus aratri.       170
       Huic a stirpe pedes temo protentus in octo,
       Binæ aures, duplici aptantur dentalia dorso.
       Cæditur et tilia ante jugo levis, altaque fagus,
       Stivaque, quæ currus a tergo torqueat imos ;
       Et suspensa focis explorat robora fumus.              175
       Possum multa tibi veterum præcepta referre,
       Ni refugis, tenuesque piget cognoscere curas.
       Area cum primis ingenti æquanda cylindro,
       Et vertenda manu, et creta solidanda tenaci,
       Ne subeant herbæ, neu pulvere victa fatiscat ;        180
       Tum variæ illudant pestes. Sæpe exiguus mus
       Sub terris posuitque domos atque horrea fecit,
```

la taupe aveugle s'y est ménagé une retraite ; et on y a surpris le crapaud et les bêtes nuisibles que la terre produit si nombreuses ; souvent un monceau de blé devient la proie du charançon ou de la fourmi si prévoyante pour les besoins de sa vieillesse.

Observe l'amandier, lorsqu'il se couvre de fleurs et courbe vers la terre ses branches odorantes : si les fleurs l'emportent sur les feuilles, c'est pour ta récolte un heureux présage, et de grandes chaleurs amèneront d'abondantes moissons ; mais s'il n'étale qu'un luxe inutile de feuillage, le fléau ne battra qu'une paille épaisse et vide.

J'ai vu bien des laboureurs tremper leurs semences dans de l'eau de nitre et du marc d'olives, pour donner à l'enveloppe du grain une apparence souvent trompeuse ; et bien qu'un feu modéré eût aidé à l'effet de cette préparation, bien que ces semences eussent été choisies et examinées avec le plus grand soin, elles n'en dégénéraient pas moins, si chaque année un nouveau choix ne triait le plus beau grain. Telle est la loi du destin : tout tombe en ruine, tout va rétrogradant. Ainsi, à force de rames, un nautonier pousse sa barque contre le courant d'un fleuve ; son bras faiblit-il un instant, l'onde l'entraîne aussitôt dans son courant rapide.

  Aut oculis capti fodere cubilia talpæ ;
  Inventusque cavis bufo, et quæ plurima terræ
  Monstra ferunt ; populatque ingentem farris acervum 185
  Curculio, atque inopi metuens formica senectæ.
  Contemplator item, quum se nux plurima silvis
  Induet in florem, et ramos curvabit olentes :
  Si superant fetus, pariter frumenta sequentur,
  Magnaque cum magno veniet tritura calore ; 190
  At si luxuria foliorum exuberat umbra,
  Nequidquam pingues palea teret area culmos.
  Semina vidi equidem multos medicare serentes,
  Et nitro prius et nigra perfundere amurca,
  Grandior ut fetus siliquis fallacibus esset, 195
  Et, quamvis igni exiguo, properata maderent,
  Vidi lecta diu, et multo spectata labore,
  Degenerare tamen, ni vis humana quotannis
  Maxima quæque manu legeret : sic omnia fatis
  In pejus ruere, ac retro sublapsa referri ; 200
  Non aliter quam qui adverso vix flumine lembum
  Remigiis subigit, si brachia forte remisit,
  Atque illum in præceps prono rapit alveus amni.

Il faut encore que le laboureur observe la constellation de l'Arcture, le lever des chevreaux et le Dragon étincelant, avec autant de soin que le pilote qui, pour revenir dans sa patrie à travers des mers orageuses, doit affronter l'Hellespont et les bancs d'huîtres du détroit d'Abydos.

Quand la Balance rend égales et les heures du travail et les heures du sommeil; quand le jour et la nuit se partagent le monde, laboureurs, exercez vos taureaux, semez l'orge jusqu'à vers les pluies qui annoncent le rigoureux hiver. C'est aussi le moment de semer le lin et le pavot, et de rester penchés sur vos charrues : hâtez-vous, la terre est sèche encore, et les nuages s'arrêtent suspendus sur vos têtes.

La fève se sème au printemps; la terre devenue friable reçoit alors le grand trèfle; et le millet réclame sa culture annuelle, lorsque, de ses cornes dorées, le Taureau céleste ouvre le cercle de l'année, et que dans l'éclat du nouvel astre Sirius s'efface et meurt.

Mais si c'est pour le froment que tu prépares le sol, si une riche moisson d'épis est le seul objet de ton travail, attends, pour livrer la semence aux sillons, que les Pléiades se couchent au retour de l'Aurore, et que la brillante Couronne de la fille de Minos ait disparu du ciel; jusque-là ne te hâte point de confier à

Præterea tam sunt Arcturi sidera nobis,
Hædorumque dies servandi, et lucidus Anguis,   205
Quam quibus in patriam ventosa per æquora vectis
Pontus et ostriferi fauces tentantur Abydi.
Libra die somnique pares ubi fecerit horas,
Et medium luci atque umbris jam dividit orbem,
Exercete, viri, tauros; serite hordea campis,   210
Usque sub extremum brumæ intractabilis imbrem.
Necnon et lini segetem et cereale papaver
Tempus humo tegere, et jamdudum incumbere aratris,
Dum sicca tellure licet, dum nubila pendent.
Vere fabis satio : tum te quoque, medica, putres   215
Accipiunt sulci, et milio venit annua cura,
Candidus auratis aperit quum cornibus annum
Taurus, et averso cedens Canis occidit astro.
At si triticeam in messem robustaque farra
Exercebis humum, solique instabis aristis,   220
Ante tibi Eoæ Atlantides abscondantur,
Gnossiaque ardentis decedat stella Coronæ,
Debita quam sulcis committas semina, quamque

la terre rebelle à tes vœux l'espérance d'une année : d'autres ont commencé à semer avant le coucher de Maïa ; mais de stériles épis ont trompé leur attente.

Préfères-tu la vesce et l'humble faséole ? tes soins descendent-ils jusqu'à la lentille d'Égypte ? le coucher du Bouvier t'indiquera d'une manière infaillible le moment de les semer. Commence alors, et poursuis jusqu'au milieu des frimas.

C'est pour cela que le soleil radieux a divisé en douze constellations le cercle qu'il décrit dans les cieux. Cinq zones en embrassent le contour : l'une toujours ardente, toujours brûlée des feux du soleil ; deux autres, à distance égale de la première, s'étendent jusqu'aux extrémités du globe, et n'offrent que des mers de glace et de noirs frimas ; entre ces dernières et celle du milieu, deux autres, plus favorisées des dieux, ont été accordées aux malheureux mortels : et c'est en les traversant obliquement que le soleil franchit les signes du Zodiaque.

Vers la Scythie et les monts Riphées, le globe s'élève ; il s'abaisse et redescend au midi du côté de la Libye. Notre pôle est toujours au-dessus de l'horizon ; l'autre, sous nos pieds, ne voit que le Styx et le séjour des mânes. C'est là que le Dragon, comme un fleuve immense, embrasse de ses replis sinueux

```
      Invitæ properes anni spem credere terræ.
      Multi ante occasum Maiæ cœpere; sed illos        225
      Exspectata seges vanis elusit aristis.
      Si vero viciamque seres vilemque faselum,
      Nec Pelusiacæ curam adspernabere lentis,
      Haud obscura cadens mittet tibi signa Bootes :
      Incipe, et ad medias sementem extende pruinas.   230
      Idcirco certis demensum partibus orbem
      Per duodena regit mundi sol aureus astra.
      Quinque tenent cœlum zonæ, quarum una corusco
      Semper sole rubens, et torrida semper ab igni;
      Quam circum extremæ dextra lævaque trahuntur,    235
      Cærulea glacie concretæ atque imbribus atris.
      Has inter mediamque duæ mortalibus ægris
      Munere concessæ divum, et via secta per ambas,
      Obliquus qua se signorum verteret ordo.
      Mundus, ut ad Scythiam Rhipæasque arduus arces   240
      Consurgit, premitur Libyæ devexus in Austros.
      Hic vertex nobis semper sublimis; at illum
      Sub pedibus Styx atra videt manesque profundi.
      Maximus hic flexu sinuoso elabitur Anguis
```

les deux Ourses dont le char craint de se plonger au sein de l'Océan. Vers le pôle opposé, regne, dit-on, une nuit éternelle qui redouble l'horreur de ces ténèbres épaisses; ou bien l'Aurore nous quitte pour y ramener le jour; et lorsque les coursiers du Soleil commencent à nous faire sentir leur brûlante haleine, l'astre de Vénus y allume les premières clartés de la nuit.

Ainsi, malgré l'incertitude du ciel, nous apprenons à connaître les saisons, à distinguer le temps des semailles et celui des moissons; quand il faut fendre avec la rame une mer perfide, équiper des flottes, et abattre à propos le pin dans les forêts. Ce n'est pas en vain que nous observons le lever et le coucher des astres, et la marche des diverses saisons qui, en quatre temps égaux, partagent l'année.

Si une pluie froide retient le laboureur en son logis, il peut préparer à loisir divers ouvrages qu'il faudrait hâter pendant les beaux jours : il forge le tranchant émoussé du soc, creuse une nacelle, marque ses troupeaux ou mesure ses grains. D'autres taillent des pieux aigus ou des fourches menaçantes, et préparent, pour attacher la vigne flexible, l'osier d'Amérie. C'est le moment de tresser les corbeilles avec les branches souples des buissons,

Circum, perque duas in morem fluminis Arctos, 245
Arctos Oceani metuentes æquore tingi.
Illic, ut perhibent, aut intempesta silet nox
Semper, et obtenta densantur nocte tenebræ;
Aut redit a nobis Aurora diemque reducit:
Nosque ubi primus equis Oriens afflavit anhelis, 250
Illic sera rubens accendit lumina Vesper.
Hinc tempestates dubio prædiscere cœlo
Possumus, hinc messisque diem tempusque serendi;
Et quando infidum remis impellere marmor
Conveniat; quando armatas deducere classes, 255
Aut tempestivam silvis evertere pinum.
Nec frustra signorum obitus speculamur et ortus,
Temporibusque parem diversis quatuor annum.
Frigidus agricolam si quando continet imber,
Multa, forent quæ mox cœlo properanda sereno, 260
Maturare datur : durum procudit arator
Vomeris obtusi dentem; cavat arbore lintres;
Aut pecori signum, aut numeros impressit acervis.
Exacuunt alii vallos furcasque bicornes,
Atque Amerina parant lentæ retinacula viti. 265
Nunc facilis rubea texatur fiscina virga;

de griller le grain au feu ou de le broyer sous la meule. Même aux jours de fêtes, il est des travaux légitimes. Jamais la religion ne défend de détourner le cours d'un ruisseau, d'entourer une moisson de haies, de tendre des piéges aux oiseaux, d'incendier les buissons et de plonger dans une onde salutaire un troupeau de brebis. Souvent le villageois, hâtant la marche paresseuse de son âne, conduit à la ville son huile ou une charge de fruits grossiers, pour en rapporter une meule ou une masse de poix.

La lune aussi amène, dans son cours inégal, des jours favorables ou funestes aux travaux champêtres. Redoute le cinquième : il a vu naître les Furies et le pâle Orcus. Alors, dans son horrible fécondité, la terre enfanta Cée, Japet, le cruel Typhée, et ces frères audacieux, conjurés contre le ciel. Trois fois ils s'efforcèrent d'élever Ossa sur Pélion, et de rouler sur Ossa l'Olympe avec ses forêts : trois fois Jupiter renversa de ses foudres les monts qu'ils avaient entassés.

Le septième jour est, après le dixième, le plus favorable pour planter la vigne, pour façonner au joug les jeunes taureaux et pour tisser la toile. Propice aux fuyards, le neuvième est funeste aux voleurs.

Certains travaux sont rendus plus faciles par la fraîcheur de la

    Nunc torrete igni fruges, nunc frangite saxo.
    Quippe etiam festis quædam exercere diebus
    Fas et jura sinunt : rivos deducere nulla
    Relligio vetuit, segeti prætendere sepem,   270
    Insidias avibus moliri, incendere vepres,
    Balantumque gregem fluvio mersare salubri.
    Sæpe oleo tardi costas agitator aselli,
    Vilibus aut onerat pomis ; lapidemque revertens
    Incusum aut atræ massam picis urbe reportat.   271
    Ipsa dies alios alio dedit ordine luna
    Felices operum. Quintam fuge : pallidus Orcus
    Eumenidesque satæ ; tum partu terra nefando
    Cœumque Iapetumque creat, sævumque Typhœa,
    Et conjuratos cœlum rescindere fratres.   280
    Ter sunt conati imponere Pelio Ossam
    Scilicet, atque Ossæ frondosum involvere Olympum :
    Ter Pater exstructos disjecit fulmine montes.
    Septima post decimam felix et ponere vitem,
    Et prensos domitare boves, et licia telæ   285
    Addere ; nona fugæ melior, contraria furtis.
    Multa adeo gelida melius se nocte dedere,

nuit, ou par la rosée matinale dont l'Aurore humecte la terre. La nuit, on coupe avec moins de peine le chaume léger; la nuit, les prés desséchés se fauchent mieux ; ils sont alors imprégnés d'une douce humidité.

Plusieurs veillent pendant l'hiver à la lueur d'une lampe rustique ; ils taillent en pointe le bois résineux qui doit les éclairer. Près d'eux, charmant par ses chants les ennuis d'un long travail, leur compagne fait entre la chaîne et la trame courir la bruyante navette, ou bouillir dans un vase d'airain le vin doux, dont elle enlève avec une branche de feuillage l'écume qui tremble ondoyante à la surface.

Mais c'est en plein soleil qu'il faut couper les épis dorés, en plein soleil qu'il faut broyer sur l'aire les moissons que la chaleur a mûries. Dépouillez-vous de votre tunique pour semer et pour labourer; l'hiver sera pour le laboureur le temps du repos. C'est ordinairement dans la froide saison qu'il jouit du fruit de ses travaux, et que, dans des repas donnés et reçus tour à tour, il se livre à une douce gaieté. L'hiver l'invite au plaisir et chasse les soucis. Ainsi, quand les navires chargés de richesses ont enfin touché le port désiré, les matelots triomphants en couronnent la poupe.

L'hiver cependant a ses occupations : on dépouille le chêne de ses glands; on recueille l'olive, la baie du laurier et celle du

    Aut quum sole novo terras irrorat Eous.
    Nocte leves melius stipulæ , nocte arida prata
    Tondentur: noctes lentus non deficit humor.   290
    Et quidam seros hiberni ad luminis ignes
    Pervigilat, ferroque faces inspicat acuto :
    Interea, longum cantu solata laborem,
    Arguto conjux percurrit pectine telas,
    Aut dulcis musti Vulcano decoquit humorem,   295
    Et foliis undam trepidi despumat aheni.
    At rubicunda Ceres medio succiditur æstu ,
    Et medio tostas æstu terit area fruges.
    Nudus ara, sere nudus : hiems ignava colono.
    Frigoribus parto agricolæ plerumque fruuntur,   300
    Mutuaque inter se læti convivia curant.
    Invitat genialis hiems, curasque resolvit :
    Ceu pressæ quum jam portum tetigere carinæ,
    Puppibus et læti nautæ imposuere coronas.
    Sed tamen et quernas glandes tum stringere tempus,   305
    Et lauri baccas, oleamque, cruentaque myrta;

myrte; et quand une neige épaisse couvre la terre, quand les rivières charrient des glaçons, on tend des lacs à la grue, aux cerfs des filets; on suit la trace du lièvre inquiet, on terrasse le daim léger à l'aide d'une pierre qui s'échappe rapide de la fronde.

Parlerai-je des tempêtes et des constellations de l'automne; des soins que doit prendre le laboureur, quand déjà les jours sont plus courts et que la chaleur est plus douce, ou lorsqu'à la fin du printemps pluvieux les champs se hérissent d'épis, et que les blés se gonflent de lait dans leur verte enveloppe?

Souvent, au moment même où le maître introduisait les moissonneurs au milieu des épis jaunissants, et déjà les liait en faisceaux, j'ai vu les vents déchaînés se livrer d'affreux combats, déraciner, faire voler dans les airs les épis chargés de grains, et emporter au loin dans de noirs tourbillons et le chaume léger et la paille voltigeante. Souvent aussi s'amassent au ciel des torrents de pluie, et, dans leurs flancs obscurs, les nuages amoncelés recèlent d'affreuses tempêtes. Le ciel se fond en eau et, sous un déluge de pluie, entraîne les riantes récoltes et le fruit du travail des bœufs. Les fossés se remplissent, les fleuves s'enflent à grand bruit, et, dans ses détroits, la mer s'agite et bouil-

 Tum gruibus pedicas et retia ponere cervis,
 Auritosque sequi lepores ; tum figere damas,
 Stuppea torquentem Balearis verbera fundæ,
 Quum nix alta jacet, glaciem quum flumina trudunt. 310
 Quid tempestates autumni et sidera dicam?
 Atque, ubi jam breviorque dies et mollior æstas,
 Quæ vigilanda viris? vel, quum ruit imbriferum ver.
 Spicea jam campis quum messis inhorruit, et quum
 Frumenta in viridi stipula lactentia turgent? 315
 Sæpe ego, quum flavis messorem induceret arvis
 Agricola, et fragili jam stringeret hordea culmo,
 Omnia ventorum concurrere prælia vidi,
 Quæ gravidam late segetem ab radicibus imis
 Sublime expulsam eruerent: ita turbine nigro 320
 Ferret hiems culmumque levem stipulasque volantes.
 Sæpe etiam immensum cœlo venit agmen aquarum,
 Et fœdam glomerant tempestatem imbribus atris
 Collectæ ex alto nubes : ruit arduus æther,
 Et pluvia ingenti sata læta boumque labores 325
 Diluit; implentur fossæ, et cava flumina crescunt
 Cum sonitu, fervetque fretis spirantibus æquor.

lonne. Jupiter, lui-même, au sein de la nuit des nuages, lance la foudre d'une main étincelante. La terre s'en émeut et tremble jusqu'en ses fondements; les animaux fuient, et l'effroi vient abattre les faibles cœurs des mortels. Ce dieu, de ses traits enflammés, renverse l'Athos, le Rhodope ou les monts Acrocérauniens : les vents redoublent, la pluie s'accroît, et le bruit de l'ouragan fait retentir les bois et les rivages.

Pour prévenir ces malheurs, observe le cours des mois et des astres; dans quel signe se réfugie le froid Saturne; dans quels cercles errent les feux brillants de Mercure.

Surtout honore les dieux : chaque année, offre, sur la verdure nouvelle, un sacrifice à la puissante Cérès, quand l'hiver sur son déclin va faire place à la sérénité du printemps. Alors les agneaux sont plus gras, le vin plus doux, le sommeil plus agréable, et, sur les montagnes, l'ombre plus épaisse. Qu'avec toi toute la jeunesse des champs adore Cérès. Pour Cérès prépare des libations de vin, de lait et de miel; que trois fois, autour de la moisson nouvelle, on promène la victime propitiatoire; que, réunis en chœur, tous les compagnons de tes travaux l'accompagnent pleins de joie, et invoquent à grands cris la protection de Cérès. Garde-toi de livrer tes blés à la faucille, avant d'avoir, une cou-

    Ipse Pater, media nimborum in nocte, corusca
    Fulmina molitur dextra : quo maxima motu
    Terra tremit, fugere feræ, et mortalia corda   330
    Per gentes humilis stravit pavor : ille flagranti
    Aut Atho, aut Rhodopen, aut alta Ceraunia telo
    Dejicit ; ingeminant austri et densissimus imber ;
    Nunc nemora ingenti vento, nunc littora plangunt.
    Hoc metuens, cœli menses et sidera serva :   335
    Frigida Saturni sese quo stella receptet;
    Quos ignis cœli Cyllenius erret in orbes.
    In primis venerare deos, atque annua magnæ
    Sacra refer Cereri lætis operatus in herbis,
    Extremæ sub casum hiemis, jam vere sereno.   340
    Tunc agni pingues, et tunc mollissima vina ;
    Tunc somni dulces, densæque in montibus umbræ.
    Cuncta tibi Cererem pubes agrestis adoret;
    Cui tu lacte favos et miti dilue Baccho ;
    Terque novas circum felix eat hostia fruges,   345
    Omnis quam chorus et socii comitentur ovantes,
    Et Cererem clamore vocent in tecta ; neque ante
    Falcem maturis quisquam supponat aristis,

ronne de chêne sur la tête, célébré la fête de Cérès par des danses sans art et des hymnes rustiques.

Afin que nous puissions connaître à des signes certains les chaleurs, les pluies et les vents précurseurs du froid, Jupiter a réglé lui-même ce qu'annonceraient les phases de la lune; quels signes nous présageraient la chute des vents du midi; quels pronostics souvent répétés devaient avertir le laboureur de tenir ses troupeaux près des étables.

Les vents sont-ils prêts à se lever? aussitôt la mer s'agite et commence à enfler ses vagues : sur le sommet des montagnes un bruit sec éclate, les rivages retentissent au loin d'un sourd mugissement, et le murmure des forêts ne cesse de s'accroître. Déjà les vagues menaçantes n'épargnent qu'à regret les vaisseaux, quand, du sein des mers, le plongeon revole à grands cris vers la terre ; quand les poules d'eau se jouent sur le sable, et que le héron quitte ses marais pour s'élever au-dessus des nuages. Souvent encore, aux approches de la tempête, on voit des étoiles se précipiter de la voûte céleste, et laisser après elles, dans les ombres de la nuit, de longs sillons du lumière; on voit voltiger et la paille légère, et les feuilles détachées des arbres, ou les plumes flotter en se jouant sur la surface de l'eau.

```
        Quam Cereri, torta redimitus tempora quercu,
        Det motus incompositos, et carmina dicat.        350
        Atque hæc ut certis possimus discere signis,
        Æstusque, pluviasque, et agentes frigora ventos,
        Ipse Pater statuit quid menstrua luna moneret,
        Quo signo caderent austri, quid sæpe videntes
        Agricolæ propius stabulis armenta tenerent.      355
        Continuo ventis surgentibus, aut freta ponti
        Incipiunt agitata tumescere, et aridus altis
        Montibus audiri fragor, aut resonantia longe
        Littora misceri, et nemorum increbrescere murmur.
        Jam sibi tum curvis male temperat unda carinis,  360
        Quum medio celeres revolant ex æquore mergi,
        Clamoremque ferunt ad littora, quumque marinæ
        In sicco ludunt fulicæ; notasque paludes
        Deserit atque altam supra volat ardea nubem.
        Sæpe etiam stellas, vento impendente, videbis    365
        Præcipites cœlo labi, noctisque per umbram
        Flammarum longos a tergo albescere tractus ;
        Sæpe levem paleam et frondes volitare caducas,
        Aut summa nantes in aqua colludere plumas.
```

GÉORGIQUES, LIVRE I.

Mais si la foudre gronde vers les régions du Nord ; si le tonnerre ébranle les demeures de l'Eurus et du Zéphyr, des torrents de pluie inondent les campagnes, et le matelot se hâte de replier ses voiles humides. Jamais orage n'est venu sans être annoncé. En le voyant s'élever du fond des vallées, la grue s'élance au plus haut des airs ; la génisse, la tête levée vers le ciel, hume l'air par ses larges naseaux ; l'hirondelle, avec un cri aigu, voltige autour des étangs ; et, dans leurs marais, les grenouilles recommencent leur éternelle plainte. Souvent, cheminant le long d'un étroit sentier, la fourmi transporte ailleurs ses œufs ; un arc-en-ciel immense boit les eaux de la mer ; et, revenant de la pâture, des légions de corbeaux fendent l'air qui retentit du bruit de leurs ailes. On voit aussi les différents oiseaux des mers et ceux qui, aux bords du lac Asia, paissent dans les riantes prairies du Caïstre, tantôt faire à l'envi jaillir sur leur plumage une eau abondante, tantôt présenter leur tête aux flots, s'élancer dans les ondes, et, dans leur inquiétude, chercher vainement à s'y rafraîchir. Seule alors, et appelant la pluie à grands cris, l'importune corneille se promène lentement sur le rivage aride. La jeune fille même, en filant auprès de sa lampe nocturne, en peut tirer un

  At Boreæ de parte trucis quum fulminat, et quum 370
  Eurique Zephyrique tonat domus, omnia plenis
  Rura natant fossis, atque omnis navita ponto
  Humida vela legit. Nunquam imprudentibus imber
  Obfuit : aut illum surgentem vallibus imis
  Aeriæ fugere grues ; aut bucula, cœlum 375
  Suspiciens, patulis captavit naribus auras ;
  Aut arguta lacus circumvolitavit hirundo ;
  Et veterem in limo ranæ cecinere querelam.
  Sæpius et tectis penetralibus extulit ova
  Angustum formica terens iter ; et bibit ingens 380
  Arcus ; et e pastu decedens agmine magno
  Corvorum increpuit densis exercitus alis.
  Jam varias pelagi volucres, et quæ Asia circum
  Dulcibus in stagnis rimantur prata Caystri,
  Certatim largos humeris infundere rores, 385
  Nunc caput objectare fretis, nunc currere in undas,
  Et studio incassum videas gestire lavandi.
  Tum cornix plena pluviam vocat improba voce,
  Et sola in sicca secum spatiatur arena.
  Nec nocturna quidem carpentes pensa puellæ 390
  Nescivere hiemem, testa quum ardente viderent

présage, lorsqu'elle voit, autour de la mèche qui pétille, se former de noirs champignons.

A des signes aussi certains, on peut prévoir, après la pluie, le retour du soleil et des beaux jours. La lumière des étoiles ne brille plus d'un éclat languissant, et la lune, à son lever, ne semble pas emprunter sa lumière aux rayons fraternels; on ne voit point courir de nuages pareils à des flocons de laine; l'oiseau chéri de Téthys, l'alcyon, ne vient plus sur le rivage étaler ses ailes au soleil, et l'immonde pourceau ne songe plus à délier et à éparpiller les gerbes devant lui; mais les nuages vont toujours s'abaissant et s'étendant sur la terre. Le hibou, qui, sur le faîte des toits, attend le coucher du soleil, n'attriste plus la nuit de son chant monotone. Nisus s'élève et plane au milieu des airs; et Scylla est punie pour avoir coupé le cheveu de pourpre de son père. De quelque côté que fuie Scylla, en fendant l'air d'une aile rapide, son implacable ennemi, Nisus, la poursuit à grand bruit dans les airs, et quelque part qu'il la suive, d'un vol plus prompt encore Scylla fuit et lui échappe. Alors de leur gosier moins rude les corbeaux tirent trois ou quatre fois des sons adoucis; et souvent, au haut des arbres qu'ils habitent, saisis de je ne sais quelle volupté nouvelle pour eux, ils s'ébattent sous l'épais feuillage : heureux

    Scintillare oleum, et putres concrescere fungos.
    Nec minus ex imbri soles et aperta serena
    Prospicere, et certis poteris cognoscere signis.
    Nam neque tum stellis acies obtusa videtur,   395
    Nec fratris radiis obnoxia surgere luna,
    Tenuia nec lanæ per cœlum vellera ferri;
    Non tepidum ad solem pennas in littore pandunt
    Dilectæ Tethydi alcyones; non ore solutos
    Immundi meminere sues jactare maniplos :   400
    At nebulæ magis ima petunt, campoque recumbunt;
    Solis et occasum servans de culmine summo
    Nequidquam seros exercet noctua cantus.
    Apparet liquido sublimis in aere Nisus,
    Et pro purpureo pœnas dat Scylla capillo: 405
    Quacumque illa levem fugiens secat æthera pennis,
    Ecce inimicus atrox magno stridore per auras
    Insequitur Nisus; qua se fert Nisus ad auras;
    Illa levem fugiens raptim secat æthera pennis.
    Tum liquidas corvi presso ter gutture voces   410
    Aut quater ingeminant; et sæpe cubilibus altis,
    Nescio qua præter solitum dulcedine læti,
    Inter se in foliis strepitant; juvat, imbribus actis,

sans doute, quand l'orage est passé, de revoir leur jeune famille et le nid qui leur est cher. Non que le ciel leur ait, je pense, départi une intelligence divine, une sagesse prophétique ; mais quand l'air et les mobiles vapeurs dont il est chargé changent leur cours, quand l'haleine des vents les condense ou les dilate tour à tour, ces variations agissent sur les êtres animés ; le calme et l'orage font sur eux des impressions différentes : de là le concert des oiseaux dans les champs, la joie des troupeaux et le cri triomphant du corbeau.

Si tu observes le soleil dans sa marche rapide, la lune dans ses phases diverses, jamais le lendemain ne te trompera, et tu ne te laisseras point surprendre à l'éclat perfide d'une nuit sereine. Si, lorsque la lune rassemble ses feux renaissants, son croissant apparaît obscur dans un ciel sombre, de grandes pluies menacent les laboureurs et les matelots; mais si son front se colore d'une pudeur virginale, crains le vent : le vent fait toujours rougir la blonde Phébé. Si, le quatrième jour (ce présage est infaillible), tu la vois pure et lumineuse ; si elle trace dans le ciel un arc net et brillant, ce jour tout entier et ceux qui le suivront, jusqu'à la fin du mois, se passeront sans vent ni pluie ; et, sauvés du

```
Progeniem parvam dulcesque revisere nidos.
Haud equidem credo, quia sit divinitus illis          415
Ingenium, aut rerum fato prudentia major;
Verum, ubi tempestas et cœli mobilis humor
Mutavere vias, et Jupiter humidus austris
Densat erant quæ rara modo, et, quæ deusa, relaxat,
Vertuntur species animorum, et pectora motus         420
Nunc alios, alios dum nubila ventus agebat,
Concipiunt : hinc ille avium concentus in agris,
Et lætæ pecudes, et ovantes gutture corvi.
Si vero solem ad rapidum lunasque sequentes
Ordine respicies, nunquam te crastina fallet         425
Hora, neque insidiis noctis capiere serenæ.
Luna, revertentes quum primum colligit ignes,
Si nigrum obscuro comprenderit aera cornu,
Maximus agricolis pelagoque parabitur imber.
At, si virgineum suffuderit ore ruborem,             430
Ventus erit ; vento semper rubet aurea Phœbe.
Sin ortu in quarto (namque is certissimus auctor)
Pura neque obtusis per cœlum cornibus ibit,
Totus et ille dies, et qui nascentur ab illo
Exactum ad mensem, pluvia ventisque carebunt,        435
Votaque servati solvent in littore nautæ
```

naufrage, les matelots acquitteront les vœux adressés à Glaucus, à Panopée, à Mélicerte.

Le soleil, et lorsqu'il se lève, et lorsqu'il se plonge dans les ondes, te peut aussi offrir des présages ; et les présages qu'il donne à son lever et à son coucher ne trompent jamais. Son disque naissant est-il semé de taches et à moitié enveloppé dans un sombre nuage? alors redoute la pluie ; car de la mer s'élève un vent du Midi, mortel aux arbres, aux moissons, aux troupeaux. Le soleil, à son lever, laisse-t-il, du sein des nuages qui l'obscurcissent, s'échapper çà et là quelques faibles rayons? l'Aurore sort-elle pâle de la couche dorée de Tithon? hélas! que le pampre aura de peine à défendre son tendre fruit contre la grêle épaisse qui, sur nos toits, rebondit avec un horrible fracas!

Mais c'est surtout lorsque, parvenu au terme de sa carrière, le soleil va quitter l'Olympe, qu'il est utile de le bien observer. Souvent alors on voit sur son disque flotter différentes couleurs : l'azur annonce la pluie ; le rouge, le vent. Si à cet éclat de la pourpre se mêlent quelques nuances de bleu, la pluie et les vents conjurés causeront d'affreux ravages. Durant une telle nuit, je me garderais bien de gagner la haute mer ou de couper le câble qui retient ma barque. Mais si, lorsqu'il nous rend ou nous

Glauco, et Panopeæ, et Inoo Melicertæ.
Sol quoque et exoriens, et quum se condet in undas,
Signa dabit ; solem certissima signa sequuntur,
Et quæ mane refert, et quæ surgentibus astris.   440
Ille ubi nascentem maculis variaverit ortum
Conditus in nubem, medioque refugerit orbe,
Suspecti tibi sint imbres ; namque urget ab alto
Arboribusque satisque Notus pecorique sinister.
Aut ubi sub lucem densa inter nubila sese   445
Diversi erumpent radii, aut ubi pallida surget
Tithoni croceum linquens Aurora cubile,
Heu! male tum mites defendet pampinus uvas :
Tam multa in tectis crepitans salit horrida grando!
Hoc etiam, emenso quum jam decedet Olympo,   450
Profuerit meminisse magis ; nam sæpe videmus
Ipsius in vultu varios errare colores :
Cæruleus pluviam denuntiat, igneus euros :
Sin maculæ incipient rutilo immiscerier igni,
Omnia tunc pariter vento nimbisque videbis   455
Fervere. Non illa quisquam me nocte per altum
Ire, neque a terra moneat convellere funem.
At si, quum referetque diem, condetque relatum,

retire le jour, son disque brille tout entier, pur et radieux, les nuages te menaceront vainement, et, sous un ciel serein, l'Aquilon seul agitera la cime des forêts. Enfin, le soleil t'apprendra quel temps amènera l'étoile du soir ; comment les vents, chassant les nuages, rappelleront la sérénité dans les airs ; quels orages médite l'humide Auster.

Le soleil ! qui oserait l'accuser d'imposture ? Souvent il nous révèle ces fureurs, ces complots, ces guerres qui, sourdement préparés, sont sur le point d'éclater.

Le soleil, après la mort de César, prenant pitié de Rome, couvrit d'un voile sanglant son disque lumineux, et fit craindre à un siècle parricide une nuit éternelle. Alors aussi et la terre et la mer, et les hurlements des chiens, et les cris sinistres des oiseaux annoncèrent nos malheurs. Combien de fois nous vîmes l'Etna, brisant ses voûtes profondes, inonder les campagnes des Cyclopes, et rouler des tourbillons de flammes et des rochers liquéfiés ! La Germanie entendit de toutes parts retentir dans les airs le bruit des armes. Les Alpes ressentirent des secousses jusque-là inconnues ; dans les bois sacrés, au milieu du silence de la nuit, on entendit des voix lamentables. Des fantômes d'une effrayante pâleur se montrèrent à l'entrée de la nuit, et, pour comble d'horreur, les animaux parlèrent ! Les fleuves suspendent

```
        Lucidus orbis erit, frustra terrebere nimbis,
        Et claro silvas cernes Aquilone moveri.              460
        Denique, quid vesper serus vehat, unde serenas
        Ventus agat nubes, quid cogitet humidus Auster,
        Sol tibi signa dabit. Solem quis dicere falsum
        Audeat? Ille etiam cæcos instare tumultus
        Sæpe monet, fraudemque et operta tumescere bella.   465
        Ille etiam exstincto miseratus Cæsare Romam,
        Quum caput obscura nitidum ferrugine texit,
        Impiaque æternam timuerunt sæcula noctem.
        Tempore quanquam illo tellus quoque, et æquora ponti,
        Obscenique canes, importunæque volucres              470
        Signa dabant. Quoties Cyclopum effervere in agros
        Vidimus undantem ruptis fornacibus Ætnam,
        Flammarumque globos liquefactaque volvere saxa !
        Armorum sonitum toto Germania cœlo
        Audiit ; insolitis tremuerunt motibus Alpes.         475
        Vox quoque per lucos vulgo exaudita silentes
        Ingens ; et simulacra modis pallentia miris
        Visa sub obscurum noctis, pecudesque locutæ,
        Infandum ! sistunt amnes, terræque dehiscunt,
```

leur cours, la terre s'entr'ouvre, et, dans les temples, l'ivoire se couvre de larmes, et l'airain de sueur. Le roi des fleuves, l'Éridan, déborde, et, dans son cours impétueux, déracine, entraîne les forêts, et roule à travers les campagnes les étables avec les troupeaux. Longtemps dans les entrailles des victimes apparurent des fibres menaçantes; le sang coula des fontaines publiques, et nos cités retentirent, pendant la nuit, des hurlements des loups; jamais, par un ciel serein, la foudre ne tomba plus fréquemment; jamais ne s'allumèrent plus de comètes effrayantes.

Aussi les plaines de Philippes ont-elles vu, pour la seconde fois, Romains contre Romains combattre avec les mêmes armes; les dieux ont souffert que deux fois notre sang engraissât les vastes champs de la Thessalie et de l'Hémus. Viendra un jour où, dans ces tristes contrées, le laboureur, en ouvrant la terre avec le soc de la charrue, rencontrera des dards rongés par la rouille, ou, de son pesant râteau, heurtera des casques vides, et contemplera avec effroi, dans les tombeaux entr'ouverts, de gigantesques ossements.

Dieux de nos pères, dieux protecteurs de l'empire, Romulus, et toi, auguste Vesta, qui veilles sur le Tibre et sur le palais de nos Césars, laissez du moins ce jeune héros soutenir ce siècle

Et mœstum illacrymat templis ebur, æraque sudant. 480
Proluit insano contorquens vortice silvas
Fluviorum rex Eridanus, camposque per omnes
Cum stabulis armenta tulit. Nec tempore eodem
Tristibus aut extis fibræ apparere minaces,
Aut puteis manare cruor cessavit, et alte 485
Per noctem resonare, lupis ululantibus, urbes.
Non alias cœlo ceciderunt plura sereno
Fulgura, nec diri toties arsere cometæ.
Ergo inter sese paribus concurrere telis
Romanas acies iterum videre Philippi; 490
Nec fuit indignum Superis bis sanguine nostro
Emathiam et latos Hæmi pinguescere campos.
Scilicet et tempus veniet, quum finibus illis
Agricola, incurvo terram molitus aratro,
Exesa inveniet scabra rubigine pila, 495
Aut gravibus rastris galeas pulsabit inanes,
Grandiaque effossis mirabitur ossa sepulcris.
Di patrii indigetes, et Romule, Vestaque mater,
Quæ Tuscum Tiberim et Romana palatia servas,
Hunc saltem everso juvenem succurrere sæclo 500

chancelant! assez et trop longtemps notre sang a expié les parjures de la race de Laomédon. Depuis longtemps, César, le ciel nous envie ta présence; il se plaint de te voir sensible encore aux triomphes décernés par les hommes. Sur la terre, en effet, toutes les idées du juste et de l'injuste sont renversées : partout la guerre, partout le crime sous mille faces diverses : la charrue est sans honneur; privés de bras, les champs déserts se couvrent de ronces, et la faux recourbée se convertit en un glaive homicide. Ici l'Euphrate, plus loin le Danube, préparent la guerre contre nous; les villes voisines, brisant et les traités et les lois, combattent les unes contre les autres ; Mars, dans tout l'univers, a soufflé sa fureur impie.

Tels, une fois lancés dans la carrière, les quadriges dévorent l'espace : vainement leur guide veut les retenir; il est emporté par ses coursiers; et le char n'entend plus le frein ni la voix.

  Ne prohibete ! Satis jampridem sanguine nostro
  Laomedonteæ luimus perjuria Trojæ.
  Jampridem nobis cœli te regia, Cæsar,
  Invidet, atque hominum queritur curare triumphos.
  Quippe ubi fas versum atque nefas; tot bella per orbem, 505
  Tam multæ scelerum facies; non ullus aratro
  Dignus honos; squalent abductis arva colonis,
  Et curvæ rigidum falces conflantur in ensem.
  Hinc movet Euphrates, illinc Germania bellum;
  Vicinæ, ruptis inter se legibus, urbes   510
  Arma ferunt; sævit toto Mars impius orbe:
  Ut, quum carceribus sese effudere quadrigæ,
  Addunt se in spatia, et frustra retinacula tendens
  Fertur equis auriga, neque audit currus habenas.

LIVRE DEUXIÈME

Jusqu'ici j'ai chanté la culture des guérets et le cours des astres ; c'est toi, Bacchus, que je vais maintenant célébrer, et, avec toi, les forêts, les vergers, et l'olivier qui croît si lentement. Viens, dieu de la vigne ! ici tout est plein de tes bienfaits : l'automne a couronné ces coteaux de pampres verdoyants, et la vendange écume à pleins bords dans la cuve. Viens donc ! dépose tes brodequins, et rougis avec moi tes jambes nues dans les flots d'un vin nouveau.

Et toi, à qui je dois ma gloire la plus brillante, ô Mécène ! viens me soutenir dans cette carrière que tu m'as ouverte, et déploie avec moi tes voiles sur cette mer immense. Je ne prétends pas cependant tout embrasser dans mes vers ; non, quand j'aurais cent langues, cent bouches, une voix de fer. Viens, côtoyons seulement le rivage, ne perdons pas de vue la terre ;

LIBER SECUNDUS.

Hactenus arvorum cultus et sidera coeli :
Nunc te, Bacche, canam, nec non silvestria tecum
Virgulta, et prolem tarde crescentis olivæ.
Huc, pater o Lenæe ; tuis hic omnia plena
Muneribus ; tibi pampineo gravidus autumno   5
Floret ager, spumat plenis vindemia labris.
Huc, pater o Lenæe, veni, nudataque musto
Tinge novo mecum dereptis crura cothurnis.
Tuque ades, inceptumque una decurre laborem,
O decus, o famæ merito pars maxima nostræ,   10
Mæcenas, pelagoque volans da vela patenti.
Non ego cuncta meis amplecti versibus opto ;
Non, mihi si linguæ centum sint, oraque centum,
Ferrea vox : ades, et primi lege littoris oram ;
In manibus terræ : non hic te carmine ficto,   15

je ne t'égarerai point dans de vaines fictions, dans d'inutiles détours et de longs préambules.

Dans la production des arbres, la nature agit diversement. Les uns, nés d'eux-mêmes, sans aucun effort de la part des hommes, couvrent les campagnes et les rives tortueuses des fleuves : ainsi naissent l'osier flexible, le souple genêt, le peuplier, et le saule au vert et pâle feuillage. Les autres veulent être semés : tels sont le châtaignier à la tige élevée ; le roi des forêts, le chêne consacré à Jupiter, et celui dont la Grèce jadis révéra les oracles. D'autres, comme le cerisier et l'orme, voient sortir de leurs racines une épaisse forêt de rejetons, de même que le laurier du Parnasse abrite sa tige naissante sous l'ombre de sa mère.

Telle fut la marche primitive de la nature : ainsi se couvrent de verdure les forêts, les vergers et les bois consacrés aux dieux. Il est d'autres procédés que l'on doit à l'expérience.

Tantôt du tronc maternel on détache une jeune tige, que l'on dépose dans un sillon ; tantôt on enterre profondément soit la souche même, soit un rameau vigoureux fendu en quatre et aiguisé en pieu. D'autres espèces se reproduisent au moyen de jets que l'on courbe en arc, et que l'on plonge vivants dans le sol natal. D'autres n'ont pas besoin de racines ; on émonde

```
        Atque per ambages et longa exorsa, tenebo.
        Principio arboribus varia est natura creandis.
        Namque aliæ, nullis hominum cogentibus, ipsæ
        Sponte sua veniunt, camposque et flumina late
        Curva tenent : ut molle siler, lentæque genistæ,      20
        Populus, et glauca canentia fronde salicta.
        Pars autem posito surgunt de semine : ut altæ
        Castaneæ, nemorumque Jovi quæ maxima frondet
        Æsculus, atque habitæ Graiis oracula quercus.
        Pullulat ab radice aliis densissima silva :           25
        Ut cerasis ulmisque ; etiam Parnassia laurus
        Parva sub ingenti matris se subjicit umbra.
        Hos natura modos primum dedit ; his genus omne
        Silvarum fructicumque viret nemorumque sacrorum.
        Sunt alii, quos ipse via sibi repperit usus.          30
        Hic plantas tenero abscindens de corpore matrum
        Deposuit sulcis ; hic stirpes obruit arvo,
        Quadrifidasque sudes, et acuto robore vallos :
        Silvarumque aliæ pressos propaginis arcus
        Exspectant, et viva sua plantaria terra.              35
            radicis egent aliæ, summumque putator
```

l'extrémité de la branche, et on la rend ensuite avec confiance à la terre. Mais un prodige plus étonnant encore, c'est de voir d'un tronc desséché, que le fer a dépouillé de ses branches, sortir des racines et naître un olivier. Souvent même nous voyons les rameaux d'un arbre se changer sans péril en ceux d'un autre arbre ; le poirier, ainsi métamorphosé, porter des pommes ; et, sur le prunier, rougir la cornouille pierreuse.

Apprenez donc avec soin, habitants des campagnes, les façons qui conviennent à chaque plante en particulier ; et, par la culture, adoucissez l'âpreté native des fruits sauvages. Que vos terres ne restent point oisives ; j'aime à voir l'Ismare se peupler de vignes, et la grande montagne de Taburne se couvrir d'oliviers.

Les arbres qui, d'eux-mêmes, s'élèvent dans les airs, croissent, stériles, il est vrai, mais brillants et vigoureux ; ils ont pour eux la vertu du sol. Cependant ces arbres mêmes, si on les greffe, si on les transplante en une terre bien préparée, dépouilleront bientôt leur naturel sauvage ; et, cultivés avec soin, ils suivront, dociles, les routes nouvelles qu'on leur ouvrira. Les rejetons mêmes qui sortent du pied d'un arbre, tout stériles qu'ils sont, deviendront féconds, si vous les plantez avec symétrie dans un terrain découvert ; sinon, un épais feuillage et les rameaux maternels les étouffent : ils croissent sans porter de fruits, ou meurent s'ils en portent.

```
Haud dubitat terræ referens mandare cacumen.
Quin et caudicibus sectis (mirabile dictu!)
Truditur e sicco radix oleagina ligno.
Et sæpe alterius ramos impune videmus          40
Vertere in alterius, mutatamque insita mala
Ferre pirum, et prunis lapidosa rubescere corna.
Quare agite, o, proprios generatim discite cultus,
Agricolæ, fructusque feros mollite colendo ;
Neu segnes jaceant terræ. Juvat Ismara Baccho  45
Conserere, atque olea magnum vestire Taburnum.
Sponte sua quæ se tollunt in luminis auras,
Infecunda quidem, sed læta et fortia surgunt :
Quippe solo natura subest. Tamen hæc quoque, si quis
Inserat, aut scrobibus mandet mutata subactis.  50
Exuerint silvestrem animum, cultuque frequenti
In quascumque voces artes haud tarda sequentur.
Necnon et sterilis quæ stirpibus exit ab imis
Hoc faciet, vacuos si sit digesta per agros :
Nunc altæ frondes et rami matris opacant,      55
Crescentique adimunt fetus, uruntque ferentem.
```

Quant à l'arbre qui naît d'une semence confiée à la terre, il vient lentement : il ne donnera son ombre qu'à nos derniers neveux ; ses fruits dégénérés oublient leur saveur primitive, et la vigne produit de mauvais raisins qui deviennent la proie des oiseaux. C'est que tous ces arbres exigent des soins ; tous veulent être dressés en pépinière : on ne les dompte qu'à force de culture.

L'olivier vient mieux de tronçons enfouis dans la terre, la vigne de provins, le myrte de rameaux déjà forts ; mais c'est de rejetons transplantés que naissent le dur coudrier, le frêne immense, l'arbre dont l'épais feuillage servit jadis de couronne à Hercule, le chêne que chérit le dieu de Dodone, le palmier qui s'élance dans les airs, et le sapin destiné à braver les périls de la mer. On ente le noyer franc sur l'arboisier : ainsi l'on a vu le stérile platane devenir un pommier vigoureux, le hêtre se marier au châtaignier, l'orne se couvrir de la blanche fleur du poirier, et le porc broyer le gland sous les ormes.

Enter et écussonner sont deux procédés différents : pour écussonner, on fait, sur le nœud même que forme le bourgeon, en brisant son enveloppe, une légère incision ; on y introduit un bouton étranger qui apprend facilement à se nourrir de la séve de l'arbre qui l'adopte. Pour enter, on entr'ouvre profondément, avec

    Jam, quæ seminibus jactis se sustulit arbos
    Tarda venit, seris factura nepotibus umbram ;
    Pomaque degenerant succos oblita priores ;
    Et turpes avibus prædam fert uva racemos.   60
    Scilicet omnibus est labor impendendus, et omnes
    Cogendæ in sulcum, ac multa mercede domandæ.
    Sed truncis oleæ melius, propagine vites
    Respondent, solido Paphiæ de robore myrtus :
    Plantis et duræ coryli nascuntur, et ingens   65
    Fraxinus, Herculeæque arbos umbrosa coronæ,
    Chaoniique patris glandes ; etiam ardua palma
    Nascitur, et casus abies visura marinos.
    Inseritur vero et nucis arbutus horrida fetu,
    Et steriles platani malos gessere valentes ;   70
    Castaneæ fagus, ornusque incanuit albo
    Flore piri, glandemque sues fregere sub ulmis.
    Nec modus inserere atque oculos imponere simplex.
    Nam qua se medio trudunt de cortice gemmæ,
    Et tenues rumpunt tunicas, angustus in ipso   75
    Fit nodo sinus : huc aliena ex arbore germen
    Includunt, udoque docent inolescere libro.

des coins, un tronc qu'aucun nœud ne hérisse : dans cette fente, on introduit les jets qui le doivent féconder ; et bientôt l'arbre élève vers le ciel ses branches fécondes et voit avec étonnement ce nouveau feuillage et ces fruits qui ne sont pas les siens.

Il faut aussi distinguer les différentes espèces d'ormes, de saules, de lotos, de cyprès. Les olives ne se présentent pas toujours sous une seule et même forme ; rondes ici, oblongues ailleurs ; d'autres, amères, sont bonnes pour le pressoir. Mêmes variétés dans les arbres fruitiers qui embellissaient les jardins d'Alcinoüs. La même tige ne produit pas les poires de Crustume, de Syrie, et ces poires d'une grosseur à remplir la main. La vigne ne suspend pas à nos arbres des grappes semblables à celles que, sur les coteaux de Méthymne, vendange Lesbos. On connaît les vignes blanches de Thasos et du lac Maréotis ; celles-ci se plaisent dans un terrain gras, celles-là dans un sol plus léger. La Psythie produit la meilleure malvoisie, et la vigne de la couleur du lièvre donne ce vin léger qui enchaînera la langue et les pieds du buveur ; il en est de rouges, il en est de précoces. Mais où trouver des vers dignes de toi, vin de Rhétie ? Ne prétends point cependant le disputer aux celliers de Falerne. Pour la force, on préfère les vins d'Aminée, auxquels le cèdent et le Tmolus et le Phanaé lui-même, ce roi des vignobles ; n'ou-

    Aut rursum enodes trunci resecantur, et alte
    Finditur in solidum cuneis via ; deinde feraces
    Plantæ immittuntur : nec longum tempus, et ingens   80
    Exiit ad cœlum ramis felicibus arbos,
    Miraturque novas frondes et non sua poma.
    Præterea genus haud unum, nec fortibus ulmis,
    Nec salici, lotoque, neque Idæis cyparissis ;
    Nec pingues unam in faciem nascuntur olivæ,   85
    Orchades, et radii, et amara pausia bacca,
    Pomaque, et Alcinoi silvæ : nec surculus idem
    Crustumiis Syriisque piris, gravibusque volemis.
    Non eadem arboribus pendet vindemia nostris,
    Quam Methymnæo carpit de palmite Lesbos :   90
    Sunt Thasiæ vites ; sunt et Mareotides albæ,
    Pinguibus hæ terris habiles, levioribus illæ ;
    Et passo Psithia utilior, tenuisque Lageos,
    Tentatura pedes olim, vincturaque linguam ;
    Purpureæ, preciæque ; et quo te carmine dicam,   95
    Rhætica ? nec cellis ideo contende Falernis.
    Sunt et Aminææ vites, firmissima vina,
    Tmolus et assurgit quibus et rex ipse Phanæus ;

blions pas le petit Argos, dont les vins plus abondants résistent mieux que tous les autres à l'injure des ans ; et toi, le charme de nos desserts, le plaisir des dieux qu'on y invoque, comment t'oublier, délicieux vin de Rhodes, ainsi que toi, Bumaste, aux grappes si gonflées? Mais énumérer et nommer toutes ces espèces de vins n'est ni facile ni fort important : on aurait plus tôt compté les grains de sable que le vent soulève dans les plaines de la Libye, ou les flots que l'Eurus, quand il fond avec violence sur les navires, pousse aux rivages d'Ionie.

Tout sol ne convient pas à toutes productions. Le saule naît au bord des rivières, l'aune dans la fange des marais, l'orne stérile sur les montagnes pierreuses; le myrte égaie les rivages, la vigne aime les coteaux exposés au soleil, et l'if l'Aquilon et son souffle glacé.

Parcourez, d'une extrémité à l'autre, l'univers dompté par la culture, depuis les contrées plus heureuses qu'habite l'Arabe jusqu'aux climats glacés du Gélon qui se peint le corps : chaque arbre a sa patrie. L'Inde seule produit la noire ébène ; la Sabée seule voit croître la tige qui donne l'encens. Dirai-je le bois odoriférant d'où coule le baume ; l'acanthe aux feuilles toujours vertes ; ces arbres de l'Éthiopie, brillant d'un tendre du-

```
        Argitisque minor, cui non certaverit ulla
        Aut tantum fluere, aut totidem durare per annos.      100
        Non ego te, dis et mensis accepta secundis,
        Transierim, Rhodia, et tumidis, Bumaste, racemis.
        Sed neque quam multæ species, nec nomina quæ sint,
        Est numerus : neque enim numero comprendere refert ;
        Quem qui scire velit, Libyci velit æquoris idem        105
        Discere quam multæ Zephyro turbentur arenæ,
        Aut, ubi navigiis violentior incidit Eurus,
        Nosse quot Ionii veniant ad littora fluctus.
        Nec vero terræ ferre omnes omnia possunt.
        Fluminibus salices, crassisque paludibus alni          110
        Nascuntur ; steriles saxosis montibus orni ;
        Littora myrtetis lætissima ; denique apertos
        Bacchus amat colles ; Aquilonem et frigora taxi.
        Adspice et extremis domitum cultoribus orbem,
        Eoasque domos Arabum, pictosque Gelonos :              115
        Divisæ arboribus patriæ. Sola India nigrum
        Fert ebenum, solis est thurea virga Sabæis.
        Quid tibi odorato referam sudantia ligno
        Balsamaque, et baccas semper frondentis acanthi ?
        Quid nemora Æthiopum molli canentia lana ?             120
```

vet; ces laines délicates que le Sère enlève aux feuilles de ses arbres; ces bois sacrés qui s'élèvent aux extrémités du monde, sur les rivages de l'Inde, et dont jamais une flèche, lancée par la main la plus vigoureuse, ne dépassa la hauteur? et pourtant quelle nation plus habile à décocher un trait? La Médie produit ce fruit salutaire dont les sucs amers et la saveur persistante chassent des veines, avec une si puissante activité, le poison qu'y a versé une marâtre en y mêlant des paroles magiques. Cet arbre est grand; il ressemble beaucoup au laurier; et, sans l'odeur différente qu'il répand au loin, ce serait le laurier. Sa feuille résiste à tous les vents, et sa fleur est extrêmement tenace. Les Mèdes s'en servent pour parfumer leur haleine et leurs bouches infectes, et pour venir en aide aux vieillards asthmatiques.

Mais ni les riches forêts des Mèdes, ni les belles rives du Gange, ni l'Hermus et ses sables d'or, ni la Bactriane, ni l'Inde, ni l'Arabie, dont le sol produit l'encens, ne sauraient le disputer en merveilles à l'Italie. Les champs de l'Italie ne furent point, il est vrai, labourés par des taureaux jetant du feu par les narines; jamais les dents d'un dragon n'y furent semées; jamais une moisson de casques, de lances et de guerriers n'en hérissa les

   Velleraque ut foliis depectant tenuia Seres?
   Aut quos Oceano propior gerit India lucos,
   Extremi sinus orbis, ubi aera vincere summum
   Arboris haud ullæ jactu potuere sagittæ?
   Et gens illa quidem sumptis non tarda pharetris. 125
   Media fert tristes succos tardumque saporem
   Felicis mali, quo non præsentius ullum,
   Pocula si quando sævæ infecere novercæ,
   (Miscueruntque herbas et non innoxia verba),
   Auxilium venit, ac membris agit atra venena. 130
   Ipsa ingens arbos, faciemque simillima lauro;
   Et, si non alium late jactaret odorem,
   Laurus erat : folia haud ullis labentia ventis;
   Flos apprima tenax : animas et olentia Medi
   Ora fovent illo, et senibus medicantur anhelis. 135
   Sed neque Medorum silvæ, ditissima terra,
   Nec pulcher Ganges, atque auro turbidus Hermus,
   Laudibus Italiæ certent; non Bactra, neque Indi,
   Totaque thuriferis Panchaia pinguis arenis.
   Hæc loca non tauri spirantes naribus ignem 140
   Invertere, satis immanis dentibus hydri,
   Nec galeis, densisque virum seges horruit hastis :

guérets. Mais des épis chargés de grains et le Massique cher à Bacchus abondent en ces contrées remplies d'oliviers et de joyeux troupeaux. Ici, le coursier belliqueux s'élance fièrement du pâturage ; là, de blanches brebis, et le taureau, la plus noble des victimes, baigné, dieu de Clitumne, dans tes ondes sacrées, ont conduit aux temples des dieux nos pompes triomphales. Ici règne un printemps éternel ; ici règne l'été en des mois qui ne sont pas les siens ; deux fois les brebis sont mères, deux fois les arbres se couvrent de fruits. On n'y craint ni la rage du tigre, ni la race cruelle du lion ; la main trompée n'y cueille point de mortels poisons. Jamais un serpent n'y déroule ses immenses anneaux ou ne les ramène en replis tortueux. Ajoutez tant de villes magnifiques, de merveilleux travaux : ces forteresses suspendues sur des rocs escarpés, ces fleuves qui coulent sous nos antiques remparts. Parlerai-je des deux mers qui, au nord et au midi, baignent l'Italie ; des lacs immenses qu'elle renferme ? Faut-il te nommer, toi, Laris, le plus grand de tous ; et toi, Bénacus, qu'à tes frémissements, à tes flots soulevés, on dirait une mer ? Faut-il rappeler ces ports célèbres, ces barrières qui défendent le Lucrin, et contre lesquelles vient en mugissant se briser l'onde indignée, dans ces lieux où le port Jules retentit au loin du bruit des flots qu'il repousse d'un côté, tandis que,

Sed gravidæ fruges, et Bacchi Massicus humor
Implevere ; tenent oleæque armentaque læta.
Hinc bellator equus campo sese arduus infert ; 145
Hinc albi, Clitumne, greges, et maxima taurus
Victima, sæpe tuo perfusi flumine sacro,
Romanos ad templa deûm duxere triumphos.
Hic ver assiduum, atque alienis mensibus æstas ;
Bis gravidæ pecudes, bis pomis utilis arbos. 150
At rabidæ tigres absunt, et sæva leonum
Semina ; nec miseros fallunt aconita legentes ;
Nec rapit immensos orbes per humum, neque tanto
Squameus in spiram tractu se colligit anguis.
Adde tot egregias urbes, operumque laborem, 155
Tot congesta manu præruptis oppida saxis,
Fluminaque antiquos subterlabentia muros.
An mare quod supra, memorem, quodque alluit infra?
Anne lacus tantos? te, Lari maxime, teque
Fluctibus et fremitu assurgens, Benace, marino? 160
An memorem portus, Lucrinoque addita claustra,
Atque indignatum magnis stridoribus æquor,
Julia qua ponto longe sonat unda refuso,

de l'autre, il leur ouvre, vers l'Averne, un libre passage?

L'Italie montre encore dans son sein et l'argent et l'airain; les rivières y ont roulé l'or en abondance. Elle a produit le Marse, le Sabin, le Ligurien endurci à la fatigue, le Volsque habile à lancer le javelot, toutes ces dures races d'hommes; elle a enfanté les Décius, les Marius, les héroïques Camille, les deux Scipion, ces foudres de guerre, et toi surtout César, toi qui, déjà vainqueur aux extrémités de l'Asie, repousses en ce moment, loin des frontières romaines, l'Indien qui tremble devant toi.

Salut! terre de Saturne! terre féconde en moissons, féconde en héros! C'est pour toi que, osant puiser aux sources sacrées du Permesse, je chante un art honoré et cultivé par nos ancêtres, et je fais entendre aux villes romaines les accents du poëte d'Ascra.

Distinguons maintenant la force, la couleur de chaque terrain, leurs productions et leur culture.

D'abord ces terres rebelles, ces collines ingrates, à peine recouvertes d'une légère couche d'argile, ces champs, hérissés de cailloux et de buissons, aiment les rejetons vivaces de l'arbre cher à Pallas. Ce qui le prouve, c'est le grand nombre d'oliviers sauvages qui croissent dans ce même lieu et la terre jonchée de leurs fruits amers. Au contraire, un terrain gras qu'avive une

Tyrrhenusque fretis immittitur æstus Avernis?
Hæc eadem argenti rivos, ærisque metalla　　　165
Ostendit venis, atque auro plurima fluxit.
Hæc genus acre virûm, Marsos, pubemque Sabellam,
Assuetumque malo Ligurem, Volscosque verutos
Extulit; hæc Decios, Marios, magnosque Camillos.
Scipiadas duros bello; et te, maxime Cæsar,　　　170
Qui nunc extremis Asiæ jam victor in oris
Imbellem avertis Romanis arcibus Indum.
Salve, magna parens frugum, Saturnia tellus,
Magna virûm : tibi res antiquæ laudis et artis
Ingredior, sanctos ausus recludere fontes,　　　175
Ascræumque cano Romana per oppida carmen.
Nunc locus arvorum ingeniis : quæ robora cuique,
Quis color, et quæ sit rebus natura ferendis.
Difficiles primum terræ, collesque maligni,
Tenuis ubi argilla et dumosis calculus arvis,　　　180
Palladia gaudent silva vivacis olivæ.
Indicio est tractu surgens oleaster eodem
Plurimus, et strati baccis silvestribus agri.
At quæ pinguis humus, dulcique uligine læta,

douce humidité, où l'herbe pousse épaisse, où tout annonce la fécondité (tel qu'au pied des montagnes nous voyons s'étendre un vallon arrosé par les eaux des rochers qui y déposent un heureux limon), si d'ailleurs il est exposé au midi, s'il nourrit la fougère, odieuse au soc de la charrue, te donnera des ceps vigoureux, d'où couleront à grands flots ces vins purs et délicieux que nous offrons aux dieux dans des coupes d'or, quand, au pied de leurs autels, au son de la flûte d'ivoire d'un Toscan, nous plaçons dans de larges bassins les entrailles fumantes des victimes.

Aimes-tu mieux nourrir de jeunes taureaux, des agneaux avec leurs mères, et des chèvres, fléau des guérets? Va chercher les bois et les pâturages lointains de la fertile Tarente, ou des plaines semblables à celles qu'a perdues l'infortunée Mantoue, sur les bords verdoyants d'un fleuve habité par des cygnes plus blancs que la neige.

Là, ni les claires fontaines, ni le vert gazon ne manqueront à tes troupeaux; et toute l'herbe qu'ils auront broutée dans les plus longs jours renaîtra sous la fraîche rosée d'une courte nuit.

Une terre noirâtre, grasse sous le tranchant de la charrue, et naturellement friable (qualités que l'on tâche de lui donner par le labour), est celle qui convient le mieux au froment. Aucun

```
    Quique frequens herbis et fertilis ubere campus,        185
    Qualem sæpe cava montis convalle solemus
    Despicere; huc summis liquuntur rupibus amnes,
    Felicemque trahunt limum; quique editus Austro,
    Et filicem curvis invisam pascit aratris:
    Hic tibi prævalidas olim multoque fluentes              190
    Sufficiet Baccho vites; hic fertilis uvæ,
    Hic laticis, qualem pateris libamus et auro,
    Inflavit quum pinguis ebur Tyrrhenus ad aras,
    Lancibus et pandis fumantia reddimus exta.
    Sin armenta magis studium vitulosque tueri,             195
    Aut fetus ovium, aut urentes culta capellas,
    Saltus et saturi petito longinqua Tarenti,
    Et qualem infelix amisit Mantua campum,
    Pascentem niveos herboso flumine cycnos:
    Non liquidi gregibus fontes, non gramina desunt;        200
    Et, quantum longis carpent armenta diebus,
    Exigua tantum gelidus ros nocte reponet.
    Nigra fere, et presso pinguis sub vomere terra,
    Et cui putre solum (namque hoc imitamur arando),
    Optima frumentis. Non ullo ex æquore cernes             205
```

autre champ ne verra un plus grand nombre de chariots ramener lentement à ta grange d'abondantes récoltes. Tel est encore ce terrain où la main du laboureur irrité a porté le fer, abattant des bois longtemps inutiles, et arrachant avec leurs racines les antiques demeures des oiseaux qui, chassés de leurs nids, s'enfuient dans les airs ; et cette plaine naguère inculte brille sous le soc de la charrue.

Mais le maigre gravier qui couvre la pente d'un coteau fournit à peine aux abeilles quelques humbles tiges de lavande et de romarin : n'attends rien de ce tuf rude au toucher, ni de la craie minée par les noirs serpents ; car c'est là, dit-on, qu'ils cherchent et la douce nourriture et un tortueux abri. Quant à cette terre d'où s'exhale, en vapeurs fugitives, un léger brouillard ; qui, tour à tour, absorbe et renvoie l'humidité ; qui se revêt sans cesse d'un vert gazon et qui n'attache point au fer une rouille qui le ronge, tu y marieras heureusement la vigne à l'ormeau ; l'olivier y viendra en abondance ; la culture la trouvera propre aux troupeaux et docile au soc de la charrue. Telles sont les riches plaines que cultive Capoue ; tels sont les coteaux voisins du Vésuve et les champs arrosés par le Clain, dont l'incommode voisinage a fait déserter Acerra.

Maintenant je dirai à quels signes tu pourras reconnaître si

    Plura domum tardis decedere plaustra juvencis :
    Aut unde iratus silvam devexit arator,
    Et nemora evertit multos ignava per annos,
    Antiquasque domos avium cum stirpibus imis
    Eruit : illæ altum nidis petiere relictis ;   210
    At rudis enituit impulso vomere campus.
    Nam jejuna quidem clivosi glarea ruris
    Vix humiles apibus casias roremque ministrat ;
    Et tophus scaber, et nigris exesa chelydris
    Creta negant alios æque serpentibus agros   215
    Dulcem ferre cibum et curvas præbere latebras.
    Quæ tenuem exhalat nebulam fumosque volucres,
    Et bibit humorem, et, quum vult, ex se ipsa remittit ;
    Quæque suo semper viridi se gramine vestit,
    Nec scabie et salsa lædit rubigine ferrum :   220
    Illa tibi lætis intexet vitibus ulmos ;
    Illa ferax oleo est : illam experiere colendo,
    Et facilem pecori, et patientem vomeris unci :
    Talem dives arat Capua, et vicina Vesevo
    Ora jugo, et vacuis Clanius non æquus Acerris.   225
    Nunc, quo quamque modo possis cognoscere, dicam.

une terre est forte ou légère, et partant plus propre au froment, ou si elle convient mieux à la vigne. Cérès veut une terre forte, Bacchus exige la plus légère. Choisis d'abord un endroit propice : fais-y creuser une fosse profonde, dans laquelle on repousse la terre qui vient d'en sortir; qu'ensuite ton pied la foule, pour la mettre de niveau avec le terrain : descend-elle sous les bords ? cette terre est légère; les troupeaux et la vigne y prospéreront également. Refuse-t-elle au contraire de rentrer au lieu d'où elle est tirée, et, une fois la fosse comblée, en excède-t-elle les bords ? c'est une terre forte, dont la charrue soulèvera avec peine les glèbes paresseuses et rebelles; pour la fendre, emploie de vigoureux taureaux.

Mais ce terrain salé, amer, triste, stérile, que la culture ne saurait adoucir, où la vigne dégénère, où les fruits perdent jusqu'à leur nom, voici le moyen de le reconnaître. Détache de tes toits enfumés tes tamis et tes mannes d'osier serré; remplis-les de mauvaise terre humectée d'une eau douce, et foule cette terre avec les pieds. L'eau, pour s'échapper, s'écoulera goutte à goutte à travers le tissu d'osier : indice certain, sa triste amertume révoltera le palais qui en aura tenté l'essai.

Une terre grasse se reconnaît à ces marques : on a beau la

Rara sit an supra morem sit densa requiras,
Altera frumentis quoniam favet, altera Baccho;
Densa magis Cereri, rarissima quæque Lyæo :
Ante locum capies oculis, alteque jubebis   230
In solido puteum demitti, omnemque repones
Rursus humum, et pedibus summas æquabis arenas.
Si deerunt, rarum, pecorique et vitibus almis
Aptius, uber erit : sin in sua posse negabunt
Ire loca, et scrobibus superabit terra repletis,   235
Spissus ager : glebas cunctantes crassaque terga
Exspecta, et validis terram proscinde juvencis.
Salsa autem tellus, et quæ perhibetur amara,
Frugibus infelix (ea nec mansuescit arando,
Nec Baccho genus aut pomis sua nomina servat),   240
Tale dabit specimen : tu spisso vimine qualos
Colaque prælorum fumosis deripe tectis;
Huc ager ille malus dulcesque a fontibus undæ
Ad plenum calcentur : aqua eluctabitur omnis
Scilicet, et grandes ibunt per vimina guttæ;   245
At sapor indicium faciet manifestus, et ora
Tristia tentantum sensu torquebit amaror.
Pinguis item quæ sit tellus, hoc denique pacto

pétrir, loin de se dissoudre, elle s'attache comme une poix visqueuse aux doigts qui la façonnent.

Un sol humide se reconnaît à la hauteur des herbes et à l'excès même de sa fertilité. Redoute le luxe de sa végétation et cette force malheureuse qui s'épuise en épis prématurés !

A son poids seul, on juge si une terre est lourde ou légère. Il est facile de voir si une terre est noire ou de toute autre couleur ; mais il est plus difficile d'en reconnaître le froid meurtrier. Le pin, l'if malfaisant, le lierre noir qui y croissent offrent seuls quelques indices de ce défaut secret.

Ces observations faites, prépare longtemps d'avance la terre qui doit recevoir tes plants ; que de nombreux fossés entrecoupent le penchant des coteaux ; que la glèbe retournée reste longtemps exposée aux fureurs de l'Aquilon. Le meilleur sol, c'est le plus friable ; cette qualité, les vents, les frimas et les bras robustes du vigneron la lui donnent. Le cultivateur dont la prévoyance songe à tout, choisit, pour former sa pépinière et disposer son plant, un terrain semblable, de peur que le jeune cep, brusquement arraché au sol maternel, ne le puisse oublier. D'autres vont même jusqu'à marquer sur l'écorce de l'arbre son exposition première, afin de rendre aux chaleurs du midi, aux

```
    Discimus : haud unquam manibus jactata fatiscit,
    Sed picis in morem ad digitos lentescit habendo.      250
    Humida majores herbas alit, ipsaque justo
    Lætior. Ah ! nimium ne sit mihi fertilis illa,
    Neu se prævalidam primis ostendat aristis !
    Quæ gravis est, ipso tacitam se pondere prodit,
    Quæque levis. Promptum est oculis prædiscere nigram, 255
    Et quis cui color. At sceleratum exquirere frigus
    Difficile est : piceæ tantum, taxique nocentes
    Interdum, aut hederæ pandunt vestigia nigræ.
    His animadversis, terram multo ante memento
    Excoquere, et magnos scrobibus concidere montes,     260
    Ante supinatas Aquiloni ostendere glebas,
    Quam lætum infodias vitis genus. Optima putri
    Arva solo ; id venti curant, gelidæque pruinæ,
    Et labefacta movens robustus jugera fossor.
    At, si quos haud ulla viros vigilantia fugit,         265
    Ante locum similem exquirunt, ubi prima paretur
    Arboribus seges, et quo mox digesta feratur,
    Mutatam ignorent subito ne semina matrem.
    Quin etiam cœli regionem in cortice signant,
    Ut, quo quæque modo steterit, qua parte calores      270
```

froids du nord, les parties qui y étaient exposées : tant l'habitude des premiers ans a de puissance !

Vaut-il mieux planter la vigne sur les coteaux ou dans une plaine? C'est ce qu'il faut d'abord examiner. Si tu choisis une terre grasse, presse les rangs; pour être serrés, tes ceps ne dégénèreront point dans un terrain fertile. Préfères-tu la pente d'un terrain inégal, ou le dos des collines? écarte un peu les rangs; et qu'alignés avec soin, tes ceps, comme autant de routes régulières, laissent entre eux des intervalles égaux. Telle, aux approches d'un grand combat, une armée déploie avec ordre ses nombreux bataillons dans une vaste plaine; la terre semble au loin ondoyer sous l'éclat de l'airain; l'horrible mêlée n'est point encore engagée; Mars erre encore incertain entre les deux armées. Partage ainsi le terrain en allées uniformes, non pour flatter les yeux par une vaine symétrie, mais parce que, sans cela, la terre ferait de ses sucs un partage inégal, et la vigne ne pourrait en liberté étendre ses rameaux.

Peut-être demanderas-tu quelle doit être la profondeur des fossés. La vigne n'a besoin que d'un sillon légèrement creusé; l'arbre veut être plus profondément enfoncé dans la terre, le chêne surtout, dont la tête s'élève dans les cieux, et dont les

Austrinos tulerit, quæ terga obverterit axi,
Restituant: adeo in teneris consuescere multum est!
Collibus an plano melius sit ponere vitem
Quære prius. Si pinguis agros metabere campi,
Densa sere : in denso non segnior ubere Bacchus.   275
Sin tumulis acclive solum collesque supinos,
Indulge ordinibus. Nec secius omnis in unguem
Arboribus positis secto via limite quadret.
Ut sæpe, ingenti bello quum longa cohortes
Explicuit legio, et campo stetit agmen aperto,   280
Directæque acies, ac late fluctuat omnis
Ære renidenti tellus, necdum horrida miscent
Prælia, sed dubius mediis Mars errat in armis :
Omnia sint paribus numeris dimensa viarum;
Non animum modo uti pascat prospectus inanem;   285
Sed quia non aliter vires dabit omnibus æquas
Terra, neque in vacuum poterunt se extendere rami.
Forsitan et scrobibus quæ sint fastigia quæras.
Ausim vel tenui vitem committere sulco :
Altior ac penitus terræ defigitur arbos,   290
Æsculus in primis, quæ, quantum vertice ad auras

racines touchent aux enfers. Aussi les tempêtes, les aquilons, les orages ne le sauraient ébranler; immobile, il voit passer de nombreuses générations, et sa durée triomphe des siècles. Son vieux tronc étend au loin, comme autant de bras, ses robustes rameaux, et soutient seul l'ombrage immense dont il est le centre.

Que ta vigne ne regarde point le soleil couchant; n'y plante point de coudriers; ne va pas non plus, pour former tes plants, chercher l'extrémité des tiges, ou les branches supérieures de l'arbre : tant l'arbre a de prédilection pour la terre! qu'un fer émoussé ne blesse point les rejetons, et dans les intervalles ne souffre point l'olivier sauvage. Souvent, en effet, une étincelle échappe à l'imprudence des bergers. D'abord cachée sous l'écorce onctueuse de l'arbre, elle en saisit le tronc, atteint le feuillage, et produit dans l'air une explosion terrible; ensuite, courant de branche en branche, le feu victorieux s'empare de la cime et la dévore; les flammes enveloppent la forêt, et une épaisse fumée s'élève dans les airs en noirs tourbillons, surtout si l'ouragan vient en ce moment augmenter, en le chassant devant lui, ce vaste incendie. N'espère plus que tes ceps ainsi détruits puissent renaître de leur souche, revivre sous le tranchant du fer, ni

    Æthereas, tantum radice in Tartara tendit.
    Ergo non hiemes illam, non flabra, neque imbres
    Convellunt; immota manet, multosque nepotes,
    Multa virûm volvens durando sæcula, vincit.   295
    Tum fortes late ramos et brachia tendens
    Huc illuc, media ipsa ingentem sustinet umbram.
    Neve tibi ad solem vergant vineta cadentem;
    Neve inter vites corylum sere; neve flagella
    Summa pete, aut summa defringe ex arbore plantas: 300
    Tantus amor terræ! neu ferro læde retuso
    Semina; neve oleæ silvestres insere truncos.
    Nam sæpe incautis pastoribus excidit ignis,
    Qui, furtim pingui primum sub cortice tectus,
    Robora comprendit, frondesque elapsus in altas   305
    Ingentem cœlo sonitum dedit : inde secutus
    Per ramos victor perque alta cacumina regnat,
    Et totum involvit flammis nemus, et ruit atram
    Ad cœlum picea crassus caligine nubem :
    Præsertim si tempestas a vertice silvis   310
    Incubuit, glomeratque ferens incendia ventus.
    Hoc ubi, non a stirpe valent, cæsæque reverti

même que d'autres fleurissent sur cette terre désolée. Le funeste olivier, avec ses feuilles amères, survit seul au désastre.

Ne cède jamais au conseil (quelque sage que soit celui qui te le donne) de remuer une terre endurcie par le souffle de Borée. L'hiver alors resserre le sein des campagnes, et les semences n'y peuvent prendre racine, glacées qu'elles sont par le froid. Le meilleur moment pour planter la vigne, c'est lorsque, aux premières rougeurs du printemps, revient l'oiseau brillant redouté des couleuvres, ou bien encore aux premiers froids de l'automne, quand le soleil, dans sa course rapide, n'a point encore atteint l'hiver, et que cependant les chaleurs sont passées.

Telle est la puissance du printemps : il rend aux bois leur feuillage, aux forêts leur séve. Au printemps, la terre se gonfle, impatiente de recevoir les germes créateurs. Alors le puissant dieu de l'air descend en pluies fécondes dans le sein de son épouse joyeuse, et, s'unissant à son vaste corps, il vivifie les semences qu'elle a reçues. Alors les bosquets retentissent du chant harmonieux des oiseaux, et les troupeaux revolent aux plaisirs de l'amour. La terre enfante, et se couvre de verdure; à la douce haleine du Zéphyr, les champs entr'ouvrent leur sein : une douce séve circule partout. Le germe se confie sans crainte aux rayons d'un soleil nouveau; et, bravant le souffle orageux du midi et les

Possunt, atque ima similes revirescere terra :
Infelix superat foliis oleaster amaris.
Nec tibi tam prudens quisquam persuadeat auctor 315
Tellurem Borea rigidam spirante movere.
Rura gelu tum claudit hiems, nec semine jacto
Concretam patitur radicem affigere terræ.
Optima vinetis satio, quum vere rubenti
Candida venit avis, longis invisa colubris, 320
Prima vel autumni sub frigora, quum rapidus Sol
Nondum hiemem contingit equis, jam præterit æstas.
Ver adeo frondi nemorum, ver utile silvis;
Vere tument terræ, et genitalia semina poscunt.
Tum Pater omnipotens fecundis imbribus æther 325
Conjugis in gremium lætæ descendit, et omnes
Magnus alit, magno commixtus corpore, fetus.
Avia tum resonant avibus virgulta canoris,
Et Venerem certis repetunt armenta diebus.
Parturit almus ager, Zephyrique tepentibus auris 330
Laxant arva sinus; superat tener omnibus humor;
Inque novos soles audent se germina tuto
Credere; nec metuit surgentes pampinus Austros,

froides pluies que l'Aquilon amène, la vigne montre ses tendres bourgeons et déploie tout son feuillage.

Non, le monde naissant ne vit pas briller d'autres jours; autre ne fut pas son aspect. C'était un éternel printemps; le printemps seul alors remplissait le grand cercle de l'année; l'Eurus craignait de souffler la froidure, quand, pour la première fois, les animaux s'abreuvèrent de la lumière, quand une race de fer s'éleva du sein pierreux de la terre, quand les bêtes féroces s'élancèrent dans les forêts, et les astres dans le ciel. La faiblesse des plantes naissantes ne pourrait supporter l'excès de la chaleur ou du froid, si, entre ces deux extrêmes, une douce température ne venait consoler la terre.

Ensuite, quels que soient les arbustes que tu plantes, ne leur épargne pas l'engrais, et n'oublie pas de les recouvrir d'une couche épaisse de terre, ou d'y enfouir des pierres spongieuses et des débris de coquillages. Ainsi les eaux et l'air y pénétreront plus aisément, et les jeunes ceps s'élèveront plus vigoureux. On a vu même des vignerons les charger de pierres et d'énormes tessons : c'est un rempart contre les pluies trop abondantes et contre l'ardente canicule, lorsqu'elle fend la terre altérée.

Tes ceps sont-ils plantés, il te reste à ramener souvent la

<pre>
        Aut actum cœlo magnis aquilonibus imbrem;
        Sed trudit gemmas, et frondes explicat omnes.   335
        Non alios prima crescentis origine mundi
        Illuxisse dies, aliumve habuisse tenorem
        Crediderim : ver illud erat; ver magnus agebat
        Orbis, et hibernis parcebant flatibus Euri,
        Quum primæ lucem pecudes hausere, virûmque   340
        Ferrea progenies duris caput extulit arvis,
        Immissæque feræ silvis, et sidera cœlo.
        Nec res hunc teneræ possent perferre laborem,
        Si non tanta quies iret frigusque caloremque
        Inter, et exciperet cœli indulgentia terras.   345
        Quod superest, quæcumque premes virgulta per agros,
        Sparge fimo pingui, et multa memor occule terra;
        Aut lapidem bibulum, aut squalentes infode conchas :
        Inter enim labentur aquæ, tenuisque subibit
        Halitus, atque animos tollent sata. Jamque reperti, 350
        Qui saxo super, atque ingentis pondere testæ,
        Urgerent : hoc effusos munimen ad imbres ;
        Hoc, ubi biulca siti findit Canis æstifer arva.
        Seminibus positis, superest deducere terram
</pre>

terre à leurs pieds, à y pousser le dur hoyau, à y promener le
soc de la charrue, et à faire passer et repasser entre leurs rangs
tes bœufs infatigables. Ensuite, présente à la jeune vigne de
légers roseaux, des baguettes dépouillées de leur écorce, des
échalas de frêne et de solides bâtons fourchus : avec leur appui,
elle apprend à s'élever, à braver les vents, à gagner, de branche
en branche, le sommet des ormeaux.

Mais lorsque, jeune encore, ta vigne se couvre d'un tendre
feuillage, ménage sa faiblesse; et alors même qu'elle s'élance et
s'étend librement dans les airs, il n'est pas encore temps de la
livrer au tranchant de la serpe : que ta main seulement éclair-
cisse son feuillage. Mais quand ses branches plus vigoureuses
serrent les ormes de leurs nœuds redoublés, alors retranche, coupe
les branches parasites. Plus tôt, elles redoutent le fer ; mais
maintenant exerce sans pitié ton empire, et arrête l'essor et
l'exubérance de ses rameaux.

Qu'une haie étroitement enlacée écarte les troupeaux de la
vigne, surtout lorsque, tendre encore, sa feuille n'a pas éprouvé
les intempéries de l'air. Déjà exposée aux rigueurs de l'hiver et
aux ardeurs du soleil, qu'elle n'ait pas du moins à craindre les
insultes du buffle sauvage et du chevreuil avide, ni la dent des
brebis et de la génisse toujours prête à la brouter. Les frimas

> Sæpius ad capita, et duros jactare bidentes ;   355
> Aut presso exercere solum sub vomere, et ipsa
> Flectere luctantes inter vineta juvencos.
> Tum leves calamos, et rasæ hastilia virgæ,
> Fraxineasque aptare sudes furcasque bicornes,
> Viribus eniti quarum et contemnere ventos   360
> Assuescant, summasque sequi tabulata per ulmos.
> Ac, dum prima novis adolescit frondibus ætas,
> Parcendum teneris ; et, dum se lætus ad auras
> Palmes agit, laxis per purum immissus habenis,
> Ipsa acie nondum falcis tentanda ; sed uncis   365
> Carpendæ manibus frondes, interque legendæ.
> Inde ubi jam validis amplexæ stirpibus ulmos
> Exierint, tum stringe comas, tum brachia tonde :
> Ante reformidant ferrum : tum denique dura
> Exerce imperia, et ramos compesce fluentes.   370
> Texendæ sepes etiam, et pecus omne tenendum,
> Præcipue dum frons tenera imprudensque laborum :
> Cui, super indignas hiemes solemque potentem,
> Silvestres uri assidue capreæque sequaces
> Illudunt ; pascuntur oves avidæque juvencæ.   375

dont l'hiver blanchit les plaines, les rayons du soleil qui brûlent les rochers, sont moins funestes à la vigne que la dent meurtrière de ces animaux, et la cicatrice qu'imprime leur morsure.

Voilà le crime qu'expie le bouc, immolé sur tous les autels de Bacchus ; voilà l'origine antique des jeux de la scène : de là, les prix proposés au génie, dans les bourgs et les carrefours, par les enfants de Thésée ; de là ces luttes où, ivres de vin et de gaieté, ils sautaient au milieu des prairies sur des outres huilées. Les laboureurs d'Ausonie, bien qu'issus des Troyens, célèbrent aussi ces fêtes par des vers rustiques et un rire effréné. Ils se font avec des écorces d'arbres des masques hideux ; puis t'invoquant, ô Bacchus, dans leur chant d'allégresse, ils suspendent, en ton honneur, au haut d'un pin, de légères images. Dès lors le vignoble se couvre de grappes nombreuses ; les vallons, les coteaux, tous les lieux enfin où le dieu s'est montré, s'embellissent de fertiles vendanges. Honneur donc à Bacchus ! fidèles à son culte, répétons à sa louange les hymnes de nos pères ; offrons-lui des fruits et des gâteaux sacrés ; que le bouc soit mené par la corne au pied de son autel, et que des broches de coudrier fassent rôtir les entrailles de la victime.

La vigne exige encore un autre travail, travail qu'il faut recom-

 Frigora nec tantum cana concreta pruina,
 Aut gravis incumbens scopulis arentibus æstas,
 Quantum illi nocuere greges, durique venenum
 Dentis, et admorso signata in stirpe cicatrix.
 Non aliam ob culpam Baccho caper omnibus aris   380
 Cæditur, et veteres ineunt proscenia ludi,
 Præmiaque ingeniis pagos et compita circum
 Thesidæ posuere, atque inter pocula læti
 Mollibus in pratis unctos saliere per utres.
 Necnon Ausonii, Troja gens missa, coloni   385
 Versibus incomptis ludunt risuque soluto,
 Oraque corticibus sumunt horrenda cavatis ;
 Et te, Bacche, vocant per carmina læta, tibique
 Oscilla ex alta suspendunt mollia pinu.
 Hinc omnis largo pubescit vinea fetu ;   390
 Complentur vallesque cavæ saltusque profundi,
 Et quocumque deus circum caput egit honestum.
 Ergo rite suum Baccho dicemus honorem
 Carminibus patriis, lancesque et liba feremus ;
 Et ductus cornu stabit sacer hircus ad aram,   395
 Pinguiaque in verubus torrebimus exta colurnis.
 Est etiam ille labor curandis vitibus alter,

mencer sans cesse. Trois ou quatre fois par an, il faut, autour d'elle, fendre le sol, en briser assidûment avec le hoyau les mottes rebelles, et soulager le cep d'un feuillage qui l'accable. Le travail du vigneron renaît toujours et roule dans un cercle éternel comme l'année qui revient continuellement sur ses traces. Quand la vigne est dépouillée de ses dernières feuilles, et que le froid Aquilon a enlevé aux forêts leur parure, déjà le laboureur étend sur l'année qui doit venir ses soins prévoyants ; armé du fer recourbé de Saturne, il taille sa vigne, et la façonne en l'émondant. Sois donc le premier à bêcher la terre, le premier à enlever, à brûler le sarment, et à retirer tes échalas, mais le dernier à vendanger. Deux fois la vigne est étouffée sous son feuillage ; deux fois sa tige est assiégée d'une herbe stérile : tâches doublement pénibles. Vante, si tu le veux, les vastes domaines ; contente-toi d'en cultiver un petit. Ne faut-il pas encore couper le houx pliant dans la forêt, et le jonc aux bords des fleuves ? L'osier inculte n'est pas non plus à négliger. Enfin, tes vignes sont liées ; leurs rameaux laissent reposer la serpe, et le vigneron façonne, en chantant, son dernier cep. Eh bien, la bêche doit encore remuer la terre, la réduire en poudre, et, pour tes raisins déjà mûrs, tu as a craindre les orages.

```
Cui nunquam exhausti satis est; namque omne quotannis
Terque quaterque solum scindendum, glebaque versis
Æternum frangenda bidentibus, omne levandum        400
Fronde nemus. Redit agricolis labor actus in orbem,
Atque in se sua per vestigia volvitur annus :
Ac jam olim seras, posuit quum vinea frondes,
Frigidus et silvis Aquilo decussit honorem,
Jam tum acer curas venientem extendit in annum     405
Rusticus, et curvo Saturni dente relictam
Persequitur vitem attondens, fingitque putando.
Primus humum fodito, primus devecta cremato
Sarmenta, et vallos primus sub tecta referto :
Postremus metito. Bis vitibus ingruit umbra ;       410
Bis segetem densis obducunt sentibus herbæ.
Durus uterque labor. Laudato ingentia rura ;
Exiguum colito. Necnon etiam aspera rusci
Vimina per silvam, et ripis fluvialis arundo
Cæditur, incultique exercet cura salicti.           415
Jam vinctæ vites, jam falcem arbusta reponunt ;
Jam canit effectos extremus vinitor antes ;
Sollicitanda tamen tellus, pulvisque movendus ;
Et jam maturis metuendus Jupiter uvis.
```

L'olivier, au contraire, ne demande point de culture; il n'attend ni le secours de la serpe, ni les dents du hoyau, dès qu'il a pris racine et affronté le grand air. La terre, une fois remuée, lui fournit la séve nécessaire, et un simple labour suffit à lui faire produire des fruits abondants. Nourris donc le fertile olivier, heureux symbole de la paix.

L'arbre fruitier n'exige pas plus de soin : dès qu'il sent son tronc affermi et qu'il a acquis la force nécessaire, il s'élance de lui-même dans les airs, sans avoir besoin de notre aide. Ainsi encore se chargent de fruits les arbres de nos bois : sur le buisson inculte, on voit rougir la mûre sanglante; le cytise fleurit pour les chevreaux; les forêts nous fournissent ces pins résineux qui nous éclairent la nuit et nous versent la lumière. Et l'homme hésiterait à les planter et à les cultiver! Mais, sans parler des grands arbres, le saule, l'humble genêt, n'offrent-ils pas aux troupeaux leur feuillage, leur ombrage aux bergers, des haies aux moissons, et des sucs à l'abeille? On aime à voir, sur le mont Cytore, le buis ondoyant, les sapins de Narycie qui fournissent la poix, et ces champs qui ne doivent rien au râteau, ni aux soins de l'homme. Même sur les sommets du Caucase, des forêts steriles, sans cesse battues et fracassées par le souffle violent

Contra, non ulla est oleis cultura; neque illæ   420
Procurvam exspectant falcem rastrosque tenaces,
Quum semel hæserunt arvis, aurasque tulerunt.
Ipsa satis tellus, quum dente recluditur unco,
Sufficit humorem, et gravidas cum vomere fruges.
Hoc pinguem et placitam paci nutritor olivam.   425
Poma quoque, ut primum truncos sensere valentes,
Et vires habuere suas, ad sidera raptim
Vi propria nituntur, opisque haud indiga nostræ.
Nec minus interea fetu nemus omne gravescit,
Sanguineisque inculta rubent aviaria baccis;   430
Tondentur cytisi; tædas silva alta ministrat,
Pascunturque ignes nocturni, et lumina fundunt.
Et dubitant homines serere atque impendere curam!
Quid majora sequar? salices humilesque genistæ,
Aut illæ pecori frondem, aut pastoribus umbram   435
Sufficiunt, sepemque satis, et pabula melli.
Et juvat undantem buxo spectare Cytorum,
Naryciæque picis lucos : juvat arva videre
Non rastris, hominum non ulli obnoxia curæ.
Ipsæ Caucasio steriles in vertice silvæ,   **440**
Quas animosi Euri assidue franguntque feruntque,

de l'Eurus, ont aussi leurs produits utiles : elles donnent des sapins pour les navires, des cèdres et des cyprès pour nos maisons. Le laboureur en tire, pour les roues de ses chars, des rayons et de solides moyeux ; le navigateur, la carène de son vaisseau.

Le saule nous prodigue son osier flexible, l'orme son ombrage, le myrte et le cornouiller leurs jets vigoureux, recherchés pour la guerre ; l'if, sous la main du Parthe, se courbe en arc ; le tilleul uni, le buis docile, se façonnent au gré du tour et du fer qui les creuse. Lancé sur le Pô, l'aune léger fend les ondes ; et l'abeille cache ses rayons sous des écorces creuses et dans les flancs d'un chêne miné par les ans. Les présents de Bacchus valent-ils ces richesses? Bacchus a même quelquefois été cause de crimes. C'est lui qui, après avoir rempli les Centaures de ses fureurs, immola sans pitié Rhœtus, Pholus, et Hylée qui d'une énorme coupe menaçait les Lapithes.

Trop heureux l'habitant des campagnes s'il connaissait son bonheur ! loin des discordes, loin des combats, la terre, justement libérale, lui prodigue une nourriture facile. Il n'a point, il est vrai, une maison splendide dont les portes magnifiques vomissent des flots de clients venant saluer le réveil de leur patron. Il ne regarde pas avec l'ébahissement de l'envie les lambris

Dant alios aliæ fetus, dant utile lignum,
Navigiis pinos, domibus cedrosque cupressosque.
Hinc radios trivere rotis, hinc tympana plaustris
Agricolæ, et pandas ratibus posuere carinas.   445
Viminibus salices fecundæ, frondibus ulmi ;
At myrtus validis hastilibus, et bona bello
Cornus ; Ituræos taxi torquentur in arcus.
Nec tiliæ læves aut torno rasile buxum
Non formam accipiunt, ferroque cavantur acuto ;   450
Necnon et torrentem undam levis innatat alnus,
Missa Pado ; necnon et apes examina condunt
Corticibusque cavis vitiosæque ilicis alvo.
Quid memorandum æque Baccheïa dona tulerunt?
Bacchus et ad culpam causas dedit : ille furentes   455
Centauros letho domuit, Rhœtumque, Pholumque,
Et magno Hylæum Lapithis cratere minantem.
O fortunatos nimium, sua si bona norint,
Agricolas ! quibus ipsa, procul discordibus armis,
Fundit humo facilem victum justissima tellus.   460
Si non ingentem foribus domus alta superbis
Mane salutantum totis vomit ædibus undam ;

incrustés d'écaille, les vêtements où l'or se joue, et les riches vases de Corinthe ; la pourpre de Tyr n'altère point la blancheur de ses laines ; jamais il ne corrompt l'huile limpide par un mélange de cannelle ; mais la sécurité, le repos, une vie à l'abri des coups du sort et riche en mille biens ; mais du loisir au milieu des campagnes, des grottes, des sources d'eau vive ; mais de fraîches vallées, les mugissements des bœufs, et sous un arbre un doux sommeil ; voilà les biens qui ne lui manquent point. C'est aux champs qu'on trouve les bocages et les repaires des bêtes fauves, une jeunesse laborieuse et sobre, le culte des dieux, le respect pour la vieillesse ; c'est là qu'en se retirant de la terre la justice laissa les traces de ses derniers pas.

Pour moi, daignent les muses, mes plus douces amours, l'objet de mon culte profond, accepter mon hommage, m'enseigner les mouvements secrets du ciel et des astres, la cause des éclipses du soleil et de la lune ; pourquoi tremble la terre ; quelle force soulève les mers, brise leurs barrières, et les fait ensuite retomber sur elles-mêmes ; pourquoi le soleil d'hiver se hâte de se plonger dans l'Océan ; quel obstacle retarde en été le retour de la nuit. Mais si je ne puis aborder ces mystères de la nature, si mon sang refroidi ne me permet pas de m'élever jusqu'à eux, que du

Nec varios inhiant pulchra testudine postes,
Illusasque auro vestes, Ephyreiaque æra,
Alba neque Assyrio fucatur lana veneno, 465
Nec casia liquidi corrumpitur usus olivi ;
At secura quies, et nescia fallere vita,
Dives opum variarum ; at latis otia fundis,
Speluncæ, vivique lacus ; at frigida Tempe,
Mugitusque boum, mollesque sub arbore somni 470
Non absunt. Illic saltus ac lustra ferarum,
Et patiens operum parvoque assueta juventus,
Sacra deum, sanctique patres ; extrema per illos
Justitia excedens terris vestigia fecit.
Me vero primum dulces ante omnia musæ, 475
Quarum sacra fero ingenti percussus amore,
Accipiant, cœlique vias et sidera monstrent,
Defectus solis varios, lunæque labores ;
Unde tremor terris ; qua vi maria alta tumescant
Objicibus ruptis, rursusque in se ipsa resîdant ; 480
Quid tantum Oceano properent se tingere soles
Hiberni, vel quæ tardis mora noctibus obstet.
Sin, has ne possim naturæ accedere partes,
Frigidus obstiterit circum præcordia sanguis,

moins les prairies et les ruisseaux coulant dans les vallées soient l'objet de mon amour! Puissé-je vivre inconnu près des fleuves ou dans les forêts! Ah! où sont les champs qu'arrose le Sperchius! où est le Taygète, foulé en cadence par les vierges de Sparte! Ah! qui me transportera dans les fraîches vallées de l'Hémus, et me couvrira de l'ombre épaisse des bois!

Heureux celui qui a pu remonter aux principes des choses, mettre sous ses pieds toutes les craintes, et le destin inexorable, et le bruit de l'avare Achéron! Heureux aussi celui qui connaît les divinités champêtres, Pan, le vieux Silvain et les nymphes! Rien ne l'émeut : ni les faisceaux que donne le peuple, ni la pourpre des rois, ni la discorde armant des frères perfides, ni le Dace descendant de l'Ister conjuré contre nous, ni les triomphes de Rome et la chute prochaine des empires. La vue de l'indigence ne vient point l'affliger, et l'aspect de la richesse n'excite point son envie. Les fruits que lui donnent d'eux-mêmes ses arbres et ses champs, il les recueille en paix ; et il ne connaît ni la rigueur des lois, ni les cris insensés du Forum, ni le dépôt des actes publics. D'autres fatiguent avec la rame des mers périlleuses, se précipitent aux combats, s'introduisent dans les cours et dans le palais des rois. Celui-ci ruine une ville et ses pénates, pour

    Rura mihi et rigui placeant in vallibus amnes;   485
    Flumina amem silvasque inglorius. O ubi campi,
    Sperchiusque, et virginibus bacchata Lacænis
    Taygeta! O qui me gelidis in vallibus Hæmi
    Sistat, et ingenti ramorum protegat umbra!
    Felix qui potuit rerum cognoscere causas,   490
    Atque metus omnes et inexorabile fatum
    Subjecit pedibus, strepitumque Acherontis avari!
    Fortunatus et ille deos qui novit agrestes,
    Panaque, Silvanumque senem, nymphasque sorores!
    Illum non populi fasces, non purpura regum   495
    Flexit, et infidos agitans discordia fratres,
    Aut conjurato descendens Dacus ab Istro;
    Non res Romanæ, perituraque regna; neque ille
    Aut doluit miserans inopem, aut invidit habenti.
    Quos rami fructus, quos ipsa volentia rura   500
    Sponte tulere sua, carpsit; nec ferrea jura,
    Insanumque forum, aut populi tabularia vidit.
    Sollicitant alii remis freta cæca, ruuntque
    In ferrum; penetrant aulas et limina regum :
    Hic petit excidiis urbem miserosque penates,   505

boire dans une pierre précieuse et dormir sur la pourpre de Tyr. Celui-ci enfouit ses richesses et couve son trésor. L'un reste en extase devant la tribune aux harangues ; l'autre s'enivre avidement des applaudissements redoublés que le peuple et les patriciens font entendre au théâtre. Des frères triomphent, couverts du sang de leurs frères : ils échangent contre l'exil la maison et le doux foyer paternels, et vont, sous d'autres cieux, chercher une patrie.

Le laboureur, avec le soc de la charrue, ouvre le sein de la terre : ce travail amène tous ceux de l'année ; c'est par là qu'il nourrit sa patrie, et ses petits enfants, et ses troupeaux de bœufs, et ses jeunes taureaux qui l'ont bien mérité. Pour lui, point de repos qu'il n'ait vu l'année regorger de fruits, ses agneaux peupler sa bergerie, ses sillons se couvrir d'épis, ses greniers s'affaisser sous la récolte. Vient l'hiver : le pressoir broie l'olive de Sicyone ; les porcs reviennent rassasiés de glands ; les forêts donnent leurs baies sauvages; l'automne fournit ses productions diverses, et la douce vendange mûrit sur les coteaux qu'échauffe un soleil ardent. Cependant, suspendus au cou du laboureur, ses enfants chéris se disputent ses caresses; sa chaste maison garde les lois de la pudeur. Ses vaches laissent pendre leurs mamelles pleines de lait ; et ses gras chevreaux font, sur le vert gazon, l'essai de

```
       Ut gemma bibat, et Sarrano dormiat ostro ;
       Condit opes alius, defossoque incubat auro.
       Hic stupet attonitus rostris; hunc plausus hiantem
       Per cuneos (geminatur enim) plebisque patrumque
       Corripuit. Gaudent perfusi sanguine fratrum,        510
       Exsilioque domos et dulcia limina mutant,
       Atque alio patriam quærunt sub sole jacentem.
       Agricola incurvo terram dimovit aratro :
       Hinc anni labor; hinc patriam parvosque nepotes
       Sustinet ; hinc armenta boum, meritosque juvencos.  515
       Nec requies, quin aut pomis exuberet annus,
       Aut fetu pecorum, aut cerealis mergite culmi,
       Proventuque oneret sulcos, atque horrea vincat.
       Venit hiems; teritur Sicyonia bacca trapetis;
       Glande sues læti redeunt; dant arbuta silvæ,        520
       Et varios ponit fetus autumnus, et alte
       Mitis in apricis coquitur vindemia saxis.
       Interea dulces pendent circum oscula nati;
       Casta pudicitiam servat domus; ubera vaccæ
       Lactea demittunt; pinguesque in gramine læto        525
```

leurs cornes naissantes. Lui aussi a ses jours de fête. Couché sur l'herbe, autour d'un grand feu, avec ses compagnons qui remplissent les coupes jusqu'aux bords, il t'invoque, ô Bacchus, et t'offre des libations. Puis il montre à ses bergers, au haut d'un orme, le prix de l'adresse à lancer le javelot, ou exerce leurs corps nus dans une lutte champêtre.

Ainsi vécurent les vieux Sabins, ainsi Rémus et son frère; ainsi s'accrut la vaillante Étrurie; ainsi Rome est devenue la merveille du monde, et seule, dans son enceinte, a renfermé sept collines. Avant le règne de Jupiter, avant qu'une race impie se nourrît de la chair des taureaux égorgés, ainsi vivait Saturne dans l'âge d'or. On n'avait point encore entendu la voix éclatante du clairon, ni le bruit du glaive meurtrier retentissant sur la dure enclume.

Mais nous avons fourni une immense carrière; il est temps de délivrer du joug le cou fumant de nos coursiers.

>   Inter se adversis luctantur cornibus hædi.
>   Ipse dies agitat festos : fususque per herbam,
>   Ignis ubi in medio, et socii cratera coronant,
>   Te, libans, Lenæe, vocat, pecorisque magistris
>   Velocis jaculi certamina ponit in ulmo,   530
>   Corporaque agresti nudat prædura palæstra.
>   Hanc olim veteres vitam coluere Sabini :
>   Hanc Remus et frater; sic fortis Etruria crevit;
>   Scilicet et rerum facta est pulcherrima Roma,
>   Septemque una sibi muro circumdedit arces.   535
>   Ante etiam sceptrum Dictæi regis, et ante
>   Impia quam cæsis gens est epulata juvencis,
>   Aureus hanc vitam in terris Saturnus agebat :
>   Necdum etiam audierant inflari classica, necdum
>   Impositos duris crepitare incudibus enses.   540
>   Sed nos immensum spatiis confecimus æquor,
>   Et jam tempus equûm fumantia solvere colla.

LIVRE TROISIÈME

Toi aussi, vénérable Palès, et toi, divin berger de l'Amphryse, et vous, forêts et fleuves du Lycée, vous serez l'objet de mes chants. Tous les sujets qui pouvaient occuper les esprits oisifs sont épuisés. Qui ne connaît l'implacable Eurysthée et les autels de l'infâme Busiris ? Qui n'a chanté le jeune Hylas, et Délos si chère à Latone, et Hippodamie, et Pélops, et son épaule d'ivoire, et son adresse à diriger ses coursiers ? Il me faut tenter des routes nouvelles où je puisse m'élancer loin de la terre, et faire voler victorieusement mon nom de bouche en bouche.

C'est moi qui, le premier, si la vie ne me manque, ferai descendre les Muses du sommet de l'Hélicon pour les amener dans ma patrie ; le premier, ô Mantoue ! je te rapporterai les palmes d'Idumée, je t'élèverai un temple de marbre, au bord de l'eau, dans les vertes prairies où le Mincio promène lentement ses ondes tortueuses,

LIBER TERTIUS.

Te quoque, magna Pales, et te, memorande, canemus,
Pastor ab Amphryso ; vos, silvæ amnesque Lycæi.
Cætera, quæ vacuas tenuissent carmina mentes,
Omnia jam vulgata. Quis aut Eurysthea durum,
Aut illaudati nescit Busiridis aras ?   5
Cui non dictus Hylas puer, et Latonia Delos,
Hippodameque, humeroque Pelops insignis eburno,
Acer equis ? Tentanda via est, qua me quoque possim
Tollere humo, victorque virûm volitare per ora.
Primus ego in patriam mecum, modo vita supersit,   10
Aönio rediens deducam vertice Musas ;
Primus Idumæas referam tibi, Mantua, palmas ;
Et viridi in campo templum de marmore ponam
Propter aquam, tardis ingens ubi flexibus errat
Mincius, et tenera prætexit arundine ripas.   15

et abrite ses rives sous les flexibles roseaux. Au milieu du temple, je placerai César : il en sera le dieu. Moi-même, en son honneur, ceint du laurier de la victoire, et brillant de l'éclat de la pourpre tyrienne, je ferai, sur les bords du fleuve, voler cent quadriges rapides. Pour ces jeux, toute la Grèce quittera l'Alphée et les bois sacrés de Molorque : elle viendra disputer le prix de la course et du ceste sanglant. Et moi, le front paré d'un rameau d'olivier, je couronnerai les vainqueurs. Il me semble déjà conduire au temple la pompe triomphale ; déjà je vois les victimes immolées. La scène m'étale ses spectacles divers, et le Breton soulève ces riches tapisseries où sont tissues ses défaites. Sur les portes du temple, je représenterai, en or et en ivoire, avec les armes du nouveau Romulus, ses combats au bord du Gange. On y verra le Nil enfler, sous le poids des flottes guerrières, ses ondes majestueuses, et l'airain des vaisseaux ennemis s'élever au ciel en superbes colonnes. J'ajouterai les villes domptées de l'Asie, le Niphate repoussé, le Parthe cherchant en vain son salut dans les flèches qu'il lance en fuyant ; les trophées de deux victoires remportées en deux contrées diverses, et, de l'un à l'autre rivage, les nations deux fois vaincues. Le marbre de Paros y ranimera, sous de vivantes images, la race d'Assaracus, et cette suite de héros descendus de Jupiter, et Tros leur père, et le dieu

In medio mihi Cæsar erit, templumque tenebit.
Illi victor ego, et Tyrio conspectus in ostro,
Centum quadrijugos agitabo ad flumina currus.
Cuncta mihi, Alpheum linquens lucosque Molorchi,
Cursibus et crudo decernet Græcia cæstu.   20
Ipse, caput tonsæ foliis ornatus olivæ ;
Dona feram. Jam nunc solemnes ducere pompas
Ad delubra juvat, cæsosque videre juvencos ;
Vel scena ut versis discedat frontibus, utque
Purpurea intexti tollant aulæa Britanni.   25
In foribus pugnam ex auro solidoque elephanto
Gangaridum faciam, victorisque arma Quirini ;
Atque hic undantem bello magnumque fluentem
Nilum, ac navali surgentes ære columnas.
Addam urbes Asiæ domitas, pulsumque Niphatem,   30
Fidentemque fuga Parthum versisque sagittis,
Et duo rapta manu diverso ex hoste tropæa,
Bisque triumphatas utroque ab littore gentes.
Stabunt et Parii lapides, spirantia signa,
Assaraci proles, demissæque ab Jove gentis   35
Nomina, Trosque parens, et Trojæ Cynthius auctor.

du Cynthe, fondateur de Troie. La misérable Envie y frémira d'épouvante à l'aspect des Furies, du sombre Cocyte, des serpents d'Ixion, de la roue fatale, et de l'éternel rocher de Sisyphe.

Parcourons cependant ces forêts vierges, ces routes nouvelles que nous montrent les Dryades : c'est, Mécène, la tâche difficile que tes ordres m'ont imposée; sans toi, mon esprit ne tenterait rien de grand. Viens donc, que rien ne t'arrête : j'entends le Cithéron qui nous appelle à grands cris, et les chiens du Taygète, et les coursiers d'Épidaure, et l'écho des forêts répondre à ces bruyantes clameurs. Bientôt cependant, j'entreprendrai de chanter les combats de César, et d'assurer à son nom une durée égale aux siècles qui se sont écoulés depuis Tithon jusqu'à César.

Soit qu'aspirant aux palmes olympiques, on élève des coursiers pour la lice, ou de vigoureux taureaux pour la charrue, l'essentiel, c'est de bien choisir les mères. La génisse que tu dois préférer est celle qui a le regard farouche, la tête d'une grosseur difforme, l'encolure épaisse, et dont le fanon descend du menton jusqu'aux genoux. Ses flancs sont extrêmement allongés; tout en elle est grand, même le pied, et ses oreilles velues sont pressées sous des cornes recourbées. J'aimerais encore celle qui, tachetée de blanc et de noir, indocile au joug, menace quelquefois de la

---

Invidia infelix Furias amnemque severum
Cocyti metuet, tortosque Ixionis angues,
Immanemque rotam, et non exsuperabile saxum.
Interea Dryadum silvas saltusque sequamur   40
Intactos; tua, Mæcenas, haud mollia jussa.
Te sine nil altum mens inchoat. En age, segnes
Rumpe moras : vocat ingenti clamore Cithæron,
Taygetique canes, domitrixque Epidaurus equorum;
Et vox assensu nemorum ingeminata remugit.   45
Mox tamen ardentes accingar dicere pugnas
Cæsaris, et nomen fama tot ferre per annos,
Tithoni prima quot abest ab origine Cæsar.
Seu quis, Olympiacæ miratus præmia palmæ,
Pascit equos; seu quis fortes ad aratra juvencos, 50
Corpora præcipue matrum legat. Optima torvæ
Forma bovis, cui turpe caput, cui plurima cervix,
Et crurum tenus a mento palearia pendent;
Tum longo nullus lateri modus; omnia magna,
Pes etiam, et camuris hirtæ sub cornibus aures.   55
Nec mihi displiceat maculis insignis et albo,
Aut juga detrectans, interdumque aspera cornu,

corne, et se rapproche du taureau par sa mâle vigueur, et qui, haute de stature, balaye de sa longue queue la trace de ses pas.

Pour elle, l'âge de l'hymen et des travaux de Lucine commence après quatre ans, et finit avant dix. Plus tôt ou plus tard, elle est inhabile à la reproduction et n'a pas la vigueur nécessaire pour le labour. Pendant ce temps, alors que les troupeaux ont toute la séve d'une vigoureuse jeunesse, donne aux mâles la liberté; livre le premier tes troupeaux aux plaisirs de Vénus, et que des générations nouvelles repeuplent, chaque année, ton étable. Nos plus beaux jours, malheureux mortels, s'envolent les premiers; bientôt viennent les maladies, la triste vieillesse, les souffrances; et l'inexorable mort nous emporte. Tu auras toujours quelques mères à réformer : songe donc à les remplacer, et, pour prévenir les regrets que leur perte te causerait, que ta prévoyance répare chaque année ton troupeau par de nouveaux rejetons.

Le choix des chevaux exige la même attention. Ceux que tu destines à perpétuer le troupeau doivent être, dès leur enfance, le principal objet de tes soins. Dès lors le poulain de bonne race se trahit à la fierté de son allure, à la souplesse de ses jarrets. Toujours à la tête du troupeau, le premier il brave un fleuve menaçant, et tente le passage d'un pont inconnu; il ne

  Et faciem tauro propior, quæque ardua tota,
  Et gradiens ima verrit vestigia cauda.
  Ætas Lucinam justosque pati hymenæos   60
  Desinit ante decem, post quattuor incipit annos:
  Cætera nec feturæ habilis, nec fortis aratris.
  Interea, superat gregibus dum læta juventas,
  Solve mares : mitte in Venerem pecuaria primus,
  Atque aliam ex alia generando suffice prolem.   65
  Optima quæque dies miseris mortalibus ævi
  Prima fugit; subeunt morbi, tristisque senectus,
  Et labor, et duræ rapit inclementia mortis.
  Semper erunt quarum mutari corpora malis :
  Semper enim refice; ac, ne post amissa requiras,   70
  Anteveni, et sobolem armento sortire quotannis.
  Necnon et pecori est idem delectus equino.
  Tu modo, quos in spem statues submittere gentis,
  Præcipuum jam inde a teneris impende laborem.
  Continuo pecoris generosi pullus in arvis   75
  Altius ingreditur, et mollia crura reponit :
  Primus et ire viam, et fluvios tentare minaces
  Audet, et ignoto sese committere ponti;

s'effraie pas d'un vain bruit. Son encolure est haute, sa tête effilée, son ventre court, sa croupe arrondie. Ses muscles ressortent sur son poitrail vigoureux. On estime assez le gris et le bai brun, fort peu le blanc et l'alezan clair. Si au loin retentit le bruit des armes, le coursier ne peut tenir en place; il dresse l'oreille; tout son corps s'agite, et, frémissant, il roule dans ses naseaux le feu qui s'en échappe. Son épaisse crinière flotte et retombe sur son épaule droite. Son épine dorsale court double le long de son dos; son pied creuse la terre, qui retentit sous sa corne solide. Tels furent Cyllare que dompta le frein de Pollux; tels les coursiers du dieu Mars et du grand Achille, tant célébrés par les poëtes grecs; tel enfin parut Saturne, lorsqu'à l'arrivée imprévue de son épouse, il s'enfuit agitant une crinière de coursier, et remplit le mont Pélion de hennissements aigus.

Lorsqu'il languit appesanti par la maladie, ou affaibli par l'âge, enferme-le, et ménage son honorable vieillesse. Devenu, par le froid des années, inhabile au plaisir, il se consume en efforts stériles ; et si parfois il engage le combat, son inutile ardeur s'éteint comme un feu de paille sans aliment. Observe donc principalement sa vigueur et son âge; puis, ses autres quali-

Nec vanos horret strepitus. Illi ardua cervix,
Argutumque caput, brevis alvus, obesaque terga : 80
Luxuriatque toris animosum pectus. Honesti
Spadices, glaucique; color deterrimus albis,
Et gilvo. Tum, si qua sonum procul arma dedere,
Stare loco nescit ; micat auribus, et tremit artus,
Collectumque fremens volvit sub naribus ignem. 85
Densa juba, et dextro jactata recumbit in armo.
At duplex agitur per lumbos spina ; cavatque
Tellurem, et solido graviter sonat ungula cornu.
Talis Amyclæi domitus Pollucis habenis
Cyllarus, et, quorum Graii meminere poetæ, 90
Martis equi bijuges, et magni currus Achillis :
Talis et ipse jubam cervice effudit equina
Conjugis adventu pernix Saturnus, et altum
Pelion hinnitu fugiens implevit acuto.
Hunc quoque, ubi aut morbo gravis, aut jam segnior annis
Deficit, abde domo, nec turpi ignosce senectæ : 95
Frigidus in Venerem senior, frustraque laborem
Ingratum trahit; et, si quando ad prælia ventum est,
Ut quondam in stipulis magnus sine viribus ignis,
Incassum furit. Ergo animos ævumque notabis 100
Præcipue : hinc alias artes, prolemque parentum,

tés, sa race, sa douleur dans la défaite, sa joie dans la victoire.

Vois-tu ces chars rapides, après s'être élancés de la barrière, se précipiter dans la lice, et dévorer l'espace, lorsque, tressaillant d'espérance et le cœur palpitant de crainte, les jeunes combattants pressent du fouet leurs coursiers, et, penchés en avant, leur lâchent les rênes? L'essieu vole et s'enflamme dans sa rapidité; ils semblent tantôt se baisser, tantôt se dresser dans l'espace et monter dans les airs sur l'aile des vents. Point de repos, point de relâche; cependant un nuage de poussière s'élève autour d'eux. Les vainqueurs sont mouillés du souffle et de l'écume des vaincus qui les pressent : tant ils aiment la gloire, tant pour eux la victoire a de prix !

Érichthon osa, le premier, atteler à un char quatre chevaux de front, et, sur des roues rapides, s'élancer vainqueur. Montés sur ces fiers coursiers, les Lapithes les soumirent au frein, leur apprirent à cadencer leur pas, et à bondir dans la plaine sous un cavalier armé. Pour la course des chars comme pour le manége, les maîtres de l'art veulent un cheval également jeune, ardent et agile, eût-il cent fois poursuivi les ennemis en fuite; eût-il pour patrie l'Épire ou la belliqueuse Mycènes; fît-il remonter son origine jusqu'au trident de Neptune.

    Et quis cuique dolor victo, quæ gloria palmæ.
    Nonne vides, quum præcipiti certamine campum
    Corripuere, ruuntque effusi carcere currus,
    Quum spes arrectæ juvenum, exsultantiaque haurit   105
    Corda pavor pulsans? Illi instant verbere torto,
    Et proni dant lora; volat vi fervidus axis :
    Jamque humiles, jamque elati sublime videntur
    Aera per vacuum ferri, atque assurgere in auras.
    Nec mora, nec requies. At fulvæ nimbus arenæ   110
    Tollitur; humescunt spumis flatuque sequentum :
    Tantus amor laudum, tantæ est victoria curæ !
    Primus Erichthonius currus et quattuor ausus
    Jungere equos, rapidusque rotis insistere victor.
    Frena Pelethronii Lapithæ gyrosque dedere,   115
    Impositi dorso, atque equitem docuere sub armis
    Insultare solo, et gressus glomerare superbos.
    Æquus uterque labor : æque juvenemque magistri
    Exquirunt, calidumque animis, et cursibus acrem;
    Quamvis sæpe fuga versos ille egerit hostes,   120
    Et patriam Epirum referat, fortesque Mycenas,
    Neptunique ipsa deducat origine gentem.

Enfin ton choix est fait : la saison des amours approche ; hâte-toi, redouble de soins pour donner un embonpoint solide et ferme à celui que tu as appelé à guider et à perpétuer le troupeau. On coupe pour lui l'herbe nourrissante, on l'abreuve de l'eau du fleuve, on lui prodigue le grain, de peur qu'il ne puisse résister à ses douces fatigues, et que sa débile postérité ne porte les traces de son épuisement. Pour les mères, il n'en est pas de même : on les amaigrit à dessein, et quand la volupté qu'elles ont déjà connue commence à réveiller en elles les désirs amoureux, on leur retranche le feuillage, on les éloigne des fontaines. Souvent même on les fatigue par des courses forcées sous un soleil ardent, alors que l'aire retentit sous le fléau, et que la paille légère s'envole au premier souffle du zéphyr. C'est ainsi qu'on empêche un embonpoint excessif d'engorger le champ de l'amour et d'en obstruer les sillons inertes ; de sorte que la femelle saisit avec avidité les germes fécondants, et en est profondément pénétrée.

Les soins jusque-là donnés aux pères, les mères les réclament. Quand au bout de quelques mois, chargées de leur fruit, elles prennent une allure plus pesante, ne leur laisse plus traîner de lourds chariots, traverser les routes en sautant, s'enfuir au galop dans les champs ou se jeter à la nage dans les eaux rapides.

His animadversis, instant sub tempus, et omnes
Impendunt curas denso distendere pingui,
Quem legere ducem, et pecori dixere maritum ; 125
Pubentesque secant herbas, fluviosque ministrant,
Farraque, ne blando nequeat superesse labori,
Invalidique patrum referant jejunia nati.
Ipsa autem macie tenuant armenta volentes ;
Atque, ubi concubitus primos jam nota voluptas 130
Sollicitat, frondesque negant, et fontibus arcent ;
Sæpe etiam cursu quatiunt, et sole fatigant,
Quum graviter tunsis gemit area frugibus, et quum
Surgentem ad Zephyrum paleæ jactantur inanes.
Hoc faciunt, nimio ne luxu obtusior usus 135
Sit genitali arvo, et sulcos oblimet inertes ;
Sed rapiat sitiens Venerem, interiusque recondat.
Rursus cura patrum cadere, et succedere matrum
Incipit. Exactis gravidæ quum mensibus errant,
Non illas gravibus quisquam juga ducere plaustris, 140
Non saltu superare viam sit passus, et acri
Carpere prata fuga, fluviosque innare rapaces.
Saltibus in vacuis pascant, et plena secundum

Qu'elles paissent en des bois solitaires, auprès d'un ruisseau qui coule à pleins bords et leur offre une mousse épaisse, des rives couvertes d'un vert gazon, des grottes qui les abritent et des rochers qui les couvrent de leur ombre salutaire. Près des bois de Silare et des vertes forêts de chênes qui couvrent l'Alburne, pullule un insecte que les Romains ont nommé *asilo*, et que les Grecs appellent *œstron* dans leur langage : insecte toujours furieux, le seul bruit de son aigre bourdonnement met en fuite les troupeaux épouvantés. Le ciel, les forêts, les rives desséchées du Tanagre retentissent de longs mugissements. C'est le monstre que déchaîna l'horrible vengeance de Junon, pour faire périr la fille infortunée d'Inachus. Attentif à garantir les jeunes mères de ce fléau, qui s'attache à elles avec plus de violence pendant les feux du midi, tu les conduiras au pâturage, quand le soleil commence à paraître, ou lorsque les astres ramènent la nuit.

Une fois nés, leurs petits appellent tous tes soins. Que d'abord un fer brûlant imprime sa marque sur leur corps, pour distinguer leur race et l'usage auquel on les destine. Les uns repeupleront le troupeau ; les autres, victimes sacrées, seront réservés aux autels ; ceux-ci ouvriront le sein de la terre, et briseront les glèbes dont elle est hérissée. Tout le reste ira en liberté paître l'herbe des prairies.

Ceux que tu veux dresser aux habitudes et aux travaux cham-

    Flumina, muscus ubi, et viridissima gramine ripa,
    Speluncæque tegant, et saxea procubet umbra. 145
    Est lucos Silari circa ilicibusque virentem
    Plurimus Alburnum volitans, cui nomen asilo
    Romanum est, *œstron* Graii vertere vocantes :
    Asper, acerba sonans; quo tota exterrita silvis
    Diffugiunt armenta; furit mugitibus æther 150
    Concussus, silvæque et sicci ripa Tanagri.
    Hoc quondam monstro horribiles exercuit iras
    Inachiæ Juno pestem meditata juvencæ.
    Hunc quoque, nam mediis fervoribus acrior instat,
    Arcebis gravido pecori, armentaque pasces 155
    Sole recens orto, aut noctem ducentibus astris.
    Post partum, cura in vitulos traducitur omnis ;
    Continuoque notas et nomina gentis inurunt,
    Et quos aut pecori malint submittere habendo,
    Aut aris servare sacros, aut scindere terram, 160
    Et campum horrentem fractis invertere glebis.
    Cetera pascuntur virides armenta per herbas.
    Tu, quos ad studium atque usum formabis agrestem,

pêtres, commence de bonne heure à les façonner, à les plier au joug, tandis que leur jeunesse est docile, et leur âge souple aux impressions. D'abord, attache à leur cou un cercle d'osier qui y flotte librement; ensuite, quand leur fierté sera faite au joug, qu'unis par leurs colliers mêmes, ils marchent de front et du même pas. Que déjà ils traînent des charriots vides, qui laissent à peine des traces sur la poussière. Plus tard, le hêtre façonné en essieu criera sous une charge pesante, et, attelés à un timon d'airain, ils le traîneront avec de pénibles efforts. Cependant à cette jeunesse indomptée tu donneras pour nourriture, outre le gazon, les feuilles minces du saule, l'herbe des marais et le superflu de tes blés. Ne va pas, comme nos pères, garder pour toi le lait dont tes génisses rempliront les vases; leurs doux nourrissons doivent seuls épuiser leurs mamelles.

Aimes-tu mieux la guerre et ses fiers escadrons, les courses des chars rapides près des rives de l'Alphée et des bois sacrés de Jupiter? accoutume le cheval à la vue des armes et des combats, au bruit de la trompette, au roulement des roues qui crient sur le sable, et au cliquetis des freins. Que chaque jour, plus sensible aux caresses d'un maître, il tressaille sous la main qui le

   Jam vitulos hortare, viamque insiste domandi,
   Dum faciles animi juvenum, dum mobilis ætas.   165
   Ac primum laxos tenui de vimine circlos
   Cervici subnecte; dehinc, ubi libera colla
   Servitio assuerint, ipsis e torquibus aptos
   Junge pares, et coge gradum conferre juvencos :
   Atque illis jam sæpe rotæ ducantur inanes   170
   Per terram, et summo vestigia pulvere signent.
   Post valido nitens sub pondere faginus axis
   Instrepat, et junctos temo trahat æreus orbes.
   Interea pubi indomitæ non gramina tantum,
   Nec vescas salicum frondes, ulvamque palustrem,   175
   Sed frumenta manu carpes sata : nec tibi fetæ,
   More patrum, nivea implebunt mulctralia vaccæ ;
   Sed tota in dulces consument ubera natos.
   Sin ad bella magis studium, turmasque feroces,
   Aut Alphea rotis prælabi flumina Pisæ,   180
   Et Jovis in luco currus agitare volantes ;
   Primus equi labor est animos atque arma videre
   Bellantum, lituosque pati, tractuque gementem
   Ferre rotam, et stabulo frenos audire sonantes;
   Tum magis atque magis blandis gaudere magistri   185
   Laudibus, et plausæ sonitum cervicis amare.

flatte. Je veux qu'il s'enhardisse à tout cela, dès qu'il sera séparé de la mamelle, et que faible encore, encore craintif et sans expérience, il présente déjà sa tête à un léger licou. Mais a-t-il atteint son quatrième été, que dès lors il commence à tourner dans un manége, à bondir, à marcher en cadence, à développer avec grâce des jarrets nerveux; et que ses exercices deviennent un travail. Bientôt, à la course, il devancera les vents, et, lancé dans la plaine, libre de tout frein, imprimera à peine ses traces sur la poussière. Tel, des régions hyperborées, se précipite le fougueux Aquilon, dispersant au loin les frimas et les nuages de la Scythie. Les vagues des moissons, les plaines ondoyantes frémissent doucement agitées; les forêts balancent leur cime harmonieuse, et les flots pressés viennent de loin battre le rivage : l'Aquilon vole, et, dans sa course impétueuse, balaye et les terres et les mers.

Ainsi dressé, ton coursier se couvrira de sueur aux champs d'Élis ; et, impatient de fournir la carrière olympique, il rougira son mors d'une écume sanglante; ou bien, d'un cou docile, il emportera le char léger du Belge. Attends, pour lui donner une nourriture forte et abondante, qu'il soit dompté ; plus tôt, sa fierté se révolterait contre le fouet, et refuserait d'obéir au frein qui gourmande sa bouche.

>   Atque hæc jam primo depulsus ab ubere matris
>   Audeat, inque vicem det mollibus ora capistris
>   Invalidus, etiamque tremens, etiam inscius ævi.
>   At, tribus exactis, ubi quarta accesserit æstas,   190
>   Carpere mox gyrum incipiat, gradibusque sonare
>   Compositis, sinuetque alterna volumina crurum,
>   Sitque laboranti similis : tum cursibus auras,
>   Provocet, ac per aperta volans, ceu liber habenis,
>   Æquora, vix summa vestigia ponat arena.   195
>   Qualis Hyperboreis Aquilo quum densus ab oris
>   Incubuit, Scythiæque hiemes atque arida differt
>   Nubila; tum segetes altæ campique natantes
>   Lenibus horrescunt flabris, summæque sonorem
>   Dant silvæ, longique urgent ad litora fluctus :   200
>   Ille volat, simul arva fuga, simul æquora verrens.
>   Hic vel ad Elei metas et maxima campi
>   Sudabit spatia, et spumas aget ore cruentas;
>   Belgica vel molli melius feret esseda collo.
>   Tum demum crassa magnum farragine corpus   205
>   Crescere jam domitis sinito; namque ante domandum
>   Ingentes tollent animos, prensique negabunt
>   Verbera lenta pati, et duris parere lupatis.

Mais, pour entretenir la vigueur des taureaux et des coursiers, le plus sûr moyen est d'éloigner d'eux l'amour et ses aiguillons dangereux. C'est pour cela qu'on relègue le taureau dans des pâturages solitaires; qu'on le sépare du troupeau par une montagne ou par un large fleuve, et qu'on le garde à l'étable, auprès d'une ample pâture. Car la vue de la génisse mine ses forces et les consume insensiblement. Pour elle, il oublie et les forêts et le pâturage. C'est elle encore dont les charmes puissants forcent souvent deux superbes rivaux à combattre à coups de cornes. Tranquille, la belle génisse erre en liberté dans les forêts de Sila, tandis que ses amants se livrent une horrible guerre, et se couvrent de blessures; un sang noir ruisselle le long de leurs flancs. Front contre front, ils enlacent leurs cornes et s'entre-choquent avec d'affreux mugissements, qui font retentir et les forêts et les vastes cieux. Désormais une même étable ne les peut réunir; le vaincu s'exile; il va, gémissant, cacher sur des bords lointains la honte de sa défaite, les blessures qu'il a reçues d'un orgueilleux vainqueur, et ses amours perdues sans vengeance; et, l'œil tourné vers l'étable, il s'éloigne lentement de l'empire de ses aïeux. Aussi, sans relâche, il exerce ses forces. La nuit, couché sur d'arides rochers, il se nourrit de ronces et de feuilles amères;

```
        Sed non ulla magis vires industria firmat,
        Quam Venerem et cæci stimulos avertere amoris,     210
        Sive boum, sive est cui gratior usus equorum.
        Atque ideo tauros procul atque in sola relegant
        Pascua, post montem oppositum, et trans flumina lata;
        Aut intus clausos satura ad præsepia servant.
        Carpit enim vires paulatim, uritque videndo         215
        Femina, nec nemorum patitur meminisse, nec herbæ.
        Dulcibus illa quidem illecebris et sæpe superbos
        Cornibus inter se subigit decernere amantes.
        Pascitur in magna Sila formosa juvenca:
        Illi alternantes multa vi prælia miscent            220
        Vulneribus crebris; lavit ater corpora sanguis,
        Versaque in obnixos urgentur cornua vasto
        Cum gemitu: reboant silvæque et magnus Olympus.
        Nec mos bellantes una stabulare; sed alter
        Victus abit, longeque ignotis exsulat oris,         225
        Multa gemens ignominiam plagasque superbi
        Victoris, tum quos amisit inultus amores;
        Et stabula adspectans regnis excessit avitis.
        Ergo omni cura vires exercet, et inter
        Dura jacet pernox instrato saxa cubili,             230
```

le jour, il s'essaye ; de ses cornes il attaque le tronc des arbres, fatigue l'air de mille coups, et prélude au combat en faisant voler la poussière. Enfin, il a rassemblé ses forces, il a retrouvé sa vigueur ; il part et fond tout à coup sur l'ennemi qui l'a oublié. Tel, formé au sein des mers, le flot d'abord blanchit, s'allonge, s'approche de la plage, se brise avec fracas sur les rochers, s'élève à leur hauteur, et retombe de tout son poids ; au fond de ses abîmes l'onde bouillonne, et vomit un sable noir à sa surface.

Ainsi, tous les êtres qui peuplent la terre, hommes, bêtes fauves, troupeaux, habitants des eaux et des airs, s'abandonnent aux transports et aux ardeurs de l'amour ; l'amour exerce sur tous le même empire. Jamais, oubliant ses lionceaux, la lionne n'erra plus terrible dans les campagnes ; jamais les ours hideux n'ont semé avec plus de fureur la mort et le carnage dans les forêts. Alors le sanglier devient féroce, et le tigre redouble de cruauté. Malheur, hélas ! à ceux qui errent alors dans les déserts de la Libye ! Ne vois-tu pas le frissonnement qui agite tous les membres du cheval, si l'air seulement lui apporte une odeur bien connue ? Ni les freins, ni les fouets, ni les rochers, ni les ravins, ni les fleuves grossis des débris des montagnes ne le

Frondibus hirsutis et carice pastus acuta ;
Et tentat sese, atque irasci in cornua discit
Arboris obnixus trunco, ventosque lacessit
Ictibus, et sparsa ad pugnam proludit arena.
Post, ubi collectum robur viresque refectæ, 235
Signa movet, præcepsque oblitum fertur in hostem :
Fluctus uti, medio cœpit quum albescere ponto
Longius ex altoque sinum trahit ; utque, volutus
Ad terras, immane sonat per saxa, neque ipso
Monte minor procumbit : at ima exæstuat unda 240
Vorticibus, nigramque alte subjectat arenam.
Omne adeo genus in terris hominumque ferarumque,
Et genus æquoreum, pecudes, pictæque volucres,
In furias ignemque ruunt : amor omnibus idem.
Tempore non alio catulorum oblita leæna 245
Sævior erravit campis ; nec funera vulgo
Tam multa informes ursi stragemque dedere
Per silvas : tum sævus aper, tum pessima tigris.
Heu, male tum Libyæ solis erratur in agris !
Nonne vides ut tota tremor pertentet equorum 250
Corpora, si tantum notas odor attulit auras ?
Ac neque eos jam frena virûm, neque verbera sæva,
Non scopuli, rupesque cavæ, atque objecta retardant
Flumina, correptos unda torquentia montes.

peuvent arrêter. Le sanglier sabin lui-même se prépare au combat; il aiguise ses défenses, il creuse la terre de son pied; et frottant contre un arbre ses flancs et ses épaules, il les endurcit aux blessures.

Que n'ose point un jeune homme, quand les feux de l'amour dévorent ses veines brûlantes? La nuit, au plus fort de l'orage, il traverse une mer couverte de ténèbres. Vainement sur sa tête le ciel s'ouvre et la foudre éclate ; vainement l'onde se brise avec fracas contre les rochers; rien ne peut l'arrêter, ni la voix de ses malheureux parents, ni le désespoir d'une amante dont la mort doit suivre son trépas.

Que dirai-je des lynx de Bacchus, de la race belliqueuse des loups et des chiens? Les cerfs timides eux-mêmes se livrent des combats. Mais c'est surtout dans les cavales que ces fureurs sont terribles. Vénus elle-même les leur inspira, lorsqu'aux champs de Béotie elles dévorèrent les membres du malheureux Glaucus. L'amour les emporte au delà des sommets du Gargare, au delà des ondes bruyantes de l'Ascagne; elles franchissent les monts, elles traversent les fleuves. A peine les feux de l'amour se sont-ils allumés dans leurs veines avides, au printemps surtout, (car c'est au printemps que cette chaleur se réveille), elles s'arrêtent sur la cime des rochers, et, tournées vers le Zéphyr, elles recueillent ses douces haleines, et souvent, ô prodige! fécondées

    Ipse ruit dentesque Sabellicus exacuit sus,   255
Et pede prosubigit terram, fricat arbore costas,
Atque hinc atque illinc humeros ad vulnera durat.
Quid juvenis, magnum qui versat in ossibus ignem
Durus amor? Nempe abruptis turbata procellis
Nocte natat cæca serus freta : quem super ingens   26
Porta tonat cœli, et scopulis illisa reclamant
Æquora ; nec miseri possunt revocare parentes,
Nec moritura super crudeli funere virgo.
Quid lynces Bacchi variæ, et genus acre luporum,
Atque canum? Quid, quæ imbelles dant prælia cervi ? 265
Scilicet ante omnes furor est insignis equarum ;
Et mentem Venus ipsa dedit, quo tempore Glauci
Potniades malis membra absumpsere quadrigæ.
Illas ducit amor trans Gargara, transque sonantem
Ascanium; superant montes, et flumina tranant :   270
Continuoque, avidis ubi subdita flamma medullis,
Vere magis (quia vere calor redit ossibus) illæ,
Ore omnes versæ ad Zephyrum, stant rupibus altis,
Exceptantque leves auras ; et sæpe sine ullis

par son souffle seul, elles se précipitent à travers les rochers, les torrents et les vallées profondes, et non vers les régions d'où tu viens, Eurus, ni vers celles qu'éclaire le soleil naissant, mais du côté de Borée, du côté où, chargé de sombres nuages, l'Auster vient attrister le ciel de ses pluies glaciales. C'est alors qu'elles distillent ce poison que les bergers ont justement appelé hippomane; l'hippomane qu'ont souvent recueilli de cruelles marâtres pour le mêler avec des herbes vénéneuses, en prononçant des paroles coupables.

Mais le temps fuit; il fuit sans retour, tandis que le charme de l'amour nous égare dans cette foule de détails.

C'est assez parler des grands troupeaux : nous avons maintenant à nous occuper de la brebis à la riche toison, de la chèvre au long poil. Objet de vos soins, ces animaux feront votre gloire, laborieux habitants des campagnes. Je le sais, il est difficile de vaincre par l'expression l'aridité de la matière, et de prêter à d'humbles sujets l'éclat de la poésie; mais un doux penchant m'entraîne sur les cimes désertes du Pinde; j'aime à me frayer, vers les sources sacrées de Castalie, des routes nouvelles. Viens donc, auguste Palès, viens soutenir ma voix.

D'abord, renfermées l'hiver dans de douces étables, les brebis

```
         Conjugiis vento gravidæ (mirabile dictu !)         275
         Saxa per et scopulos et depressas convalles
         Diffugiunt, non, Eure, tuos, neque solis ad ortus,
         In Borean Caurumque, aut unde nigerrimus Auster
         Nascitur, et pluvio contristat frigore cœlum.
         Hic demum, hippomanes vero quod nomine dicunt    280
         Pastores, lentum distillat ab inguine virus :
         Hippomanes, quod sæpe malæ legere novercæ,
         Miscueruntque herbas et non innoxia verba.
         Sed fugit interea, fugit irreparabile tempus,
         Singula dum capti circumvectamur amore.          285
         Hoc satis armentis: superat pars altera curæ,
         Lanigeros agitare greges, hirtasque capellas :
         Hic labor; hinc laudem, fortes, sperate, coloni.
         Nec sum animi dubius, verbis ea vincere magnum
         Quam sit, et angustis hunc addere rebus honorem. 290
         Sed me Parnassi deserta per ardua dulcis
         Raptat amor : juvat ire jugis, qua nulla priorum
         Castaliam molli devertitur orbita clivo.
         Nunc, veneranda Pales, magno nunc ore sonandum.
         Incipiens stabulis edico in mollibus herbam      295
```

y seront nourries d'herbe, jusqu'à ce que le printemps ramène la verdure : la fougère et la paille, recouvrant la terre, les préserveront, en même temps que des atteintes du froid, de la gale et de la goutte qu'il traîne après lui. Quant aux chèvres, ne les laisse manquer ni de feuilles d'arboisier, ni d'eau fraîche : que leur étable, exposée au soleil du midi, les défende des aquilons, quand le Verseau, déjà sur son déclin, attriste de ses pluies froides les derniers jours de l'année.

Aussi digne de nos soins que la brebis, la chèvre n'est pas moins utile. Les laines de Milet, teintes de la pourpre de Tyr, sont, il est vrai, bien précieuses ; mais la chèvre est plus souvent féconde, et son lait coule plus abondant. Plus ta main pressera ses mamelles, plus entre tes doigts ruissellera la blanche liqueur. De plus, on coupe le long poil du bouc et la barbe qui blanchit son menton, pour l'usage des camps et des pauvres matelots. La chèvre se plaît à parcourir les bois, les hautes montagnes, à brouter la ronce épineuse et le buisson ami des lieux escarpés. Fidèle à son toit, elle y revient d'elle-même, y ramène ses chevreaux, et peut à peine franchir le seuil avec sa mamelle gonflée de lait. Tu protégeras donc sa faiblesse contre le froid et contre

Carpere oves, dum mox frondosa reducitur æstas ;
Et multa duram stipula filicumque maniplis
Sternere subter humum, glacies ne frigida lædat
Molle pecus, scabiemque ferat turpesque podagras.
Post, hinc digressus, jubeo frondentia capris   300
Arbuta sufficere, et fluvios præbere recentes ;
Et stabula a ventis hiberno opponere soli
Ad medium conversa diem : quum frigidus olim
Jam cadit, extremoque irrorat Aquarius anno.
Hæ quoque non cura nobis leviore tuendæ,   305
Nec minor usus erit, quamvis Milesia magno
Vellera mutentur Tyrios incocta rubores.
Densior hinc soboles, hinc largi copia lactis.
Quam magis exhausto spumaverit ubere mulctra,
Læta magis pressis manabunt flumina mammis.   310
Nec minus interea barbas incanaque menta
Cinyphii tondent hirci, setasque comantes,
Usum in castrorum, et miseris velamina nautis.
Pascuntur vero silvas, et summa Lycæi,
Horrentesque rubos, et amantes ardua dumos :   315
Atque ipsæ memores redeunt in tecta, suosque
Ducunt, et gravido superant vix ubere limen.
Ergo omni studio glaciem ventosque nivales,

les vents, avec d'autant plus de zèle, que, dans tout le reste, elle a moins besoin des soins de l'homme ; apporte-lui de l'herbe et des branches d'arboisier, et, pendant tout l'hiver, ne ferme pas tes greniers.

Mais quand, à l'appel des zéphyrs, le doux printemps, de retour, appelle les brebis aux pâturages et les chèvres dans les bois, parcourons les fraîches campagnes, au lever de l'astre de Vénus, alors que le jour vient d'éclore, qu'un léger frimas blanchit la prairie, et que l'herbe tendre brille encore de la rosée, si agréable aux troupeaux. Lorsque la quatrième heure du jour a réveillé leur soif, et que la cigale plaintive fatigue les bois de son cri monotone, mène-les aux citernes, aux étangs profonds, boire l'eau qui court dans des canaux d'yeuse ; mais, au milieu des chaleurs, qu'elles aillent chercher une sombre vallée, sur laquelle le chêne de Jupiter étende ses antiques et immenses rameaux, et où l'yeuse toujours verte projette au loin son ombre sacrée. Au coucher du soleil, il faut de nouveau les abreuver, de nouveau les faire paître, quand Vesper ramène la fraîcheur, quand la lune, versant la rosée, ranime les forêts, quand l'alcyon fait retentir le rivage de ses cris, et que le rossignol chante dans les buissons.

Dirai-je les pasteurs de Libye, leurs pâturages, et ces solitudes où apparaissent çà et là quelques chétives cabanes ? Le jour, la

  Quo minor est illis curæ mortalis egestas,
  Avertes; victumque feres et virgea lætus   320
  Pabula, nec tota claudes fœnilia bruma.
  At vero, zephyris quum læta vocantibus æstas
  In saltus utrumque gregem atque in pascua mittet,
  Luciferi primo cum sidere frigida rura
  Carpamus, dum mane novum, dum gramina canent.   325
  Et ros in tenera pecori gratissimus herba.
  Inde, ubi quarta sitim cœli collegerit hora,
  Et cantu querulæ rumpent arbusta cicadæ,
  Ad puteos aut alta greges ad stagna jubeto
  Currentem ilignis potare canalibus undam;   330
  Æstibus at mediis umbrosam exquirere vallem,
  Sicubi magna Jovis antiquo robore quercus
  Ingentes tendat ramos; aut sicubi nigrum
  Ilicibus crebris sacra nemus accubet umbra;
  Tum tenues dare rursus aquas, et pascere rursus   335
  Solis ad occasum, quum frigidus aera vesper
  Temperat, et saltus reficit jam roscida luna,
  Littoraque alcyonen resonant, acalanthida dumi.
  Quid tibi pastores Libyæ, quid pascua versu
  Prosequar, et raris habitata mapalia tectis?   340

nuit, souvent durant des mois entiers, on y laisse paître les troupeaux; ils errent dans de vastes déserts, sans un seul toit pour les recevoir : tant la plaine est immense ! Le berger africain mène tout avec lui : maison, pénates, armes, chien d'Amyclée et carquois de Crète. Tel, sous le poids énorme de ses armes, le soldat romain marche léger où l'appelle la patrie, et, après avoir établi son camp, se présente en corps à l'ennemi surpris.

Il n'en est pas ainsi chez les peuples de Scythie, vers les Palus-Méotides, et aux champs où l'Ister roule dans ses eaux troubles des sables jaunâtres, aux lieux où le mont Rhodope revient sur lui-même, après s'être étendu jusqu'au pôle. Là, les troupeaux restent renfermés dans l'étable; là, on n'aperçoit ni herbe dans les plaines, ni feuilles sur les arbres; la terre ne présente qu'un amas informe de neige et une glace continue, profonde de sept coudées. Toujours l'hiver, toujours des vents qui soufflent la froidure; de sombres brouillards que ne dissipe jamais le Soleil, ni lorsque, animant ses coursiers, il s'élève au plus haut des airs, ni lorsque, précipitant son char vers l'horizon, il le plonge au sein de l'Océan qu'il éclaire de ses feux. Le fleuve rapide sent tout à coup ses eaux enchaînées sous une couche de glace; l'onde supporte des chars avec leurs jantes de fer, et, là où voguaient

Sæpe diem noctemque, et totum ex ordine mensem,
Pascitur, itque pecus longa in deserta sine ullis
Hospitiis : tantum campi jacet ! Omnia secum
Armentarius Afer agit, tectumque, Laremque,
Armaque, Amyclæumque canem, Cressamque pharetram :
Non secus ac patriis acer Romanus in armis   345
Injusto sub fasce viam quum carpit, et hosti
Ante exspectatum positis stat in agmine castris.
At non, qua Scythiæ gentes Mæoticaque unda,
Turbidus et torquens flaventes Ister arenas,   350
Quaque redit medium Rhodope porrecta sub axem.
Illic clausa tenent stabulis armenta; neque ullæ
Aut herbæ campo apparent aut arbore frondes :
Sed jacet aggeribus niveis informis et alto
Terra gelu late, septemque assurgit in ulnas.   355
Semper hiems, semper spirantes frigora Cauri.
Tum Sol pallentes haud unquam discutit umbras,
Nec quum invectus equis altum petit æthera, nec quum
Præcipitem Oceani rubro lavit æquore currum.
Concrescunt subitæ currenti in flumine crustæ,   360
Undaque jam tergo ferratos sustinet orbes,
Puppibus illa prius patulis, nunc hospita plaustris :

des navires, se traînent des charriots. L'airain même se fend ; les vêtements se roidissent sur le corps, et la hache coupe le vin ; les étangs se durcissent en blocs de glace, et des gouttes d'eau qui gèlent en tombant s'attachent à la barbe hérissée. Cependant la neige ne cesse d'obscurcir le ciel : les menus troupeaux périssent ; plus grands et plus vigoureux, les bœufs restent ensevelis sous les frimas ; les cerfs rassemblés et serrés les uns contre les autres, immobiles sous la masse qui les écrase, laissent à peine percer la pointe de leur bois. Pour les prendre, il n'est besoin ni de meutes, ni de toiles, ni d'épouvantails aux plumes mobiles et éclatantes. En vain ils cherchent à écarter les montagnes qui les arrêtent ; le barbare habitant de ces contrées les perce, et, fier de son triomphe, remporte à grands cris sa victime au fond de son antre. C'est là que, dans de profondes cavernes qu'ils ont creusées sous la terre, habitent oisifs et tranquilles ces peuples sauvages, entassant, roulant dans d'immenses brasiers et livrant aux flammes des chênes et des ormes tout entiers. Ils passent la nuit à jouer et s'enivrent avec délices de boissons fermentées, dont le goût acide imite le jus de la vigne. Ainsi vivent, sous la constellation de l'Ourse, ces peuples sans frein et sans lois, toujours battus des vents riphéens, et vêtus seulement de la peau des bêtes fauves.

 Æraque dissiliunt vulgo, vestesque rigescunt
Indutæ, cæduntque securibus humida vina,
Et totæ solidam in glaciem vertere lacunæ,   365
Stiriaque impexis induruit horrida barbis.
Interea toto non secius aere ningit :
Intereunt pecudes, stant circumfusa pruinis
Corpora magna boum, confertoque agmine cervi
Torpent mole nova, et summis vix cornibus exstant.   370
Hos non immissis canibus, non cassibus ullis,
Puniceæve agitant pavidos formidine pennæ ;
Sed frustra oppositum trudentes pectore montem
Cominus obtruncant ferro, graviterque rudentes
Cædunt, et magno læti clamore reportant.   375
Ipsi in defossis specubus secura sub alta
Otia agunt terra, congestaque robora totasque
Advolvere focis ulmos, ignique dedere.
Hic noctem ludo ducunt, et pocula læti
Fermento atque acidis imitantur vitea sorbis.   380
Talis Hyperboreo septem subjecta Trioni
Gens effrena virum Rhipæo tunditur Euro,
Et pecudum fulvis velantur corpora setis.

Si tu fais de la laine l'objet de tes soins, avant tout, fuis les buissons, les ronces et les épines; évite aussi les gras pâturages, et que ton troupeau se distingue par la blancheur et le moelleux de sa toison. Quant au bélier lui-même, fût-il d'une blancheur éclatante, si tu aperçois sur sa langue une tache noire, rejette-le : les agneaux qui naîtraient de lui seraient marqués de cette sombre couleur; cherche-lui un successeur dans tout le troupeau. Ce fut, s'il en faut croire la renommée, à la faveur d'une blanche toison que Pan, dieu de l'Arcadie, te surprit, ô Phébé, et sut te tromper en t'appelant au fond des bois; et tu ne dédaignas pas la voix qui t'appelait.

Préfères-tu le laitage ? porte toi-même à tes brebis le cytise et le lotos en abondance : assaisonne de sel l'herbe que tu leur présentes dans la bergerie : le sel irrite leur soif, gonfle leurs mamelles, et donne à leur lait une saveur plus délicate. Plusieurs séparent les chevreaux de leurs mères et du troupeau, ou arment leur bouche d'une muselière hérissée de pointes de fer. Le lait qu'on a tiré le matin ou dans la journée se met en présure, quand vient la nuit; celui du soir, le berger va, dès le point du jour, le porter à la ville dans des corbeilles d'osier, ou bien l'assaisonne d'un peu de sel, et le met en réserve pour l'hiver.

Le chien ne doit pas être le dernier objet de tes soins. D'un

Si tibi lanicium curæ, primum aspera silva,
Lappæque tribulique absint; fuge pabula læta;   385
Continuoque greges villis lege mollibus albos.
Illum autem, quamvis aries sit candidus ipse,
Nigra subest udo tantum cui lingua palato,
Rejice, ne maculis infuscet vellera pullis
Nascentum, plenoque alium circumspice campo.   390
Munere sic niveo lanæ, si credere dignum est,
Pan, deus Arcadiæ, captam te, Luna, fefellit,
In nemora alta vocans : nec tu adspernata vocantem.
At, cui lactis amor, cytisum lotosque frequentes
Ipse manu salsasque ferat præsepibus herbas.   395
Hinc et amant fluvios magis, et magis ubera tendunt,
Et salis occultum referunt in lacte saporem.
Multi jam excretos prohibent a matribus hædos,
Primaque ferratis præfigunt ora capistris.
Quod surgente die mulsere horisque diurnis,   400
Nocte premunt; quod jam tenebris et sole cadente,
Sub lucem exportans calathis adit oppida pastor,
Aut parco sale contingunt, hiemique reponunt.
Nec tibi cura canum fuerit postrema; sed una

GÉORGIQUES, LIVRE III.

pain pétri avec le petit-lait le plus gras, nourris et l'agile lévrier de Sparte, et le dogue vigoureux d'Épire. Avec de tels gardiens, tu ne craindras pour tes bergeries ni le voleur nocturne, ni le loup affamé, ni les soudaines attaques de l'indomptable Ibère. Avec eux encore tu poursuivras l'âne sauvage, tu courras et le lièvre et le daim : la meute aboyante relancera dans sa bauge le sanglier, et, poursuivant à grands cris le cerf sur les montagnes, elle le forcera à se jeter dans tes filets.

N'oublie pas non plus de purifier tes étables en y brûlant du bois de cèdre, et d'en chasser les reptiles impurs par l'odeur du galbanum. Souvent, sous la crèche immobile, la perfide vipère se cache, loin du jour qu'elle redoute ; souvent la couleuvre, cruel fléau des bœufs, accoutumée à chercher l'ombre et l'abri, se glisse sous les pieds des troupeaux pour les infecter de son venin. Saisis une pierre, un bâton ; et, quand le monstre se dresse avec menace et gonfle son cou en sifflant, frappe : déjà il a fui, déjà il a caché sa tête au fond de son repaire ; mais le milieu de son corps tortueux et les derniers anneaux de sa queue sont brisés, et l'extrémité de ses replis se traîne lentement après lui.

Il est dans les pâturages de la Calabre un reptile non moins dangereux. Levant fièrement sa tête, ce monstre déroule en

Veloces Spartæ catulos acremque Molossum   405
Pasce sero pingui. Nunquam custodibus illis
Nocturnum stabulis furem, incursusque luporum.
Aut impacatos a tergo horrebis Iberos.
Sæpe etiam cursu timidos agitabis onagros,
Et canibus leporem, canibus venabere damas.   410
Sæpe volutabris pulsos silvestribus apros
Latratu turbabis agens, montesque per altos
Ingentem clamore premes ad retia cervum.
Disce et odoratam stabulis accendere cedrum,
Galbaneoque agitare graves nidore chelydros.   415
Sæpe sub immotis præsepibus aut mala tactu
Vipera delituit, cœlumque exterrita fugit ;
Aut tecto assuetus coluber succedere et umbræ,
Pestis acerba boum, pecorique adspergere virus,
Fovit humum. Cape saxa manu, cape robora, pastor,   420
Tollentemque minas et sibila colla tumentem
Dejice : jamque fuga timidum caput abdidit alte,
Quum medii nexus extremæque agmina caudæ
Solvuntur, tardosque trahit sinus ultimus orbes.
Est etiam ille malus Calabris in saltibus anguis,   425
Squamea convolvens sublato pectore terga,

replis ondoyants son dos brillant d'écailles et son long ventre tacheté de mille couleurs. Tant que les sources coulent abondantes, tant que le printemps et les pluies qu'il amène entretiennent l'humidité de la terre, il habite les lacs et le bord des fleuves : là, son insatiable voracité s'assouvit sur les poissons et les grenouilles coassantes. Les marais sont-ils desséchés, la terre fendue par une chaleur excessive ; il s'élance dans la plaine, et, roulant des yeux enflammés, il désole les campagnes, rendu furieux par la soif et par la chaleur. Me préservent les dieux de me livrer, en plein air, au doux sommeil, ou de m'étendre sur l'herbe à l'ombre d'une forêt, lorsque, fier de sa peau nouvelle, et brillant de jeunesse, il s'avance, et que, laissant dans sa demeure ses petits ou ses œufs, il se dresse au soleil, et fait dans sa gueule vibrer un triple dard !

Je vais aussi t'apprendre les causes et les symptômes des maladies qui attaquent les troupeaux. La gale immonde infecte les brebis, lorsqu'une pluie froide ou une forte gelée a pénétré leurs chairs jusqu'au vif, ou lorsque, après la tonte, on ne lave pas la sueur qui les mouille, et que des ronces ont déchiré leur peau. Pour prévenir le mal, les bergers ont soin de les baigner dans une onde pure, et de plonger dans l'endroit le plus profond le bélier qui, avec sa toison chargée d'eau, s'abandonne au courant du

  Atque notis longam maculosus grandibus alvum :
  Qui, dum amnes ulli rumpuntur fontibus, et dum
  Vere madent udo terræ ac pluvialibus austris,
  Stagna colit ; ripisque habitans, hic piscibus atram 430
  Improbus ingluviem ranisque loquacibus explet.
  Postquam exusta palus, terræque ardore dehiscunt,
  Exsilit in siccum, et flammantia lumina torquens
  Sævit agris, asperque siti atque exterritus æstu.
  Ne mihi tum molles sub divo carpere somnos, 435
  Neu dorso nemoris libeat jacuisse per herbas,
  Quum positis novus exuviis nitidusque juventa
  Volvitur, aut catulos tectis aut ova relinquens,
  Arduus ad solem, et linguis micat ore trisulcis.
  Morborum quoque te causas et signa docebo. 440
  Turpis oves tentat scabies, ubi frigidus imber
  Altius ad vivum persedit, et horrida cano
  Bruma gelu ; vel quum tonsis illotus adhæsit
  Sudor, et hirsuti secuerunt corpora vepres.
  Dulcibus idcirco fluviis pecus omne magistri 445
  Perfundunt, udisque aries in gurgite villis
  Mersatur, missusque secundo defluit amni :

fleuve. D'autres, après la tonte, leur frottent le corps avec un mélange de marc d'huile d'olive, d'écume d'argent, de soufre vif, de poix et de cire grasse, avec le jus de l'oignon, de l'ellébore et du bitume noir. Mais le remède le plus puissant, c'est d'ouvrir l'ulcère par une incision. Le mal se nourrit et augmente en demeurant caché, si le berger néglige d'y appliquer la main du médecin, et, sans agir, se contente d'adresser des vœux au ciel. Quand le poison a pénétré jusqu'à la moelle des os, et y cause une douleur violente, quand la fièvre brûle et dessèche les membres, il faut, pour en calmer les accès, que, du pied de l'animal, le fer, ouvrant une veine, fasse jaillir le sang : c'est la méthode des Bisaltes, et de l'infatigable Gelon, lorsque, fuyant sur le Rhodope ou dans les déserts de la Scythie, il boit du lait épaissi avec du sang de cheval.

Quand tu verras une brebis chercher souvent l'ombrage, effleurer nonchalamment la pointe de l'herbe, marcher la dernière du troupeau, se coucher au milieu de la prairie, revenir trop tard et seule à la bergerie, hâte-toi ; que le fer coupe le mal dans sa racine, avant qu'une funeste contagion se glisse au milieu de cette foule imprévoyante.

```
      Aut tonsum tristi contingunt corpus amurca,
      Et spumas miscent argenti, vivaque sulfura,
      Idæasque pisces, et pingues unguine ceras,          450
      Scillamque, elleborosque graves, nigrumque bitumen.
      Non tamen ulla magis præsens fortuna laborum est,
      Quam si quis ferro potuit rescindere summum
      Ulceris os : alitur vitium, vivitque tegendo,
      Dum medicas adhibere manus ad vulnera pastor        455
      Abnegat, et meliora deos sedet omina poscens.
      Quin etiam, ima dolor balantum lapsus ad ossa
      Quum furit, atque artus depascitur arida febris,
      Profuit incensos æstus avertere, et inter
      Ima ferire pedis salientem sanguine venam :         460
      Bisaltæ quo more solent, acerque Gelonus,
      Quum fugit in Rhodopen, atque in deserta Getarum,
      Et lac concretum cum sanguine potat equino.
      Quam procul aut molli succedere sæpius umbræ
      Videris, aut summas carpentem ignavius herbas,      465
      Extremamque sequi, aut medio procumbere campo
      Pascentem, et seræ solam decedere nocti :
      Continuo culpam ferro compesce, priusquam
      Dira per incautum serpant contagia vulgus.
```

Les orages qui bouleversent les mers sont moins nombreux que les maladies qui attaquent les bergeries ; et ces maladies ne saisissent pas seulement quelques animaux isolés ; mais, au milieu des plus beaux pâturages, elles enlèvent les troupeaux et l'espérance des troupeaux, et tarissent la race tout entière dans sa source. Pour en juger, tu n'as qu'à parcourir le sommet des Alpes, les hauteurs fortifiées de la Norique, et les champs de l'Iapydie arrosés par le Timave. Ces lieux où régnaient les bergers n'offrent plus, même après tant d'années, que d'immenses solitudes. Là, jadis, un air pestilentiel, s'embrasant de tous les feux de l'automne, fit périr les animaux domestiques et les bêtes sauvages, empoisonna les lacs, infecta les pâturages. La mort se présentait sous plus d'une forme : d'abord, un feu brûlant courait de veine en veine, desséchait les membres de l'animal, bientôt gonflés d'une liqueur corrosive qui lentement calcinait et dévorait leurs os.

Souvent, auprès de l'autel où elle allait être immolée en l'honneur des dieux, tandis qu'on parait sa tête d'une bandelette sacrée, la victime tomba mourante au milieu des sacrificateurs trop lents à frapper ; ou, si leur main plus prompte en prévenait la chute, ses entrailles placées sur l'autel ne brûlaient pas, et le

```
Non tam creber, agens hiemem, ruit æquore turbo,      470
Quam multæ pecudum pestes. Nec singula morbi
Corpora corripiunt; sed tota æstiva repente,
Spemque gregemque simul, cunctamque ab origine gentem.
Tum sciat, aerias Alpes et Norica si quis
Castella in tumulis, et Iapidis arva Timavi,           475
Nunc quoque post tanto videat, desertaque regna
Pastorum, et longe saltus lateque vacantes.
Hic quondam morbo cœli miseranda coorta est
Tempestas, totoque autumni incanduit æstu,
Et genus omne neci pecudum dedit, omne ferarum,       480
Corrupitque lacus, infecit pabula tabo.
Nec via mortis erat simplex; sed ubi ignea venis
Omnibus acta sitis miseros adduxerat artus,
Rursus abundabat fluidus liquor, omniaque in se
Ossa minutatim morbo collapsa trahebat.               485
Sæpe in honore deûm medio stans hostia ad aram,
Lanea dum nivea circumdatur infula vitta,
Inter cunctantes cecidit moribunda ministros :
Aut si quam ferro mactaverat ante sacerdos,
Inde neque impositis ardent altaria fibris,           490
```

prêtre consulté y cherchait en vain une réponse. A peine le fer sacré était teint de quelques gouttes de sang; à peine un peu d'humeur corrompue mouillait la superficie du sol.

Cependant les jeunes taureaux meurent épars çà et là au milieu des riantes prairies, et exhalent le doux souffle de la vie auprès d'une crèche remplie d'herbe. La rage s'empare des chiens caressants, et le porc est suffoqué par une toux violente qui serre sa gorge ulcérée.

Il tombe, le malheureux coursier, jadis vainqueur, oubliant et les plaines et les exercices qu'il aimait! il se détourne des fontaines, et du pied frappe sans cesse la terre; son oreille est baissée, sa sueur intermittente, et froide aux approches de la mort : sa peau desséchée se durcit et résiste à la main qui la touche. Tels sont, dans les premiers jours, les symptômes de la maladie. Si elle fait des progrès, si elle s'irrite, alors les yeux s'enflamment; du fond de la poitrine la respiration sort difficilement, entrecoupée quelquefois de pénibles gémissements et de longs soupirs qui tendent les flancs de l'animal. De ses narines jaillit un sang noir, et sa langue, rude et aride, obstrue son gosier. Un vin pur épanché, à l'aide d'une corne, dans la gorge, parut d'abord l'unique moyen de le sauver; mais bientôt cela même fut une cause de mort. Ranimé par ce breuvage, ses forces

Nec responsa potest consultus reddere vates;
Ac vix suppositi tinguntur sanguine cultri,
Summaque jejuna sanie infuscatur arena.
Hinc lætis vituli vulgo moriuntur in herbis,
Et dulces animas plena ad præsepia reddunt.   495
Hinc canibus blandis rabies venit, et quatit ægros
Tussis anhela sues, ac faucibus angit obesis.
Labitur, infelix studiorum, atque immemor herbæ,
Victor equus, fontesque avertitur, et pede terram
Crebra ferit: demissæ aures; incertus ibidem   500
Sudor, et ille quidem morituris frigidus : aret
Pellis, et ad tactum tractanti dura resistit.
Hæc ante exitium primis dant signa diebus.
Sin in processu cœpit crudescere morbus,
Tum vero ardentes oculi, atque attractus ab alto   505
Spiritus, interdum gemitu gravis, imaque longo
Ilia singultu tendunt; it naribus ater
Sanguis, et obsessas fauces premit aspera lingua.
Profuit inserto latices infundere cornu
Lenæos: ea visa salus morientibus una.   510

se changeaient en fureur, et, dans les convulsions de la mort (dieux, loin de nous ce délire ! gardez-le pour vos ennemis !), il déchirait lui-même de ses dents décharnées ses membres en lambeaux.

Plus loin, le taureau, fumant sous le poids de la charrue, tombe tout à coup, vomit un sang mêlé d'écume, et pousse un profond et dernier gémissement. Triste, le laboureur va dételer l'autre bœuf affligé de la mort d'un frère, et laisse sa charrue au milieu du sillon commencé.

Ombres épaisses des forêts, tendre verdure des prairies, rien ne saurait ranimer leur langueur ; rien, pas même le ruisseau qui, plus pur que le cristal, coule sur un lit de cailloux, à travers la plaine. Leurs flancs s'affaissent ; une morne stupeur appesantit leurs yeux éteints, et leur tête alourdie se penche sous son poids vers la terre. Que leur servent, hélas ! tant de travaux, tant de bienfaits ? Que leur sert d'avoir, d'un soc pesant, retourné une terre rebelle ? Pourtant ce ne sont ni les vins du Massique, ni les mets somptueux qui les tuent. Ils ont pour nourriture la feuille de l'arbrisseau et l'herbe des prairies ; pour boisson, une source fraîche ou l'onde d'un fleuve rapide ; et jamais les soucis n'interrompent leur doux sommeil.

Ce fut alors, dit-on, que, dans ces contrées, on chercha vaine-

> Mox erat hoc ipsum exitio, furiisque refecti
> Ardebant, ipsique suos, jam morte sub ægra,
> (Di meliora piis, erroremque hostibus illum !)
> Discissos nudis laniabant dentibus artus.
> Ecce autem duro fumans sub vomere taurus   515
> Concidit, et mixtum spumis vomit ore cruorem,
> Extremosque ciet gemitus. It tristis arator,
> Mœrentem abjungens fraterna morte juvencum,
> Atque opere in medio defixa relinquit aratra.
> Non umbræ altorum nemorum, non mollia possunt   520
> Prata movere animum, non, qui per saxa volutus
> Purior electro campum petit amnis ; at ima
> Solvuntur latera, atque oculos stupor urget inertes,
> Ad terramque fluit devexo pondere cervix.
> Quid labor aut benefacta juvant ? quid vomere terras 525
> Invertisse graves ? Atqui non Massica Bacchi
> Munera, non illis epulæ nocuere repostæ :
> Frondibus et victu pascuntur simplicis herbæ ;
> Pocula sunt fontes liquidi, atque exercita cursu
> Flumina ; nec somnos abrumpit cura salubres.   530
> Tempore non alio dicunt regionibus illis

ment des génisses pour les fêtes de Junon, et que des buffles d'inégale grandeur conduisirent aux temples le char et les offrandes. On vit donc des malheureux, pour enfouir les graines, déchirer péniblement la terre avec le hoyau, y enfouir même les semences avec leurs ongles, et jusqu'au sommet des montagnes traîner, le cou tendu, des chariots criant sous l'effort.

Le loup ne va plus la nuit rôder autour du bercail pour surprendre les troupeaux : un mal, plus violent que la faim, a dompté sa rage. Le daim timide, le cerf que tout alarmait, errent maintenant confondus avec les chiens, autour des demeures de l'homme. Les habitants de la vaste mer, et tout ce qui nage dans ses abîmes, gisent sur le rivage, comme autant de cadavres naufragés qu'y ont jetés les flots. Les phoques se réfugient dans les fleuves, étonnés de les recevoir. La vipère, mal défendue par sa retraite souterraine, expire, et l'hydre, effrayée, dresse vainement ses écailles. Aux oiseaux même l'air est mortel, et ils tombent sur la terre, laissant la vie au sein des nuages.

En vain on change de pâturages ; les remèdes se tournent en poison. Les maîtres de l'art, les Chiron, les Mélampe, cèdent à la force du mal. Échappée des gouffres ténébreux du Styx, la pâle Tisiphone exerce aussi ses fureurs ; et, faisant marcher devant

> Quæsitas ad sacra boves Junonis, et uris
> Imparibus ductos alta ad donaria currus.
> Ergo ægre rastris terram rimantur, et ipsis
> Unguibus infodiunt fruges, montesque per altos   535
> Contenta cervice trahunt stridentia plaustra.
> Non lupus insidias explorat ovilia circum,
> Nec gregibus nocturnus obambulat ; acrior illum
> Cura domat. Timidi damæ cervique fugaces
> Nunc interque canes et circum tecta vagantur.   540
> Jam maris immensi prolem, et genus omne natantum,
> Littore in extremo, ceu naufraga corpora, fluctus
> Proluit : insolitæ fugiunt in flumina phocæ.
> Interit et curvis frustra defensa latebris
> Vipera, et attoniti squamis adstantibus hydri.   545
> Ipsis est aer avibus non æquus, et illæ
> Præcipites alta vitam sub nube relinquunt.
> Præterea jam nec mutari pabula refert,
> Quæsitæque nocent artes ; cessere magistri
> Phillyrides Chiron, Amythaoniusque Melampus.   550
> Sævit, et, in lucem Stygiis emissa tenebris,
> Pallida Tisiphone Morbos agit ante Metumque,
> Inque dies avidum surgens caput altius effert.

elle les Maladies et la Peur, elle lève, au-dessus de ses victimes amoncelées, une tête de jour en jour plus avide de carnage. Les bêlements des brebis, les mugissements des taureaux retentissent au loin sur la rive des fleuves, dans le fond des vallons, au sommet des montagnes. Déjà l'impitoyable furie multiplie les funérailles, et, dans le bercail même, amoncelle les cadavres qui tombent par lambeaux en une honteuse dissolution, avant qu'on les enfouisse dans des fosses profondes ; car leurs peaux n'étaient d'aucun usage : l'eau et le feu ne les pouvaient purifier. On n'eût même osé tondre les brebis mortes de la contagion, ou toucher ces tissus empoisonnés. Malheur à qui eût essayé de s'en revêtir ! A l'instant son corps se couvrait de pustules ardentes : de ses membres infects coulait une sueur immonde, et bientôt, au seul contact de ce vêtement, il périssait consumé par le feu sacré.

> Balatu pecorum et crebris mugitibus amnes
> Arentesque sonant ripæ, collesque supini. 555
> Jamque catervatim dat stragem, atque aggerat ipsis
> In stabulis turpi dilapsa cadavera tabo,
> Donec humo tegere ac foveis abscondere discunt.
> Nam neque erat coriis usus; nec viscera quisquam
> Aut undis abolere potest, aut vincere flamma; 560
> Nec tondere quidem morbo illuvieque peresa
> Vellera, nec telas possunt attingere putres :
> Verum etiam invisos si quis tentarat amictus,
> Ardentes papulæ, atque immundus olentia sudor
> Membra sequebatur; nec longo deinde moranti 565
> Tempore contactos artus sacer ignis edebat.

LIVRE QUATRIÈME

Je vais, poursuivant mon œuvre, chanter le miel, présent du ciel et de la rosée : daigne encore, ô Mécène, m'accorder un regard favorable. Je t'offrirai, dans de petits objets, un merveilleux spectacle : des chefs magnanimes, la naissance, les mœurs, les arts, les combats d'un peuple industrieux. Mince est le sujet, mais non la gloire, si les dieux ne me sont pas contraires, et si Apollon exauce mes vœux.

Il faut d'abord choisir pour les abeilles une demeure fixe et commode, où les vents ne pénètrent point ; les vents les empêcheraient d'apporter leur butin à la ruche : que les brebis et le chevreau pétulant n'y viennent point bondir sur les fleurs, ni la génisse vagabonde en détacher la rosée, et fouler l'herbe naissante. Loin aussi de leur asile, et le lézard à la peau écailleuse et

Protinus aerii mellis cœlestia dona
Exsequar : hanc etiam, Mæcenas, adspice partem.
Admiranda tibi levium spectacula rerum,
Magnanimosque duces, totiusque ordine gentis
Mores, et studia, et populos, et prælia dicam. 5
In tenui labor ; at tenuis non gloria, si quem
Numina læva sinunt, auditque vocatus Apollo.
Principio sedes apibus statioque petenda,
Quo neque sit ventis aditus, (nam pabula venti
Ferre domum prohibent), neque oves hædique petulci 10
Floribus insultent, aut errans bucula campo
Decutiat rorem, et surgentes atterat herbas.
Absint et picti squalentia terga lacerti

bigarrée, et le guêpier, et les autres oiseaux : loin, bien loin surtout, Procné dont la poitrine porte encore l'empreinte de ses mains sanglantes. Ces animaux ravagent tout aux environs, saisissent l'abeille elle-même dans son vol, et l'emportent, douce nourriture, pour leur impitoyable couvée. Cherchons de claires fontaines, des étangs bordés d'une mousse verdoyante, un léger ruisseau fuyant à travers la prairie. Qu'un palmier ou un olivier sauvage protége de son ombre l'entrée de leur demeure. Ainsi, au retour du printemps, quand les nouveaux rois sortiront à la tête de leurs essaims, et que cette vive jeunesse s'ébattra hors de la ruche, la rive voisine leur offrira un abri contre la chaleur, et l'arbre les retiendra sous son feuillage hospitalier. Que l'eau dorme ou qu'elle coule, jettes-y, en travers, de grosses pierres, ou des troncs de saules, comme autant de ponts où les abeilles puissent se reposer, et étendre leurs ailes aux rayons du soleil d'été, si la pluie les a surprises ou dispersées, ou si le vent les a précipitées dans l'onde. Que près de là fleurissent le vert romarin, le serpolet odoriférant, et la sarriette à l'odeur forte ; que la violette s'y abreuve dans l'eau courante.

Quant aux ruches elles-mêmes, formées d'écorces creuses, ou tissues d'un flexible osier, elles ne doivent avoir qu'une étroite

   Pinguibus a stabulis, meropesque, aliæque volucres,
   Et manibus Procne pectus signata cruentis.   15
   Omnia nam late vastant, ipsasque volantes
   Ore ferunt dulcem nidis immitibus escam.
   At liquidi fontes et stagna virentia musco
   Adsint, et tenuis fugiens per gramina rivus,
   Palmaque vestibulum aut ingens oleaster inumbret : 20
   Ut, quum prima novi ducent examina reges
   Vere suo, ludetque favis emissa juventus,
   Vicina invitet decedere ripa calori,
   Obviaque hospitiis teneat frondentibus arbos.
   In medium, seu stabit iners, seu profluet humor, 25
   Transversas salices et grandia conjice saxa,
   Pontibus ut crebris possint consistere, et alas
   Pandere ad æstivum solem, si forte morantes
   Sparserit, aut præceps Neptuno immerserit Eurus.
   Hæc circum casiæ virides, et olentia late 30
   Serpylla, et graviter spirantis copia thymbræ
   Floreat, irriguumque bibant violaria fontem.
   Ipsa autem, seu corticibus tibi suta cavatis,
   Seu lento fuerint alvearia vimine texta,

ouverture ; car le miel se gèle l'hiver, et se fond aux chaleurs de l'été : deux inconvénients également à craindre pour les abeilles ; aussi ont-elles la précaution de boucher avec de la cire jusqu'aux moindres fentes de leurs maisons, d'en enduire les bords avec le suc des plantes et des fleurs, et de mettre en réserve, pour cet emploi, une gomme plus visqueuse que la glu et que la poix du mont Ida. Souvent même, dit-on, elles se sont creusé des demeures souterraines, et l'on a trouvé des essaims logés dans les trous des pierres ponces, et au sein des arbres minés par le temps.

Ne laisse pas d'enduire toi-même leur frêle habitation d'une couche de terre grasse, et couvre-la de quelques feuillages. Ne souffre point d'ifs dans leur voisinage ; n'y fais pas, sur le charbon, rougir d'écrevisses ; crains un marais profond, l'odeur d'un bourbier fangeux, et ces roches sonores où l'écho répond avec éclat à la voix qui l'appelle.

Mais l'hiver a fui devant le soleil qui l'a relégué sous la terre, et au ciel brille la sérénité des beaux jours. Soudain l'abeille s'élance ; elle parcourt et les bois et les plaines, recueille le parfum des fleurs, et, légère, effleure la surface des eaux. Transportée alors d'une joie nouvelle, elle revient soigner sa cellule et

    Angustos habeant aditus : nam frigore mella   35
    Cogit hiems, eademque calor liquefacta remittit.
    Utraque vis apibus pariter metuenda ; neque illæ
    Nequidquam in tectis certatim tenuia cera
    Spiramenta linunt, fucoque et floribus oras
    Explent, collectumque hæc ipsa ad munera gluten   40
    Et visco et Phrygiæ servant pice lentius Idæ.
    Sæpe etiam effossis, si vera est fama, latebris
    Sub terra fovere larem, penitusque repertæ
    Pumicibusque cavis, exesæque arboris antro.
    Tu tamen e levi rimosa cubilia limo   45
    Unge fovens circum, et raras super injice frondes.
    Neu propius tectis taxum sine, neve rubentes
    Ure foco cancros ; altæ neu crede paludi,
    Aut ubi odor cœni gravis, aut ubi concava pulsu
    Saxa sonant, vocisque offensa resultat imago.   50
    Quod superest, ubi pulsam hiemem sol aureus egit
    Sub terras, cœlumque æstiva luce reclusit,
    Illæ continuo saltus silvasque peragrant,
    Purpureosque metunt flores, et flumina libant
    Summa leves. Hinc nescio qua dulcedine lætæ   55

sa tendre couvée : c'est ainsi qu'elle façonne avec art la cire nouvelle et donne au miel sa consistance.

Bientôt, quand tu verras un jeune essaim, échappé de sa ruche, s'élever jusqu'aux cieux et flotter dans l'air limpide, tel qu'un épais nuage qu'emporte le vent, suis-le : il va chercher une onde pure et un toit de feuillage. Répands, dans ces lieux, les odeurs chéries des abeilles : que la mélisse broyée se mêle à la pâquerette ; fais-y retentir l'airain et les cymbales bruyantes de Cybèle. D'elles-mêmes les abeilles viendront se fixer dans ces demeures parfumées, et reprendre, au fond de ces ruches nouvelles, leurs travaux accoutumés.

Mais si elles volent au combat, car souvent, entre deux rois, s'élèvent de terribles discordes, l'on peut tout d'abord prévoir les sentiments du peuple et l'ardeur belliqueuse qui fait palpiter les cœurs. Le bruit guerrier de l'airain semble hâter leur marche, et leur bourdonnement imite les bruyants éclats de la trompette. Alors, elles s'assemblent en tumulte, agitent leurs ailes, aiguisent leurs dards avec leurs trompes, et, rangées en foule autour de leur roi, devant sa cellule, elles appellent à grands cris l'ennemi au combat.

    Progeniem nidosque fovent : hinc arte recentes
Excudunt ceras, et mella tenacia fingunt.
Hinc, ubi jam emissum caveis ad sidera cœli
Nare per æstatem liquidam suspexeris agmen,
Obscuramque trahi vento mirabere nubem,   60
Contemplator : aquas dulces et frondea semper
Tecta petunt. Huc tu jussos adsperge sapores,
Trita melisphylla, et cerinthæ ignobile gramen;
Tinnitusque cie, et Matris quate cymbala circum.
Ipsæ considunt medicatis sedibus : ipsæ   65
Intima more suo sese in cunabula condent.
Sin autem ad pugnam exierint (nam sæpe duobus
Regibus incessit magno discordia motu),
Continuoque animos vulgi et trepidantia bello
Corda licet longe præsciscere : namque morantes   70
Martius ille æris rauci canor increpat, et vox
Auditur fractos sonitus imitata tubarum :
Tum trepidæ inter se coeunt, pennisque coruscant,
Spiculaque exacuunt rostris, aptantque lacertos,
Et circa regem atque ipsa ad prætoria densæ   75
Miscentur, magnisque vocant clamoribus hostem.

Dès qu'un beau jour a lui et leur a ouvert un libre champ, soudain les barrières sont franchies, la bataille s'engage, et l'air en retentit; les combattants se mêlent, s'agitent en un rapide tourbillon, et tombent précipités sur la terre. La grêle fond moins serrée pendant un orage; le gland tombe moins nombreux du chêne que l'on secoue. Au milieu des rangs, les rois eux-mêmes, remarquables par l'éclat de leurs ailes, déploient dans un faible corps un grand courage, obstinés qu'ils sont à ne point céder, jusqu'à ce que la victoire ait forcé un des deux rivaux à plier et à fuir. Mais, ces courages émus, ces terribles combats, un peu de poussière jetée en l'air les apaise à l'instant. Lorsque tu auras ainsi séparé les deux chefs, livre au trépas celui qui aura montré le moins de valeur : il serait pour l'état un fardeau inutile. Que le plus brave règne seul désormais. Celui-ci, car il y a deux espèces, se reconnaît à l'éclat de sa tête, aux écailles brillantes de sa cuirasse, aux taches d'or répandues sur ses anneaux : l'autre, à sa hideuse figure, à sa marche paresseuse, au ventre ignoble qu'il traîne pesamment. Ainsi que les deux rois, les sujets ont un aspect différent. Sombres et hideux, les uns ressemblent à la salive épaisse que chasse de son gosier altéré le voyageur qui vient de marcher dans des che-

    Ergo, ubi ver nactæ sudum camposque patentes,
    Erumpunt portis, concurritur; æthere in alto
    Fit sonitus, magnum mixtæ glomerantur in orbem,
    Præcipitesque cadunt : non densior aere grando,   80
    Nec de concussa tantum pluit ilice glandis.
    Ipsi per medias acies, insignibus alis,
    Ingentes animos angusto in pectore versant,
    Usque adeo obnixi non cedere, dum gravis aut hos,
    Aut hos versa fuga victor dare terga subegit.   85
    Hi motus animorum atque hæc certamina tanta
    Pulveris exigui jactu compressa quiescent.
    Verum ubi ductores acie revocaveris ambo,
    Deterior qui visus, eum, ne prodigus obsit,
    Dede neci : melior vacua sine regnet in aula.   90
    Alter erit maculis auro squalentibus ardens,
    (Nam duo sunt genera): hic melior, insignis et ore,
    Et rutilis clarus squamis : ille horridus alter
    Desidia, latamque trahens inglorius alvum.
    Ut binæ regum facies, ita corpora plebis.   95
    Namque aliæ turpes horrent, ceu pulvere ab alto
    Quum venit, et sicco terram spuit ore viator

mins poudreux; les autres étincellent et brillent de taches qui ont l'éclat de l'or : voilà la meilleure race; celle qui, dans la saison, te donnera le miel le plus exquis par sa douceur et plus encore par sa pureté, et propre à corriger l'âpreté d'un vin trop dur.

Vois-tu tes essaims voltiger sans but, se jouer dans l'air, oublier leurs rayons, et abandonner leurs ruches solitaires : hâte-toi de fixer leur légèreté, de les détourner d'un vain amusement. Rien de plus facile. Arrache les ailes à leurs rois; les rois restant tranquilles, nul sujet n'osera lever l'étendard et le déployer dans la plaine. Que des jardins remplis de fleurs odorantes les invitent aussi à s'y arrêter; qu'armé de sa faux de bois de saule, le dieu de Lampsaque les défende des voleurs et des oiseaux. Et si tes abeilles te sont chères, va toi-même sur les hautes montagnes cueillir le thym, et chercher de jeunes pins, pour en entourer leur habitation; qu'un dur travail exerce ta main; plante toi-même ces fertiles rejetons, et verse-leur une eau bienfaisante.

Pour moi, si, bientôt à la fin de ma course, je ne ployais déjà mes voiles, impatient de regagner le rivage, peut-être chanterais-je l'art d'embellir les jardins, de cultiver le rosier de Pæstum,

```
Aridus; elucent aliæ, et fulgore coruscant,
Ardentes auro, et paribus lita corpora guttis.
Hæc potior soboles; hinc cœli tempore certo         100
Dulcia mella premes, nec tantum dulcia, quantum
Et liquida, et durum Bacchi domitura saporem.
At quum incerta volant, cœloque examina ludunt,
Contemnuntque favos, et frigida tecta relinquunt,
Instabiles animos ludo prohibebis inani.            105
Nec magnus prohibere labor : tu regibus alas
Eripe : non illis quisquam cunctantibus altum
Ire iter, aut castris audebit vellere signa.
Invitent croceis halantes floribus horti,
Et custos furum atque avium cum falce saligna       110
Hellespontiaci servet tutela Priapi.
Ipse thymum pinosque ferens de montibus altis
Tecta serat late circum, cui talia curæ;
Ipse labore manum duro terat; ipse feraces
Figat humo plantas, et amicos irriget imbres.       115
Atque equidem, extremo ni jam sub fine laborum
Vela traham, et terris festinem advertere proram,
Forsitan et, pingues hortos quæ cura colendi
Ornaret, canerem, biferique rosaria Pæsti;
```

qui, deux fois l'année, se couvre de fleurs. Je peindrais la chicorée joyeuse d'être arrosée, le persil ornant les rives de sa verdure, et le tortueux concombre se traînant sur l'herbe où son ventre grossit ; je n'oublierais ni le narcisse lent à s'épanouir, ni l'acanthe flexible, ni le lierre pâle, ni le myrte ami des rivages.

Non loin des tours superbes de Tarente, aux lieux où le noir Galèse arrose de brillantes moissons, j'ai vu, il m'en souvient, un vieillard cilicien, possesseur de quelques arpents d'un terrain longtemps abandonné, sol rebelle à la charrue, peu propre aux troupeaux, peu favorable à la vigne. Toutefois, au milieu des broussailles, le vieillard avait planté quelques légumes bordés de lis, de verveine et de pavots. Avec ces richesses, il se croyait l'égal des rois ; et, quand le soir, assez tard, il rentrait au logis, il chargeait sa table de mets qu'il n'avait point achetés. Le premier il cueillait la rose du printemps, le premier les fruits de l'automne ; et lorsque le triste hiver fendait encore les rochers, et enchaînait de ses glaçons le cours des fleuves, lui déjà émondait les rameaux de la flexible acanthe, accusant la lenteur du printemps et la paresse des zéphyrs. Aussi voyait-il, le premier, de ses ruches fécondes, sortir de nombreux essaims, et le miel

 Quoque modo potis gauderent intaba rivis, 120
Et virides apio ripæ, tortusque per herbam
Cresceret in ventrem cucumis ; nec sera comantem
Narcissum, aut flexi tacuissem vimen acanthi,
Pallentesque hederas, et amantes littora myrtos.
Namque sub Œbaliæ memini me turribus arcis, 125
Qua niger humectat flaventia culta Galesus,
Corycium vidisse senem, cui pauca relicti
Jugera ruris erant ; nec fertilis illa juvencis,
Nec pecori opportuna seges, nec commoda Baccho.
Hic rarum tamen in dumis olus, albaque circum 130
Lilia, verbenasque premens, vescumque papaver,
Regum æquabat opes animis, seraque revertens
Nocte domum dapibus mensas onerabat inemptis.
Primus vere rosam atque autumno carpere poma,
Et quum tristis hiems etiam nunc frigore saxa 135
Rumperet, et glacie cursus frenaret aquarum,
Ille comam mollis jam tum tondebat acanthi,
Æstatem increpitans seram zephyrosque morantes.
Ergo apibus fetis idem atque examine multo
Primus abundare, et spumantia cogere pressis 140

écumant couler sur ses rayons pressés. Le tilleul et le pin lui offraient partout leur ombrage. Autant de fleurs ornaient au printemps ses arbres fertiles, autant il cueillait en automne de fruits mûrs. Il avait même disposé en allées régulières des ormes déjà vieux, des poiriers durcis par les ans, des pruniers dont la greffe a changé la nature sauvage, et des platanes qui, déjà, prêtaient aux buveurs leur ombre hospitalière. Mais resserré dans des bornes étroites, j'abandonne ce sujet à mes successeurs. Je vais dire maintenant les instincts merveilleux dont Jupiter reconnaissant dota les abeilles, lorsque, attirées par le bruit de l'airain et le son des cymbales retentissantes des Curètes, elles nourrirent le roi du ciel dans l'antre de Dicté.

Seules, les abeilles élèvent en commun leur progéniture, habitent une cité commune, et vivent sous des lois fidèlement observées. Seules, elles connaissent une patrie et des pénates fixes. Prévoyant l'hiver qui doit venir, elles travaillent l'été, et mettent en commun ce qu'elles ont amassé. Chacune a son emploi : les unes sont chargées du soin des vivres, et vont butiner dans la campagne ; les autres, occupées dans l'intérieur de la ruche, élèvent les fondements de l'édifice, en mêlant aux pleurs du narcisse la gomme visqueuse des arbres, et cimentent ensuite avec de la

Mella favis; illi tiliæ, atque uberrima pinus;
Quotque in flore novo pomis se fertilis arbos
Induerat, totidem autumno matura tenebat.
Ille etiam seras in versum distulit ulmos,
Eduramque pirum, et spinos jam pruna ferentes,   145
Jamque ministrantem platanum potantibus umbras.
Verum hæc ipse equidem, spatiis exclusus iniquis,
Prætereo, atque aliis post me memoranda relinquo.
Nunc age, naturas apibus quas Jupiter ipse
Addidit, expediam : pro qua mercede, canoros   150
Curetum sonitus crepitantiaque æra secutæ,
Dictæo cœli regem pavere sub antro.
Solæ communes natos, consortia tecta
Urbis habent, magnisque agitant sub legibus ævum;
Et patriam solæ et certos novere penates ;   155
Venturæque hiemis memores, æstate laborem
Experiuntur, et in medium quæsita reponunt.
Namque aliæ victu invigilant, et fœdere pacto
Exercentur agris ; pars intra septa domorum
Narcissi lacrymam, et lentum de cortice gluten,   160
Prima favis ponunt fundamina ; deinde tenaces

cire les différents étages de leurs cellules. Celles-ci font éclore et nourrissent les jeunes abeilles, espoir de la nation ; celles-là distillent un miel pur, et remplissent les alvéoles d'un liquide nectar. A d'autres est échue la garde des portes : sentinelles vigilantes, elles observent tour à tour les signes précurseurs de la pluie et du vent ; tantôt elles reçoivent les fardeaux de celles qui reviennent de butiner, ou bien elles se réunissent pour chasser de leur demeure le frelon paresseux. Tout s'anime au travail, et l'air est embaumé de l'odeur du thym. Ainsi quand les Cyclopes se hâtent de forger les foudres de Jupiter, les uns, avec d'énormes soufflets faits de la peau des taureaux, attirent et repoussent l'air qui excite le feu ; les autres plongent dans l'eau l'airain frémissant ; l'Etna gémit sous le poids des enclumes. Ils soulèvent, avec de grands efforts, et laissent retomber leurs bras en cadence, et retournent le fer avec de mordantes tenailles. Telle est, si l'on peut comparer les petites choses aux grandes, l'ardeur naturelle qu'ont les abeilles d'ajouter, chacune dans son emploi, aux richesses qu'elles ont déjà amassées. Les plus vieilles ont soin de l'intérieur ; ce sont elles encore qui consolident les rayons et en façonnent l'ingénieux édifice. Les plus jeunes ne rentrent que le soir, bien fatiguées, et les cuisses chargées de la poussière du thym ; elles vont aussi effleurer l'arbousier, le saule verdâtre, le

```
    Suspendunt ceras : aliæ, spem gentis, adultos
    Educunt fetus ; aliæ purissima mella
    Stipant, et liquido distendunt nectare cellas.
    Sunt, quibus ad portas cecidit custodia sorti ;         165
    Inque vicem speculantur aquas et nubila cœli ;
    Aut onera accipiunt venientum, aut agmine facto
    Ignavum fucos pecus a præsepibus arcent.
    Fervet opus, redolentque thymo fragrantia mella.
    Ac veluti lentis Cyclopes fulmina massis                170
    Quum properant, alii taurinis follibus auras
    Accipiunt redduntque, alii stridentia tingunt
    Æra lacu ; gemit impositis incudibus Ætna :
    Illi inter sese magna vi brachia tollunt
    In numerum, versantque tenaci forcipe ferrum.           175
    Non aliter, si parva licet componere magnis,
    Cecropias innatus apes amor urget habendi,
    Munere quamque suo. Grandævis oppida curæ,
    Et munire favos, et dædala fingere tecta.
    At fessæ multa referunt se nocte minores,               180
    Crura thymo plenæ ; pascuntur et arbuta passim,
```

romarin, le safran éclatant, le tilleul gommeux et le sombre hyacinthe.

Le temps du travail et du repos est le même pour toutes les abeilles. Le matin, elles s'élancent soudain hors de la ruche; et quand l'étoile du soir les avertit de quitter enfin les prairies, elles regagnent leurs demeures, et réparent leurs forces épuisées. Un bruit se fait entendre; elles bourdonnent autour des portes et le long des remparts. Mais dès qu'elles sont rentrées dans leur cellule, le silence règne pour toute la nuit, et un sommeil réparateur enchaîne leurs membres fatigués.

Jamais, quand la pluie menace, elles ne s'éloignent de leurs ruches; jamais, à l'arrivée d'un grand vent, elles ne se hasardent dans les airs. Cantonnées alors autour de leurs murailles, elles vont puiser de l'eau à la source voisine : là se bornent leurs excursions. Quelquefois elles enlèvent avec elles un grain de sable pour leur servir de lest, comme le gravier à une barque légère, et elles se balancent ainsi sans crainte au sein des nuages.

Ce qui te paraîtra surtout merveilleux dans les mœurs des abeilles, c'est qu'elles ignorent les caresses de l'hymen, qu'elles ne s'énervent point lâchement dans les plaisirs de l'amour, et qu'elles n'engendrent pas avec effort. Elles recueillent avec leur trompe des germes nés sur les feuilles et les plantes les plus

    Et glaucas salices, casiamque, crocumque rubentem,
    Et pinguem tiliam, et ferrugineos hyacinthos.
    Omnibus una quies operum, labor omnibus unus.
    Mane ruunt portis; nusquam mora : rursus easdem   185
    Vesper ubi e pastu tandem decedere campis
    Admonuit, tum tecta petunt, tum corpora curant:
    Fit sonitus, mussantque oras et limina circum.
    Post, ubi jam thalamis se composuere, siletur
    In noctem, fessosque sopor suus occupat artus.   190
    Nec vero a stabulis, pluvia impendente, recedunt
    Longius, aut credunt cœlo adventantibus Euris;
    Sed circum tutæ sub mœnibus urbis aquantur,
    Excursusque breves tentant; et sæpe lapillos,
    Ut cymbæ instabiles fluctu jactante saburram,   195
    Tollunt : his sese per inania nubila librant.
    Illum adeo placuisse apibus mirabere morem,
    Quod nec concubitu indulgent, nec corpora segnes
    In Venerem solvunt, aut fetus nixibus edunt:
    Verum ipsæ e foliis natos et suavibus herbis   200

suaves; c'est là qu'elles retrouvent un roi et de nouveaux citoyens, pour qui elles réparent leurs palais et leurs royaumes de cire.

Souvent il leur arrive, dans leurs courses errantes, de briser leurs ailes au tranchant d'un caillou, et d'expirer volontairement sous un fardeau trop lourd; tant est vive en elles la passion des fleurs; tant elles sont fières de produire le miel! Aussi, bien que leur vie soit renfermée en des bornes étroites (elle ne va guère au delà du septième été), la race est immortelle; la fortune de la famille se maintient pendant une longue suite d'années, et les générations comptent les aïeux de leurs aïeux. Ce n'est pas tout: ni l'Égypte, ni la vaste Lydie, ni les nations des Parthes, ni le Mède habitant les bords de l'Hydaspe, n'ont autant de vénération pour leur roi. Tant que vit le roi des abeilles, elles n'ont qu'un même esprit : le roi est-il mort, tout pacte est rompu; elles-mêmes pillent les magasins et brisent les rayons. C'est le roi qui surveille les travaux; il est l'objet de leur admiration; elles l'entourent avec un bourdonnement flatteur, et lui forment une escorte nombreuse. Souvent elles le portent en triomphe sur leurs ailes, lui font à la guerre un rempart de leur corps, et, bravant les blessures, cherchent une mort glorieuse.

A ces signes, à ce merveilleux instinct, des sages ont cru reconnaître dans les abeilles une parcelle de la divine intelli-

    Ore legunt; ipsæ regem parvosque Quirites
    Sufficiunt, aulasque et cerea regna refingunt.
    Sæpe etiam duris errando in cotibus alas
    Attrivere, ultroque animam sub fasce dedere :
    Tantus amor florum, et generandi gloria mellis !   205
    Ergo ipsas quamvis angusti terminus ævi
    Excipiat (neque enim plus septima ducitur æstas),
    At genus immortale manet, multosque per annos
    Stat fortuna domus, et avi numerantur avorum.
    Præterea regem non sic Ægyptus, et ingens   210
    Lydia, nec populi Parthorum, aut Medus Hydaspes
    Observant. Rege incolumi mens omnibus una est;
    Amisso rupere fidem, constructaque mella
    Diripuere ipsæ, et crates solvere favorum.
    Ille operum custos; illum admirantur, et omnes   215
    Circumstant fremitu denso, stipantque frequentes;
    Et sæpe attollunt humeris, et corpora bello
    Objectant, pulchramque petunt per vulnera mortem.
    His quidam signis, atque hæc exempla secuti,
    Esse apibus partem divinæ mentis et haustus   220

gence, une émanation du ciel. Dieu, selon ces philosophes, remplit l'immensité de la terre, les abîmes de la mer, les profondeurs du ciel. C'est de lui que l'homme et les diverses espèces d'animaux empruntent, en naissant, le souffle léger qui les anime ; c'est à lui que retournent, après leur dissolution, tous les êtres ; ils ne meurent point : vivants, ils vont se réunir aux astres, et se transportent sur les hauteurs du ciel.

Veux-tu pénétrer dans l'intérieur des ruches? veux-tu enlever tous ces trésors de miel si soigneusement conservés? Puise d'abord de l'eau, mouilles-en ton visage, remplis-en ta bouche, et arme ta main d'un tison dont la fumée mette en fuite les abeilles. Deux fois leurs rayons se remplissent, deux fois on les recueille : et lorsque la pléiade Taygète, élevant son front virginal au-dessus de l'horizon, repousse d'un pied dédaigneux les flots de l'Océan, et lorsque, fuyant les regards du Poisson pluvieux, elle se replonge tristement au sein de l'onde glacée. Terribles en leur colère, si on les offense, elles se vengent par des piqûres où elles épanchent leur venin ; elles lancent un trait qui perce jusqu'au sang, et laissent dans la plaie leur dard avec leur vie. Mais si tu crains pour tes essaims les rigueurs de l'hiver, si leur découragement et leur détresse excitent ta compassion, n'hésite point à parfumer leur ruche de thym, et à retrancher les cires inutiles. Car il arrive

Ætherios dixere : deum namque ire per omnes
Terrasque, tractusque maris, cœlumque profundum :
Hinc pecudes, armenta, viros, genus omne ferarum,
Quemque sibi tenues nascentem arcessere vitas ;
Scilicet huc reddi deinde ac resoluta referri   225
Omnia; nec morti esse locum, sed viva volare
Sideris in numerum, atque alto succedere cœlo.
Si quando sedem angustam, servataque mella
Thesauris relines, prius haustu sparsus aquarum
Ora fove, fumosque manu prætende sequaces.   230
Bis gravidos cogunt fetus, duo tempora messis,
Taygete simul os terris ostendit honestum
Pleias, et Oceani spretos pede reppulit amnes ;
Aut eadem sidus fugiens ubi Piscis aquosi
Tristior hibernas cœlo descendit in undas.   235
Illis ira modum supra est, læsæque venenum
Morsibus inspirant, et spicula cæca relinquunt
Affixæ venis, animasque in vulnere ponunt.
Sin duram metues hiemem, parcesque futuro,
Contusosque animos et res miserabere fractas ;   240
At suffire thymo, cerasque recidere inanes,

souvent qu'un lézard inaperçu ronge leurs rayons; le cloporte y cherche un refuge contre le jour qui le blesse; la guêpe parasite s'y nourrit aux dépens d'autrui; le lourd frelon se rit de leurs armes inégales; les teignes s'y introduisent; l'araignée, odieuse à Minerve, y suspend ses toiles flottantes. Plus les abeilles verront leur trésor épuisé, plus elles travailleront avec ardeur à réparer les pertes de l'état appauvri, à remplir de nouveau les magasins, et à construire leurs greniers avec le suc des fleurs.

Mais si la maladie vient tristement alanguir leur corps (car, ainsi que la nôtre, la vie des abeilles est sujette aux souffrances), tu pourras le reconnaître à des signes non équivoques : malades, leur couleur change; une horrible maigreur les défigure; puis, elles enlèvent de la ruche les corps de leurs compagnes mortes, et mènent le deuil des funérailles; d'autres se suspendent, enchaînées par les pattes, au seuil de la porte, ou bien restent renfermées dans leurs cellules, où elles languissent abattues par la faim, engourdies par le froid. Alors on entend un bruit plus fort et un bourdonnement continuel. Ainsi murmure le vent dans les forêts; ainsi frémit la mer agitée pendant le reflux; ainsi bouillonne le feu ardent au fond de la fournaise qui l'enferme. C'est

    Quis dubitet? nam sæpe favos ignotus adedit
Stellio, et lucifugis congesta cubilia blattis,
Immunisque sedens aliena ad pabula fucus,
Aut asper crabro imparibus se immiscuit armis;   245
Aut dirum tineæ genus, aut invisa Minervæ
In foribus laxos suspendit aranea casses.
Quo magis exhaustæ fuerint, hoc acrius omnes
Incumbent generis lapsi sarcire ruinas,
Complebuntque foros, et floribus horrea texent.   250
Si vero (quoniam casus apibus quoque nostros
Vita tulit) tristi languebunt corpora morbo,
Quod jam non dubiis poteris cognoscere signis :
Continuo est ægris alius color; horrida vultum
Deformat macies; tum corpora luce carentum   255
Exportant tectis, et tristia funera ducunt;
Aut illæ pedibus connexæ ad limina pendent,
Aut intus clausis cunctantur in ædibus omnes,
Ignavæque fame et contracto frigore pigræ.
Tum sonus auditur gravior, tractimque susurrant :   260
Frigidus ut quondam silvis immurmurat Auster,
Ut mare sollicitum stridit refluentibus undis,
Æstuat ut clausis rapidus fornacibus ignis.

le moment de brûler dans l'habitation le galbanum odoriférant, d'y introduire du miel dans des tubes de roseaux pour exciter les abeilles, pour les inviter à ranimer leurs forces par cet aliment qu'elles aiment. Il sera bon d'y joindre la noix de galle pilée, des roses sèches, du vin doux épaissi à un feu ardent, du thym, de l'hymette, et de la centaurée à l'odeur forte. On trouve aussi dans les prairies une plante que les cultivateurs ont nommé amelle, et que l'on reconnaît aisément, car, d'une seule et même racine s'élève une forêt de tiges : sa fleur est couleur d'or ; mais les feuilles nombreuses qui l'entourent brillent du sombre éclat de la violette pourprée. Souvent de ses guirlandes on pare les autels des dieux. La saveur en est âcre ; les bergers la recueillent dans les prés déjà fauchés, sur les bords tortueux du Mella. Fais-en bouillir les racines dans un vin odorant, et place à l'entrée de la ruche des corbeilles pleines de cet aliment.

Mais si, l'espèce tout entière venant à périr, tu n'avais aucun moyen de la renouveler, il est temps de t'apprendre la mémorable découverte du berger d'Arcadie, et comment, du sang corrompu des victimes, naquirent souvent de nouveaux essaims d'abeilles. Je vais, remontant à l'origine de cette tradition, t'en raconter toute l'histoire.

  Hic jam galbaneos suadebo incendere odores,
  Mellaque arundineis inferre canalibus, ultro   265
  Hortantem et fessas ad pabula nota vocantem.
  Proderit et tunsum gallæ admiscere saporem,
  Arentesque rosas, aut igni pinguia multo
  Defruta, vel psithia passos de vite racemos,
  Cecropiumque thymum, et grave olentia centaurea. 270
  Est etiam flos in pratis, cui nomen amello
  Fecere agricolæ, facilis quærentibus herba :
  Namque uno ingentem tollit de cespite silvam,
  Aureus ipse ; sed in follis, quæ plurima circum
  Funduntur, violæ sublucet purpura nigræ.   275
  Sæpe deûm nexis ornatæ torquibus aræ ;
  Asper in ore sapor ; tonsis in vallibus illum
  Pastores et curva legunt prope flumina Mellæ.
  Hujus odorato radices incoque Baccho,
  Pabulaque in foribus plenis appone canistris.   280
  Sed, si quem proles subito defecerit omnis,
  Nec, genus unde novæ stirpis revocetur, habebit,
  Tempus et Arcadii memoranda inventa magistri
  Pandere, quoque modo cæsis jam sæpe juvencis
  Insincerus apes tulerit cruor. Altius omnem   285
  Expediam, prima repetens ab origine, famam.

Aux lieux où le Nil couvre la terre de ses débordements féconds, et voit l'heureux habitant de Canope naviguer sur des barques peintes autour de ses campagnes; dans ces contrées où le fleuve, après avoir baigné les pays voisins de la Perse, fertilise de son noir limon les vertes campagnes de l'Égypte, et court, en descendant de chez l'Indien brûlé du soleil, se précipiter dans la mer par sept embouchures, cette invention est partout regardée comme un moyen infaillible.

On choisit d'abord un emplacement étroit, dont l'exiguïté convienne pour cet usage; on l'entoure de murs surmontés d'une toiture de tuiles, on y perce quatre fenêtres, recevant obliquement le jour, et tournées aux quatre vents. Puis on cherche un taureau de deux ans, dont les jeunes cornes commencent à se courber sur son front, et, malgré sa résistance, on lui bouche les narines et la respiration; ensuite, quand on l'a tué, on lui meurtrit les flancs à force de coups, sans déchirer sa peau. Ainsi abattu, on le laisse dans l'enclos, étendu sur un lit de feuillage, de thym et de romarin fraîchement cueilli. Cette opération se fait aussitôt que le zéphyr commence à remuer la surface de l'eau, avant que les prairies brillent de fleurs nouvelles, et que l'hirondelle vienne, en gazouillant, suspendre son nid au toit de nos maisons.

Nam qua Pellæi gens fortunata Canopi
Accolit effuso stagnantem flumine Nilum,
Et circum pictis vehitur sua rura phaselis;
Quaque pharetratæ vicinia Persidis urget,   290
Et viridem Ægyptum nigra fecundat arena,
Et diversa ruens septem discurrit in ora
Usque coloratis amnis devexus ab Indis;
Omnis in hac certam regio jacit arte salutem.
Exiguus primum, atque ipsos contractus ad usus   295
Eligitur locus : hunc angustique imbrice tecti
Parietibusque premunt arctis, et quattuor addunt,
Quattuor a ventis, obliqua luce, fenestras.
Tum vitulus, bima curvans jam cornua fronte,
Quæritur : huic geminæ nares, et spiritus oris   300
Multa reluctanti obstruitur, plagisque perempto
Tunsa per integram solvuntur viscera pellem.
Sic positum in clauso linquunt, et ramea costis
Subjiciunt fragmenta, thymum, casiasque recentes.
Hoc geritur, zephyris primum impellentibus undas, 305
Ante novis rubeant quam prata coloribus, ante
Garrula quam tignis nidum suspendat hirundo.

Cependant les humeurs s'échauffent et fermentent dans le corps de l'animal. Bientôt, ô prodige ! on en voit sortir une foule d'insectes, informes d'abord et sans pieds ; puis, agitant déjà leurs ailes bruyantes, ils se hasardent de plus en plus, et s'élèvent dans les airs, comme la pluie qui tombe des nuages d'été, comme ces traits que lance le Parthe en commençant le combat. Muses, quel dieu fut l'inventeur de cet art ? Comment cette découverte a-t-elle pris naissance ?

Le berger Aristée fuyait les bords du Pénée, après avoir, dit-on, perdu toutes ses abeilles par la maladie et par la faim. Triste, il s'arrêta aux sources sacrées du fleuve, se répandant en plaintes, et s'adressant ainsi à la nymphe qui lui donna le jour : « O Cyrène ! ô ma mère ! qui habites au fond de ces eaux, pourquoi m'avoir fait naître du noble sang des dieux (si toutefois, comme tu l'assures, Apollon est mon père), puisque je suis ainsi en butte à la haine des destins ? Qu'est devenue ta tendresse pour moi ? Pourquoi me faire espérer le ciel ? Ce bien même, le seul qui faisait la gloire de ma vie mortelle, ce bien qu'après tant d'essais et de peines m'avaient procuré la culture des champs et les soins donnés à mes troupeaux, je le perds aujourd'hui ; et tu es ma mère ! achève : de ta main arrache mes arbres fertiles ; porte dans mes étables la

```
        Interea teneris tepefactus in ossibus humor
        Æstuat, et visenda modis animalia miris,
        Trunca pedum primo, mox et stridentia pennis     310
        Miscentur, tenuemque magis, magis aera carpunt :
        Donec, ut æstivis effusus nubibus imber,
        Erupere; aut ut, nervo pulsante, sagittæ,
        Prima leves ineunt si quando prælia Parthi.
        Quis deus hanc, Musæ, quis nobis extudit artem ?  315
        Unde nova ingressus hominum experientia cepit ?
        Pastor Aristæus, fugiens Peneia Tempe,
        Amissis, ut fama, apibus morboque fameque,
        Tristis ad extremi sacrum caput adstitit amnis,
        Multa querens, atque hac affatus voce parentem :  320
        « Mater ! Cyrene mater ! quæ gurgitis hujus
        Ima tenes, quid me præclara stirpe deorum,
        (Si modo, quem perhibes, pater est Thymbræus Apollo)
        Invisum fatis genuisti ? Aut quo tibi nostri
        Pulsus amor ? Quid me cœlum sperare jubebas ?     325
        En etiam hunc ipsum vitæ mortalis honorem,
        Quem mihi vix frugum et pecudum custodia solers
        Omnia tentanti extuderat, te matre, relinquo !
        Quin age, et ipsa manu felices erue silvas :
```

flamme ennemie; détruis mes moissons, brûle mes semences, brandis contre mes vignes la forte hache à deux tranchants, puisque l'honneur d'un fils te trouve si insensible. »

A cette voix, du fond de son humide séjour, Cyrène s'est émue; autour d'elle, les nymphes étaient occupées à filer la laine de Milet, teinte d'un vert azuré. C'étaient Drymo, Xantho, Ligée et Phyllodocé, dont les beaux cheveux flottaient sur un cou d'albâtre; Nesée, Spio, Thalie et Cymodocé; Cydippe, vierge encore, et la blonde Lycoris qui, pour la première fois, venait de connaître les douleurs de Lucine; Clio, et Béroé sa sœur, vêtues toutes deux de peaux nuancées de diverses couleurs, et ornées d'une ceinture d'or; Éphyre, Opis, Déiopée, fille d'Asias, et l'agile Aréthuse, qui avait enfin déposé son carquois.

Au milieu d'elles, Clymène racontait les inutiles précautions de Vulcain, les ruses de Mars et ses doux larcins, et, depuis le Chaos, les innombrables amours des dieux. Attentives à ses récits, les nymphes laissaient rouler leurs légers fuseaux, lorsqu'une seconde fois les plaintes d'Aristée frappent l'oreille de sa mère. Sur leurs sièges de cristal toutes ont tressailli; mais, plus prompte, Aréthuse élève au-dessus des eaux sa blonde chevelure, et de

Fer stabulis inimicum ignem, atque interfice messes; 330
Ure sata, et validam in vites molire bipennem,
Tanta meæ si te ceperunt tædia laudis. »
At mater sonitum thalamo sub fluminis alti
Sensit. Eam circum Milesia vellera nymphæ
Carpebant, hyali saturo fucata colore; 335
Drymoque, Xanthoque, Ligeaque, Phyllodoceque,
Cæsariem effusæ nitidam per candida colla;
Nesæe, Spioque, Thaliaque, Cymodoceque,
Cydippeque, et flava Lycorias, altera virgo,
Altera tum primos Lucinæ experta labores; 340
Clioque et Beroe soror, Oceanitides ambæ,
Ambæ auro, pictis incinctæ pellibus ambæ;
Atque Ephyre, atque Opis, et Asia Deïopea,
Et tandem positis velox Arethusa sagittis.
Inter quas curam Clymene narrabat inanem 345
Vulcani, Martisque dolos et dulcia furta,
Aque Chao densos divûm numerabat amores.
Carmine quo captæ, dum fusis mollia pensa
Devolvunt, iterum maternas impulit aures
Luctus Aristæi, vitrеаsque sedilibus omnes 350
Obstupuere; sed ante alias Arethusa sorores
Prospiciens summa flavum caput extulit unda,

loin : « Oh ! ce n'est pas en vain que ton cœur s'alarmait de ces plaintes, Cyrène, ô ma sœur ! lui-même, l'objet de ta tendresse, Aristée est là sur les rives du fleuve paternel, triste, baigné de larmes, et te reprochant ta cruauté. » A ces mots, le cœur saisi d'un nouvel effroi, Cyrène s'écrie : « Mon fils ! amène-moi mon fils ! mon fils a droit d'entrer dans le palais des dieux. » Elle dit, et ordonne au fleuve de s'écarter, pour livrer au jeune homme un libre passage : devant lui l'onde s'entr'ouvre, et, se repliant en forme de montagne, le reçoit dans son vaste sein, et le conduit au fond du fleuve.

Il s'avance, admirant la demeure de sa mère, et son humide empire, et ces lacs enfermés dans des grottes immenses, et ces forêts retentissantes. Étonné du bruit de toutes les eaux qui l'entourent, il voit, sous la voûte profonde de la terre, rouler ces fleuves qui se répandent dans les diverses contrées du monde : le Phase, le Lycus, et la source profonde d'où s'élance l'Énipée ; le Tibre, père des Romains, l'Anio paisible ; l'Hypanis se brisant à grand bruit sur les rochers ; l'Éridan au front de taureau, armé de deux cornes dorées, l'Éridan, le plus impétueux des fleuves qui, à travers des plaines fertiles, se précipitent dans le sein des mers.

Lorsque Aristée eut pénétré dans le palais de la déesse, sous

>   Et procul : « O gemitu non frustra exterrita tanto,
>   Cyrene soror, ipse tibi, tua maxima cura,
>   Tristis Aristæus, Penei genitoris ad undam   355
>   Stat lacrymans, et te crudelem nomine dicit. »
>   Huic perculsa nova mentem formidine mater :
>   « Duc age, duc ad nos ; fas illi limina divûm
>   Tangere, » ait. Simul alta jubet discedere late
>   Flumina, qua juvenis gressus inferret : at illum   360
>   Curvata in montis faciem circumstetit unda,
>   Acceptique sinu vasto, misitque sub amnem.
>   Jamque domum mirans genitricis, et humida regna,
>   Speluncisque lacus clausos, lucosque sonantes,
>   Ibat, et, ingenti motu stupefactus aquarum,   365
>   Omnia sub magna labentia flumina terra
>   Spectabat diversa locis, Phasimque, Lycumque,
>   Et caput, unde altus primum se erumpit Enipeus :
>   Unde pater Tiberinus, et unde Aniena fluenta,
>   Saxosumque sonans Hypanis, Mysusque Caïcus,   370
>   Et gemina auratus taurino cornua vultu
>   Eridanus, quo non alius per pinguia culta
>   In mare purpureum violentior influit amnis.
>   Postquam est in thalami pendentia pumice tecta

ces voûtes de rocailles suspendues, et que Cyrène apprit la cause frivole des pleurs de son fils, les nymphes, suivant l'usage, versent sur ses mains une onde pure, et lui présentent de fins tissus ; d'autres chargent les tables de mets et remplissent les coupes. Les parfums brûlent sur les autels. Cyrène alors : « Prends cette coupe de vin de Méonie, et faisons des libations à l'Océan. » Aussitôt, la première, elle invoque l'Océan, père de toutes choses, et les nymphes, ses sœurs, protectrices des bois et des fleuves. Trois fois avec le nectar sacré elle arrose la flamme ; trois fois, jusqu'à la voûte, la flamme s'élance brillante. Ce présage la rassure, et elle commence en ces mots :

« Près de Carpathos, dans l'empire de Neptune, habite un devin, Protée, qui parcourt les mers sur un char attelé de monstres à deux pieds, moitié poissons et moitié chevaux. En ce moment, il va visiter les ports d'Émathie et Pallène, sa patrie. Toutes nous le respectons, et le vieux Nérée lui-même le révère : car il sait tout ce qui est, tout ce qui fut, toute la suite des événements de l'avenir : ainsi l'a voulu Neptune, dont il garde, au fond des mers, les monstrueux troupeaux et les phoques hideux. Il te faudra, mon fils, le prendre et l'enchaîner, si tu veux qu'il te révèle

    Perventum, et nati fletus cognovit inanes   375
Cyrene, manibus liquidos dant ordine fontes
Germanæ, tonsisque ferunt mantilia villis.
Pars epulis onerant mensas, et plena reponunt
Pocula; Panchæis adolescunt ignibus aræ.
Et mater; « Cape Mæonii carchesia Bacchi,   380
Oceano libemus, » ait. Simul ipsa precatur
Oceanumque patrem rerum, nymphasque sorores,
Centum quæ silvas, centum quæ flumina servant.
Ter liquido ardentem perfudit nectare Vestam :
Ter flamma ad summum tecti subjecta reluxit.   385
Omine quo firmans animum, sic incipit ipsa :
« Est in Carpathio Neptuni gurgite vates,
Cæruleus Proteus, magnum qui piscibus æquor
Et juncto bipedum curru metitur equorum.
Hic nunc Emathiæ portus patriamque revisit   390
Pallenen; hunc et nymphæ veneramur, et ipse
Grandævus Nereus : novit namque omnia vates,
Quæ sint, quæ fuerint, quæ mox ventura trahantur.
Quippe ita Neptuno visum est, immania cujus
Armenta et turpes pascit sub gurgite phocas.   395
Hic tibi, nate, prius vinclis capiendus, ut omnem

la cause de cette funeste maladie, et t'en enseigne le remède. Car, sans violence, il ne parlera point : tes prières ne sauraient le fléchir. Emploie donc la force pour l'enchaîner, quand tu l'auras pris : contre tes efforts seulement se briseront toutes ses ruses. Moi-même, quand le soleil, au milieu de sa course, dardera tous ses feux, à l'heure où les herbes sont consumées par une soif ardente, où l'ombre est agréable aux troupeaux, je te conduirai dans l'asile secret où vient se reposer, au sortir des ondes, le vieillard fatigué : pendant son sommeil, tu le surprendras facilement. Mais quand tu l'auras saisi et enchaîné, il t'échappera sous mille formes effrayantes : il deviendra soudain sanglier hérissé, tigre furieux, dragon couvert d'écailles, lionne à la crinière fauve; tantôt flamme vive et pétillante, tantôt onde légère, il s'échappera de ses liens. Mais plus il prendra de formes différentes, plus, ô mon fils, tu auras soin de le serrer étroitement, jusqu'à ce qu'une dernière métamorphose le rende tel qu'il était, quand le sommeil commençait à fermer ses yeux. »

Elle dit, et verse sur son fils une essence d'ambroisie qui lui parfume tout le corps : de son élégante chevelure s'exhale une suave odeur, et dans ses membres se répand une vigueur utile.

Dans le flanc usé d'une montagne, au pied de laquelle les vagues,

Expediat morbi causam, eventusque secundet.
Nam sine vi non ulla dabit præcepta, neque illum
Orando flectes : vim duram et vincula capto
Tende: doli circum hæc demum frangentur inanes. 400
Ipsa ego te, medios quum sol accenderit æstus,
Quum sitiunt herbæ, et pecori jam gratior umbra est,
In secreta senis ducam, quo fessus ab undis
Se recipit, facile ut somno aggrediare jacentem.
Verum ubi correptum manibus vinclisque tenebis, 405
Tum variæ illudent species atque ora ferarum :
Fiet enim subito sus horridus, atraque tigris,
Squamosusque draco, et fulva cervice leæna;
Aut acrem flammæ sonitum dabit, atque ita vinclis
Excidet, aut in aquas tenues dilapsus abibit. 410
Sed, quanto ille magis formas se vertet in omnes,
Tanto, nate, magis contende tenacia vincla;
Donec talis erit mutato corpore, qualem
Videris, incepto tegeret quum lumina somno. »
Hæc ait, et liquidum ambrosiæ diffundit odorem, 415
Quo totum nati corpus perduxit; at illi
Dulcis compositis spiravit crinibus aura,
Atque habilis membris venit vigor. Est specus ingens

refoulées par le vent, s'amassent et se replient en deux courants contraires, est un antre profond, où le matelot, surpris par la tempête, trouve un refuge assuré. C'est là que repose Protée sous l'abri d'un vaste rocher. Cyrène y place son fils dans un endroit secret et obscur; et, enveloppée d'un nuage, elle se tient à l'écart.

Déjà l'ardent Sirius lançait du haut des cieux ces feux ardents qui brûlent l'Indien altéré; le soleil, avec ses feux, avait atteint le milieu de sa carrière; l'herbe languissait desséchée, et la chaleur faisait bouillonner le limon des fleuves taris, lorsque Protée, quittant le sein des flots, s'avance vers son antre accoutumé. Autour de lui, le peuple humide des mers bondit et fait au loin jaillir une amère rosée. Les phoques s'étendent çà et là pour se livrer au sommeil. Semblable au berger vigilant qu'on voit sur les montagnes, lorsque l'étoile du soir rappelle les jeunes taureaux à l'étable, et que les agneaux irritent par leurs bêlements l'avidité des loups, Protée s'assied au milieu d'eux sur un rocher, et compte son troupeau.

Aristée saisit l'occasion favorable : il laisse à peine au vieillard le temps d'étendre ses membres fatigués, se précipite sur lui avec un grand cri, et se hâte de lui lier les mains. Fidèle à ses ruses,

```
Exesi latere in montis, quo plurima vento
Cogitur, inque sinus scindit sese unda reductos,      420
Deprensis olim statio tutissima nautis.
Intus se vasti Proteus tegit objice saxi.
Hic juvenem in latebris aversum a lumine nympha
Collocat : ipsa procul nebulis obscura resistit.
Jam rapidus torrens sitientes Sirius Indos            425
Ardebat cœlo, et medium sol igneus orbem
Hauserat; arebant herbæ, et cava flumina siccis
Faucibus ad limum radii tepefacta coquebant :
Quum Proteus consueta petens e fluctibus antra
Ibat : eum vasti circum gens humida ponti             430
Exsultans rorem late dispergit amarum.
Sternunt se somno diversæ in littore phocæ :
Ipse, velut stabuli custos in montibus olim,
Vesper ubi e pastu vitulos ad tecta reducit,
Auditisque lupos acuunt balatibus agni,               435
Considit scopulo medius, numerumque recenset.
Cujus Aristæo quoniam est oblata facultas,
Vix defessa senem passus componere membra,
Cum clamore ruit magno, manicisque jacentem
Occupat. Ille, suæ contra non immemor artis,          440
```

Protée prend mille formes merveilleuses, se change en feu, en bête féroce, en fleuve qui s'écoule. Mais voyant qu'aucune ruse ne lui donne le moyen de fuir, il cède enfin, il redevient lui-même, et, parlant d'une voix humaine :

« Jeune téméraire, dit-il, qui t'a ordonné de pénétrer dans ma demeure ? que me veux-tu ? » — « Oh ! tu le sais, Protée, tu le sais, répond Aristée ; nul ne peut t'abuser ; mais toi-même, cesse de me vouloir tromper. C'est par l'ordre des dieux que je viens consulter tes oracles, pour obtenir un remède à mes infortunes. » Il dit. Le dieu, roulant avec violence des yeux enflammés et brillants d'un éclat azuré, révèle en frémissant le secret des destins :

« Un dieu irrité poursuit sur toi la vengeance d'un grand crime. Le malheureux Orphée attire sur toi ce châtiment; tu en mériterais un plus sévère, si les destins ne s'y opposaient. Orphée te punit cruellement de lui avoir ravi son épouse. Lorsque, pour échapper à ta poursuite, elle fuyait à pas précipités le long du fleuve, Eurydice, destinée à mourir, ne vit pas à ses pieds un serpent caché sous l'herbe épaisse du rivage. Les Dryades, ses compagnes, remplirent les montagnes de leurs cris ; les cimes du Rhodope pleurèrent ; les hauteurs du Pangée, la patrie guerrière

    Omnia transformat sese in miracula rerum,
Ignemque, horribilemque feram, fluviumque liquentem.
Verum ubi nulla fugam reperit fallacia, victus
In sese redit, atque hominis tandem ore locutus :
« Nam quis te, juvenum confidentissime, nostras   445
Jussit adire domos ? quidve hinc petis ? » Inquit. At ille :
« Scis, Proteu, scis ipse ; neque est te fallere cuiquam :
Sed tu desine velle. Deûm præcepta secuti
Venimus hinc lapsis quæsitum oracula rebus. »
Tantum effatus. Ad hæc vates vi denique multa   450
Ardentes oculos intorsit lumine glauco,
Et graviter frendens, sic fatis ora resolvit :
« Non te nullius exercent numinis iræ ;
Magna luis commissa ; tibi has miserabilis Orpheus
Haudquaquam ob meritum pœnas, ni fata resistant,   455
Suscitat, et rapta graviter pro conjuge sævit.
Illa quidem, dum te fugeret per flumina præceps,
Immanem ante pedes hydrum moritura puella
Servantem ripas alta non vidit in herba.
At chorus æqualis Dryadum clamore supremos   460
Implerunt montes ; flerunt Rhodopeïæ arces,
Altaque Pangæa, et Rhesi Mavortia tellus,

de Rhesus, le pays des Gètes, les bords de l'Èbre, et ceux où fut transportée la belle Orithyie, pleurèrent Eurydice. Pour lui, il cherchait dans les sons de sa lyre un adoucissement à son amour si cruellement déçu; et seul sur le rivage, c'est toi, chère épouse, qu'il chantait au lever du jour, toi qu'il chantait au retour de la nuit. Il pénétra même jusqu'aux gorges du Ténare, cette entrée profonde des enfers, et dans ces bois ténébreux remplis d'une sombre horreur ; il aborda les mânes et leur roi redoutable, et ces divinités dont le cœur ne sait point s'attendrir aux prières des mortels. Émues à ses chants, du fond de l'Érèbe les ombres légères et les fantômes des morts accouraient, aussi nombreux que ces oiseaux qui se réfugient dans les forêts aux approches de la nuit ou d'une pluie d'orage : mères, époux, héros noblement tombés dans les combats; enfants, jeunes vierges, fils chéris placés sur le bûcher aux yeux de leurs parents! tristes victimes qu'entourent un noir limon et les hideux roseaux du Cocyte, et qu'enferme neuf fois de ses replis le Styx à l'eau croupissante.

« L'enfer même, et le Tartare, ce profond séjour de la mort, s'étonnèrent et s'émurent; les Euménides cessèrent d'irriter les serpents qui ceignent leur tête; et, dans ses gueules béantes, Cerbère retint sa triple voix, et le vent laissa reposer la roue d'Ixion.

```
Atque Getæ, atque Hebrus, et Actias Orithyia.
Ipse cava solans ægrum testudine amorem,
Te, dulcis conjux, te solo in littore secum,           465
Te veniente die, te decedente, canebat.
Tænarias etiam fauces, alta ostia Ditis,
Et caligantem nigra formidine lucum
Ingressus, manesque adiit, regemque tremendum,
Nesciaque humanis precibus mansuescere corda.         470
At cantu commotæ Erebi de sedibus imis
Umbræ ibant tenues, simulacraque luce carentum,
Quam multa in silvis avium se millia condunt,
Vesper ubi aut hibernus agit de montibus imber:
Matres, atque viri, defunctaque corpora vita          475
Magnanimum heroum, pueri, innuptæque puellæ,
Impositique rogis juvenes ante ora parentum,
Quos circum limus niger, et deformis arundo
Cocyti, tardaque palus inamabilis unda
Alligat, et novies Styx interfusa coercet.            480
Quin ipsæ stupuere domus, atque intima lethi
Tartara, cæruleosque implexæ crinibus angues
Eumenides; tenuitque inhians tria Cerberus ora,
Atque Ixionii vento rota constitit orbis.
```

« Déjà, revenant sur ses pas, Orphée avait échappé à tous les périls ; Eurydice remontait au séjour de la lumière, suivant les pas de son époux (ainsi l'avait ordonné Proserpine), quand tout à coup sa tendresse imprudente le trahit : faute bien pardonnable, si les mânes savaient pardonner. Il s'arrête, et déjà aux portes du jour, oubliant sa promesse et vaincu par l'amour, il se retourne : là périt le fruit de tant de peines ; le pacte fait avec le cruel Pluton est rompu, et trois fois les marais de l'Averne retentissent d'un bruit éclatant.

« Qui donc, s'écrie-t-elle, m'a perdue, malheureuse ! et t'a perdu, cher Orphée? Quelle violence cruelle ! Voici que de nouveau m'entraînent les destins impitoyables, et que le sommeil ferme mes yeux éteints pour jamais. Adieu ! je me sens emportée au sein d'une épaisse nuit ; j'étends vers toi mes mains défaillantes. Hélas ! je ne suis déjà plus à toi ! » Elle dit, et, comme une légère fumée, elle disparaît et s'évanouit dans les airs. En vain Orphée veut saisir son ombre fugitive ; en vain il la rappelle pour lui parler ; Eurydice ne revit plus Orphée, et le nocher de l'enfer ne lui permit plus de repasser l'onde qui les séparait. Que faire? deux fois privé d'une épouse chérie, par quels pleurs émouvoir les mânes, par quels accents fléchir les divinités infernales?

  Jamque pedem referens casus evaserat omnes,   485
  Redditaque Eurydice superas veniebat ad auras.
  Pone sequens (namque hanc dederat Proserpina legem),
  Quum subita incautum dementia cepit amantem,
  Ignoscenda quidem, scirent si ignoscere manes.
  Restitit, Eurydicenque suam jam luce sub ipsa   490
  Immemor, heu ! victusque animi, respexit : ibi omnis
  Effusus labor, atque immitis rupta tyranni
  Fœdera, terque fragor stagnis auditus Averni.
  Illa : « quis et me, inquit, miseram, et te perdidit, Orpheu ?
  Quis tantus furor ? En iterum crudelia retro   495
  Fata vocant, conditque natantia lumina somnus.
  Jamque vale ! Feror ingenti circumdata nocte,
  Invalidasque tibi tendens, heu ! non tua, palmas. »
  Dixit, et ex oculis subito, ceu fumus in auras
  Commixtus tenues, fugit diversa ; neque illum,   500
  Prensantem nequidquam umbras, et multa volentem
  Dicere, præterea vidit ; nec portitor Orci
  Amplius objectam passus transire paludem.
  Quid faceret? Quo se rapta bis conjuge ferret?
  Quo fletu manes, qua numina voce moveret?   505

Déjà froide, l'ombre d'Eurydice voguait sur la barque du Styx.

« On dit que pendant sept mois entiers, retiré au pied d'une roche escarpée, sur les rives désertes du Strymon, il pleurait, et redisait aux antres glacés ces plaintes harmonieuses qui adoucissaient les tigres et entraînaient les forêts. Telle, sous l'ombre d'un peuplier, Philomèle gémissante redemande ses petits, que l'oiseleur impitoyable a surpris et arrachés à leur nid, lorsqu'ils n'avaient pas encore de plumes : elle pleure la nuit entière, et, se tenant sur une branche, elle recommence sans cesse son chant de douleur, et remplit tous les lieux d'alentour de ses accents plaintifs.

« Ni l'amour ni l'hymen ne purent toucher son cœur rebelle. Seul, à travers les glaces des régions hyperboréennes, au milieu des neiges du Tanaïs, et des plaines du Riphée, toujours couvertes de frimas, il errait, pleurant Eurydice et les dons inutiles de Pluton.

Irritées de ses dédains, les femmes de Thrace, au milieu des mystères sacrés et des orgies nocturnes de Bacchus, le mirent en pièces et semèrent dans les champs ses membres déchirés. Alors même que, séparée de son cou aussi blanc que le marbre, la tête d'Orphée était entraînée par le cours rapide de l'Hèbre : « Eurydice ! » répétait sa voix expirante et sa langue glacée ; « ah !

    Illa quidem Stygia nabat jam frigida cymba.
    Septem illum totos perhibent ex ordine menses
    Rupe sub aeria, deserti ad Strymonis undam,
    Flevisse, et gelidis haec evolvisse sub antris,
    Mulcentem tigres, et agentem carmine quercus.   510
    Qualis populea moerens Philomela sub umbra
    Amissos queritur fetus, quos durus arator
    Observans nido implumes detraxit : at illa
    Flet noctem, ramoque sedens miserabile carmen
    Integrat, et moestis late loca questibus implet.   515
    Nulla Venus, non ulli animum flexere hymenaei.
    Solus Hyperboreas glacies, Tanaimque nivalem,
    Arvaque Rhiphaeis nunquam viduata pruinis
    Lustrabat, raptam Eurydicen atque irrita Ditis
    Dona querens. Spretae Ciconum quo munere matres, 520
    Inter sacra deûm nocturnique orgia Bacchi,
    Discerptum latos juvenem sparsere per agros.
    Tum quoque, marmorea caput a cervice revulsum,
    Gurgite quum medio portans Œagrius Hebrus
    Volveret, Eurydicen vox ipsa et frigida lingua,   525
    Ah! miseram Eurydicen! anima fugiente, vocabat:

malheureuse Eurydice! » murmurait son dernier soupir; et tous les échos du rivage redisaient : « Eurydice! »

Ainsi parle Protée, et il se replonge au sein des mers, faisant, à l'endroit où il s'élance, tournoyer les ondes écumantes. Cyrène ne quitte point son fils, et le rassure en ces mots : « Mon fils, bannis tes craintes et ta tristesse. Tu connais la cause de tes malheurs : les Nymphes avec lesquelles Eurydice dansait dans les bois sacrés ont jeté sur tes abeilles ce fléau meurtrier. Offre-leur des prières et des présents : sollicite ta grâce, et adore, en les invoquant, les indulgentes Napées : elles écouteront tes vœux, et apaiseront leur courroux. Mais apprends d'abord comment tu dois les invoquer. Parmi les troupeaux que tu nourris sur les verts sommets du mont Lycée, choisis quatre taureaux d'une beauté remarquable, et autant de génisses dont la tête ignore encore le joug; élève ensuite quatre autels devant le temple des Nymphes; fais-y couler le sang des victimes, et abandonne leurs cadavres sous l'épais feuillage du bois. Quand la neuvième aurore paraîtra sur l'horizon, tu offriras aux mânes d'Orphée les fleurs du pavot, symbole de l'oubli; tu invoqueras avec respect Eurydice, après l'avoir apaisée en lui sacrifiant une génisse; puis tu immoleras une brebis noire, et tu rentreras dans le bois. »

 Eurydicen toto referebant flumine ripæ. »
Hæc Proteus: et se jactu dedit æquor in altum;
Quaque dedit, spumantem undam sub vertice torsit.
At non Cyrene; namque ultro affata timentem : 530
« Nate, licet tristes animo deponere curas.
Hæc omnis morbi causa; hinc miserabile Nymphæ,
Cum quibus illa choros lucis agitabat in altis,
Exitium misere apibus. Tu munera supplex
Tende, petens pacem, et faciles venerare Napæas; 535
Namque dabunt veniam votis, irasque remittent.
Sed, modus orandi qui sit, prius ordine dicam.
Quattuor eximios præstanti corpore tauros,
Qui tibi nunc viridis depascunt summa Lycæi,
Delige, et intacta totidem cervice juvencas. 540
Quattuor his aras alta ad delubra dearum
Constitue, et sacrum jugulis demitte cruorem,
Corporaque ipsa boum frondoso desere luco.
Post, ubi nona suos aurora ostenderit ortus,
Inferias Orphei Lethæa papavera mittes; 545
Placatam Eurydicen vitula venerabere cæsa,
Et nigram mactabis ovem, lucumque revises. »

Elle dit ; aussitôt Aristée exécute les ordres de sa mère. Il se rend au temple, élève les autels indiqués, et y conduit quatre taureaux d'une beauté remarquable, et autant de génisses dont la tête ignore encore le joug. Ensuite, quand la neuvième aurore a paru, il offre un sacrifice aux mânes d'Orphée, et rentre dans le bois sacré. Tout à coup, prodige incroyable ! des entrailles corrompues des victimes, et à travers les flancs qu'ils déchirent, s'élancent en bourdonnant des essaims d'abeilles, qui s'élèvent dans les airs comme un nuage immense, et se suspendent en grappes au sommet d'un arbre dont ils font ployer les branches.

Ainsi je chantais les soins que demandent le labourage, les troupeaux et les arbres, tandis que, sur les rives de l'Euphrate, le grand César lance la foudre des combats, et que, partout victorieux, il fait accepter ses lois aux peuples heureux de s'y soumettre, et se fraie un chemin vers l'Olympe.

Alors, la douce Parthénope me nourrissait dans les délices de l'étude et d'un obscur loisir, moi, ce même Virgile, qui ai chanté les combats des bergers, et qui osai, avec la confiance de la jeunesse, te chanter, ô Tityre, sous l'ombrage d'un hêtre touffu.

```
Haud mora : continuo matris præcepta facessit :
Ad delubra venit ; monstratas excitat aras :
Quattuor eximios præstanti corpore tauros          550
Ducit, et intacta totidem cervice juvencas,
Post, ubi nona suos aurora induxerat ortus,
Inferias Orphei mittit, lucumque revisit.
Hic vero, subitum ac dictu mirabile monstrum !
Adspiciunt liquefacta boum per viscera toto        555
Stridere apes utero, et ruptis effervere costis,
Immensasque trahi nubes, jamque arbore summa
Confluere, et lentis uvam demittere ramis.

Hæc super arvorum cultu pecorumque canebam,
Et super arboribus, Cæsar dum magnus ad altum     560
Fulminat Euphraten bello, victorque volentes
Per populos dat jura, viamque affectat Olympo.
Illo Virgilium me tempore dulcis alebat
Parthenope, studiis florentem ignobilis oti ;
Carmina qui lusi pastorum, audaxque juventa,       565
Tityre, te patulæ cecini sub tegmine fagi.
```

L'ÉNÉIDE

Traductions

DE VILLENAVE (POUR LES HUIT PREMIERS LIVRES)
ET D'AMAR (POUR LES QUATRE DERNIERS)

revues

PAR M. FÉLIX LEMAISTRE.

L'ÉNÉIDE

LIVRE PREMIER

Je chante les combats et ce héros qui, chassé de Troie par le destin, vint le premier en Italie, aux rives de Lavinium. Longtemps sur la terre et sur les mers il fut le jouet de la puissance des dieux, qu'excitait l'implacable colère de Junon. Longtemps aussi il eut à souffrir les maux de la guerre, avant qu'il pût fonder une ville, et transporter ses dieux dans le Latium : de là sont sortis la race latine, les rois d'Albe et les remparts de la superbe Rome.

Muse, rappelle-moi pour quelle offense à sa divinité, pour quel ressentiment, la reine des dieux poussa un héros, illustre par sa piété, à courir tant de hasards, à chercher tant de périls. Entre-t-il tant de haine dans l'âme des immortels!

Il fut une ville antique (des colons de Tyr la fondèrent) : Car-

LIBER PRIMUS.

Arma virumque cano, Trojæ qui primus ab oris
Italiam, fato profugus, Lavinia venit
Littora : multum ille et terris jactatus et alto,
Vi Superûm, sævæ memorem Junonis ob iram ;
Multa quoque et bello passus, dum conderet urbem,   5
Inferretque deos Latio : genus unde Latinum,
Albanique patres, atque altæ mœnia Romæ.
Musa, mihi causas memora, quo numine læso,
Quidve dolens regina deûm tot volvere casus
Insignem pietate virum, tot adire labores   10
Impulerit. Tantæne animis cœlestibus iræ!
Urbs antiqua fuit; Tyrii tenuere coloni:

thage, qui s'élevait sur la rive africaine opposée à l'Italie, et de loin regardait les bouches du Tibre ; elle était puissante par ses richesses, et redoutable par son ardeur guerrière. On dit que Junon la préférait au reste de la terre ; Samos même lui plaisait moins : là étaient ses armes et son char : en faire la reine des nations, si toutefois les destins le permettent, tels sont le but de ses efforts et l'espoir qu'elle caresse.

Mais elle avait appris qu'une race issue du sang troyen renverserait un jour les murs de Carthage ; qu'un peuple-roi, dominateur au loin, et superbe dans la guerre, viendrait pour la ruine de la Libye : tel était l'arrêt du destin.

A cette crainte de la fille de Saturne se joint le souvenir des combats qu'elle a livrés, sous les remparts d'Ilion, pour les Argiens qu'elle protège : dans son cœur demeurent profondément gravés le jugement de Pâris, l'injure de sa beauté méprisée, sa haine contre une race odieuse, l'enlèvement et les honneurs de Ganymède. Enflammée par ces outrages, elle repoussait loin du Latium les Troyens, jouets des flots, restes de la fureur des Grecs et de l'impitoyable Achille. Depuis longues années, poursuivis par le destin, ils erraient sur toutes les mers : tant était grande et lourde la tâche de fonder la puissance romaine !

  Carthago, Italiam contra, Tiberinaque longe
  Ostia, dives opum, studiisque asperrima belli :
  Quam Juno fertur terris magis omnibus unam   15
  Posthabita coluisse Samo : hic illius arma,
  Hic currus fuit ; hoc regnum dea gentibus esse,
  Si qua fata sinant, jam tum tenditque fovetque.
  Progeniem sed enim Trojano a sanguine duci
  Audierat, Tyrias olim quæ verteret arces ;   20
  Hinc populum, late regem, belloque superbum,
  Venturum excidio Libyæ : sic volvere Parcas.
  Id metuens, veterisque memor Saturnia belli,
  Prima quod ad Trojam pro caris gesserat Argis :
  Necdum etiam causæ irarum sævique dolores   25
  Exciderant animo ; manet alta mente repostum
  Judicium Paridis, spretæque injuria formæ,
  Et genus invisum, et rapti Ganymedis honores.
  His accensa super, jactatos æquore toto
  Troas, relliquias Danaûm atque immitis Achillei,   30
  Arcebat longe Latio ; multosque per annos
  Errabant acti fatis maria omnia circum.
  Tantæ molis erat Romanam condere gentem !

A peine les terres de Sicile disparaissaient aux regards des Troyens, qui, joyeux, dirigeaient leurs voiles vers la pleine mer, et de leurs proues d'airain fendaient les vagues écumantes ; quand Junon, qui garde au fond de son cœur son éternelle blessure : « Eh quoi ! dit-elle, moi, vaincue, j'abandonnerais ce que j'ai commencé ! je ne pourrais détourner des rivages de l'Italie le chef des Troyens ! les destins me le défendent ! Eh quoi ! Pallas a pu, pour la faute d'un seul, pour châtier les fureurs du fils d'Oïlée, brûler la flotte des Grecs, et les submerger au sein des vastes mers ! elle-même, lançant du haut des nues le feu rapide de Jupiter, a pu disperser leurs vaisseaux, bouleverser les ondes à l'aide des vents, enlever dans un tourbillon Ajax, dont la poitrine, transpercée par la foudre, vomissait la flamme, et l'attacher mourant au sommet aigu d'un rocher ! Et moi, qui marche reine des dieux, moi, la sœur et l'épouse de Jupiter, c'est en vain que, depuis tant d'années, je fais la guerre à une seule nation ! Qui voudra désormais adorer la divinité de Junon, et porter, en suppliant, des vœux à ses autels ? »

Roulant ces pensées dans son cœur enflammé, la déesse arrive dans l'Éolie, la patrie des nuages, en ces lieux pleins d'Autans furieux. C'est là que, roi de cet empire, Éole maîtrise et tient prisonniers, dans de vastes cavernes, les vents tumultueux et les

    Vix e conspectu Siculæ telluris in altum
    Vela dabant læti, et spumas salis ære ruebant,   35
    Quum Juno, æternum servans sub pectore vulnus,
    Hæc secum : « Mene incepto desistere victam !
    Nec posse Italia Teucrorum avertere regem !
    Quippe vetor fatis. Pallasne exurere classem
    Argivûm, atque ipsos potuit submergere ponto,   40
    Unius ob noxam et furias Ajacis Oilei !
    Ipsa, Jovis rapidum jaculata e nubibus ignem,
    Disjecitque rates, evertitque æquora ventis :
    Illum, exspirantem transfixo pectore flammas,
    Turbine corripuit, scopuloque infixit acuto :   45
    Ast ego, quæ divûm incedo regina, Jovisque
    Et soror et conjux, una cum gente tot annos
    Bella gero ! Et quisquam numen Junonis adoret
    Præterea, aut supplex aris imponat honorem ? »
    Talia flammato secum dea corde volutans,   50
    Nimborum in patriam, loca feta furentibus Austris,
    Æoliam venit. Hic vasto rex Æolus antro
    Luctantes ventos tempestatesque sonoras

bruyantes tempêtes, qui, indignés, frémissent aux portes et font retentir la montagne de leurs sifflements. Assis sur un roc élevé, et le sceptre à la main, Éole modère leur fougue et dompte leur furie. Autrement, entraînés dans leur vol rapide, les mers, la terre et les cieux rouleraient confondus et balayés dans l'espace : mais, craignant ce désordre, le père des dieux enferma les vents dans des antres profonds ; il entassa sur eux de lourdes masses et de hautes montagnes, et leur donna un roi qui, d'après des règles certaines, sût tantôt les retenir et tantôt leur lâcher les rênes.

C'est à lui que Junon suppliante s'adressa en ces termes : « Éole, roi des vents (car c'est à toi que le père des dieux et le maître des hommes a donné le pouvoir d'apaiser les flots et de les soulever), une race qui est mon ennemie navigue sur la mer Tyrrhénienne, portant en Italie Ilion et ses Pénates vaincus : déchaîne la fureur des vents, brise et submerge ses vaisseaux, ou disperse de toutes parts les Troyens, et couvre de leurs débris la mer irritée. J'ai quatorze nymphes d'une éclatante beauté : la plus belle de toutes, Deiopée, sera ta récompense : unie à toi par un lien indissoluble, elle t'appartiendra ; et pour prix d'un tel service, elle passera toutes ses années avec toi, et te rendra père de beaux enfants. »

  Imperio premit, ac vinclis et carcere frenat.
  Illi indignantes magno cum murmure montis   55
  Circum claustra fremunt. Celsa sedet Æolus arce,
  Sceptra tenens, mollitque animos, et temperat iras.
  Ni faciat, maria ac terras cælumque profundum
  Quippe ferant rapidi secum, verrantque per auras.
  Sed pater omnipotens speluncis abdidit atris,   60
  Hoc metuens; molemque et montes insuper altos
  Imposuit; regemque dedit, qui fœdere certo
  Et premere, et laxas sciret dare jussus habenas.
  Ad quem tum Juno supplex his vocibus usa est :
  « Æole (namque tibi divûm pater atque hominum rex   65
  Et mulcere dedit fluctus, et tollere vento,
  Gens inimica mihi Tyrrhenum navigat æquor,
  Ilium in Italiam portans, victosque Penates :
  Incute vim ventis, submersasque obrue puppes;
  Aut age diversos, et disjice corpora ponto.   70
  Sunt mihi bis septem præstanti corpore nymphæ,
  Quarum, quæ forma pulcherrima, Deiopeam
  Connubio jungam stabili, propriamque dicabo :
  Omnes ut tecum, meritis pro talibus, annos
  Exigat, et pulchra faciat te prole parentem. »   75

« Reine, répond Éole, à vous il appartient d'examiner ce que vous souhaitez, à moi d'exécuter vos ordres. C'est de vous que je tiens tout mon pouvoir ; c'est à vous que je dois mon sceptre et la faveur de Jupiter ; c'est vous qui me faites asseoir à la table des dieux, et c'est par vous que je commande aux nuages et aux tempêtes. »

Il dit, et, du revers de sa lance, il frappe le flanc du mont caverneux. Soudain, par cette issue, les vents, comme un bataillon tumultueux, se précipitent en tourbillons, et se répandent sur la terre en soufflant avec violence. L'Eurus, et le Notus, et l'Africus, fécond en orages, soulèvent dans leurs abîmes les ondes, et poussent vers les rivages les vastes flots. Alors s'élèvent confondus et les cris des nochers et le sifflement des cordages. La nue épaisse dérobe aux yeux des Troyens et le ciel et le jour : une nuit sombre s'étend sur les eaux ; les cieux tonnent; des feux redoublés sillonnent l'éther, et tout présente aux matelots une mort menaçante.

Dans ce danger, Énée sent ses membres glacés; il gémit, et, levant ses mains vers les cieux : « O trois et quatre fois heureux, s'écrie-t-il, ceux qui, sous les yeux de leurs parents, sont tombés sous les remparts de Troie ! O le plus vaillant des Grecs,

Æolus hæc contra : « Tuus, o regina, quid optes
Explorare labor ; mihi jussa capessere fas est.
Tu mihi, quodcumque hoc regni, tu sceptra Jovemque
Concilias ; tu das epulis accumbere divûm,
Nimborumque facis tempestatumque potentem. »   80
Hæc ubi dicta, cavum conversa cuspide montem
Impulit in latus; ac venti, velut agmine facto,
Qua data porta, ruunt, et terras turbine perflant.
Incubuere mari, totumque a sedibus imis
Una Eurusque Notusque ruunt, creberque procellis   85
Africus, et vastos volvunt ad littora fluctus.
Insequitur clamorque virûm stridorque rudentûm.
Eripiunt subito nubes cœlumque diemque
Teucrorum ex oculis; ponto nox incubat atra.
Intonuere poli, et crebris micat ignibus æther;   90
Præsentemque viris intentant omnia mortem.
Extemplo Æneæ solvuntur frigore membra :
Ingemit, et, duplices tendens ad sidera palmas,
Talia voce refert : « O terque quaterque beati,
Queis ante ora patrum, Trojæ sub mœnibus altis,   95
Contigit oppetere! O Danaûm fortissime gentis

fils de Tydée, que n'ai-je pu périr dans les champs d'Ilion, et expirer sous tes coups, aux lieux où le vaillant Hector tomba sous le glaive d'Achille, où fut enseveli le grand Sarpedon, où le Simoïs engloutit et roula dans ses ondes tant de boucliers et tant de casques, et les corps de tant de héros! »

Tandis qu'il parle ainsi, l'orageux Aquilon siffle et frappe en plein la voile, et lance les flots vers les astres. Les rames se brisent, la proue se détourne et présente aux flots le flanc du navire; les ondes pressées s'amoncellent et s'élèvent en montagnes. A la cime des vagues les uns sont suspendus ; les autres découvrent la terre dans le sein de la mer qui s'entr'ouvre : le sable bouillonne avec fureur. Trois vaisseaux qu'emporte le Notus sont jetés sur ces rochers cachés sous l'onde, que l'Italie nomme les Autels, et dont le dos immense se prolonge jusqu'à la surface des eaux. Entraînés par l'Eurus, trois autres navires (ô spectacle déplorable!) sont lancés sur des syrtes, brisés sur les écueils, et ceints d'un rempart de sables mouvants.

Une nef, qui portait les Lyciens et le fidèle Oronte, est assaillie, sous les yeux d'Énée, par une vague énorme qui s'élève au-dessus de ses flancs et retombe sur la poupe. Le pilote chancelle, tombe et roule, la tête en avant, dans les flots. Le navire tourne trois fois sur lui-même, et un rapide tourbillon l'engloutit

> Tydide, mene Iliacis occumbere campis
> Non potuisse, tuaque animam hanc effundere dextra,
> Sævus ubi Æacidæ telo jacet Hector, ubi ingens
> Sarpedon, ubi tot Simois correpta sub undis   100
> Scuta virum galeasque et fortia corpora volvit! »
> Talia jactanti stridens Aquilone procella
> Velum adversa ferit, fluctusque ad sidera tollit.
> Franguntur remi; tum prora avertit, et undis
> Dat latus : insequitur cumulo præruptus aquæ mons. 105
> Hi summo in fluctu pendent; his unda dehiscens
> Terram inter fluctus aperit : furit æstus arenis.
> Tres Notus abreptas in saxa latentia torquet :
> Saxa vocant Itali, mediis quæ in fluctibus, Aras.
> Dorsum immane mari summo. Tres Eurus ab alto 110
> In brevia et syrtes urget (miserabile visu!),
> Illiditque vadis, atque aggere cingit arenæ.
> Unam, quæ Lycios fidumque vehebat Orontem,
> Ipsius ante oculos ingens a vertice pontus
> In puppim ferit : excutitur, pronusque magister 115
> Volvitur in caput; ast illam ter fluctus ibidem
> Torquet agens circum, et rapidus vorat æquore vortex.

dans le gouffre. Quelques malheureux apparaissent nageant sur le vaste abîme : des armes, des planches et les trésors de Troie flottent sur les ondes. Déjà le solide navire d'Ilionée, déjà celui du généreux Achate, et ceux qui portent Abas et le vieil Aléthès sont vaincus par la tempête : leurs flancs disjoints reçoivent l'onde ennemie, et s'entr'ouvrent de toutes parts.

Cependant, aux mugissements de l'onde irritée, Neptune s'aperçoit que la tempête est déchaînée, et que la mer est agitée jusque dans ses profondeurs. Vivement ému, il lève son front calme au-dessus des vagues, et, promenant son regard sur la vaste étendue, il voit les vaisseaux d'Énée dispersés sur la mer et les Troyens accablés par les flots et par le ciel qui semble fondre sur eux. Les artifices et les fureurs de Junon n'échappent point à son frère. Il appelle Eurus et Zéphyre : « Tant d'audace, dit-il, vous vient-elle de votre origine ? Vents rebelles, vous osez sans mon ordre agiter le ciel et la terre, et soulever ces énormes masses d'eau ! Je devrais vous... Mais, avant tout, il faut calmer les flots émus. Dorénavant, pour un tel attentat, vous recevrez un autre châtiment. Fuyez, et dites à votre roi que ce n'est pas à lui, mais à moi que sont échus l'empire des mers et le trident redoutable. Maître des immenses cavernes qui sont, Eurus, votre

Apparent rari nautes in gurgite vasto ;
Arma virûm, tabulæque, et Troia gaza per undas.
Jam validam Ilionei navem, jam fortis Achatæ,   120
Et qua vectus Abas, et qua grandævus Alethes,
Vicit hiems ; laxis laterum compagibus omnes
Accipiunt inimicum imbrem, rimisque fatiscunt.
Interea magno misceri murmure pontum,
Emissamque hiemem sensit Neptunus, et imis   125
Stagna refusa vadis : graviter commotus, et alto
Prospiciens, summa placidum caput extulit unda.
Disjectam Æneæ toto videt æquore classem,
Fluctibus oppressos Troas cœlique ruina.
Nec latuere doli fratrem Junonis et iræ.   13
Eurum ad se Zephyrumque vocat ; dehinc talia fatur :
« Tantane vos generis tenuit fiducia vestri ?
Jam cœlum terramque, meo sine numine, venti,
Miscere, et tantas audetis tollere moles !
Quos ego... Sed motos præstat componere fluctus.   135
Post mihi non simili pœna commissa luetis.
Maturate fugam, regique hæc dicite vestro :
Non illi imperium pelagi sævumque tridentem,
Sed mihi sorte datum. Tenet ille immania saxa,

demeure, qu'Éole se pavane dans ce palais, et qu'il règne dans la prison où les vents doivent être enfermés. »

Il dit, et soudain il abaisse et calme les flots enflés, chasse les nues amoncelées, ramène le soleil ; et tandis qu'unissant leurs efforts, Cymothoé et Triton dégagent les navires suspendus aux pointes des rochers, lui-même il les soulève de son trident, ouvre les vastes syrtes, aplanit les ondes, et des roues légères de son char effleure la surface des mers. Ainsi, quand la sédition s'élève dans une grande cité, et qu'une vile multitude se livre à son emportement, les brandons et les pierres volent de toutes parts, et la fureur arme tous les bras. Mais qu'en ce moment paraisse un homme respectable par sa piété et par les services rendus à sa patrie, tout se tait; la foule s'empresse pour l'entendre ; toutes les oreilles sont attentives : il parle, et sa parole gouverne les esprits et soumet les cœurs. Ainsi tombe tout le bruit des vagues, dès que le dieu jette un regard sur la mer, et que, sous un ciel devenu serein, il presse ses coursiers et fait voler son char sur la plaine liquide. Les Troyens fatigués s'efforcent de gagner le prochain rivage, et se dirigent vers les bords de la Libye. Là, dans une baie profonde, est une île dont les flancs sont disposés de manière à former un port. Les flots viennent de la haute mer s'y briser, et se divisent ensuite en se

  Vestras, Eure, domos; illa se jactet in aula   140
  Æolus, et clauso ventorum carcere regnet. »
  Sic ait, et dicto citius tumida æquora placat,
  Collectasque fugat nubes, solemque reducit.
  Cymothoe, simul et Triton adnixus, acuto
  Detrudunt naves scopulo : levat ipse tridenti,   145
  Et vastas aperit syrtes, et temperat æquor,
  Atque rotis summas levibus perlabitur undas.
  Ac veluti magno in populo quum sæpe coorta est
  Seditio, sævitque animis ignobile vulgus,
  Jamque faces et saxa volant; furor arma ministrat :   150
  Tum, pietate gravem ac meritis si forte virum quem
  Conspexere, silent, arrectisque auribus adstant;
  Ille regit dictis animos, et pectora mulcet :
  Sic cunctus pelagi cecidit fragor, æquora postquam
  Prospiciens genitor, cœloque invectus aperto,   155
  Flectit equos, curruque volans dat lora secundo.
  Defessi Æneadæ, quæ proxima, littora cursu
  Contendunt petere, et Libyæ vertuntur ad oras.
  Est in secessu longo locus : insula portum
  Efficit objectu laterum, quibus omnis ab alto   160

repliant sur eux-mêmes. De l'un et l'autre côté s'élèvent de vastes rochers dont la cime menace les cieux, et, sous l'abri desquels la mer inoffensive se repose en silence. Au-dessus, s'élève en amphithéâtre une épaisse forêt aux feuilles frémissantes, qui étend sur la baie l'horreur de ses ténèbres. Du côté opposé, des rochers suspendus forment une grotte qui renferme des eaux douces, et dont la roche vive forme des bancs : cette grotte semble la demeure des nymphes. Là, les navires fatigués par les orages ne sont ni retenus par aucun lien, ni enchaînés par la dent recourbée de l'ancre. C'est là qu'Énée se réfugie avec sept vaisseaux, les seuls de sa flotte qu'il ait pu réunir. Empressés de toucher la terre, les Troyens s'élancent, s'emparent du rivage tant désiré, et reposent sur la grève leurs membres ruisselants d'eau salée.

D'abord Achate, d'un caillou qu'il frappe, fait jaillir l'étincelle : il la reçoit sur des feuilles desséchées, rassemble, pour nourrir le feu, des branches arides, et bientôt de ce foyer la flamme s'élève. Puis, les Troyens, pressés par le besoin, retirent des vaisseaux les grains que l'onde a pénétrés, et les instruments de Cérès ; ils font sécher le blé sauvé du naufrage, et se préparent à le broyer sous la pierre.

Cependant Énée gravit un rocher et promène au loin un regard inquiet sur toute l'étendue des mers. Il cherche s'il apercevra

 Frangitur, inque sinus scindit sese unda reductos.
 Hinc atque hinc vastæ rupes, geminique minantur
 In cœlum scopuli, quorum sub vertice late
 Æquora tuta silent ; tum silvis scena coruscis
 Desuper, horrentique atrum nemus imminet umbra. 165
 Fronte sub adversa scopulis pendentibus antrum ;
 Intus aquæ dulces, vivoque sedilia saxo,
 Nympharum domus. Hic fessas non vincula naves
 Ulla tenent, unco non alligat anchora morsu.
 Huc septem Æneas collectis navibus omni   170
 Ex numero subit ; ac, magno telluris amore
 Egressi, optata potiuntur Troes arena,
 Et sale tabentes artus in littore ponunt.
 Ac primum silici scintillam excudit Achates,
 Suscepitque ignem foliis, atque arida circum   175
 Nutrimenta dedit, rapuitque in fomite flammam.
 Tum Cererem corruptam undis, Cerealiaque arma
 Expediunt fessi rerum ; frugesque receptas
 Et torrere parant flammis et frangere saxo.
 Æneas scopulum interea conscendit, et omnem   180
 Prospectum late pelago petit ; Anthea si qua

par hasard Anthée, dont le vaisseau est devenu le jouet des vents, et les birèmes phrygiennes, ou Capys, ou les armes de Caïcus sur sa poupe élevée. De vaisseau, il n'en aperçoit aucun ; mais il voit trois cerfs errants sur la plage ; ils sont suivis par d'autres qui paissent, en long troupeau, dans la vallée. Il s'arrête, saisit son arc et ses flèches rapides que porte le fidèle Achate ; et d'abord il renverse les trois chefs du troupeau, dont la tête élevée portait une haute ramure ; puis il disperse les autres et poursuit de ses traits la troupe entière à travers les bois épais ; et il ne s'arrête qu'après avoir abattu sept des cerfs les plus grands, et égalé ainsi leur nombre à celui de ses vaisseaux.

Il regagne le port, et partage le produit de sa chasse entre ses compagnons. Il leur distribue aussi le vin dont le généreux Aceste chargea les navires troyens au départ de la Sicile, et console en ces mots leurs cœurs affligés : « Chers compagnons, ce n'est pas d'aujourd'hui que nous connaissons les revers ; nous en avons souffert de plus grands : un dieu donnera encore fin à notre malheur présent. Vous avez vu de près la rage de Scylla et ses rochers mugissants. Vous avez affronté les antres des Cyclopes. Rappelez votre courage ; chassez la triste crainte : peut-être qu'un jour ces souvenirs auront pour vous des charmes. Enfin, à tra-

    Jactatum vento videat, Phrygiasque biremes,
    Aut Capyn, aut celsis in puppibus arma Caici.
    Navem in conspectu nullam ; tres littore cervos
    Prospicit errantes : hos tota armenta sequuntur   185
    A tergo, et longum per valles pascitur agmen.
    Constitit hic, arcumque manu celeresque sagittas
    Corripuit, fidus quæ tela gerebat Achates ;
    Ductoresque ipsos primum, capita alta ferentes
    Cornibus arboreis, sternit ; tum vulgus, et omnem   190
    Miscet agens telis nemora inter frondea turbam.
    Nec prius absistit quam septem ingentia victor
    Corpora fundat humi, et numerum cum navibus æquet.
    Hinc portum petit, et socios partitur in omnes.
    Vina bonus quæ deinde cadis onerârat Acestes   195
    Littore Trinacrio, dederatque abeuntibus heros,
    Dividit, et dictis mœrentia pectora mulcet :
    « O socii (neque enim ignari sumus ante malorum
    O passi graviora : dabit deus his quoque finem.
    Vos et Scyllæam rabiem, penitusque sonantes   200
    Accestis scopulos ; vos et Cyclopea saxa
    Experti : revocate animos, mœstumque timorem
    Mittite : forsan et hæc olim meminisse juvabit.

vers tant de hasards et tant de dangers, nous marchons vers le Latium, où les destins nous montrent des demeures paisibles. C'est là qu'il nous sera permis de relever l'empire de Troie. Soyez patients, et réservez-vous pour cet heureux avenir. »

Ainsi parle Énée. Au milieu des cruels soucis qui le dévorent, son visage feint l'espoir, et son cœur cache une douleur profonde. Les Troyens préparent leur proie et les mets du festin qui les attend. Ils dépouillent les côtes, et mettent à nu les entrailles. Les uns les divisent en parties, et enfoncent la broche aiguë dans les chairs palpitantes; les autres disposent sur le rivage des vases d'airain, et attisent le feu qui les entoure. Bientôt une ample nourriture répare leurs forces épuisées. Couchés sur l'herbe, les Troyens se rassasient de grasse venaison et de vieux vin. Quand le repas a chassé la faim, et que les tables ont été enlevées, ils déplorent dans de longs entretiens la perte de leurs compagnons. Partagés entre l'espoir et la crainte, ils doutent s'ils vivent encore, ou si, ayant trouvé leur dernière journée, ils ne sont pas sourds à la voix qui les appelle. Le pieux Énée surtout gémit, tantôt sur le sort de l'ardent Oronte, tantôt sur celui d'Amycus. Il déplore en secret les cruels destins de Lycus, et du brave Gyas et du brave Cloanthe.

Les plaintes avaient cessé, quand, du haut de l'Olympe, le

Per varios casus, per tot discrimina rerum,
Tendimus in Latium, sedes ubi fata quietas   205
Ostendunt; illic fas regna resurgere Trojæ.
Durate, et vosmet rebus servate secundis. »
Talia voce refert; curisque ingentibus æger
Spem vultu simulat, premit altum corde dolorem.
Illi se prædæ accingunt dapibusque futuris;   210
Tergora diripiunt costis, et viscera nudant :
Pars in frusta secant, verubusque trementia figunt;
Littore ahena locant alii, flammasque ministrant.
Tum victu revocant vires; fusique per herbam
Implentur veteris Bacchi pinguisque ferinæ.   215
Postquam exempta fames epulis, mensæque remotæ,
Amissos longo socios sermone requirunt;
Spemque metumque inter dubii, seu vivere credant,
Sive extrema pati, nec jam exaudire vocatos.
Præcipue pius Æneas, nunc acris Oronti,   220
Nunc Amyci casum gemit, et crudelia secum
Fata Lyci, fortemque Gyan, fortemque Cloanthum.
Et jam finis erat, quum Jupiter æthere summo

souverain des dieux, regardant la mer et ses longs rivages, la terre et toutes les nations qui l'habitent, s'arrête au sommet de la voûte éthérée, et fixe ses regards sur le royaume de Libye. Tandis que ces soins occupent son esprit, Vénus affligée l'aborde, ses beaux yeux mouillés de larmes, et lui adresse ce discours : « O toi dont les volontés éternelles gouvernent les hommes et les dieux, toi dont les foudres effraient l'univers, quel si grand crime mon Énée et les Troyens ont-ils pu commettre envers toi ? Faut-il, après tant de funérailles, que, pour les éloigner de l'Italie, le monde entier leur soit fermé ? Et cependant, c'est du sang de Teucer, qu'un jour, dans la suite des temps, doivent naître les Romains dont la domination absolue s'étendra sur la terre et sur les mers. Vous l'aviez promis, ô mon père ! votre résolution est-elle changée ? Dans cet espoir, je me consolais de la chute et des tristes ruines de Troie, en opposant des destins enfin propices à des destins si longtemps contraires. Mais aujourd'hui, après tant de malheurs, la même fortune poursuit les Troyens. Quel terme, grand roi, assignez-vous à leurs travaux ? Antenor, échappé du milieu des Grecs, a pu pénétrer dans le golfe d'Illyrie, traverser sans péril les terres des Liburniens, et franchir les sources du Timave, qui, par neuf bouches à la fois,

```
          Despiciens mare velivolum, terrasque jacentes,
          Littoraque, et latos populos, sic vertice cœli      225
          Constitit, et Libyæ defixit lumina regnis.
          Atque illum tales jactantem pectore curas
          Tristior, et lacrymis oculos suffusa nitentes,
          Alloquitur Venus : « O qui res hominumque deûmque
          Æternis regis imperiis, et fulmine terres,           230
          Quid meus Æneas in te committere tantum,
          Quid Troes potuere, quibus tot funera passis
          Cunctus ob Italiam terrarum clauditur orbis ?
          Certe hinc Romanos olim, volventibus annis,
          Hinc fore ductores, revocato a sanguine Teucri,      235
          Qui mare, qui terras omni ditione tenerent,
          Pollicitus : quæ te, genitor, sententia vertit ?
          Hoc equidem occasum Trojæ tristesque ruinas
          Solabar, fatis contraria fata rependens.
          Nunc eadem fortuna viros tot casibus actos           240
          Insequitur : quem das finem, rex magne, laborum ?
          Antenor potuit, mediis elapsus Achivis,
          Illyricos penetrare sinus atque intima tutus
          Regna Liburnorum, et fontem superare Timavi,
          Unde per ora novem vasto cum murmure montis          245
```

sort en mugissant de la montagne, tel qu'une mer impétueuse, et presse la plaine de ses flots retentissants. C'est là qu'Anténor a fondé pour les enfants de Teucer la ville de Patavium, donné son nom à sa colonie, et suspendu les armes de Troie : maintenant il repose dans la paix du tombeau. Et nous qui sommes vos enfants, nous à qui furent promises les demeures célestes, abandonnés à la colère d'une seule ennemie, nous sommes, ô malheur! privés de nos vaisseaux, et rejetés loin des bords de l'Italie! Est-ce là le prix de la piété? Est-ce donc ainsi que vous relevez notre empire? »

Le père des dieux et des hommes, souriant à la déesse avec ce visage qui rend le ciel serein et calme les tempêtes, effleure d'un baiser les lèvres de sa fille, et lui parle en ces termes : « Cythérée, calme ta crainte : les destinées des tiens demeurent immuables. Tu verras cette ville et ces murs de Lavinium qui te sont promis, et tu élèveras jusqu'aux astres le magnanime Énée. Rien n'est changé dans ma résolution; mais, puisque de tels soucis t'agitent, je vais dérouler à tes yeux, dans tout leur cours, les secrets du destin. Énée soutiendra en Italie une grande guerre; il domptera des peuples belliqueux, leur donnera des villes et des lois jusqu'à ce que trois étés l'aient vu régner dans le Latium, et que trois hivers se soient écoulés depuis la soumission des

>It mare proruptum, et pelago premit arva sonanti.
>Hic tamen ille urbem Patavi sedesque locavit
>Teucrorum, et genti nomen dedit, armaque fixit
>Troia; nunc placida compostus pace quiescit.
>Nos, tua progenies, cœli quibus annuis arcem,   250
>Navibus (infandum!) amissis, unius ob iram
>Prodimur, atque Italis longe disjungimur oris.
>Hic pietatis honos? sic nos in sceptra reponis?»
>Olli subridens hominum sator atque deorum,
>Vultu quo cœlum tempestatesque serenat,   255
>Oscula libavit natæ; dehinc talia fatur :
>« Parce metu, Cytherea; manent immota tuorum
>Fata tibi : cernes urbem et promissa Lavini
>Mœnia, sublimemque feres ad sidera cœli
>Magnanimam Æneam, neque me sententia vertit.   260
>Hic (tibi fabor enim, quando hæc te cura remordet,
>Longius et volvens fatorum arcana movebo)
>Bellum ingens geret Italia, populosque feroces
>Contundet, moresque viris et mœnia ponet,
>Tertia dum Latio regnantem viderit æstas,   265
>Ternaque transierint Rutulis hiberna subactis.

Rutules. Alors son fils Ascagne, qui maintenant porte le surnom d'Iule (il s'appelait Ilus quand Ilion et sa gloire étaient debout), remplira de son règne le long cercle de mois qui forme trente années. Il transportera le siége de l'empire hors de Lavinium, et ceindra de puissantes murailles Albe-la-Longue. Là, durant trois cents ans, règnera la race d'Hector, jusqu'à ce qu'une prêtresse, du sang des rois, Ilia, fécondée par le dieu Mars, enfante deux jumeaux. Fier de porter la dépouille sauvage d'une louve, sa nourrice, Romulus recevra le sceptre, bâtira la ville de Mars, et donnera son nom aux Romains. Je n'assigne aucun terme à la durée de ce peuple, aucune limite à sa puissance : je lui ai donné un empire sans fin. L'implacable Junon elle-même, qui fatigue aujourd'hui de ses craintes et la terre, et la mer, et les cieux, reviendra à de plus doux sentiments, et, avec moi, protégera la nation qui porte la toge, les Romains, maîtres de l'univers : telle est ma volonté. Dans la suite des âges, viendra le jour où les descendants d'Assaracus presseront du joug la ville de Phthie et la célèbre Mycènes, et domineront vainqueurs dans Argos. Du sang le plus illustre des Troyens naîtra César, dont l'empire n'aura de bornes que l'Océan, et dont la renommée montera jusqu'aux astres : c'est du grand nom d'Iule qu'il tirera le sien.

```
       At puer Ascanius, cui nunc cognomen Iulo
       Additur (Ilus erat, dum res stetit Ilia regno),
       Triginta magnos volvendis mensibus orbes
       Imperio explebit, regnumque ab sede Lavini         270
       Transferet, et longam multa vi muniet Albam.
       Hic jam ter centum totos regnabitur annos
       Gente sub Hectorea, donec regina sacerdos,
       Marte gravis, geminam partu dabit Ilia prolem.
       Inde lupæ fulvo nutricis tegmine lætus             275
       Romulus excipiet gentem, et Mavortia condet
       Mœnia, Romanosque suo de nomine dicet.
       His ego nec metas rerum nec tempora pono ;
       Imperium sine fine dedi. Quin aspera Juno,
       Quæ mare nunc, terrasque metu cœlumque fatigat,   280
       Consilia in melius referet, mecumque fovebit
       Romanos rerum dominos, gentemque togatam.
       Sic placitum. Veniet lustris labentibus ætas,
       Quum domus Assaraci Phthiam clarasque Mycenas
       Servitio premet, ac victis dominabitur Argis.      285
       Nascetur pulcha Trojanus origine Cæsar,
       Imperium Oceano, famam qui terminet astris,
       Julius, a magno demissum nomen Iulo.
```

Toi-même un jour, plus tranquille, tu recevras dans l'Olympe ce héros chargé des dépouilles de l'Orient, et les mortels lui élèveront des autels. Alors des siècles rudes et grossiers s'adouciront dans la paix. L'antique probité, Vesta, Remus et Quirinus son frère, donneront au monde des lois. Les redoutables portes de la Guerre seront fermées par des chaînes de fer, et la Fureur impie, assise dans le temple sur un faisceau d'armes homicides, les mains liées derrière le dos par cent nœuds d'airain, frémira de rage, horrible et la bouche sanglante. »

Il dit ; et, du haut de l'Olympe, il envoie le fils de Maïa préparer aux Troyens l'hospitalité sur le sol et dans les remparts de la nouvelle Carthage ; car il craint qu'ignorant l'ordre du destin, Didon ne les éloigne de ses états. Le dieu, déployant ses ailes rapides, fend les plaines de l'éther, et bientôt il atteint les rivages de Libye ; il exécute les ordres qu'il a reçus. Déjà les Phéniciens déposent, à son gré, la rudesse de leur caractère ; déjà leur reine prend pour les Troyens des dispositions pacifiques et des sentiments favorables.

Cependant, le pieux Énée, agité, durant la nuit, de mille pensers divers, résolut, dès que la douce lumière chassa les ténèbres, de parcourir et de visiter ces rivages nouveaux, de reconnaître sur quelles côtes les vents l'ont jeté, et si cette terre, qu'il voit

    Hunc tu olim cœlo, spoliis Orientis onustum,
    Accipies secura : vocabitur hic quoque votis.   290
    Aspera tum positis mitescent sæcula bellis.
    Cana fides, et Vesta, Remo cum fratre Quirinus,
    Jura dabunt ; diræ ferro et compagibus arctis
    Claudentur Belli portæ ; Furor impius intus,
    Sæva sedens super arma, et centum vinctus ahenis   295
    Post tergum nodis, fremet horridus ore cruento. »
    Hæc ait : et Maia genitum demittit ab alto,
    Ut terræ, utque novæ pateant Carthaginis arces
    Hospitio Teucris : ne fati nescia Dido
    Finibus arceret. Volat ille per aera magnum   300
    Remigio alarum, ac Libyæ citus adstitit oris.
    Et jam jussa facit ; ponuntque ferocia Pœni
    Corda, volente deo : in primis regina quietum
    Accipit in Teucros animum mentemque benignam.
    At pius Æneas, per noctem plurima volvens,   305
    Ut primum lux alma data est, exire, locosque
    Explorare novos ; quas vento accesserit oras,
    Qui teneant (nam inculta videt), hominesne, feræne,

inculte, a pour habitants des hommes ou des bêtes sauvages, et d'en faire un fidèle récit à ses compagnons. Il cache ses vaisseaux dans un enfoncement de la forêt, sous une roche creuse, que des arbres touffus couvrent d'une sombre horreur. Il part accompagné du seul Achate, et dans sa main se balancent deux javelots armés d'un large fer.

Au milieu de la forêt, sa mère s'offre à ses yeux ; elle a les traits, les vêtements et les armes d'une vierge de Sparte : telle, l'amazone de Thrace, Harpalyce, fatigue ses coursiers et devance l'Eurus dans son vol rapide. L'arc léger des nymphes chasseresses est suspendu à son épaule ; ses cheveux flottent au gré des vents ; et, sur son genou découvert, un nœud relève les plis de sa robe ondoyante.

« Jeunes gens, dit-elle, le hasard vous a-t-il fait rencontrer en ces lieux une de mes sœurs, ornée d'un carquois, couverte de la peau tachetée d'un lynx, et peut-être pressant de ses cris la course d'un sanglier écumant ? » Ainsi parle Vénus, et son fils lui répond : « Aucune de vos compagnes n'a été ni rencontrée, ni entendue par nous, ô vierge ; quel nom faut-il vous donner? car, ni votre air, ni votre voix ne sont d'une mortelle. Déesse sans aucun doute, êtes-vous la sœur d'Apollon, ou du sang des

```
    Quærere constituit, sociisque exacta referre.
    Classem in convexo nemorum, sub rupe cavata,        310
    Arboribus clausam circum atque horrentibus umbris
    Occulit ; ipse uno graditur comitatus Achate,
    Bina manu lato crispans hastilia ferro.
    Cui mater media sese tulit obvia silva,
    Virginis os habitumque gerens, et virginis arma     315
    Spartanæ ; vel qualis equos Threissa fatigat
    Harpalyce, volucremque fuga prævertitur Eurum.
    Namque humeris de more habilem suspenderat arcum
    Venatrix, dederatque comam diffundere ventis,
    Nuda genu, nodoque sinus collecta fluentes.         320
    Ac prior : « Heus ! inquit, juvenes, monstrate mearum
    Vidistis si quam hic errantem forte sororum,
    Succinctam pharetra et maculosæ tegmine lyncis,
    Aut spumantis apri cursum clamore prementem. »
    Sic Venus ; et Veneris contra sic filius orsus :    325
    « Nulla tuarum audita mihi, neque visa sororum,
    O, quam te memorem ? virgo ; namque haud tibi vultus
    Mortalis, nec vox hominem sonat : o dea certe ;
    An Phœbi soror  an nympharum sanguinis una ?
```

nymphes ? Qui que vous soyez, montrez-vous propice, et allégez le poids de nos malheurs. Dites-nous sous quel ciel et sur quels rivages nous sommes jetés : poussés sur ces bords par les vents et les flots, nous errons, ignorant et ces lieux et leurs habitants. Nos mains feront tomber, sur vos autels, de nombreuses victimes. »

« Non, dit la déesse, ces honneurs ne me sont pas dus. C'est l'usage des vierges de Tyr de porter le carquois et de chausser le cothurne de pourpre. Vous voyez ici le royaume de Phénicie, une ville bâtie par les Tyriens et les enfants d'Agénor. Plus loin, sont les Libyens, peuple indomptable dans la guerre. Didon, qui, pour fuir un frère perfide, s'est éloignée de Tyr, gouverne cet empire. La longue histoire de ses malheurs demanderait un long récit : j'en effleurerai seulement les faits principaux.

« Sichée, le plus riche des Phéniciens, était l'époux de Didon, et l'infortunée l'aimait d'un amour tendre. C'est à lui que, vierge encore, elle avait été donnée par son père, et unie sous les premiers auspices de l'hymen. Mais, dans Tyr, régnait Pygmalion, frère de Sichée, et le plus féroce des mortels. La Discorde, avec ses fureurs, vint au milieu des deux frères. Aveuglé par la passion de l'or, impie envers les dieux, et sans égard pour sa sœur, Pygmalion surprend Sichée sans défense, et l'égorge en secret

>   Sis felix, nostrumque leves, quæcumque, laborem :   330
>   Et, quo sub cœlo tandem, quibus orbis in oris
>   Jactemur, doceas. Ignari hominumque locorumque
>   Erramus, vento huc et vastis fluctibus acti.
>   Multa tibi ante aras nostra cadet hostia dextra. »
>   Tum Venus : « Haud equidem tali me dignor honore.   335
>   Virginibus Tyriis mos est gestare pharetram,
>   Purpureoque alte suras vincire cothurno.
>   Punica regna vides, Tyrios et Agenoris urbem :
>   Sed fines Libyci, genus intractabile bello.
>   Imperium Dido Tyria regit urbe profecta,   340
>   Germanum fugiens. Longa est injuria, longæ
>   Ambages ; sed summa sequar fastigia rerum.
>   Huic conjux Sichæus erat, ditissimus agri
>   Phœnicum, et magno miseræ dilectus amore :
>   Cui pater intactam dederat, primisque jugarat   345
>   Ominibus. Sed regna Tyri germanus habebat
>   Pygmalion, scelere ante alios immanior omnes.
>   Quos inter medius venit Furor. Ille Sichæum
>   Impius ante aras, atque auri cæcus amore,
>   Clam ferro incautum superat securus amorum   350

au pied des autels. Longtemps il céla son crime ; longtemps, par mille impostures, il abusa d'un faux espoir une amante désolée. Mais, une nuit, apparut en songe à Didon l'ombre de son époux privé de sépulture : le visage couvert d'une affreuse paleur, il lui montre l'autel sanglant, son sein percé d'un glaive, et dévoile le crime secret commis dans le palais. Il conseille, loin de la patrie, une fuite rapide, et, pour la rendre plus facile, il découvre de vieux trésors confiés à la terre, amas ignoré d'argent et d'or. Dans son effroi, Didon prépare tout pour le départ, et cherche des compagnons. Près d'elle se rassemblent ceux qu'excite la haine contre le tyran, et ceux que la crainte décide. Le hasard leur offre des vaisseaux prêts à mettre à la voile : ils s'en emparent, et les chargent d'or. Les richesses de l'avare Pygmalion sont emportées sur les mers : c'est une femme qui a tout ordonné et tout conduit. Ils arrivent aux lieux où vous allez voir s'élever les remparts de la nouvelle Carthage. C'est là qu'ils ont acheté autant d'espace que les lanières d'un cuir de taureau peuvaient en embrasser : ce qui a fait donner à la ville le nom de Byrsa. Mais vous, enfin, qui êtes-vous? de quels bords êtes-vous partis? où se dirigent vos pas? » A ces questions, Énée soupire, et du fond de sa poitrine tire ces paroles :

>   Germanæ ; factumque diu celavit, et ægram,
>   Multa malus simulans, vana spe lusit amantem.
>   Ipsa sed in somnis inhumati venit imago
>   Conjugis, ora modis attollens pallida miris ;
>   Crudeles aras trajectaque pectora ferro   355
>   Nudavit, cæcumque domûs scelus omne retexit.
>   Tum celerare fugam patriaque excedere suadet,
>   Auxiliumque viæ veteres tellure recludit
>   Thesauros, ignotum argenti pondus et auri.
>   His commota fugam Dido sociosque parabat.   360
>   Conveniunt quibus aut odium crudele tyranni,
>   Aut metus acer erat : naves, quæ forte paratæ,
>   Corripiunt, onerantque auro : portantur avari
>   Pygmalionis opes pelago ; dux femina facti.
>   Devenere locos, ubi nunc ingentia cernes   365
>   Mœnia, surgentemque novæ Carthaginis arcem ;
>   Mercatique solum, facti de nomine Byrsam,
>   Taurino quantum possent circumdare tergo.
>   Sed vos qui tandem? quibus aut venistis ab oris?
>   Quove tenetis iter? » Quærenti talibus ille   370
>   Suspirans, imoque trahens a pectore vocem

« O déesse, si je remontais à la source de nos malheurs, et que vous eussiez le loisir d'en écouter l'histoire, avant la fin de ce récit, Vesper aurait fermé l'Olympe et les portes du jour.

« Partis de l'antique Troie, (si par hasard le nom de Troie est venu jusqu'à vos oreilles), nous avons erré longtemps de mers en mers, et la tempête enfin nous a jetés sur les côtes de la Libye.

« Je suis le pieux Énée, qui emporte avec moi, sur mes vaisseaux, les dieux de Troie enlevés à ses vainqueurs. La renommée a porté mon nom jusqu'aux astres. Je cherche l'Italie, berceau de mes aïeux : car je tire mon origine du grand Jupiter. Je suis parti des mers de la Phrygie avec vingt vaisseaux : la déesse, ma mère, me montrant le chemin, j'allais où les destins m'appellent. A peine sept navires me restent, cruellement secoués par les vents et par les ondes. Moi-même, inconnu sur cette plage, dénué de tout, je suis errant dans ces déserts, repoussé de l'Asie et de l'Europe. »

Vénus ne peut entendre plus longtemps son fils déplorer ses malheurs ; et, interrompant ses douloureuses plaintes : « Qui que vous soyez, dit-elle, les dieux, je le crois, ne vous sont point contraires, puisqu'ils vous ont conduit à la ville des Tyriens. Poursuivez donc votre route, et rendez-vous au palais de la reine ; car je vous annonce le retour de vos compagnons et de vos vaisseaux, si toutefois mes parents ne m'ont pas vainement

```
« O dea, si prima repetens ab origine pergam,
Et vacet annales nostrorum audire laborum,
Ante diem clauso componet Vesper Olympo.
Nos Troja antiqua, si vestras forte per aures         375
Trojæ nomen iit, diversa per æquora vectos
Forte sua Libycis tempestas appulit oris.
Sum pius Æneas, raptos qui ex hoste Penates
Classe veho mecum, fama super æthera notus.
Italiam quæro patriam, et genus ab Jove summo.       380
Bis denis Phrygium conscendi navibus æquor,
Matre dea monstrante viam, data fata secutus :
Vix septem convulsæ undis Euroque supersunt.
Ipse ignotus, egens, Libyæ deserta peragro,
Europa atque Asia pulsus. » Nec plura querentem     385
Passa Venus, medio sic interfata dolore est ?
« Quisquis es, haud, credo, invisus cœlestibus auras
Vitales carpis, Tyriam qui adveneris urbem.
Perge modo, atque hinc te reginæ ad limina perfer.
Namque tibi reduces socios classemque relatam        390
Nuntio, et in tutum versis aquilonibus actam ;
```

enseigné l'art des augures. Voyez ces douze cygnes que l'oiseau de Jupiter, fondant des régions éthérées, troublait dans les plaines du ciel. Déjà, rangés en une longue file, ils s'abattent sur la terre, ou regardent d'en haut la place qu'ils vont choisir. De même que leur troupe réunie vole en cercle dans les airs, exprimant sa joie par le battement des ailes, et par des chants harmonieux, de même vos vaisseaux et vos guerriers ou sont déjà entrés dans le port, ou y entrent à pleines voiles. Hâtez donc votre marche, et suivez ce chemin qui vous conduit. »

Elle dit, et détournant la tête, elle fit briller son cou de rose ; ses cheveux parfumés d'ambroisie exhalèrent une odeur divine ; sa robe retomba jusqu'à ses pieds, et sa démarche révéla une déesse. Énée a reconnu sa mère, et, dans sa fuite, la suivant de ces mots : « Cruelle ! s'écrie-t-il ; et vous aussi, pourquoi si souvent abusez-vous votre fils par de trompeuses images ? Que ne m'est-il donné de joindre ma main à votre main, et de pouvoir, sans déguisement, vous entendre et vous répondre ? » C'est ainsi qu'il se plaint, et il s'avance vers Carthage. Tandis qu'il marche avec Achate, Vénus obscurcit l'air qui les environne, et les couvre d'un nuage impénétrable, afin que personne ne puisse ni les voir,

```
        Ni frustra augurium vani docuere parentes.
        Aspice bis senos lætantes agmine cycnos,
        Ætheria quos lapsa plaga Jovis ales aperto
        Turbabat cœlo ; nunc terras ordine longo           395
        Aut capere, aut captas jam despectare videntur.
        Ut reduces illi ludunt stridentibus alis,
        Et cœtu cinxere polum, cantusque dedere :
        Haud aliter puppesque tuæ, pubesque tuorum,
        Aut portum tenet, aut pleno subit ostia velo.      400
        Perge modo, et, qua te ducit via, dirige gressum. »
        Dixit, et avertens rosea cervice refulsit,
        Ambrosiæque comæ divinum vertice odorem
        Spiravere ; pedes vestis defluxit ad imos,
        Et vera incessu patuit dea. Ille, ubi matrem       405
        Agnovit, tali fugientem est voce secutus :
        « Quid natum toties, crudelis tu quoque, falsis
        Ludis imaginibus ? cur dextræ jungere dextram
        Non datur, ac veras audire et reddere voces ? »
        Talibus incusat, gressumque ad mœnia tendit.       410
        At Venus obscuro gradientes aere sepsit,
        Et multo nebulæ circum dea fudit amictu :
        Cernere ne quis eos, neu quis contingere posset,
```

ni les approcher, ni retarder leur marche, ni s'enquérir du sujet de leur voyage. Alors elle-même, s'élevant dans les airs, revole vers Paphos, et se plaît à revoir ce séjour qu'elle aime, où son temple et cent autels exhalent les doux parfums de l'encens de Saba et des plus fraîches guirlandes.

Cependant, les deux guerriers s'avancent d'un pas rapide dans le sentier qui les conduit. Déjà ils gravissent le coteau qui domine Carthage, et d'où l'œil découvre ses tours et ses remparts. Énée admire cette masse d'édifices, à la place où furent des cabanes. Il admire les portes et les rues que l'on construit, et le bruit de la foule. Les Tyriens pressent avec activité leurs travaux. Les uns prolongent les murs d'enceinte, élèvent la citadelle, et de leurs mains roulent d'énormes pierres. Les autres choisissent le terrain où sera leur toit, et le soc l'entoure d'un sillon. Ici on crée des lois, on élit des magistrats, on forme un sénat auguste ; là on creuse le port ; là on jette les fondements d'un grand amphithéâtre, et l'on taille dans le roc de hautes colonnes, ornements pompeux de la scène future. Telles les abeilles, quand le printemps est de retour, hâtent leur travail sous un ciel pur, dans les campagnes fleuries. Soit qu'elles conduisent hors de la ruche le jeune essaim qu'elles ont élevé ; soit qu'épaississant le miel liquide, elles gonflent leurs cellules de ce doux nectar ; ou qu'elles

Molirive moram, aut veniendi poscere causas.
Ipsa Paphum sublimis abit, sedesque revisit   415
Læta suas, ubi templum illi, centumque Sabæo
Thure calent aræ, sertisque recentibus halant.
Corripuere viam interea qua semita monstrat.
Jamque ascendebant collem, qui plurimus urbi
Imminet, adversasque adspectat desuper arces.   420
Miratur molem Æneas, magalia quondam :
Miratur portas, strepitumque, et strata viarum.
Instant ardentes Tyrii : pars ducere muros,
Molirique arcem, et manibus subvolvere saxa :
Pars optare locum tecto, et concludere sulco.   425
Jura magistratusque legunt, sanctumque senatum.
Hic portus alii effodiunt : hic alta theatris
Fundamenta locant alii, immanesque columnas
Rupibus excidunt, scenis decora alta futuris.
Qualis apes æstate nova per florea rura   430
Exercet sub sole labor, quum gentis adultos
Educunt fœtus, aut quum liquentia mella
Stipant, et dulci distendunt nectare cellas,

déchargent du fardeau qu'elles portent leurs compagnes voyageuses ; ou que, rangées en bataille, elles chassent, loin de leurs demeures, la troupe paresseuse des frelons : tout ce peuple s'anime au travail, et le miel se parfume du thym odorant. « Heureux ceux dont les murs s'élèvent déjà ! » s'écrie Énée, en contemplant les hautes tours qui dominent la ville. Et, à la faveur du nuage qui le couvre, ô prodige ! il s'avance au milieu des Tyriens, et se mêle à la foule sans être aperçu.

Aux lieux mêmes où s'élève Carthage, était un bois sacré au riant ombrage. C'est là que d'abord s'arrêtèrent les Phéniciens, après avoir erré à la merci des flots et des vents. C'est là que, creusant la terre, ils trouvèrent le signe indiqué par la puissante Junon, la tête d'un cheval ardent, présage qui promettait à la nation de nombreuses victoires et une longue abondance. Là, Didon faisait élever à la reine des dieux un temple immense, orné des plus riches offrandes, et plein de sa divinité. Sur les degrés, que couronne un seuil d'airain, l'airain assujettit les poutres, et sur leurs gonds crient des portes de bronze.

Dans ce bois sacré, s'offre aux regards d'Énée un spectacle nouveau, qui vient, pour la première fois, calmer ses craintes. Là, pour la première fois, il ose espérer le salut des Troyens, et se confier dans un avenir plus heureux. Tandis qu'il examine

```
        Aut onera accipiunt venientum, aut agmine facto,
        Ignavum fucos pecus a præsepibus arcent :              435
        Fervet opus, redolentque thymo fragrantia mella.
        « O fortunati, quorum jam mœnia surgunt ! »
        Æneas ait, et fastigia suspicit urbis.
        Infert se septus nebula (mirabile dictu !)
        Per medios, miscetque viris, neque cernitur ulli.      440
        Lucus in urbe fuit media, lætissimus umbra,
        Quo primum, jactati undis et turbine, Pœni
        Effodere loco signum, quod regia Juno
        Monstrârat, caput acris equi : sic nam fore bello
        Egregiam, et facilem victu per sæcula gentem.          445
        Ille templum Junoni ingens Sidonia Dido
        Condebat, donis opulentum et numine divæ :
        Ærea cui gradibus surgebant limina, nexæque
        Ære trabes, foribus cardo stridebat ahenis.
        Hoc primum in luco nova res oblata timorem             450
        Leniit : hic primum Æneas sperare salutem
        Ausus, et afflictis melius confidere rebus.
        Namque, sub ingenti lustrat dum singula templo,
```

les merveilles de ce vaste temple, et qu'en attendant la reine il admire la fortune de Carthage, l'habileté des artistes et leurs œuvres superbes, il voit représentés, dans l'ordre des temps, les combats d'Ilion, et le souvenir de ces guerres, déjà porté par la renommée dans tout l'univers. Il reconnaît le fils d'Atrée, le vieux Priam, et cet Achille à tous les deux terrible. Il s'arrête, et ne pouvant retenir ses larmes : « Achate, dit-il, quel lieu n'a retenti, et quelle contrée de la terre n'est pleine du bruit de nos malheurs! Voici Priam : ici même, il est pour la vertu des récompenses; il est des larmes pour l'infortune, et les misères humaines trouvent des cœurs sensibles. Cesse de craindre : notre renommée fera notre salut. »

Il dit, et repaît son esprit de ces vaines peintures; il gémit longtemps, et les pleurs inondent son visage; car il voyait les combats livrés autour de Pergame : ici, les Grecs fuyant, poursuivis par les jeunes Troyens; là, les Troyens que presse du haut de son char Achille dont le casque porte une aigrette. Non loin, il reconnaît en pleurant les toiles, plus blanches que la neige, des tentes de Rhésus : dans la surprise du premier sommeil, le fils de Tydée, couvert de sang, les remplit d'un vaste carnage, et détourne, vers le camp des Grecs, les ardents coursiers de Rhésus, avant qu'ils aient connu les pâturages de Troie et bu les eaux du Xanthe.

> Reginam opperiens; dum, quæ fortuna sit urbi,
> Artificumque manus inter se, operumque laborem   455
> Miratur, videt Iliacas ex ordine pugnas,
> Bellaque jam fama totum vulgata per orbem,
> Atriden, Priamumque, et sævum ambobus Achillem.
> Constitit, et lacrymans : « Quis jam locus, inquit, Achate,
> Quæ regio in terris nostri non plena laboris?   460
> En Priamus : sunt hic etiam sua præmia laudi :
> Sunt lacrymæ rerum, et mentem mortalia tangunt.
> Solve metus : feret hæc aliquam tibi fama salutem. »
> Sic ait, atque animum pictura pascit inani,
> Multa gemens, largoque humectat flumine vultum.   465
> Namque videbat uti bellantes Pergama circum
> Hac fugerent Graii, premeret Trojana juventus;
> Hac Phryges, instaret curru cristatus Achilles.
> Nec procul hinc Rhesi niveis tentoria velis
> Agnoscit lacrymans, primo quæ prodita somno   470
> Tydides multa vastabat cæde cruentus;
> Ardentesque avertit equos in castra, priusquam
> Pabula gustassent Trojæ, Xanthumque bibissent.

D'un autre côté, fuyait Troïle, ayant perdu ses armes. Malheureux enfant, il combattit Achille avec des forces trop inégales. Ses chevaux l'emportent, renversé de son char, et tenant encore les rênes : sa tête et ses cheveux traînent à terre, et le fer de sa lance trace sur l'arène un long sillon.

Cependant les femmes troyennes, la chevelure en désordre, allaient au temple de Pallas irritée, et lui portaient le voile sacré, tristes et suppliantes, et de leurs mains se frappant la poitrine. Mais, toujours inflexible, Pallas tenait ses regards fixés sur la terre. L'impitoyable Achille avait traîné trois fois Hector autour des remparts de Troie, et vendait au poids de l'or son corps inanimé. Énée pousse du fond du cœur un long gémissement, quand il aperçoit les dépouilles, le char, le corps même de son ami, et Priam qui tend au vainqueur des mains désarmées. Lui-même il se retrouve dans la mêlée, avec les chefs de la Grèce. Il reconnaît les phalanges de l'Orient, et les armes du noir Memnon, et la terrible Penthésilée, conduisant les Amazones armées de boucliers en forme de croissant : le sein nu et pressé sous les nœuds d'un baudrier d'or, elle brille par son ardeur au milieu des combattants, et, vierge, elle ose affronter des guerriers.

Tandis qu'Énée, stupéfait et absorbé dans cette contemplation,

Parte alia fugiens amissis Troïlus armis,
Infelix puer, atque impar congressus Achilli, 475
Fertur equis, curruque hæret resupinus inani,
Lora tenens tamen : huic cervixque comæque trahuntur
Per terram, et versa pulvis inscribitur hasta.
Interea ad templum non æquæ Palladis ibant
Crinibus Iliades passis, peplumque ferebant 480
Suppliciter tristes, et tunsæ pectora palmis.
Diva solo fixos oculos aversa tenebat.
Ter circum Iliacos raptaverat Hectora muros,
Exanimumque auro corpus vendebat Achilles.
Tum vero ingentem gemitum dat pectore ab imo, 485
Ut spolia, ut currus, utque ipsum corpus amici,
Tendentemque manus Priamum conspexit inermes.
Se quoque principibus permixtum agnovit Achivis,
Eoasque acies, et nigri Memnonis arma.
Ducit Amazonidum lunatis agmina peltis 490
Penthesilea furens, mediisque in millibus ardet,
Aurea subnectens exsertæ cingula mammæ
Bellatrix, audetque viris concurrere virgo.
Hæc dum Dardanio Æneæ miranda videntur,

regarde et admire ces tableaux, la reine Didon, éclatante de beauté, entre dans le temple, suivie d'un nombreux cortége de jeunes gens. Telle, sur les rives de l'Eurotas, ou sur les hauteurs du Cynthe, paraît Diane conduisant le chœur des nymphes : mille Oréades s'empressent sur ses pas : la déesse marche le carquois sur l'épaule, dépasse de la tête toutes ces immortelles, et le cœur de Latone palpite d'une secrète joie. Telle était Didon; telle elle marchait au milieu de son peuple, hâtant les travaux et la future grandeur de son empire.

Près du sanctuaire, sous la voûte du temple, elle s'assied, entourée de ses gardes, sur un trône élevé. Là elle rendait la justice, et dictait des lois à ses sujets ; elle faisait une part égale des travaux, ou les tirait au sort, quand tout à coup Énée voit s'avancer, au milieu de la foule qui les presse, Anthée et Sergeste, et le vaillant Cloanthe, avec les autres Troyens que les noirs aquilons avaient égarés sur les ondes, et jetés au loin sur d'autres rivages. A cette vue, le héros s'étonne, immobile ; et, comme lui, le fidèle Achate est ému de joie et de crainte : ils sont impatients, avides de presser la main de leurs compagnons ; mais une secrète inquiétude les trouble et les retient. Invisibles dans le nuage qui les couvre, ils veulent, avant tout, connaître le destin de leurs

  Dum stupet, obtutuque hæret defixus in uno. 495
  Regina ad templum, forma pulcherrima, Dido
  Incessit, magna juvenum stipante caterva.
  Qualis in Eurotæ ripis, aut per juga Cynthi
  Exercet Diana choros, quam mille secutæ
  Hinc atque hinc glomerantur Oreades : illa pharetram 500
  Fert humero, gradiensque deas supereminet omnes :
  Latonæ tacitum pertentant gaudia pectus.
  Talis erat Dido, talem se læta ferebat
  Per medios, instans operi regnisque futuris.
  Tum foribus divæ, media testudine templi, 505
  Septa armis, solioque alte subnixa, resedit.
  Jura dabat legesque viris, operumque laborem
  Partibus æquabat justis, aut sorte trahebat :
  Quum subito Æneas concursu accedere magno
  Anthea Sergestumque videt fortemque Cloanthum, 510
  Teucrorumque alios, ater quos æquore turbo
  Dispulerat, penitusque alias advexerat oras.
  Obstupuit simul ipse, simul perculsus Achates
  Lætitiaque metuque : avidi conjungere dextras
  Ardebant ; sed res animos incognita turbat. 515
  Dissimulant, et nube cava speculantur amicti,

amis, apprendre sur quels bords ils ont laissé leurs navires, et quel motif les conduit à Carthage : c'étaient des envoyés choisis dans toute la flotte, qui venaient implorer la protection de la reine, et s'avançaient dans le temple au milieu des publiques clameurs. Lorsqu'ils furent introduits et libres de s'expliquer devant la reine, le plus âgé de tous, Ilionée, s'exprima ainsi avec calme :

« O reine, à qui Jupiter a donné de fonder une ville nouvelle, et d'imposer à des peuples indomptés le frein des lois, accueillez la prière de malheureux Troyens, jouets des vents sur toutes les mers. Écartez de nos vaisseaux des flammes odieuses et injustes; épargnez une nation pieuse, et voyez d'un œil plus favorable nos infortunes. Nous ne venons point détruire vos pénates, enlever vos richesses, et les emporter sur les mers. Cette violence n'est point dans nos esprits, et tant d'audace siérait mal à des vaincus. Il est un pays que les Grecs appellent Hespérie, terre antique, puissante par les armes et par la fécondité du sol. Les Œnotriens jadis l'ont habitée, et on dit que leurs descendants l'ont depuis appelée Italie, du nom de leur chef. C'est là que se dirigeait notre course, quand l'orageux Orion, soulevant les flots, nous jeta sur des écueils cachés, et, nous livrant aux fureurs des vents et des ondes, nous dispersa sur la mer irritée, au milieu de ro-

Quæ fortuna viris, classem quo litore linquant,
Quid veniant : cunctis nam lecti navibus ibant
Orantes veniam, et templum clamore petebant.
Postquam introgressi, et coram data copia fandi,   520
Maximus Ilioneus placido sic pectore cœpit :
« O regina, novam cui condere Juppiter urbem,
Justitiaque dedit gentes frenare superbas,
Troes te miseri, ventis maria omnia vecti,
Oramus : prohibe infandos a navibus ignes;   525
Parce pio generi, et propius res adspice nostras.
Non nos aut ferro Libycos populare penates
Venimus, aut raptas ad littora vertere prædas :
Non ea vis animo, nec tanta superbia victis.
Est locus, Hesperiam Graii cognomine dicunt,   530
Terra antiqua, potens armis, atque ubere glebæ :
Œnotri coluere viri ; nunc fama minores
Italiam dixisse, ducis de nomine, gentem.
Huc cursus fuit :
Quum subito assurgens fluctu nimbosus Orion   535
In vada cæca tulit, penitusque procacibus Austris
Perque undas, superante salo, perque invia saxa .

chers inaccessibles : peu d'entre nous ont touché ces bords. Mais quelle est cette race d'hommes qui les habitent? et quel pays barbare autorise de telles coutumes? L'hospitalité du rivage nous est interdite, et l'on nous défend de toucher le sol qui s'offre à nous! Si vous méprisez la race humaine et les armes des mortels, songez du moins qu'il est des dieux qui se souviennent du juste et de l'injuste.

« Nous avions pour roi Énée : nul autre ne fut plus grand par sa justice, par sa piété et par sa valeur dans les combats. Si les destins ont conservé ce héros, s'il respire encore et n'est point enseveli dans les cruelles ombres du trépas, soyez sans crainte, vous ne vous repentirez point de l'avoir prévenu par vos bienfaits. Nous avons dans la Sicile des villes amies, des champs fertiles, et pour allié un roi illustre, Aceste, issu du sang troyen. Qu'il nous soit permis de retirer sur vos rivages nos vaisseaux endommagés par la tempête; de choisir dans vos forêts des arbres pour les réparer, pour les munir de rames; et si, retrouvant nos compagnons et notre chef, il nous est donné de faire route pour l'Italie, nous voguerons avec joie vers l'Italie et le Latium : mais si tout salut nous est interdit, si les mers de la Libye vous ont enseveli, ô père généreux des Troyens, et si le jeune Iule, notre dernière espérance, a cessé de vivre, du moins que nous puissions atteindre les mers de Sicile et les terres hos-

```
Dispulit : huc pauci vestris adnavimus oris.
Quod genus hoc hominum? quæve hunc tam barbara morem
Permittit patria? Hospitio prohibemur arenæ;            540
Bella cient, primaque vetant consistere terra.
Si genus humanum et mortalia temnitis arma,
At sperate deos memores fandi atque nefandi.
Rex erat Æneas nobis, quo justior alter
Nec pietate fuit, nec bello major et armis :            545
Quem si fata virum servant, si vescitur aura
Ætherea, neque adhuc crudelibus occubat umbris,
Non metus officio ne te certâsse priorem
Pœniteat. Sunt et Siculis regionibus urbes,
Arvaque, Trojanoque a sanguine clarus Acestes.          550
Quassatam ventis liceat subducere classem,
Et silvis aptare trabes, et stringere remos;
Si datur Italiam, sociis et rege recepto,
Tendere, ut Italiam læti Latiumque petamus :
Sin absumpta salus, et te, pater optime Teucrûm,        555
Pontus habet Libyæ, nec spes jam restat Iuli;
At freta Sicaniæ saltem, sedesque paratas,
```

pitalières d'où nous sommes partis, et retrouver le roi Aceste ! »

Ainsi dit Ilionée, et tous les Troyens font entendre un murmure approbateur.

Didon, les yeux baissés, répond en peu de mots : « Troyens, que vos cœurs cessent de craindre ! bannissez vos alarmes ! une dure nécessité et les dangers d'un empire naissant exigent ces rigueurs et cette garde qui veille au loin sur mes frontières. Mais, qui ne connaît Énée et son origine ? qui peut ignorer la ville de Troie et sa puissance, et ses combats, et l'incendie allumé par une guerre si mémorable ? Les Phéniciens n'ont pas des esprits si grossiers, et le Soleil n'attelle point ses coursiers si loin de Carthage ! Soit que vous désiriez la grande Hespérie et les champs de Saturne, soit que vous préfériez les campagnes d'Éryx et le royaume d'Aceste, j'assurerai par mes secours votre départ et votre sécurité, et je vous aiderai de mes richesses : ou si vous voulez vous fixer avec moi dans mon royaume, cette ville, que je fonde, est aussi la vôtre. Confiez vos nefs à ces rivages : le Troyen et le Tyrien seront égaux pour moi. Plût au ciel que votre chef, conduit par les mêmes vents, Énée, eût avec vous touché ces bords ! Mais j'enverrai des sujets fidèles explorer toutes les côtes, et s'informer jusqu'aux confins de la Libye, s'il n'est point errant au milieu des forêts, ou dans quelque cité. »

Unde huc advecti, regemque petamus Acesten. »
Talibus Ilioneus : cuncti simul ore fremebant
Dardanidæ.   560
Tum breviter Dido, vultum demissa, profatur :
« Solvite corde metum, Teucri ; secludite curas.
Res dura et regni novitas me talia cogunt
Moliri, et late fines custode tueri.
Quis genus Æneadûm, quis Trojæ nesciat urbem,   565
Virtutesque, virosque, et tanti incendia belli ?
Non obtusa adeo gestamus pectora Pœni ;
Nec tam aversus equos Tyria Sol jungit ab urbe.
Seu vos Hesperiam magnam, Saturniaque arva,
Sive Erycis fines, regemque optatis Acesten,   570
Auxilio tutos dimittam, opibusque juvabo.
Vultis et his mecum pariter considere regnis ?
Urbem quam statuo, vestra est : subducite naves :
Tros Tyriusque mihi nullo discrimine agetur.
Atque utinam rex ipse, Noto compulsus eodem,   575
Afforet Æneas ! Equidem per littora certos
Dimittam, et Libyæ lustrare extrema jubebo,
Si quibus ejectus silvis aut urbibus errat. »

A ces paroles, qui les rassurent, déjà le vaillant Achate et le sage Énée étaient impatients de percer le nuage qui les couvre. Achate, le premier, s'adressant à Énée : « Fils d'une déesse, quelle pensée maintenant s'élève dans votre âme? Vous le voyez, il n'est plus de péril : vous avez retrouvé votre flotte et vos compagnons. Il manque un seul navire que nous avons vu s'engloutir dans les ondes. Tout répond d'ailleurs au discours de votre mère. »

Il achevait ces mots : soudain le nuage qui les enveloppe se fend et se dissipe dans les airs. Énée paraît resplendissant d'une vive lumière : il a les traits et la démarche d'un dieu ; car Vénus elle-même, de son souffle divin, avait orné la tête de son fils d'une magnifique chevelure, paré son visage de tout l'éclat d'une splendide jeunesse, et rempli ses yeux d'un charme et d'une grâce ineffables. Tel brille l'ivoire que la main de l'ouvrier a poli; tel l'argent, ou le marbre de Paros, dans l'or jaunâtre dont il est entouré.

Énée, s'adressant à la reine, devant tout un peuple qu'étonne sa présence inattendue : « Je suis celui que vous cherchez, le Troyen Énée, arraché aux flots de la Libye. Seule, vous prenez donc pitié des grands malheurs de Troie! Tristes restes de la fureur des Grecs, épuisés par tous les fléaux de la terre et des mers,

His animum arrecti dictis, et fortis Achates
Et pater Æneas jamdudum erumpere nubem   580
Ardebant. Prior Æneam compellat Achates :
« Nate dea, quæ nunc animo sententia surgit?
Omnia tuta vides, classem, sociosque receptos.
Unus abest, medio in fluctu quem vidimus ipsi
Submersum : dictis respondent cætera matris. »   585
Vix ea fatus erat, quum circumfusa repente
Scindit se nubes, et in æthera purgat apertum.
Restitit Æneas, claraque in luce refulsit,
Os humerosque deo similis : namque ipsa decoram
Cæsariem nato genitrix, lumenque juventæ   590
Purpureum, et lætos oculis afflârat honores :
Quale manus addunt ebori decus, aut ubi flavo
Argentum Pariusve lapis circumdatur auro.
Tum sic reginam alloquitur, cunctisque repente
Improvisus ait : « Coram, quem quæritis, adsum,   595
Troius Æneas, Libycis ereptus ab undis.
O sola infandos Trojæ miserata labores !
Quæ nos, relliquias Danaûm, terræque marisque
Omnibus exhaustos jam casibus, omnium egenos,

dénués de tout, vous nous offrez une patrie dans votre ville et dans vos demeures! Reconnaître dignement un tel bienfait, ô Didon, surpasse notre pouvoir et celui de la nation de Dardanus, dispersée dans le vaste univers. Que les dieux, s'il en est de favorables à la piété, que les mortels, s'il est une justice quelque part; que, dans votre âme, la conscience du bien, vous donnent la récompense méritée! Quels siècles fortunés vous ont vue naître? et quels parents illustres vous donnèrent le jour? Tant que les fleuves se précipiteront dans la mer, tant que les forêts ombrageront les flancs des montagnes, tant que le ciel alimentera le feu des astres, sans cesse vivront parmi nous votre gloire, votre nom et vos bienfaits, quelles que soient les contrées où le destin m'appelle. » Il dit, et tend la main droite à son ami Ilionée, la gauche à Sergeste, puis au brave Gyas, au brave Cloanthe.

La reine émue à l'aspect du héros, et touchée de ses infortunes : « Fils d'une déesse, dit-elle, quel sort contraire vous poursuit à travers tant de périls? et quelle puissance vous a jeté sur ces rives barbares? Vous êtes donc cet Énée, fils d'Anchise, que la belle Vénus enfanta sur les bords du Simoïs? Je me souviens d'avoir vu venir à Sidon Teucer, banni de sa patrie, et cherchant un nouvel empire avec le secours de Bélus. Alors Bélus, mon père, ravageait l'opulente Cypre, et, vainqueur, la tenait sous ses lois. Dès ce temps, je connus les malheurs de Troie, et votre nom, et les rois de la Grèce. Quoiqu'ennemi des

```
            Urbe, domo, socias! Grates persolvere dignas      600
         Non opis est nostræ, Dido, nec quidquid ubique est
         Gentis Dardaniæ, magnum quæ sparsa per orbem.
         Di tibi (si qua pios respectant numina, si quid
         Usquam justitiæ est), et mens sibi conscia recti,
         Præmia digna ferant. Quæ te tam læta tulerunt        605
         Secula? qui tanti talem genuere parentes?
         In freta dum fluvii current, dum montibus umbræ
         Lustrabunt convexa, polus dum sidera pascet,
         Semper honos, nomenque tuum, laudesque manebunt,
         Quæ me cumque vocant terræ. » Sic fatus, amicum      610
         Ilionea petit dextra, lævaque Serestum;
         Post alios, fortemque Gyan, fortemque Cloanthum.
         Obstupuit primo aspectu Sidonia Dido,
         Casu deinde viri tanto; et sic ore locuta est:
         « Quis te, nate dea, per tanta pericula casus        615
         Insequitur? quæ vis immanibus applicat oris?
         Tune ille Æneas, quem Dardanio Anchisæ
         Alma Venus Phrygii genuit Simoentis ad undam?
```

Troyens, Teucer lui-même les vantait beaucoup, et se prétendait issu de la race antique des Troyens. Venez donc, jeunes guerriers, partager nos demeures. Et moi aussi, la fortune m'a soumise à bien des épreuves, avant qu'elle ait voulu me fixer enfin sur ces rivages. N'ignorant point le malheur, j'ai appris à secourir les malheureux. »

Elle dit, et conduit Énée dans son palais. En même temps, elle ordonne des supplications dans les temples des dieux ; elle envoie aux Troyens, restés sur le rivage, vingt taureaux, cent porcs énormes au dos hérissé, cent agneaux gras avec leurs mères bêlantes, et les dons du dieu qui fait naître la joie.

Cependant l'intérieur du palais est décoré avec un luxe royal, et le banquet se dispose sous de riches lambris. Là sont étendus de riches tapis de pourpre, façonnés avec art ; sur les tables brillent, en grand nombre, des vases d'argent et des coupes d'or où sont gravés les exploits des aïeux de Didon : longue série de l'histoire de Tyr et des hauts faits de ses héros, depuis leur antique origine.

Énée (car l'amour paternel ne laisse point de repos à son cœur)

```
        Atque equidem Teucrum memini Sidona venire,
        Finibus expulsum patriis, nova regna petentem      620
        Auxilio Beli. Genitor tum Belus opimam
        Vastabat Cyprum, et victor ditione tenebat.
        Tempore jam ex illo casus mihi cognitus urbis
        Trojanæ, nomenque tuum, regesque Pelasgi.
        Ipse hostis Teucros insigni laude ferebat,         625
        Seque ortum antiqua Teucrorum a stirpe volebat.
        Quare agite, o, tectis, juvenes, succedite nostris.
        Me quoque per multos similis fortuna labores
        Jactatam hac demum voluit consistere terra,
        Non ignara mali, miseris succurrere disco. »       630
        Sic memorat : simul Æneam in regia ducit
        Tecta ; simul divum templis indicit honorem.
        Nec minus interea sociis ad litora mittit
        Viginti tauros, magnorum horrentia centum
        Terga suum, pingues centum cum matribus agnos,    635
        Munera, lætitiamque dei.
        At domus interior regali splendida luxu
        Instruitur, mediisque parant convivia tectis.
        Arte laboratæ vestes, ostroque superbo :
        Ingens argentum mensis, cælataque in auro         640
        Fortia facta patrum, series longissima rerum,
        Per tot ducta viros antiqua ab origine gentis.
        Æneas (neque enim patrius consistere mentem
```

envoie vers ses vaisseaux le diligent Achate, pour porter ces nouvelles au jeune Ascagne, et l'amener dans les murs de Carthage. Ascagne est l'unique objet de sa tendre sollicitude. En même temps, il ordonne d'apporter en présent les richesses arrachées aux ruines de Troie : un manteau où l'aiguille a brodé des figures en or, un voile qu'entoure l'acanthe jaune, don magnifique qu'Hélène avait reçu de Léda, sa mère, et qu'elle apporta de Mycènes, quand Pergame vit son coupable hyménée. Le héros veut qu'on ajoute à ces ornements le sceptre que jadis portait Ilioné, la plus âgée des filles de Priam, son collier de perles, et sa couronne doublement enrichie d'or et de diamants. Empressé d'exécuter ces ordres, Achate suit rapidement le chemin qui conduit au rivage.

Cependant, Cythérée roule dans son esprit de nouveaux projets et de nouvelles ruses : elle veut que, changeant son air et ses traits, Cupidon vienne à la place du doux Ascagne, et qu'en offrant les présents d'Enée il embrase la reine des feux de l'amour, et fasse pénétrer dans ses veines leur ardeur furieuse. Car la déesse craint une race suspecte et les Tyriens au double langage; surtout elle redoute l'implacable Junon, et son inquiétude veille au milieu de la nuit. S'adressant donc au dieu qui porte des ailes : « Mon fils, dit-elle, toi qui seul fais ma force et mon pouvoir su-

> Passus amor) rapidum ad naves præmittit Achaten :
> Ascanio ferat hæc, ipsumque ad mœnia ducat.   615
> Omnis in Ascanio cari stat cura parentis.
> Munera præterea, Iliacis erepta ruinis,
> Ferre jubet ; pallam signis auroque rigentem,
> Et circumtextum croceo velamen acantho,
> Ornatus Argivæ Helenæ, quos illa Mycenis,   650
> Pergama quum peteret, inconcessosque hymenæos,
> Extulerat, matris Ledæ mirabile donum.
> Præterea sceptrum, Ilione quod gesserat olim,
> Maxima natarum Priami, colloque monile
> Baccatum, et duplicem gemmis auroque coronam.   655
> Hæc celerans, iter ad naves tendebat Achates.
> At Cytherea novas artes, nova pectore versat
> Consilia : ut faciem mutatus et ora Cupido
> Pro dulci Ascanio veniat, donisque furentem
> Incendat reginam, atque ossibus implicet ignem.   660
> Quippe domum timet ambiguam, Tyriosque bilingues :
> Urit atrox Juno, et sub noctem cura recursat.
> Ergo his aligerum dictis affatur Amorem :
> « Nate, meæ vires, mea magna potentia, solus,

prême, mon fils, toi qui seul méprises les traits dont Jupiter foudroya Typhée, c'est à toi que j'ai recours, et, suppliante, je viens implorer ta puissance. Tu sais comment ton frère Énée est rejeté de rivage en rivage par la haine injuste de Junon ; tu le sais, et souvent tu as pris part à ma douleur. Maintenant la Phénicienne Didon le retient et l'arrête par de douces paroles ; mais je crains l'hospitalité de Junon qui, dans une telle occasion, ne restera point oisive, et je songe à la prévenir. Il faut enflammer la reine, afin qu'elle ne change point au gré d'une divinité contraire, et qu'un invincible amour l'attache, comme moi-même, à Énée. Afin d'y réussir, connais quelle est ma pensée. Appelé par son père, le jeune Ascagne, objet de ma tendre sollicitude, va porter à Carthage des dons précieux, qu'ont épargnés la tempête et les flammes de Troie. Après l'avoir endormi d'un profond sommeil, je le déposerai dans un des bois sacrés de la haute Cythère ou d'Idalie, afin qu'il ne puisse ni voir notre stratagème, ni le rendre vain par sa présence. Toi, pour une nuit seulement, emprunte son image : enfant, prends les traits de cet enfant, si bien connus de toi ; et lorsque, transportée de joie, Didon te recevra sur ses genoux, au milieu du banquet royal et des plaisirs que Bacchus

Nate, patris summi qui tela Typhoea temnis, 665
Ad te confugio, et supplex tua numina posco.
Frater ut Æneas pelago tuus omnia circum
Littora jactetur, odiis Junonis iniquæ,
Nota tibi ; et nostro doluisti sæpe dolore.
Nunc Phœnissa tenet Dido, blandisque moratur 670
Vocibus ; et vereor quo se Junonia vertant
Hospitia : haud tanto cessabit cardine rerum.
Quocirca capere ante dolis et cingere flamma
Reginam meditor, ne quo se numine mutet,
Sed magno Æneæ mecum teneatur amore. 675
Qua facere id possis, nostram nunc accipe mentem.
Regius, accitu cari genitoris, ad urbem
Sidoniam puer ire parat, mea maxima cura,
Dona ferens, pelago et flammis restantia Trojæ :
Hunc ego sopitum somno, super alta Cythera, 680
Aut super Idalium sacrata sede recondam,
Ne qua scire dolos, mediusve occurrere possit.
Tu faciem illius, noctem non amplius unam,
Falle dolo, et notos pueri puer indue vultus ;
Ut, quum te gremio accipiet lætissima Dido, 685
Regales inter mensas laticemque Lyæum,

fait naître, lorsque, te pressant dans ses bras, elle t'imprimera de tendres baisers, souffle en elle un feu secret, et glisse dans ses veines ton poison trompeur. »

L'amour obéit à la voix de sa mère chérie ; il dépose ses ailes, et se plait à imiter la démarche d'Iule. Cependant Vénus verse dans les membres d'Ascagne un doux repos, et, l'emportant dans ses bras, s'élève vers les bois sacrés d'Idalie, où la molle marjolaine l'enveloppe de ses fleurs odorantes et de son suave ombrage.

Fidele aux ordres de sa mère, l'Amour, conduit par Achate, allait gaiement porter à Carthage les présents des Troyens. Il arrive : et déjà, sur un lit d'or magnifiquement orné, la reine s'est placée au milieu du banquet ; déjà Énée et les Troyens s'assemblent et s'étendent sur des lits de pourpre. Des esclaves versent l'eau sur les mains des convives, leur présentent de fins tissus, et tirent des corbeilles les dons de Cérès. Dans l'intérieur, cinquante femmes préparent la longue ordonnance du festin, et honorent les pénates près d'un foyer ardent. Cent autres jeunes filles de Tyr, et un pareil nombre de Tyriens du même âge, placent sur la table les mets et les coupes. De leur côté, les Tyriens entrent en foule dans la salle joyeuse du banquet, et sont invités à prendre place sur des lits ornés de broderies. Ils admirent les

    Quum dabit amplexus, atque oscula dulcia figet,
    Occultum inspires ignem, fallasque veneno. »
    Paret Amor dictis caræ genitricis, et alas
    Exuit, et gressu gaudens incedit Iuli.   690
    At Venus Ascanio placidam per membra quietem
    Irrigat, et fotum gremio dea tollit in altos
    Idaliæ lucos, ubi mollis amaracus illum
    Floribus et dulci aspirans complectitur umbra.
    Jamque ibat, dicto parens, et dona Cupido   695
    Regia portabat Tyriis, duce lætus Achate.
    Quum venit, aulæis jam se regina superbis
    Aurea composuit sponda, mediamque locavit.
    Jam pater Æneas, et jam Trojana juventus
    Conveniunt, stratoque super discumbitur ostro.   700
    Dant famuli manibus lymphas, Cereremque canistris
    Expediunt, tonsisque ferunt mantilia villis.
    Quinquaginta intus famulæ, quibus ordine longo
    Cura penum struere, et flammis adolere Penates :
    Centum aliæ, totidemque pares ætate ministri,   705
    Qui dapibus mensas onerant, et pocula ponunt.
    Nec non et Tyrii per limina læta frequentes
    Convenere, toris jussi discumbere pictis.

présents d'Énée ; ils admirent Iule, l'ardent visage du dieu, la feinte douceur de son langage, et le manteau de pourpre, et le voile où l'acanthe enlace ses feuilles d'or. Didon surtout, la malheureuse Didon, dévouée aux fureurs prochaines de Vénus, ne peut rassasier son cœur ; elle s'enflamme en regardant le faux Iule, également émue par la vue de l'enfant et par les dons qu'il lui offre. Pour lui, après s'être suspendu au cou d'Énée, après avoir par ses embrassements contenté la vive tendresse d'un père abusé, il se présente à la reine : elle attache sur lui ses yeux et toute son âme. Quelquefois elle le presse sur son sein, et ne sait pas, l'infortunée ! quel dieu terrible est assis sur ses genoux. Mais lui, se souvenant des vœux de sa mère, efface par degrés, dans le cœur de Didon, le souvenir de Sychée, et cherche à glisser un feu vif et nouveau dans ce cœur depuis longtemps paisible et déshabitué de l'amour.

Le repas achevé, et les tables enlevées, on apporte de larges coupes, et l'on couronne le vin. Un grand bruit se fait entendre, et les voix résonnent en éclats sous les vastes lambris Aux plafonds dorés sont suspendus des lustres étincelants, et la flamme brillante triomphe des ombres de la nuit. Alors la reine se fait apporter et remplit de vin le cratère, enrichi d'or et de pierreries, dont s'étaient servis Bélus et les descendants de Bélus. Soudain,

    Mirantur dona Æneæ, mirantur Iulum,
Flagrantesque dei vultus, simulataque verba,   710
Pallamque, et pictum croceo velamen acantho.
Præcipue infelix, pesti devota futuræ,
Expleri mentem nequit, ardescitque tuendo
Phœnissa, et puero pariter donisque movetur.
Ille, ubi complexu Æneæ colloque pependit,   715
Et magnum falsi implevit genitoris amorem,
Reginam petit : hæc oculis, hæc pectore toto
Hæret, et interdum gremio fovet, inscia Dido
Insidat quantus miseræ deus ! at memor ille
Matris Acidaliæ, paulatim abolere Sychæum   720
Incipit, et vivo tentat prævertere amore
Jampridem resides animos desuetaque corda.
Postquam prima quies epulis, mensæque remotæ,
Crateras magnos statuunt, et vina coronant.
Fit strepitus tectis, vocemque per ampla volutant   725
Atria : dependent lychni laquearibus aureis
Incensi, et noctem flammis funalia vincunt.
Hic regina gravem gemmis auroque poposcit,
Implevitque mero pateram, quam Belus et omnes

tous gardent le silence : « O Jupiter. s'écrie-t-elle, car c'est toi, dit-on, qui présides à l'hospitalité, fais que ce jour soit heureux pour les Tyriens et pour les guerriers venus de Troie, et que nos neveux en gardent le souvenir! Que Bacchus, père de la joie, que Junon, propice, soient avec nous! Et vous, Tyriens, apportez à la célébration de ce banquet un esprit favorable. »

Elle dit, épand en libation, sur la table, les prémices de la liqueur, effleure le breuvage de ses lèvres, puis le donne à Bitias, en l'excitant à boire : lui, sans hésiter, vide le cratère écumant, et s'abreuve dans l'or de tout ce qu'il contient. Et tandis que les principaux convives suivent son exemple, Iopas, à la longue chevelure, répète, sur la lyre d'or, les chants qui lui furent appris par le grand Atlas : il dit le cours vagabond de la lune et les éclipses du Soleil ; l'origine des hommes et des animaux ; comment se forment la pluie et les feux de l'éther; il chante Arcturus, les Hyades pluvieuses, et les deux Ourses ; comment les soleils d'hiver se hâtent de se plonger dans l'Océan, et quel obstacle, pendant l'été, rend la nuit paresseuse. Les Tyriens font entendre leurs applaudissements, et les Troyens y répondent.

Cependant la malheureuse Didon prolongeait la nuit par divers entretiens, et s'enivrait d'un long amour. Sans cesse elle inter-

```
        A Belo soliti. Tum facta silentia tectis :            730
     « Juppiter (hospitibus nam te dare jura loquuntur),
        Hunc lætum Tyriisque diem Trojaque profectis
        Esse velis, nostrosque hujus meminisse minores!
        Adsit lætitiæ Bacchus dator, et bona Juno!
        Et vos, o, cœtum, Tyrii, celebrate faventes! »        735
        Dixit, et in mensam laticum libavit honorem,
        Primaque, libato, summo tenus attigit ore.
        Tum Bitiæ dedit increpitans : ille impiger hausit
        Spumantem pateram, et pleno se proluit auro :
        Post, alii proceres. Cithara crinitus Iopas             740
        Personat aurata, docuit quæ maximus Atlas.
        Hic canit errantem Lunam, Solisque labores ;
        Unde hominum genus, et pecudes ; unde imber, et ignes :
        Arcturum, pluviasque Hyadas, geminosque Triones ;
        Quid tantum Oceano properent se tingere soles          745
        Hiberni, vel quæ tardis mora noctibus obstet.
        Ingeminant plausu Tyrii, Troesque sequuntur.
        Nec non et vario noctem sermone trahebat
        Infelix Dido, longumque bibebat amorem.
```

rogæ Énée et sur Priam et sur Hector : tantôt elle veut savoir avec quelles armes était venu le fils de l'Aurore ; tantôt quels étaient les noms des coursiers de Diomède ; tantôt combien grand était Achille : « Mais plutôt, dit-elle, ô mon hôte, racontez-nous dès leur origine les artifices des Grecs, les malheurs des Troyens, et vos courses errantes ; car voilà le septième été qui vous voit errer sur toutes les terres et sur toutes les mers. »

> Multa super Priamo rogitans, super Hectore multa : 750
> Nunc, quibus Auroræ venisset filius armis ;
> Nunc, quales Diomedis equi ; nunc quantus Achilles.
> « Immo age, et a prima dic, hospes, origine nobis
> Insidias, inquit, Danaûm, casusque tuorum,
> Erroresque tuos : nam te jam septima portat   755
> Omnibus errantem terris et fluctibus æstas. »

LIVRE DEUXIÈME

Tous firent silence, tenant leurs yeux attachés sur Énée, qui, de son lit élevé, commença en ces mots :

« Reine, vous m'ordonnez de renouveler une inexprimable douleur : de dire comment les Grecs renversèrent la puissance de Troie et de son déplorable empire : affreux événements que j'ai vus moi-même, et auxquels j'ai pris une grande part. En écoutant ce récit, qui des Myrmidons ou des Dolopes, ou quel soldat du barbare Ulysse pourrait retenir ses larmes? Déjà la nuit humide descend du ciel, et les astres, sur leur déclin, invitent au sommeil. Mais, si vous avez un si grand désir de connaître nos malheurs, et d'entendre le récit abrégé du dernier jour de Troie, quoique mon cœur frémisse et recule d'horreur à ces souvenirs de deuil, je vais commencer. Épuisés par la guerre et repoussés par les destins, après tant d'années déjà écoulées, les chefs de la Grèce, à qui Pallas inspire cet artifice, construisent, avec des ais

LIBER SECUNDUS.

Conticuere omnes, intentique ora tenebant;
Inde toro pater Æneas sic orsus ab alto :
« Infandum, regina, jubes renovare dolorem :
Trojanas ut opes et lamentabile regnum
Eruerint Danai; quæque ipse miserrima vidi,   5
Et quorum pars magna fui. Quis, talia fando,
Myrmidonum, Dolopumve, aut duri miles Ulyssei,
Temperet a lacrymis? Et jam nox humida cœlo
Præcipitat, suadentque cadentia sidera somnos.
Sed si tantus amor casus cognoscere nostros,   10
Et breviter Trojæ supremum audire laborem,
Quamquam animus meminisse horret, luctuque refugit,
Incipiam. Fracti bello, fatisque repulsi,
Ductores Danaûm, tot jam labentibus annis,
Instar montis equum, divina Palladis arte,   15

de sapin entrelacés, un cheval aussi haut qu'une montagne : ils feignent que c'est un vœu pour leur retour, et ce bruit au loin se propage. Des guerriers d'élite, que le sort désigne, sont furtivement enfermés dans les flancs ténébreux du colosse, et une troupe de soldats armés remplit ses profondeurs.

En face d'Ilion est la fameuse île de Ténédos, riche et puissante tant qu'a fleuri l'empire de Priam, mais aujourd'hui simple rade, abri peu sûr pour les vaisseaux : c'est là que les Grecs se retirent et se cachent sur la rive solitaire. Nous croyons qu'ils sont partis, et que les vents les poussent vers Mycènes. Aussi Troie tout entière s'affranchit d'un long deuil ; les portes sont ouvertes ; on s'empresse de sortir, de voir le camp des Grecs, ces plaines abandonnées et le rivage désert : ici campaient les Dolopes ; là s'élevait la tente du cruel Achille ; ici étaient les vaisseaux ; là, les armées avaient coutume d'en venir aux prises.

On regarde avec étonnement le don funeste fait à la chaste Minerve ; on admire la masse énorme du cheval, et Thymète le premier nous exhorte à l'introduire dans nos murs, et à le placer dans la citadelle : soit qu'il nous trahisse, soit que déjà les destins l'aient ainsi ordonné. Mais Capys et tous ceux dont l'esprit est mieux avisé veulent ou qu'on précipite dans les ondes ce

Ædificant, sectaque intexunt abiete costas :
Votum pro reditu simulant : ea fama vagatur.
Huc delecta virûm sortiti corpora furtim
Includunt cæco lateri, penitusque cavernas
Ingentes uterumque armato milite complent. 20
Est in conspectu Tenedos, notissima fama
Insula, dives opum, Priami dum regna manebant ;
Nunc tantum sinus, et statio male fida carinis :
Huc se provecti deserto in littore condunt.
Nos abiisse rati, et vento petiisse Mycenas. 25
Ergo omnis longo solvit se Teucria luctu :
Panduntur portæ : juvat ire, et Dorica castra,
Desertosque videre locos, littusque relictum.
Hic Dolopum manus, hic sævus tendebat Achilles :
Classibus hic locus : hic acie certare solebant. 30
Pars stupet innuptæ donum exitiale Minervæ,
Et molem mirantur equi : primusque Thymœtes
Duci intra muros hortatur, et arce locari :
Sive dolo, seu jam Trojæ sic fata ferebant.
At Capys, et quorum melior sententia menti, 35
Aut pelago Danaûm insidias suspectaque dona

présent insidieux et suspect, ou qu'il soit dévoré par les flammes, ou du moins que le fer, ouvrant ses flancs, sonde ses cavités profondes.

La multitude incertaine se partageait en avis contraires, quand soudain Laocoon, du haut de la citadelle, accourt furieux et suivi d'une foule nombreuse ; et, de loin, il s'écrie : « O malheureux citoyens, quel est votre délire? Croyez-vous les ennemis éloignés? pensez-vous que les présents des Grecs soient jamais exempts de perfidie? Est-ce ainsi que vous connaissez Ulysse? Ou dans ce bois sont cachés des Grecs ; ou c'est une machine fabriquée pour dominer nos remparts, observer nos demeures, et fondre d'en haut sur notre ville ; ou bien elle cache un autre piége! Défiez-vous de ce cheval, ô Troyens ; quoi que ce soit, je crains les Grecs, même dans leurs offrandes. »

Il dit, et, de toutes ses forces, lance un énorme javelot dans les flancs arrondis du monstre : le dard s'y fixe en frémissant ; la masse est ébranlée, et ses profondeurs retentissent d'un long gémissement. Oh! sans le courroux des dieux, et sans l'aveuglement de nos esprits, ce discours nous eût fait détruire le repaire des Grecs : Troie, tu serais encore debout! palais superbe de Priam, tu subsisterais encore!

Cependant, un jeune homme, les mains liées derrière le dos,

Præcipitare jubent, subjectisve urere flammis ;
Aut terebrare cavas uteri et tentare latebras.
Scinditur incertum studia in contraria vulgus.
Primus ibi ante omnes, magna comitante caterva, 40
Laocoon ardens summa decurrit ab arce ;
Et procul : « O miseri, quæ tanta insania, cives?
Creditis avectos hostes ? aut ulla putatis
Dona carere dolis Danaûm? sic notus Ulysses?
Aut hoc inclusi ligno occultantur Achivi ; 45
Aut hæc in nostros fabricata est machina muros,
Inspectura domos, venturaque desuper urbi ;
Aut aliquis latet error : equo ne credite, Teucri.
Quidquid id est, timeo Danaos et dona ferentes. »
Sic fatus, validis ingentem viribus hastam 50
In latus inque feri curvam compagibus alvum
Contorsit : stetit illa tremens, uteroque recusso,
Insonuere cavæ gemitumque dedere cavernæ.
Et, si fata deum, si mens non læva fuisset,
Impulerat ferro Argolicas fœdare latebras : 55
Trojaque, nunc stares, Priamique arx alta, maneres!
Ecce manus juvenem interea post terga revinctum

est traîné, à grand cris, vers le roi, par des bergers phrygiens : l'inconnu s'était livré lui-même, pour consommer le stratagème des Grecs, et leur ouvrir les portes d'Ilion, prêt à l'un et à l'autre sort, ou à tromper les Troyens, ou à succomber à une mort certaine. De tout côté, la jeunesse troyenne, avide de le voir, s'empresse autour de lui, insultant à l'envi le captif.

Apprenez maintenant les embûches des Grecs, et, par le crime d'un seul, à les connaître tous.

Dès qu'il s'est arrêté au milieu de nous, sans défense, avec un trouble feint, et qu'il a promené des regards inquiets sur la foule qui l'environne : « Hélas! s'écrie-t-il, désormais quelles terres et quelles mers pourront me recevoir? et quelle espérance reste encore à ma misère? Je n'ai plus d'asile chez les Grecs, et les Troyens irrités demandent mon supplice et mon sang! »

Sa plainte change les esprits, et retient leur emportement. On l'exhorte à parler, à dire de quel sang il est né, ce qu'il peut nous apprendre, et quelle confiance, captif, il peut inspirer. Alors, déposant toute crainte : « O roi, dit-il, je vais, quelque sort qui m'attende, dire la vérité. D'abord, je ne le nierai point, Argos est ma patrie; et si la fortune a rendu Sinon malheureux, la cruelle,

  Pastores magno ad regem clamore trahebant
  Dardanidæ, qui se ignotum venientibus ultro,
  Hoc ipsum ut strueret, Trojamque aperiret Achivis,   60
  Obtulerat: fidens animi, atque in utrumque paratus,
  Seu versare dolos, seu certæ occumbere morti.
  Undique visendi studio Trojana juventus
  Circumfusa ruit, certantque illudere capto.
  Accipe nunc Danaûm insidias, et crimine ab uno   65
  Disce omnes.
  Namque ut conspectu in medio turbatus, inermis
  Constitit, atque oculis Phrygia agmina circumspexit :
  « Heu! quæ nunc tellus, inquit, quæ me æquora possunt
  Accipere? aut quid jam misero mihi denique restat,   70
  Cui neque apud Danaos usquam locus, et super ipsi
  Dardanidæ infensi poenas cum sanguine poscunt ? »
  Quo gemitu conversi animi, compressus et omnis
  Impetus : hortamur fari, quo sanguine cretus,
  Quidve ferat, memoret; quæ sit fiducia capto.   75
  Ille hæc, deposita tandem formidine, fatur :
  « Cuncta equidem tibi, rex, fuerint quæcumque, fatebor
  Vera, inquit : neque me Argolica de gente negabo :
  Hoc primum : nec, si miserum fortuna Sinonem

du moins, ne le rendra ni fourbe, ni imposteur. Peut-être est venu jusqu'à vous le nom de Palamède, ce descendant de Bélus, dont la renommée a publié la gloire. Faussement accusé de trahison, innocent, il fut condamné sur de perfides indices ; et, parce qu'il blâmait la guerre, les Grecs le livrèrent à la mort. Aujourd'hui qu'il n'est plus, ils le pleurent. C'est sous la conduite de ce guerrier, auquel m'unissaient les liens du sang, que mon père, pauvre, m'envoya dès mes plus jeunes ans combattre en ce pays. Tant que Palamède conserva son crédit dans l'armée et son autorité dans le conseil des rois, j'obtins moi-même quelque nom et quelque gloire. Mais, lorsque, par la jalousie du perfide Ulysse (je ne dis rien qui ne soit connu), il eut quitté cette terre, livré à ma douleur, je traînais ma vie dans le deuil et dans la solitude, et je m'indignais en moi-même du sort injuste de mon ami. Insensé ! je ne sus pas toujours me taire ! Je promis que si le sort m'était favorable, et que la victoire me ramenât dans Argos, ma patrie, Palamède aurait un vengeur. Ces paroles allumèrent contre moi des haines implacables : telle fut la première source de mon malheur. Depuis ce temps, Ulysse n'a cessé de m'effrayer par de nouvelles accusations, de répandre dans l'armée des bruits équivoques, et de chercher des complices pour me perdre ; et sa haine n'eut point de repos, jusqu'à ce que par le

> Finxit, vanum etiam mendacemque improba finget. 80
> Fando aliquod, si forte tuas pervenit ad aures
> Belidæ nomen Palamedis, et inclyta fama
> Gloria; quem falsa sub proditione Pelasgi
> Insontem, infando indicio, quia bella vetabat,
> Demisere neci ; nunc cassum lumine lugent. 85
> Illi me comitem, et consanguinitate propinquum
> Pauper in arma pater primis huc misit ab annis.
> Dum stabat regno incolumis, regumque vigebat
> Conciliis, et nos aliquod nomenque decusque
> Gessimus. Invidia postquam pellacis Ulyssei 90
> (Haud ignota loquor) superis concessit ab oris,
> Afflictus vitam in tenebris luctuque trahebam,
> Et casum insontis mecum indignabar amici.
> Nec tacui demens ; et me, fors si qua tulisset,
> Si patrios unquam remeassem victor ad Argos, 95
> Promisi ultorem, et verbis odia aspera movi.
> Hinc mihi prima mali labes, hinc semper Ulysses
> Criminibus terrere novis : hinc spargere voces
> In vulgum ambiguas, et quærere conscius arma.
> Nec requievit enim, donec Calchante ministro..... 100

ministère de Calchas... Mais à quoi bon ce récit fatigant et inutile de mes malheurs? que tardez-vous? Si tous les Grecs sont égaux à vos yeux, vous m'avez assez entendu ; hâtez mon supplice : Ulysse le demande, et les Atrides le paieraient d'un grand prix. »

Ces mots enflamment notre curiosité ; nous voulons l'interroger et connaître les causes de sa fuite, ignorant toute la scélératesse et tous les artifices des Grecs. Alors, avec un effroi simulé, et, d'un cœur faux, il parle ainsi :

« Souvent les Grecs avaient voulu fuir, abandonner les plages de Troie, et renoncer à cette longue guerre, vaincus par ses fatigues. Et plût aux dieux qu'ils l'eussent fait! Souvent la tempête leur ferma les mers, et l'Auster, par ses menaces, suspendit leur départ, surtout alors que s'éleva dans leur camp ce simulacre d'un coursier aux flancs d'érable : les nuages grondèrent dans toute l'étendue des cieux. Tremblants, nous envoyons Eurypile interroger l'oracle d'Apollon ; et, du sanctuaire de Délos, il rapporte ces tristes paroles : « Fils de Danaüs, ce fut par le sang d'une « vierge immolée que les vents vous devinrent propices, et que « vous abordâtes aux rivages troyens : le sang doit aussi payer « votre retour, et il vous faut immoler un Grec. » Sitôt que cet arrêt fatal est connu de l'armée, tous les esprits sont consternés, la terreur court glacée jusqu'au fond des cœurs. Quel est celui que

Sed quid ego hæc autem nequicquam ingrata revolvo?
Quidve moror? Si omnes uno ordine habetis Achivos,
Idque audire sat est, jamdudum sumite pœnas :
Hoc Ithacus velit, et magno mercentur Atridæ. »
Tum vero ardemus scitari et quærere causas,   105
Ignari scelerum tantorum artisque Pelasgæ.
Prosequitur pavitans, et ficto pectore fatur :
« Sæpe fugam Danai Troja cupiere relicta
Moliri, et longo fessi discedere bello :
Fecissentque utinam! Sæpe illos aspera ponti   110
Interclusit hiems, et terruit Auster euntes.
Præcipue, quum jam hic trabibus contextus acernis
Staret equus, toto sonuerunt æthere nimbi.
Suspensi Eurypilum scitatum oracula Phœbi
Mittimus; isque adytis hæc tristia dicta reportat :   115
« Sanguine placastis ventos et virgine cæsa,
Quum primum Iliacas, Danai, venistis ad oras:
Sanguine quærendi reditus, animaque litandum
Argolica. » Vulgi quæ vox ut venit ad aures,
Obstupuere animi, gelidusque per ima cucurrit   120

le destin menace, et quelle est la victime que demande Apollon?

« Alors le roi d'Ithaque traîne, à grand bruit, Calchas au milieu du peuple et le somme de déclarer la volonté des dieux ; et déjà plusieurs m'annoncent l'exécrable artifice du traître, et lisent en silence dans l'avenir. Dix jours entiers, Calchas s'obstine à se taire : enfermé dans sa tente, il refuse de nommer la victime et d'envoyer personne à la mort. Enfin, pressé par les clameurs redoublées d'Ulysse, et d'accord avec lui, il rompt ce silence concerté, me nomme et me dévoue à l'autel. Tous applaudissent, et le coup que chacun a redouté pour sa tête est vu sans regret détourné sur la mienne. Déjà le jour funeste était arrivé ; déjà tout était prêt pour le sacrifice : le sel, les gâteaux sacrés et les bandelettes qui devaient ceindre mon front. Je l'avoue, je me suis dérobé à la mort ; j'ai pu me cacher, à la faveur de la nuit, dans les roseaux d'un lac marécageux, attendant que les Grecs missent à la voile, si par hasard ils s'y décidaient. Je n'ai donc plus l'espérance de revoir mon antique patrie, ni mes tendres enfants, ni mon père tant regretté. Peut-être que sur eux les Grecs feront retomber la peine de ma fuite, et qu'ils laveront ma faute dans le sang de ces infortunés. Ah ! par les dieux immortels, par les divinités à qui la vérité ne saurait se cacher, par la justice et la

    Ossa tremor : cui fata parent, quem poscat Apollo.
    Hic Ithacus vatem magno Calchanta tumultu
    Protrahit in medios ; quæ sint ea numina divûm
    Flagitat : et mihi jam multi crudele canebant
    Artificis scelus, et taciti ventura videbant.   125
    Bis quinos silet ille dies, tectusque recusat
    Prodere voce sua quemquam, aut opponere morti.
    Vix tandem magnis Ithaci clamoribus actus,
    Composito rumpit vocem, et me destinat aræ.
    Assensere omnes : et quæ sibi quisque timebat,   130
    Unius in miseri exitium conversa tulere.
    Jamque dies infanda aderat : mihi sacra parari,
    Et salsæ fruges, et circum tempora vittæ.
    Eripui, fateor, letho me, et vincula rupi ;
    Limosoque lacu per noctem obscurus in ulva   135
    Delitui, dum vela darent, si forte dedissent.
    Nec mihi jam patriam antiquam spes ulla videndi,
    Nec dulces natos exoptatumque parentem ·
    Quos illi fors ad poenas ob nostra reposcent
    Effugia, et culpam hanc miserorum morte piabunt.   140
    Quod te, per Superos, et conscia numina veri,
    Per, si qua est, quæ restet adhuc mortalibus usquam

bonne foi, s'il en reste encore parmi les hommes, je vous en conjure, ayez pitié de tant de misères, ayez pitié d'un malheureux, digne d'un meilleur sort. »

A ses larmes nous accordons sa grâce, et nous prenons pitié de lui. Priam, le premier, ordonne lui-même qu'on détache ses liens, et le rassure en ces termes amis : « Qui que tu sois, dès ce moment oublie les Grecs perdus pour toi : tu seras des nôtres; mais réponds avec vérité à ma demande. Pourquoi ont-ils construit ce cheval monstrueux? quel en est l'inventeur? quel en est le but? est-ce une offrande aux dieux, ou bien est-ce une machine de guerre? »

Il dit, et, versé dans les ruses et les artifices des Grecs, Sinon tend vers les astres ses mains libres de chaînes : « O vous, feux éternels, s'écrie-t-il, divinités inviolables, je vous atteste; et vous aussi, autels et glaives homicides auxquels je me suis dérobé; bandelettes des dieux que j'ai portées comme victime! je peux sans crime rompre les liens sacrés qui m'attachaient aux Grecs : il m'est permis de les haïr et de révéler tous leurs secrets, et je ne suis plus retenu par aucune loi de ma patrie. Mais vous, Troyens, demeurez fidèles à vos promesses; et, si je dis la vérité, si, pour payer la vie que vous me laissez, je vous rends un important service, sauvez celui qui sauve Troie.

« Tout l'espoir de la Grèce et sa confiance dans la guerre

    Intemerata fides, oro, miserere laborum
    Tantorum; miserere animi non digna ferentis. »
    His lacrymis vitam damus, et miserescimus ultro.   145
    Ipse viro primus manicas atque arcta levari
    Vincla jubet Priamus, dictisque ita fatur amicis :
    « Quisquis es, amissos hinc jam obliviscere Graios :
    Noster eris; mihique hæc edissere vera roganti.
    Quo molem hanc immanis equi statuere? quis auctor?   150
    Quidve petunt? quæ relligio? aut quæ machina belli? »
    Dixerat. Ille, dolis instructus et arte Pelasga,
    Sustulit exutas vinclis ad sidera palmas :
    « Vos, æterni ignes, et non violabile vestrum
    Testor numen, ait; vos aræ, ensesque nefandi,   155
    Quos fugi; vittæque deûm, quas hostia gessi :
    Fas mihi Graiorum sacrata resolvere jura;
    Fas odisse viros, atque omnia ferre sub auras,
    Si qua tegunt; teneor patriæ nec legibus ullis.
    Tu modo promissis maneas, servataque serves,   160
    Troja, fidem, si vera feram, si magna rependam.
    Omnis spes Danaûm et cœpti fiducia belli

entreprise ont toujours reposé sur la protection de Pallas; mais depuis que le fils impie de Tydée, et Ulysse, cet artisan de crimes, ont voulu enlever, dans son temple saint, le fatal Palladium, et qu'après avoir massacré les gardes de la citadelle, ils ont osé saisir l'effigie de la déesse, et souiller ses bandelettes virginales de leurs sanglantes mains, l'espoir de la victoire a disparu ; les Grecs ont vu leurs forces s'épuiser; Pallas est devenue leur ennemie, et a donné par d'éclatants prodiges des marques certaines de son courroux. A peine la statue de la déesse fut-elle placée dans le camp, des feux étincelèrent dans ses yeux irrités ; une sueur amère courut sur tout son corps ; et trois fois, ô prodige! on la vit bondir sur le sol, en agitant son bouclier et sa lance frémissante.

« Aussitôt Calchas s'écrie qu'il faut fuir et repasser les mers; que Pergame ne peut tomber sous le fer des Grecs, si les Grecs ne vont chercher dans Argos de nouveaux auspices, et s'ils ne ramènent l'image sacrée qu'ils ont, à travers les ondes, emportée sur leurs vaisseaux. Maintenant que la faveur des vents les conduit vers Mycènes, ils vont chercher de nouvelles armes et s'assurer des dieux plus propices ; et bientôt, repassant les mers, ils reparaîtront à l'improviste sur ces bords. Ainsi Calchas explique les présages : c'est par son conseil qu'ils ont construit cette im-

<pre>
        Palladis auxiliis semper stetit. Impius ex quo
        Tydides sed enim, scelerumque inventor Ulysses,
        Fatale aggressi sacrato avellere templo ·   165
        Palladium, cæsis summæ custodibus arcis,
        Corripuere sacram effigiem, manibusque cruentis
        Virgineas ausi divæ contingere vittas :
        Ex illo fluere ac retro sublapsa referri
        Spes Danaûm : fractæ vires, aversa deæ mens.   170
        Nec dubiis ea signa dedit Tritonia monstris.
        Vix positum castris simulacrum, arsere coruscæ
        Luminibus flammæ arrectis, salsusque per artus
        Sudor iit, terque ipsa solo (mirabile dictu!)
        Emicuit, parmamque ferens hastamque trementem.   175
        Extemplo tentanda fuga canit æquora Calchas ;
        Nec posse Argolicis exscindi Pergama telis,
        Omina ni repetant Argis, numenque reducant,
        Quod pelago et curvis secum avexere carinis.
        Et, nunc, quod patrias vento petiere Mycenas,   180
        Arma deosque parant comites, pelagoque remenso,
        Improvisi aderunt : ita digerit omina Calchas.
        Hanc pro Palladio, moniti, pro numine læso,
</pre>

mense effigie pour remplacer le Palladium et réparer l'offense faite à la déesse. Et cependant Calchas a voulu que cette masse à l'énorme charpente s'élevât vers le ciel, pour qu'elle ne pût pénétrer à travers les portes, ni être traînée dans les murs de Troie, et devenir le gage nouveau de leur éternelle durée : car si vos mains sacriléges profanaient le don fait à Minerve, les plus grands malheurs (que les dieux détournent ce présage sur Calchas lui-même!) accableraient l'empire de Priam et les Phrygiens. Mais si par vos mains il était introduit dans votre ville, l'Asie entière, levée contre la Grèce, viendrait, en armes, sous les murs de Pélops : tels étaient les destins qui menaçaient nos neveux. »

Ces discours perfides et les artifices du parjure Sinon trompèrent notre crédulité ; et la ruse et de feintes larmes triomphèrent de ceux que n'avaient pu dompter ni le fils de Tydée, ni Achille de Larisse, ni dix ans de combats, ni mille vaisseaux.

En ce moment, un spectacle plus étonnant et plus terrible encore s'offre aux regards des malheureux Troyens, et jette dans leur esprit un trouble inattendu. Laocoon, que le sort avait fait prêtre de Neptune, immolait un taureau puissant aux autels de ce dieu, quand deux serpents, venus de Ténédos (j'en frémis encore d'horreur !), s'avancent sur la tranquille mer en déroulant

```
Effigiem statuere, nefas quæ triste piaret.
Hanc tamen immensam Calchas attollere molem        185
Roboribus textis, cœloque educere jussit,
Ne recipi portis, aut duci in mœnia possit,
Neu populum antiqua sub relligione tueri.
Nam si vestra manus violasset dona Minervæ,
Tum magnum exitium (quod di prius omen in ipsum   190
Convertant!) Priami imperio Phrygibusque futurum :
Sin manibus vestris vestram ascendisset in urbem,
Ultro Asiam magno Pelopea ad mœnia bello
Venturam, et nostros ea fata manere nepotes. »
Talibus insidiis perjurique arte Sinonis           195
Credita res : captique dolis, lacrymisque coactis,
Quos neque Tydides, nec Larissæus Achilles,
Non anni domuere decem, non mille carinæ.
Hic aliud majus miseris multoque tremendum
Objicitur magis, atque improvida pectora turbat.   200
Laocoon, ductus Neptuno sorte sacerdos,
Solemnes taurum ingentem mactabat ad aras.
Ecce autem gemini a Tenedo tranquilla per alta
(Horresco referens) immensis orbibus angues
```

leurs immenses anneaux, et de front se dirigent vers le rivage.
Leur poitrine se dresse au milieu des flots, leurs crêtes sanglantes
dominent les ondes ; de leurs flancs ils rasent l'abîme, et leur
vaste croupe se recourbe en replis sinueux ; l'onde retentissante
écume. Déjà ils ont atteint la plage : leurs yeux ardents brillent,
rouges de sang et de flamme ; leur langue, telle qu'un dard,
s'agite dans leur gueule qu'ils lèchent en sifflant.

A cet aspect, tout fuit épouvanté. D'un même élan, les deux
monstres vont droit à Laocoon ; et d'abord ils saisissent ses deux
enfants, enlacent leurs faibles corps, et, par d'horribles morsures,
déchirent leurs membres palpitants. Laocoon s'arme de ses traits
et vole à leur secours. Ils le saisissent à son tour et l'étreignent
de leurs longs replis ; déjà deux fois ils entourent le milieu de
son corps, et deux fois sur son cou, sur son dos, ils roulent les
écailles de leur croupe, et dépassent son front de leurs têtes et
de leurs crêtes altières. Il veut, de ses mains, écarter ces nœuds
terribles : son sang et de noirs poisons souillent ses bandelettes,
et il jette vers les cieux d'horribles hurlements. Tel mugit un
taureau, quand, sous le fer qui l'a frappé, il s'échappe de l'autel, et rejette de son cou la hache mal assurée. Cependant,
les deux dragons s'enfuient en rampant vers les hauteurs du
temple, entrent dans le sanctuaire de la redoutable Pallas, et se

  Incumbunt pelago, pariterque ad littora tendunt ;   205
  Pectora quorum inter fluctus arrecta, jubæque
  Sanguineæ exsuperant undas ; pars cetera pontum
  Pone legit, sinuantque immensa volumine terga.
  Fit sonitus spumante salo. Jamque arva tenebant,
  Ardentesque oculos suffecti sanguine et igni,   210
  Sibila lambebant linguis vibrantibus ora.
  Diffugimus visu exsangues : illi agmine certo
  Laocoonta petunt ; et primum parva duorum
  Corpora natorum serpens amplexus uterque
  Implicat, et miseros morsu depascitur artus.   215
  Post ipsum, auxilio subeuntem ac tela ferentem
  Corripiunt, spirisque ligant ingentibus ; et jam
  Bis medium amplexi, bis collo squamea circum
  Terga dati, superant capite et cervicibus altis.
  Ille simul manibus tendit divellere nodos,   220
  Perfusus sanie vittas atroque veneno ;
  Clamores simul horrendos ad sidera tollit :
  Quales mugitus, fugit quum saucius aram
  Taurus, et incertam excussit cervice securim.
  At gemini lapsu delubra ad summa dracones   225

cachent aux pieds de la déesse, sous l'orbe de son bouclier.

Alors un nouvel effroi pénètre dans les cœurs frémissants. On dit que Laocoon a reçu la juste peine de son crime, pour avoir frappé le chêne sacré, et lancé dans ses flancs un javelot impie. On demande à grands cris que le colosse soit conduit au temple de Minerve, et que la protection de la déesse soit implorée par des prières.

Nous abattons les murs, et nous ouvrons les remparts de Pergame. Chacun s'empresse : on glisse des roues sous les pieds du cheval ; on attache à son cou des câbles puissants. La fatale machine, portant la guerre dans ses flancs, roule et franchit l'enceinte ; des enfants et de jeunes vierges la précèdent en chantant des hymnes, et de leurs mains se plaisent à toucher les cordages. Elle s'avance, et, menaçante, arrive au milieu de la ville. O ma patrie ! ô Ilion, séjour des dieux ! murs de Dardanus, illustrés par tant de combats ! quatre fois l'énorme masse s'arrêta sur le seuil de nos portes, et quatre fois dans ses flancs le bruit des armes retentit. Cependant, sans alarmes, nous poursuivons ; et, pleins d'un aveugle délire, nous plaçons le monstre fatal dans la citadelle sacrée. Alors même, Cassandre, qu'Apollon nous défendait de croire, ouvrit la bouche pour prédire nos destins ; et

Effugiunt, sævæque petunt Tritonidis arcem ;
Sub pedibusque deæ, clypeique sub orbe teguntur.
Tum vero tremefacta novus per pectora cunctis
Insinuat pavor ; et scelus expendisse merentem
Laocoonta ferunt, sacrum qui cuspide robur   230
Læserit, et tergo sceleratam intorserit hastam.
Ducendum ad sedes simulacrum, orandaque divæ
Numina conclamant.
Dividimus muros, et mœnia pandimus urbis.
Accingunt omnes operi, pedibusque rotarum   235
Subjiciunt lapsus, et stupea vincula collo
Intendunt. Scandit fatalis machina muros,
Feta armis : pueri circum innuptæque puellæ
Sacra canunt, funemque manu contingere gaudent.
Illa subit, mediæque minans illabitur urbi.   240
O patria, o divum domus Ilium, et inclyta bello
Mœnia Dardanidum ! quater ipso in limine portæ
Substitit, aque utero sonitum quater arma dedere.
Instamus tamen immemores, cæcique furore,
Et monstrum infelix sacrata sistimus arce.   245
Tunc etiam fatis aperit Cassandra futuris
Ora, dei jussu non unquam credita Teucris.

nous, malheureux ! dans ce jour qui devait être le dernier jour de Troie, nous ornions de feuillage, comme pour une fête, les temples des dieux.

Cependant le ciel tourne, et du sein de l'Océan s'élance la nuit, enveloppant de ses épaisses ombres et les airs, et la terre, et les trames des Grecs. Les Troyens, répandus dans l'enceinte de leurs murailles, se livrent au repos et au silence de la nuit : le sommeil s'empare de leurs membres fatigués.

Et déjà, parties de Ténédos, les phalanges grecques voguaient en bon ordre, favorisées par la discrète clarté de la lune silencieuse, et se dirigeaient vers des rivages bien connus. Une torche fait briller ses feux sur la poupe royale. A ce signal, Sinon, que les destins ennemis ont protégé pour notre ruine, délivre furtivement les Grecs enfermés dans leur obscure prison, et le cheval ouvert les rend à la lumière : de ses flancs ténébreux sortent avec joie, en glissant le long d'un câble, les chefs Thessandre, Sthenelus, et le cruel Ulysse. Après eux s'élancent Acamas et Thoas, et Pyrrhus, fils d'Achille, et le savant Machaon, et Ménélas, et Épéus qui fut l'inventeur du stratagème. Ils envahissent la ville ensevelie dans le sommeil et dans le vin, égorgent les gardes, ouvrent les portes, font entrer les Grecs, et se joignent à leurs cohortes conjurées.

Nos delubra deûm miseri, quibus ultimus esset
Ille dies, festa velamus fronde per urbem.
Vertitur interea cœlum, et ruit Oceano nox,   250
Involvens umbra magna terramque polumque,
Myrmidonumque dolos : fusi per moenia Teucri
Conticuere; sopor fessos complectitur artus.
Et jam Argiva phalanx instructis navibus ibat
A Tenedo, tacitæ per amica silentia lunæ,   255
Littora nota petens : flammas quum regia puppis
Extulerat, fatisque deûm defensus iniquis,
Inclusos utero Danaos et pinea furtim
Laxat claustra Sinon : illos patefactus ad auras
Reddit equus, lætique cavo se robore promunt   260
Thessandrus Sthenelusque duces, et dirus Ulysses,
Demissum lapsi per funem, Acamasque, Thoasque,
Pelidesque Neoptolemus, primusque Machaon,
Et Menelaus, et ipse doli fabricator Epeus.
Invadunt urbem somno vinoque sepultam :   265
Cæduntur vigiles; portisque patentibus omnes
Accipiunt socios, atque agmina conscia jungunt.

C'était l'heure où le premier sommeil commence pour les malheureux mortels, et, par un bienfait des dieux, s'insinue d'une manière si douce dans leurs sens. Voilà qu'en songe il me sembla qu'Hector m'apparaissait, accablé de tristesse et versant des pleurs en abondance, tel qu'on le vit autrefois, traîné derrière un char, le corps noirci d'une sanglante poussière, et les pieds gonflés par les courroies dont ils furent liés. Hélas! dans quel état je le voyais! combien il était changé! et qu'il était différent de cet Hector revenant couvert des dépouilles d'Achille, ou lançant les flammes troyennes sur la flotte des Grecs! Sa barbe était souillée, sa chevelure roidie par le sang; et sur son corps apparaissaient les nombreuses blessures reçues sous les murs de sa patrie. Il me semblait que moi-même, pleurant, j'appelais ce héros en exhalant ces tristes plaintes : « O gloire de la Phrygie, et le plus sûr espoir des fils de Teucer, quels si grands obstacles ont retardé votre retour? De quels rivages venez-vous, Hector, si longtemps attendu? Après tant de funérailles, après les longues infortunes de Troie et de ses guerriers, en quel état nous vous revoyons! Quel indigne outrage a troublé la sérénité de votre front? et d'où viennent ces plaies que j'aperçois? »

Il ne répond rien; et, sans s'arrêter à ces vaines questions, mais tirant du fond de son cœur un long gémissement : « Ah!

Tempus erat quo prima quies mortalibus ægris
Incipit, et dono divum gratissima serpit.
In somnis ecce ante oculos mœstissimus Hector 270
Visus adesse mihi, largosque effundere fletus;
Raptatus bigis, ut quondam, aterque cruento
Pulvere, perque pedes trajectus lora tumentes.
Hei mihi, qualis erat! quantum mutatus ab illo
Hectore, qui redit exuvias indutus Achillis, 275
Vel Danaum Phrygios jaculatus puppibus ignes!
Squalentem barbam, et concretos sanguine crines,
Vulneraque illa gerens, quæ circum plurima muros
Accepit patrios. Ultro flens ipse videbar
Compellare virum, et mœstas expromere voces : 280
« O lux Dardaniæ! spes o fidissima Teucrûm,
Quæ tantæ tenuere moræ? quibus Hector ab oris
Exspectate venis? ut te post multa tuorum
Funera, post varios hominumque urbisque labores
Defessi aspicimus! quæ causa indigna serenos 285
Fœdavit vultus? aut cur hæc vulnera cerno? »
Ille nihil : nec me quærentem vana moratur;
Sed graviter gemitus imo de pectore ducens :

fuis, dit-il, fils d'une déesse, et arrache-toi aux flammes qui t'environnent! L'ennemi est dans nos murs : Troie s'écroule et tombe du haut de son faîte altier : nous avons assez fait pour la patrie et pour Priam. Si le bras d'un mortel eût pu défendre Pergame, ce bras l'eût défendue. Troie te recommande ses autels et ses pénates. Prends-les pour compagnons de tes destins, et donne-leur pour asile ces murs superbes que tu élèveras enfin, après avoir longtemps erré sur les mers. » Il dit, et, du fond du sanctuaire, m'apporte dans ses bras les bandeaux sacrés, la puissante Vesta, et ses feux éternels.

Cependant le trouble et la désolation remplissent la ville, et quoique la demeure d'Anchise soit écartée et cachée sous un abri d'arbres épais, on entend de plus en plus croître les cris et retentir le bruit des armes. Soudain je m'éveille, je vole au faîte du palais et prête au loin une oreille attentive. Ainsi, quand l'Auster furieux fait courir la flamme dans les moissons; ou quand, s'élançant des montagnes, un rapide torrent détruit les guérets, détruit l'espoir du laboureur, le travail de la charrue, et entraîne les forêts arrachées dans son cours : debout sur la cime d'un rocher, le pasteur immobile s'étonne, ignorant d'où vient le bruit éloigné qui frappe son oreille.

Alors toute la vérité m'apparaît, et les embûches se dévoilent.

```
« Heu fuge, nate dea, teque his, ait, eripe flammis.
Hostis habet muros : ruit alto a culmine Troja.        290
Sat patriæ Priamoque datum : si Pergama dextra
Defendi possent, etiam hac defensa fuissent.
Sacra suosque tibi commendat Troja Penates.
Hos cape fatorum comites : his mœnia quære,
Magna pererrato statues quæ denique ponto. »          295
Sic ait, et manibus vittas, Vestamque potentem,
Æternumque adytis effert penetralibus ignem.
Diverso interea miscentur mœnia luctu :
Et magis atque magis (quanquam secreta parentis
Anchisæ domus, arboribusque obtecta recessit)        300
Clarescunt sonitus, armorumque ingruit horror.
Excutior somno, et summi fastigia tecti
Ascensu supero, atque arrectis auribus adsto
In segetem veluti quum flamma furentibus Austr
Incidit, aut rapidus montano flumine torrens         305
Sternit agros, sternit sata læta, boumque labores,
Præcipitesque trahit silvas : stupet inscius alto
Accipiens sonitum saxi de vertice pastor.
Tum vero manifesta fides, Danaûmque patescunt
```

Déjà le vaste palais de Déiphobe s'est écroulé dans les flammes ; déjà tout auprès brûle celui d'Ucalégon : la mer de Sigée reluit au loin des feux de l'incendie ; tout retentit des cris de la guerre et de la voix éclatante des clairons.

Hors de moi, je saisis mes armes, ne sachant encore quel usage j'en pourrai faire. Mais je brûle de rallier des soldats amis pour voler avec eux à la défense de la citadelle. La fureur et la colère précipitent mon courage, et je ne songe plus qu'à chercher une belle mort, les armes à la main.

Tout à coup s'offre à mes regards Panthée, échappé aux traits des Grecs, Panthée, fils d'Othris, et prêtre du temple d'Apollon. Dans ses bras il porte ses dieux vaincus et leurs images sacrées, et, traînant par la main son petit-fils, il court éperdu vers le palais d'Anchise. « Panthée ! m'écriai-je, reste-t-il quelque espoir ? peut-on sauver la citadelle ? » Panthée répond en gémissant : « Il est venu le dernier jour de Troie, l'inévitable jour ! C'en est fait des Troyens, c'en est fait d'Ilion et de l'antique gloire de ses enfants ! L'inexorable Jupiter livre tout à Argos, et les Grecs triomphent dans la ville embrasée. Leur cheval menaçant vomit des hommes armés, et Sinon victorieux sème partout l'incendie, en insultant à nos malheurs. Tandis que, par les portes

Insidiæ. Jam Deiphobi dedit ampla ruinam,   310
Vulcano superante, domus : jam proximus ardet
Ucalegon : Sigea igni freta lata relucent.
Exoritur clamorque virûm, clangorque tubarum.
Arma amens capio ; nec sat rationis in armis ;
Sed glomerare manum bello, et concurrere in arcem   315
Cum sociis ardent animi : furor iraque mentem
Præcipitant, pulchrumque mori succurrit in armis.
Ecce autem telis Pantheus elapsus Achivûm,
Pantheus Othriades, arcis Phœbique sacerdos,
Sacra manu, victosque deos, parvumque nepotem   320
Ipse trahit, cursuque amens ad limina tendit.
« Quo res summa loco, Pantheu ? quam prendimus arcem ? »
Vix ea fatus eram, gemitu quum talia reddit :
« Venit summa dies et ineluctabile tempus
Dardaniæ ! fuimus Troes, fuit Ilium, et ingens   325
Gloria Teucrorum : ferus omnia Jupiter Argos
Transtulit : incensa Danai dominantur in urbe.
Arduus armatos mediis in mœnibus adstans
Fundit equus ; victorque Sinon incendia miscet.
Insultans : portis alii bipatentibus adsunt,   330
Millia quot magnis unquam venere Mycenis.

ouvertes à deux battants, se précipitent autant de milliers d'ennemis que jamais en envoya contre nous la superbe Mycènes, d'autres phalanges armées occupent tous les passages des rues étroites : partout s'élève une bârrière de fer, et partout brillent les traits et les glaives prêts à donner la mort. A peine les premières sentinelles, qui défendent les portes tentent le combat, et résistent dans l'ombre. »

Poussé par ces paroles du fils d'Othris et par l'ascendant des dieux, je m'élance à travers les flammes et le fer, où m'appellent la triste Erinnys, et le bruit des armes, et les cris qui s'élèvent jusqu'aux astres. A moi se joignent Riphée et le vaillant Epytus. Aux clartés de la lune, accourent se ranger à nos côtés Hypanis et Dymas, et le fils de Mygdon, le jeune Corèbe, qui, brûlant pour Cassandre d'un funeste amour, était venu s'offrir pour gendre à Priam, et apporter à ce prince, ainsi qu'aux Phrygiens, le secours de ses armes : malheureux, qui rejeta les avis trop sûrs d'une amante inspirée !

Dès que je les vois rassemblés et animés d'une ardeur martiale, je leur adresse ces mots : « Jeunes guerriers ! cœurs enflammés d'un courage désormais inutile, si vous êtes décidés à suivre un chef prêt à tout oser, voyez quelle est la fortune de Troie ! ils ont tous abandonné leurs temples et leurs autels, les dieux pro-

>
> Obsedere alii telis angusta viarum
> Oppositi : stat ferri acies mucrone corusco
> Stricta, parata neci : vix primi prælia tentant
> Portarum vigiles, et cæco Marte resistunt. »   335
> Talibus Othriadæ dictis et numine divûm
> In flammas et in arma feror, quo tristis Erinnys,
> Quo fremitus vocat, et sublatus ad æthera clamor.
> Addunt se socios Ripheus, et maximus armis
> Epytus, oblati per lunam, Hypanisque, Dymasque,   340
> Et lateri agglomerant nostro, juvenisque Corœbus
> Mygdonides. Illis ad Trojam forte diebus
> Venerat, insano Cassandræ incensus amore;
> Et gener auxilium Priamo Phrygibusque ferebat :
> Infelix, qui non sponsæ præcepta furentis   345
> Audierit.
> Quos ubi confertos audere in prælia vidi,
> Incipio super his : « Juvenes, fortissima frustra
> Pectora, si vobis audentem extrema cupido est
> Certa sequi, quæ sit rebus fortuna videtis :   350
> Excessere omnes adytis arisque relictis

tecteurs de cet empire! Vous défendez une ville embrasée! mourons, et précipitons-nous au milieu des armes. Le seul salut pour les vaincus est de n'attendre aucun salut. » Ces mots ajoutent au courage la fureur. Tels que des loups dévorants qui, pressés d'une faim cruelle, s'élancent en furie, à travers les brumes de la nuit, attendus dans leurs repaires par des louveteaux altérés de carnage, tels à travers les traits, à travers les ennemis, nous courons à une mort qui semble inévitable. Nous marchons au centre de la ville : la nuit épaisse nous enveloppe de ses vastes ombres.

Oh! qui pourrait peindre les désastres de cette nuit! qui pourrait dire tant de funérailles, et, pour tant d'infortunes, avoir assez de larmes! Elle tombe cette ville antique, si longtemps reine de l'Asie. Des milliers de cadavres jonchent de tous côtés et les rues, et les maisons, et le seuil sacré des temples. Mais le sang des Troyens ne coule pas seul : parfois aussi le courage renaît dans le cœur des vaincus, et les vainqueurs succombent à leur tour. Partout le deuil, partout la terreur, et partout l'image de la mort.

Le premier des Grecs qui s'offre à nous est Androgée, que suit une troupe nombreuse : il nous croit des siens, et, dans son erreur, il nous adresse le premier ces paroles amies : « Hâtez-

    Di, quibus imperium hoc steterat: succurritis urbi
    Incensæ: moriamur, et in media arma ruamus.
    Una salus victis, nullam sperare salutem. »
    Sic animis juvenum furor additus. Inde, lupi ceu   355
    Raptores, atra in nebula, quos improba ventris
    Exegit cæcos rabies, catulique relicti
    Faucibus exspectant siccis; per tela, per hostes
    Vadimus haud dubiam in mortem, mediæque tenemus
    Urbis iter. Nox atra cava circumvolat umbra.   360
    Quis cladem illius noctis, quis funera fando
    Explicet, aut possit lacrymis æquare labores?
    Urbs antiqua ruit, multos dominata per annos;
    Plurima perque vias sternuntur inertia passim
    Corpora, perque domos, et relligiosa deorum   365
    Limina. Nec soli pœnas dant sanguine Teucri :
    Quondam etiam victis redit in præcordia virtus;
    Victoresque cadunt Danai : crudelis ubique
    Luctus, ubique pavor, et plurima mortis imago.
    Primus se Danaûm, magna comitante caterva,   370
    Androgeos offert nobis, socia agmina credens
    Inscius: atque ultro verbis compellat amicis:

vous, guerriers! quelle indolence vous arrête? D'autres arrachent, enlèvent les débris embrasés de Pergame, et vous êtes à peine descendus de vos vaisseaux! » Il dit, et soudain, à notre réponse douteuse, il reconnaît qu'il est tombé au milieu des ennemis. Frappé de stupeur, il retient sa voix et ses pas. Tel que le voyageur dont le pied a pressé avec force, dans les ronces épineuses, un serpent inaperçu, se hâte, épouvanté, de fuir le reptile qui dresse sa tête menaçante et gonfle son cou bleuâtre : tel recule Androgée, tremblant à notre aspect. Nous fondons sur sa troupe, et nos armes l'enveloppent de tout côté. Ignorant les lieux, et frappés d'épouvante, ils tombent çà et là sous nos coups : la fortune seconde nos premiers efforts.

Corèbe, qu'exaltent le succès et son courage, s'écrie : « Amis, suivons cette route qu'un sort favorable nous offre ici pour notre salut. Échangeons nos boucliers, et prenons l'armure des Grecs. Ruse ou valeur, qu'importe contre l'ennemi! Lui-même il va nous donner des armes. » Il dit, et saisit le casque à ondoyante crinière qui couvrait le front d'Androgée ; il prend son riche bouclier, et suspend à son côté le glaive argien. Alors Riphée, Dymas et tous mes jeunes compagnons suivent avec joie cet exemple, et s'arment de récentes dépouilles. Nous courons confondus au mi-

« Festinate, viri; nam quae tam sera moratur
Segnities? Alii rapiunt incensa feruntque
Pergama : vos celsis nunc primum a navibus itis ! »   375
Dixit : et extemplo (neque enim responsa dabantur
Fida satis) sensit medios delapsus in hostes.
Obstupuit, retroque pedem cum voce repressit.
Improvisum aspris veluti qui sentibus anguem
Pressit humi nitens, trepidusque repente refugit   380
Attollentem iras, et caerula colla tumentem :
Haud secus Androgeos visu tremefactus abibat.
Irruimus, densis et circumfundimur armis;
Ignarosque loci passim et formidine captos
Sternimus : adspirat primo fortuna labori.   385
Atque hic successu exsultans animisque Corœbus :
« O socii, qua prima, inquit, fortuna salutis
Monstrat iter, quaque ostendit se dextra, sequamur.
Mutemus clypeos, Danaûmque insignia nobis
Aptemus : dolus, an virtus, quis in hoste requirat ?   390
Arma dabunt ipsi. » Sic fatus, deinde comantem
Androgei galeam clypeique insigne decorum
Induitur, laterique Argivum accommodat ensem.
Hoc Ripheus, hoc ipse Dymas, omnisque juventus

lieu des Grecs, mais sans l'aveu des dieux. De nombreux combats sont livrés par nous dans cette nuit profonde, et nous envoyons aux enfers une foule de Grecs. Les uns fuient vers leurs vaisseaux, et cherchent leur salut sur le rivage ; les autres, saisis d'une frayeur honteuse, revolent vers le cheval monstrueux, et se cachent dans les cavités qui leur sont connues. Mais, hélas ! rien n'est assuré avec des dieux contraires.

En ce moment, traînée hors du sanctuaire et du temple de Minerve, la fille de Priam, Cassandre, les cheveux épars, levait en vain, vers le ciel, ses yeux enflammés de colère : ses yeux, car ses faibles mains étaient retenues par des chaînes. A ce spectacle, Corèbe, la fureur dans l'âme, et prêt à mourir, se jette au milieu de cette foule ennemie. Nous nous précipitons à sa suite, et nous serrons nos rangs dans la mêlée. Mais alors, du haut du temple, les Troyens, trompés par nos armes et nos panaches empruntés, nous accablent de leurs traits et sèment sur nous le carnage. En même temps, les Grecs, pleins de colère et de douleur en se voyant enlever leur proie, frémissent de rage, se rallient, et nous attaquent de toutes parts : le bouillant Ajax, les deux Atrides, et toute l'armée des Dolopes. Ainsi, déchirant la nue, les vents ennemis s'entre-choquent : le

```
Læta facit : spoliis se quisque recentibus armat.        395
Vadimus immixti Danais, haud numine nostro,
Multaque per cæcam congressi prælia noctem
Conserimus ; multos Danaûm demittimus Orco.
Diffugiunt alii ad naves, et litora cursu
Fida petunt : pars ingentem formidine turpi             400
Scandunt rursus equum, et nota conduntur in alvo.
Heu nihil invitis fas quemquam fidere divis !
Ecce trahebatur passis Priameïa virgo
Crinibus a templo Cassandra adytisque Minervæ,
Ad cœlum tendens ardentia lumina frustra :              405
Lumina, nam teneras arcebant vincula palmas.
Non tulit hanc speciem furiata mente Corœbus,
Et sese medium injecit moriturus in agmen.
Consequimur cuncti, et densis incurrimus armis.
Hic primum ex alto delubri culmine telis                410
Nostrorum obruimur, oriturque miserrima cædes
Armorum facie et Graiarum errore jubarum.
Tum Danai, gemitu atque ereptæ virginis ira,
Undique collecti invadunt : acerrimus Ajax,
Et gemini Atridæ, Dolopumque exercitus omnis.           415
Adversi rupto ceu quondam turbine venti
```

Zéphyr, le Notus, et l'Eurus joyeux de guider les coursiers de l'Aurore : les forêts sont ébranlées ; et, couvert d'écume, Nérée soulève de son trident les mers dans leurs profonds abîmes.

Ceux mêmes qu'à la faveur de notre ruse et des ténèbres de la nuit nous avons mis en fuite, et chassés dans toute la ville, reparaissent : les premiers, ils reconnaissent nos boucliers, nos armes trompeuses, et l'accent étranger de notre langage. Le nombre nous accable. Corèbe, le premier, tombe sous le fer de Pénélée, au pied de l'autel de la déesse des combats. Il tombe aussi Riphée, le plus juste des Troyens, le plus saint observateur des lois : ainsi les dieux l'ont ordonné. Hypanis et Dymas succombent sous les traits de leurs compagnons. Et toi, Panthée, ni ton respect pour les dieux, ni la tiare d'Apollon n'ont protégé ta vie. Cendres d'Ilion, flammes qui servîtes de bûcher à mes concitoyens, je vous atteste ici : dans cette vaste ruine, je n'ai évité ni le fer des Grecs, ni aucun de leurs combats ; et si le destin eût voulu que je périsse, mon courage l'eût mérité. Nous sommes entraînés hors de la mêlée : avec moi sont Iphite et Pélias : Iphite déjà appesanti par l'âge, et Pélias qui, blessé par Ulysse, se traîne péniblement.

Soudain des cris redoublés nous appellent au palais de Priam.

Confligunt, Zephyrusque, Notusque, et lætus Eois
Eurus equis : stridunt silvæ, sævitque tridenti
Spumeus atque imo Nereus ciet æquora fundo.
Illi etiam, si quos obscura nocte per umbram   420
Fudimus insidiis, totaque agitavimus urbe,
Apparent : primi clypeos menditaque tela
Agnoscunt, atque ora sono discordia signant.
Ilicet obruimur numero : primusque Corœbus
Penelei dextra, divæ armipotentis ad aram   425
Procumbit ; cadit et Ripheus, justissimus unus
Qui fuit in Teucris, et servantissimus æqui :
Dis aliter visum. Pereunt Hypanisque, Dymasque,
Confixi a sociis : nec te tua plurima, Pantheu,
Labentem pietas, nec Apollinis infula texit.   430
Iliaci cineres, et flamma extrema meorum,
Testor, in occasu vestro, nec tela, nec ullas
Vitavisse vices Danaûm, et, si fata fuissent
Ut caderem, meruisse manu. Divellimur inde.
Iphitus et Pelias mecum : quorum Iphitus ævo   435
Jam gravior, Pelias et vulnere tardus Ulyssei.
Protinus ad sedes Priami clamore vocati.
Hic vero ingentem pugnam, ceu cetera nusquam

Là, le combat est si terrible, qu'on eût dit toutes les fureurs de la guerre réunies sur ce point, et absentes du reste de la ville. Nous voyons l'indomptable furie de Mars, les Grecs précipitant leur attaque sur le palais, et, sous la tortue qu'ils forment, en assiégeant l'entrée. Le long des murs sont dressées les échelles : ils s'efforcent d'y monter devant les portes mêmes. D'une main ils opposent aux traits leurs boucliers, de l'autre ils cherchent à saisir le faîte. En même temps, les Troyens arrachent les tours et les combles du palais, dernières armes de leur désespoir, et cherchent ainsi à se défendre contre la mort inévitable. Ils font tomber, sur les phalanges ennemies, les poutres et les lambris dorés, riches ornements de la demeure de nos rois. D'autres guerriers, le glaive nu, se pressent au bas des portes, et leurs rangs serrés en défendent l'entrée.

Mon courage excité par le péril me pousse à secourir le palais du roi, à me joindre aux guerriers qui combattent encore, et à ranimer l'ardeur des vaincus. Derrière le palais était une porte secrète qui, par des chemins ignorés, conduisait aux divers appartements de Priam. C'est par cette porte qu'aux jours où l'empire de Troie subsistait encore, Andromaque avait coutume de venir sans suite auprès de Priam et d'Hécube, et de leur amener le jeune Astyanax. Je m'élance au faîte du palais, d'où

```
        Bella forent, nulli tota morerentur in urbe,
        Sic Martem indomitum, Danaosque ad tecta ruentes   440
        Cernimus, obsessumque acta testudine limen.
        Hærent parietibus scalæ, postesque sub ipsos
        Nituntur gradibus, clypeosque ad tela sinistris
        Protecti objiciunt; prensant fastigia dextris.
        Dardanidæ contra turres ac tecta domorum          445
        Culmina convellunt : his se, quando ultima cernunt,
        Extrema jam in morte parant defendere telis,
        Auratasque trabes, veterum decora alta parentum,
        Devolvunt. alii strictis mucronibus imas
        Obsedere fores; has servant agmine denso.          450
        Instaurati animi regis succurrere tectis,
        Auxilioque levare viros, vimque addere victis.
        Limen erat, cæcæque fores, et pervius usus
        Tectorum inter se Priami, postesque relicti
        A tergo, infelix qua se, dum regna manebant,      455
        Sæpius Andromache ferre incomitata solebat
        Ad soceros, et avo puerum Astyanacta trahebat.
        Evado ad summi fastigia culminis, unde
```

16.

les malheureux Troyens font voler des traits impuissants. Sur le bord même du comble, se dressait une tour dont le sommet s'élevait jusqu'aux astres. De là on pouvait découvrir Troie tout entière, et le camp, et les vaisseaux des Grecs. Le levier attaque cette masse tout autour de sa base, à l'endroit où l'extrémité des poutres donnait au fer plus de prise : nous arrachons la tour de ses fondements, et la poussons violemment : elle s'écroule soudain avec un horrible fracas, et tombe en débris sur les bataillons grecs. Mais d'autres les remplacent ; les pierres et les traits de toute espèce ne cessent de pleuvoir sur eux.

Devant le vestibule, et sur le seuil même du palais, Pyrrhus déploie toute sa fureur ; des feux étincelants jaillissent de son armure d'airain. Tel reparaît à la lumière le serpent que les frimas de l'hiver tenaient engourdi sous la terre où il s'est gonflé d'herbes vénéneuses : maintenant, orné d'une peau nouvelle, et brillant de jeunesse, il déroule, en soulevant sa poitrine, ses luisantes écailles, se dresse au soleil, et dans sa gueule darde un triple aiguillon.

Périphas, à la haute stature, Automédon l'écuyer, qui fut le conducteur des coursiers d'Achille, et tous les jeunes Grecs venus de Scyros, lancent au faîte du palais la flamme dévorante. Pyrrhus, qui les excite, saisit lui-même une hache à deux tranchants,

   Tela manu miseri jactabant irrita Teucri.
   Turrim in præcipiti stantem, summisque sub astra 460
   Eductam tectis, unde omnis Troja videri,
   Et Danaûm solitæ naves, et Achaica castra,
   Aggressi ferro circum, qua summa labantes
   Juncturas tabulata dabant, convellimus altis
   Sedibus, impulimusque : ea lapsa repente ruinam 465
   Cum sonitu trahit, et Danaûm super agmina late
   Incidit. Ast alii subeunt, nec saxa, nec ullum
   Telorum interea cessat genus.
   Vestibulum ante ipsum primoque in limine Pyrrhus
   Exsultat, telis et luce coruscus ahena. 470
   Qualis ubi in lucem coluber, mala gramina pastus,
   Frigida sub terra tumidum quem bruma tegebat,
   Nunc positis novus exuviis, nitidusque juventa,
   Lubrica convolvit sublato pectore terga
   Arduus ad solem, et linguis micat ore trisulcis. 475
   Una ingens Periphas, et equorum agitator Achillis
   Armiger Automedon ; una omnis Scyria pubes
   Succedunt tecto, et flammas ad culmina jactant.
   Ipse inter primos correpta dura bipenni

et frappe les portes qu'il arrache de leurs gonds d'airain. Déjà le fer a traversé le chêne robuste, et fait, dans son épaisseur, une large ouverture : alors apparaît aux regards l'intérieur du palais dont les longs portiques se déploient; on aperçoit l'auguste demeure de Priam et de nos anciens rois. Debout, sur le seuil même, des guerriers veulent en défendre l'entrée.

Cependant des gémissements et un tumulte lamentable s'élèvent confusément dans l'intérieur du palais, et les femmes font retentir de leurs cris de désespoir la profondeur des voûtes : ce bruit affreux monte jusqu'aux astres. Les mères éplorées errent sous les longs portiques, tiennent les portes embrassées et les couvrent de baisers. Alors, plein de cette fureur qui animait son père, Pyrrhus presse l'attaque, et ni les barrières ni les gardes ne peuvent l'arrêter. Le bélier, à coups redoublés, enfonce les portes ; elles tombent avec fracas, arrachées de leurs gonds. La violence ouvre un passage : les Grecs s'élancent, forcent l'entrée, massacrent les guerriers qui la défendent, et le palais est rempli de soldats. Tel un fleuve en fureur, qui a rompu ses digues, se précipite écumant à travers leurs débris, roule dans la campagne ses flots amoncelés, et entraîne au loin les troupeaux avec leurs étables. J'ai vu moi-même, sur le seuil du palais, Pyrrhus avec les deux Atrides, s'enivrant de carnage ; j'ai vu Hécube et ses

    Limina perrumpit, postesque a cardine vellit   480
Æratos : jamque, excisa trabe, firma cavavit
Robora, et ingentem lato dedit ore fenestram.
Apparet domus intus, et atria longa patescunt :
Apparent Priami et veterum penetralia regum;
Armatosque vident stantes in limine primo.   485
At domus interior gemitu miseroque tumultu
Miscetur ; penitusque cavæ plangoribus ædes
Femineis ululant : ferit aurea sidera clamor.
Tum pavidæ tectis matres ingentibus errant,
Amplexæque tenent postes, atque oscula figunt.   490
Instat vi patria Pyrrhus : nec claustra, neque ipsi
Custodes sufferre valent : labat ariete crebro
Janua, et emoti procumbunt cardine postes.
Fit via vi : rumpunt aditus, primosque trucidant
Immissi Danai, et late loca milite complent.   495
Non sic, aggeribus ruptis quum spumeus amnis
Exiit, oppositasque evicit gurgite moles,
Fertur in arva furens cumulo, camposque per omnes
Cum stabulis armenta trahit. Vidi ipse furentem
Cæde Neoptolemum, geminosque in limine Atridas :   500

cent brus, et, devant les autels de nos dieux, Priam souillant de son sang les feux sacrés qu'il avait allumés lui-même. Les cinquante couches nuptiales, espoir d'une nombreuse postérité, et ces superbes portiques, enrichis de l'or des Barbares et des dépouilles des vaincus, tout est tombé! Ce qu'épargne la flamme est la proie des Grecs.

Peut-être demanderez-vous quelles furent les destinées de Priam. Dès qu'il voit le désastre de sa ville envahie, les portes du palais forcées, et les Grecs vainqueurs au sein de ses foyers, il charge d'une armure, depuis longtemps oisive, ses épaules tremblantes sous le faix des ans ; il ceint un glaive inutile, et se jette, pour mourir, au milieu des rangs ennemis.

Au centre du palais, sous la voûte découverte des cieux, était un grand autel : un laurier antique inclinait sur lui son feuillage et couvrait les Pénates de son ombre. Là Hécube et ses filles, telles que des colombes qui s'attroupent chassées par la noire tempête, étaient assises autour de l'autel et tenaient embrassées les images des dieux.

Dès que la reine aperçoit Priam revêtu des armes de sa jeunesse : « Quelle funeste pensée, ô malheureux époux, vous a poussé à ceindre cette armure? où courez-vous? dit-elle. Ce n'est ni un pareil secours, ni de tels défenseurs que ce moment ré-

  Vidi Hecubam, centumque nurus, Priamumque per aras
  Sanguine fœdantem, quos ipse sacraverat, ignes.
  Quinquaginta illi thalami, spes tanta nepotum,
  Barbarico postes auro spoliisque superbi
  Procubuere : tenent Danai, qua deficit ignis.   505
  Forsitan et, Priami fuerint quæ fata, requiras.
  Urbis ubi captæ casum, convulsaque vidit
  Limina tectorum, et medium in penetralibus hostem,
  Arma diu senior desueta trementibus ævo
  Circumdat nequicquam humeris, et inutile ferrum   510
  Cingitur, ac densos fertur moriturus in hostes.
  Ædibus in mediis, nudoque sub ætheris axe,
  Ingens ara fuit, juxtaque veterrima laurus,
  Incumbens aræ, atque umbra complexa Penates.
  Hic Hecuba et natæ nequicquam altaria circum,   515
  Præcipites atra ceu tempestate columbæ,
  Condensæ, et divûm amplexæ simulacra sedebant.
  Ipsum autem sumptis Priamum juvenilibus armis
  Ut vidit: « Quæ mens tam dira, miserrime conjux,
  Impulit his cingi telis? aut quo ruis? inquit.   520
  Non tali auxilio, nec defensoribus istis

clame. Non, mon Hector lui-même, s'il vivait encore, ne nous sauverait pas! Arrêtez-vous ici : cet autel nous protégera tous, ou nous mourrons ensemble. » Elle dit, reçoit près d'elle le vieillard, et le fait asseoir dans l'enceinte sacrée.

Dans ce moment, échappé au glaive de Pyrrhus, Politès, un des fils de Priam, fuyait le long des portiques à travers les traits et les ennemis, et, déjà blessé, errait dans les appartements déserts; mais l'ardent Pyrrhus, altéré de carnage, le poursuit; déjà sa main le saisit, et sa lance l'atteint. Politès se traîne vers l'autel où ses parents étaient assis, tombe devant leurs yeux, et sa vie s'écoule avec des flots de sang.

Alors Priam, quoique sous le coup de la mort qui va le saisir, ne fut plus maître de lui et ne put retenir sa voix ni sa colère : « Ah! pour prix de ton forfait, s'écrie-t-il, pour prix de ton audace, que les dieux (s'il est au ciel une puissance équitable qui venge de tels crimes) te donnent la récompense que tu mérites et te payent le salaire qui t'est dû, toi qui m'as fait voir de mes yeux la mort de mon fils, et qui as souillé de son sang le front paternel! Achille lui-même, dont tu prétends faussement être le fils, Achille ne traita point ainsi Priam, son ennemi : il respecta les droits et la sainteté d'un suppliant, rendit à la

    Tempus eget : non, si ipse meus nunc afforet Hector.
    Huc tandem concede : hæc ara tuebitur omnes,
    Aut moriere simul. » Sic ore effata, recepit
    Ad sese, et sacra longævum in sede locavit.   525
    Ecce autem elapsus Pyrrhi de cæde Polites,
    Unus natorum Priami, per tela, per hostes,
    Porticibus longis fugit, et vacua atria lustrat
    Saucius : illum ardens infesto vulnere Pyrrhus
    Insequitur, jam jamque manu tenet, et premit hasta. 530
    Ut tandem ante oculos evasit et ora parentum,
    Concidit, ac multo vitam cum sanguine fudit.
    Hic Priamus, quanquam in media jam morte tenetur,
    Non tamen abstinuit, nec voci iræque pepercit :
    « At tibi pro scelere, exclamat, pro talibus ausis,   535
    Di (si qua est cœlo pietas quæ talia curet!)
    Persolvant grates dignas, et præmia reddant
    Debita, qui nati coram me cernere letum
    Fecisti, et patrios fœdasti funere vultus.
    At non ille, satum quo te mentiris, Achilles   540
    Talis in hoste fuit Priamo; sed jura fidemque
    Supplicis erubuit, corpusque exsangue sepulcro

tombe la dépouille d'Hector, et me renvoya dans mes états. »

Ainsi parle le vieillard ; et, de sa faible main, il jette contre Pyrrhus un trait impuissant, que repousse l'airain sonore, et qui s'attache à peine à la ronde surface du bouclier : « Eh bien, répond Pyrrhus, va donc, en messager, porter cette nouvelle à mon père ! Souviens-toi de lui raconter mes tristes exploits, et de lui dire que Néoptolème dégénère. Maintenant, meurs! » Il dit, et traîne à l'autel Priam tremblant, qui chancelle et glisse dans le sang de son fils. Pyrrhus le saisit, de la main gauche, par les cheveux, et, de la droite, levant son glaive étincelant, il le lui plonge tout entier dans le flanc.

Ainsi finirent les destins de Priam ; ainsi tomba, à la vue de Troie embrasée et des ruines de Pergame renversée, ce superbe dominateur de l'Asie, roi de tant de peuples et de tant de contrées ! Ce n'est plus qu'un tronc sanglant, gisant sur le rivage, une tête séparée des épaules, un cadavre sans nom.

Alors, pour la première fois, une sombre horreur m'environne : dans la stupeur dont je suis saisi, l'image de mon père chéri vient s'offrir à ma pensée, à l'aspect de ce roi, du même âge que lui, si cruellement égorgé. Je pense à Créuse abandonnée, à ma maison saccagée, et aux dangers du jeune Iule. Je regarde autour

Reddidit Hectoreum, meque in mea regna remisit. »
Sic fatus senior, telumque imbelle sine ictu
Conjecit, rauco quod protinus ære repulsum, 545
Et summo clypei nequicquam umbone pependit.
Cui Pyrrhus : « Referes ergo hæc, et nuntius ibis
Pelidæ genitori : illi mea tristia facta,
Degeneremque Neoptolemum narrare memento.
Nunc morere. » Hæc dicens, altaria ad ipsa trementem 550
Traxit, et in multo lapsantem sanguine nati,
Implicuitque comam læva, dextraque coruscum
Extulit, ac lateri capulo tenus abdidit ensem.
Hæc finis Priami fatorum : hic exitus illum
Sorte tulit, Trojam incensam et prolapsa videntem 555
Pergama, tot quondam populis terrisque superbum
Regnatorem Asiæ : jacet ingens littore truncus,
Avulsumque humeris caput, et sine nomine corpus.
At me tum primum sævus circumstetit horror :
Obstupui : subiit cari genitoris imago, 560
Ut regem æquævum crudeli vulnere vidi
Vitam exhalantem ; subiit deserta Creusa,
Et direpta domus, et parvi casus Iuli.
Respicio, et, quæ sit me circum copia, lustro.

de moi, cherchant quels compagnons me restent : épuisés de fatigue, tous m'ont abandonné. Dans leur désespoir, les uns se sont précipités du haut des murailles, les autres se sont jetés au milieu des flammes.

J'étais resté seul. Tandis que les vives lueurs de l'incendie guident mes pas errants, et que je promène mes regards de tous côtés, j'aperçois sur le seuil du temple de Vesta la fille de Tyndare se cachant en silence dans cet asile écarté. Redoutant à la fois les Troyens irrités de la chute de Pergame, et la vengeance des Grecs, et le ressentiment d'un époux outragé, cette furie également fatale à Troie et à la Grèce s'était réfugiée là et se tenait, loin de tous les regards, sur les marches de l'autel. Une fureur soudaine s'allume dans mon cœur. La colère m'excite à venger ma patrie expirante, et à punir le crime de cette femme odieuse : « Eh quoi ! disais-je, elle reverra Mycènes et Sparte, sa patrie ! elle y rentrera reine et triomphante ! elle retrouvera son époux, ses aïeux, ses enfants, son palais, et traînera à sa suite un cortège de Troyennes et de Phrygiens, ses esclaves ! Et Priam sera tombé sous le glaive ! Troie aura péri dans les flammes ! et le sang des enfants de Dardanus aura si longtemps et tant de fois fumé sur ce rivage ! Non, il n'en sera pas ainsi. Quoique le châtiment d'une femme ne soit point un titre d'honneur, et qu'une pareille victoire n'ait rien de glorieux, on me louera du

    Deseruere omnes defessi, et corpora saltu   565
Ad terram misere, aut ignibus ægra dedere.
Jamque adeo super unus eram, quum limina Vestæ
Servantem, et tacitam secreta in sede latentem
Tyndarida aspicio : dant clara incendia lucem
Erranti, passimque oculos per cuncta ferenti.   570
Illa sibi infestos eversa ob Pergama Teucros,
Et pœnas Danaûm, et deserti conjugis iras,
Præmetuens, Trojæ et patriæ communis Erinnys,
Abdiderat sese; atque aris invisa sedebat.
Exarsere ignes animo : subit ira cadentem   575
Ulcisci patriam, et sceleratas sumere pœnas.
Scilicet hæc Spartam incolumis patriasque Mycenas
Aspiciet, partoque ibit regina triumpho !
Conjugiumque, domumque, patres, natosque videbit,
Iliadum turba et Phrygiis comitata ministris !   580
Occiderit ferro Priamus ! Troja arserit igni !
Dardanium toties sudarit sanguine littus !
Non ita : namque etsi nullum memorabile nomen
Feminea in pœna est, nec habet victoria laudem ;

moins d'avoir, par une juste vengeance, purgé la terre de ce monstre ; et il me sera doux d'avoir assouvi mon ardeur de vengeance, et satisfait aux mânes de mes concitoyens. »

Ainsi éclatait ma fureur ; et j'allais céder à cet entraînement, lorsque apparut à mes yeux, plus belle qu'ils ne l'avaient vue encore, ma mère, éclairant d'une clarté céleste l'obscurité de la nuit, et révélant sa divinité ; telle qu'elle a coutume de se montrer dans l'Olympe aux dieux charmés de sa vue. Elle m'arrête en saisissant mon bras, et de sa bouche de rose elle me dit : « Mon fils, dans quel aveugle transport s'égare ta douleur! et pourquoi ce délire? Qu'est devenue ta tendresse pour moi? que ne cherches-tu plutôt où tu as laissé ton père Anchise, appesanti par l'âge, et si Créuse ton épouse et ton fils Ascagne vivent encore? Tous les bataillons grecs errent autour de leur demeure, et si mes soins n'eussent veillé sur eux, déjà la flamme les eût dévorés, et le glaive ennemi se fût abreuvé de leur sang. Non, ce n'est ni cette fille de Tyndare, objet de ta haine, ni Pâris, si souvent accusé, ce sont les dieux, les dieux impitoyables qui renversent ce puissant empire, et précipitent Troie du faîte de sa grandeur. Regarde : je vais dissiper le nuage qui couvre tes yeux mortels, et dont la vapeur humide obscurcit les objets qui t'en-

  Exstinxisse nefas tamen, et sumpsisse merentis 585
  Laudabor pœnas, animumque explesse juvabit
  Ultricis flammæ, et cineres satiasse meorum. »
  Talia jactabam, et furiata mente ferebar,
  Quum mihi se, non ante oculis tam clara, videndam
  Obtulit, et pura per noctem in luce refulsit 590
  Alma parens, confessa deam, qualisque videri
  Cœlicolis et quanta solet ; dextraque prehensum
  Continuit, roseoque hæc insuper addidit ore :
  « Nate, quis indomitas tantus dolor excitat iras ?
  Quid furis ? aut quonam nostri tibi curæ recessit ? 595
  Non prius aspicies ubi fessum ætate parentem
  Liqueris Anchisem ? superet conjuxne Creusa,
  Ascaniusque puer ? quos omnes undique Graiæ
  Circum errant acies, et, ni mea cura resistat,
  Jam flammæ tulerint, inimicus et hauserit ensis. 600
  Non tibi Tyndaridis facies invisa Lacænæ
  Culpatusve Paris ; divûm inclementia, divûm,
  Has evertit opes, sternitque a culmine Trojam.
  Aspice : namque omnem, quæ nunc obducta tuenti
  Mortales hebetat visus tibi, et humida circum 605
  Caligat, nubem eripiam. Tu ne qua parentis

vironnent. Toi, ne crains pas de suivre les ordres de ta mère, et ne refuse point d'obéir à ses conseils. Vois-tu ces masses renversées, ces pierres arrachées à des pierres, cette fumée et cette poussière qui se mêlent et s'élèvent en tourbillons ondoyants ? Là, Neptune frappe les murs de son trident redoutable, les ébranle jusqu'à leurs bases, et arrache tout Ilion à ses fondements ; ici, l'implacable Junon, qui d'abord s'est emparée de la porte de Scée, se tient, armée du glaive et furieuse, et de leurs vaisseaux appelle les Grecs qu'elle protége. Vois, sur la citadelle, au sommet des tours, Pallas secouant la terrible égide du haut de la nue qui l'entoure. Le père des dieux lui-même excite le courage des Grecs, et anime les dieux contre les Troyens. Fuis au plus vite, mon fils, et mets un terme à tes périlleux travaux. Je veillerai sur toi, et te conduirai en sûreté jusqu'au palais de ton père. »

Elle dit, et disparaît dans l'ombre épaisse de la nuit. Alors je vois l'effrayante figure des dieux acharnés à la perte de Troie ; je vois tout Ilion s'écroulant dans les flammes, et la ville de Neptune, renversée de fond en comble, n'offrant qu'une vaste ruine. Tel, sur la cime des monts, un orme antique, dont le tronc est déchiré sous les coups redoublés de la hache, menace les bûcherons

Jussa time, neu præceptis parere recusa.
Hic, ubi disjectas moles, avulsaque saxis
Saxa vides, mixtoque undantem pulvere fumum,
Neptunus muros magnoque emota tridenti   610
Fundamenta quatit, totamque a sedibus urbem
Eruit. Hic Juno Scæas sævissima portas
Prima tenet, sociumque furens a navibus agmen
Ferro accincta vocat.
Jam summas arces Tritonia, respice, Pallas   615
Insedit, nimbo effulgens et Gorgone sæva.
Ipse Pater Danais animos viresque secundas
Sufficit; ipse deos in Dardana suscitat arma.
Eripe, nate, fugam, finemque impone labori.
Nusquam abero, et tutum patrio te limine sistam. » 620
Dixerat, et spissis noctis se condidit umbris.
Apparent diræ facies, inimicaque Trojæ
Numina magna deûm.
Tum vero omne mihi visum considere in ignes
Ilium, et ex imo verti Neptunia Troja.   625
Ac veluti summis antiquam in montibus ornum
Quum ferro accisam crebrisque bipennibus instant
Eruere agricolæ certatim ; illa usque minatur,

de sa chute soudaine, chancelle et balance sa chevelure tremblante, jusqu'à ce qu'enfin, vaincu par ses blessures, il pousse un dernier gémissement, et se précipite avec fracas du haut de la montagne.

Je descends, et, conduit par la déesse, je traverse sans obstacle les flammes et les ennemis. Les traits me laissent un passage, et devant moi la flamme s'éloigne. Dès que j'atteins le seuil antique du palais paternel, Anchise, premier objet de mon inquiétude, et que je veux emporter le premier sur les montagnes voisines, refuse de survivre à la ruine de Troie, et de souffrir les maux de l'exil : « Vous, dit-il, qui avez encore le sang et l'ardente vigueur de la jeunesse, fuyez! Pour moi, si les dieux de l'Olympe avaient voulu prolonger mes jours, ils m'auraient conservé ces demeures. C'est assez, c'est trop pour moi d'avoir vu le désastre d'Ilion, et d'avoir survécu à sa ruine. C'est ici, c'est ici qu'est mon lit funèbre! dites-moi le dernier adieu, et fuyez! Je saurai trouver la mort en combattant; un ennemi me la donnera par pitié, ou pour avoir ma dépouille. Il est facile de se passer d'un tombeau. Dès longtemps haï des dieux, je traîne d'inutiles années, depuis que le père des dieux et des hommes me frappa du vent de sa foudre, et me toucha de ses feux. »

```
Et tremefacta comam concusso vertice nutat :
Vulneribus donec paulatim evicta, supremum        630
Congemuit, traxitque jugis avulsa ruinam.
Descendo, ac, ducente deo, flammam inter et hostes
Expedior : dant tela locum, flammæque recedunt.
Ast ubi jam patriæ perventum ad limina sedis,
Antiquasque domos, genitor, quem tollere in altos    635
Optabam primum montes, primumque petebam,
Abnegat excisa vitam producere Troja,
Exsiliumque pati : « Vos o, quibus integer ævi
Sanguis, ait, solidæque suo stant robore vires,
Vos, agitate fugam.                                  640
Me si cœlicolæ voluissent ducere vitam,
Has mihi servassent sedes : satis una superque
Vidimus excidia, et captæ superavimus urbi.
Sic o, sic positum affati discedite corpus.
Ipse manu mortem inveniam : miserebitur hostis,     645
Exuviasque petet : facilis jactura sepulcri est.
Jampridem invisus divis, et inutilis, annos
Demoror, ex quo me divûm Pater atque hominum rex
Fulminis afflavit ventis, et contigit igni. »
```

Il dit, et persiste inébranlable dans sa résolution. Créuse, mon épouse, et le jeune Iule, et tous les miens se joignent à moi en pleurant, pour le supplier de ne point tout perdre avec lui, et de ne pas aggraver le sort qui nous poursuit : il refuse; immobile à sa place, il persiste dans sa résolution. De nouveau, je veux courir aux combats, et, dans mon désespoir, je souhaite la mort : car quel parti prendre, et quel sort me reste? « Moi fuir! et vous abandonner, mon père! L'avez-vous pu croire? Un tel blasphème est sorti de la bouche d'un père! Si c'est la volonté des dieux qu'il ne reste rien de la puissante Troie; si, toujours inflexible, votre dernier vœu est de joindre votre perte et la nôtre à celle d'Ilion, cette mort est facile à trouver. Déjà Pyrrhus s'avance, couvert du sang de Priam, Pyrrhus qui égorge le fils sous les yeux du père, et le père au pied des autels! O ma mère! quand tu m'enlevais aux traits et aux flammes, était-ce donc pour me faire voir l'ennemi jusque dans mes foyers, pour me faire voir Ascagne, et mon père, et Créuse, immolés et baignés dans le sang l'un de l'autre! Des armes, guerriers; apportez des armes! L'heure suprême appelle les vaincus : rendez-moi aux Grecs! laissez-moi recommencer le combat. Aujourd'hui, nous ne mourrons pas tous sans vengeance! »

    Talia perstabat memorans, fixusque manebat.   650
Nos contra, effusi lacrymis, conjuxque Creusa,
Ascaniusque, omnisque domus, ne vertere secum
Cuncta pater, fatoque urgenti incumbere vellet.
Abnegat, inceptoque et sedibus hæret in isdem.
Rursus in arma feror, mortemque miserrimus opto.   655
Nam quod consilium, aut quæ jam fortuna dabatur?
« Mene efferre pedem, genitor, te posse relicto
Sperasti? tantumque nefas patrio excidit ore?
Si nihil ex tanta Superis placet urbe relinqui,
Et sedet hoc animo, perituræque addere Trojæ   660
Teque tuosque juvat, patet isti janua leto.
Jamque aderit multo Priami de sanguine Pyrrhus,
Natum ante ora patris, patrem qui obtruncat ad aras.
Hoc erat, alma parens, quod me per tela, per ignes
Eripis, ut mediis hostem in penetralibus, utque   665
Ascaniumque, patremque meum, juxtaque Creusam,
Alterum in alterius mactatos sanguine cernam?
Arma, viri, ferte arma : vocat lux ultima victos.
Reddite me Danais; sinite instaurata revisam
Prœlia : nunquam omnes hodie moriemur inulti. »   670

Je ceins de nouveau le glaive ; j'attache au bras mon bouclier ; et j'allais franchir le seuil du palais, quand Créuse éplorée tombe à mes pieds qu'elle embrasse, et, me présentant le jeune Iule : « Si tu cours à la mort, entraîne-nous pour mourir avec toi ! ou si ton expérience dans la guerre laisse à tes armes quelque espoir, songe d'abord à défendre cet asile où tu laisses ton jeune Iule, ton père, et celle qu'autrefois tu nommais ton épouse. »

En disant ces mots, elle remplissait le palais de ses cris et de ses gémissements, quand soudain éclate un prodige étonnant. Tandis qu'Iule est pressé dans les bras et sur les lèvres de ses parents en pleurs, une flamme innocente et légère brille au sommet de sa tête, effleure mollement ses cheveux, et semble se nourrir en se jouant sur son front. Saisis d'effroi, nous secouons sa chevelure embrasée, et nous éteignons dans l'onde cette flamme divine. Mais Anchise, mon père, levant avec joie ses yeux et ses mains vers les astres, s'écrie : « Puissant Jupiter ! s'il est des prières capables de te fléchir, jette seulement un regard sur nous ; et si notre piété le mérite, ô père des humains, accorde-nous ton secours, et confirme ce présage. »

A peine le vieillard a parlé, le tonnerre retentit à gauche ;

    Hinc ferro accingor rursus, clypeoque sinistram
Insertabam aptans, meque extra tecta ferebam.
Ecce autem complexa pedes in limine conjux
Hærebat, parvumque patri tendebat Iulum :
« Si periturus abis, et nos rape in omnia tecum :   675
Sin aliquam expertus sumptis spem ponis in armis,
Hanc primum tutare domum, cui parvus Iulus,
Cui pater, et conjux quondam tua dicta relinquor. »
Talia vociferans, gemitu tectum omne replebat,
Quum subitum dictuque oritur mirabile monstrum.   680
Namque, manus inter mœstorumque ora parentum,
Ecce levis summo de vertice visus Iuli
Fundere lumen apex, tactuque innoxia molli
Lambere flamma comas, et circum tempora pasci.
Nos pavidi trepidare metu, crinemque flagrantem   685
Excutere, et sanctos restinguere fontibus ignes.
At pater Anchises oculos ad sidera lætus
Extulit, et cœlo palmas cum voce tetendit :
« Juppiter, omnipotens, precibus si flecteris ullis,
Aspice nos; hoc tantum : et, si pietate meremur,   690
Da deinde auxilium, Pater, atque hæc omina firma. »
Vix ea fatus erat senior, subitoque fragore

une étoile, tombant de l'éther, court et rayonne au milieu des ténèbres. Nous la voyons s'abaisser sur le faîte du palais, puis cacher son éclat radieux dans la forêt de l'Ida, en nous montrant le chemin. Un long sillon de lumière a marqué son passage, et l'odeur du soufre fumant remplit tous les lieux d'alentour.

Alors, mon père, vaincu, se lève, invoque les dieux, et adore l'astre sacré : « Plus de retard, s'écrie-t-il, je te suis, et j'irai où tu me conduiras. Dieux de mes pères, sauvez ma famille ! sauvez mon petit-fils ! Ce présage vient de vous, et Troie est encore sous votre protection. Je cède, ô mon fils ! et ne refuse plus de te suivre. »

Il dit ; et déjà la flamme plus éclatante se fait entendre avec plus de force, déjà l'incendie roule de plus près ses tourbillons : « Hâtez-vous, m'écriai-je, ô mon père ! placez-vous sur mes épaules : je vous porterai, et ce fardeau sera léger pour moi. Quels que soient nos destins, pour nous même péril, pour nous même salut. Que le jeune Iule marche près de moi, et que ma femme suive de loin mes pas. Et vous, serviteurs fidèles, écoutez et retenez ces paroles : Hors des murs, sur la colline, est un ancien temple de Cérès, maintenant abandonné ; à côté, s'élève

   Intonuit lævum, et de cœlo lapsa per umbras
   Stella facem ducens multa cum luce cucurrit.
   Illam, summa super labentem culmina tecti,   695
   Cernimus Idæa claram se condere silva,
   Signantemque vias : tum longo limite sulcus
   Dat lucem, et late circum loca sulfure fumant.
   Hic vero victus genitor se tollit ad auras,
   Affaturque deos, et sanctum sidus adorat :   700
   « Jam jam nulla mora est : sequor, et, qua ducitis, adsum.
   Di patrii, servate domum, servate nepotem !
   Vestrum hoc augurium, vestroque in numine Troja est.
   Cedo equidem, nec, nate, tibi comes ire recuso. »
   Dixerat ille ; et jam per mœnia clarior ignis   705
   Auditur, propiusque æstus incendia volvunt :
   « Ergo age, care pater, cervici imponere nostræ :
   Ipse subibo humeris, nec me labor iste gravabit.
   Quo res cumque cadent, unum et commune periclum,
   Una salus ambobus erit : mihi parvus Iulus   710
   Sit comes, et longe servet vestigia conjux.
   Vos famuli, quæ dicam, animis advertite vestris.
   Est urbe egressis tumulus, templumque vetustum
   Desertæ Cereris, juxtaque antiqua cupressus,
   Relligione patrum multos servata per annos :   715

un cyprès, que, depuis longues années, a respecté la piété de nos pères ; c'est là que, par des chemins divers, nous nous réunirons. Vous, mon père, prenez dans vos mains ces vases sacrés et les dieux de la patrie. Moi, qui sors à peine d'un combat si terrible et d'un carnage récent, je ne puis les toucher sans crime, avant qu'une eau vive ne m'ait purifié. »

A ces mots, je jette sur mes larges épaules, et sur mon cou que j'abaisse, la fauve dépouille d'un lion, et je m'incline pour recevoir mon précieux fardeau. Le jeune Iule s'attache à ma main droite, et suit son père à pas inégaux. Créuse marche derrière moi. Nous avançons à travers les plus sombres chemins. Et moi, que n'avaient pu émouvoir ni les traits lancés de toute part, ni la foule menaçante des bataillons grecs, maintenant un souffle m'épouvante; le moindre bruit m'inquiète et me tient en suspens, et je crains également pour mon compagnon et pour mon fardeau.

Déjà j'approchais des portes, et je me croyais échappé à tous les périls de la route, quand soudain un bruit de pas précipités semble se faire entendre ; mon père regarde à travers les ténèbres : « Fuis, mon fils, dit-il, fuis ! ils approchent : j'aperçois les boucliers étincelants et l'airain qui brille. » Je ne sais quelle divinité ennemie vient, en ce moment, égarer mes esprits trou-

   Hanc ex diverso sedem veniemus in unam.
   Tu, genitor, cape sacra manu, patriosque Penates ;
   Me bello e tanto digressum et cæde recenti
   Attrectare nefas, donec me flumine vivo
   Abluero. »   720
   Hæc fatus, latos humeros subjectaque colla
   Veste super fulvique insternor pelle leonis,
   Succedoque oneri : dextræ se parvus Iulus
   Impliciut, sequiturque patrem non passibus æquis :
   Pone subit conjux. Ferimur per opaca locorum : 725
   Et me, quem dudum non ulla injecta movebant
   Tela, neque adverso glomerati ex agmine Graii,
   Nunc omnes terrent auræ, sonus excitat omnis
   Suspensum, et pariter comitique onerique timentem.
   Jamque propinquabam portis, omnemque videbar 730
   Evasisse viam, subito quum creber ad aures
   Visus adesse pedum sonitus ; genitorque per umbram
   Prospiciens : « Nate, exclamat, fuge, nate ; propinquant :
   Ardentes clypeos atque æra micantia cerno. »
   Hic mihi nescio quod trepido male numen amicum 735
   Confusam eripuit mentem. Namque avia cursu

blés. Tandis que je précipite mes pas dans des lieux détournés, et m'éloigne des routes connues, hélas! mon épouse Créuse me fut ravie. Par quel destin me fut-elle enlevée? J'ignore si elle s'arrêta, ou se trompa de route, ou succomba à la fatigue; mais elle ne reparut plus à mes yeux. Je ne m'aperçus de son absence et ne songeai à elle qu'au moment où nous fûmes arrivés sur la colline, devant le temple de l'antique Cérès. Là tous mes compagnons s'étaient réunis : elle seule manquait; elle seule trompait l'espoir d'un fils, d'un époux et de tous les miens. Oh! qui, dans mon délire, n'accusai-je point des hommes et des dieux! et qu'avais-je vu de plus affreux parmi les désastres d'Ilion écroulé? Je recommande à mes compagnons Ascagne, mon père Anchise et les pénates troyens : je les cache dans le creux d'un vallon, et, couvert de mes armes étincelantes, je revole vers la ville, décidé à tout entreprendre, à parcourir Troie tout entière, à m'exposer encore aux dangers.

Je regagne d'abord les remparts et l'obscure issue par où j'étais sorti. Je retourne sur mes pas, et mes regards en recherchent la trace à travers les ténèbres. Partout l'horreur et le silence même m'épouvantent. Ensuite je me rends au palais, pour voir si par hasard elle y serait retournée : les Grecs l'avaient envahi, et l'occupaient tout entier. Déjà le feu dévorant, excité

    Dum sequor, et nota excedo regione viarum,
    Heu! misero conjux fatone erepta Creusa
    Substitit, erravitne via, seu lassa resedit,
    Incertum: nec post oculis est reddita nostris.   740
    Nec prius amissam respexi, animumque reflexi,
    Quam tumulum antiquæ Cereris sedemque sacratam
    Venimus: hic demum collectis omnibus una
    Defuit, et comites, natumque, virumque fefellit.
    Quem non incusavi amens hominumque deorumque!   745
    Aut quid in eversa vidi crudelius urbe!
    Ascanium, Anchisenque patrem, Teucrosque Penates
    Commendo sociis, et curva valle recondo.
    Ipse urbem repeto, et cingor fulgentibus armis.
    Stat casus renovare omnes, omnemque reverti   750
    Per Trojam, et rursus caput objectare periclis.
    Principio muros, obscuraque limina portæ,
    Qua gressum extuleram, repeto; et vestigia retro
    Observata sequor per noctem, et lumine lustro.
    Horror ubique animos, simul ipsa silentia terrent.   755
    Inde domum, si forte pedem, si forte tulisset,
    Me refero: irruerant Danai, et tectum omne tenebant.

par le vent, s'était élancé jusqu'au faîte, et la flamme en tourbillons s'élève, furieuse, dans les airs.

J'avance ; je revois la demeure de Priam et la citadelle. Déjà, sous les portiques déserts consacrés à Junon, Phœnix et le cruel Ulysse, choisis pour garder les dépouilles d'Ilion, veillaient sur cette proie. Là étaient entassés les trésors ravis dans les temples en flammes, et les tables des dieux, et les cratères d'or massif, et les parures des vaincus : à l'entour, se tiennent en longue file les enfants et les mères tremblantes. J'osai même faire retentir ma voix dans les ténèbres ; je remplis les rues de mes cris ; et, dans mon désespoir, répétant en vain le nom de Créuse, je l'appelais et l'appelais encore.

Tandis qu'éperdu j'errais, la cherchant dans toute la ville, une ombre lugubre m'apparaît : c'était l'ombre de Créuse, mais plus grande que Créuse ne fut jamais. Je frémis, mes cheveux se dressent sur mon front, et ma voix étouffée expire sur mes lèvres. L'ombre me parle, et console ainsi mes ennuis : « Pourquoi, cher époux, te livrer à une vaine douleur ? Ces événements n'arrivent pas sans la volonté des dieux. Tu ne pouvais emmener avec toi Créuse dans ta fuite : le roi de l'Olympe ne le permet pas.

Illicet ignis edax summa ad fastigia vento
Volvitur ; exsuperant flammæ : furit æstus ad auras.
Procedo, et Priami sedes arcemque reviso.   760
Et jam porticibus vacuis Junonis asylo
Custodes lecti Phœnix et dirus Ulysses
Prædam asservabant : huc undique Troia gaza
Incensis erepta adytis, mensæque deorum,
Crateresque auro solidi, captivaque vestis   765
Congeritur : pueri et pavidæ longo ordine matres
Stant circum.
Ausus quin etiam voces jactare per umbram,
Implevi clamore vias, mœstusque Creusam,
Nequicquam ingeminans, iterumque iterumque vocavi. 770
Quærenti, et tectis urbis sine fine furenti,
Infelix simulacrum atque ipsius umbra Creusæ
Visa mihi ante oculos, et nota major imago.
Obstupui, steteruntque comæ, et vox faucibus hæsit.
Tum sic affari, et curas his demere dictis :   775
« Quid tantum insano juvat indulgere dolori,
O dulcis conjux ? non hæc sine numine divûm
Eveniunt ; nec te hinc comitem asportare Creusam
Fas, aut ille sinit superi regnator Olympi.

Un long exil t'attend : longtemps il te faudra sillonner les vastes mers. Tu aborderas aux rives de l'Hespérie, dans les fertiles campagnes où le Tibre promène son onde paisible. Là, des destins heureux, un trône, une épouse, fille des rois, seront ton partage. Cesse de pleurer sur ta chère Créuse. Non, je ne verrai point, en captive, les superbes demeures des Myrmidons ou des Dolopes; non, je ne servirai point les femmes de la Grèce, moi, née du sang de Dardanus, et l'épouse du fils de Vénus ! La puissante mère des dieux me retient sur ces bords. Adieu ; conserve ta tendresse au fruit de notre mutuel amour. »

Elle dit; je pleurais, je voulais lui parler de mille choses, quand elle disparaît et s'évanouit dans les airs. Trois fois j'étends les bras pour l'embrasser, et trois fois mes bras n'ont saisi qu'une ombre vaine, pareille aux vents légers, et semblable au songe qui s'enfuit.

La nuit achevait son cours, quand je rejoins mes compagnons : je m'étonne de trouver leur nombre grossi d'une foule de mères et d'hommes, peuple malheureux, réuni pour l'exil : ils étaient accourus de tous côtés avec ce qu'ils ont pu sauver de leurs richesses, et prêts à me suivre bravement en quelque lieu du monde que je veuille les conduire à travers les mers.

Longa tibi exsilia, et vastum maris æquor arandum. 780
Ad terram Hesperiam venies, ubi Lydius, arva
Inter opima virûm, leni fluit agmine Tibris.
Illic res lætæ, regnumque, et regia conjux
Parta tibi : lacrymas dilectæ pelle Creusæ.
Non ego Myrmidonum sedes Dolopumve superbas 785
Aspiciam, aut Graiis servitum matribus ibo,
Dardanis, et divæ Veneris nurus :
Sed me magna deûm genitrix his detinet oris.
Jamque vale, et nati serva communis amorem. »
Hæc ubi dicta dedit, lacrymantem et multa volentem 790
Dicere deseruit, tenuesque recessit in auras.
Ter conatus ibi collo dare brachia circum ;
Ter frustra comprensa manus effugit imago,
Par levibus ventis, volucrique simillima somno.
Sic demum socios, consumpta nocte, reviso. 795
Atque hic ingentem comitum affluxisse novorum
Invenio admirans numerum, matresque, virosque,
Collectam exsilio pubem, miserabile vulgus.
Undique convenere, animis opibusque parati,
In quascumque velim pelago deducere terras. 100

Déjà, sur le sommet de l'Ida, l'étoile du matin se levait et ramenait le jour : les Grecs occupaient toutes les avenues de Troie; aucun espoir de secours ne pouvait être permis. Je cède au destin, et, prenant mon père sur mes épaules, je gravis la montagne.

> Jamque jugis summæ surgebat Lucifer Idæ,
> Ducebatque diem, Danaique obsessa tenebant
> Limina portarum; nec spes opis ulla dabatur.
> Cessi, et sublato montem genitore petivi.

LIVRE TROISIÈME

Quand l'injuste arrêt des dieux eut renversé l'empire de l'Asie et le peuple de Priam ; quand la superbe Troie fut tombée, et que la ville de Neptune tout entière, gisant sur le sol, n'offrit plus que des ruines fumantes ; poussés par les augures divins à chercher de lointains exils et des régions désertes, nous construisons une flotte sous les murs d'Antandre, au pied du mont Ida, sans savoir où nous conduiront les destins, où il nous sera permis de fixer notre demeure ; et nous rassemblons nos guerriers. A peine le printemps était-il commencé, que mon père Anchise ordonne d'abandonner les voiles aux destins. Je quitte, en pleurant, les rivages de la patrie, le port, et les champs où fut Troie. Je pars pour l'exil, emmenant avec moi, sur les vastes mers, mes compagnons, mon fils, mes pénates et les grands dieux de Pergame.

Il est une terre consacrée au dieu Mars, dont les Thraces cul-

LIBER TERTIUS.

Postquam res Asiæ Priamique evertere gentem
Immeritam visum Superis, ceciditque superbum
Ilium, et omnis humo fumat Neptunia Troja,
Diversa exsilia et desertas quærere terras
Auguriis agimur divum, classemque sub ipsa   5
Antandro et Phrygiæ molimur montibus Idæ,
Incerti quo fata ferant, ubi sistere detur,
Contrahimusque viros. Vix prima inceperat æstas,
Et pater Anchises dare fatis vela jubebat.
Littora tum patriæ lacrymans portusque relinquo,   10
Et campos ubi Troja fuit. Feror exsul in altum
Cum sociis, natoque, penatibus, et magnis dîs.
Terra procul vastis colitur Mavortia campis,

tivent les vastes plaines, et où régnait autrefois le farouche Lycurgue. Une antique hospitalité et des pénates amis unissaient les peuples de ces contrées aux Troyens, tant que dura notre fortune. C'est là qu'amené par les destins contraires, je jette les premiers fondements d'une ville, que j'appelle, de mon nom, Énéade.

J'offrais un sacrifice à Vénus ma mère, aux dieux protecteurs de ces nouveaux remparts, et j'immolais, sur le rivage, un taureau blanc au souverain des dieux.

Non loin était un tertre que le cornouiller et le myrte hérissaient de leurs rameaux épais. Je m'approche ; je veux, avec effort, arracher des tiges verdoyantes pour ombrager les autels ; mais soudain un effrayant prodige frappe mes regards : le premier arbrisseau, séparé par moi de ses racines, distille un sang noir qui souille la terre de taches livides. Mes membres frissonnent d'horreur, et mon sang glacé s'arrête d'épouvante. Je veux arracher un second arbuste, et pénétrer les causes mystérieuses du prodige : un nouveau sang coule de ce nouvel arbuste. L'esprit troublé de mille pensées, j'adressais mes vœux aux nymphes des champs, au dieu Mars, protecteur du pays des Gètes, les priant de rendre ce prodige favorable et de conjurer cet horrible

  Thraces arant, acri quondam regnata Lycurgo :
  Hospitium antiquum Trojæ, sociique penates,   15
  Dum fortuna fuit. Feror huc, et littore curvo
  Mœnia prima loco, fatis ingressus iniquis,
  Æneadasque meo nomen de nomine fingo.
  Sacra Dionææ matri divisque ferebam
  Auspicibus cœptorum operum, superoque nitentem   20
  Cœlicolum regi mactabam in littore taurum.
  Forte fuit juxta tumulus, quo cornea summo
  Virgulta et densis hastilibus horrida myrtus.
  Accessi, viridemque ab humo convellere silvam
  Conatus, ramis tegerem ut frondentibus aras.   25
  Horrendum et dictu video mirabile monstrum.
  Nam, quæ prima solo ruptis radicibus arbos
  Vellitur, huic atro liquuntur sanguine guttæ.
  Et terram tabo maculant. Mihi frigidus horror
  Membra quatit, gelidusque coit formidine sanguis.   30
  Rursus et alterius lentum convellere vimen
  Insequor, et causas penitus tentare latentes :
  Alter et alterius sequitur de cortice sanguis.
  Multa movens animo, nymphas venerabar agrestes,
  Gradivumque patrem, Geticis qui præsidet arvis,   35
  Rite secundarent visus, omenque levarent.

présage. Mais, tandis que, pressant du genou la terre, j'attaque avec plus d'effort un troisième arbrisseau, le dirai-je ou dois-je me taire? de ce tertre sort un gémissement lamentable, et une voix porte à mon oreille ces mots : « Énée, pourquoi déchirer un malheureux? Épargne ce tombeau, épargne un crime à tes pieuses mains! Je ne te suis point étranger : Troie m'a vu naître, et ce sang ne coule point d'une tige insensible. Ah! fuis ces rivages cruels! fuis ces terres avares! car je suis Polydore. Ici, mon corps a été couvert d'une moisson de traits homicides : ces traits ont pris racine sur ma tombe, et sont montés en tiges verdoyantes. »

A ces mots, troublé, jusqu'au fond de l'âme, d'une vague terreur, je frissonne; mes cheveux se dressent, et la parole expire sur mes lèvres.

Polydore était fils de l'infortuné Priam, qui, voyant sa ville assiégée d'ennemis, et se défiant déjà du succès de ses armes, l'avait secrètement envoyé, avec de grands trésors, au roi de Thrace, qui devait protéger son enfance. Mais, dès que la puissance de Troie fut détruite, et que la fortune nous eut abandonnés, le traître se rangea du parti d'Agamemnon et de ses armes victorieuses, et, violant les droits les plus saints, égorgea Polydore et s'empara de ses richesses. A quoi ne pousses-tu pas le cœur des

    Tertia sed postquam majore hastilia nisu
    Aggredior, genibusque adversæ obluctor arenæ,
    (Eloquar, an sileam?) gemitus lacrymabilis imo
    Auditur tumulo, et vox reddita fertur ad aures :   40
    « Quid miserum, Ænea, laceras? jam parce sepulto;
    Parce pias scelerare manus. Non me tibi Troja
    Externum tulit, aut cruor hic de stipite manat.
    Heu! fuge crudeles terras, fuge littus avarum.
    Nam Polydorus ego : hic confixum ferrea texit   45
    Telorum seges, et jaculis increvit acutis. »
    Tum vero ancipiti mentem formidine pressus
    Obstupui, steteruntque comæ, et vox faucibus hæsit.
    Hunc Polydorum auri quondam cum pondere magno
    Infelix Priamus furtim mandarat alendum   50
    Threicio regi, quum jam diffideret armis
    Dardaniæ, cingique urbem obsidione videret.
    Ille, ut opes fractæ Teucrûm, et fortuna recessit,
    Res Agamemnonias victriciaque arma secutus,
    Fas omne abrumpit, Polydorum obtruncat, et auro   55
    Vi potitur. Quid non mortalia pectora cogis,

mortels, exécrable soif de l'or! Remis de ma terreur, je fais part de ce prodige aux principaux chefs du peuple, et d'abord à mon père, et leur demande conseil : tous pensent qu'il faut fuir une terre sacrilége où fut souillée l'hospitalité, et livrer nos voiles aux vents.

Alors nous célébrons pieusement les funérailles de Polydore. Nous élevons un grand amas de terre pour lui faire un tombeau. Nous dressons aux dieux mânes des autels, tristement ornés de festons funèbres et de noirs cyprès. A l'entour, se rangent les femmes troyennes, les cheveux épars selon le rite accoutumé. Nous répandons des coupes écumantes d'un lait encore tiède, et des patères pleines du sang des victimes. Nous renfermons l'âme de Polydore dans sa tombe, et nous lui disons à haute voix l'adieu suprême.

Dès que l'on peut se confier aux ondes, que les vents nous livrent une mer calme, et que, par un léger frémissement, l'Auster invite le nautonier, mes compagnons mettent à flot les navires, et couvrent le rivage. Nous quittons le port, et les terres et les villes s'éloignent.

Au milieu des mers est une île sacrée, chère à la mère des Néréides et à Neptune Égéen. Jadis elle flottait errante le long des côtes et des rivages, quand le dieu qui tient l'arc terrible la fixa, par reconnaissance, entre les rochers de Gyare et la haute

  Auri sacra fames! Postquam pavor ossa reliquit,
  Delectos populi ad proceres, primumque parentem,
  Monstra deûm refero, et, quæ sit sententia, posco.
  Omnibus idem animus scelerata excedere terra,   60
  Linquere pollutum hospitium, et dare classibus austros.
  Ergo instauramus Polydoro funus, et ingens
  Aggeritur tumulo tellus : stant manibus aræ,
  Cæruleis mœstæ vittis atraque cupresso,
  Et circum Iliades crinem de more solutæ.   65
  Inferimus tepido spumantia cymbia lacte,
  Sanguinis et sacri pateras, animamque sepulcro
  Condimus, et magna supremum voce ciemus.
  Inde, ubi prima fides pelago, placataque venti
  Dant maria, et lenis crepitans vocat Auster in altum, 70
  Deducunt socii naves, et littora complent.
  Provehimur portu, terræque urbesque recedunt.
  Sacra mari colitur medio gratissima tellus
  Nereïdum matri et Neptuno Ægæo;
  Quam pius Arcitenens, oras et littora circum   75
  Errantem, Gyaro celsa Myconoque revinxit,

Mycone, et voulut qu'immobile et habitable, elle défiât désormais le caprice des vents. Je vogue vers cette terre où, fatigués, nous trouvons le sûr abri d'un port tranquille. A peine descendus, nous saluons la ville d'Apollon. Anius, souverain de Délos et prêtre de Phébus, accourt vers nous, le front ceint de bandelettes et du laurier sacré. Il reconnaît dans Anchise un ancien ami ; nous joignons nos mains en signe d'hospitalité, et nous entrons dans son palais.

J'adorais Apollon dans son temple antique ; je disais : « Toi que Thymbra révère, donne-nous, après tant de travaux, un asile, de durables remparts, une postérité ; protége une seconde Pergame et les restes échappés aux fureurs des Grecs et de l'impitoyable Achille. Quel guide devons nous suivre ? où nous ordonnes-tu d'aller ? où devons-nous asseoir notre demeure ? Père du jour, accorde-nous un présage, et viens descendre dans nos âmes. »

A peine j'achevais ces mots, tout parut s'ébranler et se mouvoir, les parvis, le laurier du dieu et la montagne tout entière ; le trépied mugit dans le sanctuaire qui s'ouvre. Nos fronts s'inclinent vers la terre, et une voix est entendue, qui dit : « Race belliqueuse de Dardanus, la terre qui porta vos premiers aïeux vous recevra de nouveau sur son sol fertile. Cherchez votre an-

Immotamque coli dedit, et contemnere ventos.
Huc feror ; hæc fessos tuto placidissima portu
Accipit. Egressi veneramur Apollinis urbem.
Rex Anius, rex idem hominum Phœbique sacerdos, 80
Vittis et sacra redimitus tempora lauro,
Occurrit : veterem Anchisen agnoscit amicum.
Jungimus hospitio dextras, et tecta subimus.
Templa dei saxo venerabar structa vetusto :
« Da propriam, Thymbræe, domum ; da mœnia fessis, 85
Et genus, et mansuram urbem : serva altera Trojæ
Pergama, relliquias Danaum atque immitis Achillei.
Quem sequimur ? quove ire jubes ? ubi ponere sedes ?
Da, pater, augurium, atque animis illabere nostris. »
Vix ea fatus eram : tremere omnia visa repente, 90
Liminaque laurusque dei, totusque moveri
Mons circum, et mugire adytis cortina reclusis.
Submissi petimus terram, et vox fertur ad aures :
« Dardanidæ duri, quæ vos a stirpe parentum
Prima tulit tellus, eadem vos ubere læto 95
Accipiet reduces : antiquam exquirite matrem.

tique mère : c'est là que sur toutes les contrées domineront la maison d'Enée, et les fils de ses fils, et ceux qui naîtront d'eux. » Ainsi parle Phébus : soudain éclate une joie vive et tumultueuse. Tous se demandent quels sont ces remparts où le dieu appelle les Troyens errants et leur ordonne de retourner.

Alors mon père, recueillant dans sa mémoire les souvenirs des vieux âges : « Écoutez, chefs des Troyens, et connaissez vos espérances. Au milieu des mers est l'île de Crète, patrie du grand Jupiter. Là s'élève le mont Ida, berceau de notre nation : cent villes puissantes peuplent ce royaume fertile. C'est là, si ma mémoire est fidèle, que notre aïeul Teucer aborda sur les bords de Rhétée, et qu'il jeta les fondements de son empire. Ilion et la citadelle de Pergame ne s'élevaient pas encore. Teucer et les siens habitèrent le fond des vallées. C'est de là que sont venus le culte de Cybèle, l'airain retentissant des Corybantes, et le bois sacré du mont Ida, et les mystères silencieux de la déesse, et les lions attelés à son char. Courage donc ! suivons la route où les dieux nous appellent. Rendons-nous les vents favorables, et gagnons le royaume de Gnosse : nous n'en sommes pas éloignés ; et si Jupiter nous seconde, la troisième aurore verra nos vaisseaux aborder aux rives de la Crète. »

Hic domus Æneæ cunctis dominabitur oris,
Et nati natorum, et qui nascentur ab illis. »
Hæc Phœbus : mixtoque ingens exorta tumultu
Lætitia, et cuncti, quæ sint ea mœnia, quærunt ;   100
Quo Phœbus vocet errantes, jubeatque reverti.
Tum genitor, veterum volvens monumenta virorum ;
« Audite, o proceres, ait, et spes discite vestras.
Creta Jovis magni medio jacet insula ponto,
Mons Idæus ubi et gentis cunabula nostræ :   105
Centum urbes habitant magnas, uberrima regna ;
Maximus unde pater, si rite audita recordor,
Teucrus Rhœteas primum est advectus ad oras,
Optavitque locum regno. Nondum Ilium et arces
Pergameæ steterant ; habitabant vallibus imis.   110
Hinc mater cultrix Cybele, Corybantiaque æra,
Idæumque nemus : hinc fida silentia sacris,
Et juncti currum dominæ subiere leones.
Ergo agite ; et, divûm ducunt qua jussa, sequamur
Placemus ventos, et Gnosia regna petamus.   115
Nec longo distant cursu : modo Jupiter adsit,
Tertia lux classem Cretæis sistet in oris. »

Il dit, et il immole aux autels les victimes accoutumées, un taureau à Neptune, un autre taureau à vous, bel Apollon, une brebis noire aux Tempêtes, une blanche aux Zéphyrs favorables.

Cependant la Renommée publie qu'Idoménée a fui, chassé du trône paternel; que les rivages de la Crète sont déserts, et que les villes abandonnées par nos ennemis attendent de nouveaux habitants. Nous quittons le port d'Ortygie, et volons sur les ondes. Nous côtoyons Naxos, dont les monts retentissent du cri des Bacchantes; Donyse aux verts bocages, Oléare, la blanche Paros, les Cyclades éparses sur la mer; et nous parcourons ces détroits semés d'îles nombreuses. Les nautoniers mêlent à leurs travaux des cris d'allégresse; ils s'animent à l'envi, disant : « Voguons vers la Crète, pays de nos aïeux ! » Le vent s'élève en poupe, hâte notre course, et nous touchons enfin les antiques rivages des Curètes. Bientôt, impatients, je construis les murs d'une ville, objet de nos désirs : je la nomme Pergamée, et j'exhorte mes compagnons, que ce nom remplit de joie, à chérir leurs nouveaux foyers et à élever une citadelle.

Déjà presque tous nos vaisseaux étaient retirés à sec sur le rivage; déjà l'hymen et la culture de ces terres nouvelles occupaient la jeunesse : je lui donnais des lois et des champs, quand tout à coup, par la corruption de l'air, une horrible contagion

Sic fatus, meritos aris mactavit honores,
Taurum Neptuno, taurum tibi, pulcher Apollo,
Nigram Hiemi pecudem, Zephyris felicibus albam. 120
Fama volat pulsum regnis cessisse paternis
Idomenea ducem, desertaque littora Cretæ;
Hoste vacare domos, sedesque adstare relictas.
Linquimus Ortygiæ portus, pelagoque volamus;
Bacchatamque jugis Naxon, viridemque Donysam, 125
Olearon, niveamque Paron, sparsasque per æquor
Cycladas, et crebris legimus freta consita terris.
Nauticus exoritur vario certamine clamor.
Hortantur socii, Cretam proavosque petamus.
Prosequitur surgens a puppi ventus euntes, 130
Et tandem antiquis Curetum allabimur oris.
Ergo avidus muros optatæ molior urbis,
Pergameamque voco, et lætam cognomine gentem
Hortor amare focos, arcemque attollere tectis.
Jamque fere sicco subductæ littore puppes; 135
Connubiis arvisque novis operata juventus;
Jura domosque dabam : subito cum tabida membris,
Corrupto cœli tractu, miserandaque venit

vint infecter les corps, les arbres et les moissons, et détruire l'espoir de l'année. Les hommes abandonnaient la douce lumière, ou traînaient des corps languissants. L'ardent Sirius brûlait les stériles campagnes ; l'herbe était desséchée, et les épis malades refusaient le grain nourricier. Mon père nous presse de remonter sur nos vaisseaux, de retourner à Délos pour consulter une seconde fois l'oracle, de fléchir Apollon, et d'apprendre de lui quel terme il met à nos malheurs ; où il nous ordonne d'en chercher le remède et de diriger notre course incertaine.

Il était nuit, et tout ce qui respire sur la terre était plongé dans le sommeil, lorsque les images sacrées des dieux et les pénates de Phrygie, que j'avais ravis aux flammes de Pergame et emportés sur les mers, m'apparaissent en songe, éclatants de la vive lumière que les pleins rayons de la lune versaient par les fenêtres. Puis ils m'adressent ces paroles qui consolent mes ennuis : « Ce que te dirait Apollon, si tu retournais à Délos, il te l'annonce par notre bouche, et c'est lui qui nous envoie maintenant devant toi. Nous qui, après l'embrasement d'Ilion, avons suivi la fortune de tes armes ; qui, avec toi, sur les mêmes vaisseaux, avons traversé les mers orageuses, nous élèverons jusqu'aux astres tes futurs descendants, et nous donnerons à leur ville l'empire du monde. Toi, prépare à ce grand peuple une

```
         Arboribusque satisque lues, et letifer annus.
         Linquebant dulces animas, aut ægra trahebant      140
         Corpora : tum steriles exurere Sirius agros ;
         Arebant herbæ, et victum seges ægra negabat.
         Rursus ad oraclum Ortygiæ, Phœbumque remenso
         Hortatur pater ire mari, veniamque precari :
         Quam fessis finem rebus ferat, unde laborum       145
         Tentare auxilium jubeat, quo vertere cursus.
         Nox erat, et terris animalia somnus habebat.
         Effigies sacræ divum, Phrygiique penates,
         Quos mecum a Troja mediisque ex ignibus urbis
         Extuleram, visi ante oculos adstare jacentis      150
         In somnis, multo manifesti lumine, qua se
         Plena per insertas fundebat Luna fenestras.
         Tum sic affari, et curas his demere dictis :
         « Quod tibi delato Ortygiam dicturus Apollo est,
         Hic canit, et tua nos en ultro ad limina mittit.  155
         Nos te, Dardania incensa, tuaque arma secuti ;
         Nos tumidum sub te permensi classibus æquor ;
         Idem venturos tollemus in astra nepotes,
         Imperiumque urbi dabimus. Tu mœnia magnis
```

grande cité, et ne te laisse point abattre par les longues fatigues
de l'exil. Il faut changer de demeure : le dieu de Délos ne t'a
point conseillé ce rivage; il ne t'a point assigné la Crète pour
demeure. Il est une contrée que les Grecs nomment Hespérie,
terre antique, puissante par les armes et par sa fécondité. Jadis
les OEnotriens l'habitèrent; depuis, elle a, dit-on, reçu d'un de
ses chefs le nom d'Italie. Voilà notre vraie patrie : c'est de là
que sont sortis Dardanus, et Jasius son père, premiers auteurs de
notre race. Lève-toi donc, et cours avec joie raconter à ton
vieux père cet oracle infaillible. Cherche Corythe et les terres
d'Ausonie : Jupiter te refuse les campagnes de Crète. »

Étonné de cette apparition et de cette voix des dieux (ce
n'était pas un songe : je voyais ces dieux devant moi, leurs bandeaux sacrés et les traits de leur visage; j'entendais leurs paroles,
et tout mon corps était couvert d'une sueur glacée), je m'élance
de ma couche; j'élève vers le ciel ma voix et mes mains suppliantes, et je fais des libations de vin pur sur mes foyers. Plein
de joie, après cette offrande aux dieux de ma patrie, je cours
avertir Anchise, et lui raconter en détail tout ce qui vient de
m'être révélé. Il reconnaît cette origine douteuse et ces doubles ancêtres, et l'erreur qui l'a trompé à l'égard de notre

```
     Magna para, longumque fugæ ne linque laborem.      160
     Mutandæ sedes : non hæc tibi littora suasit
     Delius, aut Cretæ jussit considere, Apollo.
     Est locus, Hesperiam Graii cognomine dicunt,
     Terra antiqua, potens armis atque ubere glebæ :
     Œnotri coluere viri : nunc fama minores            165
     Italiam dixisse, ducis de nomine, gentem.
     Hæ nobis propriæ sedes : hinc Dardanus ortus,
     Jasiusque pater, genus a quo principe nostrum.
     Surge, age, et hæc lætus longævo dicta parenti
     Haud dubitanda refer. Corythum, terrasque require  170
     Ausonias : Dictæa negat tibi Juppiter arva. »
     Talibus attonitus visis ac voce deorum,
     (Nec sopor illud erat; sed coram agnoscere vultus,
     Velatasque comas, præsentiaque ora videbar :
     Tum gelidus toto manabat corpore sudor),           175
     Corripio e stratis corpus, tendoque supinas
     Ad cœlum cum voce manus, et munera libo
     Intemerata focis : perfecto lætus honore,
     Anchisem facio certum, remque ordine pando.
     Agnovit prolem ambiguam, geminosque parentes,      180
     Seque novo veterum deceptum errore locorum.
```

antique berceau. Alors il dit : « O mon fils, qu'éprouvent si longtemps les destins d'Ilion, Cassandre seule me prédisait de tels événements. Je me souviens, en ce moment, qu'elle annonçait cet avenir à notre race ; que souvent elle parlait de l'Hespérie et du royaume d'Italie. Mais qui pouvait croire que les Troyens viendraient aux rivages de l'Hespérie ? et qui de nous eût ajouté foi aux prédictions de Cassandre ? Cédons à Apollon ; et, sur la foi de ses oracles, suivons une meilleure route. » Il dit, et tous, pleins de joie, nous obéissons à ses ordres. Nous quittons cette demeure où nous laissons quelques Troyens. Le vent enfle nos voiles, et nos vaisseaux volent sur les ondes.

Lorsqu'ils eurent gagné la pleine mer, qu'aucune terre n'apparut plus à nos yeux, et que nous ne vîmes de toute part que le ciel, de toute part que les eaux, soudain s'arrête au-dessus de nos têtes un sombre nuage qui porte la nuit et la tempête ; et une ténébreuse horreur couvre les flots. Tout à coup les vents bouleversent la mer, et les vagues s'élèvent en montagnes. Nos vaisseaux dispersés sont ballottés sur le vaste gouffre. Les nuages ont voilé la clarté du jour ; une nuit humide cache le ciel, et des feux redoublés déchirent la nue. Jetés loin de notre route, nous allons, dans les ténèbres, à la merci des flots. Palinure lui-même déclare qu'il ne distingue plus dans le ciel ni le jour ni la nuit ;

```
    Tum memorat : « Nate, Iliacis exercite fatis,
    Sola mihi tales casus Cassandra canebat ;
    Nunc repeto hæc generi portendere debita nostro,
    Et sæpe Hesperiam, sæpe Itala regna vocare.         185
    Sed quis ad Hesperiæ venturos littora Teucros
    Crederet ? aut quem tum vates Cassandra moveret ?
    Cedamus Phœbo, et moniti meliora sequamur. »
    Sic ait, et cuncti dictis paremus ovantes.
    Hanc quoque deserimus sedem, paucisque relictis,    190
    Vela damus, vastumque cava trabe currimus æquor.
    Postquam altum tenuere rates, nec jam amplius ullæ
    Apparent terræ ; cœlum undique, et undique pontus :
    Tum mihi cæruleus supra caput adstitit imber,
    Noctem hiememque ferens, et inhorruit unda tenebris. 195
    Continuo venti volvunt mare, magnaque surgunt
    Æquora ; dispersi jactamur gurgite vasto.
    Involvere diem nimbi, et nox humida cœlum
    Abstulit ; ingeminant abruptis nubibus ignes.
    Excutimur cursu, et cæcis erramus in undis.         200
    Ipse diem noctemque negat discernere cœlo,
    Nec meminisse viæ media Palinurus in unda.
```

qu'il ne reconnaît plus son chemin sur les mers. Dans cette obscurité profonde, nous voguons au hasard, pendant trois jours sans soleil, pendant trois nuits sans étoiles. Enfin, à la quatrième aurore, nous apercevons la terre s'élever du sein des flots, des montagnes apparaître au loin, et la fumée ondoyer dans les airs. Soudain les voiles sont repliées, et les matelots, se courbant sur la rame, fendent l'écume et soulèvent l'onde azurée.

Sauvé des flots, je descends sur le rivage des Strophades : c'est le nom que les Grecs ont donné à des îles de la grande mer d'Ionie. Là ont fixé leur séjour la cruelle Céléno et les autres Harpyes, depuis que la crainte les chassa du palais et de la table de Phinée. Jamais fléau plus terrible, jamais monstres plus détestables, dus à la colère des dieux, ne s'élancèrent des ondes du Styx. Ces oiseaux ont le visage d'une vierge ; un fluide immonde s'écoule de leurs flancs ; leurs mains sont armées de griffes, et la faim pâlit sans cesse leur visage.

A peine entrés dans le port où le vent nous a poussés, nous apercevons de gras troupeaux de bœufs et de chèvres, errant librement et sans gardien au milieu des pâturages. Nous nous précipitons sur eux le fer à la main, et nous invitons nos dieux et Jupiter lui-même à partager notre butin. Bientôt, dans un enfoncement du rivage, des lits de gazon sont élevés, et nous

```
       Tres adeo incertos cæca caligine soles
       Erramus pelago, totidem sine sidere noctes.
       Quarto terra die primum se attollere tandem          205
       Visa, aperire procul montes, ac volvere fumum.
       Vela cadunt, remis insurgimus : haud mora, nautæ
       Adnixi torquent spumas, et cærula verrunt.
       Servatum ex undis Strophadum me littora primum
       Accipiunt. Strophades Graio stant nomine dictæ       210
       Insulæ Ionio in magno, quas dira Celæno,
       Harpyiæque colunt aliæ, Phineïa postquam
       Clausa domus, mensasque metu liquere priores.
       Tristius haud illis monstrum, nec sævior ulla
       Pestis et ira deûm Stygiis sese extulit undis.        215
       Virginei volucrum vultus, fœdissima ventris
       Proluvies, uncæque manus, et pallida semper
       Ora fame.
       Huc ubi delati portus intravimus, ecce
       Læta boum passim campis armenta videmus,            220
       Caprigenumque pecus, nullo custode, per herbas.
       Irruimus ferro, et divos ipsumque vocamus
       In partem prædamque Jovem : tunc littore curvo
```

savourons ces mets délicieux. Tout à coup, du haut des montagnes, les Harpyes, d'un vol horrible, fondent sur nos tables ; elles secouent leurs ailes avec un grand bruit, enlèvent nos mets et souillent tout de leur contact immonde, et dans l'air qu'elles infectent leur cri sinistre se fait entendre. Alors, sous l'obscure voûte d'une roche profonde, que des arbres semblent fermer et défendre de leurs épaisses ombres, nous dressons nos tables, et nous replaçons le feu sur les autels. Mais, d'un autre point du ciel, la troupe bruyante, s'élançant de ses noires retraites, vient, de ses pieds crochus, voler autour de sa proie et souiller nos mets de son haleine infecte. Je m'écrie : « Aux armes, compagnons ! livrons la guerre à cette race immonde ! » Ils obéissent, et placent à leurs côtés le glaive caché dans l'herbe avec le bouclier. Dès que les Harpyes reviennent pour s'abattre, et que de leur vol sinistre retentit le rivage, Misène, placé sur un roc élevé, embouche l'airain sonore et donne le signal. Mes compagnons saisissent leurs armes, commencent un nouveau genre de combat, et cherchent à atteindre ces impurs oiseaux de la mer. Mais leurs plumes et leurs corps sont impénétrables, et leurs flancs ne reçoivent aucune blessure. Une prompte fuite les emporte dans les airs, et ils laissent sur nos tables leur proie à demi rongée et leurs traces fétides.

Exstruimusque toros, dapibusque epulamur opimis.
At subitæ horrifico lapsu de montibus adsunt   225
Harpyæ, et magnis quatiunt clangoribus alas,
Diripiuntque dapes, contactuque omnia fœdant
Immundo : tum vox tetrum dira inter odorem.
Rursum in secessu longo, sub rupe cavata,
Arboribus clausi circum atque horrentibus umbris,   230
Instruimus mensas, arisque reponimus ignem.
Rursum ex diverso cœli cæcisque latebris,
Turba sonans prædam pedibus circumvolat uncis;
Polluit ore dapes. Sociis tunc arma capessant
Edico, et dira bellum cum gente gerendum.   235
Haud secus ac jussi faciunt, tectosque per herbam
Disponunt enses, et scuta latentia condunt.
Ergo ubi delapsæ sonitum per curva dedere
Littora, dat signum specula Misenus ab alta
Ære cavo : invadunt socii, et nova prœlia tentant,   240
Obscœnas pelagi ferro fœdare volucres.
Sed neque vim plumis ullam, nec vulnera tergo
Accipiunt ; celerique fuga sub sidera lapsæ,
Semesam prædam et vestigia fœda relinquunt.

Seule, et s'arrêtant sur le haut d'un rocher, Céléno, sinistre prophétesse, fait entendre ces paroles : « C'est donc la guerre que vous nous apportez, race de Laomédon, pour prix du sang de nos taureaux, de nos génisses égorgées ! et vous voulez, sans motif, chasser les Harpyes de leur royaume paternel ! Écoutez, et gravez dans vos cœurs mes paroles : ce qu'apprit à Apollon le souverain des dieux, Apollon me l'apprit à moi-même ; et moi, la plus redoutable des Furies, je vais vous le révéler. Vous cherchez l'Italie ; les vents propices à vos vœux vous conduiront en Italie, et ses ports s'ouvriront pour vous recevoir. Mais vous ne ceindrez point de remparts la ville qui vous est promise, avant que la faim cruelle, juste châtiment de votre injure, ne vous ait forcés de dévorer vos tables. » Elle dit, et, prenant son vol, s'enfuit dans la forêt.

Une terreur soudaine glace le sang de mes compagnons ; leur courage est abattu. Ce n'est plus par les armes qu'ils cherchent à vaincre les Harpyes ; c'est par des vœux et des prières qu'ils veulent les apaiser, que ce soient des déesses ou des oiseaux immondes et cruels.

Anchise, mon père, debout sur le rivage, et les mains étendues, invoque les grandes divinités, et prescrit des sacrifices solennels : « Dieux ! s'écrie-t-il, rendez ces menaces vaines ! dieux !

  Una in præcelsa consedit rupe Celæno,   245
  Infelix vates, rumpitque hanc pectore vocem :
  « Bellum etiam pro cæde boum stratisque juvencis,
  Laomedontiadæ, bellumne inferre paratis,
  Et patrio insontes Harpyias pellere regno ?
  Accipite ergo animis atque hæc mea figite dicta :   250
  Quæ Phœbo Pater omnipotens, mihi Phœbus Apollo
  Prædixit, vobis Furiarum ego maxima pando.
  Italiam cursu petitis, ventisque vocatis
  Ibitis Italiam, portusque intrare licebit :
  Sed non ante datam cingetis mœnibus urbem,   255
  Quam vos dira fames, nostræque injuria cædis,
  Ambesias subigat malis absumere mensas. »
  Dixit, et in silvam pennis ablata refugit.
  At sociis subita gelidus formidine sanguis
  Diriguit ; cecidere animi ; nec jam amplius armis,   260
  Sed votis precibusque jubent exposcere pacem,
  Sive deæ, seu sint diræ obscœnæque volucres.
  At pater Anchises, passis de littore palmis,
  Numina magna vocat, meritosque indicit honores :
  « Di, prohibete minas ! di, talem avertite casum,   265

détournez ce funeste présage, et sauvez un peuple pieux. » Il dit, et ordonne de détacher les câbles, et de déployer les cordages. Le Notus enfle les voiles, et, portés sur l'onde écumante, nous suivons la route où les vents et le pilote nous appellent. Déjà se montrent, au milieu des flots, Zacynthe et les forêts qui l'ombragent, Dulichium et Samos, et Nérite avec ses roches escarpées. Nous fuyons les écueils d'Ithaque, où règne Laërte, et nous maudissons la terre où fut nourri le cruel Ulysse. Bientôt nous découvrons les sommets nuageux de Leucate et le temple d'Apollon formidable aux nautoniers. Fatigués, nous voguons vers cette humble cité, et nous y abordons. L'ancre tombe de la proue, et nos poupes s'arrêtent au rivage. Possesseurs de cette terre inespérée, nous sacrifions à Jupiter : l'encens brûle sur ses autels et acquitte nos vœux. Nous célébrons, par des jeux troyens, le rivage d'Actium. Des flots d'huile baignent les membres nus de nos guerriers qui luttent et se livrent aux exercices de leur patrie, joyeux d'avoir échappé à tant de villes grecques, et de s'être ouvert, en fuyant, un chemin à travers tant d'ennemis.

Cependant le soleil achève de parcourir le grand cercle de l'année, et l'hiver, avec ses glaces, hérisse les mers au souffle de l'Aquilon. J'attache, à l'entrée du temple d'Apollon, un bouclier

Et placidi servate pios ! » Tum littore funem
Deripere, excussosque jubet laxare rudentes.
Tendunt vela Noti ; ferimur spumantibus undis,
Qua cursum ventusque gubernatorque vocabant.
Jam medio apparet fluctu nemorosa Zacynthos, 270
Dulichiumque, Sameque, et Neritos ardua saxis.
Effugimus scopulos Ithacæ, Laertia regna,
Et terram altricem sævi exsecramur Ulyssei.
Mox et Leucatæ nimbosa cacumina montis,
Et formidatus nautis aperitur Apollo. 275
Hunc petimus fessi, et parvæ succedimus urbi.
Anchora de prora jacitur ; stant littore puppes.
Ergo insperata tandem tellure potiti,
Lustramurque Jovi, votisque incendimus aras,
Actiaque Iliacis celebramus littora ludis. 280
Exercent patrias oleo labente palæstras
Nudati socii : juvat evasisse tot urbes
Argolicas, mediosque fugam tenuisse per hostes.
Interea magnum sol circumvolvitur annum,
Et glacialis hiems Aquilonibus asperat undas. 285
Ære cavo clypeum, magni gestamen Abantis,

d'airain que porta le grand Abas, et je grave au-dessous ces mots : *Énée a conquis cette armure sur les Grecs victorieux.* Je commande alors le départ : les rameurs prennent leur rang ; nous quittons le port. Les rames frappent la mer à l'envi, et sillonnent les ondes. Bientôt disparaissent devant nous les hautes montagnes des Phéaciens ; nous côtoyons les rivages de l'Épire, nous entrons dans le port de Chaonie, et nous montons à la ville élevée de Buthrote. Là, un bruit incroyable arrive à nos oreilles : on nous dit qu'un fils de Priam, Hélénus, règne sur des villes grecques, qu'il possède le sceptre et l'épouse de Pyrrhus, et qu'Andromaque est de nouveau liée par l'hymen à un époux troyen. Frappé d'étonnement, je brûle du désir d'interroger Hélénus, et je veux apprendre de lui-même ces grands événements. Abandonnant ma flotte et le rivage, je m'éloigne du port.

En ce moment, aux portes de la ville, dans un bois sacré, et sur les bords d'un faux Simoïs, Andromaque offrait à la cendre de son époux un festin solennel et de lugubres présents. Devant un vain tombeau de gazon, entre deux autels consacrés par sa douleur comme une source de larmes, elle invoquait les mânes d'Hector. Dès qu'elle me voit approcher, et qu'elle a reconnu les armes troyennes, éperdue, effrayée de cette prodigieuse appari-

Postibus adversis figo, et rem carmine signo :
Æneas hæc de Danais victoribus arma.
Linquere tum portus jubeo, et considere transtris.
Certatim socii feriunt mare, et æquora verrunt.   290
Protinus aerias Phæacum abscondimus arces,
Littoraque Epiri legimus, portuque subimus
Chaonio, et celsam Buthroti ascendimus urbem.
Hic incredibilis rerum fama occupat aures,
Priamiden Helenum Graias regnare per urbes,   295
Conjugio Æacidæ Pyrrhi sceptrisque potitum,
Et patrio Andromachen iterum cessisse marito.
Obstupui ; miroque incensum pectus amore
Compellare virum, et casus cognoscere tantos,
Progredior portu, classes et littora linquens.   300
Solemnes tum forte dapes et tristia dona
Ante urbem, in luco, falsi Simoentis ad undam,
Libabat cineri Andromache, manesque vocabat
Hectoreum ad tumulum, viridi quem cespite inanem,
Et geminas, causam lacrymis, sacraverat aras.   305
Ut me conspexit venientem, et Troia circum
Arma amens vidit, magnis exterrita monstris,
Diriguit visu in medio ; calor ossa reliquit :

tion, elle demeure stupéfaite, et le frisson glace tous ses membres : elle tombe ; et à peine, après un long silence, peut-elle prononcer ces mots : « Est-ce vous-même que je vois, fils d'une déesse? est-ce vous qui êtes envoyé vers moi? êtes-vous encore vivant? ou si la douce lumière vous a été ravie, où est mon Hector? » A ces mots les pleurs inondent son visage, et le bois sacré retentit de ses gémissements. Troublé par son désespoir, je réponds avec peine, d'une voix entrecoupée : « Oui, je vis, et je traîne au milieu des revers une existence malheureuse. N'en doutez pas, ce que vous voyez est réel. Mais vous, hélas! tombée d'un si haut hyménée, quel malheur le destin vous a-t-il réservé? ou quel sort digne de vous est devenu votre partage? Êtes-vous l'Andromaque d'Hector ou l'épouse de Pyrrhus? »

Elle baisse les yeux, et d'une voix faible : « O seule heureuse, dit-elle, entre les filles de Priam, Polyxène, qui, condamnée à mourir sur le tombeau d'un ennemi, au pied des hauts remparts de Troie, n'a pas subi l'injurieux arrêt du sort, et, captive, n'a point touché le lit d'un vainqueur et d'un maître! Mais nous, après l'incendie de Troie, traînées sur des rives lointaines, et devenues mères dans l'esclavage, nous avons essuyé les superbes dédains du fils d'Achille. Bientôt il suivit Hermione, chercha dans Sparte un nouvel hymen, et me transmit esclave à son esclave

Labitur; et longo vix tandem tempore fatur :
« Verane te facies, verus mihi nuntius affers, 310
Nate dea? vivisne? aut si lux alma recessit,
Hector ubi est? » Dixit, lacrymasque effudit, et omnem
Implevit clamore locum. Vix pauca furenti
Subjicio, et raris turbatus vocibus hisco :
« Vivo equidem, vitamque extrema per omnia duco. 315
Ne dubita, nam vera vides.
Heu! quis te casus dejectam conjuge tanto
Excipit? aut quæ digna satis fortuna revisit ?
Hectoris Andromache, Pyrrhin' connubia servas? »
Dejecit vultum, et demissa voce locuta est : 320
« O felix una ante alias Priameia virgo,
Hostilem ad tumulum, Trojæ sub mœnibus altis,
Jussa mori, quæ sortitus non pertulit ullos,
Nec victoris heri tetigit captiva cubile!
Nos, patria incensa, diversa per æquora vectæ, 325
Stirpis Achilleæ fastus juvenemque superbum,
Servitio enixæ, tulimus ; qui deinde, secutus
Ledæam Hermionem, Lacedæmoniosque hymenæos,
Me famulo famulamque Heleno transmisit habendam.

Hélénus. Mais Oreste, enflammé d'un amour furieux pour une amante ravie, Oreste en proie aux Furies vengeresses, surprend son rival sans défense, et l'égorge au pied des autels d'Achille. La mort de Néoptolème a fait tomber une partie de ses États au pouvoir d'Hélénus; et du nom de Chaon, né du sang troyen, Hélénus a appelé Chaonie cette contrée soumise à ses lois. Il a élevé, sur cette colline, une nouvelle Pergame, une autre citadelle d'Ilion. Mais vous, quels vents, quels destins ont conduit vos vaisseaux errants? et quel dieu vous a jeté sur ce rivage où vous ne pensiez pas me revoir? Et le jeune Ascagne vit-il encore? Quand il naquit, déjà Troie... Si jeune encore, sent-il la perte de sa mère? L'exemple de son père Énée et de son oncle Hector l'ont-ils excité à l'antique vertu et au courage viril de ses ancêtres? »

Ainsi parlait Andromaque, fondant en larmes, et sa vaine douleur s'exhalait en longs gémissements, lorsque le fils de Priam, Hélénus, environné de sa cour, sort des remparts, vient à nous, reconnaît les Troyens, qui lui sont chers, et nous conduit dans son palais, mêlant beaucoup de larmes à chacune de ses paroles. J'avance, et je reconnais un humble Ilion, image de la superbe Troie; je vois un faible ruisseau, qu'il a nommé Xanthe, et

  Ast illum, ereptæ magno inflammatus amore   330
  Conjugis, et scelerum furiis agitatus, Orestes
  Excipit incautum, patriasque obtruncat ad aras.
  Morte Neoptolemi regnorum reddita cessit
  Pars Heleno, qui Chaonios cognomine campos,
  Chaoniamque omnem Trojano a Chaone dixit,   335
  Pergamaque, Iliacamque jugis hanc addidit arcem.
  Sed tibi qui cursum venti, quæ fata dedere?
  Aut quis te ignarum nostris deus appulit oris?
  Quid puer Ascanius? superatne, et vescitur aura?
  Quem tibi jam Troja...   340
  Ecqua tamen puero est amissæ cura parentis?
  Ecquid in antiquam virtutem, animosque viriles,
  Et pater Æneas et avunculus excitat Hector? »
  Talia fundebat lacrymans, longosque ciebat
  Incassum fletus, quum sese a mœnibus heros   345
  Priamides multis Helenus comitantibus affert,
  Agnoscitque suos, lætusque ad limina ducit,
  Et multum lacrymas verba inter singula fundit.
  Procedo, et parvam Trojam, simulataque magnis
  Pergama, et arentem Xanthi cognomine rivum   350

j'embrasse, en entrant, les portes de Scée. Mes compagnons jouissent avec moi de cette ville amie. Le roi les reçoit dans son palais, sous de vastes portiques : ils font des libations à Bacchus ; les mets sont offerts sur des plats d'or, et des coupes sont dans toutes les mains.

Déjà un jour, puis un autre, se sont écoulés. Les vents appellent nos vaisseaux, et les voiles s'enflent au souffle de l'Auster. Je vais trouver le roi-pontife, et je l'interroge en ces mots : « Enfant de Troie, sage interprète des dieux, vous qu'Apollon inspire ; vous que ne trompent ni le trépied sacré, ni les lauriers de Claros ; qui lisez au front des astres, et connaissez ce que présagent la voix et le vol des oiseaux : parlez, instruisez-moi : une heureuse navigation m'est annoncée par les oracles ; tous les dieux me conseillent de chercher l'Italie, et de voguer vers ces terres lointaines ; seule, la Harpye Céléno, me révélant un nouveau prodige, horrible à dire, me menace, par ses prédictions, d'une terrible vengeance et d'une épouvantable famine. Quels premiers dangers dois-je fuir ? et comment pourrai-je surmonter tant d'obstacles ? »

Alors Hélénus, selon l'usage, immole des génisses et implore la faveur des dieux. Il détache des bandelettes de son front sacré ; il prend ma main, me conduit au temple d'Apollon, et, tandis

Agnosco, Scææque amplector limina portæ.
Nec non et Teucri socia simul urbe fruuntur.
Illos porticibus rex accipiebat in amplis.
Aulai in medio libabant pocula Bacchi,
Impositis auro dapibus, paterasque tenebant.   355
Jamque dies alterque dies processit, et auræ
Vela vocant, tumidoque inflatur carbasus Austro.
His vatem aggredior dictis, ac talia quæso :
« Trojugena, interpres divûm, qui numina Phœbi,
Qui tripodas, Clarii lauros, qui sidera sentis,   360
Et volucrum linguas, et præpetis omina pennæ,
Fare age (namque omnem cursum mihi prospera dixit
Relligio, et cuncti suaserunt numine divi
Italiam petere, et terras tentare repostas :
Sola novum dictuque nefas Harpya Celæno   365
Prodigium canit, et tristes denuntiat iras,
Obscœnamque famem) : quæ prima pericula vito?
Quidve sequens tantos possim superare labores?»
Hic Helenus, cæsis primum de more juvencis,
Exorat pacem divûm, vittasque resolvit   370
Sacrati capitis, meque ad tua limina, Phœbe,

que la majesté du dieu remplit d'un trouble profond mon esprit inquiet, le pontife inspiré fait entendre cet oracle : « Fils d'une déesse, n'en doute pas, c'est sous de célestes auspices que tu traverses les mers. Ainsi le souverain des dieux conduit les destinées, règle le cours des événements, et en fixe l'ordre immuable. Mais, pour mieux assurer ta route sur ces mers inconnues, et pour t'ouvrir les ports de l'Ausonie, je vais te dévoiler quelques-uns des nombreux secrets de l'avenir ; les Parques empêchent Hélénus de connaître les autres, et la fille de Saturne, Junon, lui défend de parler. D'abord, cette Italie que tu crois peu éloignée, et ces ports qui te semblent voisins et prêts à s'ouvrir devant toi, de vastes mers, peu fréquentées, t'en séparent pour longtemps par des contrées difficiles à parcourir. Il faut que tes rames fatiguent les eaux de la Sicile, que tes vaisseaux parcourent la mer de l'Ausonie, franchissent le lac de l'Averne, et côtoient l'île fatale de Circé, avant que tu puisses asseoir tes remparts sur une terre hospitalière. Je vais t'indiquer des signes certains ; garde-les fidèlement dans ta mémoire.

« Lorsque errant, inquiet, le long d'un fleuve écarté, tu trouveras, sous les chênes du rivage, une énorme laie blanche, avec trente nourrissons pressés autour de ses mamelles, et blancs

   Ipse manu multo suspensum numine ducit;
   Atque hæc deinde canit divino ex ore sacerdos :
   « Nate dea, (nam te majoribus ire per altum
   Auspiciis manifesta fides : sic fata deûm rex   375
   Sortitur, volvitque vices; is vertitur ordo),
   Pauca tibi e multis, quo tutior hospita lustres
   Æquora, et Ausonio possis considere portu,
   Expediam dictis : prohibent nam cetera Parcæ
   Scire Helenum, farique vetat Saturnia Juno.   380
   Principio Italiam, quam tu jam rere propinquam,
   Vicinosque, ignare, paras invadere portus,
   Longa procul longis via dividit invia terris.
   Ante et Trinacria lentandus remus in unda,
   Et salis Ausonii lustrandum navibus æquor,   385
   Infernique lacus, Æææque insula Circes,
   Quam tuta possis urbem componere terra.
   Signa tibi dicam : tu condita mente teneto.
   Quum tibi sollicito secreti ad fluminis undam
   Littoreis ingens inventa sub ilicibus sus,   390
   Triginta capitum fœtus enixa, jacebit,
   Alba, solo recubans, albi circum ubera nati,

comme leur mère, là sera l'emplacement de ta ville et le terme assuré de tes travaux. Ne t'effraie point, d'avance, de ces tables que votre faim doit dévorer : les destins trouveront une voie pour s'accomplir, et Apollon invoqué te sera propice. Mais ces terres, ces rivages de l'Italie, qui sont le plus rapprochés de nous, et que notre mer baigne de ses ondes, il faut les éviter; les Grecs en habitent toutes les villes : là, les Locriens de Naryce ont élevé leurs remparts ; là, le Crétois Idoménée a couvert de ses guerriers les champs de Salente; là, le roi de Mélibée, Philoctète, a ceint d'un mur protecteur l'humble Pétilie.

« Mais, lorsqu'au terme de leur course, tes vaisseaux reposeront hors des mers, et qu'aux autels dressés par toi sur le rivage tu acquitteras tes vœux, souviens-toi de couvrir ta tête d'un voile de pourpre, pour qu'au milieu des feux allumés en l'honneur des dieux aucune figure ennemie ne t'apparaisse et ne vienne troubler les présages. Que tes compagnons observent cet usage sacré ; observe-le toi-même, et que tes derniers neveux gardent fidèlement cette religieuse coutume.

« Mais, lorsqu'après ton départ, les vents t'auront porté vers les plages de la Sicile, et que le Pélore rétréci ira devant toi s'agrandissant, cherche à gauche, par un long circuit, la terre

<pre>
Is locus urbis erit, requies ea certa laborum.
Nec tu mensarum morsus horresce futuros :
Fata viam invenient, aderitque vocatus Apollo.   395
Has autem terras, Italique hanc littoris oram,
Proxima quæ nostri perfunditur æquoris æstu,
Effuge : cuncta malis habitantur mœnia Graiis.
Hic et Narycii posuerunt mœnia Locri,
Et Salentinos obsedit milite campos   400
Lyctius Idomeneus : hic illa ducis Melibœi
Parva Philoctetæ subnixa Petilia muro.
Quin, ubi transmissæ steterint trans æquora classes,
Et positis aris jam vota in littore solves,
Purpureo velare comas adopertus amictu,   405
Ne qua inter sanctos ignes in honore deorum
Hostilis facies occurrat, et omina turbet.
Hunc socii morem sacrorum, hunc ipse teneto :
Hac casti maneant in relligione nepotes.
Ast ubi digressum Siculæ te admoverit oræ   410
Ventus, et angusti rarescent claustra Pelori,
Læva tibi tellus, et longo læva petantur
Æquora circuitu : dextrum fuge littus et undas.
</pre>

et la mer. Fuis la rive droite et les flots qui la baignent. Ces lieux, arrachés jadis de leurs fondements par une force puissante, se séparèrent, dit-on, dans une vaste ruine (tant le long cours des âges peut amener de changements!). D'abord réunis, ils ne formaient qu'un continent; mais la mer, se précipitant avec violence, détacha l'Hespérie de la Sicile, et ses vagues battent les champs et les villes que, par un canal étroit, sépare un double rivage.

« A la droite est Scylla; la gauche est gardée par l'implacable Charybde, qui, trois fois, engloutit de vastes flots dans ses gouffres profonds, trois fois les relance dans les airs et les fait jaillir jusqu'aux astres. Mais un antre enferme Scylla dans ses flancs ténébreux, d'où elle avance sa tête sur les vagues, et entraîne les vaisseaux sur ses rochers : monstre à figure humaine, c'est, jusqu'à la ceinture, une belle jeune fille, et, par le reste du corps, un immense poisson qui réunit aux flancs d'une louve la queue d'un dauphin. Il vaut mieux retarder tes vaisseaux en de longs détours, et doubler lentement la promontoire de Pachynum, que de voir une seule fois dans son antre profond l'affreuse Scylla, et les rochers qui retentissent des cris de ses chiens azurés.

« Enfin, si Hélénus a quelque science de l'avenir, si sa prédic-

    Hæc loca vi quondam, et vasta convulsa ruina
    (Tantum ævi longinqua valet mutare vetustas!)   415
    Dissiluisse ferunt : quum protinus utraque tellus
    Una foret, venit medio vi pontus, et undis
    Hesperium Siculo latus abscidit, arvaque et urbes
    Littore diductas angusto interluit æstu.
    Dextrum Scylla latus, lævum implacata Charybdis   420
    Obsidet, atque imo barathri ter gurgite vastos
    Sorbet in abruptum fluctus, rursusque sub auras
    Erigit alternos, et sidera verberat unda.
    At Scyllam cæcis cohibet spelunca latebris,
    Ora exsertantem, et naves in saxa trahentem.   425
    Prima hominis facies, et pulchro pectore virgo
    Pube tenus : postrema immani corpore pristis,
    Delphinum caudas utero commissa luporum.
    Præstat Trinacrii metas lustrare Pachyni
    Cessantem, longos et circum flectere cursus,   430
    Quam semel informem vasto vidisse sub antro
    Scyllam, et cæruleis canibus resonantia saxa.
    Præterea, si qua est Heleno prudentia, vati

tion mérite quelque confiance, et si Apollon remplit son âme de vérités, il est, surtout, fils de Vénus, un avis sur lequel je ne saurais trop insister, et que je ne puis me lasser de dire et de redire : commence par adorer la grande Junon ; offre à Junon des vœux empressés ; fléchis cette puissante souveraine par tes offrandes suppliantes : c'est ainsi que, victorieux, tu arriveras des contrées de la Sicile aux rivages de l'Italie.

« Lorsque, descendu sur cette terre, tu approcheras de la ville de Cumes, du lac divin de l'Averne et de ses bruyantes forêts, tu verras une prêtresse inspirée qui, du fond de son antre, annonce les arrêts du destin, et trace sur des feuilles des lettres et des mots. Tous les oracles que la Sibylle a écrits sur ces feuilles, elle les place avec ordre, et les laisse enfermés dans son antre ; il y restent immobiles, et dans le rang qu'elle a fixé. Mais si la porte tourne sur ses gonds, le moindre zéphyr soulève et dérange ce mobile feuillage, et il voltige dipersé dans la grotte, sans que la prêtresse s'inquiète de le replacer et de rétablir l'ordre et la suite des vers. Alors on se retire sans réponse, en maudissant la demeure de la Sibylle. Mais toi, ne regrette point le retard que t'occasionnera le temps passé en ce lieu. Quoique tes compagnons impatients murmurent, que les vents

    Si qua fides, animum si veris implet Apollo,
    Unum illud tibi, nate dea, præque omnibus unum   435
    Prædicam, et repetens iterumque iterumque monebo :
    Junonis magnæ primum prece numen adora :
    Junoni cane vota libens, dominamque potentem
    Supplicibus supera donis : sic denique victor
    Trinacria fines Italos mittere relicta.   440
    Huc ubi delatus Cumæam accesseris urbem,
    Divinosque lacus, et Averna sonantia silvis,
    Insanam vatem aspicies, quæ rupe sub ima
    Fata canit, foliisque notas et nomina mandat.
    Quæcumque in foliis descripsit carmina, virgo   445
    Digerit in numerum, atque antro seclusa relinquit.
    Illa manent immota locis, neque ab ordine cedunt.
    Verum eadem, verso tenuis quum cardine ventus
    Impulit, et teneras turbavit janua frondes,
    Nunquam deinde cavo volitantia prendere saxo,   450
    Nec revocare situs, aut jungere carmina curat.
    Inconsulti abeunt, sedemque odere Sibyllæ.
    Hic tibi ne qua moræ fuerint dispendia tanti,
    Quamvis increpitent socii, et vi cursus in altum

appellent les voiles sur les mers, et leur promettent un souffle propice, va trouver la Sybille, implore ses oracles; obtiens qu'elle parle et qu'elle laisse échapper de sa bouche sa voix prophétique. Elle te dira les peuples d'Italie, les guerres futures, comment tu pourras éviter leurs périls ou les surmonter; et, pour prix de tes hommages, la Sybille donnera une fin heureuse à tes travaux. Tels sont les avis qu'il m'est permis de te faire entendre. Va, pars, et que tes hauts faits portent jusqu'aux astres la gloire d'Ilion. »

Après m'avoir adressé ces paroles amies, l'interprète des dieux fait porter sur mes vaisseaux de riches présents d'or et d'ivoire, un vaste amas d'argent, et des vases de Dodone. Il y joint une cuirasse à triples mailles d'or, un casque au cimier éclatant, à la crinière ondoyante, armure de Néoptolème. Des présents sont aussi offerts à mon père. Hélénus ajoute à ses dons des chevaux avec leurs écuyers, de nouveaux rameurs, et des armes pour mes compagnons.

Cependant Anchise ordonnait de déployer les voiles, et de profiter sans retard de la faveur des vents. Le prêtre d'Apollon lui adresse ces paroles avec un grand respect : « Vous que Vénus a jugé digne de son auguste hymen, Anchise, cher aux Immortels, arraché deux fois aux ruines de Pergame, voyez devant vous la

    Vela vocet, possisque sinus implere secundos,   455
    Quin adeas vatem, precibusque oracula poscas.
    Ipsa canat, vocemque volens atque ora resolvat.
    Illa tibi Italiæ populos, venturaque bella,
    Et, quo quemque modo fugiasque ferasque laborem,
    Expediet, cursusque dabit venerata secundos.   460
    Hæc sunt quæ nostra liceat te voce moneri.
    Vade age, et ingentem factis fer ad æthera Trojam. »
    Quæ postquam vates sic ore effatus amico est,
    Dona dehinc auro gravia sectoque elephanto
    Imperat ad naves ferri, stipatque carinis   465
    Ingens argentum, Dodonæosque lebetas,
    Loricam consertam hamis, auroque trilicem,
    Et conum insignis galeæ, cristasque comantes,
    Arma Neoptolemi. Sunt et sua dona parenti.
    Addit equos, additque duces.   470
    Remigium supplet : socios simul instruit armis.
    Interea classem velis aptare jubebat
    Anchises, fieret vento mora ne qua ferenti.
    Quem Phœbi interpres multo compellat honore:
    « Conjugio, Anchise, Veneris dignate superbo,   475
    Cura deûm, bis Pergameis erepte ruinis,

terre d'Ausonie : à pleines voiles courez la saisir. Mais d'abord il faut côtoyer ses rivages : elle est encore éloignée, la partie de ces contrées qu'Apollon vous destine. Allez, heureux père d'un fils si pieux. Mais pourquoi vous retenir encore, et retarder, par mes discours, les vents qui vous appellent? »

Andromaque, non moins affligée de cet adieu suprême, apporte au jeune Ascagne une chlamyde phrygienne et des vêtements brodés où l'or s'enlace à la pourpre ; et, ne le cédant point à Hélénus par la richesse de ses dons, elle prodigue au fils d'Énée les tissus précieux : « Reçois, cher enfant, dit-elle, ces présents, ouvrage de mes mains ; qu'ils te soient un long témoignage de l'amitié d'Andromaque, de l'épouse d'Hector. Reçois ces dons suprêmes de ta famille, ô toi, seule image qui me reste de mon Astyanax ! tels étaient ses yeux ! telles ses mains ! tels les traits de son visage ! et maintenant, du même âge que toi, il entrerait comme toi dans l'adolescence. »

En les quittant, je leur dis les larmes aux yeux : « Vivez heureux, vous qui n'avez plus à craindre l'inconstance du sort, tandis qu'il nous entraîne encore dans de nouveaux dangers ! Votre repos est assuré : vous n'avez pas besoin, comme nous, de parcourir les mers et de chercher une Ausonie qui s'éloigne toujours : vous voyez l'image du Xanthe et une Troie que vos mains

Ecce tibi Ausoniæ tellus : hanc arripe velis.
Et tamen hanc pelago præterlabare necesse est :
Ausoniæ pars illa procul, quam pandit Apollo.
Vade, ait, o felix nati pietate ! quid ultra   480
Provehor, et fando surgentes demoror austros ? »
Nec minus Andromache, digressu mœsta supremo,
Fert picturatas auri subtemine vestes,
Et Phrygiam Ascanio chlamydem, nec cedit honori,
Textilibusque onerat donis, ac talia fatur :   485
« Accipe et hæc, manuum tibi quæ monumenta mearum
Sint, puer, et longum Andromachæ testentur amorem,
Conjugis Hectoreæ. Cape dona extrema tuorum,
O mihi sola mei super Astyanactis imago !
Sic oculos, sic ille manus, sic ora ferebat :   490
Et nunc æquali tecum pubesceret ævo. »
Hos ego digrediens lacrymis affabar obortis :
« Vivite felices, quibus est fortuna peracta
Jam sua : nos alia ex aliis in fafa vocamur.
Vobis parta quies ; nullum maris æquor arandum,   495
Arva neque Ausoniæ semper cedentia retro
Quærenda. Effigiem Xanthi, Trojamque videtis,

ont bâtie. Puisse-t-elle, élevée sous de meilleurs auspices, être moins en butte à la fureur des Grecs ! Si j'entre jamais dans le Tibre et dans les champs voisins du Tibre, si je vois s'élever les remparts promis à ma nation, je veux que ces villes alliées et ces peuples du même sang, je veux que l'Épire et l'Hespérie, unies par une commune origine et des malheurs communs, ne forment dans nos cœurs qu'une seule et même patrie, et que ce sentiment se transmette à nos derniers neveux. »

Les voiles sont déployées ; nous voguons vers les monts Cérauniens : c'est la route de l'Italie, et le plus court trajet sur les ondes. Cependant le soleil achève sa course à l'occident, et les montagnes se couvrent d'une ombre épaisse. Nous nous étendons, près de la mer, sur le sein d'une terre désirée, après avoir désigné par la voie du sort les gardiens des rames : couchés sans ordre sur le sable, nous réparons nos forces, et le sommeil rafraîchit nos membres fatigués.

La Nuit, que conduisent les Heures, n'avait pas encore atteint le milieu de son cours : le vigilant Palinure se lève ; il interroge tous les vents d'une oreille attentive au moindre souffle de l'air. Il observe les astres qui roulent dans le silence des cieux, l'Arcture, les Hyades pluvieuses, les deux Ourses ; il contemple Orion, armé d'un or étincelant. A la vue d'un ciel calme et d'une

>Quam vestræ fecere manus : melioribus, opto,
>Auspiciis, et quæ fuerit minus obvia Graiis.
>Si quando Tibrim vicinaque Tibridis arva   500
>Intraro, gentique meæ data mœnia cernam :
>Cognatas urbes olim, populosque propinquos,
>Epiro, Hesperia, quibus idem Dardanus auctor,
>Atque idem casus, unam faciemus utramque
>Trojam animis : maneat nostros ea cura nepotes. »   505
>Provehimur pelago vicina Ceraunia juxta,
>Unde iter Italiam, cursusque brevissimus undis.
>Sol ruit interea, et montes umbrantur opaci.
>Sternimur optatæ gremio telluris ad undam,
>Sortiti remos, passimque in littore sicco   510
>Corpora curamus : fessos sopor irrigat artus.
>Necdum orbem medium Nox Horis acta subibat :
>Haud segnis strato surgit Palinurus, et omnes
>Explorat ventos, atque auribus aera captat.
>Sidera cuncta notat tacito labentia cœlo,   515
>Arcturum, pluviasque Hyadas, geminosque Triones,
>Armatumque auro circumspicit Oriona.
>Postquam cuncta videt cœlo constare sereno,

sérénité rassurante, il donne, du haut de la poupe, l'éclatant signal du départ : soudain nous quittons le rivage, et, reprenant notre route, nous déployons aux vents les ailes de nos vaisseaux.

Déjà les étoiles avaient fui aux premières rougeurs de l'Aurore, lorsque nous voyons au loin apparaître des collines obscures, et l'Italie poindre du sein des eaux. « Italie ! » s'écrie, le premier, Achate ; et d'un cri joyeux mes compagnons saluent l'Italie. Alors mon père Anchise couronne de fleurs un grand cratère, le remplit d'un vin pur, et, debout, sur la poupe élevée, il invoque les dieux : « Dieux souverains de la terre, des mers et des tempêtes, accordez-nous, s'écrie-t-il, une route facile et la faveur des vents ! » Le vent désiré redouble ; déjà nous voyons le port qui se rapproche et s'élargit, et sur la hauteur apparaît le temple de Minerve. Les voiles sont pliées, et les proues tournées vers le rivage. Le port se courbe en arc du côté de l'Orient ; des rocs qui s'avancent à l'entrée blanchissent sous l'écume amère. Semblables à deux tours, deux rochers le cachent et l'embrassent d'un double rempart, et le temple semble s'éloigner du rivage.

Là, pour premier présage, je vis quatre chevaux blancs comme la neige, qui paissaient au loin dans la campagne. Mon père Anchise s'écrie : « C'est la guerre que tu nous annonces, ô terre hospitalière ! c'est pour la guerre qu'on arme les coursiers ! c'est

Dat clarum e puppi signum : nos castra movemus,
Tentamusque viam, et velorum pandimus alas.   520
Jamque rubescebat stellis Aurora fugatis,
Quum procul obscuros colles, humilemque videmus
Italiam. Italiam primus conclamat Achates :
Italiam læto socii clamore salutant.
Tum pater Anchises magnum cratera corona   525
Induit, implevitque mero ; divosque vocavit,
Stans celsa in puppi :
Di maris et terræ tempestatumque potentes,
Ferte viam vento facilem, et spirate secundi.
Crebrescunt optatæ auræ, portusque patescit   530
Jam propior, templumque apparet in arce Minervæ.
Vela legunt socii, et proras ad littora torquent.
Portus ab Eoo fluctu curvatur in arcum :
Objectæ salsa spumant aspergine cautes.
Ipse latet : gemino demittunt brachia muro   535
Turriti scopuli, refugitque a littore templum.
Quattuor hic, primum omen, equos in gramine vidi
Tondentes campum late, candore nivali.
Et pater Anchises : Bellum, o terra hospita, portas :

de la guerre que ces coursiers nous menacent. Mais pourtant on soumet quelquefois ces mêmes animaux au joug et au frein, et on les dresse à traîner de front un char : on peut donc encore espérer la paix. » Alors nous invoquons, dans nos prières, l'auguste déesse Pallas, aux armes retentissantes, qui, la première, nous reçut triomphants. Nous couvrons, devant les autels, nos fronts du voile phrygien, et, dociles aux avis les plus importants d'Hélénus, nous offrons, selon les rites, à Junon, protectrice d'Argos, les sacrifices qui nous ont été prescrits.

A peine ces pieux devoirs sont accomplis suivant l'ordre accoutumé, nous tournons vers la mer les antennes aux larges voiles, et nous fuyons ces terres suspectes, habitées par les Grecs. Bientôt nous apercevons le golfe et la ville de Tarente, bâtie par Hercule, si la renommée n'est pas trompeuse. Vis-à-vis s'élèvent le temple de Junon Lacinienne, les remparts de Caulon, et les écueils de Scylacée, fameux par tant de naufrages.

Puis au loin, devant nous, se découvre la cime de l'Etna : nous entendons l'horrible mugissement des flots, le bruit des rochers battus par les vagues, et les voix de la mer brisées sur le rivage. L'onde bondit, le sable tourbillonne dans les flots écumants. « La voilà, s'écrie Anchise, cette Charybde! les voilà ces écueils et ces rochers affreux qu'annonçait Hélénus! O compa-

Bello armantur equi : bellum hæc armenta minantur. 540
Sed tamen idem olim curru succedere sueti
Quadrupedes, et frena jugo concordia ferre,
Spes est pacis, » ait. Tum numina sancta precamur
Palladis armisonæ, quæ prima accepit ovantes :
Et capita ante aras Phrygio velamur amictu, 545
Præceptisque Heleni, dederat quæ maxima, rite
Junoni Argivæ jussos adolemus honores.
Haud mora, continuo perfectis ordine votis,
Cornua velatarum obvertimus antennarum ;
Grajugenûmque domos suspectaque linquimus arva. 550
Hinc sinus Herculei, si vera est fama, Tarenti
Cernitur : attollit se diva Lacinia contra,
Caulonisque arces, et navifragum Scylacæum.
Tum procul e fluctu Trinacria cernitur Ætna ;
Et gemitum ingentem pelagi, pulsataque saxa 555
Audimus longe, fractasque ad littora voces ;
Exsultantque vada, atque æstu miscentur arenæ.
Et pater Anchises : « Nimirum hæc illa Charybdis :
Hos Helenus scopulos, hæc saxa horrenda canebat.

gnons, fuyez, et, d'un effort égal, courbez-vous sur les rames. »
On obéit à ses ordres : Palinure, le premier, détourne à gauche
sa proue frémissante, et tous les vaisseaux le suivent à l'aide de
la rame et des vents. Tantôt, soulevées de l'abîme, les vagues
nous portent jusqu'aux astres ; tantôt, quand elles retombent,
nous descendons jusqu'au séjour des mânes. Trois fois l'onde
s'engloutit en mugissant dans les gouffres de ces profonds écueils,
et trois fois nous voyons l'onde revomie monter en écume et retomber en rosée du haut des airs.

Cependant avec le jour le vent nous abandonne : fatigués, et,
ne connaissant plus la route, nous abordons sur la côte des Cyclopes. Le port, à l'abri des vents, est calme et vaste. Mais, non
loin, tonne l'Etna au milieu d'effroyables ruines : tantôt il lance
dans les airs de noirs nuages de fumée, de bitume et de cendres
ardentes, ou il élève des globes de flammes qui vont effleurer les
astres ; tantôt, arrachant du sein de la montagne des rochers en
éclats, il vomit ses entrailles brûlantes, amoncelle dans les airs,
en mugissant, des roches liquéfiées, et bouillonne au fond de ses
abîmes. On dit que le corps d'Encelade, à demi brûlé par la
foudre, est accablé sous cette masse, et que l'Etna l'écrase de tout
son poids. Le géant exhale son haleine enflammée par le gouffre

    Eripite, o socii, pariterque insurgite remis. »   560
Haud minus ac jussi faciunt, primusque rudentem
Contorsit lævas proram Palinurus ad undas ;
Lævam cuncta cohors remis ventisque petivit.
Tollimur in cœlum curvato gurgite, et idem
Subducta ad manes imos descendimus unda.   565
Ter scopuli clamorem inter cava saxa dedere ;
Ter spumam elisam et rorantia vidimus astra.
Interea fessos ventus cum sole reliquit ;
Ignarique viæ, Cyclopum allabimur oris.
Portus ab accessu ventorum immotus, et ingens   570
Ipse ; sed horrificis juxta tonat Ætna ruinis,
Interdumque atram prorumpit ad æthera nubem,
Turbine fumantem piceo et candente favilla,
Attollitque globos flammarum, et sidera lambit :
Interdum scopulos avulsaque viscera montis   575
Erigit eructans, liquefactaque saxa sub auras
Cum gemitu glomerat, fundoque exæstuat imo.
Fama est Enceladi semiustum fulmine corpus
Urgeri mole hac, ingentemque insuper Ætnam
Impositam, ruptis flammam exspirare caminis ;   580
Et fessum quoties mutat latus, intremere omnem

entr'ouvert, et chaque fois qu'il retourne ses flancs fatigués, la Sicile entière tremble en mugissant, et le ciel se couvre de fumée.

Toute la nuit, frappés de ce phénomène terrible, nous restons cachés dans la forêt voisine, ignorant d'où vient cet effroyable bruit, car les astres étaient sans feux, l'éther sans lumière, et une nuit malencontreuse cachait sous les nuages la clarté de la lune.

Le lendemain, le jour se levait à peine à l'orient, et l'Aurore avait chassé du ciel l'ombre humide, quand tout à coup, sortant du fond des bois, un inconnu, pâle, d'une maigreur extrême, à l'aspect étrange et misérable, s'avance suppliant et tendant ses mains vers le rivage. Nous regardons : sa figure est sale et hideuse ; sa barbe descend sur sa poitrine ; les débris qui le couvrent sont rattachés par des épines : le reste annonce un Grec envoyé jadis avec les armes de sa patrie contre Ilion.

A peine il aperçoit, de loin, l'habit phrygien et les armes troyennes, saisi de frayeur, il hésite, il s'arrête. Mais bientôt, précipitant ses pas vers le rivage, et mêlant ses pleurs à la prière, il s'écrie : « Par les astres que j'atteste, par les dieux que nous adorons, par ce jour qui nous luit et cet air que nous respirons, ô Troyens ! arrachez-moi de ces lieux. N'importe sur quels autres bords vous me jetiez, je serai content. J'étais, il est

    Murmure Trinacriam, et cœlum subtexere fumo.
    Noctem illam tecti silvis immania monstra
    Perferimus, nec, quæ sonitum det causa, videmus.
    Nam neque erant astrorum ignes, nec lucidus æthra   585
    Siderea polus, obscuro sed nubila cœlo,
    Et lunam in nimbo nox intempesta tenebat.
    Postera jamque dies primo surgebat Eoo,
    Humentemque Aurora polo dimoverat umbram,
    Quum subito e silvis, macie confecta suprema   590
    Ignoti nova forma viri, miserandaque cultu,
    Procedit, supplexque manus ad littora tendit.
    Respicimus : dira illuvies, immissaque barba,
    Consertum tegmen spinis ; at cetera Graius,
    Et quondam patriis ad Trojam missus in armis.   595
    Isque ubi Dardanios habitus et Troïa vidit
    Arma procul, paulum aspectu conterritus hæsit,
    Continuitque gradum ; mox sese ad littora præceps
    Cum fletu precibusque tulit : « Per sidera testor,
    Per Superos, atque hoc cœli spirabile lumen,   600
    Tollite me, Teucri ; quascumque abducite terras ;

vrai, sur la flotte des Grecs ; j'ai porté, je l'avoue, la guerre aux pénates de Troie. Si c'est à vos yeux un crime indigne de pardon, jetez-moi dans les flots, plongez-moi dans le vaste abîme des mers ; si je dois périr, il me sera doux de périr de la main des hommes. »

Il dit ; et se roulant à nos genoux, il les embrasse et s'y tient prosterné. Nous l'invitons à faire connaître son nom, et le sang dont il est né, et son triste destin ; Anchise lui-même s'empresse de lui tendre la main, et, par ce gage tutélaire, rassure ses esprits. Déposant enfin toute crainte, il parle ainsi :

« Ithaque est ma patrie. Je suis l'un des compagnons du malheureux Ulysse : mon nom est Achéménide. La pauvreté d'Adamaste, mon père, décida mon départ pour le siége de Troie (eh ! que n'ai-je su me contenter de son humble fortune !). Mes compagnons éperdus, m'oubliant et fuyant ces bords cruels, me laissèrent dans l'antre du Cyclope, ténébreux et vaste repaire, toujours souillé de carnage et de mets sanglants. Lui-même, d'une taille énorme, semble toucher de son front les astres (dieux, préservez la terre d'un fléau si cruel !). Il est horrible à voir et à entendre ; il se repaît des entrailles des malheureux et de sang noir : moi-même je l'ai vu saisir de sa vaste main deux de nos

Hoc sat erit. Scio me Danais e classibus unum,
Et bello Iliacos fateor petiisse penates.
Pro quo, si sceleris tanta est injuria nostri,
Spargite me in fluctus, vastoque immergite ponto. 605
Si pereo, manibus hominum periisse juvabit. »
Dixerat : et genua amplexus, genibusque volutans
Hærebat. Qui sit, fari, quo sanguine cretus,
Hortamur ; quæ deinde agitet fortuna, fateri.
Ipse pater dextram Anchises, haud multa moratus, 610
Dat juveni, atque animum præsenti pignore firmat.
Ille hæc, deposita tandem formidine, fatur :
« Sum patria ex Ithaca, comes infelicis Ulyssei ;
Nomen Achemenides ; Trojam genitore Adamasto
Paupere (mansissetque utinam fortuna !) profectus. 615
Hic me, dum trepidi crudelia limina linquunt,
Immemores socii vasto Cyclopis in antro
Deseruere. Domus sanie dapibusque cruentis
Intus opaca, ingens. Ipse arduus, altaque pulsat
Sidera (di, talem terris avertite pestem !), 620
Nec visu facilis, nec dictu affabilis ulli.
Visceribus miserorum et sanguine vescitur atro.
Vidi egomet, duo de numero quum corpora nostro,

compagnons, et, couché sur le dos, au milieu de son antre, les écraser sur le roc, et inonder de leur sang son affreuse demeure. J'ai vu leurs membres tout sanglants dévorés par le Cyclope, et leurs chairs pantelantes palpiter sous sa dent. Mais le monstre fut puni : Ulysse ne put souffrir tant de barbarie, et ne s'oublia point dans un si grand danger. A peine le Cyclope, gorgé de nourriture et enseveli dans le vin, laisse tomber sa tête appesantie, s'étend, immense, dans son antre, et vomit, durant son sommeil, des lambeaux de chair mêlés de vin et de sang, nous implorons les dieux, et, après nous être distribué les rôles, nous entourons le monstre, et, fondant sur lui de toutes parts, nous enfonçons une poutre aiguë dans l'œil énorme du géant, cet œil unique, caché sous son front menaçant, et semblable au bouclier d'Argos ou au disque du soleil : heureux de venger ainsi les mânes de nos compagnons.

« Mais fuyez, ô malheureux, fuyez! coupez les câbles qui vous retiennent au rivage! car tel que se montre l'horrible Polyphème, lorsqu'il enferme et trait ses troupeaux dans son antre effroyable ; tels, et non moins affreux, cent autres Cyclopes habitent ces rivages et errent sur ces hautes montagnes. Trois fois déjà le croissant de la lune s'est rempli de lumière, depuis que je

  Prensa manu magna, medio resupinus in antro,
  Frangeret ad saxum, sanieque aspersa natarent   625
  Limina : vidi, atro quum membra fluentia tabo-
  Manderet, et tepidi tremerent sub dentibus artus.
  Haud impune quidem ; nec talia passus Ulysses,
  Oblitusve sui est Ithacus discrimine tanto.
  Nam simul expletus dapibus, vinoque sepultus,   630
  Cervicem inflexam posuit, jacuitque per antrum
  Immensus, saniem eructans ac frusta cruento
  Per somnum commixta mero ; nos, magna precati
  Numina, sortitique vices, una undique circum
  Fundimur, et telo lumen terebramus acuto   635
  Ingens, quod torva solum sub fronte latebat,
  Argolici clypei aut Phœbeæ lampadis instar ;
  Et tandem læti sociorum ulciscimur umbras.
  Sed fugite, o miseri, fugite, atque ab littore funem
  Rumpite.   640
  Nam, qualis quantusque cavo Polyphemus in antro
  Lanigeras claudit pecudes, atque ubera pressat,
  Centum alii curva hæc habitant ad littora vulgo
  Infandi Cyclopes, et altis montibus errant.
  Tertia jam lunæ se cornua lumine complent,   645

traîne ma vie dans ces forêts, parmi les demeures et les repaires déserts des bêtes fauves; depuis que, caché derrière un rocher, j'observe les Cyclopes dont les pas et la voix me glacent d'épouvante. Des baies, des cornouilles pierreuses, des herbes avec leurs racines arrachées à la terre, telle est ma chétive nourriture. Tandis que, de tous côtes, je portais mes regards sur les mers, j'ai vu vos vaisseaux s'approcher du rivage : qui que vous fussiez, je me suis livré à vous, trop heureux de pouvoir échapper à cette horrible race. Disposez de ma vie : toute autre mort me semble préférable. »

A peine il achevait ces mots, nous voyons, au sommet de la montagne, se mouvoir une masse énorme : c'était le pasteur Polyphème, au milieu de ses troupeaux, s'avançant vers le rivage accoutumé : monstre horrible, informe, immense, à qui la lumière a été ravie. Un pin dépouillé de ses feuilles guide sa main et affermit ses pas. Ses brebis l'accompagnent, seule joie qui lui reste, seule consolation de ses maux. Dès qu'il a atteint le rivage et touché les flots, il lave le sang qui coule de son œil arraché, frémit et grince des dents, puis s'avance au milieu de la mer, et les flots ne montent point jusqu'à ses flancs élevés.

Tremblants à cet aspect, nous précipitons notre fuite; le Grec

> Quum vitam in silvis, inter deserta ferarum
> Lustra domosque traho, vastosque ab rupe Cyclopas
> Prospicio, sonitumque pedum vocemque tremisco.
> Victum infelicem, baccas, lapidosaque corna
> Dant rami, et vulsis pascunt radicibus herbæ.   650
> Omnia collustrans, hanc primum ad littora classem
> Conspexi venientem : huic me, quæcumque fuisset,
> Addixi : satis est gentem effugisse nefandam.
> Vos animam hanc potius quocumque absumite letho. »
> Vix ea fatus erat, summo quum monte videmus   655
> Ipsum inter pecudes vasta se mole moventem
> Pastorem Polyphemum, et littora nota petentem :
> Monstrum horrendum, informe, ingens, cui lumen ademptum.
> Trunca manum pinus regit, et vestigia firmat.
> Lanigeræ comitantur oves : ea sola voluptas,   660
> Solamenque mali.
> Postquam altos tetigit fluctus, et ad æquora venit,
> Luminis effossi fluidum lavit inde cruorem,
> Dentibus infrendens gemitu; graditurque per æquor
> Jam medium, necdum fluctus latera ardua tinxit.   665
> Nos procul inde fugam trepidi celerare, recepto

suppliant, en récompense de ses avis, est reçu dans nos vaisseaux. Nous coupons en silence les câbles, et, courbés, nous fendons les eaux de nos rames agiles. Polyphème s'en aperçoit, et dirige ses pas du côté où il nous entend ; mais en vain il veut saisir nos vaisseaux rapides emportés sur les ondes de la mer Ionienne : alors il pousse une immense clameur : la mer en a tremblé jusqu'au fond de ses abîmes, l'Italie entière a été épouvantée, et l'Etna a mugi dans ses cavités profondes. A ce bruit, toute la race des Cyclopes accourt des forêts et du haut des montagnes : elle s'élance vers le port et couvre le rivage. Nous y voyons debout les fils de l'Etna, portant leurs fronts dans les nuages, et qui vainement tournent vers nous leur œil effroyable. Horrible assemblée ! tels, sur la cime des monts, les chênes étendent leurs bras altiers, et tels s'élèvent les cyprès aux fruits coniques, haute forêt de Jupiter ou bois sacré de Diane.

Dans notre effroi, nous nous hâtons de faire mouvoir les cordages, et de livrer les voiles aux vents qui nous secondent. Mais Hélénus nous avait avertis qu'entre Charybde et Scylla la mort est presque inévitable, et qu'il faut suivre une autre route. Nous allions retourner nos proues, lorsque, soufflant du détroit de Pélore, Borée vient à notre secours. Nous dépassons les

<pre>
Supplice, sic merito, tacitique incidere funem :
Verrimus et proni certantibus æquora remis.
Sensit, et ad sonitum vocis vestigia torsit.
Verum, ubi nulla datur dextram affectare potestas,   670
Nec potis Ionios fluctus æquare sequendo,
Clamorem immensum tollit, quo pontus et omnes
Intremuere undæ, penitusque exterrita tellus
Italiæ, curvisque immugiit Ætna cavernis.
At genus e silvis Cyclopum et montibus altis   675
Excitum ruit ad portus, et littora complent.
Cernimus adstantes nequidquam lumine torvo
Ætnæos fratres, cœlo capita alta ferentes,
Concilium horrendum : quales quum vertice celso
Aeriæ quercus aut coniferæ cyparissi   680
Constiterunt, silva alta Jovis, lucusve Dianæ.
Præcipites metus acer agit quocumque rudentes
Excutere, et ventis intendere vela secundis.
Contra jussa monent Heleni Scyllam atque Charybdim
Inter utramque viam, lethi discrimine parvo,   685
Ni teneant cursus : certum est dare lintea retro.
Ecce autem Boreas angusta ab sede Pelori
Missus adest : vivo prætervehor ostia saxo
</pre>

roches vives d'où le Pantage arrive dans la mer; et le golfe de Mégare, et l'humble Thapsus. Tels étaient les rivages que nous montrait Achéménide, et qu'il avait déjà parcourus avec le malheureux Ulysse.

A l'entrée du golfe de Syracuse, en face de Plemmyre, assaillie par les ondes, il est une île que ses premiers habitants appelèrent Ortygie. C'est là, dit-on, que le fleuve Alphée, quittant l'Élide, et se frayant un chemin secret sous les mers, vient, belle Aréthuse, mêler ses ondes à tes ondes siciliennes. Fidèles aux conseils d'Hélénus, nous adorons les divinités de ces lieux. De là, nous côtoyons les champs que l'Hélore engraisse de ses dormantes eaux. Nous laissons derrière nous les roches hautes et saillantes de Pachynum. Nous découvrons au loin Camarine, que le destin enferma pour toujours dans ses marais, et les champs Géléens, et la ville immense de Géla qui prit son nom du fleuve qui l'arrose. L'altière Agrigente nous montre de loin ses vastes remparts, Agrigente jadis féconde en généreux coursiers. Les vents m'éloignent de toi, riche Sélinonte qu'ombragent les palmiers, et j'effleure les terribles écueils que Lilybée cache sous les ondes.

Enfin Drépane me reçoit dans son port et sur sa rive funeste. C'est là qu'après tant de traverses, je perdis mon père Anchise,

```
           Pantagiæ, Megarosque sinus, Thapsumque jacentem.
           Talia monstrabat relegens errata retrorsum              690
           Littora Achemenides, comes infelicis Ulyssei.
           Sicanio prætenta sinu jacet insula, contra
           Plemmyrium undosum; nomen dixere priores
           Ortygiam. Alphæum fama est huc, Elidis amnem,
           Occultas egisse vias subter mare; qui nunc               695
           Ore, Arethusa, tuo Siculis confunditur undis.
           Jussi numina magna loci veneramur, et inde
           Exsupero præpingue solum stagnantis Helori.
           Hinc altas cautes projectaque saxa Pachyni
           Radimus; et fatis nunquam concessa moveri                700
           Apparet Camarina procul, campique Geloi,
           Immanisque Gela, fluvii cognomine dicta.
           Arduus inde Acragas ostentat maxima longe
           Mœnia, magnanimûm quondam generator equorum.
           Teque datis linquo ventis, palmosa Selinus;              705
           Et vada dura lego saxis Lilybeia cæcis.
           Hinc Drepani me portus et illætabilis ora
           Accipit. Hic, pelagi tot tempestatibus actus,
           Heu! genitorem, omnis curæ casusque levamen
```

seule consolation de mes ennuis et de mes infortunes. C'est là, ô le meilleur des pères, que tu m'abandonnas à ma douleur, après avoir, hélas! en vain échappé à tant de dangers! Ni le divin Hélénus, quand il m'annonçait de bien tristes présages, ni l'affreuse Céléno ne m'avaient prédit un deuil aussi cruel. Ce fut là ma dernière épreuve, et le terme de mes longs voyages. En quittant ces lieux, un dieu m'a conduit sur vos bords.

C'est ainsi qu'Énée racontait à l'assemblée attentive l'histoire de ses destinées et de ses courses errantes. En ce moment, il cessa de parler et mit fin à son récit.

        Amitto Anchisen : hic me pater optime, fessum   710
        Deseris, heu! tantis nequidquam erepte periclis!
        Nec vates Helenus, quum multa horrenda moneret,
        Hos mihi prædixit luctus, non dira Celæno.
        Hic labor extremus, longarum hæc meta viarum.
        Hinc me digressum vestris deus appulit oris. »   715
        Sic pater Æneas, intentis omnibus, unus
        Fata renarrabat divûm, cursusque docebat.
        Conticuit tandem, factoque hic fine quievit.

LIVRE QUATRIÈME

Cependant la reine, déjà en proie aux tourments d'une passion violente, nourrit en secret la blessure de son cœur et brûle d'un feu caché qui la dévore. La valeur du héros, la splendeur de sa race reviennent sans cesse à sa pensée : les traits d'Énée, ainsi que ses paroles, demeurent profondément gravés dans son âme, et le trouble qui l'agite refuse à ses yeux les douceurs du sommeil.

Déjà l'Aurore, chassant les ombres humides de la nuit, éclairait la terre du flambeau de Phébus, lorsque Didon, égarée par l'amour, s'adresse en ces termes à sa sœur, confidente de ses pensées : « Anna, ma sœur, quelles images troublent mon repos, jettent dans mon âme incertaine une terreur inconnue? Quel est ce nouvel hôte reçu dans nos demeures? Quelle noblesse dans ses traits! qu'il est grand par le cœur et par les armes! Oui, je le crois, et ce n'est point une illusion, il est du sang des dieux : toujours la crainte décèle une âme dégénérée. Hélas! par quels destins il fut traversé! Dans les guerres qu'il racontait, quels

LIBER QUARTUS.

At regina, gravi jamdudum saucia cura,
Vulnus alit venis, et cæco carpitur igni.
Multa viri virtus animo, multusque recursat
Gentis honos : hærent infixi pectore vultus,
Verbaque; nec placidam membris dat cura quietem.   5
Postera Phœbea lustrabat lampade terras,
Humentemque Aurora polo dimoverat umbram,
Quum sic unanimam alloquitur malesana sororem :
« Anna soror, quæ me suspensam insomnia terrent!
Quis novus hic nostris successit sedibus hospes!   10
Quem sese ore ferens! quam forti pectore et armis!
Credo equidem (nec vana fides) genus esse deorum.
Degeneres animos timor arguit. Heu! quibus ille
Jactatus fatis! quæ bella exhausta canebat!
Si mihi non animo fixum immotumque sederet,   15

périls n'a point affrontés son courage ! Si je ne gardais au fond du cœur la résolution bien prise et irrévocable de ne m'enchaîner à personne par le lien conjugal, depuis que la mort a déçu l'espoir de mes premiers feux ; si la couche et le flambeau de l'hymen ne m'étaient devenus odieux, c'est la seule faute peut-être où j'aurais pu succomber. Oui, ma sœur, je l'avoue, depuis le trépas cruel de Sychée, mon époux ; depuis que son sang, par le crime de mon frère, arrosa nos pénates, cet étranger est le seul qui ait fléchi ma rigueur, et fait chanceler ma constance : je reconnais les traces de mes premiers feux. Mais que la terre entr'ouvre sous mes pas ses abîmes, que le puissant maître des dieux me précipite avec sa foudre dans le séjour des Ombres, des pâles Ombres de l'Érèbe, et dans la nuit profonde, avant que je te viole, ô Pudeur ! et que je m'affranchisse de tes lois. Il emporta mes amours, celui qui, le premier, s'unit à mon destin : qu'il les ait avec lui, et qu'il les garde dans sa tombe ! » Elle dit, et les pleurs ont inondé son sein.

Anna répond : « O ma sœur, toi qui m'es plus chère que la vie, veux-tu donc consumer toute ta jeunesse dans la solitude et dans les ennuis ? renonces-tu à connaître la douceur d'être mère et les joies de l'amour ? crois-tu que des cendres et les mânes enfermés au tombeau s'inquiètent de cette fidélité ? que

      Ne cui me vinclo vellem sociare jugali,
      Postquam primus amor deceptam morte fefellit;
      Si non pertæsum thalami tædæque fuisset,
      Huic uni forsan potui succumbere culpæ.
      Anna (fatebor enim), miseri post fata Sychæi   20
      Conjugis, et sparsos fraterna cæde penates,
      Solus hic inflexit sensus, animumque labantem
      Impulit : agnosco veteris vestigia flammæ.
      Sed mihi vel tellus optem prius ima dehiscat,
      Vel Pater omnipotens adigat me fulmine ad umbras,   25
      Pallentes umbras Erebi, noctemque profundam,
      Ante, Pudor, quam te violo, aut tua jura resolvo !
      Ille meos, primus qui me sibi junxit, amores
      Abstulit : ille habeat secum, servetque sepulcro. »
      Sic effata, sinum lacrymis implevit obortis.   30
      Anna refert : « O luce magis dilecta sorori,
      Solane perpetua mœrens carpere juventa ?
      Nec dulces natos, Veneris nec præmia noris ?
      Id cinerem aut manes credis curare sepultos ?
      Esto : ægram nulli quondam flexere mariti;   35

jusqu'ici nul époux, dans Tyr, ou dans la Libye, n'ait pu fléchir ta douleur; que tu aies dédaigné et le fier Iarbas, et tant d'autres chefs que nourrit la belliqueuse Afrique; je le veux ; mais dois-tu combattre aussi un penchant qui te plaît? ne songes-tu point au pays où tu as fixé ta demeure? Vois, autour de toi, d'un côté les villes des Gétules, peuple indomptable dans la guerre, les Numides sans frein, les Syrtes inhospitalières, et, de l'autre, les brûlants déserts, et les Barcéens qui étendent au loin leurs fureurs. Parlerai-je de la guerre qui se prépare dans la ville de Tyr, et des menaces de ton frère? Oui, je le crois, c'est sous les auspices des dieux, c'est par la faveur de Junon que les vents ont conduit sur nos bords la flotte des Troyens. O ma sœur, combien tu verras ta ville et ton empire s'accroître par un tel hymen! et par combien de hauts faits s'élèvera la gloire de Carthage associée aux armes troyennes! Implore seulement la faveur des dieux; et, après l'avoir obtenue par les sacrifices d'usage, prodigue les bienfaits de l'hospitalité, et allègue des causes de retard : la tempête déchaînée sur les ondes, l'orageux Orion, les vaisseaux brisés, et l'inclémence du ciel. »

Ce discours achève d'enflammer le cœur brûlant de Didon, fait entrer l'espérance dans son âme irrésolue, et rompt les derniers liens de la pudeur. D'abord elles vont dans les temples, pour y

   Non Libyæ, non ante Tyro : despectus Iarbas,
   Ductoresque alii, quos Africa terra triumphis
   Dives alit : placitone etiam pugnabis amori ?
   Nec venit in mentem quorum consederis arvis ?
   Hinc Getulæ urbes, genus insuperabile bello,   40
   Et Numidæ infreni cingunt, et inhospita Syrtis :
   Hinc deserta siti regio, lateque furentes
   Barcæi. Quid bella Tyro surgentia dicam,
   Germanique minas ?
   Dis equidem auspicibus reor, et Junone secunda,   45
   Huc cursum Iliacas vento tenuisse carinas.
   Quam tu urbem, soror, hanc cernes, quæ surgere regna
   Conjugio tali! Teucrûm comitantibus armis,
   Punica se quantis attollet gloria rebus!
   Tu modo posce deos veniam, sacrisque litatis,   50
   Indulge hospitio, causasque innecte morandi,
   Dum pelago desævit hiems, et aquosus Orion,
   Quassatæque rates, et non tractabile cœlum. »
   His dictis incensum animum inflammavit amore,
   Spemque dedit dubiæ menti, solvitque pudorem.   55
   Principio delubra adeunt, pacemque per aras

chercher d'heureux présages : elles immolent, suivant l'usage, des brebis choisies à Cérès Législatrice, à Apollon, à Bacchus, et, avant tout, à Junon, qui préside aux nœuds de l'hymen. Didon elle-même, la belle Didon, tenant une coupe dans la main droite, verse le vin entre les cornes d'une blanche génisse, ou, devant les images des dieux, s'avance religieusement vers les autels chargés d'offrandes. Sans cesse elle recommence les sacrifices ; et d'un regard avide, penchée sur le flanc ouvert des victimes, elle interroge leurs entrailles palpitantes. Hélas ! vaine science des augures ! que servent et les vœux et les temples contre les fureurs de l'amour ? Cependant une flamme subtile et dévorante circule dans les veines de Didon, et une blessure secrète vit au fond de son cœur. Elle brûle, l'infortunée, et, dans le transport qui l'égare, elle parcourt toute la ville : telle une biche imprudente, atteinte d'une flèche dont l'a percée de loin, dans les bois de la Crète, le berger qui la poursuivait, emporte, à l'insu du chasseur, le trait qui l'a blessée : dans sa fuite, elle parcourt les bois et les bocages du Dicté : le roseau mortel reste attaché à ses flancs. Tantôt la reine conduit Énée au milieu de ses remparts, lui montre et les richesses de Sidon et sa ville prête à le recevoir : elle commence à parler, et s'arrête au milieu de son discours. Tantôt, au déclin du jour, elle l'appelle à de

     Exquirunt : mactant lectas de more bidentes
     Legiferæ Cereri, Phœboque, patrique Lyæo ;
     Junoni ante omnes, cui vincla jugalia curæ.
     Ipsa, tenens dextra pateram, pulcherrima Dido   60
     Candentis vaccæ media inter cornua fundit ;
     Aut ante ora deûm pingues spatiatur ad aras,
     Instauratque diem donis, pecudumque reclusis
     Pectoribus inhians, spirantia consulit exta.
     Heu, vatum ignaræ mentes ! quid vota furentem,   65
     Quid delubra juvant ? est mollis flamma medullas
     Interea, et tacitum vivit sub pectore vulnus.
     Uritur infelix Dido, totaque vagatur
     Urbe furens : qualis conjecta cerva sagitta,
     Quam procul incautam nemora inter Cressia fixit   70
     Pastor agens telis, liquitque volatile ferrum
     Nescius ; illa fuga silvas saltusque peragrat
     Dictæos : hæret lateri lethalis arundo.
     Nunc media Ænean secum per mœnia ducit,
     Sidoniasque ostentat opes, urbemque paratam :   75
     Incipit effari, mediaque in voce resistit.
     Nunc eadem, labente die, convivia quærit,

nouveaux banquets, et, dans son délire, veut entendre encore une fois le récit des malheurs d'Ilion, et reste, encore une fois, suspendue aux lèvres du héros. Et quand la nuit les sépare, quand la lune obscurcie à son tour a voilé sa lumière, quand les astres à leur déclin invitent au sommeil, seule elle gémit dans son palais désert, et va s'asseoir sur le lit qu'Énée vient de quitter. Elle le voit, absent ; absent, elle l'écoute encore. Quelquefois, charmée par la ressemblance, elle presse sur son sein le jeune Ascagne, et cherche à tromper, s'il se peut, son fatal amour. Déjà, dans Carthage, les tours commencées ne s'élèvent plus ; les jeunes Tyriens ne s'exercent plus aux armes ; le port et les remparts destinés à défendre la ville restent abandonnés : tous les travaux demeurent suspendus, et les murs qui s'élevaient menaçants, et les machines qui allaient toucher le ciel.

Dès que l'épouse chérie de Jupiter voit la reine en proie au mal qui la dévore, sans que le soin de sa renommée mette un frein à son ardeur, elle aborde Vénus, et dit : « Eh bien ! vous l'emportez ! voilà, pour vous et votre fils, une noble victoire, un trophée glorieux ! C'est un grand et mémorable effet de votre puissance, qu'une femme seule soit vaincue par la trahison de deux divinités ! Non, je ne me trompe point, vous redoutez des remparts que je protége, et le séjour de la superbe Carthage

Iliacosque iterum demens audire labores
Exposcit, penditque iterum narrantis ab ore.
Post, ubi digressi, lumenque obscura vicissim   80
Luna premit, suadentque cadentia sidera somnos,
Sola domo mœret vacua, stratisque relictis
Incubat : illum absens absentem auditque videtque ;
Aut gremio Ascanium, genitoris imagine capta,
Detinet, infandum si fallere possit amorem.   85
Non cœptæ assurgunt turres ; non arma juventus
Exercet, portusve aut propugnacula bello
Tuta parant : pendent opera interrupta, minæque
Murorum ingentes, æquataque machina cœlo.
Quam simul ac tali persensit peste teneri   90
Cara Jovis conjux, nec famam obstare furori,
Talibus aggreditur Venerem Saturnia dictis :
« Egregiam vero laudem et spolia ampla refertis,
Tuque puerque tuus, magnum et memorabile nomen,
Una dolo divûm si femina victa duorum est !   95
Nec me adeo fallit, veritam te mœnia nostra,
Suspectas habuisse domos Carthaginis altæ.

éveille vos soupçons. Mais quel sera le terme de nos divisions ? où tendent maintenant ces grands débats ? que ne cimentons-nous plutôt par l'hymen une paix éternelle ? Tout ce que votre âme souhaitait, vous l'avez : Didon aime, elle brûle, et jusqu'à la moelle des os les feux de l'amour la consument. Régnons donc avec un pouvoir égal sur ces deux peuples réunis en un seul. Qu'il soit permis à Didon de se soumettre à un époux troyen, et de remettre entre vos mains les Tyriens pour la dot de leur reine. »

Vénus comprit que ce discours artificieux avait pour but de transporter à Carthage l'empire promis à l'Italie : « Qui serait assez insensé, dit-elle, pour refuser vos offres, et pour préférer avec vous la guerre, si toutefois votre projet peut s'accomplir, et si la fortune le seconde ? Mais les destins me laissent incertaine ; et j'ignore si Jupiter veut qu'une même cité réunisse les Tyriens et les Troyens ; s'il approuvera le mélange des deux nations et leur alliance. Vous êtes l'épouse de Jupiter : essayez, si vous voulez, de fléchir son âme par vos prières. Allez : je vous suivrai. — Ce soin me regarde, reprend la reine des dieux. Mais apprenez, en quelques mots, comment peut réussir cette grande entreprise Votre fils, et, avec lui, Didon, que l'amour consume, se préparent à chasser demain dans les forêts, dès que Phébus, levant son front

Sed quis erit modus ? aut quo nunc certamina tanta ?
Quin potius pacem æternam pactosque hymenæos
Exercemus ? habes tota quod mente petisti :   100
Ardet amans Dido, traxitque per ossa furorem.
Communem hunc ergo populum, paribusque regamus
Auspiciis : liceat Phrygio servire marito,
Dotalesque tuæ Tyrios permittere dextræ. »
Olli (sensit enim simulata mente locutam,   105
Quo regnum Italiæ Libycas averteret oras)
Sic contra est ingressa Venus : « Quis talia demens
Abnuat, aut tecum malit contendere bello ?
Si modo, quod memoras, factum fortuna sequatur.
Sed fatis incerta feror, si Juppiter unam   110
Esse velit Tyriis urbem, Trojaque profectis,
Miscerive probet populos, aut fœdera jungi.
Tu conjux : tibi fas animum tentare precando.
Perge ; sequar. » Tum sic excepit regia Juno :
« Mecum erit iste labor. Nunc qua ratione quod instat 115
Confieri possit, paucis, adverte, docebo.
Venatum Æneas unaque miserrima Dido
In nemus ire parant, ubi primos crastinus ortus
Extulerit Titan, radiisque retexerit orbem.

brillant, éclairera l'univers. Tandis que les chasseurs courront de tous côtés et entoureront les bois de leurs filets, j'assemblerai de sombres nuages qui verseront des torrents de pluie et de grêle, et j'ébranlerai tout le ciel des éclats du tonnerre. Enveloppés d'une nuit profonde et soudaine, tous les chasseurs fuiront dispersés dans la forêt. Énée et Didon trouveront, dans la même grotte, un refuge : je serai présente ; et, si je suis assurée de votre consentement, je les unirai par les liens durables du mariage. Hyménée sera présent. » Loin de s'opposer à ce dessein, Cythérée l'approuve, et sourit de la ruse inventée par Junon.

Cependant l'Aurore se lève et abandonne l'Océan. Aux premiers rayons du soleil, l'élite des jeunes Tyriens sort des portes de Carthage. Les cavaliers massyliens s'élancent, portant les filets, les toiles, les épieux au large fer, et suivis de la meute à l'odorat subtil. Les chefs tyriens attendent, au seuil du palais, la reine qui tarde encore à sortir de son appartement : brillant de pourpre et d'or, son coursier, dans son ardeur impatiente, mord le frein écumant. Enfin, Didon s'avance au milieu d'un cortége nombreux : sa chlamyde tyrienne est entourée d'une éclatante broderie ; son carquois est d'or ; des tresses d'or rassemblent ses cheveux, et une agrafe d'or retient sa robe de

His ego nigrantem commixta grandine nimbum, 120
Dum trepidant alæ, saltusque indagine cingunt,
Desuper infundam, et tonitru cœlum omne ciebo.
Diffugient comites, et nocte tegentur opaca.
Speluncam Dido dux et Trojanus eamdem
Devenient : adero ; et, tua si mihi certa voluntas, 125
Connubio jungam stabili, propriamque dicabo.
Hic Hymenæus erit. » Non adversata petenti
Annuit, atque dolis risit Cytherea repertis.
Oceanum interea surgens Aurora relinquit.
It portis, jubare exorto, delecta juventus : 130
Retia rara, plagæ, lato venabula ferro,
Massylique ruunt equites, et odora canum vis.
Reginam thalamo cunctantem ad limina primi
Pœnorum exspectant : ostroque insignis et auro
Stat sonipes, ac frena ferox spumantia mandit. 135
Tandem progreditur, magna stipante caterva,
Sidoniam picto chlamydem circumdata limbo :
Cui pharetra ex auro, crines nodantur in aurum,
Aurea purpuream subnectit fibula vestem.

pourpre. Les Phrygiens et le joyeux Iule accompagnent la reine. Énée lui-même, qui les surpasse tous en beauté, se place à ses côtés, et réunit les deux cortéges. Tel Apollon quitte la froide Lycie et les rives du Xanthe, pour Délos, son île maternelle, où il renouvelle les pompes sacrées. Mêlés et confondus, les Crétois, les Dryopes et les Agathyrses peints de diverses couleurs, bondissent joyeusement autour de ses autels : le dieu s'avance sur le sommet du Cynthe ; le laurier presse mollement sa chevelure flottante, où s'entrelace un réseau d'or, et sur ses épaules les traits de son carquois retentissent. Telle, et non moins éclatante, est la marche du héros ; la même beauté, la même noblesse brillent sur son visage.

Dès qu'on est arrivé sur les hautes montagnes et dans les repaires inaccessibles, les chèvres sauvages, chassées de leurs roches escarpées, se précipitent du haut des monts ; les cerfs abandonnent les lieux élevés, s'élancent en troupes vers la plaine, et, de leur pied rapide, soulèvent la poussière. Le jeune Ascagne presse joyeusement son ardent coursier au milieu des vallons, devance à la course tantôt ceux-ci, tantôt ceux-là, et souhaite de rencontrer parmi ces troupeaux sans défense un sanglier écumant ou un lion descendu de la montagne.

Cependant un grand bruit commence à gronder dans les airs,

    Nec non et Phrygii comites et lætus Iulus.   140
Incedunt : ipse ante alios pulcherrimus omnes
Infert se socium Æneas, atque agmina jungit.
Qualis ubi hibernam Lyciam Xanthique fluenta
Deserit, ac Delum maternam invisit Apollo,
Instauratque choros, mixtique altaria circum   145
Cretesque Dryopesque fremunt, pictique Agathyrsi,
Ipse jugis Cynthi graditur, mollique fluentem
Fronde premit crinem fingens, atque implicat auro :
Tela sonant humeris. Haud illo segnior ibat
Æneas ; tantum egregio decus enitet ore.   150
Postquam altos ventum in montes atque invia lustra,
Ecce feræ, saxi dejectæ vertice, capræ
Decurrere jugis : alia de parte patentes
Transmittunt cursu campos, atque agmina cervi
Pulverulenta fuga glomerant, montesque relinquunt.   155
At puer Ascanius mediis in vallibus acri
Gaudet equo ; jamque hos cursu, jam præterit illos ;
Spumantemque dari pecora inter inertia votis
Optat aprum, aut fulvum descendere monte leonem.
Interea magno misceri murmure cœlum   160

et bientôt la nue verse en abondance une pluie mêlée de grêle. Dispersés par l'effroi, les Tyriens, la jeunesse troyenne et le petit-fils de Vénus cherchent dans les champs divers abris contre l'orage. Des torrents se précipitent du haut des monts. Didon et le chef des Troyens arrivent à la même grotte : aussitôt la Terre et Junon, qui préside à l'hymen, donnent le signal. Des feux brillèrent au ciel, complice de cette union, et les nymphes, au sommet des montagnes, poussèrent des hurlements. Ce jour fut la première cause de la mort et des malheurs de Didon : ni la pudeur, ni le soin de sa renommée ne la touchent plus : ce n'est plus un feu clandestin qu'elle nourrit : elle l'appelle hymen, et couvre sa faute de ce nom.

Soudain la Renommée vole dans les villes de la Libye : la Renommée, de tous les fléaux le plus rapide. Elle croît par sa vitesse et acquiert des forces en courant : d'abord petite et craintive, bientôt elle s'élève dans les airs ; son pied touche la terre, et sa tête se cache dans la nue. On dit qu'irritée de la vengeance des dieux, la Terre enfanta cette dernière sœur de Cée et d'Encelade, et lui donna des pieds légers et de rapides ailes : monstre horrible, énorme, qui, sous toutes les plumes de son corps, cache, ô prodige ! autant d'yeux toujours vigilants,

```
Incipit; insequitur commixta grandine nimbus.
Et Tyrii comites passim, et Trojana juventus,
Dardaniusque nepos Veneris diversa per agros
Tecta metu petiere : ruunt de montibus amnes.
Speluncam Dido dux et Trojanus eamdem                165
Deveniunt : prima et Tellus et pronuba Juno
Dant signum ; fulsere ignes et conscius æther.
Connubii, summoque ulularunt vertice nymphæ.
Ille dies primus lethi primusque malorum
Causa fuit : neque enim specie famave movetur,      170
Nec jam furtivum Dido meditatur amorem :
Conjugium vocat, hoc prætexit nomine culpam.
Extemplo Libyæ magnas it Fama per urbes,
Fama, malum quo non aliud velocius ullum ;
Mobilitate viget, viresque acquirit eundo :         175
Parva metu primo, mox sese attollit in auras,
Ingrediturque solo, et caput inter nubila condit.
Illam Terra parens, ira irritata deorum,
Extremam (ut perhibent) Cæo Enceladoque sororem
Progenuit, pedibus celerem et pernicibus alis :     180
Monstrum horrendum, ingens; cui quot sunt corpore plumæ,
Tot vigiles oculi subter (mirabile dictu!),
```

autant de langues, autant de bouches bruyantes, autant d'oreilles attentives. La nuit, elle vole entre le ciel et la terre, faisant entendre un bruit perçant au milieu des ténèbres, et jamais le doux sommeil n'abaisse ses paupières : le jour, sentinelle infatigable, elle veille, assise sur le faîte des palais, ou sur le sommet des tours ; et, de là, elle sème l'épouvante dans les cités, opiniâtre messagère de l'erreur et du mensonge aussi bien que de la vérité.

Elle se plaisait alors à répandre parmi les peuples mille bruits confus, et proclamait également le vrai et le faux. Elle annonçait qu'Énée, issu du sang troyen, était arrivé à Carthage; que la belle Didon daignait s'unir à lui ; que, pour eux, l'hiver entier s'écoulait mollement dans le luxe des fêtes, et qu'enchaînés par un honteux amour, ils oubliaient les soins de leur empire. Telles étaient les rumeurs que l'odieuse déesse semait de bouche en bouche.

A l'instant, elle dirige son vol vers le palais d'Iarbas, et, par ses discours, enflamme son cœur irrité. Fils de Jupiter Ammon, et d'une nymphe enlevée au pays des Garamantes, Iarbas avait consacré à son père cent temples immenses et cent autels dans ses vastes États. Là, le feu sacré brûlait sans jamais s'éteindre; là, le sol s'engraissait du sang des victimes, et les portiques étaient ornés de guirlandes de fleurs. Hors de lui, indigné d'un

    Tot linguæ, totidem ora sonant, tot subrigit aures.
    Nocte volat cœli medio terræque, per umbram
    Stridens, nec dulci declinat lumina somno :   185
    Luce sedet custos, aut summi culmine tecti,
    Turribus aut altis, et magnas territat urbes ;
    Tam ficti pravique tenax, quam nuntia veri.
    Hæc tum multiplici populos sermone replebat
    Gaudens, et pariter facta atque infecta canebat :   190
    Venisse Ænean Trojano a sanguine cretum,
    Cui se pulchra viro dignetur jungere Dido;
    Nunc hiemem inter se luxu, quam longa, fovere,
    Regnorum immemores, turpique cupidine captos.
    Hæc passim Dea fœda virûm diffundit in ora.   195
    Protinus ad regem cursus detorquet Iarbam,
    Inconditque animum dictis, atque aggerat iras.
    Hic Ammone satus, rapta Garamantide nympha,
    Templa Jovi centum latis immania regnis,
    Centum aras posuit; vigilemque sacraverat ignem,   200
    Excubias divûm æternas, pecudumque cruore
    Pingue solum, et variis florentia limina sertis.

bruit qui l'offense, on dit qu'au milieu des images des dieux, Iarbas, adressant des vœux sans nombre à Jupiter, l'implora en ces termes : « Jupiter tout-puissant ! toi que maintenant, dans ses banquets, le Maure, assis sur des lits somptueux, honore par l'offrande des libations de Bacchus, tu vois mon affront ! Eh quoi ! les foudres que tu lances n'inspirent-ils qu'une vaine terreur ? et ces feux qui, cachés dans la nue, épouvantent nos âmes, ne font-ils entendre qu'un vain bruit ? Une femme, qui errait sur nos frontières, bâtit sur un sol acheté à prix d'argent une humble ville; elle tient de moi le rivage aride qu'elle possède aux conditions que j'ai prescrites : et, repoussant mon alliance, elle reçoit Énée pour maître dans son royaume ! Et maintenant ce nouveau Pâris, avec sa suite efféminée, le front ceint de la mitre phrygienne, les cheveux inondés de parfums, jouit en paix de sa conquête ! Est-ce en vain que je porte mes offrandes dans tes temples, et que je me glorifie de ma naissance ? »

Ainsi parlait Iarbas, embrassant les autels. Le dieu entend sa prière, et arrête ses regards sur la ville de Carthage, où les deux amants oubliaient les soins de leur gloire. Alors il appelle Mercure, et lui donne ses ordres : « Va, cours, mon fils ! appelle les Zéphyrs, descends et vole vers la terre. Va trouver le prince

  Isque amens animi, et rumore accensus amaro,
  Dicitur ante aras, media inter numina divûm,
  Multa Jovem manibus supplex orasse supinis : 205
  « Juppiter omnipotens, cui nunc Maurusia pictis
  Gens epulata toris Lenæum libat honorem,
  Aspicis hæc ? an te, genitor, quum fulmina torques,
  Nequidquam horremus ? cæcique in nubibus ignes
  Terrificant animos, et inania murmura miscent ? 210
  Femina, quæ, nostris errans in finibus, urbem
  Exiguam pretio posuit, cui littus arandum,
  Cuique loci leges dedimus, connubia nostra
  Reppulit, ac dominum Ænean in regna recepit.
  Et nunc ille Paris, cum semiviro comitatu, 215
  Mæonia mentum mitra, crinemque madentem
  Subnixus, rapto potitur : nos munera templis
  Quippe tuis ferimus, famamque fovemus inanem. »
  Talibus orantem dictis, arasque tenentem
  Audiit Omnipotens, oculosque ad mœnia torsit 220
  Regia, et oblitos famæ melioris amantes.
  Tum sic Mercurium alloquitur, ac talia mandat :
  « Vade age, nate, voca Zephyros, et labere pennis;

troyen, qui, arrêté maintenant à Carthage, oublie l'empire que lui promettent les destins. Porte-lui, d'un vol rapide, mes paroles souveraines. Ce n'est point là ce héros que nous a promis la belle Vénus sa mère; ce n'est point dans ce but qu'elle l'arracha deux fois de la fureur des Grecs : elle nous annonçait un guerrier digne de régner sur la belliqueuse Italie, grosse de puissants empires; digne du sang illustre de Teucer, et dont la race devait ranger l'univers sous ses lois. Si la gloire d'un avenir si grand n'enflamme pas son courage, s'il refuse de la mériter par ses travaux, enviera-t-il à son fils Ascagne les remparts et la puissance de Rome? Quel est son projet? et quel espoir l'arrête chez un peuple ennemi? Ne songe-t-il plus aux champs de Lavinium, et à la postérité qui l'attend dans l'Ausonie? Qu'il reprenne sa course sur les mers! telle est ma volonté souveraine. Toi, porte-lui ce message. »

Il dit, et, prompt aux ordres de son père, Mercure attache à ses pieds les brodequins d'or dont les ailes, aussi rapides que les vents, l'emportent sur la terre et sur les mers. Il prend le caducée : c'est par lui qu'il ramène des Enfers les pâles Ombres, ou qu'il les plonge dans le triste Tartare; par lui qu'il donne ou ravit le sommeil, et rouvre les yeux fermés par la mort; par lui

```
Dardaniumque ducem, Tyria Carthagine qui nunc
Exspectat, fatisque datas non respicit urbes,           225
Alloquere, et celeres defer mea dicta per auras.
Non illum nobis genitrix pulcherrima talem
Promisit, Graiûmque ideo bis vindicat armis :
Sed fore qui gravidam imperiis belloque frementem
Italiam regeret, genus alto a sanguine Teucri           230
Proderet, ac totum sub leges mitteret orbem.
Si nulla accendit tantarum gloria rerum,
Nec super ipse sua molitur laude laborem,
Ascanione pater Romanas invidet arces?
Quid struit? aut qua spe inimica in gente moratur?     235
Nec prolem Ausoniam et Lavinia respicit arva?
Naviget : hæc summa est, hic nostri nuntius esto. »
Dixerat; ille patris magni parere parabat
Imperio : et primum pedibus talaria nectit
Aurea, quæ sublimem alis, sive æquora supra,           240
Seu terram, rapido pariter cum flamine portant.
Tum virgam capit : hac animas ille evocat Orco
Pallentes, alias sub tristia Tartara mittit,
Dat somnos adimitque, et lumina morte resignat.
Illa fretus agit ventos, et turbida tranat             245
```

qu'il modère les vents et traverse la nue orageuse. Il vole, et déjà il découvre le sommet sourcilleux et les flancs escarpés de l'infatigable Atlas, qui soutient le ciel sur sa tête ; d'Atlas dont le front chargé de ténébreuses vapeurs, et couronné de pins, est battu sans cesse des vents et des orages : ses épaules blanchissent sous la neige entassée ; de son menton se précipitent des fleuves écumants, et sa barbe raidie se hérisse de glaçons. C'est là que le dieu du Cyllène, se balançant sur ses ailes, s'arrête ; puis s'élançant de tout le poids de son corps, il glisse vers la mer, semblable à l'oiseau qui vole autour des rivages et des rochers poissonneux, et, de son aile, rase la surface des flots. Tel, s'éloignant d'Atlas, son aïeul maternel, le dieu du Cyllène, planait entre le ciel et la terre, et fendait les vents, en effleurant les rivages sablonneux de la Libye.

A peine, de ses pieds ailés, a-t-il touché les cabanes voisines de Carthage, il aperçoit Énée fondant de nouveaux remparts et construisant de nouvelles demeures. Le jaspe rayonne en étoile sur son épée ; de ses épaules tombe un manteau, brillant de la pourpre de Tyr : c'était un présent de Didon, qui, de sa main, entrelaçant l'or flexible, en avait nuancé la trame. Le dieu l'aborde soudain : « Eh quoi ! tu jettes les fondements de l'altière Carthage ! esclave d'une femme, tu élèves pour elle une ville

Nubila. Jamque volans apicem et latera ardua cernit
Atlantis duri, cœlum qui vertice fulcit ;
Atlantis, cinctum assidue cui nubibus atris
Piniferum caput et vento pulsatur et imbri :
Nix humeros infusa tegit : tum flumina mento   250
Præcipitant senis, et glacie riget horrida barba.
Hic primum paribus nitens Cyllenius alis
Constitit ; hinc toto præceps se corpore ad undas
Misit, avi similis, quæ circum littora, circum
Piscosos scopulos, humilis volat æquora juxta.   255
Haud aliter terras inter cœlumque volabat
Littus arenosum Libyæ ventosque secabat
Materno veniens ab avo Cyllenia proles.
Ut primum alatis tetigit magalia plantis,
Æneam fundantem arces ac tecta novantem   260
Conspicit : atque illi stellatus iaspide fulva
Ensis erat, Tyrioque ardebat murice læna
Demissa ex humeris, dives quæ munera Dido
Fecerat, et tenui telas discreverat auro.
Continuo invadit : « Tu nunc Carthaginis altæ   265
Fundamenta locas, pulchramque uxorius urbem

magnifique, oubliant les destinées promises et l'empire qui t'est réservé! C'est le roi des dieux lui-même, moteur souverain des cieux et de la terre, qui, du brillant Olympe, m'envoie vers toi ; c'est lui qui m'a ordonné de fendre rapidement les airs, pour te porter ses ordres. Quels sont tes desseins ? et quel espoir t'enchaîne, oisif, au sol de la Libye ? Si la gloire d'un si grand avenir ne peut t'émouvoir, si tu fuis les travaux qu'exige le soin de ta propre renommée, vois Ascagne qui grandit, et ne laisse point échapper l'heureuse fortune promise à Iule, à qui sont dus le royaume de l'Italie et le sceptre de Rome. » Ainsi parla le dieu, et soudain, se dérobant aux yeux mortels, il disparut au loin comme une ombre légère.

Éperdu à cet aspect, Énée reste muet et interdit : ses cheveux se dressent d'horreur, et sa voix expire sur ses lèvres. Frappé de cet avis important et de l'ordre des dieux, il brûle de fuir, et d'abandonner ces douces contrées. Mais, hélas ! que faire ? En quels termes osera-t-il aborder la reine éperdue ? Que lui dire ? et par où commencer ? Son esprit, vivement agité de pensées contraires, se partage et s'égare en cent projets divers, sans pouvoir se fixer sur aucun : après avoir longtemps hésité, il se résout à prendre le parti qu'il croit le meilleur : il appelle

Exstruis ? heu ! regni rerumque oblite tuarum !
Ipse deûm tibi me claro demittit Olympo
Regnator, cœlum et terras qui numine torquet ;
Ipse hæc ferre jubet celeres mandata per auras :   270
Quid struis ? aut qua spe Libycis teris otia terris ?
Si te nulla movet tantarum gloria rerum,
Nec super ipse tua moliris laude laborem,
Ascanium surgentem et spes hæredis Iuli
Respice, cui regnum Italiæ Romanaque tellus   275
Debentur. » Tali Cyllenius ore locutus
Mortales visus medio sermone reliquit,
Et procul in tenuem ex oculis evanuit auram.
At vero Æneas aspectu obmutuit amens,
Arrectæque horrore comæ, et vox faucibus hæsit.   280
Ardet abire fuga, dulcesque relinquere terras,
Attonitus tanto monitu imperioque deorum.
Heu ! quid agat ? quo nunc reginam ambire furentem
Audeat affatu ? quæ prima exordia sumat ?
Atque animum nunc huc celerem, nunc dividit illuc,   285
In partesque rapit varias, perque omnia versat.
Hæc alternanti potior sententia visa est :
Mnesthea Sergestumque vocat, fortemque Cloanthum ;

Mnesthée, Sergeste et le valeureux Cloanthe : « Que la flotte, dit-il, soit équipée en secret, que les Troyens, rassemblés au rivage, s'arment en silence, et que la cause de ce mouvement imprévu reste ignorée. » Lui, cependant, tandis que la généreuse Didon ignore son dessein, et ne s'attend pas à voir rompre de tels nœuds, il tentera de l'aborder, cherchera, pour lui parler, le moment le plus favorable et le moyen le plus adroit. Tous, avec joie, obéissent à ses ordres, et se hâtent de les exécuter.

Mais la reine (qui pourrait tromper une amante?) a pressenti la ruse et surpris la première les mouvements qui se préparent, disposée qu'elle est à tout craindre. C'est encore l'impitoyable Renommée qui apprend à Didon éperdue et l'armement de la flotte, et les apprêts du départ. Égarée, en proie aux fureurs de Vénus, elle court dans toute la ville. Telle au retour des orgies triennales, une Bacchante, émue à l'aspect des symboles sacrés, et, ivre du dieu qui l'agite, erre sur le Cythéron, qui l'appelle par ses nocturnes clameurs.

Enfin elle l'aborde la première et lui parle en ces termes : « As-tu donc espéré, perfide, pouvoir me cacher un tel forfait et quitter, sans rien dire, mon royaume? Quoi! ni notre amour, ni cette main que nous nous sommes mutuellement donnée, ni Didon prête à mourir d'un trépas cruel, n'ont pu te retenir! Que

Classem aptent taciti, socios ad littora cogant;
Arma parent, et quæ sit rebus causa novandis 290
Dissimulent : sese interea, quando optima Dido
Nesciat, et tantos rumpi non speret amores,
Tentaturum aditus, et quæ mollissima fandi
Tempora, quis rebus dexter modus. Ocius omnes
Imperio læti parent, ac jussa facessunt. 295
At regina dolos (quis fallere possit amantem?)
Præsensit, motusque excepit prima futuros,
Omnia tuta timens. Eadem impia Fama furenti
Detulit armari classem, cursumque parari.
Sævit inops animi, totamque incensa per urbem 300
Bacchatur : qualis commotis excita sacris
Thyas, ubi audito stimulant trieterica Baccho
Orgia, nocturnusque vocat clamore Cithæron.
Tandem his Æneam compellat vocibus ultro :
« Dissimulare etiam sperasti, perfide, tantum 305
Posse nefas, tacitusque mea decedere terra?
Nec te noster amor, nec te data dextera quondam,
Nec moritura tenet crudeli funere Dido?

dis-je? sous des astres orageux, tu prépares ta flotte, et te hâtes de courir sur les mers où règnent les Aquilons! Cruel! si tu ne recherchais pas des terres étrangères et des demeures inconnues, et que Troie fût encore debout, irais-tu chercher Troie à travers une mer orageuse? Est-ce donc moi que tu fuis? Par mes larmes, par cette main que je presse (puisque dans mon malheur il ne me reste plus d'autre ressource), par les nœuds qui nous unissent, par cet hymen commencé, je t'en prie, si jamais j'ai mérité de toi quelque reconnaissance, si quelque chose de moi te fut doux, aie pitié d'une maison qui tombe, si tu pars ; et s'il est encore dans ton cœur quelque accès à mes prières, je t'en conjure, renonce à ce funeste projet. Pour toi, je me suis attiré la haine des peuples de Libye et de leurs rois nomades, et le courroux des Tyriens; pour toi, ma pudeur s'est éteinte, en même temps que cette renommée qui, seule, m'élevait jusqu'aux astres! A qui m'abandonnes-tu, mourante, cher hôte, puisque ce seul nom est tout ce qui me reste de mon époux? Que dois-je désormais attendre? que Pygmalion, mon frère, vienne renverser mes remparts, ou que le Gétule Iarbas m'entraîne captive? Du moins, si, avant de fuir, tu me laissais un gage de notre amour! si je voyais, jouant dans mon palais, auprès de moi, quelque

  Quin etiam hiberno moliris sidere classem,
  Et mediis properas Aquilonibus ire per altum,   310
  Crudelis! quid, si non arva aliena domosque
  Ignotas peteres, et Troja antiqua maneret,
  Troja per undosum peteretur classibus æquor?
  Mene fugis? per ego has lacrymas dextramque tuam, te
  (Quando aliud mihi jam miseræ nihil ipsa reliqui)   315
  Per connubia nostra, per inceptos hymenæos,
  Si bene quid de te merui, fuit aut tibi quidquam
  Dulce meum, miserere domus labentis, et istam,
  Oro, si quis adhuc precibus locus, exue mentem.
  Te propter Libycæ gentes Nomadumque tyranni   320
  Odere; infensi Tyrii : te propter eumdem
  Extinctus pudor, et, qua sola sidera adibam,
  Fama prior : cui me moribundam deseris, hospes?
  Hoc solum nomen quoniam de conjuge restat.
  Quid moror? an mea Pygmalion dum mœnia frater   325
  Destruat, aut captam ducat Getulus Iarbas?
  Saltem si qua mihi de te suscepta fuisset
  Ante fugam soboles, si quis mihi parvulus aula
  Luderet Æneas, qui te tamen ore referret,

petit Énée, qui me retraçât les traits de son père, je ne me croirais pas tout à fait trahie et délaissée ! »

Elle dit. Docile aux ordres de Jupiter, Énée tient les yeux baissés, et s'efforce de comprimer, dans son cœur, le trouble qui l'agite. Enfin il répond en peu de mots : « Reine, je ne nierai point les bienfaits dont vous m'avez comblé, et votre bouche peut les rappeler sans crainte : le souvenir d'Élise me sera cher, tant que je me souviendrai de moi-même, tant qu'un souffle de vie animera mon corps. Dans cette grave conjoncture, je me bornerai pourtant à peu de mots : je n'ai jamais compté, soyez-en sûre, partir furtivement et vous cacher ma fuite ; mais jamais, non plus, je n'ai promis d'allumer les flambeaux de l'hymen, et ce n'est pas pour former cette alliance que je suis venu. Si les destins m'eussent permis de régler ma vie à mon gré, et de mettre fin à mes soucis selon mes vœux, fidèle, avant tout, au culte d'Ilion et des précieux restes de ma patrie, je relèverais le palais de Priam, et j'aurais bâti pour les vaincus une Pergame nouvelle. Mais aujourd'hui c'est dans la grande Italie que m'appelle Apollon de Gryna ; c'est l'Italie que les oracles de la Lycie m'ordonnent d'occuper : là est mon amour, là est ma patrie. Si les murs de Carthage et si l'aspect d'une ville de Libye ont pu vous retenir, vous que Tyr a vue naître, pourquoi envier aux Troyens l'empire de l'Ausonie?

  Non equidem omnino capta ac deserta viderer ! »   330
  Dixerat. Ille Jovis monitis immota tenebat
  Lumina, et obnixus curam sub corde premebat.
  Tandem pauca refert : « Ego te, quæ plurima fando
  Enumerare vales, nunquam, regina, negabo
  Promeritam ; nec me meminisse pigebit Elisæ,   335
  Dum memor ipse mei, dum spiritus hos reget artus.
  Pro re pauca loquar. Neque ego hanc abscondere furto
  Speravi, ne finge, fugam ; nec conjugis unquam
  Prætendi tædas, aut hæc in fœdera veni.
  Me si fata meis paterentur ducere vitam   340
  Auspiciis, et sponte mea componere curas,
  Urbem Trojanam primum dulcesque meorum
  Relliquias colerem : Priami tecta alta manerent,
  Et recidiva manu posuissem Pergama victis.
  Sed nunc Italiam magnam Grynæus Apollo,   345
  Italiam Lyciæ jussere capessere sortes :
  Hic amor, hæc patria est. Si te Carthaginis arces
  Phœnissam, Libycæque aspectus detinet urbis,
  Quæ tandem Ausonia Teucros considere terra

Nous aussi, il nous est permis de chercher des royaumes étrangers. Mon père Anchise, chaque fois que les ombres humides de la nuit enveloppent la terre, et que le feu des astres s'élève dans les cieux, m'apparaît en songe, terrible, menaçant, et m'ordonne de partir. Et la vue de mon fils Ascagne m'avertit sans cesse du tort que je fais à une tête si chère, en le privant du royaume de l'Hespérie et des champs promis par les destins. En ce moment encore l'interprète des dieux, envoyé par Jupiter (j'en atteste votre tête et la mienne), est venu, d'un vol rapide à travers les airs, m'apporter ses ordres. J'ai vu moi-même le dieu, resplendissant de lumière, entrer dans vos murs, et mon oreille a recueilli ses paroles. Cessez donc d'irriter, par vos plaintes, votre douleur et la mienne : ce n'est point ma volonté qui me porte en Italie. »

Tandis qu'il parlait, Didon le regardait d'un air furieux, et, roulant en silence des yeux égarés, elle le parcourt tout entier d'un regard indigné; puis sa colère éclate en ces mots : « Non, tu n'es pas le fils d'une déesse! non, Dardanus n'est pas l'auteur de ta race, perfide! L'affreux Caucase t'engendra de ses durs rochers, et les tigresses de l'Hyrcanie t'ont nourri de leur lait. Car, enfin, qu'ai-je à dissimuler? et quel plus grand outrage pourrait m'être réservé? A-t-il seulement gémi de mes pleurs? a-t-il tourné ses

```
Invidia est? et nos fas extera quærere regna.      350
Me patris Anchisæ, quoties humentibus umbris
Nox operit terras, quoties astra ignea surgunt,
Admonet in somnis et turbida terret imago :
Me puer Ascanius, capitisque injuria cari,
Quem regno Hesperiæ fraudo et fatalibus arvis.     355
Nunc etiam interpres divûm, Jove missus ab ipso,
(Testor utrumque caput) celeres mandata per auras
Detulit : ipse deum manifesto in lumine vidi
Intrantem muros, vocemque his auribus hausi.
Desine meque tuis incendere teque querelis :       360
Italiam non sponte sequor. »
Talia dicentem jamdudum aversa tuetur,
Huc illuc volvens oculos, totumque pererrat
Luminibus tacitis, et sic accensa profatur :
« Nec tibi diva parens, generis nec Dardanus auctor, 365
Perfide; sed duris genuit te cautibus horrens
Caucasus, Hyrcanæque admôrunt ubera tigres.
Nam quid dissimulo? aut quæ me ad majora reservo?
Num fletu ingemuit nostro? num lumina fixit?
```

yeux vers moi ? Attendri, a-t-il versé une larme ? a-t-il eu pitié de son amante ? N'est-ce pas là le comble de la cruauté ? Ni la grande Junon, ni le fils tout-puissant de Saturne ne voient ces perfidies d'un œil équitable ! La bonne foi n'est plus nulle part ! Jeté par la tempête sur ce rivage, dénué de tout, je l'ai accueilli, insensée ! J'ai partagé mon empire avec lui ; j'ai sauvé sa flotte perdue ; j'ai soustrait ses compagnons à la mort. Ah ! dans la colère qui m'enflamme, je me sens transportée par les Furies ! Maintenant c'est Apollon, le dieu des augures, ce sont les oracles de Lycie, c'est l'interprète des dieux, envoyé par Jupiter lui-même, qui, à travers les airs, lui apporte cet ordre affreux ! Et voilà de quels soins s'occupent les dieux ! Voilà le souci qui trouble leur quiétude ! Je ne te retiens plus, et je ne cherche plus à réfuter tes paroles. Va : poursuis l'Italie à la merci des vents, et cherche ton empire à travers les ondes. Si les dieux, vengeurs des crimes, ont quelque pouvoir, tu trouveras, je l'espère, ton supplice au milieu des écueils, et souvent tu invoqueras le nom de la malheureuse Didon. Absente, je te poursuivrai avec des torches funèbres, et quand la froide mort aura dégagé mon âme de mon corps, mon ombre t'assiégera en tous lieux. Misérable ! tu porteras la peine de ton crime : je l'apprendrai, et le bruit en viendra jusqu'à moi dans le séjour des mânes. »

A ces mots, elle rompt tout à coup l'entretien ; accablée, elle

    Num lacrymas victus dedit ? aut miseratus amantem est ?
    Quæ quibus anteferam ? jamjam nec maxima Juno,   371
    Nec Saturnius hæc oculis Pater adspicit æquis.
    Nusquam tuta fides. Ejectum littore, egentem
    Excepi, et regni demens in parte locavi ;
    Amissam classem, socios a morte reduxi.   375
    Heu ! Furiis incensa feror ! Nunc augur Apollo,
    Nunc Lyciæ sortes, nunc et Jove missus ab ipso
    Interpres divûm fert horrida jussa per auras.
    Scilicet is Superis labor est, ea cura quietos
    Sollicitat ! Neque te teneo, neque dicta refello :   380
    I, sequere Italiam ventis, pete regna per undas.
    Spero equidem mediis, si quid pia numina possunt,
    Supplicia hausurum scopulis, et nomine Dido
    Sæpe vocaturum. Sequar atris ignibus absens ;
    Et, quum frigida mors anima seduxerit artus,   385
    Omnibus umbra locis adero ; dabis, improbe, pœnas :
    Audiam, et hæc manes veniet mihi fama sub imos. »
    His medium dictis sermonem abrumpit, et auras

ÉNÉIDE, LIVRE IV.

fuit le jour qui l'importune, et se dérobe aux yeux d'Énée, au moment où, tremblant et irrésolu, il s'apprêtait à répondre longuement. Les femmes de la reine la soutiennent et l'emportent défaillante sous ses riches lambris, et la déposent sur sa couche.

Cependant Énée voudrait calmer sa douleur, et consoler ses ennuis. Il gémit, et son âme est ébranlée par un très-vif amour ; mais il veut exécuter les ordres des dieux, et va rejoindre sa flotte. Alors les Troyens pressent avec plus d'ardeur les travaux : ils traînent à la mer les vaisseaux laissés à sec sur le rivage, et la carène, enduite de bitume, flotte sur les ondes. On apporte, des forêts voisines, des rames garnies encore de leurs feuillages et des mâts non façonnés : tant est grande l'ardeur du départ ! On voit, de tous les côtés de la ville, les Troyens accourir au port. Ainsi, quand prévoyant l'hiver, les fourmis ravagent un grand amas de blé, et le portent sous leur toit, le noir bataillon traverse la plaine, et, par un sentier étroit sous l'herbe, voiture son butin : les unes, le dos chargé d'un énorme grain, s'avancent avec effort ; les autres surveillent l'arrière-garde et gourmandent les retardataires : tout, dans l'étroit sentier, s'agite et se meut avec ardeur.

Quels furent alors tes pensers, ô Didon ? quels tes gémissements, quand, du haut de ton palais, tu voyais, au loin, le rivage

  Ægra fugit, seque ex oculis avertit et aufert,
  Linquens multa metu cunctantem, et multa parantem 390
  Dicere. Suscipiunt famulæ, collapsaque membra
  Marmoreo referunt thalamo, stratisque reponunt.
  At pius Æneas, quanquam lenire dolentem
  Solando cupit, et dictis avertere curas,
  Multa gemens, magnoque animum labefactus amore, 395
  Jussa tamen divûm exsequitur, classemque revisit.
  Tum vero Teucri incumbunt, et littore celsas
  Deducunt toto naves : natat uncta carina,
  Frondentesque ferunt remos, et robora silvis
  Infabricata, fugæ studio. 400
  Migrantes cernas, totaque ex urbe ruentes :
  Ac veluti ingentem formicæ farris acervum
  Quum populant, hiemis memores, tectoque reponunt ;
  It nigrum campis agmen, prædamque per herbas
  Convectant calle angusto ; pars grandia trudunt 405
  Obnixæ frumenta humeris ; pars agmina cogunt,
  Castigantque moras : opere omnis semita fervet.
  Quis tibi tunc, Dido, cernenti talia sensus ?
  Quosve dabas gemitus, quum littora fervere late

s'agiter, et que, devant toi, toute la mer retentit de confuses clameurs? Cruel amour! A quoi ne forces-tu pas le cœur des mortels! Elle est donc réduite à recourir encore aux larmes, à tenter encore la prière! L'amour rend sa fierté suppliante : elle ne veut pas mourir sans avoir tout épuisé.

« Anna, dit-elle, tu vois que tout s'empresse sur le rivage : ils sont accourus de toutes parts. Déjà la voile appelle les vents, et les matelots joyeux ont couronné les poupes. Si j'ai pu attendre cette grande douleur pour récompense, ô ma sœur! je pourrai la supporter. Cependant, rends encore un dernier office à l'infortunée Didon. Pour toi seule le perfide avait des égards : même il te confiait ses plus secrètes pensées ; seule tu savais choisir le moment favorable pour obtenir de lui un doux accueil. Va, ma sœur ; cours, aborde en suppliante ce superbe ennemi. Dis-lui que je n'ai pas, dans l'Aulide, juré avec les Grecs la ruine des Troyens; que je n'ai pas envoyé mes vaisseaux contre Pergame : dis-lui que je n'ai point dispersé les cendres ni outragé les mânes d'Anchise, son père. Pourquoi donc, si cruel envers moi, ferme-t-il l'oreille à mes paroles? où court-il? Que du moins il accorde à sa malheureuse amante une faveur dernière! qu'il attende une fuite plus facile et des vents plus favorables! L'hymen qu'il a

Prospiceres arce ex summa, totumque videres 410
Misceri ante oculos tantis clamoribus æquor?
Improbe amor, quid non mortalia pectora cogis!
Ire iterum in lacrymas, iterum tentare precando
Cogitur, et supplex animos submittere amori,
Ne quid inexpertum frustra moritura relinquat. 415
« Anna, vides toto properari littore; circum
Undique convenere : vocat jam carbasus auras,
Puppibus et læti nautæ imposuere coronas.
Hunc ego si potui tantum sperare dolorem,
Et perferre, soror, potero. Miseræ hoc tamen unum 420
Exsequere, Anna, mihi : solam nam perfidus ille
Te colere, arcanos etiam tibi credere sensus ;
Sola viri molles aditus et tempora nôras.
I, soror, atque hostem supplex affare superbum :
Non ego cum Danais Trojanam exscindere gentem 425
Aulide juravi, classemve ad Pergama misi,
Nec patris Anchisæ cineres manesve revelli :
Cur mea dicta negat duras demittere in aures?
Quo ruit? extremum hoc miseræ det munus amanti :
Exspectet facilemque fugam ventosque ferentes. 430
Non jam conjugium antiquum, quod prodidit, oro,

trahi, je ne le réclame plus ; je ne demande plus qu'il renonce, pour moi, à son beau Latium et à l'empire qui lui est promis : je ne demande qu'un vain délai, qu'une trêve et le temps de calmer ma folle passion ; dis-lui d'attendre que, vaincue par ma douleur, j'aie appris à la supporter. C'est la dernière grâce que j'implore (prends pitié de ta sœur!); et quand il me l'aura accordée, je t'en serai reconnaissante jusqu'à la mort. »

Telles étaient les prières, et tels les gémissements que sa malheureuse sœur porte et reporte à Énée. Mais ni les pleurs ne peuvent l'ébranler, ni toutes ces prières le fléchir. Les destins s'y opposent ; un dieu ferme à la pitié l'oreille du héros. Ainsi, quand, au sommet des Alpes, les aquilons conjurés luttent contre un chêne antique, durci par les ans, et, dans leur souffle impétueux, s'efforcent de le renverser, l'air mugit, le tronc s'ébranle et jonche au loin le sol de son feuillage : mais l'arbre s'attache aux rochers ; et, autant son front altier s'élève vers les astres, autant ses pieds descendent vers l'empire des morts. Tel le héros est assailli longtemps par les plaintes et par la prière. Sa grande âme est émue de douleur ; mais sa volonté demeure inflexible, et dans ses yeux roulent de vaines larmes.

Alors la malheureuse Didon, accablée sous le poids de sa destinée, invoque la mort : l'aspect de la voûte des cieux la fatigue

Nec pulchro ut Latio careat, regnumque relinquat :
Tempus inane peto, requiem spatiumque furori,
Dum mea me victam doceat fortuna dolere.
Extremam hanc oro veniam, miserere sororis :   435
Quam mihi quum dederit, cumulatam morte remittam. »
Talibus orabat, talesque miserrima fletus
Fertque refertque soror ; sed nullis ille movetur
Fletibus, aut voces ullas tractabilis audit :
Fata obstant, placidasque viri deus obstruit aures.   440
Ac veluti annoso validam quum robore quercum
Alpini Boreæ, nunc hinc, nunc flatibus illinc
Eruere inter se certant : it stridor, et alte
Consternunt terram, concusso stipite, frondes :
Ipsa hæret scopulis ; et, quantum vertice ad auras   445
Æthereas, tantum radice in Tartara tendit.
Haud secus assiduis hinc atque hinc vocibus heros
Tunditur, et magno persentit pectore curas :
Mens immota manet, lacrymæ volvuntur inanes.
Tum vero infelix fatis exterrita Dido   450
Mortem orat ; tædet cœli convexa tueri.

et l'ennuie; de noirs présages l'affermissent dans son projet d'abandonner la vie. Elle a vu, tandis qu'elle chargeait d'offrandes les autels où fumait l'encens, elle a vu (chose horrible!) l'eau sacrée se noircir, et le vin du sacrifice se changer en un sang de mauvais présage. Elle seule a vu ce prodige : elle le tait à sa sœur. C'est peu : dans son palais, s'élevait un temple de marbre consacré à son premier époux ; elle l'honorait d'un culte particulier; il était orné de toisons blanches comme la neige et de guirlandes de feuillage : là, quand la nuit couvre la terre de ses ténèbres, Didon croit entendre des cris, la voix de Sichée qui l'appelle, et, sur le toit du palais, le hibou solitaire répéter son chant de mort, et traîner son cri lugubre en gémissements. En outre, d'anciennes et nombreuses prédictions l'épouvantent par de terribles avertissements. Le cruel Énée lui-même vient troubler ses songes et irriter sa fureur. Elle se voit toujours seule et abandonnée, toujours errante, sans guide, en de longs chemins, et cherchant ses Tyriens en d'immenses déserts. Tel, dans son délire, Penthée voit les Euménides, un double soleil et deux Thèbes s'offrir à ses regards ; ou tel le fils d'Agamemnon, Oreste, se montre sur la scène, quand il fuit devant sa mère armée de torches et de noirs serpents, vers le temple

  Quo magis inceptum peragat, lucemque relinquat,
  Vidit, thuricremis quum dona imponeret aris
  (Horrendum dictu!), latices nigrescere sacros,
  Fusaque in obscænum se vertere vina cruorem.   455
  Hoc visum nulli, non ipsi effata sorori.
  Præterea fuit in tectis de marmore templum
  Conjugis antiqui, miro quod honore colebat,
  Velleribus niveis et festa fronde revinctum :
  Hinc exaudiri voces et verba vocantis   460
  Visa viri, nox quum terras obscura teneret;
  Solaque culminibus ferali carmine bubo
  Sæpe queri, et longas in fletum ducere voces.
  Multaque præterea vatum prædicta priorum
  Terribili monitu horrificant. Agit ipse furentem   465
  In somnis ferus Æneas ; semperque relinqui
  Sola sibi, semper longam incomitata videtur
  Ire viam, et Tyrios deserta quærere terra.
  Eumenidum veluti demens videt agmina Pentheus,
  Et solem geminum, et duplices se ostendere Thebas: 470
  Aut Agamemnonius scenis agitatus Orestes,
  Armatam facibus matrem et serpentibus atris

où les Furies vengeresses l'attendent, assises sur le seuil.

Lorsque égarée par son désespoir, et vaincue par la douleur, Didon a résolu de mourir, elle médite en elle-même le moment et les apprêts de son trépas. Puis, abordant sa sœur affligée, elle cache, sous un air calme, son projet, et fait briller l'espérance sur son front serein : « Félicite-moi, ma sœur ! j'ai trouvé le moyen de le ramener, ou de m'affranchir de mon amour. Vers les bornes de l'Océan, aux lieux où le soleil descend dans les ondes, aux confins de l'Éthiopie, il est un lieu où le grand Atlas soutient, sur ses épaules, le ciel parsemé d'étoiles étincelantes. De là est venue dans nos murs une prêtresse massylienne, qui gardait le temple des Hespérides, veillait sur les rameaux de l'arbre sacré, et nourrissait le dragon en répandant un miel liquide et des pavots assoupissants. Elle peut, dit-elle, par ses enchantements, affranchir les cœurs de leurs peines, ou verser dans d'autres cœurs les soucis amers ; elle peut arrêter les fleuves dans leur cours, changer dans les cieux la marche des astres ; elle évoque les mânes pendant la nuit. Tu entendras, ma sœur, la terre mugir sous ses pieds ; tu verras descendre, à sa voix, les arbres des montagnes. J'en jure par les dieux, par toi-même, ô ma sœur ! et par ta tête qui m'est si chère, c'est malgré moi que j'ai recours à l'art des enchantements. Toi, dans la cour

Quum fugit, ultricesque sedent in limine Diræ.
Ergo ubi concepit furias evicta dolore,
Decrevitque mori, tempus secum ipsa modumque   475
Exigit, et mœstam dictis aggressa sororem,
Consilium vultu tegit, ac spem fronte serenat :
« Iuveni, germana, viam (gratare sorori)
Quæ mihi reddat eum, vel eo me solvat amantem.
Oceani finem juxta solemque cadentem,   480
Ultimus Æthiopum locus est, ubi maximus Atlas
Axem humero torquet stellis ardentibus aptum.
Hinc mihi Massylæ gentis monstrata sacerdos,
Hesperidum templi custos, epulasque draconi
Quæ dabat, et sacros servabat in arbore ramos,   485
Spargens humida mella soporiferumque papaver.
Hæc se carminibus promittit solvere mentes
Quas velit, ast aliis duras immittere curas ;
Sistere aquam fluviis, et vertere sidera retro ;
Nocturnosque ciet manes : mugire videbis   490
Sub pedibus terram, et descendere montibus ornos.
Testor, cara, deos, et te, germana, tuumque
Dulce caput, magicas invitam accingier artes.

intérieure du palais, dresse secrètement un bûcher ; sur le faîte de ce bûcher, dépose, avec les armes que le perfide a laissées suspendues près de sa couche, tout ce qui me reste de lui, et ce lit d'hymen qui m'a perdue ; il faut anéantir tout ce qui rappelle le souvenir du parjure : c'est le conseil, c'est l'ordre de la prêtresse. » A ces mots, elle se tait, et la pâleur couvre son front. Anna, cependant, est loin de soupçonner que sa sœur cache, sous l'apparence d'un sacrifice, les apprêts de sa mort : son esprit ne peut concevoir de si grandes fureurs ; elle ne craint point un désespoir plus grand qu'à la mort de Sychée. Elle prépare donc ce que sa sœur a ordonné.

Cependant, vers le lieu le plus retiré du palais, où s'élève le bûcher formé de chênes et de pins résineux, la reine décore l'enceinte de feuillage et de rameaux funèbres ; elle place au faîte du bûcher, sur le lit nuptial, la dépouille d'Énée, le glaive laissé par lui, l'image du perfide ; car elle n'ignore pas le sort qui l'attend. A l'entour, les autels sont dressés ; la prêtresse, les cheveux épars et d'une voix tonnante, invoque les trois cents divinités du Ténare, et l'Érèbe, et le Chaos, et la triple Hécate, la vierge aux trois visages. Elle répand une onde qui simule les eaux de l'Averne ; elle exprime des sucs noirs et vénéneux d'herbes velues que des faulx d'airain moissonnèrent à

  Tu, secreta pyram tecto interiore sub auras
  Erige, et arma viri thalamo quæ fixa reliquit   495
  Impius, exuviasque omnes, lectumque jugalem
  Quo perii, superimponas : abolere nefandi
  Cuncta viri monumenta jubet monstratque sacerdos. »
  Hæc effata silet ; pallor simul occupat ora.
  Non tamen Anna novis prætexere funera sacris   500
  Germanam credit, nec tantos mente furores
  Concipit, aut graviora timet quam morte Sychæi.
  Ergo jussa parat.
  At regina, pyra penetrali in sede sub auras
  Erecta ingenti, tædis atque ilice secta,   505
  Intenditque locum sertis, et fronde coronat
  Funerea ; super exuvias, ensemque relictum,
  Effigiemque toro locat, haud ignara futuri.
  Stant aræ circum, et crines effusa sacerdos
  Ter centum tonat ore deos, Erebumque, Chaosque,   510
  Tergeminamque Hecaten, tria virginis ora Dianæ.
  Sparserat et latices simulatos fontis Averni.
  Falcibus et messæ ad lunam quæruntur ahenis
  Pubentes herbæ, nigri cum lacte veneni.

la clarté de la lune. Elle y joint cette tumeur arrachée du front d'un coursier naissant, et soustraite à l'avidité de la cavale. Didon elle-même, à côté des autels, un pied nu, la robe dénouée, tenant dans ses pieuses mains la farine sacrée, atteste, avant de mourir, les dieux, et les astres témoins de sa destinée ; et, s'il est quelque divinité qui s'intéresse aux amants trahis, elle implore sa justice et sa vengeance.

Il était nuit, et les mortels fatigués goûtaient un doux sommeil : les bois et les mers orageuses faisaient silence, et les astres, au milieu de leur cours, roulaient sans bruit. C'était l'heure où tout se tait dans les champs, où les troupeaux, les oiseaux aux mille couleurs, et ceux qui habitent les lacs limpides et ceux qui s'abritent sous les buissons, oubliaient, dans l'ombre et le silence, sous le charme d'un doux sommeil, leurs peines et leurs fatigues. Mais plus de repos pour l'infortunée Didon ; pour elle plus de sommeil ; ni ses yeux, ni son cœur ne peuvent goûter le calme de la nuit. Ses maux redoublent, son amour se réveille furieux, et son âme flotte, en proie aux orages de la colère. C'est ainsi qu'elle s'attache de plus en plus à son projet, et telles sont les pensées qu'elle roule dans son cœur : « Eh bien ! que faire ? irai-je courir après un tel affront, m'exposer aux mépris de mes anciens prétendants ? irai-je, suppliante, implorer

   Quæritur et nascentis equi de fronte revulsus 515
   Et matri præreptus amor.
   Ipsa mola manibusque piis, altaria juxta,
   Unum exuta pedem vinclis, in veste recincta,
   Testatur moritura deos et conscia fati
   Sidera : tum, si quod non æquo fœdere amantes 520
   Curæ numen habet, justumque memorque, precatur.
   Nox erat, et placidum carpebant fessa soporem
   Corpora per terras ; silvæque et sæva quierant
   Æquora, quum medio volvuntur sidera lapsu ;
   Quum tacet omnis ager, pecudes, pictæque volucres, 525
   Quæque lacus late liquidos, quæque aspera dumis
   Rura tenent, somno positæ sub nocte silenti
   Lenibant curas, et corda oblita laborum.
   At non infelix animi Phœnissa ; neque unquam
   Solvitur in somnos, oculisve aut pectore noctem 530
   Accipit : ingeminant curæ, rursusque resurgens
   Sævit amor, magnoque irarum fluctuat æstu.
   Sic adeo insistit, secumque ita corde volutat :
   « En quid ago ? rursusne procos irrisa priores
   Experiar ? Nomadumque petam connubia supplex, 535

l'hymen de ces rois nomades que j'ai tant de fois dédaignés pour époux? ou bien suivrai-je les vaisseaux d'Ilion, pour subir honteusement la loi des Troyens? Sans doute, j'ai à me féliciter de les avoir secourus naguère, et le souvenir de mes bienfaits s'est longtemps conservé dans leurs cœurs reconnaissants! Les suivre! mais quand je pourrais le vouloir, qui me le permettrait? qui recevrait dans ses vaisseaux superbes une femme odieuse? Malheureuse! eh! ne connais-tu pas les parjures accoutumés de la race de Laomédon? Que ferais-je d'ailleurs? Irais-je seule, et fugitive, accompagner des matelots triomphants? Et pourquoi ne pas les poursuivre moi-même avec tous mes vaisseaux, avec tous mes guerriers?... Mais ceux qu'il me fallut, par tant d'efforts, arracher de la ville de Tyr, oserai-je les entraîner encore sur les mers, et leur ordonnerai-je de livrer les voiles aux vents? Ah! plutôt, meurs, comme tu l'as mérité, et que le fer termine tes douleurs! C'est toi, ma sœur, qui, vaincue par mes larmes, et trop complaisante pour mon fol amour, c'est toi qui as été la première cause des maux qui m'accablent, et qui m'as livrée à mon ennemi. Que n'ai-je pu, comme les hôtes des forêts, mener une vie exempte d'hymen, et ignorer de pareils tourments! Hélas! elle ne fut point gardée, la foi promise aux mânes de Sychée! »

Telles étaient les plaintes que laissait éclater sa douleur. Cependant Énée, résolu à partir, après avoir tout disposé pour se

> Quos ego sum toties jam dedignata maritos?
> Iliacas igitur classes atque ultima Teucrum
> Jussa sequar? quiane auxilio juvat ante levatos,
> Et bene apud memores veteris stat gratia facti?
> Quis me autem, fac velle, sinet, ratibusque superbis 540
> Invisam accipiet? nescis, heu! perdita, necdum
> Laomedonteæ sentis perjuria gentis?
> Quid tum? sola fuga nautas comitabor ovantes?
> An Tyriis omnique manu stipata meorum,
> Insequar? et quos Sidonia vix urbe revelli, 545
> Rursus agam pelago, et ventis dare vela jubebo?
> Quin morere, ut merita es, ferroque averte dolorem.
> Tu lacrymis evicta meis, tu prima furentem
> His, germana, malis oneras, atque objicis hosti.
> Non licuit thalami expertem sine crimine vitam 550
> Degere more feræ, tales nec tangere curas!
> Non servata fides cineri promissa Sychæo! »
> Tantos illa suo rumpebat pectore questus.
> Æneas celsa in puppi, jam certus eundi,

mettre en route, dormait sur la poupe élevée de son navire.
L'image du dieu qui déjà s'était montrée à ses regards lui apparaît
en songe, sous les mêmes traits, et lui renouvelle le même avis.
Semblable en tout à Mercure, cette image a sa voix, son teint,
sa blonde chevelure et son corps brillant de jeunesse : « Fils
d'une déesse, peux-tu, en pareille circonstance, te livrer au sommeil ? Ne vois-tu pas quels dangers t'environnent ? Insensé ! tu
n'entends pas le souffle heureux du Zéphyr ? Décidée à mourir,
cette femme médite des artifices et de cruels forfaits, et flotte
en proie aux transports d'une bouillante colère. Et tu ne hâtes
pas ta fuite, quand tu peux fuir encore ! Bientôt tu verras la mer
sillonnée par des vaisseaux ennemis, les torches menaçantes
luire de tous côtés, et les flammes couvrir tout le rivage, si, demain, l'Aurore te retrouve attardé sur ces bords. Pars donc, sans
différer : toujours la femme est un être variable et changeant. »
Le dieu dit, et se mêle aux vapeurs de la nuit.

Effrayé de cette vision soudaine, Énée s'arrache au sommeil,
et presse ses compagnons : « Éveillez-vous, hâtez-vous, guerriers !
Vite, saisissez les rames et déployez les voiles : un dieu, envoyé
du haut de l'éther, vient, de nouveau, presser notre fuite, et
nous ordonne de couper les câbles. Nous te suivons, dieu puis-

  Carpebat somnos, rebus jam rite paratis.   555
  Huic se forma dei vultu redeuntis eodem
  Obtulit in somnis, rursusque ita visa monere est,
  Omnia Mercurio similis, vocemque, coloremque,
  Et crines flavos, et membra decora juventæ :
  « Nate dea, potes hoc sub casu ducere somnos ?   560
  Nec, quæ circumstent te deinde pericula, cernis ?
  Demens ! nec Zephyros audis spirare secundos ?
  Illa dolos dirumque nefas in pectore versat,
  Certa mori, varioque irarum fluctuat æstu.
  Non fugis hinc præceps, dum præcipitare potestas ? 565
  Jam mare turbari trabibus, sævasque videbis
  Collucere faces, jam fervere littora flammis,
  Si te his attigerit terris Aurora morantem.
  Eia age, rumpe moras : varium et mutabile semper
  Femina. » Sic fatus, nocti se immiscuit atræ.   570
  Tum vero Æneas, subitis exterritus umbris,
  Corripit e somno corpus, sociosque fatigat :
  « Præcipites vigilate, viri, et considite transtris ;
  Solvite vela citi : deus, æthere missus ab alto,
  Festinare fugam, tortosque incidere funes   575
  Ecce iterum stimulat. Sequimur te, sancte deorum,

sant, qui que tu sois! nous sommes heureux d'obéir encore à tes ordres. Oh! sois-nous propice, et fais briller au ciel des astres favorables. » Il dit, arrache du fourreau son glaive foudroyant, et frappe avec le fer le câble qui retient son navire. La même ardeur anime les Troyens : tout s'ébranle et se précipite. Soudain ils s'éloignent du rivage ; la mer disparaît sous leur flotte : ils battent de toutes leurs forces les flots écumants, et fendent l'onde azurée.

Déjà, quittant la couche dorée de Tithon, l'Aurore versait sur la terre ses premières clartés, quand la reine, du haut de son palais, voyant blanchir l'aube du jour, et la flotte s'éloigner sous des vents propices, reconnut que le rivage était désert et le port sans rameurs. Trois et quatre fois, de sa main, elle meurtrit son beau sein, et arrache ses blonds cheveux : « O Jupiter! s'écrie-t-elle, il fuira donc! cet étranger se sera joué de nous et de notre empire! Et l'on ne courra point aux armes! et les vaisseaux ne s'élanceront pas du port! et Carthage tout entière ne se met pas à sa poursuite! Allez, volez, la flamme à la main! tendez les voiles, et fatiguez les rames!... Que dis-je? où suis-je? et quel transport m'égare! Malheureuse Didon! sa perfidie te touche enfin : c'est quand tu lui donnais ton sceptre, qu'elle eût dû te toucher! Voilà donc cette foi si vantée! voilà celui qui

  Quisquis es, imperioque iterum paremus ovantes.
  Adsis o, placidusque juves, et sidera cœlo
  Dextra feras. » Dixit ; vaginaque eripit ensem
  Fulmineum, strictoque ferit retinacula ferro.   580
  Idem omnes simul ardor habet : rapiuntque, ruuntque;
  Littora deseruere : latet sub classibus æquor :
  Adnixi torquent spumas, et cærula verrunt.
  Et jam prima novo spargebat lumine terras
  Tithoni croceum linquens Aurora cubile.   585
  Regina e speculis ut primum albescere lucem
  Vidit, et æquatis classem procedere velis,
  Littoraque et vacuos sensit sine remige portus,
  Terque quaterque manu pectus percussa decorum,
  Flaventesque abscissa comas : « Proh Jupiter! it it   590
  Hic, ait, et nostris illuserit advena regnis !
  Non arma expedient, totaque ex urbe sequentur,
  Diripientque rates alii navalibus! ite,
  Ferte citi flammas, date vela, impellite remos!
  Quid loquor? aut ubi sum? quæ mentem insania mutat?
  Infelix Dido! nunc te facta impia tangunt.   596
  Tum decuit, quum sceptra dabas. En dextra fidesque!
  Quem secum patrios aiunt portare Penates,

porta, dit-on, les pénates de Troie, et chargea sur ses épaules son père accablé par les ans ! Et je n'ai pu déchirer son corps en lambeaux, et le disperser dans les ondes ! Je n'ai pu égorger ses compagnons et son Ascagne lui-même, et lui en faire un horrible festin ! Mais, dans ce combat, la fortune pouvait être douteuse... N'importe ! qu'avais-je à craindre, résolue à mourir ? j'aurais porté la flamme dans son camp, embrasé ses vaisseaux, immolé et le fils et le père, et toute leur race, et moi-même après eux !

« Soleil, qui de tes feux éclaires toutes les choses de ce monde ; et toi, Junon, témoin et confidente de mes tourments ; Hécate, toi que, dans les carrefours des cités, on invoque par de nocturnes hurlements ; et vous Furies vengeresses, et vous, dieux d'Élise mourante, écoutez ma voix : frappez les criminels d'un châtiment mérité, et accueillez ma prière ! S'il faut que le scélérat arrive au port, et qu'il échappe à la fureur des ondes ; si c'est la volonté de Jupiter, si tel est le terme fixé par les destins à ses voyages, que du moins, assailli par les armes d'un peuple belliqueux, chassé de son asile, arraché aux embrassements d'Iule, il mendie un secours étranger, et qu'il voie les tristes funérailles des siens ! et qu'après avoir subi la loi d'une paix honteuse, il ne jouisse ni du sceptre, ni de la douce lumière ; mais qu'il meure

Quem subiisse humeris confectum ætate parentem !
Non potui abreptum divellere corpus, et undis   600
Spargere ? non socios, non ipsum absumere ferro
Ascanium, patriisque epulandum apponere mensis ?
Verum anceps pugnæ fuerat fortuna. — Fuisset ;
Quem metui moritura ? faces in castra tulissem,
Implessemque foros flammis, natumque patremque   605
Cum genere exstinxem, memet super ipsa dedissem.
Sol, qui terrarum flammis opera omnia lustras,
Tuque harum interpres curarum et conscia Juno,
Nocturnisque Hecate triviis ululata per urbes,
Et Diræ ultrices, et di morientis Elissæ,   610
Accipite hæc, meritumque malis advertite numen,
Et nostras audite preces. Si tangere portus
Infandum caput, ac terris adnare necesse est,
Et sic fata Jovis poscunt, hic terminus hæret :
At bello audacis populi vexatus et armis,   615
Finibus extorris, complexu avulsus Iuli,
Auxilium imploret, videatque indigna suorum
Funera : nec, quum se sub leges pacis iniquæ
Tradiderit, regno aut optata luce fruatur ;

avant le temps, et qu'il gise sur la terre, privé de sépulture!
Voilà mes derniers vœux! voilà les dernières paroles qui s'échappent avec mon sang! Et vous, ô Tyriens! poursuivez d'une haine éternelle sa race et tous ses descendants! tels sont les présents que mon ombre attend de vous. Jamais d'amitié, jamais de paix entre les deux peuples! Qu'il sorte de mes cendres un vengeur, qui, le fer et la flamme à la main, poursuive les fils de Dardanus, et maintenant, et plus tard, et toujours, tant qu'il aura la force de combattre. Rivages contre rivages, flots contre flots, armes contre armes; et puissent nos derniers neveux se combattre encore! »

Elle dit, et roule dans son âme mille pensers, impatiente de briser la trame d'une vie odieuse. Elle s'adresse à Barcé, nourrice de Sichée (car la sienne avait laissé sa cendre dans le pays de ses pères) : « Chère nourrice, va chercher Anna ma sœur! dis-lui qu'elle se hâte de répandre sur son corps l'eau lustrale ; qu'elle vienne, amenant avec elle les victimes et les offrandes prescrites pour l'expiation. Toi-même, ceins ta tête du bandeau sacré. Je veux achever le sacrifice que j'ai préparé au dieu des enfers; je veux mettre un terme à mes peines, et livrer au feu du bûcher l'image du Troyen. » Elle dit, et la

  Sed cadat ante diem, mediaque inhumatus arena. 620
  Hæc precor : hanc vocem extremam cum sanguine fundo.
  Tum vos, o Tyrii, stirpem et genus omne futurum
  Exercete odiis, cinerique hæc mittite nostro
  Munera : nullus amor populis, nec fœdera sunto.
  Exoriare aliquis nostris ex ossibus ultor, 625
  Qui face Dardanios ferroque sequare colonos,
  Nunc, olim, quocumque dabunt se tempore vires.
  Littora littoribus contraria, fluctibus undas
  Imprecor, arma armis : pugnent ipsique nepotesque. »
  Hæc ait, et partes animum versabat in omnes, 630
  Invisam quærens quamprimum abrumpere lucem.
  Tum breviter Barcen nutricem affata Sychæi
  (Namque suam patria antiqua cinis ater habebat) :
  « Annam, cara mihi nutrix, huc siste sororem :
  Dic corpus properet fluviali spargere lympha, 635
  Et pecudes secum et monstrata piacula ducat.
  Sic veniat : tuque ipsa pia tege tempora vitta.
  Sacra Jovi Stygio, quæ rite incepta paravi,
  Perficere est animus, finemque imponere curis,
  Dardaniique rogum capitis permittere flammæ. 640
  Sic ait. Illa gradum studio celerabat anili.

vieille s'efforce, autant que l'âge le lui permet, de hâter ses pas.

Alors frémissante, et, dans la fureur de son affreux projet, Didon, les yeux égarés et sanglants, les joues tremblantes et semées de tâches livides, et le front déjà tout pâle de la mort qui s'approche, s'élance dans l'intérieur du palais, monte, furieuse, au sommet du bûcher, dégage du fourreau l'épée du Troyen, présent qui ne fut point destiné à cet usage; puis, regardant ces vêtements phrygiens, et ce lit si connu, elle donne un moment à ses larmes et à ses pensées, s'étend sur sa couche, et prononce ces derniers mots : « Dépouilles qui me fûtes si chères, tant que le destin et les dieux le permirent, recevez mon âme, et affranchissez-moi de mes tourments! J'ai vécu : j'ai rempli la carrière que le sort m'avait tracée; et maintenant mon ombre glorieuse va descendre chez les morts. J'ai fondé une ville puissante, et j'ai vu s'élever mes remparts. J'ai vengé mon époux, et puni le crime d'un frère inhumain. Heureuse, hélas! trop heureuse, si jamais les vaisseaux phrygiens n'avaient touché mes rivages! » Elle dit, et imprimant ses lèvres sur sa couche : « Quoi! mourir sans vengeance!... Oui, mourons! oui, même à ce prix, il m'est doux de descendre chez les ombres! Que, fuyant sur les mers, le cruel Troyen repaisse ses yeux des flammes de ce bûcher, et qu'il emporte avec lui les présages de ma mort! »

> At trepida et cœptis immanibus effera Dido,
> Sanguineam volvens aciem, maculisque trementes
> Interfusa genas, et pallida morte futura,
> Interiora domus irrumpit limina, et altos   645
> Conscendit furibunda rogos, ensemque recludit
> Dardanium, non hos quæsitum munus in usus.
> Hic, postquam Iliacas vestes notumque cubile
> Conspexit, paulum lacrymis et mente morata,
> Incubuitque toro, dixitque novissima verba :   650
> « Dulces exuviæ, dum fata deusque sinebant,
> Accipite hanc animam, meque his exsolvite curis.
> Vixi, et, quem dederat cursum Fortuna, peregi :
> Et nunc magna mei sub terras ibit imago.
> Urbem præclaram statui; mea mœnia vidi;
> Ulta virum, pœnas inimico a fratre recepi;
> Felix; heu! nimium felix, si littora tantum
> Nunquam Dardaniæ tetigissent nostra carinæ! »
> Dixit, et os impressa toro : « Moriemur inultæ!
> Sed moriamur, ait : sic, sic juvat ire sub umbras.   660
> Hauriat hunc oculis ignem crudelis ab alto
> Dardanus, et nostræ secum ferat omina mortis. »

A peine elle avait dit, ses suivantes la voient tomber sous le coup mortel : elles voient le glaive fumant de sang et ses mains défaillantes. Des cris s'élèvent jusqu'aux voûtes du palais. La renommée sème la nouvelle de cette mort dans la ville épouvantée. Partout on n'entend que plaintes lamentables, que voix gémissantes, et hurlements de femmes éplorées. L'air retentit de clameurs funèbres : on dirait qu'un vainqueur terrible envahit et renverse Carthage ou l'antique Sidon, et que les flammes roulent en fureur sur les demeures des hommes et sur les temples des dieux.

A ce bruit, Anna, éperdue et pleine de terreur, hâte ses pas tremblants : déchirant son visage, et se meurtrissant le sein, elle accourt au milieu de la foule, et appelant par son nom sa sœur mourante : « C'était donc là ton dessein, ma sœur ! tu voulais me tromper ! et voilà donc ce que me préparaient ce bûcher, ces feux et ces autels ! De quoi me plaindrai-je d'abord dans cet abandon ? As-tu dédaigné ta sœur pour compagne de ta mort ? pourquoi ne m'as-tu pas appelée à partager ton destin ? le même fer, la même douleur, le même instant eût terminé notre vie ! Mes mains ont élevé ce bûcher ! et j'ai donc invoqué les dieux paternels, pour que tu pusses ainsi mourir seule, en mon absence ! Tu as anéanti d'un seul coup, et toi, ma sœur, et moi, et ton

Dixerat : atque illam media inter talia ferro
Collapsam aspiciunt comites, ensemque cruore
Spumantem, sparsasque manus. It clamor ad alta   665
Atria : concussam bacchatur fama per urbem ;
Lamentis, gemituque, et femineo ululatu
Tecta fremunt ; resonat magnis plangoribus æther :
Non aliter quam si immissis ruat hostibus omnis
Carthago, aut antiqua Tyros, flammæque furentes   670
Culmina perque hominum volvantur perque Deorum.
Audiit exanimis, trepidoque exterrita cursu,
Unguibus ora soror fœdans, et pectora pugnis,
Per medios ruit, ac morientem nomine clamat :
« Hoc illud, germana, fuit ! me fraude petebas !   675
Hoc rogus iste mihi, hoc ignes aræque parabant !
Quid primum deserta querar ? comitemne sororem
Sprevisti moriens ? eadem me ad fata vocasses :
Idem ambas ferro dolor atque eadem hora tulisset.
His etiam struxi manibus, patriosque vocavi   680
Voce deos, sic te ut posita, crudelis, abessem !
Exstinxsti te meque, soror, populumque, patresque

peuple, et le sénat de Sidon, et la ville fondée par toi ! Donnez cette eau limpide, que je lave sa blessure : et s'il erre encore un dernier souffle sur ses lèvres, que ma bouche puisse le recueillir ! » Elle dit, et déjà elle avait franchi les hautes marches du bûcher. Déjà elle serrait dans ses bras et réchauffait, en gémissant, contre son sein, sa sœur expirante, et avec ses vêtements elle étanchait les flots d'un sang noir. Didon essaie péniblement d'entr'ouvrir des yeux appesantis qui se referment soudain. Le sang s'échappe en bouillonnant de sa blessure. Trois fois, avec effort, en s'appuyant sur le coude, elle se soulève ; trois fois elle retombe sur sa couche : de ses yeux égarés elle cherche la lumière des cieux, et gémit de l'avoir trouvée.

Alors, la puissante Junon, ayant pitié de ses longues douleurs et de son pénible trépas, envoie Iris du haut de l'Olympe pour dégager cette âme qui luttait contre ses liens : car la mort de Didon n'était ni ordonnée par le destin, ni méritée ; mais l'infortunée périssait, avant le temps, victime d'une fureur soudaine, et Proserpine n'avait pas encore enlevé à son front le blond cheveu, ni dévoué sa tête à l'empire du Styx. Déployant donc dans les airs ses ailes brillantes et humides de rosée, qui reflètent au soleil les nuances de mille couleurs, la messagère des cieux vole et descend au-dessus de la tête de Didon : « Je vais, suivant l'ordre qui

Sidonios, urbemque tuam. Date, vulnera lymphis
Abluam : et, extremus si quis super halitus errat,
Ore legam. » Sic fata, gradus evaserat altos,   685
Semianimemque sinu germanam amplexa fovebat
Cum gemitu, atque atros siccabat veste cruores.
Illa, graves oculos conata attollere, rursus
Deficit : infixum stridit sub pectore vulnus.
Ter sese attollens cubitoque innixa levavit :   690
Ter revoluta toro est ; oculisque errantibus alto
Quæsivit cœlo lucem, ingemuitque reperta.
Tum Juno omnipotens, longum miserata dolorem,
Difficilesque obitus, Irim demisit Olympo,
Quæ luctantem animam nexosque resolveret artus.   695
Nam, quia nec fato, merita nec morte, peribat,
Sed misera ante diem, subitoque accensa furore,
Nondum illi flavum Proserpina vertice crinem
Abstulerat, Stygioque caput damnaverat Orco.
Ergo Iris croceis per cœlum roscida pennis,   700
Mille trahens varios adverso sole colores,
Devolat, et supra caput adstitit : « Hunc ego Diti

m'est donné, porter à Pluton ce gage qui lui appartient, et je te délivre des liens du corps » Elle dit, et sa main coupe le cheveu : soudain toute la chaleur se dissipe, et la vie de Didion s'échappe dans les airs.

> Sacrum jussa fero, teque isto corpore solvo. »
> Sic ait, et dextra crinem secat : omnis et una
> Dilapsus calor, atque in ventos vita recessit. 705

LIVRE CINQUIÈME

Cependant Énée, fermement décidé à poursuivre sa route, commençait à fendre avec ses vaisseaux la pleine mer, dont les flots étaient noircis par l'Aquilon. Son regard se tournait vers les murs de Carthage, qu'éclairent déjà les flammes allumées par la malheureuse Didon. Quelle peut être la cause de ce vaste embrasement? On l'ignore; mais on sait jusqu'où peuvent aller les cruelles douleurs de l'amour outragé, et ce dont est capable une femme furieuse; et les Troyens en conçoivent dans leurs cœurs un sinistre augure.

Dès que leurs vaisseaux tinrent la haute mer, que toute terre eut disparu, et qu'on n'aperçut plus, de tous côtés, que les eaux et le ciel, un nuage, qui dans son sein portait la nuit et la tempête, s'arrêta sur la flotte, et l'onde se couvrit d'horribles ténèbres. Le pilote lui-même, Palinure, du haut de sa poupe, s'écrie : « Hélas! pourquoi ces sombres nuages ont-ils obscurci le ciel? puissant Neptune, que nous prépares-tu? » Il dit, et ordonne aussitôt de serrer les voiles et de se courber fortement sur les

LIBER QUINTUS.

Interea medium Æneas jam classe tenebat
Certus iter, fluctusque atros Aquilone secabat,
Mœnia respiciens, quæ jam infelicis Elissæ
Collucent flammis. Quæ tantum accenderit ignem,
Causa latet; duri magno sed amore dolores   5
Polluto, notumque furens quid femina possit,
Triste per augurium Teucrorum pectora ducunt.
Ut pelagus tenuere rates, nec jam amplius ulla
Occurrit tellus, maria undique, et undique cœlum;
Olli cæruleus supra caput adstitit imber,   10
Noctem hiememque ferens, et inhorruit unda tenebris.
Ipse gubernator puppi Palinurus ab alta:
« Heu! quianam tanti cinxerunt æthera nimbi?
Quidve, pater Neptune, paras? » Sic deinde locutus,
Colligere arma jubet, validisque incumbere remis;   15

rames ; il présente obliquement la voile à l'Aquilon, et parle ainsi :

« Magnanime Énée, non, quand j'aurais la promesse de Jupiter lui-même, je n'espérerais point aborder en Italie par ce ciel orageux. Les vents ont changé ; ils s'élancent de l'Occident ténébreux, et prennent en travers nos vaisseaux : l'air épaissi n'est bientôt plus qu'un nuage. Nous ne pouvons lutter contre la violence de l'orage, et nos efforts sont impuissants contre l'Aquilon. Puisque la Fortune l'emporte, cédons, et suivons la route où elle nous appelle. Si les astres que j'ai observés avant la tempête ont été bien reconnus par moi, nous ne sommes pas loin des ports de Sicile et des rives amies de votre frère Éryx. »

« Je vois, dit le pieux Énée, que les vents nous portent vers la Sicile, et que tu luttes en vain contre eux. Livre-leur donc tes voiles. Puis-je désirer, pour recueillir mes vaisseaux fatigués, un pays plus ami et plus cher que la terre où je vais retrouver Aceste, issu de Dardanus, et qui renferme dans son sein les ossements de mon père Anchise ? »

Il dit ; on cingle vers les ports de Sicile, et les Zéphyrs favorables enflent les voiles : la flotte est emportée, rapide, sur les ondes ; et les Troyens touchent enfin avec joie à ce rivage qui leur est connu.

Cependant, du sommet d'une montagne, Aceste surpris voit

  Obliquataque sinus in ventum, ac talia fatur :
 « Magnanime Ænea, non, si mihi Juppiter auctor
Spondeat, hoc sperem Italiam contingere cœlo.
Mutati transversa fremunt, et vespere ab atro
Consurgunt venti, atque in nubem cogitur aer.   20
Nec nos obniti contra, nec tendere tantum
Sufficimus. Superat quoniam Fortuna, sequamur,
Quoque vocat, vertamus iter : nec littora longe
Fida reor fraterna Erycis, portusque Sicanos,
Si modo rite memor servata remetior astra. »   25
Tum pius Æneas : « Equidem sic poscere ventos
Jamdudum, et frustra cerno te tendere contra.
Flecte viam velis. An sit mihi gratior ulla,
Quove magis fessas optem demittere naves,
Quam quæ Dardanium tellus mihi servat Acesten,   30
Et patris Anchisæ gremio complectitur ossa ? »
Hæc ubi dicta, petunt portus, et vela secundi
Intendunt Zephyri ; fertur cita gurgite classis,
Et tandem læti notæ advertuntur arenæ.
At procul excelso miratus vertice montis   35

de loin arriver des vaisseaux amis ; il accourt pour les recevoir, armé de ses javelots, et couvert de la peau d'une ourse de Libye. Ce prince, issu d'une mère troyenne et du fleuve Crinise, n'avait point oublié son antique origine. Il se réjouit du retour des Troyens ; il leur offre ses richesses champêtres, et ses secours amis les consolent de leurs fatigues.

Le lendemain, dès que les étoiles ont fui devant les premiers feux du jour, Énée rassemble ses compagnons épars sur le rivage, et, du haut d'un tertre, il leur parle ainsi : « Dignes enfants de Dardanus, issus du noble sang des Dieux, l'année a parcouru le cercle de ses mois, depuis que nous avons confié à la terre les cendres et les os de mon divin père, et que nous lui avons consacré de funèbres autels. Déjà même, si je ne me trompe, voici ce jour toujours funeste et toujours honoré (Dieux, ainsi vous l'avez voulu). Ah! fussé-je exilé, errant dans les sables de Gétulie, ou surpris sur les mers d'Argos, ou captif dans Mycènes, ce jour me verrait acquitter mes vœux, renouveler, selon nos usages, les pompes funéraires, et charger les autels de mes offrandes. Et maintenant, ce n'est pas, je le pense, sans la volonté, sans la faveur des Dieux, que nous sommes devant les cendres et les restes de mon père, et que nous avons été poussés par les vents

    Adventum sociasque rates, occurrit Acestes,
    Horridus in jaculis et pelle Libystidis ursæ,
    Troia Criniso conceptum flumine mater
    Quem genuit. Veterum non immemor ille parentum,
    Gratatur reduces, et gaza lætus agresti   40
    Excipit, ac fessos opibus solatur amicis.
    Postera quum primo stellas oriente fugarat
    Clara dies, socios in cœtum littore ab omni
    Advocat Æneas, tumulique ex aggere fatur :
    « Dardanidæ magni, genus alto a sanguine Divûm,   45
    Annuus exactis completur mensibus orbis,
    Ex quo relliquias divinique ossa parentis
    Condidimus terra, mœstasque sacravimus aras.
    Jamque dies, ni fallor, adest, quem semper acerbum,
    Semper honoratum (sic, Di, voluistis) habebo.   50
    Hunc ego Gætulis agerem si Syrtibus exsul,
    Argolicove mari deprensus, et urbe Mycenæ,
    Annua vota tamen sollemnesque ordine pompas
    Exsequerer, strueremque suis altaria donis.
    Nunc ultro ad cineres ipsius et ossa parentis,   55
    Haud equidem sine mente, reor, sine numine Divûm
    Adsumus, et portus delati intramus amicos.

dans un port ami. Venez donc, et, avec joie, rendons tous à mon père les honneurs qui lui sont dus. Demandons-lui des vents propices : et puissé-je, avec son aveu, quand j'aurai bâti ma ville, renouveler tous les ans ce pieux hommage dans les temples qui lui seront consacrés! Aceste, né Troyen, accorde deux taureaux à chaque navire. Invoquez donc, dans vos banquets, et les Dieux de notre patrie, et les dieux d'Aceste notre hôte. Ce n'est pas tout : si la neuvième aurore, montrant à la terre un front radieux, annonce aux mortels un jour pur et serein, j'ordonnerai des jeux : et d'abord nos vaisseaux disputeront le prix de la vitesse ; puis les Troyens, dont l'agilité brille dans la course ; et ceux qui, plus confiants dans leur force, excellent à lancer le javelot et la flèche légère ; et ceux enfin qui, plus hardis, affrontent le périlleux combat du ceste : qu'ils se présentent tous, et que les vainqueurs s'attendent à recevoir les palmes méritées. Mais aujourd'hui, gardez un silence religieux, et ceignez vos fronts de feuillage. »

Il dit, et voile son front du myrte maternel. Helymus, le vieil Aceste, le jeune Ascagne et toute la jeunesse imitent son exemple. Alors, du lieu de l'assemblée, Énée, suivi de tous ses compagnons, s'avance vers le tombeau d'Anchise. Là, suivant le rit des libations, il épanche sur le sol tumulaire deux coupes

Ergo agite, et lætum cuncti celebremus honorem ;
Poscamus ventos, atque hæc me sacra quotannis
Urbe velit posita templis sibi ferre dicatis.   60
Bina boum vobis Troja generatus Acestes
Dat numero capita in naves: adhibete Penates
Et patriis epulis, et quos colit hospes Acestes.
Præterea, si nona diem mortalibus almum
Aurora extulerit, radiisque retexerit orbem,   65
Prima citæ Teucris ponam certamina classis ;
Quique pedum cursu valet, et qui viribus audax,
Aut jaculo incedit melior levibusque sagittis,
Seu crudo fidit pugnam committere cestu :
Cuncti adsint, meritæque exspectent præmia palmæ.   70
Ore favete omnes, et tempora cingite ramis. »
Sic fatus, velat materna tempora myrto.
Hoc Helymus facit, hoc ævi maturus Acestes,
Hoc puer Ascanius; sequitur quos cetera pubes.
Ille e concilio multis cum millibus ibat   75
Ad tumulum, magna medius comitante caterva.
Hic duo rite mero libans carchesia Baccho
Fundit humi, duo lacte novo, duo sanguine sacro;

de vin pur, deux autres de lait nouveau, et deux de sang consacré ; puis, semant des fleurs dont l'éclat ressemble à celui de la pourpre, il s'exprime ainsi : « Salut, ô mon père! salut encore une fois, cendres révérées, âme et ombre paternelles! C'est donc vainement que je vous retrouve : il ne m'est pas permis de chercher avec vous ces rivages d'Italie, ces champs promis par les destins, et ce Tibre, quel qu'il soit, qui coule dans l'Ausonie! »

Il avait dit ; et du fond de l'asile consacré sort un énorme serpent, dont le corps déroule sept immenses anneaux, sept replis tortueux ; il embrasse mollement la tombe, et se glisse autour des autels. Son dos est émaillé d'azur, et ses écailles tachetées étincellent de tout l'éclat de l'or : tel, dans la nue, l'arc céleste brille aux rayons du soleil opposé, et se nuance de mille couleurs. A cet aspect, Énée demeure interdit. Le serpent, avec ses longs replis, circule entre les vases et les coupes, effleure les mets sacrés, et, abandonnant les autels et leurs offrandes dont il a goûté les prémices, il rentre, sans faire de mal, au fond du tombeau.

Excité par ce prodige, Énée redouble les honneurs qu'il rend à son père ; car il ne sait s'il vient de voir le Génie tutélaire de ce lieu, ou le gardien de la tombe paternelle. Il immole, selon l'usage, cinq brebis âgées de deux ans, cinq jeunes porcs, et un pareil nombre de taureaux noirs : il saisit la patère, épanche le

    Purpureosque jacit flores, ac talia fatur :
    « Salve, sancte parens ; iterum salvete, recepti   80
    Nequidquam cineres, animæque umbræque paternæ.
    Non licuit fines Italos, fataliaque arva,
    Nec tecum Ausonium, quicumque est, quærere Tibrim. »
    Dixerat hæc, adytis quum lubricus anguis ab imis
    Septem ingens gyros, septena volumina traxit,   85
    Amplexus placide tumulum, lapsusque per aras :
    Cæruleæ cui terga notæ, maculosus et auro
    Squamam incendebat fulgor : ceu nubibus arcus
    Mille trahit varios adverso sole colores.
    Obstupuit visu Æneas. Ille, agmine longo   90
    Tandem inter pateras et levia pocula serpens,
    Libavitque dapes, rursusque innoxius imo
    Successit tumulo, et depasta altaria liquit.
    Hoc magis inceptos genitori instaurat honores,
    Incertus Geniumne loci, famulumne parentis   95
    Esse putet : cædit quinas de more bidentes,
    Totque sues, totidem nigrantes terga juvencos ;
    Vinaque fundebat pateris, animamque vocabat

vin sur la tombe, en invoquant l'ombre du grand Anchise et ses mânes ramenés de l'Achéron. Ses compagnons aussi apportent avec empressement, chacun selon son pouvoir, leurs dons pieux; ils en chargent les autels, et immolent de jeunes taureaux : d'autres disposent de longs rangs de vases d'airain; d'autres, assis sur l'herbe, attachent à des dards aigus les chairs des victimes, et les font rôtir en les tenant suspendues sur des charbons ardents.

Enfin arrive le jour attendu, et les chevaux du Soleil ramènent la neuvième aurore brillante d'une lumière sereine. La Renommée et le nom de l'illustre Aceste ont fait accourir les peuples voisins. Le rivage est couvert d'une foule joyeuse; les uns sont désireux de voir les Troyens; les autres se préparent à entrer dans la lice. D'abord, on expose à tous les yeux, dans le cirque, les prix destinés aux vainqueurs : des trépieds sacrés, des couronnes de verdure, des palmes, des armes, des vêtements de pourpre, et des talents d'or et d'argent. Enfin, du haut d'un tertre, la trompette annonce que les jeux sont ouverts.

D'abord, armés de pesantes rames, quatre vaisseaux pareils, choisis dans la flotte troyenne, commencent le combat : Mnesthée, avec ses ardents compagnons, conduit la rapide Baleine, Mnesthée qui bientôt, en Italie, donnera son nom à la famille des Memmius. Gyas dirige l'énorme Chimère, semblable, par sa masse,

Anchisæ magni, Manesque Acheronte remissos.
Necnon et socii, quæ cuique est copia, læti   100
Dona ferunt, onerantque aras, mactantque juvencos ;
Ordine ahena locant alii, fusique per herbam
Subjiciunt verubus prunas, et viscera torrent.
Exspectata dies aderat, nonamque serena
Auroram Phaethontis equi jam luce vehebant;   105
Famaque finitimos et clari nomen Acestæ
Excierat : læto complerant littora cœtu,
Visuri Æneadas, pars et certare parati.
Munera principio ante oculos circoque locantur
In medio, sacri tripodes, viridesque coronæ,   110
Et palmæ, pretium victoribus, armaque, et ostro
Perfusæ vestes, argenti aurique talenta :
Et tuba commissos medio canit aggere ludos.
Prima pares ineunt gravibus certamina remis
Quattuor ex omni delectæ classe carinæ.   115
Velocem Mnestheus agit acri remige Pristin,
Mox Italus Mnestheus, genus a quo nomine Memmi;
Ingentemque Gyas ingenti mole Chimæram,

à une ville flottante, et dont la marche est pressée par trois rangs de jeunes Troyens, qui, sur un triple étage, font mouvoir leurs rames. Sergeste, qui donnera son nom à la maison de Sergius, est porté sur le vaste Centaure ; et la verte Scylla obéit à Cloanthe, dont tu prends ton origine, noble Cluentius.

Au loin, dans la mer, vis-à-vis de la rive écumante, est un rocher que couvrent souvent les vagues irritées, quand les vents orageux voilent les astres, mais qui, sous un ciel serein, élève sa cime aplatie sur l'onde immobile, et offre, pendant la chaleur, une agréable station aux oiseaux de mer. C'est là qu'Énée fait dresser un chêne orné de son feuillage, but verdoyant vers lequel se dirigeront les navires, qui doivent le tourner, pour revenir au port par de longs circuits.

Le sort a fixé les rangs : debout sur leurs poupes, les chefs resplendissent au loin de l'éclat de l'or et de la pourpre. Les jeunes rameurs ont ceint leurs fronts de branches de peuplier, et des flots d'huile rendent luisantes leurs épaules nues. Ils se placent sur les bancs, les bras tendus sur la rame, prêtent l'oreille, et attendent le signal. Leur cœur palpite, agité par la crainte et par l'ardent désir de la victoire. Dès que la trompette éclatante résonne, tous s'élancent sans retard. Les nautonniers frappent

```
Urbis opus, triplici pubes quam Dardana versu
Impellunt, terno consurgunt ordine remi;              120
Sergestusque, domus tenet a quo Sergia nomen,
Centauro invehitur magna; Scyllaque Cloanthus
Cærulea, genus inde tibi, Romane Cluenti.
Est procul in pelago saxum, spumantia contra
Littora, quod tumidis submersum tunditur olim        125
Fluctibus, hiberni condunt ubi sidera Cori;
Tranquillo silet, immotaque attollitur unda
Campus, et apricis statio gratissima mergis.
Hic viridem Æneas frondenti ex ilice metam
Constituit, signum nautis, pater, unde reverti       130
Scirent, et longos ubi circumflectere cursus.
Tum loca sorte legunt, ipsique in puppibus auro
Ductores longe effulgent ostroque decori.
Cetera populea velatur fronde juventus,
Nudatosque humeros oleo perfusa nitescit.            135
Considunt transtris, intentaque brachia remis ;
Intenti exspectant signum, exsultantiaque haurit
Corda pavor pulsans, laudumque arrecta cupido.
Inde, ubi clara dedit sonitum tuba, finibus omnes,
Haud mora, prosiluere suis; ferit æthera clamor      140
```

l'air de leurs cris; l'onde soulevée sous l'effort de leurs bras écume et bouillonne ; les navires tracent de longs sillons sur les flots ; la mer tout entière se déchire et s'ouvre sous l'effort des rames et des proues à trois dents. Moins rapides, aux combats du cirque, les chars, traînés par des chevaux impétueux, franchissent la barrière et se précipitent dans la lice ; moins ardents, les conducteurs rivaux secouent sur leur attelage fougueux les rênes flottantes, et, le fouet à la main, se penchent en avant sur leurs coursiers. Toute la forêt retentit des applaudissements et du murmure confus des spectateurs qui expriment leurs sympathies par des cris dont résonne au loin le rivage, et que renvoie l'écho des collines.

Au milieu des acclamations de la foule, Gyas, avant tous, s'est élancé plus rapide, et devance ses rivaux. Cloanthe le suit de près, plus fort par ses rameurs, mais retardé par la pesanteur de son navire. Après eux voguent, à une distance égale, la Baleine et le Centaure, qui, par leurs efforts, cherchent à gagner le premier rang. Tantôt la Baleine l'emporte ; tantôt, vainqueur à son tour, l'énorme Centaure la dépasse ; tantôt enfin les deux vaisseaux voguent de front, et, côte à côte, leurs carènes sillonnent l'onde amère.

Déjà ils approchaient du rocher, et le but allait être atteint, lorsque Gyas, qui toujours devance ses rivaux et vogue en

    Nauticus ; adductis spumant freta versa lacertis.
    Infindunt pariter sulcos, totumque dehiscit
    Convulsum remis rostrisque tridentibus æquor.
    Non tam præcipites bijugo certamine campum
    Corripuere, ruuntque effusi carcere currus :   145
    Nec sic immissis aurigæ undantia lora
    Concussere jugis, pronique in verbera pendent.
    Tum plausu fremituque virûm studiisque faventum
    Consonat omne nemus, vocemque inclusa volutant
    Littora ; pulsati colles clamore resultant.   150
    Effugit ante alios, primusque elabitur undis
    Turbam inter fremitumque Gyas ; quem deinde Cloanthus
    Consequitur, melior remis ; sed pondere pinus
    Tarda tenet. Post hos æquo discrimine Pristis
    Centaurusque locum tendunt superare priorem ;   155
    Et nunc Pristis habet, nunc victam præterit ingens
    Centaurus ; nunc una ambæ junctisque feruntur
    Frontibus, et longa sulcant vada salsa carina.
    Jamque propinquabant scopulo, metamque tenebant,
    Quum princeps medioque Gyas in gurgite victor   160

triomphe sur les flots, crie à Ménète, son pilote : « Pourquoi vas-tu si loin à droite? Tourne de ce côté! serre les flancs du rocher; effleure-les, à gauche, de tes rames : laisse aux autres la pleine mer! » Il dit; mais le vieux pilote, craignant les écueils cachés sous l'onde, détourne sa proue et gagne le large. « Où vas-tu, Ménète? et pourquoi ce détour? rapproche-toi du rocher! » C'est ainsi que Gyas parlait encore, quand il voit derrière lui Cloanthe qui le presse, se rapproche à gauche, glisse entre son vaisseau et le rocher retentissant, passe comme un trait, le devance, atteint le but, le tourne, revient, et, vainqueur, vogue désormais sans péril. Alors un violent chagrin enflamme le cœur du jeune guerrier ; des pleurs coulent sur ses joues ; et, oubliant les soins de sa gloire et la sûreté de ses compagnons, il précipite du haut de la poupe dans les flots le timide Ménète, et prend lui-même le gouvernail; nouveau pilote, il excite les rameurs, et tourne sa proue vers le rocher. Cependant, quoique appesanti par l'âge et par le poids de ses vêtements, d'où l'eau ruisselle, Ménète remonte avec peine du fond de l'abîme, gravit la cime du rocher et s'assied à sec sur la pierre. Les Troyens avaient ri de sa chute et de sa lenteur à lutter contre les flots : ils rient encore en le voyant revomir l'onde amère.

Rectorem navis compellat voce Menœten :
« Quo tantum mihi dexter abis? huc dirige cursum;
Littus ama, et lævas stringat sine palmula cautes;
Altum alii teneant. » Dixit; sed cæca Menœtes
Saxa timens, proram pelagi detorquet ad undas.   165
« Quo diversus abis? iterum, Pete saxa, Menœte! »
Cum clamore Gyas revocabat, et ecce Cloanthum
Respicit instantem tergo, et propiora tenentem.
Ille inter navemque Gyæ scopulosque sonantes
Radit iter lævum interior, subitoque priorem   170
Præterit, et metis tenet æquora tuta relictis.
Tum vero exarsit juveni dolor ossibus ingens,
Nec lacrymis caruere genæ ; sequemque Menœten,
Oblitus decorisque sui sociûmque salutis,
In mare præcipitem puppi deturbat ab alta.   175
Ipse gubernaclo rector subit, ipse magister,
Hortaturque viros, clavumque ad littora torquet.
At gravis, ut fundo vix tandem redditus imo est,
Jam senior, madidaque fluens in veste, Menœtes
Summa petit scopuli, siccaque in rupe resedit.   180
Illum et labentem Teucri, et risere natantem,
Et salso rident revomentem pectore fluctus.

En ce moment, un espoir joyeux vient animer Sergeste et Mnesthée, qui, restés les derniers, se flattent de dépasser Gyas retardé dans sa course. Sergeste s'avance le premier, et approche du rocher : mais son navire tout entier ne dépasse pas encore celui de son rival. Une partie seule est en avant, et la proue de la Baleine serre les flancs du Centaure. Cependant Mnesthée, parcourant à grands pas son navire, excite ses rameurs : « Appuyez, appuyez fortement sur les rames, dignes compagnons d'Hector, que j'ai choisis pour les miens depuis le dernier jour de Troie! Maintenant déployez cette même vigueur et ce courage éclatant qui vous firent dompter les Syrtes de Gétulie, et les flots de la mer Ionienne, et les rapides courants de Malée! Ce n'est plus au premier rang qu'aspire Mnesthée ; et ce n'est plus pour vaincre que je combats... Si pourtant!... mais qu'ils l'emportent, ô Neptune, ceux a qui tu as donné la victoire! quant à nous, évitons la honte d'arriver les derniers! et que notre victoire soit d'éviter cet opprobre. » Il dit, et tous ensemble, les matelots se courbent sur les rames. Sous les vastes coups des rameurs la poupe d'airain tremble, et l'onde s'ouvre en fuyant; leur souffle haletant bat leurs flancs qui palpitent, et la sueur ruisselle de leurs corps. Le hasard leur donne l'avantage désiré : tandis qu'emporté par son ardeur, Sergeste dirige sa proue trop près

    Hic læta extremis spes est accensa duobus,
    Sergesto Mnestheoque, Gyan superare morantem.
    Sergestus capit ante locum, scopuloque propinquat;   185
    Nec tota tamen ille prior præeunte carina;
    Parte prior, partem rostro premit æmula Pristis.
    At media socios incedens nave per ipsos
    Hortatur Mnestheus : « Nunc, nunc insurgite remis,
    Hectorei socii, Trojæ quos sorte suprema   190
    Delegi comites ; nunc illas promite vires,
    Nunc animos, quibus in Gætulis Syrtibus usi
    Ionioque mari, Maleæque sequacibus undis.
    Non jam prima peto Mnestheus, neque vincere certo;
    Quanquam o!... sed superent, quibus hoc, Neptune, dedisti.
    Extremos pudeat rediisse : hoc vincite, cives,   196
    Et prohibite nefas. » Olli certamine summo
    Procumbunt; vastis tremit ictibus ærea puppis,
    Subtrahiturque solum; tum creber anhelitus artus
    Aridaque ora quatit; sudor fluit undique rivis.   200
    Attulit ipse viris optatum casus honorem;
    Namque furens animi, dum proram ad saxa suburget
    Interior, spatioque subit Sergestus iniquo,

du rocher, et veut le tourner dans l'étroit intervalle qui l'en sépare, malheureux, il s'engage dans les écueils cachés : le roc est ébranlé ; les rames qui le heurtent volent en éclats, et la proue brisée y demeure suspendue. Les nautoniers se lèvent, jettent de grands cris et s'arrêtent. Bientôt ils saisissent des pieux armés de fer, de longs avirons aux pointes aiguës, et recueillent les débris flottants de leurs rames.

Alors Mnesthée, joyeux et enhardi par le succès même, secondé par ses rameurs agiles et par les vents qu'il a invoqués, gagne une mer sans obstacle, et vole rapidement sur les flots. Telle une colombe, chassée par frayeur soudaine de la roche qui lui sert de retraite et qui abrite sa douce couvée, s'envole vers la plaine, en ébranlant son nid du battement de ses ailes, mais bientôt, glissant sous un ciel tranquille, fend mollement les airs sans agiter ses ailes rapides : tel, emporté par son élan, le vaisseau de Mnesthée vole à travers les ondes vers le but désigné. Et d'abord il laisse derrière lui Sergeste qui lutte contre les écueils et les sables où il est arrêté, implore en vain du secours, et cherche à se dégager avec les débris de ses rames. Enfin, Mnesthée atteint Gyas et l'énorme Chimère qui, privée de son pilote, est bientôt devancée. Cloanthe reste seul à vaincre, et déjà il touche au

  Infelix saxis in procurrentibus hæsit.
  Concussæ cautes, et acuto in murice remi   205
  Obnixi crepuere, illisaque prora pependit.
  Consurgunt nautæ, et magno clamore morantur ;
  Ferratasque trudes et acuta cuspide contos
  Expediunt, fractosque legunt in gurgite remos.
  At lætus Mnestheus, successuque acrior ipso,   210
  Agmine remorum celeri, ventisque vocatis,
  Prona petit maria, et pelago decurrit aperto.
  Qualis spelunca subito commota columba,
  Cui domus et dulces latebroso in pumice nidi,
  Fertur in arva volans, plausumque exterrita pennis   215
  Dat tecto ingentem ; mox aere lapsa quieto,
  Radit iter liquidum, celeres neque commovet alas :
  Sic Mnestheus, sic ipsa fuga secat ultima Pristis
  Æquora ; sic illam fert impetus ipse volantem.
  Et primum in scopulo luctantem deserit alto   220
  Sergestum brevibusque vadis, frustraque vocantem
  Auxilia, et fractis discentem currere remis.
  Inde Gyan ipsamque ingenti mole Chimæram
  Consequitur : cedit, quoniam spoliata magistro est.
  Solus jamque ipso superest in fine Cloanthus :   225

terme de la carrière. Mnesthée le suit et le presse en déployant toutes ses forces : alors, au milieu de cris redoublés, les vœux et la faveur des spectateurs excitent son zèle, et l'air retentit de bruyantes acclamations.

Les uns, fiers de l'avantage qu'ils ont obtenu, s'indignent de se voir disputer l'honneur d'une victoire qu'ils achèteraient au prix de leur vie; le succès des autres nourrit leur audace : ils peuvent, parce qu'ils croient pouvoir ; et peut-être les deux rivaux, arrivant ensemble, eussent partagé le prix, si Cloanthe, étendant ses deux bras vers les ondes, n'eût rendu les Dieux favorables à ses vœux, en leur adressant cette prière :

« Dieux qui régnez sur les mers, vous dont je parcours l'empire, si vous exaucez mes vœux, j'immolerai avec joie un taureau blanc, sur ce rivage, au pied de vos autels ; je jetterai ses entrailles dans les flots amers, et j'y joindrai des libations de vin. » Il dit, et, du fond des mers, tout le chœur des Néréides, les filles de Phorcus et la vierge Panopée ont entendu sa voix. Portunus lui-même pousse de sa puissante main le vaisseau, qui, plus vite que le vent, que la flèche légère, fuit vers la terre et vole dans le port.

Alors, selon la coutume, le fils d'Anchise, ayant appelé tous les combattants, proclame, par la voix du héraut, Cloanthe vain-

>Quem petit, et summis adnixus viribus urget.
>Tum vero ingeminat clamor, cunctique sequentem
>Instigant studiis, resonatque fragoribus æther.
>Hi proprium decus et partum indignantur honorem
>Ni teneant, vitamque volunt pro laude pacisci. 230
>Hos successus alit ; possunt, quia posse videntur.
>Et fors æquatis cepissent præmia rostris,
>Ni palmas ponto tendens utrasque Cloanthus
>Fudissetque preces, Divosque in vota vocasset
>« Di, quibus imperium est pelagi, quorum æquora curro.
>Vobis lætus ego hoc candentem in littore taurum 236
>Constituam ante aras, voti reus, extaque salsos
>Porriciam in fluctus, et vina liquentia fundam. »
>Dixit, cumque imis sub fluctibus audiit omnis
>Nereidum Phorcique chorus, Panopeaque virgo; 240
>Et pater ipse manu magna Portunus euntem
>Impulit : illa Noto citius volucrique sagitta
>Ad terram fugit, et portu se condidit alto.
>Tum satus Anchisa, cunctis ex more vocatis,
>Victorem magna præconis voce Cloanthum 245

queur, et lui couronne le front d'un laurier vert. Pour récompense, il fait donner à chaque navire trois taureaux à choisir, du vin et un talent d'argent. Il ajoute, pour les chefs, des présents d'honneur : le vainqueur reçoit une chlamyde à trame d'or, ornée d'une bordure où court et serpente en un double contour la pourpre de Mélibée. Sur ce tissu est représenté un jeune prince qui, de sa course et de ses traits, fatigue, plein d'ardeur, les cerfs agiles dans les forêts du mont Ida : il semble hors d'haleine, quand l'oiseau de Jupiter, du sommet de la montagne, fond sur lui d'un vol rapide, le saisit et l'enlève dans ses serres recourbées. En vain ses vieux gouverneurs tendent leurs mains vers les astres, et ses chiens fidèles frappent les airs de leurs aboiements furieux.

Celui qui, par son adresse, a obtenu le second rang reçoit une cuirasse où s'entrelace un triple rang de mailles d'or, et que le chef des Troyens, combattant sur les bords du rapide Simoïs, avait enlevée à Démolée, sous les remparts de Troie : il la donne à Mnesthée pour lui servir, dans les combats, de parure et de défense. Les esclaves Phégée et Sagaris avaient peine à la porter sur leurs épaules : mais Démolée en était revêtu, quand il poursuivait les Troyens dispersés.

Le troisième vainqueur reçoit deux larges bassins d'airain, et

Declarat, viridique advelat tempora lauro;
Muneraque in naves ternos optare juvencos,
Vinaque, et argenti magnum dat ferre talentum.
Ipsis præcipuos ductoribus addit honores :
Victori chlamydem auratam, quam plurima circum   250
Purpura mæandro duplici Melibœa cucurrit ;
Intextusque puer frondosa regius Ida
Veloces jaculo cervos cursuque fatigat
Acer, anhelanti similis, quem præpes ab Ida
Sublimem pedibus rapuit Jovis armiger uncis.   255
Longævi palmas nequidquam ad sidera tendunt
Custodes, sævitque canum latratus in auras.
At, qui deinde locum tenuit virtute secundum,
Levibus huic hamis consertam auroque trilicem
Loricam, quam Demoleo detraxerat ipse   260
Victor apud rapidum Simoenta sub Ilio alto,
Donat habere viro, decus et tutamen in armis.
Vix illam famuli Phegeus Sagarisque ferebant
Multiplicem, connixi humeris; indutus at olim
Demoleus cursu palantes Troas agebat.   265
Tertia dona facit geminos ex ære lebetas,

deux coupes d'argent, ornées de figures d'un travail exquis.

Déjà tous les prix étaient donnés ; déjà les vainqueurs marchaient glorieux, le front ceint de bandelettes de pourpre, lorsque, arraché après de longs efforts au rocher fatal, et dépouillé d'un rang de rames, le navire de Sergeste est ramené par lui sans gloire, au bruit de la risée générale. Tel souvent on voit un serpent, surpris au milieu du chemin, et qu'une roue d'airain a pressé obliquement, ou qu'un voyageur a laissé sanglant et à demi mort sous le coup d'une pierre fortement lancée : il s'efforce de fuir et se courbe inutilement en longs replis ; d'un côté, terrible, les yeux ardents, il dresse, en sifflant, sa tête altière ; de l'autre, arrêté par sa blessure, il roule et replie vainement sur lui-même ses membres mutilés. Tel, avec les débris de ses rames, se traînait lentement sur l'onde le vaisseau tardif de Sergeste. Cependant il déploie toutes ses voiles, et rentre enfin dans le port. Énée donne à Sergeste la récompense promise, pour avoir sauvé son vaisseau et ramené ses compagnons : Sergeste reçoit pour prix une esclave Crétoise, Pholoé, habile aux travaux de Minerve, et mère de deux jumeaux qu'elle nourrit de son lait.

Ce combat terminé, le pieux Énée se rend dans une plaine verdoyante qu'enferment de toutes parts des collines couronnées de forêts. Au milieu du vallon, est un cirque en amphithéâtre, où

    Cymbiaque argento perfecta, atque aspera signis.
    Jamque adeo donati omnes, opibusque superbi,
    Puniceis ibant evincti tempora tænis,
    Quum sævo e scopulo multa vix arte revulsus,   270
    Amissis remis, atque ordine debilis uno,
    Irrisam sine honore ratem Sergestus agebat.
    Qualis sæpe viæ deprensus in aggere serpens,
    Ærea quem obliquum rota transiit, aut gravis ictu
    Seminecem liquit saxo lacerumque viator :   275
    Nequidquam longos fugiens dat corpore tortus,
    Parte ferox, ardensque oculis, et sibila colla
    Arduus attollens ; pars vulnere clauda retentat
    Nexantem nodis, seque in sua membra plicantem.
    Tali remigio navis se tarda movebat :   280
    Vela facit tamen, et plenis subit ostia velis.
    Sergestum Æneas promisso munere donat,
    Servatam ob navem lætus sociosque reductos.
    Olli serva datur, operum haud ignara Minervæ,
    Cressa genus Pholoe, geminique sub ubere nati.   285
    Hoc pius Æneas misso certamine tendit
    Gramineum in campum, quem collibus undique curvis

le héros, suivi de nombreux milliers de spectateurs, monte et s'assied sur un tertre de gazon. De là, il excite, par l'offre des prix exposés aux regards, l'ardeur de ceux qui voudront prendre part aux luttes de la course rapide. De toutes parts accourent à la fois Troyens et Siciliens. Nisus et Euryale sont les premiers : Euryale, remarquable par sa beauté et dans la fleur de l'âge; Nisus qu'un pieux amour unit à ce jeune homme. Après eux, vient Diorès né du sang illustre de Priam : il est suivi de Salius et de Patron, l'un venu d'Acarnanie, l'autre issu d'une famille arcadienne de la ville de Tégée. Deux jeunes Siciliens paraissent ensuite, Helymus et Panope, accoutumés à la chasse dans les forêts, et compagnons du vieil Aceste. Puis beaucoup d'autres se préparent, dont les noms obscurs sont restés dans l'oubli.

Alors, du milieu de l'assemblée, Énée leur adresse ces mots : « Prêtez votre attention à mes paroles, et que vos cœurs s'ouvrent à la joie : aucun de vous ne partira sans recevoir une récompense. A chacun de vous je donnerai deux javelots crétois brillants d'un fer poli, avec une hache à deux tranchants, garnie d'argent ciselé. Ce présent sera commun à tous. Les trois premiers vainqueurs recevront des prix à part, et le jaune olivier ceindra leur front. Au premier appartiendra ce

Cingebant silvæ; mediaque in valle theatri
Circus erat, quo se multis cum millibus heros
Consessu medium tulit, exstructoque resedit.   290
Hic, qui forte velint rapido contendere cursu,
Invitat pretiis animos, et præmia ponit.
Undique conveniunt Teucri, mixtique Sicani :
Nisus et Euryalus primi :
Euryalus forma insignis, viridique juventa,   295
Nisus amore pio pueri : quos deinde secutus
Regius egregia Priami de stirpe Diores.
Hunc Salius, simul et Patron, quorum alter Acarnan,
Alter ab Arcadio Tegeææ sanguine gentis.
Tum duo Trinacrii juvenes, Helymus Panopesque,   300
Assueti silvis, comites senioris Acestæ ;
Multi præterea, quos fama obscura recondit.
Æneas quibus in mediis sic deinde locutus :
« Accipite hæc animis, lætasque advertite mentes.
Nemo ex hoc numero mihi non donatus abibit.   305
Gnossia bina dabo lævato lucida ferro
Spicula, cælatamque argento ferre bipennem :
Omnibus hic erit unus honos. Tres præmia primi
Accipient, flavaque caput nectentur oliva.

coursier magnifiquement équipé ; au second, un carquois d'Amazone rempli de flèches de Thrace, avec le large baudrier d'or qui l'entoure, et qu'attache, en agrafe arrondie, une pierre éclatante. Le troisième se contentera de ce casque, la dépouille d'un Grec. »

Il dit : les rivaux se placent, le signal est donné, et soudain tous, l'œil fixé sur le but, s'élancent de la barrière comme un tourbillon, et dévorent l'espace. A leur tête, et bientôt les laissant loin derrière lui, brille et vole Nisus plus léger que le vent, plus rapide que l'aile du tonnerre. Après lui vient Salius qui le suit de plus près, mais de plus près à un long intervalle. Le troisième, à quelque distance, est Euryale ; puis Helymus, puis Diorès, qui touche presque du pied le pied de son rival, et se penche sur son épaule : s'il restait un plus long espace à parcourir, il le devancerait par un élan rapide, ou rendrait du moins la victoire douteuse.

Déjà presque au bout de la carrière, les coureurs, hors d'haleine, allaient toucher au but, quand l'infortuné Nisus glisse dans le sang dont de jeunes taureaux, immolés en ce lieu, avaient imprégné l'herbe verdoyante. Déjà heureux et fier de sa victoire, il ne peut fixer sur le sol humide ses pieds chancelants ; il tombe

  Primus equum phaleris insignem victor habeto;   310
  Alter Amazoniam pharetram, plenamque sagittis
  Threiciis, lato quam circumplectitur auro
  Balteus, et tereti subnectit fibula gemma.
  Tertius Argolica hac galea contentus abito. »
  Hæc ubi dicta, locum capiunt, signoque repente   315
  Corripiunt spatia audito, limenque relinquunt,
  Effusi nimbo similes ; simul ultima signant.
  Primus abit, longeque ante omnia corpora Nisus
  Emicat, et ventis et fulminis ocior alis.
  Proximus huic, longo sed proximus intervallo,   320
  Insequitur Salius ; spatio post deinde relicto
  Tertius Euryalus :
  Euryalumque Helymus sequitur ; quo deinde sub ipso
  Ecce volat, calcemque terit jam calce Diores,
  Incumbens humero ; spatia et si plura supersint,   325
  Transeat elapsus prior, ambiguumve relinquat.
  Jamque fere spatio extremo, fessique, sub ipsam
  Finem adventabant, lævi quum sanguine Nisus
  Labitur infelix ; cæsis ut forte juvencis
  Fusus humum viridesque super madefecerat herbas. 330
  Hic juvenis, jam victor ovans, vestigia presso

en avant dans la fange immonde et dans le sang des victimes. Mais il n'oublie pas Euryale, qu'il aime si tendrement : soudain il se relève sur ce terrain glissant, se jette au devant de Salius, qui vacille et tombe sur l'arène sanglante, tandis qu'Euryale s'élance, et, vainqueur par le secours de son ami, fournit le premier la carrière, au bruit flatteur des applaudissements. Helymus arrive après lui, et la troisième palme appartient maintenant à Diorès.

Mais bientôt l'immense amphithéâtre retentit des clameurs de Salius ; il s'approche des premiers rangs où les chefs sont assis, et revendique un honneur que lui ravit la ruse. Euryale a pour lui la faveur de l'assemblée, la grâce de ses larmes, et le charme que la beauté ajoute à la vertu. Diorès le seconde et réclame à grands cris le prix pour Euryale : Diorès, arrivé le dernier, prétendrait en vain à la troisième palme, si la première était donnée à Salius. « Jeunes guerriers, dit Enée, vos prix demeurent assurés, et nul ne changera l'ordre des palmes : mais qu'il me soit permis de consoler un ami qui n'a pas mérité sa disgrâce. » Il dit, et donne à Salius l'énorme dépouille d'un lion de Gétulie, riche de longs poils et d'ongles dorés : alors Nisus . « Si les vaincus, s'écrie-t-il, reçoivent de tels prix, et si ceux qui tombent

<pre>
          Haud tenuit titubata solo; sed pronus in ipso
          Concidit immundoque fimo sacroque cruore.
          Non tamen Euryali, non ille oblitus amorum :
          Nam sese opposuit Salio per lubrica surgens;   335
          Ille autem spissa jacuit revolutus arena.
          Emicat Euryalus, et munere victor amici
          Prima tenet, plausuque volat fremituque secundo.
          Post Helymus subit, et nunc tertia palma Diores.
          Hic totum caveae consessum ingentis et ora   340
          Prima patrum magnis Salius clamoribus implet,
          Ereptumque dolo reddi sibi poscit honorem.
          Tutatur favor Euryalum, lacrymaeque decorae,
          Gratior et pulchro veniens in corpore virtus.
          Adjuvat, et magna proclamat voce Diores,   345
          Qui subiit palmae, frustraque ad praemia venit
          Ultima, si primi Salio redduntur honores.
          Tum pater Aeneas : « Vestra, inquit, munera vobis
          Certa manent, pueri, et palmam movet ordine nemo :
          Me liceat casus miserari insontis amici. »   350
          Sic fatus, tergum Gaetuli immane leonis
          Dat Salio, villis onerosum atque unguibus aureis.
          Hic Nisus : « Si tanta, inquit, sunt praemia victis,
</pre>

obtiennent votre pitié, quel honneur réservez-vous à Nisus, à moi qui méritais la première couronne, si la Fortune, dont se plaint Salius, ne m'eût trahi de même. » Et, en même temps, il montrait son visage et son corps souillés d'une fange impure. Le héros lui sourit avec bonté, et fait apporter un bouclier, ouvrage admirable de Didymaon, que jadis les Grecs avaient dérobé aux portes sacrées d'un temple de Neptune. Tel est le précieux don offert à Nisus.

La course finie, et les prix distribués : « Maintenant, si quelque athlète sent dans son cœur la force et le courage, qu'il vienne et lève ses bras armés du ceste! » Ainsi parle Énée : et, pour ce combat, il propose un double prix. Au vainqueur sera donné un jeune taureau dont les cornes sont ornées d'or et de bandelettes. Une épée et un casque magnifique consoleront le vaincu.

Aussitôt, fier de sa force immense et de sa haute stature, Darès se lève et s'avance au milieu d'un murmure flatteur : Darès qui osait seul lutter contre Pâris, et qui, près du tombeau où repose le grand Hector, affronta l'énorme et terrible Butès, tant de fois vainqueur, et issu d'Amycus, roi de Bébrycie, et l'étendit mourant sur l'arène. Tel le premier, levant sa tête altière, Darès se présente dans la lice : il étale ses larges épaules ; il étend et

    Et te lapsorum miseret, quæ munera Niso
    Digna dabis, primam merui qui laude coronam,   355
    Ni me, quæ Salium, Fortuna inimica tulisset? »
    Et simul his dictis faciem ostentabat, et udo
    Turpia membra fimo. Risit pater optimus olli,
    Et clypeum efferri jussit, Didymaonis artes,
    Neptuni sacro Danais de poste refixum.   360
    Hoc juvenem egregium præstanti munere donat.
    Post, ubi confecti cursus, et dona peregit :
    « Nunc, si cui virtus animusque in pectore præsens,
    Adsit, et evinctis attollat brachia palmis. »
    Sic ait, et geminum pugnæ proponit honorem :   365
    Victori velatum auro vittisque juvencum ;
    Ensem atque insignem galeam, solatia victo.
    Nec mora; continuo vastis cum viribus effert
    Ora Dares, magnoque virûm se murmure tollit ;
    Solus qui Paridem solitus contendere contra ;   370
    Idemque ad tumulum, quo maximus occubat Hector,
    Victorem Buten immani corpore, qui se
    Bebrycia veniens Amyci de gente ferebat,
    Perculit, et fulva moribundum extendit arena.
    Talis prima Dares caput altum in prœlia tollit,   375

déploie, l'un après l'autre, ses bras nerveux, et frappe l'air de coups redoublés. On lui cherche un adversaire ; mais, dans une assemblée si nombreuse, aucun n'ose affronter un pareil athlète, ni armer ses mains du ceste. Alors il triomphe, et, pensant que tous lui cèdent la palme, il s'avance aux pieds d'Énée ; et, sans plus attendre, de sa main gauche il saisit le taureau par la corne, et s'écrie : « Fils de Vénus, si personne n'ose hasarder le combat, jusques à quand dois-je attendre? pourquoi me retenir davantage? Ordonnez que j'emmène le prix. » Tous les Troyens font entendre un murmure approbateur, et veulent que la récompense promise lui soit délivrée.

En ce moment, Aceste gourmande vivement Entelle, assis auprès de lui sur le vert gazon : « Entelle, dit-il, est-ce donc en vain que jadis on te disait le plus vaillant des athlètes? souffriras-tu qu'un prix si glorieux soit enlevé sans combat? Où est maintenant ce dieu, ton maître, cet Éryx, que tu nous vantais en vain? Qu'est devenue ta gloire qui remplissait toute la Sicile? Où sont les trophées suspendus à tes lambris? » Entelle lui répond : « La crainte n'a point banni de mon cœur l'amour des louanges et de la gloire ; mais les glaces de la pesante vieillesse ont engourdi mon sang, et mon corps, refroidi par l'âge, languit sans vigueur. Si j'avais

  Ostenditque humeros latos, alternaque jactat
  Brachia protendens, et verberat ictibus auras.
  Quæritur huic alius; nec quisquam ex agmine tanto
  Audet adire virum, manibusque inducere cestus.
  Ergo alacris, cunctosque putans excedere palma, 380
  Æneæ stetit ante pedes, nec plura moratus,
  Tum læva taurum cornu tenet, atque ita fatur :
  « Nate dea, si nemo audet se credere pugnæ,
  Quæ finis standi? quo me decet usque teneri?
  Ducere dona jube. » Cuncti simul ore fremebant 385
  Dardanidæ, reddique viro promissa jubebant.
  Hic gravis Entellum dictis castigat Acestes,
  Proximus ut viridante toro consederat herbæ :
  « Entelle, heroum quondam fortissime frustra,
  Tantane tam patiens nullo certamine tolli 390
  Dona sines? ubi nunc nobis deus ille, magister
  Nequidquam memoratus, Eryx? Ubi fama per omnem
  Trinacriam, et spolia illa tuis pendentia tectis? »
  Ille sub hæc : « Non laudis amor, nec gloria cessit
  Pulsa metu ; sed enim gelidus tardante senecta 395
  Sanguis hebet, frigentque effetæ in corpore vires.

encore cette jeunesse qui donne à cet arrogant tant d'orgueil et de confiance, ce ne serait pas le prix proposé, ce ne serait pas ce superbe taureau qui m'eût amené ici : les prix me touchent peu. » Il dit, et jette sur l'arène deux cestes d'un poids énorme : c'étaient ceux dont le vaillant Éryx armait ses mains dans les combats, et que de dures courroies attachaient à ses bras vigoureux. Tous demeurent stupéfaits à l'aspect de ces effroyables gantelets où sept cuirs épais se replient sept fois sur eux-mêmes, et que hérissent des lames de plomb et de fer. Interdit plus que tous les autres, Darès refuse le combat avec de telles armes. Le magnanime fils d'Anchise les soulève, les pèse, et déroule l'immense volume des courroies. « Et que serait-ce donc, dit alors le vieux Entelle, si quelqu'un de vous eût vu les cestes d'Hercule, et l'affreux combat qui fut livré sur ce même rivage? Ces armes sont celles que portait autrefois Éryx, votre frère : vous les voyez encore empreintes de sang et de cervelles écrasées. C'est avec ces armes qu'il lutta contre le grand Alcide ; c'est avec elles que moi-même je combattais, quand un sang plus jeune nourrissait mes forces, et que la vieillesse jalouse n'avait pas, autour de mes tempes, blanchi mes cheveux. Mais, si le Troyen Darès refuse mes armes, si c'est la volonté du pieux Énée, et si

  Si mihi, quæ quondam fuerat, quaque improbus iste
  Exsultat fidens, si nunc foret illa juventas,
  Haud equidem pretio inductus pulchroque juvenco
  Venissem; nec dona moror. » Sic deinde locutus,   400
  In medium geminos immani pondere cestus
  Projecit, quibus acer Eryx in prœlia suetus
  Ferre manum, duroque intendere brachia tergo.
  Obstupuere animi ; tantorum ingentia septem
  Terga boum plumbo insuto ferroque rigebant.   405
  Ante omnes stupet ipse Dares, longeque recusat;
  Magnanimusque Anchisiades et pondus et ipsa
  Huc illuc vinclorum immensa volumina versat.
  Tum senior tales referebat pectore voces :
  « Quid, si quis cestus ipsius et Herculis arma   410
  Vidisset, tristemque hoc ipso in littore pugnam?
  Hæc germanus Eryx quondam tuus arma gerebat;
  Sanguine cernis adhuc sparsoque infecta cerebro.
  His magnum Alciden contra stetit ; his ego suetus,
  Dum melior vires sanguis dabat, æmula necdum   415
  Temporibus geminis canebat sparsa senectus.
  Sed, si nostra Dares hæc Troïus arma recusat,
  Idque pio sedet Æneæ, probat auctor Acestes,

Aceste l'approuve, rendons la lutte égale. Darès, je te fais grâce du ceste d'Éryx ; bannis ta crainte ; et toi, dépose le ceste troyen. »

Il dit, rejette de ses épaules son double manteau, découvre à nu ses membres énormes, ses os saillants, ses bras vigoureux ; et sa taille gigantesque s'élève au milieu de l'arène. Alors le fils d'Anchise prend des cestes égaux, et lui-même les attache aux mains des deux athlètes. A l'instant, l'un et l'autre se dressent sur la pointe des pieds, et, pleins d'une même audace, élèvent leurs bras dans les airs ; ils rejettent en arrière leurs têtes hautaines, pour les mettre à l'abri des coups, et, les mains entrelacées, préludent au combat. L'un, plus léger et plus agile, a pour lui l'avantage que donne la jeunesse ; l'autre est fort de sa masse et de sa vigueur musculaire, mais ses genoux lents et tremblants fléchissent, et ses larges flancs sont battus d'une haleine pénible. Mille coups sont, de part et d'autre, portés vainement ; mille tombent pressés sur leurs flancs, ou retentissent à grand bruit sur leur poitrine ; leur main rapide erre sans cesse autour des oreilles et des tempes ; les joues craquent sous les coups terribles du ceste. Entelle, par sa masse, se tient immobile et ferme dans son attitude ; un léger mouvement du corps, un coup d'œil vigilant le mettent à l'abri des coups de son rival. Tel un guerrier

 Æquemus pugnas. Erycis tibi terga remitto,
Solve metus ; et tu Trojanos exue cestus. » 420
Hæc fatus, duplicem ex humeris rejecit amictum,
Et magnos membrorum artus, magna ossa, lacertosque
Exuit, atque ingens media consistit arena.
Tum satus Anchisa cestus pater extulit æquos,
Et paribus palmas amborum innexuit armis. 425
Constitit in digitos extemplo arrectus uterque,
Brachiaque ad superas interritus extulit auras :
Abduxere retro longe capita ardua ab ictu,
Immiscentque manus manibus, pugnamque lacessunt.
Ille pedum melior motu, fretusque juventa ; 430
Hic membris et mole valens ; sed tarda trementi
Genua labant, vastos quatit æger anhelitus artus.
Multi viri nequidquam inter se vulnera jactant,
Multa cavo lateri ingeminant, et pectore vastos
Dant sonitus ; erratque aures et tempora circum 435
Crebra manus ; duro crepitant sub vulnere malæ.
Stat gravis Entellus, nisuque immotus eodem,
Corpore tela modo atque oculis vigilantibus exit.

qui attaque une ville munie de hauts remparts, ou qui assiége un
fort assis sur un mont élevé, tente l'un après l'autre tous les
accès, tourne en tous sens autour de la place, et presse vainement
l'ennemi d'assauts redoublés.

Enfin, Entelle se dresse, et lève sa main droite de toute sa
hauteur : Darès a vu le coup qui le menace, et, par un mouvement rapide, il recule et l'évite : l'effort d'Entelle est perdu dans
les airs, et lui-même, entraîné par son poids, tombe pesamment
sur l'arène : ainsi tombe, dans les forêts de l'Érymanthe ou de
l'Ida, un vieux pin creusé par le temps et arraché de ses racines.
Diversement émus, Troyens et Siciliens se lèvent, et leurs clameurs montent jusqu'au ciel. Aceste accourt le premier : il relève,
en le plaignant, cet ami dont l'âge est égal au sien. Mais le héros,
sans être ni ralenti, ni effrayé de sa chute, revient, plus terrible,
au combat ; sa force est excitée et doublée par la colère. La honte
et la conscience de son courage l'animent et l'enflamment : ardent,
il s'élance, et poursuit dans toute l'étendue de l'arène Darès
obligé de fuir devant lui ; et sans relâche il redouble ses coups,
tantôt de la main droite, tantôt de la main gauche. Point de
trêve, point de repos : comme une grêle épaisse se précipite de
la nue sur les toits qu'elle fait retentir, ainsi, le héros, à coups

Ille, velut celsam oppugnat qui molibus urbem,
Aut montana sedet circum castella sub armis, 440
Nunc hos, nunc illos aditus, omnemque pererrat
Arte locum, et variis assultibus irritus urget.
Ostendit dextram insurgens Entellus, et alte
Extulit : ille ictum venientem a vertice velox
Prævidit, celerique elapsus corpore cessit. 445
Entellus vires in ventum effudit, et ultro
Ipse gravis graviterque ad terram pondere vasto
Concidit ; ut quondam cava concidit aut Erymantho,
Aut Ida in magna, radicibus eruta pinus.
Consurgunt studiis Teucri et Trinacria pubes : 450
It clamor cœlo ; primusque accurrit Acestes,
Æquævumque ab humo miserans attollit amicum.
At, non tardatus casu neque territus, heros
Acrior ad pugnam redit, ac vim suscitat ira ;
Tum pudor incendit vires, et conscia virtus ; 455
Præcipitemque Daren ardens agit æquore toto,
Nunc dextra ingeminans ictus, nunc ille sinistra.
Nec mora, nec requies : quam multa grandine nimbi
Culminibus crepitant, sic densis ictibus heros

pressés, chasse d'un bras Darès, et de l'autre le fait tourner.

Alors Énée ne peut souffrir qu'emporté plus longtemps par la colère, Entelle se livre à une vengeance cruelle ; il fait cesser le combat, arrache des mains de son rival Darès épuisé de fatigue, et par ces mots console sa disgrâce : « Malheureux! quel aveuglement s'est emparé de ton esprit? ne sens-tu pas ici des forces plus qu'humaines et la présence de divinités contraires? Cède à un dieu! » Il dit, et sa voix sépare les combattants. De fidèles amis conduisent vers les vaisseaux Darès qui se traîne péniblement sur ses genoux, laisse pencher sa tête sur l'une et l'autre épaule, et vomit des flots d'un sang noir, où se mêlent les débris de ses dents. Ses compagnons sont rappelés : ils reçoivent des mains du fils d'Anchise le casque et l'épée, et abandonnent à Entelle la palme et le taureau. Alors Entelle, enorgueilli de sa victoire et fier du taureau qui en est le prix : « Fils de Vénus, et vous Troyens, dit-il, connaissez quelle fut ma force dans ma jeunesse, et de quelle mort vous venez de sauver Darès ! » Il dit, se dresse en face du taureau, prix de sa victoire, élève et ramène en arrière son bras armé du ceste formidable, frappe entre les deux cornes, fait rejaillir du front brisé la cervelle sanglante : tremblant, ren-

  Creber utraque manu pulsat versatque Dareta.   460
  Tum pater Æneas procedere longius iras,
  Et sævire animis Entellum haud passus acerbis ;
  Sed finem imposuit pugnæ, fessumque Dareta
  Eripuit, mulcens dictis, ac talia fatur :
  « Infelix, quæ tanta animum dementia cepit ?   465
  Non vires alias conversaque numina sentis ?
  Cede deo. » Dixitque, et prœlia voce diremit.
  Ast illum fidi æquales, genua ægra trahentem,
  Jactantemque utroque caput, crassumque cruorem
  Ore ejectantem, mixtosque in sanguine dentes,   470
  Ducunt ad naves; galeamque ensemque vocati
  Accipiunt : palmam Entello taurumque relinquunt.
  Hic victor, superans animis, tauroque superbus :
  « Nate dea, vosque hæc, inquit, cognoscite, Teucri,
  Et mihi quæ fuerint juvenili in corpore vires,   475
  Et qua servetis revocatum a morte Dareta. »
  Dixit, et adversi contra stetit ora juvenci,
  Qui donum adstabat pugnæ ; durosque reducta
  Libravit dextra media inter cornua cestus
  Arduus, effractoque illisit in ossa cerebro.   480
  Sternitur, exanimisque tremens procumbit humi bos.
  Ille super tales effundit pectore voces :

versé et sans vie, sur la terre tombe le taureau. « Éryx! s'écrie alors Entelle, je t'offre, au lieu du sang de Darès, cette victime plus digne de toi : vainqueur, ici je dépose le ceste, et renonce à mon art. »

Aussitôt Énée invite au combat, en offrant des prix aux vainqueurs, ceux qui voudront lancer la flèche rapide. Il dresse lui-même, d'une main puissante, le mât du vaisseau de Sergeste, et suspend au sommet, par un lien léger, une colombe qui doit servir de but. Déjà les rivaux sont assemblés, et un casque d'airain a reçu leurs noms : le premier qui sort, accueilli par de flatteuses clameurs, est celui d'Hippocoon, fils d'Hyrtacus ; le suivant, celui de Mnesthée, qui vient de triompher dans la lutte des vaisseaux, Mnesthée, dont le front est encore ceint de la couronne d'olivier. Le troisième est Eurytion, ton frère, illustre Pandarus, toi qui jadis, par l'ordre de Minerve, rompis la paix jurée, en lançant un trait fatal au milieu des Grecs. Le nom resté le dernier au fond du casque est celui d'Aceste, qui ose aussi tenter cet exercice de la jeunesse. Alors chacun, d'un bras vigoureux, courbe l'arc flexible et tire une flèche de son carquois. La première qui part est celle du jeune Hippocoon : la corde frémit, le trait siffle, fend l'air, frappe le mât et y demeure attaché :

« Hanc tibi, Eryx, meliorem animam pro morte Daretis
Persolvo : hic victor cestus artemque repono. »
Protinus Æneas celeri certare sagitta   485
Invitat qui forte velint, et præmia ponit;
Ingentique manu malum de nave Seresti
Erigit, et volucrem trajecto in fune columbam,
Quo tendant ferrum, malo suspendit ab alto.
Convenere viri, dejectamque ærea sortem   490
Accepit galea : et primus clamore secundo
Hyrtacidæ ante omnes exit locus Hippocoontis;
Quem modo navali Mnestheus certamine victor
Consequitur, viridi Mnestheus evinctus oliva.
Tertius Eurytion, tuus, o clarissime, frater,   495
Pandare, qui quondam, jussus confundere fœdus,
In medios telum torsisti primus Achivos.
Extremus galeaque ima subsedit Acestes,
Ausus et ipse manu juvenum tentare laborem.
Tum validis flexos incurvant viribus arcus   500
Pro se quisque viri, et depromunt tela pharetris:
Primaque per cœlum, nervo stridente, sagitta
Hyrtacidæ juvenis volucres diverberat auras,
Et venit, adversique infigitur arbore mali.

l'arbre tremble, l'oiseau effrayé agite ses ailes, et le vallon retentit de longs applaudissements. A son tour se présente l'ardent Mnesthée, l'arc tendu, la tête haute, l'œil et la flèche dirigés vers le but ; mais il ne réussit point à atteindre l'oiseau lui-même ; seulement il a rompu les nœuds du lien qui le retenait suspendu par la patte au sommet du mât. La colombe prend l'essor, et s'envole dans les sombres nuages. Soudain le prompt Eurytion, qui, depuis longtemps, tient sur l'arc bandé sa flèche préparée, invoque son frère, et, suivant de l'œil, dans l'espace, la colombe qui fend l'air d'une aile triomphante, il l'atteint dans l'épaisse nuée : elle tombe inanimée, exhale sa vie dans les cieux, et, dans sa chute, rapporte le trait qui l'a percée.

Aceste restait seul, et la palme était perdue pour lui. Cependant, jaloux de signaler son adresse et son arc retentissant, il lance un trait dans les airs ; et soudain à tous les regards s'offre un grand prodige, présage d'un malheur que l'événement fit bientôt connaître. Mais la voix effrayante des devins interpréta trop tard cet avis des Dieux. Le roseau volant s'embrase dans les nues, marque sa route par un sillon de feu, se consume et s'évanouit dans les airs, semblable à ces étoiles que souvent on voit

```
          Intremuit malus, timuitque exterrita pennis          505
      Ales, et ingenti sonuerunt omnia plausu.
      Post acer Mnestheus adducto constitit arcu,
      Alta petens, pariterque oculos telumque tetendit.
      Ast ipsam miserandus avem contingere ferro
      Non valuit; nodos et vincula linea rupit,                510
      Quis innexa pedem malo pendebat ab alto.
      Illa notos atque atra volans in nubila fugit.
      Tum rapidus, jamdudum arcu contenta parato
      Tela tenens, fratrem Eurytion in vota vocavit,
      Jam vacuo lætam cœlo speculatus, et alis                 515
      Plaudentem nigra figit sub nube columbam.
      Decidit exanimis, vitamque reliquit in astris
      Aeriis, fixamque refert delapsa sagittam.
      Amissa solus palma superabat Acestes ;
      Qui tamen aerias telum contendit in auras,               520
      Ostentans artemque pater arcumque sonantem.
      Hic oculis subitum objicitur magnoque futurum
      Augurio monstrum : docuit post exitus ingens,
      Seraque terrifici cecinerunt omina vates.
      Namque volans liquidis in nubibus arsit arundo,          525
      Signavitque viam flammis, tenuesque recessit
      Consumpta in ventos : cœlo ceu sæpe refixa
```

se détacher du ciel, courir dans l'espace et traîner une chevelure enflammée. Surpris et immobiles, Troyens et Siciliens implorent tous la protection des Dieux. Le magnanime Énée ne rejette point le présage ; mais, partageant la joie d'Aceste, il l'embrasse, le comble de présents magnifiques, et dit : « Recevez ce prix, ô mon père ; car le puissant roi de l'Olympe a voulu, par un prodige si éclatant, vous mettre au-dessus de tout rival. Anchise lui-même vous fait ce don par mes mains : c'est une coupe où l'art a ciselé des figures, et que Cissée, roi de Thrace, donna jadis à mon père, comme un monument et comme un gage de son amitié. » A ces mots, il ceint d'un laurier vert le front du vieillard, et le proclame le premier entre tous les vainqueurs. Le généreux Eurytion ne se montre point jaloux de cette préférence, quoique seul il ait atteint l'oiseau dans le haut des airs. Le second prix est donné à celui qui a rompu le lien ; et le dernier, à celui qui a fixé dans le mât sa flèche légère.

Cependant, avant la fin de ce dernier jeu, Énée appelle le fils d'Épytus, gouverneur et compagnon du jeune Iule, et confie ces mots à son oreille discrète : « Va, cours, et si Ascagne a réuni l'escadron des jeunes Troyens, s'il a tout disposé pour la marche et les évolutions, qu'il conduise ses compagnons au tombeau de

```
        Transcurrunt, crinemque volantia sidera ducunt.
        Attonitis hæsere animis, Superosque precati
        Trinacrii Teucrique viri : nec maximus omen      530
        Abnuit Æneas; sed lætum amplexus Acesten
        Muneribus cumulat magnis, ac talia fatur :
        « Sume, pater ; nam te voluit rex magnus Olympi
        Talibus auspiciis exsortem ducere honorem.
        Ipsius Anchisæ longævi hoc munus habebis,        535
        Cratera impressum signis, quem Thracius olim
        Anchisæ genitori in magno munere Cisseus
        Ferre sui dederat monumentum et pignus amoris. »
        Sic fatus, cingit viridanti tempora lauro,
        Et primum ante omnes victorem appellat Acesten.  540
        Nec bonus Eurytion prælato invidit honori,
        Quamvis solus avem cœlo dejecit ab alto.
        Proximus ingreditur donis, qui vincula rupit ;
        Extremus, volucri qui fixit arundine malum.
        At pater Æneas, nondum certamine misso,          545
        Custodem ad sese comitemque impubis Iuli
        Epytiden vocat, et fidam sic fatur ad aurem :
        « Vade age, et Ascanio, si jam puerile paratum
        Agmen habet secum, cursusque instruxit equorum,
```

son aïeul, et qu'il s'y montre lui-même sous les armes! » Le héros ordonne que le peuple nombreux, répandu dans le cirque, se range et laisse libre l'arène. Alors, sous les yeux de ses parents, s'avance la troupe des guerriers adolescents, qui brille sur des coursiers dociles au frein. A cette vue, les Troyens et les Siciliens font entendre un murmure d'admiration. Tous, selon l'usage antique, ont le front ceint d'une couronne de feuillage. Ils portent deux javelots de cornouiller, armés d'un fer aigu ; plusieurs ont sur l'épaule un léger carquois ; une chaîne d'or fondu circule autour de leur cou et flotte sur leur poitrine. Partagés en trois escadrons, ils obéissent à trois chefs : chaque chef est à la tête de douze cavaliers qui s'exercent à part sous des maîtres égaux. Le premier corps marche avec orgueil sous le jeune Priam, qui rappelle le nom de son illustre aïeul : c'est de toi qu'il naquit, généreux Polite, et sa noble postérité sera l'honneur de l'Italie. Il guide un cheval de Thrace, dont le corps, aux deux couleurs, est parsemé de taches blanches ; ses pieds de devant sont blancs, et il lève avec fierté son front éclatant de blancheur. Le second chef est Atys, d'où les Atius du Latium ont tiré leur origine : Atys, enfant chéri d'Iule enfant comme lui. Enfin le troisième chef, qui efface les autres par sa beauté, est Iule lui-même. Il

Ducat avo turmas, et sese ostendat in armis, 550
Dic, » ait. Ipse omnem longo decedere circo
Infusum populum, et campos jubet esse patentes.
Incedunt pueri, pariterque ante ora parentum
Frenatis lucent in equis ; quos omnis euntes
Trinacriæ mirata fremit Trojæque juventus. 555
Omnibus in morem tonsa coma pressa corona :
Cornea bina ferunt præfixa hastilia ferro ;
Pars lævos humero pharetras ; it pectore summo
Flexilis obtorti per collum circulus auri.
Tres equitum numero turmæ, ternique vagantur 560
Ductores ; pueri bis seni quemque secuti
Agmine partito fulgent, paribusque magistris.
Una acies juvenum, ducit quam parvus ovantem
Nomen avi referens Priamus, tua clara, Polite,
Progenies, auctura Italos ; quem Thracius albis 565
Portat equus bicolor maculis, vestigia primi
Alba pedis, frontemque ostentans arduus albam.
Alter Atys, genus unde Atii duxere Latini ;
Parvus Atys, pueroque puer dilectus Iulo.
Extremus, formaque ante omnes pulcher, Iulus 570

s'avance sur un cheval Sidonien, que la belle Didon lui avait donné comme un monument et comme un gage de son amour. Le reste des jeunes cavaliers monte des chevaux siciliens du vieil Aceste.

Les descendants de Dardanus accueillent par des applaudissements ces enfants timides, les contemplent avec joie, et se plaisent à reconnaître en eux les traits de leurs ancêtres. Dès que la jeune troupe eut fait le tour du cirque et se fut montrée à tous les yeux, le fils d'Épytus donne de loin le signal par un cri suivi d'un coup de fouet.

Les guerriers partent en nombre égal, rompent leurs lignes, et se forment en trois corps. Rappelés par leurs chefs, ils font un mouvement de conversion, et présentent leurs lances menaçantes. D'autres évolutions succèdent : ils se replient, se rapprochent, décrivent des cercles qui s'enlacent les uns dans les autres, et leur lutte retrace un simulacre des combats. Tantôt on les voit, fuyant, tourner le dos à l'ennemi ; tantôt, s'arrêtant, revenir à la charge ; et tantôt enfin, comme si la paix était faite, ils marchent réunis. Tel le fameux Labyrinthe de Crète offrait, dans son obscure enceinte, mille chemins perfides, mille issues trompeuses, dont la trace incessamment perdue égarait sans retour : tels, dans ces

    Sidonio est invectus equo, quem candida Dido
    Esse sui dederat monumentum et pignus amoris.
    Cetera Trinacriis pubes senioris Acestæ
    Fertur equis.
    Excipiunt plausu pavidos, gaudentque tuentes   575
    Dardanidæ, veterumque agnoscunt ora parentum.
    Postquam omnem læti consessum oculosque suorum
    Lustravere in equis, signum clamore paratis
    Epytides longe dedit, insonuitque flagello.
    Olli discurrere pares, atque agmina terni   580
    Diductis solvere choris, rursusque vocati
    Convertere vias, infestaque tela tulere.
    Inde alios ineunt cursus aliosque recursus
    Adversis spatiis, alternosque orbibus orbes
    Impediunt, pugnæque cient simulacra sub armis :   585
    Et nunc terga fuga nudant; nunc spicula vertunt
    Infensi ; facta pariter nunc pace feruntur.
    Ut quondam Creta fertur Labyrinthus in alta
    Parietibus textum cæsis iter ancipitemque
    Mille viis habuisse dolum, qua signa sequendi   590
    Falleret indeprensus et irremeabilis error :

jeux guerriers, les fils des Troyens, entremêlant leurs pas, confondaient leur fuite et leurs combats simulés : semblables au dauphins qui fendent les mers de Carpathos ou de Libye et se jouent dans les ondes. Dans la suite, Ascagne le premier renouvela ces usages, ces courses, ces combats, lorsqu'il entourait de remparts Albe la Longue; il enseigna aux peuples anciens du Latium ces jeux que lui-même, dans son enfance, il célébrait avec la jeunesse troyenne; les Albains les transmirent à leurs descendants, et c'est d'eux que la superbe Rome les a reçus : elle conserve fidèlement cette fête de ses aïeux, et maintenant ces jeux ont conservé le nom de Troie, et les enfants qui les célèbrent celui de légion troyenne.

Ainsi se terminèrent les jeux en l'honneur des mânes d'Anchise.

En ce moment, la Fortune changée cesse d'être fidèle aux Troyens. Tandis que, par ces jeux divers, ils honorent le tombeau d'Anchise, Junon, du haut de l'Olympe, envoie Iris vers la flotte d'Ilion, et ordonne aux vents de seconder son vol. La fille de Saturne roule dans son cœur mille projets, et son antique ressentiment n'est pas encore assouvi. Iris vole emportée sur son arc aux mille couleurs : invisible à tous les mortels, elle arrive, aperçoit autour de l'arène une foule immense, promène ses re-

Haud alio Teucrûm nati vestigia cursu
Impediunt, texuntque fugas et prælia ludo,
Delphinum similes, qui per maria humida nando
Carpathium Libycumque secant, luduntque per undas. 595
Hunc morem, hos cursus, atque hæc certamina primus
Ascanius, longam muris quum cingeret Albam,
Rettulit, et priscos docuit celebrare Latinos,
Quo puer ipse modo, secum quo Troia pubes :
Albani docuere suos; hinc maxima porro   600
Accepit Roma, et patrium servavit honorem;
Trojaque nunc, pueri, Trojanum dicitur agmen.
Hac celebrata tenus sancto certamina patri.
Hic primum Fortuna fidem mutata novavit.
Dum variis tumulo referunt sollemnia ludis,   605
Irim de cœlo misit Saturnia Juno
Iliacam ad classem, ventosque adspirat eunti,
Multa movens, necdum antiquum exsaturata dolorem.
Illa, viam celerans per mille coloribus arcum,
Nulli visa, cito decurrit tramite virgo.   610
Conspicit ingentem concursum, et littora lustrat,

gards sur le rivage, et voit le port désert et la flotte abandonnée.

Cependant, sur un bord écarté, les femmes de Troie pleuraient le trépas d'Anchise, et toutes regardaient la mer profonde en pleurant. « Hélas! s'écriaient-elles ensemble, après tant de souffrances, tant d'écueils encore, tant de mers à parcourir! » Elles demandent une ville où elles puissent enfin se fixer, elles sont lasses de supporter les fatigues de la mer. Habile dans l'art de nuire, Iris se jette au milieu d'elles, et, dépouillant les traits et les vêtements d'une déesse, elle prend la figure de la vieille Béroé, la vieille épouse de Doryclus l'Ismarien, Béroé qui eut jadis un rang, un nom et des fils. C'est ainsi qu'elle se présente parmi les Troyennes : « Malheureuses! s'écrie-t-elle, que n'avons-nous péri de la main des Grecs, sous les murs de notre patrie! O peuple infortuné! quel désastre la Fortune te réserve-t-elle encore! Voici le septième été qui, depuis la chute de Troie, achève son cours : et déjà il n'est point de mers, point de terres, point de rocs inhospitaliers, point de climats lointains que nous n'ayons parcourus! Jouets des flots, nous poursuivons à travers les abîmes de la mer l'Italie qui fuit devant nous. C'est ici le territoire d'Éryx, frère d'Énée, et le royaume d'Aceste notre hôte : qui empêche d'élever des remparts, et de donner une ville à nos concitoyens? O patrie! ô Pénates arrachés en vain à la fureur de l'ennemi!

Desertosque videt portus classemque relictam.
At procul in sola secretæ Troades acta
Amissum Anchisen flebant, cunctæque profundum
Pontum adspectabant flentes : « Heu! tot vada fessis, 615
Et tantum superesse maris! » vox omnibus una.
Urbem orant ; tædet pelagi perferre laborem.
Ergo inter medias sese, haud ignara nocendi,
Conjicit, et faciemque deæ vestemque reponit.
Fit Beroe, Ismarii conjux longæva Dorycli, 620
Cui genus, et quondam nomen, natique fuissent :
Ac sic Dardanidum mediam se matribus infert :
« O miseræ, quas non manus, inquit, Achaica bello
Traxerit ad letum patriæ sub mœnibus! o gens
Infelix! cui te exitio Fortuna reservat? 625
Septima post Trojæ excidium jam vertitur æstas,
Quum freta, quum terras omnes, tot inhospita saxa,
Sideraque emensæ ferimur, dum per mare magnum
Italiam sequimur fugientem, et volvimur undis.
Hic Erycis fines fraterni, atque hospes Acestes : 630
Quid prohibet muros jacere, et dare civibus urbem?
O patria, et rapti nequidquam ex hoste Penates!

nulle cité ne portera-t-elle plus le nom de Troie? ne verrai-je plus nulle part les fleuves d'Hector, le Xanthe, le Simoïs! Ah! plutôt courez brûler avec moi ces funestes vaisseaux! car, cette nuit, dans un songe, m'est apparue Cassandre, prêtresse inspirée, qui armait mon bras de torches ardentes : « Ici, m'a-t-elle dit, cher- « chez Troie ; ici est votre demeure. » Le moment d'agir est venu : n'hésitez point après un si grand prodige. Voilà quatre autels de Neptune : le dieu lui-même nous donne les torches ardentes et le courage. »

Elle dit, et, la première, saisit un funeste brandon, l'élève en l'air, en agite la flamme et le lance. Les Troyennes interdites la regardent avec stupéfaction. Alors la plus âgée d'entre elles, Pyrgo, jadis nourrice de tant de fils de Priam : « Non, Troyennes, dit-elle, ce n'est point Béroé que vous voyez, Béroé du cap Rhétée et femme de Doryclus! Remarquez cet éclat divin, ces yeux étincelants! Quelle noble fierté! quels traits! quel son de voix! quelle démarche! Sachez que moi-même tantôt j'ai laissé Béroé malade, s'affligeant d'être la seule qui ne pût rendre aux mânes d'Anchise les honneurs mérités. » Elle dit, et, d'abord inquiètes, irrésolues, les Troyennes jettent sur les vaisseaux des regards sinistres. Elles hésitent entre ce pays qu'elles aiment trop et

Nullane jam Trojæ dicentur mœnia? nusquam
Hectoreos amnes, Xanthum et Simoenta, videbo?
Quin agite, et mecum infaustas exurite puppes.   635
Nam mihi Cassandræ per somnum vatis imago
Ardentes dare visa faces : Hic quærite Trojam,
Hic domus est, inquit, vobis. Jam tempus agi res,
Nec tantis mora prodigiis. En quattuor aræ
Neptuno : deus ipse faces animumque ministrat. »   640
Hæc memorans, prima infensum vi corripit ignem,
Sublataque procul dextra connixa coruscat,
Et jacit. Arrectæ mentes, stupefactæque corda
Iliadum. Hic una e multis, quæ maxima natu,
Pyrgo, tot Priami natorum regia nutrix :   645
« Non Beroe vobis, non hæc Rhœteia, matres,
Est Dorycli conjux; divini signa decoris,
Ardentesque notate oculos; qui spiritus illi,
Qui vultus, vocisve sonus, vel gressus eunti.
Ipsa egomet dudum Beroen digressa reliqui   650
Ægram, indignantem, tali quod sola careret
Munere, nec meritos Anchisæ inferret honores. »
Hæc effata.
At matres, primo ancipites, oculisque malignis

l'empire où les destins les appellent, quand la déesse, balançant ses ailes, s'envole dans les airs et trace un arc immense de lumière en fuyant sous la nue. Alors, frappées de ce prodige, et emportées par la fureur, les Troyennes jettent un long cri, enlèvent les feux du foyer sacré, dépouillent les autels ; et le feuillage, les rameaux, les tisons brûlants sont lancés sur les vaisseaux. Abandonné à sa fureur, l'incendie s'étend ; il dévore et les bancs, et les rames, et les poupes ornées de peintures.

Eumèle accourt au tombeau d'Anchise et à l'amphithéâtre annoncer l'embrasement de la flotte ; et déjà les Troyens voient s'élever de noirs tourbillons de fumée et de flamme. Ascagne, qui, rayonnant de joie, conduisait encore son escadron, le premier presse son coursier rapide ; ses gouverneurs alarmés ne peuvent le retenir : il court vers le camp où tout est en désordre. « Quelle fureur étrange ! et quel est, dit-il, votre dessein, ô malheureuses ! Ce n'est point l'ennemi, ce n'est point la flotte des Grecs : ce sont vos espérances que vous brûlez ! Reconnaissez-moi : je suis votre Ascagne ! » Et il jette à ses pieds le casque, désormais inutile, qui couvrait dans les jeux guerriers son jeune front. En même temps, arrive Énée suivi de tous les Troyens. A sa vue, les femmes effrayées fuient et se dispersent le long du

    Ambiguæ, spectare rates, miserum inter amorem   655
    Præsentis terræ, fatisque vocantia regna,
    Quum dea se paribus per cœlum sustulit alis,
    Ingentemque fuga secuit sub nubibus arcum.
    Tum vero attonitæ monstris, actæque furore,
    Conclamant, rapiuntque focis penetralibus ignem ;   660
    Pars spoliant aras, frondem ac virgulta facesque
    Conjiciunt : furit immissis Vulcanus habenis
    Transtra per et remos, et pictas abiete puppes.
    Nuntius Anchisæ ad tumulum cuneosque theatri
    Incensas perfert naves Eumelus ; et ipsi   665
    Respiciunt atram in nimbo volitare favillam.
    Primus et Ascanius, cursus ut lætus equestres
    Ducebat, sic acer equo turbata petivit
    Castra, nec exanimes possunt retinere magistri.
    « Quis furor iste novus ? quo nunc, quo tenditis, inquit, 670
    Heu ! miseræ cives ? non hostem inimicaque castra
    Argivûm, vestras spes uritis. En ego vester
    Ascanius. » Galeam ante pedes projecit inanem,
    Qua ludo indutus belli simulacra ciebat.
    Accelerat simul Æneas, simul agmina Teucrûm.   675
    Ast illæ diversa metu per littora passim

rivage, et vont furtivement cacher dans les bois, dans les creux des rochers, la honte qui les presse : détestant leur forfait et la lumière, elles reconnaissent leurs concitoyens, et Junon cesse de régner dans leurs âmes.

Cependant l'incendie conserve encore sa fureur indomptable : l'étoupe embrasée vomit une épaisse fumée et alimente le feu sous le bois humide ; une vapeur brûlante mine sourdement les carènes, et bientôt tout le corps des navires est en proie au fléau dévorant. Ni l'activité des guerriers, ni l'eau versée par torrents, ne peuvent l'arrêter. Alors le pieux Énée dépouille ses vêtements, invoque le secours des dieux, et, les mains tendues vers le ciel : « O Jupiter tout-puissant, s'écrie-t-il, si tu n'as pas juré de perdre jusqu'au dernier Troyen, et si ton antique pitié s'intéresse encore aux malheurs des mortels, permets, en ce moment, que mes vaisseaux échappent à la fureur des flammes ! Sauve de la ruine les faibles ressources des Troyens : ou, pour achever ton œuvre, lance sur moi ta foudre vengeresse, si je l'ai mérité, et de ta main écrase-moi ! » A peine a-t-il parlé, qu'au milieu de sombres nuages amoncelés la tempête éclate furieuse : les monts et les plaines sont ébranlés des éclats du tonnerre. Poussée par le souffle violent de l'Auster, la pluie qui tombe par torrents inonde les navires, pénètre le chêne à demi consumé ; enfin tous les

    Diffugiunt, silvasque et sicubi concava furtim
    Saxa, petunt : piget incepti, lucisque, suosque
    Mutatæ agnoscunt, excussaque pectore Juno est.
    Sed non idcirco flammæ atque incendia vires   680
    Indomitas posuere : udo sub robore vivit
    Stuppa vomens tardum fumum, lentusque carinas
    Est vapor, et toto descendit corpore pestis ;
    Nec vires heroum infusaque flumina prosunt.
    Tum pius Æneas humeris abscindere vestem,   685
    Auxilioque vocare deos, et tendere palmas :
    « Juppiter omnipotens, si nondum exosus ad unum
    Trojanos, si quid pietas antiqua labores
    Respicit humanos, da flammam evadere classi
    Nunc, pater, et tenues Teucrûm res eripe leto.   690
    Vel tu, quod superest, infesto fulmine morti,
    Si mereor, demitte, tuaque hic obrue dextra. »
    Vix hæc ediderat, quum effusis imbribus atra
    Tempestas sine more furit, tonitruque tremiscunt
    Ardua terrarum et campi ; ruit æthere toto   695
    Turbidus imber aqua, densisque nigerrimus austris ;
    Implenturque super puppes ; semiusta madescunt

feux s'éteignent, et, à l'exception de quatre **navires dévorés** par la flamme, tous les autres échappent au fléau.

Cependant, abattu par cet affreux revers, Énée flotte irrésolu entre les graves soucis qui agitent son cœur : oubliant les destins, se fera-t-il dans la Sicile une patrie? ou devra-t-il chercher encore l'Italie à travers les mers? Tandis qu'il est incertain, le vieux Nautès, que Pallas instruisit elle-même et rendit célèbre par une science profonde de l'avenir, fait connaître au héros ce qu'il devra craindre de la colère des dieux, et ce que, dans leurs décrets immuables, exigent les destins. Il console le chef des Troyens en ces mots : « Fils de Vénus, suivons, malgré tous les obstacles, la route où les destins nous entraînent. Quoi qu'il arrive, la patience triomphe toujours de la fortune. Aceste est Troyen comme vous ; comme vous il est du sang des dieux. Associez-le à vos projets, et formez avec lui l'alliance qu'il désire. Remettez entre ses mains ceux de vos compagnons dont les vaisseaux sont perdus, et tous ceux que rebutent votre grande entreprise et vos nobles travaux : les vieillards accablés d'ans, les femmes fatiguées de la mer, enfin tout ce qui languit sans force et sans courage contre les dangers. Qu'ils trouvent sur cette terre amie un asile et du repos. Aceste permettra qu'ils donnent à leur ville

    Robora ; restinctus donec vapor omnis, et omnes,
    Quattuor amissis, servatæ a peste carinæ.
    At pater Æneas, casu concussus acerbo,   700
    Nunc huc ingentes, nunc illuc pectore curas
    Mutabat versans, Siculisne resideret arvis,
    Oblitus fatorum, Italasne capesseret oras.
    Tum senior Nautes, unum Tritonia Pallas
    Quem docuit, multaque insignem reddidit arte,   705
    Hæc responsa dabat, vel quæ portenderet ira
    Magna deûm, vel quæ fatorum posceret ordo.
    Isque his Ænean solatus vocibus infit :
    « Nate dea, quo fata trahunt retrahuntque, sequamur ;
    Quidquid erit, superanda omnis fortuna ferendo est. 710
    Est tibi Dardanius divinæ stirpis Acestes :
    Hunc cape consiliis socium, et conjunge volentem ;
    Huic trade amissis superant qui navibus, et quos
    Pertæsum magni incepti rerumque tuarum est ;
    Longævosque senes, ac fessas æquore matres,   715
    Et quidquid tecum invalidum metuensque pericli est,
    Delige, et his habeant terris sine mœnia fessi :
    Urbem appellabunt permisso nomine Acestam. »

son nom. » Le héros se sent ranimé par ce discours d'un vieillard qu'il aime, et se livre à tous les soins divers dont son âme est occupée.

La Nuit sombre, sur son char à deux coursiers, parcourait le ciel, quand Énée crut voir descendre de l'Olympe l'ombre de son père Anchise, qui lui parla ainsi : « Mon fils, toi qui me fus plus cher que la vie, tant que j'ai vécu ; mon fils, toi que poursuit obstinément le destin d'Ilion, je viens vers toi par l'ordre de Jupiter, qui a écarté la flamme de tes vaisseaux, et qui, du haut des cieux, a pris enfin pitié de tes maux. Suis les excellents conseils que te donne le vieux Nautès. Transporte en Italie l'élite de tes compagnons, tes plus vaillants guerriers. Tu auras à soumettre, dans le Latium, un peuple belliqueux et farouche. Mais pénètre, auparavant, dans les demeures infernales de Pluton, et traverse les profondeurs de l'Averne, pour jouir de mon entretien : ce n'est point dans l'affreux Tartare, parmi ses tristes Ombres, qu'est mon séjour : j'habite l'Élysée, agréable séjour des hommes pieux. C'est là qu'une chaste Sibylle guidera tes pas, si tu verses abondamment le sang de noires victimes. Là, tu connaîtras toute ta postérité, et l'empire qui t'est promis. Et maintenant, adieu ! Déjà la nuit humide a fourni la moitié de sa carrière, et j'ai senti le souffle brûlant des coursiers haletants du Soleil. » Il dit, et,

Talibus incensus dictis senioris amici,
Tum vero in curas animum diducitur omnes.   720
Et Nox atra polum bigis subvecta tenebat :
Visa dehinc cœlo facies delapsa parentis
Anchisæ subito tales effundere voces :
« Nate, mihi vita quondam, dum vita manebat,
Care magis, nate, Iliacis exercite fatis,   725
Imperio Jovis huc venio, qui classibus ignem
Depulit, et cœlo tandem miseratus ab alto est.
Consiliis pare, quæ nunc pulcherrima Nautes
Dat senior: lectos juvenes, fortissima corda,
Defer in Italiam. Gens dura atque aspera cultu   730
Debellanda tibi Latio est. Ditis tamen ante
Infernas accede domos, et Averna per alta
Congressus pete, nate, meos. Non me impia namque
Tartara habent, tristes umbræ, sed amœna piorum
Concilia Elysiumque colo. Huc casta Sibylla   735
Nigrarum multo pecudum te sanguine ducet.
Tum genus omne tuum, et, quæ dentur mœnia, disces.
Jamque vale : torquet medios Nox humida cursus,
Et me sævus equis Oriens afflavit anhelis. »

comme une vapeur légère, s'évanouit dans les airs : « O mon père, s'écrie Énée, où cours-tu? où vas-tu te cacher à ma vue? pourquoi me fuir? et qui t'enlève à mes embrassements? » A ces mots, il réveille la flamme assoupie sous la cendre, et, répandant la farine sacrée et l'encens, il invoque les Pénates de Troie et l'antique Vesta. Aussitôt il convoque ses compagnons, et Aceste le premier. Il leur annonce l'ordre de Jupiter, les conseils d'un père chéri, et les résolutions auxquelles son esprit s'arrête. A l'instant tout est approuvé; Aceste a consenti. On inscrit pour la ville nouvelle ceux qu'on doit y laisser, les femmes et les Troyens pour qui la gloire a peu d'attrait. Les autres rétablissent les bancs des rameurs, remplacent les bois endommagés par la flamme, garnissent les vaisseaux de rames, de cordages : ils sont peu nombreux, mais pleins d'ardeur et de courage.

Cependant Énée trace, avec la charrue, l'enceinte de la ville. Le sort assigne les demeures : le héros veut qu'on y retrouve un autre Ilion, une seconde Troie. Aceste se réjouit de ce nouveau royaume : il marque le lieu du forum, et donne des lois à l'assemblée des vieillards formée en sénat; un temple, consacré à Vénus d'Idalie, s'élève sur la cime de l'Éryx; enfin, un prêtre est établi près du tombeau d'Anchise, dont un bois sacré forme l'enceinte.

  Dixerat, et tenues fugit, ceu fumus, in auras.   740
  Æneas : « Quo deinde ruis? quo proripis? inquit;
  Quem fugis ? aut quis te nostris complexibus arcet? »
  Hæc memorans, cinerem et sopitos suscitat ignes,
  Pergameumque Larem, et canæ penetralia Vestæ
  Farre pio et plena supplex veneratur acerra.   745
  Extemplo socios primumque arcessit Acesten,
  Et Jovis imperium, et cari præcepta parentis
  Edocet, et quæ nunc animo sententia constet.
  Haud mora consiliis, nec jussa recusat Acestes.
  Transcribunt urbi matres, populumque volentem   750
  Deponunt, animos nil magnæ laudis egentes.
  Ipsi transtra novant, flammisque ambesa reponunt
  Robora navigiis; aptant remosque rudentesque,
  Exigui numero; sed bello vivida virtus.
  Interea Æneas urbem designat aratro,   755
  Sortiturque domos : hoc Ilium, et hæc loca Trojam
  Esse jubet. Gaudet regno Trojanus Acestes;
  Indicitque forum, et patribus dat jura vocatis.
  Tum vicina astris Erycino in vertice sedes
  Fundatur Veneri Idaliæ, tumuloque sacerdos   760
  Ac lucus late sacer additur Anchisæo.

Déjà neuf jours se sont écoulés dans la solennité des sacrifices et dans la joie des festins : les vents paisibles ont aplani les mers; l'Auster, par son haleine favorable, ne cesse d'appeler les Troyens sur les ondes. Alors retentissent sur tout le rivage de tristes gémissements; le jour et la nuit, les pleurs et de longs embrassements retardent les adieux; et déjà ceux que naguère épouvantaient l'aspect de la mer et l'affreux courroux de Neptune, les femmes elles-mêmes, veulent partir et braver tous les maux de l'exil. Mais, par des paroles amies, Énée les console avec bonté, et les recommande en pleurant à son compatriote Aceste. Puis il ordonne qu'on immole à Éryx trois jeunes taureaux, aux Tempêtes une jeune brebis, et qu'on détache, dans l'ordre accoutumé, les câbles qui retiennent les vaisseaux au rivage. Lui-même, la tête ceinte d'une couronne d'olivier, et debout sur la proue, il tient à la main une coupe, jette les entrailles des victimes dans l'onde amère, et y répand des libations de vin. Le vent s'élève et suit en poupe les vaisseaux : les rameurs frappent à l'envi la mer et soulèvent les flots écumants.

Cependant, toujours inquiète, Vénus aborde Neptune, et se plaint en ces termes : « L'implacable colère de Junon, et sa haine que rien ne peut assouvir, me forcent, ô Neptune! à descendre

Jamque dies epulata novem gens omnis, et aris
Factus honos : placidi straverunt æquora venti,
Creber et adspirans rursus vocat Auster in altum.
Exoritur procurva ingens per littora fletus;   765
Complexi inter se noctemque diemque morantur.
Ipsæ jam matres, ipsi, quibus aspera quondam
Visa maris facies, et non tolerabile numen,
Ire volunt, omnemque fugæ perferre laborem.
Quos bonus Æneas dictis solatur amicis,   770
Et consanguineo lacrymans commendat Acestæ.
Tres Eryci vitulos et Tempestatibus agnam
Cædere deinde jubet, solvique ex ordine funem.
Ipse, caput tonsæ foliis evinctus olivæ,
Stans procul in prora, pateram tenet, extaque salsos   775
Porricit in fluctus, ac vina liquentia fundit.
Prosequitur surgens a puppi ventus euntes :
Certatim socii feriunt mare, et æquora verrunt.
At Venus interea Neptunum exercita curis
Alloquitur, talesque effundit pectore questus :   780
« Junonis gravis ira et inexsaturabile pectus
Cogunt me, Neptune, preces descendere in omnes :
Quam nec longa dies, pietas nec mitigat ulla;

à toutes les prières. Ni le temps, ni la piété, ne calment son ressentiment. Sa haine infatigable brave les ordres de Jupiter et les arrêts du destin. Pour elle ce n'est point assez d'avoir renversé, au sein de la Phrygie, une ville puissante, et d'en avoir traîné les grands débris à travers toutes les infortunes : elle poursuit encore la cendre et les ossements de Troie au delà du tombeau. Elle seule connaît les causes d'une telle fureur. Vous-même, naguère, vous fûtes témoin de l'affreuse et soudaine tempête excitée par elle sur les ondes de la Libye. Secondée par la fureur des vents qu'Éole déchaîna, mais en vain, elle confondit la mer avec les cieux : voilà ce que Junon a osé dans votre empire. Et, par un crime nouveau, égarant les esprits des Troyennes, elle vient de brûler honteusement nos vaisseaux, et de réduire mon fils, en détruisant sa flotte, à laisser ses compagnons sur une terre inconnue. Que du moins ce qui reste puisse, je vous en conjure, déployer en sûreté ses voiles sur les flots ! qu'il puisse aborder aux rives du Tibre, dans les champs de Laurente, si ma demande est juste, et si les Parques nous accordent ces remparts tant promis ! »

Alors le fils de Saturne, souverain des mers profondes, répond à la déesse : « Vous avez tout droit, Cythérée, de ne rien craindre dans mon empire, qui fut votre berceau. J'ai moi-même mérité votre confiance. Souvent j'ai fait taire les vents, et réprimé la

```
Nec Jovis imperio fatisque infracta quiescit.
Non media de gente Phrygum exedisse nefandis          785
Urbem odiis satis est, nec pœnam traxe per omnem
Relliquias ; Trojæ cineres atque ossa peremptæ
Insequitur. Causas tanti sciat illa furoris !
Ipse mihi nuper Libycis tu testis in undis
Quam molem subito excierit : maria omnia cœlo        790
Miscuit, Æoliis nequidquam freta procellis ;
In regnis hoc ausa tuis.
Per scelus ecce etiam, Trojanis matribus actis,
Exussit fœde puppes, et classe subegit
Amissa socios ignotæ linquere terræ.                  795
Quod superest, oro, liceat dare tuta per undas
Vela tibi ; liceat Laurentem attingere Tibrim,
Si concessa peto, si dant ea mœnia Parcæ. »
Tum Saturnius hæc domitor maris edidit alti :
« Fas omne est, Cytherea, meis te fidere regnis,      800
Unde genus ducis. Merui quoque ; sæpe furores
Compressi et rabiem tantam cœlique marisque.
```

colère furieuse du ciel et de la mer. Sur la terre même, j'en atteste le Xanthe et le Simoïs, mes soins ont veillé sur votre fils. Lorsque le terrible Achille, poursuivant les Troyens, repoussait sous les remparts de Pergame leurs phalanges éperdues, et par milliers les livrait à la mort ; quand les fleuves gémissaient regorgeant de cadavres, et que le Xanthe, arrêté dans son cours, ne pouvait plus rouler son onde vers la mer, Énée osa se mesurer avec le vaillant fils de Pélée, sans posséder une force égale, sans avoir, comme lui, la faveur des dieux : je le couvris d'un épais nuage, et l'arrachai au trépas. Cependant alors je voulais renverser cette Troie parjure et ces murs élevés par mes mains. Mes sentiments ne sont point changés : bannissez toute crainte ; votre fils arrivera, sans péril, aux ports de l'Averne. Un seul de ses compagnons, par lui regretté, périra dans les flots : une seule tête sera dévouée pour le salut de tous. »

Neptune, par ces mots, calme et réjouit la déesse. Il attelle ses coursiers, met dans leur bouche un mors écumant, et sa main leur abandonne entièrement les rênes. Son char azuré vole rasant la surface des eaux : l'onde s'aplanit ; la mer gonflée s'abaisse sous l'essieu retentissant, et dans tout le ciel les nuages disparaissent. Dans le nombreux cortége du dieu, à droite, nagent les immenses baleines, et la troupe du vieux Glaucus, et Palémon,

Nec minor in terris, Xanthum Simoentaque testor,
Æneæ mihi cura tui : quum Troia Achilles
Exanimata sequens impingeret agmina muris, 805
Millia multa daret leto, gemerentque repleti
Amnes, nec reperire viam, atque evolvere posset
In mare se Xanthus, Pelidæ tunc ego forti
Congressum Æneam, nec dis nec viribus æquis,
Nube cava rapui, cuperem quum vertere ab imo 810
Structa meis manibus perjuræ mœnia Trojæ.
Nunc quoque mens eadem perstat mihi ; pelle timorem.
Tutus, quos optas, portus accedet Averni.
Unus erit tantum, amissum quem gurgite quæret ;
Unum pro multis dabitur caput. » 815
His ubi læta deæ permulsit pectora dictis,
Jungit equos auro genitor, spumantiaque addit
Frena feris, manibusque omnes effundit habenas.
Cæruleo per summa levis volat æquora curru.
Subsidunt undæ, tumidumque sub axe tonanti 820
Sternitur æquor aquis ; fugiunt vasto æthere nimbi.
Tum variæ comitum facies, immania cete,
Et senior Glauci chorus, Inousque Palæmon,

fils d'Ino, et les agiles Tritons, et toute l'armée de Phorcus : à gauche, Thétis et Mélite, la chaste Panopée, Nésée et Spio, Thalie et Cymodocé.

Alors une douce joie pénètre dans l'âme incertaine d'Énée. Il ordonne qu'on relève à l'instant tous les mâts, qu'aux deux bras de la vergue la voile se déploie : et soudain tous, de concert, s'empressent ; à droite, à gauche, ils resserrent ou détendent les cordages, tournent et retournent les antennes, hissent les voiles, et la flotte vole sous la douce haleine des vents ; Palinure la conduit et la dirige : c'est sur lui que les autres pilotes doivent régler leur marche.

Déjà la Nuit humide touchait à la moitié de sa carrière. Durement étendus sur les bancs, les matelots, sous leurs rames, abandonnaient leurs membres fatigués aux douceurs du repos, quand le sommeil descend légèrement de la voûte étoilée, écarte les ténèbres de l'air, et te cherche, infortuné Palinure, t'apportant des songes funestes. Le dieu, sous les traits de Phorbas, s'assied sur le haut de la poupe, et de sa bouche sortent ces trompeuses paroles : « Fils d'Iasus, les flots tranquilles emportent nos vaisseaux ; l'haleine égale des vents nous favorise : c'est l'heure propice au repos : repose ta tête, et dérobe au travail tes

Tritonesque citi, Phorcique exercitus omnis.
Læva tenent Thetis, et Melite, Panopeaque virgo, 825
Nesææ, Spioque, Thaliaque, Cymodoceque.
Hic patris Æneæ suspensam blanda vicissim
Gaudia pertentant mentem ; jubet ocius omnes
Attolli malos, intendi brachia velis.
Una omnes fecere pedem, pariterque sinistros, 830
Nunc dextros solvere sinus ; una ardua torquent
Cornua, detorquentque : ferunt sua flamina classem.
Princeps ante omnes densum Palinurus agebat
Agmen ; ad hunc alii cursum contendere jussi.
Jamque fere mediam cœli Nox humida metam 835
Contigerat ; placida laxarant membra quiete
Sub remis fusi per dura sedilia nautæ :
Quum levis æthereis delapsus Somnus ab astris
Aera dimovit tenebrosum, et dispulit umbras,
Te, Palinure, petens, tibi somnia tristia portans 840
Insonti, puppique deus consedit in alta,
Phorbanti similis, funditque has ore loquelas :
« Iaside Palinure, ferunt ipsa æquora classem ;
Æquatæ spirant auræ ; datur hora quieti :
Pone caput, fessosque oculos furare labori. 845

yeux fatigués. Moi-même, un moment, je tiendrai ta place au gouvernail. » Palinure ouvre avec effort ses paupières appesanties : « Crois-tu donc, dit-il, que je connaisse si peu le calme insidieux des mers et de leurs flots paisibles? moi! je me fierais à cet élément perfide! et, tant de fois trompé par l'apparence d'un ciel serein, j'abandonnerais Énée à des vents infidèles! » Il dit, et de ses mains s'attache avec force au gouvernail, et tient ses yeux fixés sur les astres. Alors le dieu secoue, sur ses deux tempes, un rameau trempé dans les eaux du Léthé, et que le Styx imprégna de vapeurs assoupissantes. Soudain, malgré l'effort de Palinure, ses yeux appesantis se ferment, et à peine ce sommeil inattendu s'est-il glissé dans ses membres, le dieu se jette sur lui, et le précipite dans les ondes avec le gouvernail et une partie de la poupe arrachée. Palinure appelle en vain ses compagnons à son secours ; le dieu, déployant ses ailes, remonte dans les airs.

Cependant la flotte suit son paisible chemin, et vogue confiante dans les promesses de Neptune. Déjà elle approchait des rochers des Sirènes, écueils jadis redoutables, et qu'ont blanchis les ossements de tant de victimes. Déjà, de loin, on entendait retentir ces rocs bruyants incessamment battus des flots amers,

Ipse ego paulisper pro te tua munera inibo. »
Cui vix attollens Palinurus lumina fatur :
« Mene salis placidi vultum fluctusque quietos
Ignorare jubes ? mene huic confidere monstro?
Æneam credam quid enim fallacibus Austris,   850
Et cœli toties deceptus fraude sereni? »
Talia dicta dabat, clavumque affixus et hærens
Nusquam amittebat, oculosque sub astra tenebat.
Ecce deus ramum Lethæo rore madentem,
Vique soporatum Stygia, super utraque quassat   855
Tempora, cunctantique natantia lumina solvit.
Vix primos inopina quies laxaverat artus;
Et super incumbens, cum puppis parte revulsa,
Cumque gubernaclo, liquidas projecit in undas
Præcipitem, ac socios nequidquam sæpe vocantem.   860
Ipse volans tenues se sustulit ales in auras.
Currit iter tutum non secius æquore classis,
Promissisque patris Neptuni interrita fertur.
Jamque adeo scopulos Sirenum advecta subibat,
Difficiles quondam, multorumque ossibus albos;   865
Tum rauca assiduo longe sale saxa sonabant :
Quum pater amisso fluitantem errare magistro

lorsque Énée voit son navire errant, sans guide, à la merci des flots. Lui-même il le dirige sur les ondes ténébreuses; il gémit amèrement, et s'afflige du malheur de son ami : « O Palinure! dit-il, pour avoir trop compté sur la trompeuse sérénité du ciel et de la mer, ton corps restera sans sépulture sur une plage ignorée! »

> Sensit, et ipse ratem nocturnis rexit in undis,
> Multa gemens, casuque animum concussus amici :
> « O nimium cœlo et pelago confise sereno, 870
> Nudus in ignota, Palinure, jacebis arena! »

LIVRE SIXIÈME

Ainsi parle Énée en pleurant, et il lâche les rênes à sa flotte. Enfin il aborde aux rives de Cumes, colonie d'Eubéens. Les proues sont tournées vers la mer; l'ancre, avec sa dent mordante, retient les vaisseaux, et les poupes recourbées bordent le rivage. La jeunesse troyenne s'élance ardente sur la terre d'Hespérie. Les uns cherchent dans les veines d'un caillou les semences de feu qu'il recèle; d'autres parcourent les forêts, sombres repaires des bêtes sauvages, et montrent les sources qu'ils ont découvertes.

Cependant le pieux Énée gravit la montagne où s'élève le temple d'Apollon, et se rend à l'antre écarté et profond où la redoutable Sibylle reçoit du dieu de Délos ses prophétiques inspirations, son enthousiasme divin et la science de l'avenir. Déjà il pénètre dans le bois sacré de la triple Hécate, et sous les toits dorés du temple. Dédale, fuyant les États de Minos, osa, dit-on, se confier aux plaines de l'air sur des ailes rapides, et, par cette route nouvelle,

LIBER SEXTUS.

Sic fatur lacrymans, classique immittit habenas,
Et tandem Euboicis Cumarum allabitur oris.
Obvertunt pelago proras; tum dente tenaci
Anchora fundabat naves, et littora curvæ
Prætexunt puppes. Juvenum manus emicat ardens   5
Littus in Hesperium : quærit pars semina flammæ
Abstrusa in venis silicis; pars, densa ferarum
Tecta, rapit silvas, inventaque flumina monstrat.
At pius Æneas arces, quibus altus Apollo
Præsidet, horrendæque procul secreta Sibyllæ,   10
Antrum immane, petit : magnam cui mentem animumque
Delius inspirat vates, aperitque futura.
Jam subeunt Triviæ lucos atque aurea tecta.
Dædalus, ut fama est, fugiens Minoia regna,
Præpetibus pennis ausus se credere cœlo,   15
Insuetum per iter gelidas enavit ad Arctos,

se dirigeant vers les Ourses glacées, il suspendit enfin son vol léger sur les remparts de Cumes. A peine descendu sur la terre, il te consacra, ô Phébus! ses rames aériennes, et t'éleva un temple immense. Sur une porte d'or il a retracé le meurtre d'Androgée, et les malheureux descendants de Cécrops, condamnés, en expiation de ce crime, à livrer en tribut, chaque année, sept de leurs enfants : on y voit l'urne fatale d'où sortait, par la voie du sort, le nom des victimes. Vis-à-vis s'élève du sein des flots l'île de Crète. Là sont représentés les infâmes amours de Pasiphaé, l'artifice de son union furtive avec le taureau, et l'on voit, horrible sous sa double forme, le Minotaure, fruit monstrueux d'un exécrable amour. Là est aussi le fameux Labyrinthe avec ses détours inextricables. Mais Dédale, touché de la vive ardeur d'une reine, résout lui-même l'embarras de tant de routes insidieuses, et, à l'aide d'un fil, dirige les pas incertains de Thésée. Toi aussi, Icare, si la douleur d'un père l'avait permis, tu aurais une large place dans ce bel ouvrage. Deux fois il s'efforça de retracer sur l'or ton infortune, et deux fois retombèrent ses mains paternelles. Les Troyens auraient continué de regarder curieusement ces merveilles, si Achate, qu'Énée avait envoyé devant lui, ne fût arrivé avec Déiphobe, fille de Glaucus, prêtresse d'Hécate et d'Apollon. « Ce n'est point, dit-elle, le moment de s'ar-

>   Chalcidicaque levis tandem super adstitit arce.
>   Redditus his primum terris, tibi, Phœbe, sacravit
>   Remigium alarum, posuitque immania templa.
>   In foribus letum Androgei : tum pendere pœnas   20
>   Cecropidæ jussi (miserum!) septena quotannis
>   Corpora natorum ; stat ductis sortibus urna.
>   Contra elata mari respondet Gnosia tellus :
>   Hic crudelis amor tauri, suppostaque furto
>   Pasiphae, mixtumque genus, prolesque biformis   25
>   Minotaurus inest, Veneris monumenta nefandæ ;
>   Hic labor ille domus et inextricabilis error.
>   Magnum reginæ sed enim miseratus amorem
>   Dædalus, ipse dolos tecti ambagesque resolvit,
>   Cæca regens filo vestigia. Tu quoque magnam   30
>   Partem opere in tanto, sineret dolor, Icare, haberes.
>   Bis conatus erat casus effingere in auro :
>   Bis patriæ cecidere manus. Quin protinus omnia
>   Perlegerent oculis, ni jam præmissus Achates
>   Afforet, atque una Phœbi Triviæque sacerdos,   35
>   Deiphobe Glauci ; fatur quæ talia regi :
>   « Non hoc ista sibi tempus spectacula poscit :

rêter à de tels spectacles ; il s'agit maintenant d'immoler sept jeunes taureaux indomptés, et un pareil nombre de brebis, choisies selon l'usage. »

Elle dit, et les Troyens s'empressent d'obéir à ses ordres sacrés. Alors la prêtresse les appelle dans son temple. Là est un antre immense creusé dans les vastes flancs du roc Eubéen : cent larges avenues conduisent à cent portes, d'où s'élancent autant de voix, organes de la Sibylle. On était arrivé sur le seuil, quand la vierge s'écria : « Il est temps d'interroger le destin ! le dieu ! voici le dieu ! » Et, tandis qu'elle parle devant les portes sacrées, soudain son visage et la couleur de son teint ne sont plus les mêmes ; ses cheveux en désordre se hérissent, son sein haletant se soulève, la fureur transporte ses farouches esprits ; sa taille semble grandir, et sa voix n'a plus rien de mortel, quand, de plus près, le dieu l'échauffe de son souffle puissant : « Tu tardes, Énée, dans tes vœux et dans tes prières, dit-elle ; tu tardes ! et ce n'est qu'à leur suite cependant que les portes de ce temple redoutable s'ouvriront. » Elle dit, et se tait. Une terreur glacée court dans les os des Troyens, et, du fond de son cœur, leur roi adresse au dieu cette prière :

« Apollon, toi qui compatis toujours aux déplorables malheurs de Troie ; qui dirigeas contre le corps du petit-fils d'Éaque la

Nunc grege de intacto septem mactare juvencos
Præstiterit, totidem lectas de more bidentes. »
Talibus affata Ænean (nec sacra morantur   40
Jussa viri), Teucros vocat alta in templa sacerdos.
Excisum Euboicæ latus ingens rupis in antrum,
Quo lati ducunt aditus centum, ostia centum,
Unde ruunt totidem voces, responsa Sibyllæ.
Ventum erat ad limen, quum virgo : « Poscere fata   45
Tempus, ait : deus, ecce, deus ! » Cui talia fanti
Ante fores, subito non vultus, non color unus,
Non comptæ mansere comæ ; sed pectus anhelum,
Et rabie fera corda tument ; majorque videri,
Nec mortale sonans, afflata est numine quando   50
Jam propiore dei : « Cessas in vota precesque,
Tros, ait, Ænea ? cessas ? neque enim ante dehiscent
Attonitæ magna ora domus. » Et talia fata
Conticuit. Gelidus Teucris per dura cucurrit
Ossa tremor, funditque preces rex pectore ab imo :   55
« Phœbe, graves Trojæ semper miserate labores,
Dardana qui Paridis direxti tela manusque

main et les traits de Pâris, c'est sous tes auspices que j'ai parcouru les mers qui baignent tant d'immenses contrées, que j'ai vu les terres lointaines des Massyliens, et les champs arides que bordent les Syrtes. Enfin, nous les tenons, ces rivages de l'Italie qui fuyaient devant nous! Qu'ici la fortune de Troie cesse enfin de nous poursuivre! Vous tous aussi, dieux et déesses, qu'importunaient jadis Ilion et la gloire immortelle de la Dardanie, vous pouvez maintenant épargner ce qui reste du peuple de Pergame. Et toi, prêtresse sainte, qui lis dans l'avenir, accorde (je ne demande que l'empire promis à mes destins), accorde aux enfants de Teucer, à nos dieux errants, aux Pénates de Troie si longtemps agités, de se fixer enfin dans le Latium. Alors j'élèverai un temple de marbre à Phébus et à Diane, et j'établirai des fêtes en l'honneur d'Apollon. Toi-même, ô vierge prophétique! un auguste sanctuaire t'est réservé dans mon empire : là je déposerai tes oracles, renfermant les secrètes destinées annoncées à mon peuple, et des mortels, choisis par moi, en seront les sacrés interprètes. Seulement, ne confie point tes oracles à des feuilles légères, de peur que, jouets des vents rapides, elles ne se mêlent et ne s'envolent. Parle toi-même, je t'en conjure. » Telle fut la prière du héros.

Cependant, luttant contre le dieu puissant qui la presse, la

> Corpus in Æacidæ; magnas obeuntia terras
> Tot maria intravi, duce te, penitusque repostas
> Massylûm gentes, prætentaque Syrtibus arva;   60
> Jam tandem Italiæ fugientis prendimus oras.
> Hac Trojana tenus fuerit fortuna secuta.
> Vos quoque Pergameæ jam fas est parcere genti,
> Dique deæque omnes, quibus obstitit Ilium et ingens
> Gloria Dardaniæ. Tuque, o sanctissima vates!   65
> Præscia venturi, da (non indebita posco
> Regna meis fatis) Latio considere Teucros,
> Errantesque deos agitataque numina Trojæ.
> Tum Phœbo et Triviæ solido de marmore templum
> Instituam, festosque dies de nomine Phœbi.   70
> Te quoque magna manent regnis penetralia nostris :
> Hic ego namque tuas sortes arcanaque fata,
> Dicta meæ genti, ponam, lectosque sacrabo.
> Alma, viros : foliis tantum ne carmina manda,
> Ne turbata volent rapidis ludibria ventis.   75
> Ipsa canas, oro. » Finem dedit ore loquendi.
> At, Phœbi nondum patiens, immanis in antro

Sibylle farouche s'agite dans son antre pour le repousser, mais, plus elle résiste, plus le dieu fatigue sa bouche écumante, dompte son cœur farouche, et la soumet enfin à ses volontés. Déjà les cent portes de l'antre s'ouvrent d'elles-mêmes, et ces paroles de la Sibylle retentissent dans les airs : « Te voilà enfin délivré des périls de la mer, mais la terre t'en réserve de plus redoutables. Les Troyens arriveront dans le royaume de Lavinie (cesse d'en douter), mais ils voudront n'y être jamais entrés. Je vois des guerres, d'horribles guerres, et le Tibre écumant de sang. Ni le Simoïs, ni le Xanthe, ni le camp des Grecs, ne te manqueront ici. Le Latium a vu naître un autre Achille, fils aussi d'une déesse ; et Junon, toujours acharnée contre les Troyens, ne cessera de les poursuivre. De qui, dans ta détresse, de quels peuples et de quelles villes n'iras-tu pas implorer les secours ! Un hymen étranger, une nouvelle épouse qui aura accueilli les Troyens, telle sera la cause de tant de maux. Mais toi, ne cède point à l'adversité ; marche contre elle avec plus d'audace que ta fortune ne permet. La première voie de salut te sera ouverte (eusses-tu pu l'espérer?) par une ville grecque. »

C'est ainsi que, du fond de son sanctuaire, la Sibylle de Cumes annonce ces mystères redoutables, et, mugissant dans son antre,

   Bacchatur vates, magnum si pectore possit
   Excussisse deum : tanto magis ille fatigat
   Os rabidum, fera corda domans, fingitque premendo. 80
   Ostia jamque domus patuere ingentia centum
   Sponte sua, vatisque ferunt responsa per auras :
   « O tandem magnis pelagi defuncte periclis !
   Sed terræ graviora manent. In regna Lavini
   Dardanidæ venient; mitte hanc de pectore curam : 85
   Sed non et venisse volent. Bella, horrida bella,
   Et Tibrim multo spumantem sanguine cerno.
   Non Simois tibi, nec Xanthus, nec Dorica castra
   Defuerint ; alius Latio jam partus Achilles,
   Natus et ipse dea ; nec Teucris addita Juno 90
   Usquam aberit. Quum tu supplex in rebus egenis
   Quas gentes Italûm, aut quas non oraveris urbes !
   Causa mali tanti. conjux iterum hospita Teucris,
   Externique iterum thalami.
   Tu ne cede malis : sed contra audentior ito, 95
   Quam tua te fortuna sinet. Via prima salutis,
   Quod minime reris, Graia pandetur ab urbe. »
   Talibus ex adyto dictis Cumæa Sibylla
   Horrendas canit ambages, antroque remugit,

enveloppe la vérité de ténèbres : ainsi le dieu excite et dirige ses transports et retourne l'aiguillon dans son cœur.

Dès que sa fureur a cessé, et que sa bouche écumante s'est refermée : « Vierge sacrée, dit Énée, il n'est point de dangers dont l'aspect me soit nouveau et inattendu. J'ai tout prévu, j'ai tout pesé d'avance dans mon esprit. Je te fais une seule prière : puisque c'est ici, dit-on, l'entrée des enfers, et le ténébreux marais formé par les eaux débordées de l'Achéron, qu'il me soit permis de descendre aux sombres bords pour voir encore mon père chéri : enseigne-moi le chemin et ouvre-moi les portes sacrées. C'est lui que j'emportai sur mes épaules, à travers les flammes, au milieu de mille traits redoutables, et que je sauvai de la fureur des ennemis ; lui qui, compagnon de mes longs voyages, a traversé avec moi toutes les mers, et, malgré sa faiblesse, a supporté, avec une constance au-dessus des forces de la vieillesse, toutes les menaces du ciel et des flots en courroux. C'est encore lui qui, joignant l'ordre à la prière, m'a fait chercher ta demeure sacrée pour implorer ton secours. Prêtresse auguste, prends pitié du fils et du père, car tu peux tout, et ce n'est pas en vain qu'Hécate t'a confié la garde des bois sacrés de l'Averne. Si, par les sons mélodieux de la lyre de Thrace, Orphée a pu ramener vers la lumière l'ombre de son épouse ; si Pollux a racheté la mort de son frère

    Obscuris vera involvens : ea frena furenti   100
    Concutit, et stimulos sub pectore vertit Apollo.
    Ut primum cessit furor, et rabida ora quierunt,
    Incipit Æneas heros : « Non ulla laborum.
    O virgo ! nova mi facies inopinave surgit :
    Omnia præcepi, atque animo mecum ante peregi.   105
    Unum oro : quando hic inferni janua regis
    Dicitur, et tenebrosa palus Acheronte refuso,
    Ire ad conspectum cari genitoris et ora
    Contingat ; doceas iter, et sacra ostia pandas.
    Illum ego per flammas et mille sequentia tela   110
    Eripui his humeris, medioque ex hoste recepi ;
    Ille, meum comitatus iter, maria omnia mecum,
    Atque omnes pelagique minas cœlique ferebat
    Invalidus, vires ultra sortemque senectæ.
    Quin, ut te supplex peterem, et tua limina adirem,   115
    Idem orans mandata dabat. Natique patrisque,
    Alma, precor, miserere ; potes namque omnia : nec te
    Nequidquam lucis Hecate præfecit Avernis.
    Si potuit manes arcessere conjugis Orpheus,
    Threicia fretus cithara fidibusque canoris ;   120

en mourant à son tour, s'il passe et repasse tant de fois par ce chemin!... qu'ai-je besoin de te rappeler Thésée et le grand Alcide? et moi aussi je descends du puissant Jupiter. »

Ainsi priait Énée, en embrassant les autels. La prêtresse lui répond en ces termes : « Troyen, fils d'Anchise, et issu du sang des dieux, la descente aux enfers est facile. La porte du sombre empire est ouverte nuit et jour. Mais revenir sur ses pas et revoir la lumière éthérée, c'est une entreprise, c'est une tâche difficile : il n'a été donné d'y réussir qu'à quelques enfants des dieux, que Jupiter favorisa ou que leur vertu sublime éleva jusqu'aux astres. L'Averne est au milieu d'immenses forêts, et le Cocyte, dans son cours, l'environne des noirs replis de ses ondes. Mais, si ton âme avide brûle du désir de traverser deux fois les eaux du Styx, de voir deux fois le sombre Tartare, et s'il te plaît de tenter cette téméraire entreprise, apprends ce qu'avant tout tu devras faire. Sur un arbre au feuillage épais se cache un rameau consacré à la Junon des enfers ; sa tige légère et ses feuilles sont d'or : toute la forêt le dérobe aux regards, et une vallée ténébreuse l'enferme dans ses ombres. Mais il n'est donné à aucun mortel de pénétrer dans l'empire des morts, avant d'avoir détaché de l'arbre ce rameau d'or : c'est le présent que la belle Proserpine exige qu'on lui ap-

```
         Si fratrem Pollux alterna morte redemit,
         Itque reditque viam toties : quid Thesea, magnum
         Quid memorem Alciden? et mi genus ab Jove summo. »
         Talibus orabat dictis, arasque tenebat,
         Quum sic orsa loqui vates : « Sate sanguine divûm,   125
         Tros Anchisiade, facilis descensus Averno ;
         Noctes atque dies patet atri janua Ditis ;
         Sed revocare gradum, superasque evadere ad auras,
         Hoc opus, hic labor est. Pauci, quos æquus amavit
         Jupiter, aut ardens evexit ad æthera virtus,        130
         Dis geniti potuere. Tenent media omnia silvæ.
         Cocytusque sinu labens circumvenit atro.
         Quod si tantus amor menti, si tanta cupido est
         Bis Stygios innare lacus, bis nigra videre
         Tartara, et insano juvat indulgere labori,          135
         Accipe quæ peragenda prius. Latet arbore opaca
         Aureus et foliis et lento vimine ramus,
         Junoni infernæ dictus sacer : hunc tegit omnis
         Lucus, et obscuris claudunt convallibus umbræ.
         Sed non ante datur telluris operta subire,          140
         Auricomos quam quis decerpserit arbore fetus.
         Hoc sibi pulchra suum ferri Proserpina munus
```

porte. Le rameau détaché est soudain remplacé par un autre dont l'or forme aussi le feuillage et la tige. Va donc le chercher des yeux dans la vaste forêt, et, dès que tu l'auras trouvé, que ta main le cueille suivant le rite sacré : car il viendra docile et sans résistance, si les destins t'appellent. Autrement, ni la force de ton bras ni le fer tranchant ne pourraient le détacher. Ce n'est pas tout : hélas! tu ignores qu'un de tes compagnons fidèles est étendu sans vie sur le rivage, et que par son cadavre toute la flotte est souillée, tandis que tu demandes tes oracles, et que tu restes en suspens sur notre seuil. Va d'abord rendre le corps à son dernier asile et renferme-le dans le tombeau ; immole des brebis noires, et, par ce sacrifice, commence les expiations. Alors tu verras enfin les bois sacrés du Styx et ces royaumes inaccessibles aux vivants. » Elle dit, ferme la bouche, et se tait.

Énée, le front triste et les yeux baissés, sort de l'antre, s'éloigne, et roule dans son esprit ces oracles obscurs. Le fidèle Achate l'accompagne et marche en proie aux mêmes soucis. L'un et l'autre sèment de mille conjectures leur entretien : quel est celui de leurs compagnons dont la Sibylle annonce le trépas, et dont le corps attend la sépulture? Ils arrivent : ils voient étendu, sur le sable du rivage, Misène, qu'une indigne mort est venue

<pre>
        Instituit. Primo avulso, non deficit alter
        Aureus, et similis frondescit virga metallo.
        Ergo alte vestiga oculis, et rite repertum   145
        Carpe manu : namque ipse volens facilisque sequetur,
        Si te fata vocant : aliter, non viribus ullis
        Vincere, nec duro poteris convellere ferro.
        Præterea jacet exanimum tibi corpus amici
        (Heu! nescis), totamque incestat funere classem,   150
        Dum consulta petis, nostroque in limine pendes.
        Sedibus hunc refer ante suis, et conde sepulcro.
        Duc nigras pecudes : ea prima piacula sunto.
        Sic demum lucos Stygios, regna invia vivis,
        Aspicies. » Dixit, pressoque obmutuit ore.   155
        Æneas mœsto defixus lumina vultu
        Ingreditur, linquens antrum, cæcosque volutat
        Eventus animo secum. Cui fidus Achates
        It comes, et paribus curis vestigia figit.
        Multa inter sese vario sermone serebant :   160
        Quem socium exanimem vates, quod corpus humandum
        Diceret. Atque illi Misenum in littore sicco,
        Ut venere, vident indigna morte peremptum;
</pre>

frapper ; Misène, fils d'Éole, que nul ne surpassa dans l'art d'enflammer les guerriers et d'exciter l'ardeur des combats par les sons de l'airain belliqueux. Il avait été le compagnon du grand Hector ; il le suivait dans la mêlée, également habile à manier le clairon et la lance. Lorsque le fils de Priam fut tombé sous le glaive d'Achille, le vaillant Misène, par un choix non moins glorieux, suivit la fortune d'Énée. Mais, tandis qu'il fait retentir les flots du bruit de sa conque sonore, et qu'il ose, l'insensé ! défier au combat les dieux de la mer, Triton, jaloux, le croirait-on ? le saisit et le précipite, entre les rocs, sous la vague écumante. Les Troyens, et surtout le pieux Énée, réunis autour de son corps, gémissaient et poussaient de grands cris. Aussitôt ils s'empressent, en pleurant, d'exécuter les ordres de la Sibylle, d'entasser des arbres et d'élever vers les cieux l'autel funéraire. On va dans une antique forêt, retraite profonde des bêtes sauvages : les pins ébranlés tombent, l'yeuse et le frêne retentissent sous les coups de la hache, le coin acéré s'enfonce dans le tronc des chênes, et des ormes immenses roulent du sommet des montagnes. Énée prend part, le premier, à ces travaux ; il exhorte ses compagnons, et s'arme des mêmes instruments. Mais, à l'aspect de cette forêt immense, de graves pensers agitent son cœur affligé, et sa voix

>
> Misenum Æoliden, quo non præstantior alter
> Ære ciere viros, Martemque accendere cantu. 165
> Hectoris hic magni fuerat comes ; Hectora circum
> Et lituo pugnas insignis obibat et hasta.
> Postquam illum vita victor spoliavit Achilles,
> Dardanio Æneæ sese fortissimus heros
> Addiderat socium, non inferiora secutus. 170
> Sed tum, forte cava dum personat æquora concha
> Demens, et cantu vocat in certamina divos,
> Æmulus exceptum Triton, si credere dignum est,
> Inter saxa virum spumosa immerserat unda.
> Ergo omnes magno circum clamore fremebant ; 175
> Præcipue pius Æneas. Tum jussa Sibyllæ,
> Haud mora, festinant flentes, aramque sepulcri
> Congerere arboribus, cœloque educere certant.
> Itur in antiquam silvam, stabula alta ferarum :
> Procumbunt piceæ ; sonat icta securibus ilex ; 180
> Fraxineæque trabes cuneis et fissile robur
> Scinditur ; advolvunt ingentes montibus ornos.
> Necnon Æneas opera inter talia primus
> Hortatur socios, paribusque accingitur armis ;
> Atque hæc ipse suo tristi cum corde volutat, 185

exprime ce vœu : « Oh! si, dans cette forêt profonde, venait se montrer à moi, sur un arbre, le rameau d'or! car tout ce que la Sibylle a prédit de toi, Misène, ne se trouve, hélas! que trop vrai. »

Comme il achevait ces mots, deux colombes descendent du haut des airs, et, sous les yeux du héros, viennent s'abattre sur le gazon : Énée a reconnu les oiseaux de sa mère, et, joyeux, il s'écrie : « Soyez mes guides! Oh! montrez-moi la route, s'il en est une, et dirigez votre vol vers les lieux où la terre féconde reçoit l'ombre du précieux rameau. Et toi, déesse ma mère, ne m'abandonne pas dans l'incertitude où je suis! » Il dit, et s'arrête, observant les colombes, les indices de leur vol, et la route qu'elles s'apprêtent à suivre. D'abord, il les voit becqueter l'herbe en voltigeant; et quand d'une aile agile elles effleurent le gazon, son œil les suit aussi loin qu'il peut les atteindre. Mais, à peine arrivées aux gorges infectes de l'Averne, elles s'élèvent d'un vol rapide, nagent dans un air limpide, et vont se poser ensemble sur l'arbre désiré, où l'or, variant ses reflets, brille à travers le feuillage. Tel qu'au milieu de l'hiver brumeux, le gui, dans les forêts, étale sa verdure nouvelle, et jaunit de ses fruits le tronc qu'il embrasse, tel était sur un chêne touffu l'aspect du rameau

Aspectans silvam immensam, et sic voce precatur :
« Si nunc se nobis ille aureus arbore ramus
Ostendat nemore in tanto! quando omnia vere,
Heu! nimium de te vates, Misene, locuta est. »
Vix ea fatus erat, geminæ quum forte columbæ   190
Ipsa sub ora viri cœlo venere volantes,
Et viridi sedere solo. Tum maximus heros
Maternas agnoscit aves, lætusque precatur :
« Este duces, o, si qua via est, cursumque per auras
Dirigite in lucos, ubi pinguem dives opacat   195
Ramus humum! Tuque, o, dubiis ne defice rebus,
Diva parens! » Sic effatus vestigia pressit;
Observans quæ signa ferant, quo tendere pergant.
Pascentes illæ tantum prodire volando,
Quantum acie possent oculi servare sequentum.   200
Inde, ubi venere ad fauces grave olentis Averni,
Tollunt se celeres, liquidumque per aera lapsæ,
Sedibus optatis geminæ super arbore sidunt,
Discolor unde auri per ramos aura refulsit.
Quale solet silvis brumali frigore viscum   205
Fronde virere nova, quod non sua seminat arbos,
Et croceo fetu teretes circumdare truncos :

d'or, et ses feuilles frémissaient étincelantes sous l'haleine du Zéphir. Soudain le héros saisit avidement le rameau qui résiste, et le porte à la demeure de la Sibylle.

Cependant, réunis sur le rivage, les Troyens pleuraient Misène, et rendaient à sa cendre insensible les honneurs suprêmes. D'abord, avec le bois résineux et le chêne fendu, ils élèvent un immense bûcher. Sur les côtés s'entrelacent en festons de lugubres feuillages ; par devant, sont plantés des cyprès funèbres, et, sur le faîte, brillent les armes du guerrier. Les uns apportent l'eau qui bouillonne dans l'airain : ils lavent le corps glacé, et le parfument : un gémissement se fait entendre : on porte sur le lit funéraire le corps du guerrier que l'on pleure ; on le couvre de vêtements de pourpre, sa parure accoutumée. D'autres (triste ministère !) portent le lit funèbre sur le bûcher, et, suivant l'antique usage, inclinent la torche allumée en détournant les yeux. La flamme consume et l'encens, et la chair des victimes, et l'huile qu'à grands flots versent les cratères. Lorsque le bûcher se consume et s'affaisse, et que le feu s'éteint, on lave dans le vin ces tristes débris et les cendres brûlantes ; Corynée recueille les os, et les renferme dans une urne d'airain. Ensuite, tenant dans sa main un rameau d'olivier, il s'avance trois fois autour du

> Talis erat species auri frondentis opaca
> Ilice ; sic leni crepitabat bractea vento.
> Corripit extemplo Æneas, avidusque refringit   210
> Cunctantem, et vatis portat sub tecta Sibyllæ.
> Nec minus interea Misenum in littore Teucri
> Flebant, et cineri ingrato suprema ferebant.
> Principio pinguem tædis et robore secto
> Ingentem struxere pyram : cui frondibus atris   215
> Intexunt latera, et ferales ante cupressos
> Constituunt, decorantque super fulgentibus armis.
> Pars calidos latices et ahena undantia flammis
> Expediunt, corpusque lavant frigentis et ungunt.
> Fit gemitus : tum membra toro defleta reponunt.   220
> Purpureasque super vestes velamina nota
> Conjiciunt : pars ingenti subiere feretro,
> Triste ministerium, et subjectam more parentum
> Aversi tenuere facem. Congesta cremantur
> Thurea dona, dapes, fuso crateres olivo.   225
> Postquam collapsi cineres, et flamma quievit,
> Relliquias vino et bibulam lavere favillam,
> Ossaque lecta cado texit Corynæus aheno.
> Idem ter socios pura circumtulit unda,

bûcher, jette sur l'assemblée l'eau lustrale qui tombe en légère rosée, et enfin il dit les derniers adieux. Cependant, par les soins du pieux Énée, un vaste tombeau, que décorent les armes du guerrier, sa rame et son clairon, s'élève sur une haute montagne qui porte encore le nom de Misène, et qui, à travers les siècles, gardera ce nom éternel.

Ce devoir accompli, Énée se hâte d'exécuter les ordres de la Sibylle. Dans les flancs d'un rocher, une caverne profonde ouvre sa bouche immense : un lac aux noires ondes et une forêt ténébreuse en défendent l'accès. De ce gouffre horrible s'exhalent d'impures vapeurs qui s'élèvent au plus haut des airs. Nul oiseau ne peut voler impunément sur ce marais, et de là les Grecs lui ont donné le nom d'Averne. D'abord la prêtresse fait conduire en ce lieu quatre taureaux noirs ; elle épanche le vin sur leur front, coupe, entre les cornes, l'extrémité des poils, et jette dans le feu sacré ces prémices, en appelant à haute voix Hécate, puissante au ciel et dans l'Érèbe. D'autres égorgent les victimes, et reçoivent le sang fumant dans les patères. Énée lui-même immole à la mère des Euménides, et à la Terre sa sœur, une jeune brebis à la toison noire, et à toi, Proserpine, une vache stérile. Puis il élève des autels au roi du Styx, livre aux flammes

```
      Spargens rore levi et ramo felicis olivæ,                  230
      Lustravitque viros, dixitque novissima verba.
      At pius Æneas ingenti mole sepulcrum
      Imponit, suaque arma viro, remumque tubamque,
      Monte sub aerio, qui nunc Misenus ab illo
      Dicitur, æternumque tenet per sæcula nomen.               235
      His actis, propere exsequitur præcepta Sibyllæ.
      Spelunca alta fuit, vastoque immanus hiatu,
      Scrupea, tuta lacu nigro nemorumque tenebris :
      Quam super haud ullæ poterant impune volantes
      Tendere iter pennis : talis sese halitus atris              240
      Faucibus effundens supera ad convexa ferebat !
      Unde locum Graii dixerunt nomine Aornon.
      Quattuor hic primum nigrantes terga juvencos
      Constituit, frontique invergit vina sacerdos ;
      Et, summas carpens media inter cornua setas,              245
      Ignibus imponit sacris, libamina prima,
      Voce vocans Hecaten, cœloque Ereboque potentem.
      Supponunt alii cultros, tepidumque cruorem
      Suscipiunt pateris. Ipse atri velleris agnam
      Æneas matri Eumenidum magnæque sorori                    250
      Ense ferit, sterilemque tibi, Proserpina, vaccam.
```

la dépouille entière des taureaux, et verse une huile onctueuse sur leurs entrailles brûlantes.

Mais voilà qu'aux premiers rayons du soleil, sous les pieds le sol mugit ; la cime des forêts commence à trembler, et les chiens hurlent dans l'ombre, à l'approche de la déesse : « Loin d'ici ! oh ! loin d'ici, profanes ! s'écrie la prêtresse ; sortez de ce bois sacré ! Et toi, prends ce chemin, et tire ton glaive du fourreau : c'est maintenant qu'il faut du courage, Énée, maintenant qu'il faut une âme inébranlable. » Elle dit, et, furieuse, s'élance dans le gouffre ouvert. Le héros, d'un pas assuré, suit son guide, et l'égale en vitesse.

Dieux à qui appartient l'empire des âmes, ombres silencieuses, Chaos, Phlégéthon, vaste séjour de la nuit et du silence, qu'il me soit permis de redire ce que j'ai entendu : pardonnez, si je dévoile des secrets ensevelis dans les ténèbres et dans les profonds abîmes de la terre.

Ils marchaient seuls dans l'obscurité, couverts des ombres de la nuit, à travers les demeures vides et les tristes royaumes de Pluton. Tel un voyageur traverse les forêts, à la lueur décevante de la lune incertaine, quand Jupiter a caché le ciel dans l'ombre, et que la nuit ténébreuse a ôté aux objets leurs couleurs.

```
Tum Stygio regi nocturnas inchoat aras,
Et solida imponit taurorum viscera flammis,
Pingue oleum super infundens ardentibus extis.
Ecce autem, primi sub lumina solis et ortus,           255
Sub pedibus mugire solum, et juga cœpta moveri
Silvarum, visæque canes ululare per umbram,
Adventante dea. « Procul, o, procul este, profani,
Conclamat vates, totoque absistite luco ;
Tuque invade viam, vaginaque eripe ferrum :            26
Nunc animis opus, Ænea, nunc pectore firmo. »
Tantum effata, furens antro se immisit aperto :
Ille ducem haud timidis vadentem passibus æquat.
Di, quibus imperium est animarum, umbræque silentes,
Et Chaos, et Phlegethon, loca nocte tacentia late,     265
Sit mihi fas audita loqui ; sit, numine vestro,
Pandere res alta terra et caligine mersas.
Ibant obscuri sola sub nocte per umbram,
Perque domos Ditis vacuas et inania regna :
Quale per incertam lunam sub luce maligna,             270
Est iter in silvis, ubi cœlum condidit umbra
Juppiter, et rebus nox abstulit atra colorem.
```

Devant le vestibule, et dans les premières gorges des enfers, sont couchés les Chagrins et les Remords vengeurs. Là résident les pâles Maladies, et la triste Vieillesse, et la Crainte, et la Faim, mauvaise conseillère, et la hideuse Pauvreté, monstres à l'aspect horrible ; et la Mort, et le Travail, et le Sommeil, frère de la Mort, et les Joies coupables de l'âme. Sur le seuil opposé, on voit la Guerre meurtrière, les lits de fer des Euménides, et la Discorde en fureur, avec sa chevelure de vipères que rattachent des bandelettes sanglantes. Au centre, un orme épais, immense, étend ses rameaux et ses bras séculaires : c'est là, dit-on, qu'attachés à toutes les feuilles les vains Songes ont fixé leur demeure. C'est là qu'habitent encore mille monstres divers : les Centaures, et les Scylles à double forme, et Briarée aux cent bras, et l'Hydre de Lerne, poussant d'horribles sifflements, et la Chimère, armée de flammes, et les Gorgones, et les Harpies, et Géryon au triple corps. A cette vue, frappé d'une horreur soudaine, Énée saisit son glaive, et en présente la pointe aux monstres qui viennent à lui ; et si, mieux instruite, sa compagne ne l'eût averti que c'étaient des ombres sans corps, voltigeant sous des formes sans consistance, il allait fondre sur elles et les frapper en vain de son glaive.

```
Vestibulum ante ipsum, primisque in faucibus Orci
Luctus et ultrices posuere cubilia Curæ,
Pallentesque habitant Morbi, tristisque Senectus,      275
Et Metus, et malesuada Fames, ac turpis Egestas;
Terribiles visu formæ, Letumque, Labosque ;
Tum consanguineus Leti Sopor, et mala mentis
Gaudia, mortiferumque adverso in limine Bellum,
Ferreique Eumenidum thalami, et Discordia demens,     280
Vipereum crinem vittis innexa cruentis.
In medio ramos annosaque brachia pandit
Ulmus opaca, ingens, quam sedem Somnia vulgo
Vana tenere ferunt, foliisque sub omnibus hærent.
Multaque præterea variarum monstra ferarum,           285
Centauri in foribus stabulant, Scyllæque biformes,
Et centumgeminus Briareus, ac bellua Lernæ
Horrendum stridens, flammisque armata Chimæra,
Gorgones, Harpyiæque, et forma tricorporis umbræ.
Corripit hic subita trepidus formidine ferrum         290
Æneas, strictamque aciem venientibus offert ;
Et, ni docta comes tenues sine corpore vitas
Admoneat volitare cava sub imagine formæ,
Irruat, et frustra ferro diverberet umbras.
```

Là s'ouvre le chemin qui conduit aux bords de l'Achéron, gouffre vaste et fangeux, qui toujours bouillonne, et vomit tout son limon dans le Cocyte. Ces eaux et ces fleuves sont gardés par le nocher des enfers, le terrible et hideux Charon. De son menton descend une barbe épaisse, inculte et blanchie par l'âge. Le feu jaillit de sa prunelle immobile, et, sur ses épaules, un nœud grossier rattache et suspend un sale vêtement. Il pousse lui-même avec l'aviron ou dirige avec les voiles la funèbre nacelle sur laquelle il transporte les corps. Il est déjà vieux, mais sa vieillesse verte et vigoureuse est celle d'un dieu. Vers ces rives se précipitait la foule des ombres : les mères, les époux, les héros magnanimes, les vierges mortes avant l'hymen, et les jeunes gens mis sur le bûcher sous les yeux de leurs parents. Telles, et non moins nombreuses, tombent, aux premiers froids de l'automne, les feuilles dans les forêts ; ou tels s'attroupent, au rivage des mers, ces essaims d'oiseaux, que l'hiver fait fuir au delà de l'Océan, vers des climats plus doux. Debout, sur ces bords, chaque ombre demande à passer la première, et tend les mains vers l'autre rive, objet de ses désirs. Mais le sombre nocher reçoit, dans sa barque, tantôt les uns, tantôt les autres, et repousse au loin ceux qu'il a exclus.

Hinc via Tartarei quæ fert Acherontis ad undas : 295
Turbidus hic cœno vastaque voragine gurges
Æstuat, atque omnem Cocyto eructat arenam.
Portitor has horrendus aquas et flumina servat
Terribili squalore Charon, cui plurima mento
Canities inculta jacet ; stant lumina flamma ; 300
Sordidus ex humeris nodo dependet amictus.
Ipse ratem conto subigit, velisque ministrat,
Et ferruginea subvectat corpora cymba,
Jam senior, sed cruda deo viridisque senectus.
Huc omnis turba ad ripas effusa ruebat, 305
Matres atque viri, defunctaque corpora vita
Magnanimum heroum, pueri innuptæque puellæ,
Impositique rogis juvenes ante ora parentum :
Quam multa in silvis autumni frigore primo
Lapsa cadunt folia, aut ad terram gurgite ab alto 310
Quam multæ glomerantur aves, ubi frigidus annus
Trans pontum fugat, et terris immittit apricis.
Stabant orantes primi transmittere cursum,
Tendebantque manus ripæ ulterioris amore :
Navita sed tristis nunc hos, nunc accipit illos ; 315
Ast alios longe submotos arcet arena.

Énée surpris et troublé par ce tumulte : « O vierge ! dit-il, pourquoi ce concours vers le fleuve ? Que demandent ces âmes ? et quel sort inégal éloigne les unes de ces bords, et permet aux autres de fendre avec la rame les ondes livides ? » La prêtresse au long âge répond en peu de mots : « Fils d'Anchise, vrai sang des dieux, tu vois les étangs profonds du Cocyte et les marais du Styx par qui les dieux craignent de jurer faussement. Toute cette foule qui est devant tes yeux, toutes ces ombres sont des malheureux abandonnés sans sépulture. Ce nocher, c'est Charon ; ceux qui traversent cette onde ont été inhumés. Il n'est point permis de les transporter au delà de ces affreux rivages, de ces rauques torrents, avant qu'un tombeau n'ait reçu leurs ossements. Privées de ce dernier honneur, les ombres errent et voltigent pendant cent ans sur ces rives. Alors enfin, elles sont admises dans la barque et revoient cet étang si désiré. »

Le fils d'Anchise s'arrête : l'esprit agité de pensers divers, il regarde ces ombres, et déplore l'injustice de leur sort. Il aperçoit là, tristes et privés des honneurs du tombeau, Leucaspis, et Oronte, chef de la flotte phrygienne. Partis avec lui de Troie, et compagnons de sa fortune sur les mers orageuses, ils avaient été assaillis par l'Auster, et engloutis dans les flots, eux et leur navire. Aux yeux du héros s'offre aussi le pilote Palinure qui,

Æneas, miratus enim, motusque tumultu :
« Dic, ait, o virgo ! quid vult concursus ad amnem ?
Quidve petunt animæ ? vel quo discrimine ripas
Hæ linquunt, illæ remis vada livida verrunt ? »   320
Olli sic breviter fata est longæva sacerdos :
« Anchisa generate, deûm certissima proles,
Cocyti stagna alta vides, Stygiamque paludem,
Di cujus jurare timent et fallere numen.   324
Hæc omnis, quam cernis, inops inhumataque turba est :
Portitor ille, Charon : hi, quos vehit unda, sepulti.
Nec ripas datur horrendas et rauca fluenta
Transportare prius, quam sedibus ossa quierunt.
Centum errant annos, volitantque hæc littora circum :
Tum demum admissi stagna exoptata revisunt. »   330
Constitit Anchisa satus, et vestigia pressit,
Multa putans, sortemque animo miseratus iniquam.
Cernit ibi mœstos et mortis honore carentes,
Leucaspim, et Lyciæ ductorem classis Oronten,
Quos simul a Troja ventosa per æquora vectos   335
Obruit Auster, aqua involvens navemque virosque.
Ecce gubernator sese Palinurus agebat,

naguère, voguant sur la mer de Libye, et tandis qu'il observait les astres, était tombé de sa poupe, et avait péri dans les flots. A peine Énée a-t-il reconnu, à travers les ténèbres, cette ombre désolée, le premier, il lui adresse la parole en ces mots : « Cher Palinure, quel dieu, t'enlevant à nous, t'a plongé dans le sein des ondes ? parle, réponds, car Apollon, dont pour moi l'oracle ne fut jamais trompeur, m'a abusé cette fois en m'annonçant que tu échapperais aux dangers de la mer, et que tu aborderais aux rives de l'Ausonie : et voilà comme il tient sa promesse! — Fils d'Anchise, chef des Troyens, répond Palinure, non, le trépied d'Apollon ne t'a point trompé. Un dieu ne m'a point précipité dans les ondes. Tandis que je dirigeais votre course, un choc violent me précipita dans les flots, et j'entraînai avec moi le gouvernail, dont la garde m'était confiée, et que ma main pressait avec force. Alors, je le jure par ces mers terribles, je fus moins alarmé pour moi que pour votre navire. Je craignis que désarmé, privé de son pilote, il ne pût résister à la fureur des vagues.

« Pendant trois nuits orageuses, le violent Notus, soulevant les eaux, me porta sur les mers immenses. Le quatrième jour, j'aperçus enfin l'Italie du haut des vagues. Je nageais lentement vers la terre : déjà le danger avait disparu, et, malgré le poids de mes vêtements trempés, déjà mes mains saisis-

> Qui Libyco nuper cursu, dum sidera servat,
> Exciderat puppi, mediis effusus in undis.
> Hunc ubi vix multa mœstum cognovit in umbra,   340
> Sic prior alloquitur : « Quis te, Palinure, deorum,
> Eripuit nobis, medioque sub æquore mersit ?
> Dic age : namque mihi fallax haud ante repertus
> Hoc uno responso animum delusit Apollo,
> Qui fore te ponto incolumem, finesque canebat   345
> Venturum Ausonios. En hæc promissa fides est ? »
> Ille autem : « Neque te Phœbi cortina fefellit,
> Dux Anchisiade, nec me deus æquore mersit.
> Namque gubernaclum multa vi forte revulsum,
> Cui datus hærebam custos, cursusque regebam,   350
> Præcipitans traxi mecum. Maria aspera juro,
> Non ullum pro me tantum cepisse timorem,
> Quam tua ne, spoliata armis, excussa magistro,
> Deficeret tantis navis surgentibus undis.
> Tres Notus hibernas immensa per æquora noctes   355
> Vexit me violentus aqua : vix lumine quarto
> Prospexi Italiam, summa sublimis ab unda.
> Paulatim adnabam terræ ; jam tuta tenebam,

saient les pointes d'un rocher, lorsqu'un peuple barbare se jeta sur moi, le fer à la main, dans l'espoir trompeur d'une riche dépouille : et maintenant mon corps est le jouet des flots, et les vents le roulent vers le rivage. Mais vous, héros invincible, je vous en conjure par la douce lumière des cieux dont vous jouissez, par l'air que vous respirez, par les mânes de votre père, et par l'espoir naissant du jeune Iule, mettez un terme à mes maux. Jetez sur mon corps un peu de terre, vous le pouvez : vous le trouverez au port de Vélie. Ou, s'il est ici un chemin pour vous, et s'il vous est ouvert par la déesse, votre mère (car, je le crois, ce n'est pas sans l'appui des dieux que vous vous préparez à franchir le marais stygien et ces fleuves immenses), tendez la main à un malheureux : entraînez-moi avec vous au delà de ces ondes, afin qu'au moins, étant sorti de la vie, je repose dans une tranquille demeure. » A ces mots, la Sibylle l'interrompant : « D'où te vient, dit-elle, ô Palinure! ce désir insensé? Quoi! sans être inhumé, tu franchirais les ondes stygiennes et le fleuve redoutable des Euménides! et, sans le consentement des dieux, tu passerais l'autre rive? Cesse d'espérer que tes prières puissent fléchir le Destin. Mais, écoute, et retiens ces paroles qui pourront consoler ton malheur : effrayés par des signes célestes, les peuples des villes voisines viendront de toutes parts recueillir tes restes, et

  Ni gens crudelis madida cum veste gravatum,
  Prensantemque uncis manibus capita aspera montis, 360
  Ferro invasisset, prædamque ignara putasset.
  Nunc me fluctus habet, versantque in littore venti.
  Quod te per cœli jucundum lumen et auras,
  Per genitorem oro, per spem surgentis Iuli,
  Eripe me his, invicte, malis! aut tu mihi terram 365
  Injice, namque potes, portusque require Velinos;
  Aut tu, si qua via est, si quam tibi diva creatrix
  Ostendit (neque enim, credo, sine numine divûm
  Flumina tanta paras Stygiamque innare paludem),
  Da dextram misero, et tecum me tolle per undas, 370
  Sedibus ut saltem placidis in morte quiescam. »
  Talia fatus erat, cœpit quum talia vates :
  « Unde hæc, o Palinure! tibi tam dira cupido?
  Tu Stygias inhumatus aquas, amnemque severum
  Eumenidum aspicies, ripamve injussus adibis? 375
  Desine fata deûm flecti sperare precando,
  Sed cape dicta memor, duri solatia casus :
  Nam tua finitimi, longe lateque per urbes
  Prodigiis acti cœlestibus, ossa piabunt,

t'élèveront un tombeau. Là ils te rendront des honneurs solennels, et ce lieu gardera, dans tous les âges, le nom de Palinure. » Ces mots dissipent son inquiétude et calment un peu la douleur qui l'oppresse : il se réjouit de donner son nom à cette terre.

Énée et la Sibylle poursuivent leur chemin, et approchent du fleuve. Dès que, du milieu des eaux du Styx, le nocher les voit traverser le bois silencieux, et diriger leurs pas vers la rive, il les interpelle le premier, et gourmande ainsi le héros : « Qui que tu sois, qui viens, en armes, sur nos bords, dis quel dessein t'amène, et n'avance pas davantage. C'est ici le séjour des Ombres, du Sommeil et de la Nuit assoupissante ; il m'est défendu de passer les vivants dans la barque infernale. Certes, je n'ai pas eu à m'applaudir d'y avoir reçu Alcide, Thésée et Pirithoüs, quoiqu'ils fussent invincibles et issus du sang des dieux. Le premier osa, de sa main puissante, enchaîner le gardien du Tartare, et l'arracher tremblant du trône même de Pluton. Les deux autres entreprirent d'enlever la reine des enfers à la couche de son époux. »

« Cesse de craindre, répond en peu de mots la prêtresse du dieu d'Amphryse : de tels piéges ne te sont point préparés, et ces armes n'apportent point la violence. Que dans son antre l'énorme Cerbère continue d'épouvanter les ombres par ses éternels aboie-

  Et statuent tumulum, et tumulo sollemnia mittent,   380
  Æternumque locus Palinuri nomen habebit. »
  His dictis curæ emotæ, pulsusque parumper
  Corde dolor tristi : gaudet cognomine terra.
  Ergo iter inceptum peragunt, fluvioque propinquant.
  Navita quos jam inde ut Stygia prospexit ab unda   385
  Per tacitum nemus ire, pedemque advertere ripæ,
  Sic prior aggreditur dictis, atque increpat ultro :
  « Quisquis es, armatus qui nostra ad flumina tendis,
  Fare age quid venias ; jam istinc et comprime gressum.
  Umbrarum his locus est, Somni, Noctisque soporæ ;   390
  Corpora viva nefas Stygia vectare carina.
  Nec vero Alciden me sum lætatus euntem
  Accepisse lacu, nec Thesea Pirithoumque,
  Dis quamquam geniti, atque invicti viribus essent.
  Tartareum ille manu custodem in vincla petivit,   395
  Ipsius a solio regis, traxitque trementem ;
  Hi dominam Ditis thalamo deducere adorti. »
  Quæ contra breviter fata est Amphrysia vates :
  « Nullæ hic insidiæ tales ; absiste moveri ;
  Nec vim tela ferunt. Licet ingens janitor antro   400
  Æternum latrans exsangues terreat umbras ;

ments ; que toujours la chaste Proserpine reste sans inquiétude dans le palais de son époux : tu vois le Troyen Énée, illustre par sa piété et par ses armes, qui descend vers son père dans le noir séjour de l'Érèbe. Et si ce grand exemple de piété filiale ne peut t'émouvoir, reconnais du moins ce rameau ! » En même temps, elle découvre le rameau caché sous sa robe. A cet aspect, le vieux Charon, dont le cœur est gonflé par la colère, s'apaise ; il n'ajoute plus rien : il admire ce don sacré, cette branche fatale, que, depuis si longtemps, il n'a pas vue. Il tourne sa sombre barque, l'approche de la rive, écarte les autres âmes assises le long des bancs, et reçoit sur son bord le grand Énée. La frêle nacelle gémit sous le poids, et ses ais mal unis laissent pénétrer l'onde infernale. Enfin, le nocher transporte sur l'autre rive la Sibylle et le héros, et les dépose sur un impur limon, au milieu des plantes marécageuses.

Devant eux, l'énorme Cerbère, étendu dans son antre, fait retentir les noirs royaumes de son triple aboiement. La prêtresse, voyant déjà son cou se hérisser de serpents, lui jette un gâteau soporifique, pétri de miel et de pavots. Le monstre affamé, ouvrant ses trois gueules, saisit cette proie, et soudain allonge son énorme dos, se couche sur le sol, et remplit tout son

    Casta licet patrui servet Proserpina limen.
   Troius Æneas, pietate insignis et armis,
    Ad genitorem imas Erebi descendit ad umbras.
   Si te nulla movet tantæ pietatis imago,   405
    At ramum hunc (aperit ramum qui veste latebat)
   Agnoscas. » Tumida ex ira tum corda residunt.
   Nec plura his. Ille admirans venerabile donum
    Fatalis virgæ, longo post tempore visum,
   Cæruleam advertit puppim, ripæque propinquat.   410
   Inde alias animas, quæ per juga longa sedebant,
    Deturbat, laxatque foros ; simul accipit alveo
   Ingentem Æneau : gemuit sub pondere cymba
    Sutilis, et multam accepit rimosa paludem.
   Tandem trans fluvium incolumes vatemque virumque 415
   Informi limo glaucaque exponit in ulva.
    Cerberus hæc ingens latratu regna trifauci
   Personat, adverso recubans immanis in antro.
    Cui vates, horrere videns jam colla colubris,
   Melle soporatam et medicatis frugibus offam   420
    Objicit. Ille, fame rabida tria guttura pandens,
   Corripit objectam, atque immania terga resolvit
    Fusus humi, totoque ingens extenditur antro.

antre de son corps immense. Dès que le gardien est endormi, Énée franchit l'entrée des enfers; et, rapide, il s'éloigne de l'onde qu'on passe sans retour.

Aussitôt il entend des voix plaintives et de longs vagissements : ce sont les enfants dont les âmes pleurent à l'entrée des enfers : infortunés qui, entrés dans la vie, n'en ont point connu les douceurs, et qu'une mort prématurée a ravis au sein maternel, pour les plonger dans la nuit du tombeau. Près d'eux sont ceux qui, faussement accusés, ont péri victimes de jugements iniques.

Mais les places dans les enfers ne sont points assignées sans examen, sans choix et sans un arrêt du sort. Juge inflexible, Minos agite l'urne fatale : il appelle les ombres à son tribunal, et s'enquiert de leur vie et de leurs crimes.

Non loin, tristes et abattus, sont les mortels qui, sans avoir commis de crime, se sont donné la mort de leur propre main, et qui, détestant le jour, ont rejeté leurs âmes loin de leurs corps. Oh! qu'ils voudraient maintenant, à la clarté des cieux, souffrir la pauvreté et les travaux pénibles! mais le Destin s'y oppose. L'odieux marais les enchaîne de ses tristes ondes, et, neuf fois repliant son cours, le Styx les emprisonne.

On découvre ensuite une plaine immense, nommée le Champ des Pleurs. Là, ceux qu'un amour malheureux a rongés de ses cruels poisons errent dans des sentiers mystérieux que couvre

Occupat Æneas aditum custode sepulto,
Evaditque celer ripam irremeabilis undæ. 425
Continuo auditæ voces, vagitus et ingens,
Infantumque animæ flentes in limine primo :
Quos dulcis vitæ exsortes et ab ubere raptos
Abstulit atra dies et funere mersit acerbo;
Hos juxta falso damnati crimine mortis. 430
Nec vero hæ sine sorte datæ, sine judice, sedes :
Quæsitor Minos urnam movet; ille silentum
Conciliumque vocat, vitasque et crimina discit.
Proxima deinde tenent mœsti loca, qui sibi letum
Insontes peperere manu, lucemque perosi 435
Projecere animas. Quam vellent æthere in alto
Nunc et pauperiem et duros perferre labores!
Fas obstat, tristique palus inamabilis unda
Alligat, et novies Styx interfusa coercet.
Nec procul hinc partem fusi monstrantur in omnem 440
Lugentes campi : sic illos nomine dicunt.
Hic, quos durus amor crudeli tabe peredit,

une forêt de myrtes. Les soucis les suivent jusque dans la mort. En ce lieu, Énée aperçoit Phèdre, Procris et la triste Ériphyle, montrant la blessure qu'elle reçut d'un fils cruel ; avec elles il voit Évadné, Pasiphaé, Laodamie, et Cénis, jeune homme autrefois, femme maintenant, et rendu encore par le Destin à sa forme première.

Parmi ces ombres, dans cette vaste forêt, errait Didon, dont la blessure saigne encore. Dès que le héros troyen est près d'elle, et qu'il l'a reconnue à travers l'ombre obscure, comme on voit ou l'on croit voir la lune, en son premier croissant, poindre dans des nuages sombres, il verse des larmes et lui adresse ces paroles avec une douce tendresse :

« Infortunée Didon ! Il était donc vrai que vous ne viviez plus, et que vous aviez, par le fer, mis fin à vos jours ! Hélas ! c'est moi qui fus cause de votre mort. Mais, j'en prends à témoin les astres et les dieux du ciel, et tout ce qui rend le serment sacré dans ces lieux souterrains, c'est malgré moi, ô reine ! que je quittai vos rivages. Ces mêmes dieux, qui me forcent aujourd'hui de descendre dans ce sombre royaume, dans cette nuit horrible et profonde, m'avaient donné cet ordre cruel. Non, je n'ai pu croire que mon départ pût vous causer tant de douleur. Arrêtez, et ne vous dérobez

Secreti celant calles, et myrtea circum
Silva tegit : curæ non ipsa in morte relinquunt.
His Phædram Procrinque locis, mœstamque Eriphylen,
Crudelis nati monstrantem vulnera cernit, 446
Evadnenque, et Pasiphaen : his Laodamia
It comes, et, juvenis quondam, nunc femina, Cænis,
Rursus et in veterem fato revoluta figuram.
Inter quas Phœnissa recens a vulnere Dido 450
Errabat silva in magna : quam Troius heros,
Ut primum juxta stetit, agnovitque per umbram
Obscuram, qualem primo qui surgere mense
Aut videt, aut vidisse putat per nubila lunam,
Demisit lacrymas, dulcique affatus amore est : 455
« Infelix Dido, verus mihi nuntius ergo
Venerat exstinctam, ferroque extrema secutam !
Funeris, heu ! tibi causa fui ! Per sidera juro,
Per Superos, et si qua fides tellure sub ima est,
Invitus, regina, tuo de littore cessi. 460
Sed me jussa deûm, quæ nunc has ire per umbras,
Per loca senta situ cogunt noctemque profundam,
Imperiis egere suis ; nec credere quivi
Hunc tantum tibi me discessu ferre dolorem.

point à ma vue. Pourquoi me fuir? C'est la dernière fois que le destin me permet de vous parler. »

Par ces mots, entremêlés de larmes, Énée s'efforçait d'apaiser cette ombre courroucée, qui lui lançait de farouches regards. Mais Didon, détournant la tête, tenait ses yeux fixés vers la terre, et restait aussi insensible à ces paroles que le plus dur rocher ou qu'un marbre de Paros. Enfin, elle s'échappe, et, furieuse, s'enfuit dans l'épais bocage où Sichée, son premier époux, partage sa douleur, et répond à son amour. Énée, touché d'un destin si funeste, la suit longtemps des yeux en pleurant, et plaint son infortune.

Cependant il poursuit la route prescrite, et bientôt il arrive à cette plaine reculée où sont rassemblés à l'écart les mortels que la guerre a rendus célèbres. Là, s'offrent à sa vue Tydée, Parthénopée, illustre par ses armes, et l'ombre du pâle Adraste. Là sont les Troyens, moissonnés dans les combats, et tant pleurés sur la terre. Il gémit en voyant cette longue suite de guerriers : Glaucus, Médon, Thersiloque, les trois fils d'Anténor, et Polyphète, prêtre de Cérès, et Idée, tenant encore et des rênes et des armes. Ces ombres se pressent de toutes parts autour du héros ; c'est peu de le voir une fois : elles cherchent à le retenir

  Siste gradum, teque aspectu ne subtrahe nostro.   465
  Quem fugis ? extremum fato, quod te alloquor, hoc est. »
  Talibus Æneas ardentem et torva tuentem
  Lenibat dictis animum, lacrymasque ciebat.
  Illa solo fixos oculos aversa tenebat;
  Nec magis incepto vultum sermone movetur,   470
  Quam si dura silex aut stet Marpesia cautes.
  Tandem corripuit sese, atque inimica refugit
  In nemus umbriferum, conjux ubi pristinus illi
  Respondet curis, æquatque Sychæus amorem.
  Nec minus Æneas, casu percussus iniquo,   475
  Prosequitur lacrymans longe, et miseratur euntem.
  Inde datum molitur iter. Jamque arva tenebant
  Ultima, quæ bello clari secreta frequentant.
  Hic illi occurrit Tydeus, hic inclytus armis
  Parthenopæus, et Adrasti pallentis imago.   480
  Hic multum fleti ad Superos, belloque caduci
  Dardanidæ : quos ille omnes longo ordine cernens
  Ingemuit, Glaucumque, Medontaque, Thersilochumque,
  Tres Antenoridas, Cererique sacrum Polyphœten,
  Idæumque, etiam currus, etiam arma tenentem.   485
  Circumstant animæ dextra lævaque frequentes.
  Nec vidisse semel satis est : juvat usque morari,

et à suivre ses pas, et s'informent des causes de sa venue. Mais les chefs des Grecs, les phalanges d'Agamemnon, à la vue du prince troyen et de ses armes dont l'éclat perce les ténèbres, tremblent, saisis d'épouvante. Les uns fuient, comme autrefois ils regagnèrent leurs vaisseaux; les autres veulent crier, et leurs cris s'arrêtent dans leur bouche béante.

Là, Énée voit Déiphobe, fils de Priam, le corps couvert de sanglantes plaies, le visage déchiré, les deux mains coupées, les oreilles arrachées de ses tempes, et le nez mutilé par une hideuse blessure. Le malheureux cherche, en tremblant, à cacher les traces d'un supplice cruel. Énée, qui l'a d'abord à peine reconnu, lui adresse ces paroles amies : « Déiphobe, puissant par les armes, issu du noble sang de Teucer, quel barbare se plut à t'infliger de pareils supplices ? qui a osé se permettre sur toi un tel outrage ? La renommée m'apprit que dans la dernière nuit d'Ilion, fatigué d'un immense carnage, tu étais tombé sans vie sur un confus amas de Grecs égorgés. Alors moi-même je t'élevai un tombeau vide sur le rivage de Rhétée, et trois fois j'appelai tes mânes à haute voix. Là, se voient ton nom et tes armes. Mais ton corps, ô ami! je ne pus le découvrir et le déposer, en partant, dans la terre de la patrie. »

Et conferre gradum, et veniendi discere causas.
At Danaûm proceres, Agamemnoniæque phalanges,
Ut videre virum, fulgentiaque arma per umbras, 490
Ingenti trepidare metu : pars vertere terga,
Ceu quondam petiere rates; pars tollere vocem
Exiguam; inceptus clamor frustratur hiantes.
Atque hic Priamiden laniatum corpore toto
Deiphobum vidit, lacerum crudeliter ora, 495
Ora manusque ambas populataque tempora raptis
Auribus, et truncas inhonesto vulnere nares.
Vix adeo agnovit pavitantem et dira tegentem
Supplicia, et notis compellat vocibus ultro :
« Deiphobe armipotens, genus alto a sanguine Teucri, 500
Quis tam crudeles optavit sumere pœnas?
Cui tantum de te licuit? Mihi fama suprema
Nocte tulit, fessum vasta te cæde Pelasgûm
Procubuisse super confusæ stragis acervum.
Tunc egomet tumulum Rhœteo in littore inanem 505
Constitui, et magna manes ter voce vocavi.
Nomen et arma locum servant. Te, amice, nequivi
Conspicere, et patria decedens ponere terra. »

« Ami, répond le fils de Priam, tu n'as rien négligé. Tu t'es acquitté envers Déiphobe et envers son ombre malheureuse. Mais c'est mon destin, c'est le crime horrible de cette Lacédémonienne qui m'a plongé dans ces maux : voilà les monuments qu'elle m'a laissés de sa foi. Il te souvient (et comment pourrait-on l'oublier?) des joies trompeuses de la dernière nuit d'Ilion? Tandis que le colosse fatal qui portait dans ses flancs des soldats armés franchissait nos superbes remparts, Hélène, simulant des danses, conduisait les chœurs de bacchantes phrygiennes : elle-même, une torche à la main, appelait les Grecs du haut de la citadelle. En ce moment, accablé de soucis, appesanti par le sommeil, j'étais étendu sur ma couche malheureuse, et je goûtais un doux repos, semblable au calme de la mort. Alors, ma tendre épouse enlève de mon palais toutes les armes, et dérobe à mon chevet ma fidèle épée : elle appelle Ménélas, et lui ouvre les portes. Sans doute, elle se flattait que cette perfidie serait d'un haut prix aux yeux de son premier époux, et qu'elle effacerait ainsi le souvenir de ses anciens forfaits. Que te dirai-je? les Grecs fondent sur mon lit; avec eux est Ulysse, l'instigateur des crimes. Dieux! si j'ai droit d'implorer votre vengeance, rendez aux Grecs tous les maux qu'ils m'ont faits! Mais, toi-même,

Ad quæ Priamides : « Nihil, o, tibi, amice! relictum;
Omnia Deiphobo solvisti et funeris umbris. 510
Sed me fata mea et scelus exitiale Lacænæ
His mersere malis; illa hæc monumenta reliquit.
Namque, ut supremam falsa inter gaudia noctem
Egerimus, nosti, et nimium meminisse necesse est.
Quum fatalis equus saltu super ardua venit 515
Pergama, et armatum peditem gravis attulit alvo,
Illa, chorum simulans, evantes orgia circum
Ducebat Phrygias; flammam media ipsa tenebat
Ingentem, et summa Danaos ex arce vocabat.
Tum me, confectum curis somnoque gravatum, 520
Infelix habuit thalamus, pressitque jacentem
Dulcis et alta quies, placidæque simillima morti.
Egregia interea conjux arma omnia tectis
Emovet, et fidum capiti subduxerat ensem;
Intra tecta vocat Menelaum, et limina pandit: 525
Scilicet id magnum sperans fore munus amanti,
Et famam exstingui veterum sic posse malorum.
Quid moror? irrumpunt thalamo; comes additur una
Hortator scelerum Æolides. Di, talia Graiis
Instaurate, pio si pœnas ore reposco. 530

parle à ton tour, et dis-moi quels sont les hasards qui t'amènent dans ces lieux? y viens-tu poussé par les caprices de la mer, ou par l'ordre des dieux? ou quelque autre malheur te force-t-il à visiter ce séjour de trouble et ces tristes demeures sans soleil? »

Cependant l'Aurore, sur son char de roses, traîné par quatre coursiers, avait déjà atteint le milieu de l'axe éthéré, et peut-être le temps prescrit se serait écoulé dans de semblables entretiens, si la Sibylle, compagne du héros, n'eût averti Énée en peu de mots : « La nuit vient, et nous consumons le temps en pleurs inutiles. C'est ici que la route se partage en deux chemins divers : l'un, à droite, mène au palais de Pluton : c'est le chemin de l'Élysée; l'autre, à gauche, est celui de l'affreux Tartare, séjour des méchants et théâtre de leurs supplices. » — « Puissante prêtresse, reprend Déiphobe, ne soyez pas irritée; je me retire, je vais rejoindre la foule des ombres, et rentrer dans les ténèbres. Et toi, l'honneur d'Ilion, va, prince, va, et jouis d'un destin plus heureux! » Il dit, se détourne et s'éloigne.

Énée alors regarde et voit à gauche, au pied d'un rocher, une vaste enceinte qu'un triple mur défend. A l'entour, le rapide Phlégéthon roule des torrents de flammes et des rocs retentissants. En face est une porte immense, entre des colonnes du

Sed te qui vivum casus, age fare vicissim,
Attulerint : pelagine venis erroribus actus,
An monitu divûm! an, quæ te Fortuna fatigat,
Ut tristes sine sole domos, loca turbida, adires? »
Hac vice sermonum roseis Aurora quadrigis   535
Jam medium ætherio cursu trajecerat axem :
Et fors omne datum traherent per talia tempus;
Sed comes admonuit, breviterque affata Sibylla est :
« Nox ruit, Ænea; nos flendo ducimus horas.
Hic locus est, partes ubi se via findit in ambas :   540
Dextera, quæ Ditis magni sub mœnia tendit ;
Hac iter Elysium nobis ; at læva malorum
Exercet pœnas, et ad impia Tartara mittit. »
Deiphobus contra : « Ne sævi, magna sacerdos ;
Discedam, explebo numerum, reddarque tenebris.   545
I decus, i, nostrum : melioribus utere fatis. »
Tantum effatus, et in verbo vestigia torsit.
Respicit Æneas subito, et sub rupe sinistra
Mœnia lata videt, triplici circumdata muro,
Quæ rapidus flammis ambit torrentibus amnis   550
Tartareus Phlegethon, torquetque sonantia saxa.
Porta adversa, ingens, solidoque adamante columnæ ;

diamant le plus dur, que toute la force des mortels et des dieux eux-mêmes ne pourrait ébranler. Une tour de fer se dresse dans les airs; Tisiphone, vêtue d'une robe sanglante, veille jour et nuit dans le vestibule sans jamais s'endormir. De là se font entendre sans cesse des gémissements, le sifflement des fouets cruels et le fracas des chaines de fer que traînent les coupables. Énée s'arrête consterné; il écoute et s'écrie : « O vierge! quels sont ces criminels? par quels supplices sont-ils tourmentés? et pourquoi ces cris horribles qui remplissent les airs? — Illustre chef des Troyens, répond la prêtresse, il n'est permis à aucun homme pur de pénétrer dans cette demeure du crime. Mais en me confiant la garde des bois sacrés de l'Averne, Hécate elle-même me révéla les vengeances des dieux, et me fit connaître tous les secrets du Tartare. C'est là que le Crétois Rhadamante dicte ses dures lois : il interroge et punit les pervers, et les contraint d'avouer les forfaits qu'ils avaient eu la vaine joie de dérober aux regards de la terre, et dont l'expiation tardive avait été devancée par la mort. Alors Tisiphone vengeresse saisit ses fouets, insulte et frappe les condamnés, et, de sa main gauche leur présentant ses serpents horribles, elle appelle, pour la seconder, ses effroyables sœurs. »

En ce moment enfin, tournant sur leurs gonds avec un bruit

  Vis ut nulla virûm, non ipsi exscindere ferro
  Cœlicolæ valeant. Stat ferrea turris ad auras;
  Tisiphoneque sedens, palla succincta cruenta,   555
  Vestibulum exsomnis servat noctesque diesque.
  Hinc exaudiri gemitus, et sæva sonare
  Verbera : tum stridor ferri, tractæque catenæ.
  Constitit Æneas, strepituque exterritus hausit :
  « Quæ scelerum facies? o virgo! effare; quibusve   560
  Urgentur pœnis? quis tantus plangor ad auras? »
  Tum vates sic orsa loqui : « Dux inclyte Teucrûm,
  Nulli fas casto sceleratum insistere limen;
  Sed me, quum lucis Hecate præfecit Avernis,
  Ipsa deûm pœnas docuit, perque omnia duxit.   565
  Gnossius hæc Rhadamanthus habet durissima regna,
  Castigatque auditque dolos, subigitque fateri
  Quæ quis apud superos, furto lætatus inani,
  Distulit in seram commissa piacula mortem.
  Continuo sontes ultrix accincta flagello   570
  Tisiphone quatit insultans, torvosque sinistra
  Intentans angues, vocat agmina sæva sororum.
  Tum demum horrisono stridentes cardine sacræ
  Panduntur portæ. Cernis, custodia qualis

horrible, s'ouvrent les portes du Tartare : « Tu vois, dit la Sibylle, quelle garde veille sous le vestibule, et quel monstre en défend l'accès. Au dedans, plus terrible encore, habite l'hydre énorme avec ses cinquante gueules béantes; et le Tartare s'étend en profondeur, et plonge sous le ténébreux empire deux fois autant qu'il y a d'espace entre la terre et la voûte de l'Olympe. Là ces vieux enfants de la Terre, les Titans, précipités par la foudre dans le fond de l'abîme, y roulent sans fin. Là j'ai vu les deux fils d'Aloé, ces immenses géants qui tentèrent de briser de leurs mains le vaste ciel, et de renverser Jupiter du haut de son trône. Là j'ai vu, subissant des peines cruelles, l'impie Salmonée, qui voulut imiter les feux lancés par le maître des dieux, et le bruit de son tonnerre. Sur un char traîné par quatre coursiers. ce prince, agitant une torche enflammée, parcourait, triomphant, les champs de la Grèce et la ville d'Élis, où il exigeait les honneurs qu'on rend aux Immortels. Insensé! qui, avec son pont d'airain et ses chevaux aux pieds retentissants, prétendait simuler les orages et imiter la foudre inimitable. Mais Jupiter tout-puissant, du milieu des nuées, lança, non de vains flambeaux, non des torches fumeuses, mais ses traits redoutables, et, dans un horrible tourbillon, le précipita au fond du Tartare. Là on voit encore ce nourrisson de la Terre, mère de toutes choses,

  Vestibulo sedeat? facies quæ limina servet?   575
  Quinquaginta atris immanis hiatibus Hydra
  Sævior intus habet sedem : tum Tartarus ipse
  Bis patet in præceps tantum, tenditque sub umbras,
  Quantus ad ætherium cœli suspectus Olympum.
  Hic genus antiquum Terræ, Titania pubes,   580
  Fulmine dejecti, fundo volvuntur in imo.
  Hic et Aloidas geminos, immania vidi
  Corpora, qui manibus magnum rescindere cœlum
  Aggressi, superisque Jovem detrudere regnis.
  Vidi et crudeles dantem Salmonea pœnas,   585
  Dum flammas Jovis et sonitus imitatur Olympi.
  Quattuor hic invectus equis et lampada quassans,
  Per Graiûm populos, mediæque per Elidis urbem
  Ibat ovans, divûmque sibi poscebat honorem,
  Demens! qui nimbos et non imitabile fulmen   590
  Ære et cornipedum pulsu simularat equorum.
  At pater omnipotens densa inter nubila telum
  Contorsit ; non ille faces, nec fumea tædis
  Lumina ; præcipitemque immani turbine adegit.
  Necnon et Tityon, Terræ omniparentis alumnum,   595

Titye, dont le corps immense couvre neuf arpents entiers : un énorme vautour, de son bec recourbé rongeant son foie immortel et ses entrailles fécondes en supplices, rouvre, pour s'y nourrir, d'éternelles blessures, et, logé dans sa poitrine profonde, ne donne aucun repos à ses fibres sans cesse renaissantes.

« Rappellerai-je les Lapithes, Ixion et Pirithoüs? Sur eux pend un noir rocher qui, toujours se détachant, les menace de sa chute. Couchés sur des lits élevés et somptueux, dont les pieds étincellent d'or, ils voient devant eux des mets servis avec un luxe royal. Mais la plus terrible des Furies, assise à ce banquet, arrête leurs mains, quand elles veulent saisir ces mets; elle se lève en agitant sa torche menaçante, et fait tonner sa redoutable voix. Là, sont ceux qui, pendant leur vie, ont haï leurs frères, outragé leur père ou trompé la bonne foi d'un client; ceux, et le nombre en est infini, qui, couvant d'un œil insatiable des trésors pour eux seuls entassés, n'en ont point donné une part à leurs proches; et ceux qui ont trouvé la mort dans l'adultère; et ceux qui, livrant des combats impies, n'ont pas craint de violer les serments faits à leurs maîtres. Tous, renfermés dans ces lieux, attendent leur châtiment. Ne cherche point à connaître quels sont les divers supplices du Tartare, ou sous quelles formes le sort accable ces hommes criminels. Les uns roulent incessamment un

Cernere erat, per tota novem cui jugera corpus
Porrigitur; rostroque immanis vultur obunco
Immortale jecur tondens, fecundaque pœnis
Viscera, rimaturque epulis, habitatque sub alto
Pectore; nec fibris requies datur ulla renatis. 600
Quid memorem Lapithas, Ixiona, Pirithoumque ?
Quos super atra silex jamjam lapsura, cadentique
Imminet assimilis : lucent genialibus altis
Aurea fulcra toris, epulæque ante ora paratæ
Regifico luxu : Furiarum maxima juxta 605
Accubat, et manibus prohibet contingere mensas,
Exsurgitque facem attollens, atque intonat ore.
Hic, quibus invisi fratres, dum vita manebat,
Pulsatusve parens, et fraus innexa clienti ;
Aut qui divitiis soli incubuere repertis, 610
Nec partem posuere suis; quæ maxima turba est;
Quique ob adulterium cæsi; quique arma secuti
Impia, nec veriti dominorum fallere dextras,
Inclusi pœnam exspectant. Ne quære doceri
Quam pœnam, aut quæ forma viros fortunave mersit. 615
Saxum ingens volvunt alii, radiisve rotarum

rocher devant eux; d'autres, attachés aux rayons d'une roue mouvante, y demeurent suspendus; le malheureux Thésée est assis et doit rester assis éternellement. Le plus infortuné de tous, Phlégias les avertit sans cesse, et sans cesse, d'une voix forte, crie au milieu des ténèbres : « Apprenez, par mon exemple, à connaître la justice, et à ne point mépriser les dieux ! » Celui-ci a vendu sa patrie à prix d'or, et l'a livrée au pouvoir d'un tyran; celui-là, au gré de son avarice, a fait et refait les lois; cet autre a souillé le lit de sa fille, et cherché un affreux hyménée. Tous ont osé méditer des forfaits horribles, et tous ont osé les accomplir. Non, quand j'aurais cent bouches, cent langues et une voix de fer, je ne pourrais jamais dire tous les genres de crimes, ni passer en revue tous les supplices.

« Mais, ajoute l'antique prêtresse d'Apollon, il est temps d'avancer; reprends ta route, et poursuis ton dessein. Hâtons-nous. J'aperçois les murs forgés par les Cyclopes, et voilà devant nous la porte et la voûte où nous devons déposer notre offrande. »

Elle dit, et tous deux, marchant d'un pas égal dans ces routes obscures, franchissent l'espace intermédiaire, et arrivent au palais de Pluton. Énée s'avance sous le portique, purifie son corps dans une onde fraîche, et attache, en face du seuil, le rameau sacré.

    Districti pendent; sedet, æternumque sedebit
    Infelix Theseus; Phlegyasque miserrimus omnes
    Admonet, et magna testatur voce per umbras :
    « Discite justitiam moniti, et non temnere divos. »   620
    Vendidit hic auro patriam, dominumque potentem
    Imposuit; fixit leges pretio atque refixit :
    Hic thalamum invasit natæ vetitosque hymenæos.
    Ausi omnes immane nefas, ausoque potiti.
    Non, mihi si linguæ centum sint, oraque centum,   625
    Ferrea vox, omnes scelerum comprendere formas
    Omnia pœnarum percurrere nomina possim. »
    Hæc ubi dicta dedit Phœbi longæva sacerdos :
    « Sed jam age, carpe viam, et susceptum perfice munus :
    Acceleremus, ait : Cyclopum educta caminis   630
    Mœnia conspicio, atque adverso fornice portas,
    Hæc ubi nos præcepta jubent deponere dona. »
    Dixerat, et pariter, gressi per opaca viarum,
    Corripiunt spatium medium, foribusque propinquant.
    Occupat Æneas aditum, corpusque recenti   635
    Spargit aqua, ramumque adverso in limine figit.

Ce devoir accompli, et le présent offert à la déesse, ils arrivent enfin dans ces champs délicieux, dans ces riantes prairies, dans ces bois toujours verts, séjour de la félicité. Là, un air plus pur revêt les campagnes d'une lumière pourprée : les ombres y ont leur soleil et leurs astres. Les unes exercent, dans des jeux sur le gazon, leur force et leur souplesse, ou luttent sur le sable doré ; les autres frappent la terre en cadence et chantent des vers. Le chantre divin de la Thrace, en longue robe de lin, fait résonner harmonieusement les sept voix de sa lyre, qui vibre tantôt sous ses doigts, et tantôt sous l'archet d'ivoire. Là, sont les descendants de l'antique Teucer : Ilus, Assaracus et Dardanus, fondateur de Troie, race brillante de héros magnanimes, nés dans des temps plus heureux. Énée s'étonne de voir au loin des armes, des chars vides, des javelots fixés dans la terre, et des chevaux qui paissent librement dans la plaine. Ceux qui, pendant leur vie, aimèrent les chars, les armes et les brillants coursiers, conservent les mêmes goûts au delà du trépas.

A droite et à gauche le héros aperçoit d'autres ombres, qui, couchées sur l'herbe, chantent en chœur un joyeux Péan, sous l'ombrage odorant d'une forêt de lauriers où l'Éridan, descendu

His demum exactis, perfecto munere divæ,
Devenere locos lætos et amœna vireta
Fortunatorum nemorum, sedesque beatas.
Largior hic campos æther et lumine vestit   640
Purpureo ; solemque suum, sua sidera norunt.
Pars in gramineis exercent membra palæstris,
Contendunt ludo, et fulva luctantur arena ;
Pars pedibus plaudunt choreas, et carmina dicunt.
Nec non Threicius longa cum veste sacerdos   645
Obloquitur numeris septem discrimina vocum,
Jamque eadem digitis, jam pectine pulsat eburno.
Hic genus antiquum Teucri, pulcherrima proles,
Magnanimi heroes, nati melioribus annis,
Ilusque, Assaracusque, et Trojæ Dardanus auctor.   650
Arma procul currusque virûm miratur inanes.
Stant terra defixæ hastæ, passimque soluti
Per campos pascuntur equi : quæ gratia currûm
Armorumque fuit vivis, quæ cura nitentes
Pascere equos, eadem sequitur tellure repostos.   655
Conspicit ecce alios dextra lævaque per herbam
Vescentes, lætumque choro Pæana canentes,
Inter odoratum lauri nemus : unde superne
Plurimus Eridani per silvam volvitur amnis.

sous la terre, roule ses abondantes eaux. Là sont les guerriers blessés en combattant pour la patrie, les prêtres dont la vie fut toujours chaste, les poëtes religieux qu'Apollon inspira, et ceux qui, par l'invention des arts, civilisèrent les hommes, et ceux dont leurs bienfaits ont fait vivre la mémoire : tous ont le front ceint de bandeaux blancs comme la neige.

En passant au milieu de ces ombres, la Sibylle leur parle ; et d'abord, s'adressant à Musée, qu'environne une foule nombreuse qu'il domine par sa taille élevée : « Chantre illustre, dit-elle, et vous, ombres fortunées, dites-nous quelle région, quel lieu possède Anchise. C'est pour le voir que nous sommes venus, et que nous avons franchi les grands fleuves de l'Érèbe. » Le héros lui répond en peu de mots : « Nous n'avons point ici de demeure fixe : nous habitons ces bois épais ; nous errons sur le gazon de ces rives, dans ces prés toujours rafraîchis par des ruisseaux. Mais, si tel est votre désir, montez sur cette colline ; je vous servirai de guide, et je vous montrerai un chemin facile. » Il dit, et marche devant eux ; du haut de la colline, il leur montre une plaine riante ; et bientôt ils descendent de ces hauteurs.

Cependant Anchise, au fond d'un vallon verdoyant, contemplait, avec un tendre intérêt, des âmes encore captives et destinées à revoir un jour la lumière éthérée ; il passait en revue toute

<pre>
      Hic manus, ob patriam pugnando vulnera passi ;   660
      Quique sacerdotes casti, dum vita manebat :
      Quique pii vates, et Phœbo digna locuti ;
      Inventas aut qui vitam excoluere per artes,
      Quique sui memores alios fecere merendo :
      Omnibus his nivea cinguntur tempora vitta.   665
      Quos circumfusos sic est affata Sibylla,
      Musæum ante omnes : medium nam plurima turba
      Hunc habet, atque humeris exstantem suspicit altis :
      « Dicite, felices animæ, tuque, optime vates,
      Quæ regio Anchisen, quis habet locus ? illius ergo   670
      Venimus, et magnos Erebi tranavimus amnes. »
      Atque huic responsum paucis ita reddidit heros :
      « Nulli certa domus ; lucis habitamus opacis,
      Riparumque toros et prata recentia rivis
      Incolimus. Sed vos, si fert ita corde voluntas,   675
      Hoc superate jugum, et facili jam tramite sistam. »
      Dixit, et ante tulit gressum, camposque nitentes
      Desuper ostentat ; dehinc summa cacumina linquunt.
      At pater Anchises penitus convalle virenti
      Inclusas animas, superumque ad lumen ituras.   680
</pre>

la suite de ses descendants, sa chère postérité, leurs destins, leurs fortunes diverses, leurs mœurs et leurs exploits. A peine il aperçoit Énée qui accourt à travers la prairie, que, dans son empressement joyeux, il lui tend les deux bras; des pleurs baignent ses joues, et sa bouche laisse tomber ces mots : « Tu es enfin venu! et ta piété, si connue de ton père, a vaincu les périls de ce voyage. Il m'est donné, ô mon fils! de contempler encore tes traits, d'entendre ta voix si chère, et de lui répondre! il est vrai que cet espoir était dans mon cœur; je pensais, en calculant les temps, que ta venue n'était pas éloignée : mon espoir ne m'a point trompé. Que de terres, que de mers il t'a fallu parcourir, ô mon fils! avant d'arriver près de moi! A combien de dangers tu as été en butte! que j'ai craint pour toi le royaume de Libye! — O mon père! répond Énée, c'est votre ombre, votre ombre affligée, qui, s'offrant souvent à mes regards, m'a fait descendre en ce séjour. Ma flotte repose dans la mer de Tyrrhène. Donnez-moi votre main! donnez, mon père, et ne vous dérobez pas à mes embrassements! » Il disait, et de larges pleurs inondaient son visage. Trois fois il veut presser dans ses bras cette ombre chère, et trois fois elle échappe à ses mains, pareille aux vents légers, semblable au songe qui s'envole.

> Lustrabat studio recolens, omnemque suorum
> Forte recensebat numerum, carosque nepotes,
> Fataque, fortunasque virûm, moresque manusque.
> Isque ubi tendentem adversum per gramina vidit
> Ænean, alacris palmas utrasque tetendit,   685
> Effusæque genis lacrymæ, et vox excidit ore :
> « Venisti tandem, tuaque exspectata parenti
> Vicit iter durum pietas! Datur ora tueri,
> Nate, tua, et notas audire et reddere voces!
> Sic equidem ducebam animo, rebarque futurum,   690
> Tempora dinumerans; nec me mea cura fefellit.
> Quas ego te terras et quanta per æquora vectum
> Accipio! quantis jactatum, nate, periclis!
> Quam metui ne quid Libyæ tibi regna nocerent!
> Ille autem : « Tua me, genitor, tua tristis imago,   695
> Sæpius occurrens, hæc limina tendere adegit.
> Stant sale Tyrrheno classes. Da jungere dextram,
> Da, genitor, teque amplexu ne subtrahe nostro. »
> Sic memorans largo fletu simul ora rigabat.
> Ter conatus ibi collo dare brachia circum;   700
> Ter frustra comprensa manus effugit imago,
> Par levibus ventis, volucrique simillima somno.

Cependant Énée aperçoit, dans le fond du vallon, un bocage solitaire, plein d'arbrisseaux sonores, agités par le vent. Le Léthé arrose de son onde ce paisible séjour. Sur ses rives voltigent des nations et des peuples sans nombre. Telles, dans un beau jour d'été, on voit les abeilles, répandues dans les prairies, se poser sur diverses fleurs et se presser autour des lis éclatants de blancheur : toute la plaine retentit de leur bourdonnement. Énée tressaille à la vue du spectacle qui s'offre à lui, et veut en connaître la cause : quel est ce fleuve, et quels peuples, si nombreux, couvrent ses rivages. Anchise répond : « Ces âmes, à qui les destins doivent d'autres corps, viennent boire dans les eaux du Léthé la sécurité et le long oubli. Dès longtemps, ô mon fils ! je voulais te parler de ces âmes, les montrer ici à tes regards, et te faire compter notre nombreuse postérité, afin que tu goûtes mieux avec moi la joie d'avoir trouvé l'Italie. — O mon père ! faut-il croire que des âmes remontent d'ici au séjour éthéré, et qu'elles rentrent de nouveau dans des corps grossiers ? D'où leur vient ce fol amour de la vie ? — Je vais te l'apprendre, ô mon fils ! et je ne ferai pas languir ta curiosité. » Et aussitôt Anchise lui dévoile en détail ces grands secrets :

« D'abord, et le ciel, et la terre, et les mers, le globe lumineux

Interea videt Æneas in valle reducta
Seclusum nemus, et virgulta sonantia silvis,
Lethæumque, domos placidas qui prænatat, amnem. 705
Hunc circum innumeræ gentes populique volabant :
Ac, veluti in pratis, ubi apes æstate serena
Floribus insidunt variis, et candida circum
Lilia funduntur, strepit omnis murmure campus.
Horrescit visu subito, causasque requirit   710
Inscius Æneas, quæ sint ea flumina porro,
Quive viri tanto complerint agmine ripas.
Tum pater Anchises : « Animæ, quibus altera fato
Corpora debentur, Lethæi ad fluminis undam
Securos latices et longa oblivia potant.   715
Has equidem memorare tibi atque ostendere coram,
Jampridem hanc prolem cupio enumerare tuorum,
Quo magis Italia mecum lætere reperta. »
— « O pater ! anne aliquas ad cœlum hinc ire putandum est
Sublimes animas, iterumque in tarda reverti   720
Corpora ? quæ lucis miseris tam dira cupido ? »
— « Dicam equidem ; nec te suspensum, nate, tenebo, »
Suscipit Anchises, atque ordine singula pandit :
« Principio cœlum ac terras, camposque liquentes,

de la Lune, et l'astre de Titan, sont pénétrés, nourris par un même principe, âme universelle qui, répandue dans les veines du monde, en meut toute la masse et se mêle avec ce grand corps. De là sont appelés à la vie les hommes et les diverses espèces d'animaux qui peuplent la terre, les oiseaux qui volent dans les airs, et les monstres que la mer contient dans ses profondeurs. Il y a dans ces êtres un feu vivifiant émané des cieux, dont l'activité s'émousse, s'il s'unit à des corps pesants, à des organes grossiers, à des membres périssables : de là naissent la crainte, les désirs, la douleur et la joie. Enfermées dans les ténèbres de leur obscure prison, les âmes ne regardent plus les cieux, et même, lorsque, au dernier jour, la vie s'est retirée, les malheureuses ne peuvent se dégager entièrement des maux et des souillures du corps : car, dans cette longue union avec la matière, les vices, s'invétérant, ont laissé en elles des traces presque ineffaçables. Elles subissent donc des châtiments, et expient dans les supplices leurs anciennes fautes. Les unes, suspendues dans les airs, sont le jouet des vents ; les autres, dans un vaste gouffre, lavent les taches infectes de leurs crimes, ou s'épurent par le feu. Chacun de nous est soumis au châtiment réservé à ses mânes : ensuite, nous sommes envoyés dans le vaste Élysée, dont les riantes campagnes n'ont que peu d'habitants. Lorsque, dans

> Lucentemque globum Lunæ, Titaniaque astra, 725
> Spiritus intus alit, totamque infusa per artus
> Mens agitat molem, et magno se corpore miscet.
> Inde hominum pecudumque genus, vitæque volantum,
> Et quæ marmoreo fert monstra sub æquore pontus.
> Igneus est ollis vigor, et cœlestis origo 730
> Seminibus, quantum non noxia corpora tardant,
> Terrenique hebetant artus moribundaque membra :
> Hinc metuunt cupiuntque ; dolent gaudentque, neque auras
> Dispiciunt, clausæ tenebris et carcere cæco.
> Quin et, supremo quum lumine vita reliquit, 735
> Non tamen omne malum miseris, nec funditus omnes
> Corporeæ excedunt pestes ; penitusque necesse est
> Multa diu concreta modis inolescere miris.
> Ergo exercentur pœnis, veterumque malorum
> Supplicia expendunt : aliæ panduntur inanes 740
> Suspensæ ad ventos ; aliis sub gurgite vasto
> Infectum eluitur scelus, aut exuritur igni :
> Quisque suos patimur Manes ; exinde per amplum
> Mittimur Elysium, et pauci læta arva tenemus.

la succession des âges, après mille années révolues, le temps a effacé les souillures des âmes, et ne leur a laissé que les simples éléments du feu primitif et la pure essence éthérée, un dieu appelle leur nombreuse foule sur les bords du Léthé, afin qu'oubliant le passé elles puissent revoir la voûte des cieux, et qu'elles désirent retourner dans de nouveaux corps. »

Il dit, et il entraîne son fils et la Sibylle au milieu du peuple bruyant des ombres. Il monte sur un éminence d'où il peut les voir passer, en long ordre, devant ses yeux, et distinguer leurs traits au passage : « Regarde, dit-il à son fils, quelle gloire attend, dans l'Italie, les descendants de Dardanus ! je vais te révéler ces âmes illustres qui doivent éterniser notre nom, et je t'apprendrai tes propres destinées.

« Vois ce jeune homme appuyé sur sa lance. Le sort l'a placé dans le lieu le plus voisin de la lumière. Il naîtra le premier de notre sang mêlé au sang Italien : c'est l'Albain Silvius, ton dernier fils. Lavinie, ton épouse, élèvera dans les bois du Latium ce fruit tardif de ta vieillesse, ce roi, père des rois de notre race qui domineront dans Albe-la-Longue.

« Près de lui est Procas, la gloire de la nation troyenne. A sa

>   Donec longa dies, perfecto temporis orbe,   745
>   Concretam exemit labem, purumque reliquit
>   Ætherium sensum, atque aurai simplicis ignem.
>   Has omnes, ubi mille rotam volvere per annos,
>   Lethæum ad fluvium deus evocat agmine magno,
>   Scilicet immemores supera ut convexa revisant,   750
>   Rursus et incipiant in corpora velle reverti. »
>   Dixerat Anchises ; natumque unaque Sibyllam
>   Conventus trahit in medios turbamque sonantem ;
>   Et tumulum capit, unde omnes longo ordine possit
>   Adversos legere, et venientum discere vultus.   755
>   « Nunc age, Dardaniam prolem quæ deinde sequatur
>   Gloria, qui maneant Itala de gente nepotes,
>   Illustres animas, nostrumque in nomen ituras,
>   Expediam dictis, et te tua fata docebo.
>   Ille, vides, pura juvenis qui nititur hasta,   760
>   Proxima sorte tenet lucis loca ; primus ad auras
>   Ætherias Italo commixtus sanguine surget
>   Silvius, Albanum nomen, tua posthuma proles ;
>   Quem tibi longævo serum Lavinia conjux
>   Educet silvis regem, regumque parentem :   765
>   Unde genus Longa nostrum dominabitur Alba.
>   Proximus ille Procas, Trojanæ gloria gentis,

suite tu vois Capys et Numitor, et celui qui doit porter ton nom, Silvius Énée, illustre, comme toi, par sa piété et par son courage, s'il doit un jour régner sur les Albains. Admire la force que déploient ces jeunes guerriers. Mais, parmi ceux dont le front est ombragé du chêne civique, les uns bâtiront les villes de Nomente, de Gabie et de Fidène ; d'autres élèveront sur des montagnes les remparts de Collatie, de Pométie, d'Inuus, de Bole et de Cora : tels seront les noms de ces lieux qui sont encore sans nom sur la terre.

« Vois, près de son aïeul, se placer Romulus, fils de Mars, qu'enfantera Ilie, du sang d'Assaracus. Regarde, sur sa tête, ces deux aigrettes, et ce rayon divin dont Jupiter illumine déjà son front. C'est, ô mon fils ! sous les auspices de ce héros, que la superbe Rome étendra son empire jusqu'aux bornes du monde, et, par sa magnanimité, s'élèvera jusqu'aux cieux : fière d'une race féconde en héros, elle enfermera sept collines dans sa seule enceinte. Telle, dans les villes de Phrygie, la déesse de Bérécynthe s'avance sur son char, la tête couronnée de tours, joyeuse d'être la mère des dieux, et de compter cent petits-fils, tous habitants du ciel, tous occupant les sublimes demeures.

« Maintenant, tourne les yeux de ce côté : contemple cette nation : ce sont les Romains. Voilà César et toute la postérité

> Et Capys, et Numitor, et qui te nomine reddet
> Silvius Æneas, pariter pietate vel armis
> Egregius, si unquam regnandam acceperit Albam.   770
> Qui juvenes quantas ostentant, aspice, vires !
> At qui umbrata gerunt civili tempora quercu,
> Hi tibi Nomentum, et Gabios, urbemque Fidenam,
> Hi Collatinas imponent montibus arces,
> Pometios, Castrumque Inui, Bolamque, Coramque :   775
> Hæc tum nomina erunt, nunc sunt sine nomine terræ.
> Quin et avo comitem sese Mavortius addet
> Romulus, Assaraci quem sanguinis Ilia mater
> Educet. Viden' ut geminæ stant vertice cristæ,
> Et pater ipse suo Superûm jam signat honore ?   780
> En, hujus, nate, auspiciis illa inclyta Roma
> Imperium terris, animos æquabit Olympo,
> Septemque una sibi muro circumdabit arces,
> Felix prole virûm : qualis Berecynthia mater
> Invehitur curru Phrygias turrita per urbes,   785
> Læta deûm partu, centum complexa nepotes,
> Omnes cœlicolas, omnes supera alta tenentes.
> Huc geminas nunc flecte acies : hanc apice gentem.

d'Iule, appelés sous l'immense voûte des cieux. Voilà ce héros qui te fut souvent promis : Auguste César, le fils d'un dieu. Il ramènera le siècle d'or dans le Latium, dans cette contrée où régna jadis Saturne; il étendra son empire sur les Garamantes et sur les Indiens, dans les contrées situées au delà des signes célestes, au delà des routes de l'année et du soleil, et où le puissant Atlas soutient sur ses épaules le ciel semé d'étoiles resplendissantes. Déjà, dans l'attente de sa venue, effrayés par les oracles qui l'annoncent, frémissent les royaumes Caspiens et les peuples qui bordent les Palus-Méotides; déjà se troublent les sept embouchures du Nil, saisies d'effroi. Nul n'a parcouru autant de pays : ni Alcide qui perça la biche aux pieds d'airain, rendit la paix aux forêts d'Érymanthe, et fit trembler le marais de Lerne du bruit de son arc; ni Bacchus, le vainqueur de l'Inde, qui, guidant ses tigres avec des rênes de pampre, faisait voler son char, en descendant des hautes cimes du Nisa. Hésiterons-nous encore à éterniser notre gloire par nos exploits? et la crainte nous empêchera-t-elle de nous fixer sur la terre d'Ausonie?

« Mais, plus loin, quel est celui qui marche le front ceint du rameau d'olivier, et qui tient des vases sacrés? A ses cheveux et à sa barbe blanche, je reconnais Numa, ce roi de Rome qui, le

   Romanosque tuos. Hic Cæsar, et omnis Iuli
   Progenies, magnum cœli ventura sub axem.   790
   Hic vir, hic est, tibi quem promitti sæpius audis,
   Augustus Cæsar, divi genus : aurea condet
   Sæcula qui rursus Latio, regnata per arva
   Saturno quondam; super et Garamantas et Indos
   Proferet imperium; jacet extra sidera tellus,
   Extra anni solisque vias, ubi cœlifer Atlas   795
   Axem humero torquet stellis ardentibus aptum.
   Hujus in adventum jam nunc et Caspia regna
   Responsis horrent divûm, et Mæotica tellus,
   Et septemgemini turbant trepida ostia Nili.
   Nec vero Alcides tantum telluris obivit,   800
   Fixerit æripedem cervam licet, aut Erymanthi
   Pacarit nemora, et Lernam tremefecerit arcu;
   Nec, qui pampineis victor juga flectit habenis,
   Liber, agens celso Nisæ de vertice tigres.
   Et dubitamus adhuc virtutem extendere factis?   805
   Aut metus Ausonia prohibet consistere terra?
   Quis procul ille autem ramis insignis olivæ
   Sacra ferens? nosco crines incanaque menta

premier, fondera la ville naissante sur la base des lois, et qui de l'humble ville de Cures, de sa terre infertile, sera appelé au gouvernement du grand empire. Il aura pour successeur Tullus, qui, rompant la longue paix de la patrie, excitera aux combats ses guerriers oisifs et ses bataillons déjà déshabitués de la victoire. Après lui vient l'orgueilleux Ancus, déjà trop sensible aux charmes de la faveur populaire. Veux-tu voir les Tarquins, l'âme fière du vengeur Brutus, et les faisceaux enlevés à la royauté? Brutus, le premier, recevra le pouvoir consulaire et les haches redoutables. Père, il verra ses enfants susciter contre Rome de nouvelles guerres, et les immolera à la glorieuse liberté. Infortuné! quel que soit sur ce sacrifice le jugement de la postérité, en toi triompheront l'amour de la patrie et le désir immense de la gloire. Vois plus loin les Decius, et les Drusus, et l'inflexible Torquatus, armé de sa hache sanglante, et Camille rapportant les étendards de Rome.

Ces deux guerriers dont tu vois briller les armes pareilles, et dont les âmes sont unies, tandis que la nuit retient ici leur essor, hélas! quelles guerres s'allumeront entre eux, s'ils touchent le seuil de la vie! Entre eux, que de combats sanglants! et quel carnage, lorsque au beau-père descendant du sommet des Alpes et du roc de Monœcus le gendre opposera toutes les forces de

Regis Romani, primus qui legibus urbem
Fundabit, Curibus parvis et paupere terra   810
Missus in imperium magnum. Cui deinde subibit,
Otia qui rumpet patriæ, residesque movebit
Tullus in arma viros, et jam desueta triumphis
Agmina. Quem juxta sequitur jactantior Ancus,
Nunc quoque jam nimium gaudens popularibus auris. 815
Vis et Tarquinios reges, animamque superbam
Ultoris Bruti, fascesque videre receptos?
Consulis imperium hic primus sævasque secures
Accipiet, natosque pater, nova bella moventes,
Ad pœnam pulchra pro libertate vocabit,   820
Infelix! utcumque ferent ea facta minores,
Vincet amor patriæ, laudumque immensa cupido.
Quin Decios, Drusosque procul, sævumque securi
Aspice Torquatum, et referentem signa Camillum.
Illæ autem, paribus quas fulgere cernis in armis, 825
Concordes animæ nunc, et dum nocte prementur,
Heu quantum inter se bellum, si lumina vitæ
Attigerint, quantas acies stragemque ciebunt!
Aggeribus socer Alpinis atque arce Monœci

l'Orient! Ô mes fils! n'accoutumez point vos cœurs à ces horribles guerres; ne tournez pas vos forces redoutables contre le sein de votre patrie! Et toi, le premier, toi qui tires des dieux ton origine, ô mon sang, arrête, et rejette loin de toi ces armes parricides.

« Celui-ci, vainqueur de Corinthe, et fier de la défaite des Achéens, montera au Capitole sur un char de triomphe. Celui-là doit renverser Argos et Mycènes, patrie d'Agamemnon : il frappera, dans le dernier des Éacides, la race de l'invincible Achille, vengera les Troyens ses aïeux et le temple de Minerve profané. Qui pourrait, ô grand Caton! et toi, Cossus, vous passer sous silence? Qui pourrait oublier la famille des Gracques, et les Scipions, ces deux foudres de guerre, fléaux de la Libye; Fabricius et sa glorieuse pauvreté; et toi, Serranus, conduisant la charrue pour féconder tes champs? Fatigué de ce cette longue revue, où m'entraînez-vous encore, ô Fabius! Te voilà, illustre Maximus, toi qui, seul, en temporisant, sauves la république!

« D'autres peuples, je le crois, sauront mieux amollir et animer l'airain, et faire sortir du marbre de vivantes figures; ils parleront avec plus d'éloquence, et décriront plus savamment le mouvement des cieux et le cours des astres : toi, Romain, souviens-toi de soumettre le monde à ton empire. Voici tes arts, à

    Descendens, gener adversis instructus Eois.   830
Ne, pueri, ne tanta animis assuescite bella;
Neu patriæ validas in viscera vertite vires!
Tuque prior, tu parce, genus qui ducis Olympo;
Projice tela manu, sanguis meus!
    Ille triumphata Capitolia ad alta Corintho   835
Victor aget currum, cæsis insignis Achivis.
Eruet ille Argos, Agamemnoniasque Mycenas,
Ipsumque Æaciden, genus armipotentis Achillei,
Ultus avos Trojæ, templa et temerata Minervæ.
Quis te, magne Cato, tacitum, aut te, Cosse, relinquat? 840
Quis Gracchi genus? aut geminos, duo fulmina belli,
Scipiadas, cladem Libyæ, parvoque potentem
Fabricium? vel te sulco, Serrane, serentem?
Quo fessum rapitis, Fabii? Tu Maximus ille es,
Unus qui nobis cunctando restituis rem.   845
Excudent alii spirantia mollius æra,
Credo equidem; vivos ducent de marmore vultus;
Orabunt causas melius, cœlique meatus
Describent radio, et surgentia sidera dicent :
Tu regere imperio populos, Romane, memento;   850

toi : imposer les lois de la paix, épargner les vaincus, et dompter les superbes. »

Ainsi parlait Anchise ; et, tandis que son fils et la Sibylle admirent, il ajoute : « Vois avec quelle noblesse s'avance Marcellus chargé de dépouilles opimes, et comme il domine de son front victorieux cette foule de héros ! c'est lui qui, sauvant la république d'un grand désastre, terrassera les Carthaginois et les Gaulois rebelles, et, le troisième dans Rome, suspendra au temple de Quirinus les dépouilles opimes prises sur l'ennemi. »

En ce moment, Énée interrompt Anchise (car il voyait marcher à côté de Marcellus un jeune homme remarquable par sa beauté et par l'éclat de ses armes, mais le front triste et les yeux baissés) : « O mon père ! dit-il, quel est celui qui accompagne Marcellus ? Est-ce son fils, ou l'un des rejetons de son illustre race ? Quel bruyant cortége l'environne ! et combien il ressemble à l'autre héros ! mais une affreuse nuit enveloppe sa tête d'une ombre funeste. »

Alors Anchise reprend en versant des larmes : « O mon fils ! ne cherche point à connaître l'immense deuil de ta famille ! Ce jeune homme, les destins ne feront que le montrer à la terre, et le lui reprendront aussitôt. Dieux immortels ! Rome vous eût paru trop puissante, si elle avait conservé ce don de vos mains.

    Hæ tibi erunt artes, pacisque imponere morem,
    Parcere subjectis, et debellare superbos. »
    Sic pater Anchises, atque hæc mirantibus addit :
    « Aspice, ut insignis spoliis Marcellus opimis
    Ingreditur, victorque viros supereminet omnes !   855
    Hic rem Romanam, magno turbante tumultu,
    Sistet eques, sternet Pœnos, Gallumque rebellem,
    Tertiaque arma patri suspendet capta Quirino. »
    Atque hic Æneas (una namque ire videbat
    Egregium forma juvenem et fulgentibus armis ;   860
    Sed frons læta parum, et dejecto lumina vultu) :
    « Quis, pater, ille, virum qui sic comitatur euntem ?
    Filius, anne aliquis magna de stirpe nepotum ?
    Qui strepitus circa comitum ! quantum instar in ipso est !
    Sed nox atra caput tristi circumvolat umbra. »   865
    Tum pater Anchises, lacrymis ingressus obortis :
    « O nate ! ingentem luctum ne quære tuorum :
    Ostendent terris hunc tantum fata, neque ultra
    Esse sinent. Nimium vobis Romana propago
    Visa potens, superi, propria hæc si dona fuissent.   870
    Quantos ille virûm magnam Mavortis ad urbem

Oh! de quels gémissements retentiront le champ illustre et la grande cité de Mars! et toi, dieu du Tibre, quelles funérailles tu verras sur tes rives, lorsque tu baigneras sa tombe récente! Jamais enfant du sang des Troyens n'aura élevé si haut l'espoir des Latins ses aïeux. Jamais la terre de Romulus ne s'enorgueillera d'un plus digne nourrisson. O piété! ô antique vertu! ô bras invincible dans les combats! Nul ne se fût avancé impunément contre ce héros sous les armes, soit que, de pied ferme, il marchât à l'ennemi, soit qu'il pressât de l'éperon un coursier écumant. Hélas! malheureux enfant, si, de quelque manière, tu peux échapper aux rigueurs du destin, tu seras Marcellus. Versez des lis à pleines mains. Que je sème partout les plus brillantes fleurs, que je prodigue ces offrandes à l'âme de mon petit-fils, et qu'elle reçoive de moi ces vains hommages. »

Ainsi ils erraient dans le vaste Élysée, et promenaient partout leurs regards. Quand Anchise eut montré à son fils toutes ces merveilles, et enflammé son cœur de l'amour de sa gloire à venir, il lui fait connaître les guerres qu'il devra livrer, les peuples laurentins et la ville de Latinus, et comment il pourra éviter ou supporter tant de travaux.

Il est deux portes du Sommeil : l'une est faite de corne, et

Campus aget gemitus! vel quæ, Tiberine, videbis
Funera, quum tumulum præterlabere recentem!
Nec puer Iliaca quisquam de gente Latinos
In tantum spe tollet avos; nec Romula quondam   875
Ullo se tantum tellus jactabit alumno.
Heu pietas! heu prisca fides! invictaque bello
Dextera! non illi se quisquam impune tulisset
Obvius armato, seu quum pedes iret in hostem,
Seu spumantis equi foderet calcaribus armos.   880
Heu, miserande puer! si qua fata aspera rumpas,
Tu Marcellus eris. Manibus date lilia plenis :
Purpureos spargam flores, animamque nepotis
His saltem accumulem donis, et fungar inani
Munere. » Sic tota passim regione vagantur   885
Aeris in campis latis, atque omnia lustrant.
Quæ postquam Anchises natum per singula duxit,
Incenditque animum famæ venientis amore :
Exin bella viro memorat quæ deinde gerenda,   890
Laurentesque docet populos, urbemque Latini,
Et quo quemque modo fugiatque feratque laborem.
Sunt geminæ Somni portæ : quarum altera fertur

donme un passage facile aux songes vrais ; l'autre, d'un ivoire éclattant de blancheur, s'ouvre aux songes décevants que les dieux Mânes envoient sur la terre. En disant ces paroles, Anchise accompagne son fils et la Sibylle, et les fait sortir par la porte d'ivoire. Le héros presse ses pas vers la flotte, et rejoint ses compagnons. Puis en côtoyant les bords de la mer il se rend au port de Caïète. L'ancre est jetée du haut de la proue, et les poupes reposent, immobiles, sur le rivage.

>
> Cornea, qua veris facilis datur exitus umbris :
> Altera candenti perfecta nitens elephanto ;   895
> Sed falsa ad cœlum mittunt insomnia Manes.
> His ubi tum natum Anchises unaque Sibyllam
> Prosequitur dictis, portaque emittit eburna.
> Ille viam secat ad naves, sociosque revisit.
> Tum se ad Caietæ recto fert limite portum :   900
> Anchora de prora jacitur ; stant littore puppes.

LIVRE SEPTIÈME

Toi aussi, nourrice d'Énée, Caïète, tu as laissé en mourant une éternelle renommée à nos rivages ; et maintenant l'honneur rendu à ta mémoire consacre le lieu où tu reposes, et ton nom, si c'est un titre de gloire, marque la place qu'occupe ta cendre dans la grande Hespérie.

Lorsque le pieux Énée eut célébré les funérailles selon le rit accoutumé, et qu'il eut élevé le tertre du tombeau, voyant la mer calmée et aplanie, il fait déployer les voiles, et s'éloigne du port. Un vent léger souffle aux approches de la nuit ; la lune favorise la flotte de sa douce clarté, et la mer resplendit sous cette tremblante lumière.

Bientôt la flotte rase les bords de l'île où Circé, la puissante fille du Soleil, fait sans cesse résonner de ses chants des bois inaccessibles, et où, la nuit, retirée sous les toits superbes d'un palais que le cèdre odorant éclaire de sa flamme, elle promène la navette bruyante entre les fils d'une trame légère. De là, on entend les cris et les rugissements des lions irrités, qui s'agitent

LIBER SEPTIMUS.

Tu quoque littoribus nostris, Æneia nutrix,
Æternam moriens famam, Caieta, dedisti :
Et nunc servat honos sedem tuus, ossaque nomen
Hesperia in magna, si qua est ea gloria, signat.
At pius exsequiis Æneas rite solutis, 5
Aggere composito tumuli, postquam alta quierunt
Æquora, tendit iter velis, portumque relinquit.
Adspirant auræ in noctem, nec candida cursum
Luna negat ; splendet tremulo sub lumine pontus.
Proxima Circææ raduntur littora terræ, 10
Dives inaccessos ubi Solis filia lucos
Assiduo resonat cantu, tectisque superbis
Urit odoratam nocturna in lumina cedrum,
Arguto tenues percurrens pectine telas.
Hinc exaudiri gemitus iræque leonum 15

bien avant dans la nuit et s'indignent contre leurs chaînes; on entend des sangliers au poil hérissé, des ours effrayants gronder dans leur prison, et des loups énormes poussant d'affreux hurlements. Hommes autrefois, la cruelle déesse, par le charme puissant de ses breuvages, les dépouilla de leur figure, et les transforma en hôtes féroces des bois et des déserts. Mais Neptune, craignant que, sur ces funestes rives, les Troyens, entraînés dans le port de Circé, ne soient aussi victimes de tels enchantements, enfle leurs voiles d'un vent favorable, seconde leur fuite, et les emporte au delà de ces flots bouillonnants.

Déjà la mer était rougie par les premiers rayons du jour, et, dans les hautes plaines de l'éther, l'Aurore vermeille brillait sur son char de rose : tout à coup les vents, se taisant, retiennent leur haleine, et la rame lutte en vain contre l'onde immobile. Alors, du milieu des flots, Énée découvre une vaste forêt, que le Tibre traverse dans son heureux cours, avant de précipiter dans la mer ses ondes tumultueuses, jaunies par le sable qu'elles entraînent. Mille oiseaux divers, accoutumés aux rives et au lit du fleuve, voltigeaient sous le feuillage et charmaient les airs par leurs chants mélodieux. Le héros ordonne à ses compagnons de changer de route, de tourner leurs proues vers la terre, et, joyeux, il entre dans le lit ombragé du Tibre.

```
        Vincla recusantum, et sera sub nocte rudentum :
        Setigerique sues, atque in præsepibus ursi
        Sævire, ac formæ magnorum ululare luporum :
        Quos hominum ex facie dea sæva potentibus herbis
        Induerat Circe in vultus ac terga ferarum.           20
        Quæ ne monstra pii paterentur talia Troes
        Delati in portus, neu littora dira subirent,
        Neptunus ventis implevit vela secundis,
        Atque fugam dedit, et præter vada fervida vexit.
        Jamque rubescebat radiis mare, et æthere ab alto     25
        Aurora in roseis fulgebat lutea bigis,
        Quum venti posuere, omnisque repente resedit
        Flatus, et in lento luctantur marmore tonsæ.
        Atque hic Æneas ingentem ex æquore lucum
        Prospicit : hunc inter fluvio Tiberinus amœno,       30
        Vorticibus rapidis, et multa flavus arena,
        In mare prorumpit. Variæ circumque supraque
        Assuetæ ripis volucres et fluminis alveo
        Æthera mulcebant cantu, lucoque volabant.
        Flectere iter sociis terræque advertere proras       35
        Imperat, et lætus fluvio succedit opaco.
```

Maintenant, divine Érato, inspire-moi : je raconterai quels ont été les temps célèbres, les rois et les grands événements de l'antique Latium, alors qu'une flotte étrangère aborda, pour la première fois, aux rives de l'Ausonie. Je rappellerai l'origine des combats livrés sur cette terre. C'est à toi, Muse, c'est à toi d'instruire ton poëte. Je dirai d'horribles guerres ; je dirai les armées et les rois que la vengeance animait au carnage, les soldats de Tyrrhène, et toute l'Hespérie rassemblée sous les armes. Un ordre de faits plus grand s'ouvre devant moi, et je médite une œuvre plus grande. Déjà vieux, le roi Latinus gouvernait dans une longue paix son paisible empire. On le disait fils de Faunus et de Marica, nymphe de Laurente. Faunus avait eu pour père Picus ; et Picus, ô Saturne, te rapportant son origine, voyait en toi le chef de sa race illustre. Latinus n'eut point de descendant mâle : les destins lui avaient enlevé un fils à la fleur des ans. Une fille lui restait, seule héritière de son trône et seul espoir de sa maison. Déjà en pleine jeunesse, et mûre pour l'hymen, elle était recherchée par un grand nombre de princes du Latium et par tous ceux de l'Ausonie. Le plus beau de tous, Turnus, puissant par une longue suite d'aïeux, était au nombre des prétendants. La reine favorisait ses vœux, et souhaitait ardemment de l'avoir pour gendre,

Nunc age, qui reges, Erato, quæ tempora rerum,
Quis Latio antiquo fuerit status, advena classem
Quum primum Ausoniis exercitus appulit oris,
Expediam, et primæ revocabo exordia pugnæ. 40
Tu vatem, tu, diva, mone. Dicam horrida bella ;
Dicam acies, actosque animis in funera reges,
Tyrrhenamque manum, totamque sub arma coactam
Hesperiam. Major rerum mihi nascitur ordo ;
Majus opus moveo. Rex arva Latinus et urbes 45
Jam senior longa placidas in pace regebat.
Hunc Fauno et nympha genitum Laurente Marica
Accipimus. Fauno Picus pater ; isque parentem
Te, Saturne, refert ; tu sanguinis ultimus auctor.
Filius huic, fato divûm, prolesque virilis 50
Nulla fuit, primaque oriens erepta juventa est.
Sola domum et tantas servabat filia sedes,
Jam matura viro, jam plenis nubilis annis.
Multi illam magno e Latio totaque petebant
Ausonia : petit ante alios pulcherrimus omnes 55
Turnus, avis atavisque potens, quem regia conjux
Adjungi generum miro proberabat amore :

mais les dieux, par d'effrayants prodiges, s'opposaient à cet hymen.

Au milieu du palais, et dans une enceinte écartée, s'élevait un laurier qu'une crainte religieuse protégeait depuis un long âge. On disait que, trouvé dans ce lieu par Latinus, à l'époque où il jetait les fondements de sa ville, ce prince l'avait consacré au dieu de la lumière, et dès lors avait donné le nom de Laurente à sa colonie. Un jour, ô prodige! d'innombrables abeilles, traversant bruyamment les airs, s'arrêtent sur la cime de l'arbre sacré, et chacune aux pieds d'une autre enlaçant ses pieds, l'essaim se suspend tout à coup à l'un des rameaux verdoyants. Alors un devin consulté : « Je vois, dit-il, du côté par où sont venues ces abeilles, arriver un héros étranger, qui conduit de nombreux guerriers, et qui s'établit en vainqueur dans la citadelle. » Un autre prodige vient encore étonner les esprits : tandis que Lavinie est devant les autels des dieux, debout près de son père, et que sa main virginale offre un pur encens, tout à coup, ô terreur! on voit les feux sacrés s'attacher à sa longue chevelure; la flamme, en pétillant, dévorer les ornements qui parent sa tête, embraser son bandeau royal, embraser sa couronne éclatante de pierreries : elle-même, enveloppée de fumée et d'une sombre lumière, sème l'incendie dans tout le palais. Ce prodige semble

    Sed variis portenta deûm terroribus obstant.
    Laurus erat tecti medio, in penetralibus altis,
    Sacra comam, multosque metu servata per annos;   60
    Quam pater inventam, primas quum conderet arces,
    Ipse ferebatur Phœbo sacrasse Latinus,
    Laurentisque ab ea nomen posuisse colonis.
    Hujus apes summum densæ (mirabile dictu!)
    Stridore ingenti liquidum trans æthera vectæ,   65
    Obsedere apicem; et, pedibus per mutua nexis,
    Examen subitum ramo frondente pependit.
    Continuo vates : « Externum cernimus, inquit,
    Adventare virum, et partes petere agmen easdem
    Partibus ex isdem, et summa dominarier arce. »   70
    Præterea, castis adolet dum altaria tædis,
    Et juxta genitorem adstat Lavinia virgo,
    Visa (nefas!) longis comprendere crinibus ignem,
    Atque omnem ornatum flamma crepitante cremari,
    Regalesque accensa comas, accensa coronam   75
    Insignem gemmis; tum fumida lumine fulvo
    Involvi, ac totis Vulcanum spargere tectis.

annoncer des événements terribles et merveilleux : les augures y voient, pour Lavinie, une destinée brillante et glorieuse, mais une grande guerre pour son peuple.

Cependant le roi, qu'ont alarmé ces présages, va consulter les oracles que Faunus, son père, rend dans un bois sacré, où la profonde Albunée, couverte de noirs ombrages, fait retentir au loin le bruit de ses ondes, et exhale dans l'air d'épaisses et infectes vapeurs. Là, les peuples d'Italie et tous les Œnotriens viennent, dans leurs doutes, chercher les réponses du sort. Là, le prêtre, quand il a déposé ses offrandes, se couche, dans le silence des nuits, sur les toisons des brebis immolées; et dès que le sommeil pèse sur ses yeux, il aperçoit autour de lui, voltigeant sous des formes étranges, des fantômes sans nombre; il entend mille voix confuses, jouit de l'entretien des dieux, et évoque les Mânes du fond de l'Averne. C'est dans ce bois que Latinus, demandant l'explication des présages, immolait, suivant le rit accoutumé, cent brebis âgées de deux ans, et reposait étendu sur leurs molles toisons : soudain, du fond de la forêt sacrée, une voix se fait entendre : « Garde-toi, ô mon fils ! d'unir ta fille à un prince latin; défie-toi de l'hymen projeté : il te vient un gendre étranger, dont le sang, mêlé à notre sang, élèvera jusqu'aux astres la gloire de notre nom. Ses illustres descendants

Id vero horrendum ac visu mirabile ferri :
Namque fore illustrem fama fatisque canebant
Ipsam, sed populo magnum portendere bellum.   80
At rex, sollicitus monstris, oracula Fauni
Fatidici genitoris adit, lucosque sub alta
Consulit Albunea, nemorum quæ maxima sacro
Fonte sonat, sævamque exhalat opaca mephitim.
Hinc Italæ gentes omnisque Œnotria tellus   85
In dubiis responsa petunt. Huc dona sacerdos
Quum tulit, et cæsarum ovium sub nocte silenti
Pellibus incubuit stratis, somnosque petivit,
Multa modis simulacra videt volitantia miris,
Et varias audit voces, fruiturque deorum   90
Colloquio, atque imis Acheronta affatur Avernis.
Hic et tum pater ipse petens responsa Latinus
Centum lanigeras mactabat rite bidentes,
Atque harum effultus tergo stratisque jacebat
Velleribus. Subita ex alto vox reddita luco est :   95
« Ne pete connubiis natam sociare Latinis,
O mea progenies! thalamis neu crede paratis :
Externi veniunt generi, qui sanguine nostrum

ÉNÉIDE, LIVRE VII.

verront prosterné à leurs pieds, et soumis à leur empire, tout ce que, dans sa course, le soleil éclaire de l'un à l'autre Océan. »

Cette réponse de Faunus, et cet avis donné dans la nuit silencieuse, Latinus ne les tint pas renfermés en lui-même; et déjà l'agile Renommée, dans son vol rapide, en avait semé le bruit dans toutes les villes de l'Ausonie, lorsque les fils de Laomédon, entrés dans le Tibre, attachèrent leurs vaisseaux sur ses bords verdoyants. Énée, les chefs de ses guerriers et le bel Iule se reposent sous l'ombrage d'un arbre élevé. Là, ils préparent un repas frugal, et sur l'herbe sont placés des gâteaux de pur froment (ainsi le conseillait Jupi'er); plusieurs sortes de mets couvrent, et des fruits champêtres couronnent ces tables de Cérès. Tous les mets épuisés, la faim force les convives d'attaquer ces légers gâteaux : mais à peine ont-ils rompu de leur mains et commencé à broyer, sous leurs dents avides, les contours de la pâte fatale, sans en épargner la surface étendue : « Eh quoi! nous mangeons aussi nos tables! » dit en riant le jeune Iule. Ces mots, échappés de sa bouche, annoncent aux Troyens le terme de leurs longues infortunes; Énée les a saisis : il y voit avec étonnement un oracle accompli, il les médite en silence; puis, tout à coup : « Salut! s'écrie-t-il, terre qui m'es promise par les destins ! et

Nomen in astra ferent, quorumque ab stirpe nepotes
Omnia sub pedibus, qua sol utrumque recurrens   100
Aspicit Oceanum, vertique regique videbunt. »
Hæc responsa patris Fauni, monitusque silenti
Nocte datos, non ipse suo premit ore Latinus;
Sed circum late volitans jam Fama per urbes
Ausonias tulerat, quum Laomedontia pubes   105
Gramineo ripæ religavit ab aggere classem.
Æneas, primique duces, et pulcher Iulus
Corpora sub ramis deponunt arboris altæ,
Instituuntque dapes, et adorea liba per herbam
Subjiciunt epulis (sic Juppiter ipse monebat),   110
Et cereale solum pomis agrestibus augent.
Consumptis hic forte aliis, ut vertere morsus
Exiguam in Cererem penuria adegit edendi,
Et violare manu malisque audacibus orbem
Fatalis crusti, patulis nec parcere quadris :   115
« Heus! etiam mensas consumimus! » inquit Iulus;
Nec plura alludens. Ea vox audita laborum
Prima tulit finem, primamque loquentis ab ore
Eripuit pater, ac stupefactus numine pressit.
Continuo : « Salve fatis mihi debita tellus,   120

vous, Pénates sacrés, fidèles protecteurs de Troie, salut! C'est ici qu'est notre demeure; ici, notre patrie! oui, tels étaient, maintenant je m'en souviens, les secrets des destins que m'annonçait mon père : « Mon fils, me disait-il, lorsque, arrivé sur « des rivages inconnus, après avoir consommé tes vivres, la faim « te forcera de dévorer tes tables, espère alors un asile après « tant de fatigues. Souviens-toi d'élever sur cette terre tes pre- « miers toits, et de les munir de remparts. » La voilà donc, cette faim terrible! voilà cet extrême malheur qui devait terminer tous les autres! Courage donc, livrez-vous à la joie! demain, aux premiers rayons du jour, nous éloignant du port, allons explorer cette terre, et reconnaître quels sont les peuples qui l'habitent, et les villes qu'elle renferme. Et maintenant, faites des libations à Jupiter; invoquez dans vos vœux mon père Anchise, et replacez les coupes sur les tables. »

Il dit, et, couronnant son front d'un rameau vert, il adresse des prières au Génie du lieu, à la Terre, la première des divinités; aux Nymphes et aux Fleuves qui lui sont encore inconnus; puis il invoque la Nuit, et les astres de la nuit naissante, Jupiter adoré sur le mont Ida, Cybèle qu'honore la Phrygie, et les auteurs de ses jours, habitants du Ciel et de l'Érèbe. Alors, du haut

Vosque, ait, o fidi Trojæ, salvete, Penates!
Hic domus, hæc patria est. Genitor mihi talia (namque
Nunc repeto) Anchises fatorum arcana reliquit :
— « Quum te, nate, fames ignota ad littora vectum
Accisis coget dapibus consumere mensas,   125
Tum sperare domos defessus, ibique memento
Prima locare manu molirique aggere tecta. » —
Hæc erat illa fames; hæc nos suprema manebat
Exitiis positura modum.
Quare agite, et primo læti cum lumine solis,   130
Quæ loca, quive habeant homines, ubi mœnia gentis.
Vestigemus, et a portu diversa petamus.
Nunc pateras libate Jovi, precibusque vocate
Anchisen genitorem, et vina reponite mensis. »
Sic deinde effatus frondenti tempora ramo   135
Implicat, et Geniumque loci, primamque deorum
Tellurem, Nymphasque, et adhuc ignota precatur
Flumina; tum Noctem, Noctisque orientia signa,
Idæumque Jovem, Phrygiamque ex ordine matrem
Invocat, et duplices Cœloque Ereboque parentes.   140
Hic pater omnipotens ter cœlo clarus ab alto

de l'Olympe, le dieu tout-puissant fait trois fois gronder son tonnerre, et, sous un ciel serein, sa main agite et fait briller dans les airs un nuage resplendissant d'or et de lumière. Aussitôt, parmi tous les Troyens, le bruit se répand que le jour est enfin arrivé où ils élèveront les remparts promis par les oracles : ils recommencent le festin, et, joyeux de cet heureux présage, ils apportent les cratères et les couronnent de fleurs.

Le lendemain, dès que la terre se colore des premiers rayons de l'astre du jour, les Troyens, par divers chemins, vont reconnaître la ville, les terres et les rivages de cette contrée : là, cet étang est la source du Numicus; là, ce fleuve est le Tibre; ici, s'élèvent les remparts des Latins belliqueux. Alors le fils d'Anchise choisit, dans tous les rangs de ses guerriers, cent envoyés, et leur commande de se rendre à la ville où le roi fait son séjour : tous couronneront leur front du rameau de Minerve : ils porteront au prince de riches présents, et demanderont son amitié pour les fils de Teucer. Sans différer, ils obéissent aux ordres d'Énée, et s'éloignent d'un pas rapide. Cependant le héros trace, d'un simple sillon, sur les bords du fleuve, l'enceinte d'une ville : il fait aplanir le terrain, et entourer ce premier asile, en forme de camp, d'un rempart couronné de créneaux.

Déjà les envoyés touchaient au terme de leur course : ils apercevaient les tours et les hauts édifices de la ville des Latins. Déjà

   Intonuit, radiisque ardentem lucis et auro
   Ipse manu quatiens ostendit ab æthere nubem.
   Diditur hic subito Trojana per agmina rumor,
   Advenisse diem quo debita mœnia condant.   145
   Certatim instaurant epulas, atque omine magno
   Crateras læti statuunt, et vina coronant.
   Postera quum prima lustrabat lampade terras
   Orta dies, urbem, et fines, et littora gentis
   Diversi explorant : hæc fontis stagna Numici,   150
   Hunc Tibrim fluvium, hic fortes habitare Latinos.
   Tum satus Anchisa delectos ordine ab omni
   Centum oratores augusta ad mœnia regis
   Ire jubet, ramis velatos Palladis omnes,
   Donaque ferre viro, pacemque exposcere Teucris.   155
   Haud mora; festinant jussi, rapidisque feruntur
   Passibus. Ipse humili designat mœnia fossa,
   Moliturque locum, primasque in littore sedes,
   Castrorum in morem, pinnis atque aggere cingit.
   Jamque, iter emensi, turres ac tecta Latinorum   160

ils approchent des murs : devant les portes, de jeunes guerriers, dans la première fleur de l'âge, s'exercent, les uns à dompter un cheval fougueux, les autres à faire voler un char sur l'arène, plusieurs à tendre l'arc ou à lancer le javelot, d'autres encore à disputer le prix de la lutte ou le prix de la vitesse. Aussitôt un de ces jeunes Latins, porté sur un cheval rapide, court annoncer au vieux roi qu'il est arrivé des hommes d'une taille élevée, et portant des habits inconnus. Le prince ordonne qu'ils soient admis dans son palais, et, entouré de sa cour, il s'assied sur le trône de ses ancêtres.

Dans le lieu le plus élevé de la ville, on voyait un édifice auguste, immense, soutenu par cent colonnes : c'était le palais de Picus, roi des Laurentins : le bois sacré qui l'entourait et l'antique vénération des peuples le remplissaient d'une religieuse terreur. Là, les rois venaient recevoir le sceptre, et faisaient porter devant eux les premiers faisceaux. C'était le temple où siégeait le sénat, l'enceinte des banquets sacrés : là, après le sacrifice d'un bélier, les chefs de la nation prenaient place à de longues tables. Dans le vestibule, des statues de cèdre antique, rangées en ordre, offraient les images des anciens rois latins : Italus ; Sabinus, qui le premier planta la vigne, et qui tient encore une serpe à la main ; le vieux Saturne ; Janus au double front, et tous les chefs

    Ardua cernebant juvenes, muroque subibant.
    Ante urbem pueri et primævo flore juventus
    Exercentur equis, domitantque in pulvere currus,
    Aut acres tendunt arcus, aut lenta lacertis
    Spicula contorquent, cursuque ictuque lacessunt :   165
    Quum prævectus equo longævi regis ad aures
    Nuntius ingentes ignota in veste reportat
    Advenisse viros. Ille intra tecta vocari
    Imperat, et solio medius consedit avito.
    Tectum augustum, ingens, centum sublime columnis, 170
    Urbe fuit summa, Laurentis regia Pici,
    Horrendum silvis et relligione parentum.
    Hic sceptra accipere, et primos attollere fasces
    Regibus omen erat ; hoc illis curia templum ;
    Hæ sacris sedes epulis ; hic, ariete cæso,   175
    Perpetuis soliti patres considere mensis.
    Quin etiam veterum effigies ex ordine avorum
    Antiqua e cedro, Italusque paterque Sabinus
    Vitisator, curvam servans sub imagine falcem,
    Saturnusque senex, Janique bifrontis imago,   180

du Latium qui, depuis les premiers âges, ont reçu de glorieuses blessures en combattant pour la patrie. Sous les sacrés portiques étaient suspendues, comme trophées, les nombreuses dépouilles de la victoire : des chars enlevés aux ennemis, des haches au fer recourbé, des casques ornés de leurs aigrettes, d'énormes verrous, des javelots, des boucliers, et des éperons de navires. A l'entrée du temple, vêtu de la courte trabée, tenant d'une main le bâton augural, de l'autre le bouclier sacré, était assis Picus, habile dans l'art de dompter les chevaux ; Picus que, dans un transport jaloux, Circé, son amante, frappa de sa baguette d'or, et que, par ses magiques breuvages, elle changea en un oiseau dont elle sema les ailes des plus vives couleurs.

C'est dans ce temple sacré que Latinus, assis sur le trône de ses pères, admet les envoyés troyens. Dès qu'ils sont introduits, lui-même il leur adresse ces paroles de paix : « Parlez, enfants de Dardanus (car nous n'ignorons ni votre ville, ni votre origine, et votre renommée vous a précédés sur ces bords) : que demandez-vous ? Quel motif ou quel besoin a conduit vos vaisseaux, à travers tant de mers, jusqu'aux rivages de l'Ausonie ? Soit qu'égarés dans votre route, soit que battus par les tempêtes, qui poursuivent les navigateurs sur les profondes mers, vous soyez entrés dans le fleuve pour y chercher un port et un asile, ne refusez

```
        Vestibulo adstabant ; aliique ab origine reges,
        Martia qui ob patriam pugnando vulnera passi.
        Multaque præterea sacris in postibus arma,
        Captivi pendent currus, curvæque secures,
        Et cristæ capitum, et portarum ingentia claustra,    185
        Spiculaque, clypeique, ereptaque rostra carinis.
        Ipse Quirinali lituo, parvaque sedebat
        Succinctus trabea, lævaque ancile gerebat
        Picus, equûm domitor : quem capta cupidine conjux
        Aurea percussum virga, versumque venenis,            190
        Fecit avem Circe, sparsitque coloribus alas.
        Tali intus templo divûm patriaque Latinus
        Sede sedens, Teucros ad sese in tecta vocavit,
        Atque hæc ingressis placido prior edidit ore :
        « Dicite, Dardanidæ (neque enim nescimus et urbem    195
        Et genus, auditique advertitis æquore cursum),
        Quid petitis ? quæ causa rates, aut cujus egentes
        Littus ad Ausonium tot per vada cærula vexit ?
        Sive errore viæ, seu tempestatibus acti
        ( Qualia multa mari nautæ patiuntur in alto ),       200
        Fluminis intrastis ripas, portuque sedetis,
```

pas l'hospitalité que je vous offre. Apprenez que les Latins, ce peuple de Saturne, suivent l'équité sans contrainte, et non par la terreur des lois, et qu'ils gardent les mœurs héréditaires de leur ancien dieu. Il m'en souvient encore (qnoique ce soit une tradition déjà obscurcie par les âges), des vieillards Aurunces m'ont raconté que Dardanus, né dans nos campagnes, pénétra dans les villes de Phrygie, au pied de l'Ida, et dans Samos de Thrace, appelée aujourd'hui Samothrace. Parti de Coryte, cité de Tyrrhénie, il siége maintenant, assis sur un trône d'or, dans le palais des cieux étoilés, partage l'encens avec les dieux, et augmente le nombre de leurs autels. »

Il dit ; Ilionée répond : « Prince, noble sang de Faunus, ce ne sont ni les flots soulevés par les noirs aquilons, ni des astres trompeurs, qui nous ont contraints d'aborder sur vos rivages. C'est à dessein, et de notre propre volonté, que nous venons dans cette ville, nous, exilés du plus grand empire que, du haut de l'Olympe, les regards du Soleil aient jamais embrassé : notre origine remonte à Jupiter ; les enfants de Dardanus se glorifient d'avoir Jupiter pour aïeul. Notre roi lui-même, le Troyen Énée, qui nous envoie devant vous, est issu du puissant Jupiter. Cet orage effroyable, que la cruelle Mycènes vomit dans les champs

```
        Ne fugite hospitium, neve ignorate Latinos,
        Saturni gentem, haud vinclo nec legibus æquam,
        Sponte sua veterisque dei se more tenentem.
        Atque equidem memini (fama est obscurior annis)     205
        Auruncos ita ferre senes, his ortus ut agris
        Dardanus Idæas Phrygiæ penetrarit ad urbes,
        Threiciamque Samum, quæ nunc Samothracia fertur.
        Hinc illum Corythi Tyrrhena ab sede profectum
        Aurea nunc solio stellantis regia cœli               210
        Accipit, et numerum divorum altaribus addit. »
        Dixerat ; et dicta Ilioneus sic voce secutus :
        « Rex, genus egregium Fauni, nec fluctibus actos
        Atra subegit hiems vestris succedere terris,
        Nec sidus regione viæ littusve fefellit :            215
        Consilio hanc omnes animisque volentibus urbem
        Afferimur, pulsi regnis, quæ maxima quondam
        Extremo veniens sol aspiciebat Olympo.
        Ab Jove principium generis ; Jove Dardana pubes
        Gaudet avo ; rex ipse, Jovis de gente suprema,       220
        Troius Æneas tua nos ad limina misit.
        Quanta per Idæos sævis effusa Mycenis
        Tempestas ierit campos, quibus actus uterque
```

de l'Ida, et ces luttes où l'on vit s'entre-choquer l'Europe et l'Asie, nul peuple ne les ignore, fût-il relégué dans des terres inconnues, par delà l'Océan, ou fût-il placé, entre les quatre zones, sur cette immense plage qu'un soleil ennemi dévore de ses feux. Échappés à ce grand désastre de l'Asie, après avoir longtemps erré sur toutes les mers, nous vous demandons, pour nos dieux domestiques, une faible partie de cette terre, un rivage paisible, et l'air et l'eau, ces biens communs à tous les hommes. Nous ne serons pas sans gloire pour votre empire; votre renom s'accroîtra par ce bienfait, qui vivra toujours dans nos cœurs, et jamais l'Ausonie ne regrettera d'avoir reçu dans son sein les enfants de Troie. J'en jure par les destins d'Énée, et par sa main puissante, fidèle dans la paix et terrible dans la guerre. Bien des peuples (ah! ne nous dédaignez pas, si nous nous présentons l'olivier à la main et la prière à la bouche), bien des nations ont demandé et recherché notre alliance, mais la volonté impérieuse des dieux et l'ordre du destin nous ont forcés de chercher sur votre terre une patrie. C'est d'ici que Dardanus est sorti, c'est ici qu'il revient : Apollon, par ses puissants oracles, nous ordonne de nous rendre sur les bords du Tibre, à la source sacrée du Numicus. Énée vous offre ces faibles présents, sauvés de l'embrasement de Troie, et restes de sa fortune première : c'est avec

Europæ atque Asiæ fatis concurrerit orbis,
Audiit, et si quem tellus extrema refuso   225
Submovet Oceano, et si quem extenta plagarum
Quattuor in medio dirimit plaga solis iniqui.
Diluvio ex illo tot vasta per æquora vecti,
Dis sedem exiguam patriis littusque rogamus
Innocuum, et cunctis undamque auramque patentem. 230
Non erimus regno indecores; nec vestra feretur
Fama levis, tantique abolescet gratia facti ;
Nec Trojam Ausonios gremio excepisse pigebit.
Fata per Æneæ juro dextramque potentem,
Sive fide, seu quis bello est expertus et armis :   235
Multi nos populi, multæ (ne temne, quod ultro
Præferimus manibus vittas ac verba precantum)
Et petiere sibi et voluere adjungere gentes.
Sed nos fata deûm vestras exquirere terras
Imperiis egere suis. Hinc Dardanus ortus;   240
Huc repetit, jussisque ingentibus urget Apollo
Tyrrhenum ad Tibrim, et fontis vada sacra Numici.
Dat tibi præterea fortunæ parva prioris
Munera, relliquias Trojæ ex ardente receptas.

cette coupe d'or qu'Anchise faisait des libations aux autels de nos dieux; voici le sceptre que portait Priam, quand il dictait ses lois aux peuples assemblés; voici sa tiare sacrée, et ses vêtements tissés par les femmes d'Ilion. »

A ce discours d'Ilionée, Latinus reste immobile sur son siége, le front incliné vers la terre, et roulant les yeux d'un air pensif, bien moins occupé de cette pourpre richement brodée et de ce sceptre de Priam, que de l'hymen de sa fille, où sa pensée s'arrête; et l'oracle du vieux Faunus occupe ses esprits : « Voilà, se disait-il, le héros parti d'une terre étrangère, et que le destin me désigne pour gendre; voilà celui que les oracles appellent à partager mon pouvoir royal, et dont la race belliqueuse soumettra le monde à ses lois. » Enfin, dans sa joie, il s'écrie : « Puissent les dieux seconder mes desseins, et accomplir leurs oracles! Troyens, vos désirs seront satisfaits. Je ne refuse point vos présents. Tant que régnera Latinus, vous n'aurez à regretter ni des champs plus fertiles, ni l'opulence de Troie. Mais, si Énée nous recherche avec tant d'empressement, et s'il a un tel désir d'être l'hôte et l'allié des Latins, qu'il vienne ici lui-même; qu'il ne craigne pas les regards d'un ami : ma main dans sa main sera le gage de notre alliance. Vous cependant, rapportez à votre roi ces paroles : j'ai une fille que les oracles du sanctuaire pater-

Hoc pater Anchises auro libabat ad aras;   245
Hoc Priami gestamen erat, quum jura vocatis
More daret populis; sceptrumque, sacerque tiaras,
Iliadumque labor, vestes. »
Talibus Ilionei dictis defixa Latinus
Obtutu tenet ora, soloque immobilis hæret,   250
Intentos volvens oculos; nec purpura regem
Picta movet, nec sceptra movent Priameia tantum,
Quantum in connubio natæ thalamoque moratur,
Et veteris Fauni volvit sub pectore sortem.
Hunc illum fatis externa ab sede profectum   255
Portendi generum, paribusque in regna vocari
Auspiciis; huic progeniem virtute futuram
Egregiam, et totum quæ viribus occupet orbem.
Tandem lætus ait : « Di nostra incepta secundent,
Auguriumque suum! Dabitur, Trojane, quod optas.   260
Munera nec sperno. Non vobis, rege Latino,
Divitis uber agri Trojæve opulentia deerit.
Ipse modo Æneas, nostri si tanta cupido est,
Si jungi hospitio properat, sociusque vocari,
Adveniat, vultus neve exhorrescat amicos.   265

nel et un grand nombre de prodiges célestes me défendent d'unir à un prince de notre nation. Il est prédit, dans les destinées du Latium, qu'un gendre arrivera des terres étrangères, et que sa race doit élever jusqu'aux astres la gloire de notre nom. Énée est celui que désignent les oracles : je le crois, et, si mon âme pressent la vérité, je le désire. »

Il dit, et, parmi les trois cents chevaux magnifiques qui sont nourris dans ses vastes écuries, il en choisit un nombre égal à celui des envoyés d'Énée. Ces coursiers, aux pieds ailés, sont couverts de housses de pourpre brodées avec art : sur leur poitrail descend un collier d'or; l'or brille sur les harnais, et dans leur bouche ils rongent un frein d'or étincelant. Énée absent aura un char traîné par deux coursiers pareils, tous deux d'une origine céleste, et soufflant le feu par leurs naseaux ; ils sont de cette race que créa l'artificieuse Circé, lorsqu'elle accoupla furtivement ses cavales avec les chevaux de son père. Chargés de ces présents et de cette réponse de Latinus, les Troyens partent, sur leurs coursiers rapides, et rapportent à leur roi ces promesses de paix.

Dans ce moment, emportée sur son char dans les airs, l'implacable épouse de Jupiter revenait d'Argos et des champs de

Pars mihi pacis erit dextram tetigisse tyranni.
Vos contra regi mea nunc mandata referte.
Est mihi nata, viro gentis quam jungere nostræ,
Non patrio ex adyto sortes, non plurima cœlo
Monstra sinunt : generos externis affore ab oris,   270
Hoc Latio restare canunt, qui sanguine nostrum
Nomen in astra ferant. Hunc illum poscere fata
Et reor, et, si quid veri mens augurat, opto. »
Hæc effatus, equos numero pater eligit omni.
Stabant ter centum nitidi in præsepibus altis :   275
Omnibus extemplo Teucris jubet ordine duci
Instratos ostro alipedes pictisque tapetis.
Aurea pectoribus demissa monilia pendent ;
Tecti auro, fulvum mandunt sub dentibus aurum.
Absenti Æneæ currum geminosque jugales,   280
Semine ab ætherio, spirantes naribus ignem,
Illorum de gente, patri quos Dædala Circe
Supposita de matre nothos furata creavit.
Talibus Æneadæ donis dictisque Latini
Sublimes in equis redeunt, pacemque reportant.   285
Ecce autem Inachiis sese referebat ab Argis
Sæva Jovis conjux, aurasque invecta tenebat;

l'Inachus : du haut de l'éther, au-dessus du promontoire de Pachynum, elle découvre de loin Énée et sa flotte dans la joie du repos. Elle voit les Troyens, descendus de leurs navires, se confier à cette terre, et y élever des remparts. Elle s'arrête, saisie d'une âpre douleur, et, secouant la tête, exhale en ces mots sa colère : « O race odieuse! ô destins des Phrygiens contraires à nos destins! Ils n'ont donc pu périr dans les plaines de Sigée! captifs, ils n'ont pu être en captivité! A travers les phalanges des Grecs, à travers les flammes, ils ont trouvé un chemin! Ah! sans doute ma puissance épuisée est à bout, et ma haine assouvie s'est calmée! Mais non. Après les avoir chassés de leur patrie, toujours excitée à leur ruine, j'ai osé les poursuivre sur les ondes, et j'ai arrêté ces fugitifs sur toutes les mers. J'ai épuisé contre eux toutes les forces du ciel et des flots. Et de quoi m'ont servi les Syrtes et Scylla, et la vaste Charybde? Les voilà sur les bords du Tibre tant souhaité par eux, à l'abri de la mer et de mon courroux! Quoi! Mars a pu détruire la race cruelle des Lapithes, et le père des dieux a livré l'antique Calydon aux fureurs de Diane! mais quels si grands crimes avaient donc à expier les Lapithes et Calydon? Et moi, l'auguste épouse de Jupiter ; moi qui ai tenté tous les moyens de la haine et qui ai su tout oser,

> Et lætum Ænean classemque ex æthere longo
> Dardaniam Siculo prospexit ab usque Pachyno.
> Moliri jam tecta videt, jam fidere terræ ; 290
> Deseruisse rates. Stetit acri fixa dolore :
> Tum, quassans caput, hæc effundit pectore dicta :
> « Heu stirpem invisam, et fatis contraria nostris
> Fata Phrygum! Num Sigeis occumbere campis,
> Num capti potuere capi? Num incensa cremavit 295
> Troja viros? Medias acies, mediosque per ignes,
> Invenere viam. At, credo, mea numina tandem
> Fessa jacent, odiis aut exsaturata quievi.
> Quin etiam patria excussos infesta per undas
> Ausa sequi, et profugis toto me opponere ponto. 300
> Absumptæ in Teucros vires cœlique marisque.
> Quid Syrtes, aut Scylla mihi, quid vasta Charybdis
> Profuit? Optato conduntur Tibridis alveo,
> Securi pelagi atque mei. Mars perdere gentem
> Immanem Lapithûm valuit; concessit in iras 305
> Ipse deûm antiquam genitor Calydona Dianæ :
> Quod scelus aut Lapithas tantum, aut Calydona merentem?
> Ast ego, magna Jovis conjux, nil linquere inausum
> Quæ potui infelix, quæ memet in omnia verti,

malheureuse! je suis vaincue par Énée! Eh bien! si, trop faible,
mon pouvoir ne peut suffire à me venger, implorons, sans hésiter,
n'importe quels dieux. Si je ne puis fléchir les dieux du ciel,
je soulèverai les enfers. Il ne me sera point donné de ravir au
Troyen le sceptre du Latium, ni de changer le destin immuable
qui lui accorde Lavinie pour épouse : soit; mais je puis retarder et troubler ces grands événements; je puis exterminer les
peuples soumis à ces deux rois. Qu'à ce prix s'unissent le gendre
et le beau-père! Que le sang des Troyens et celui des Rutules
soient ta dot, vierge du Latium! C'est Bellone qui va présider
à tes noces. La fille de Cissée n'aura pas seule enfanté la torche
fatale à son pays : Vénus aussi aura porté dans son sein un
autre Pâris, un second flambeau qui doit embraser une autre
Pergame. »

En achevant ces mots, l'implacable déesse descend sur la terre :
elle appelle du ténébreux abîme des enfers, séjour des Furies,
l'horrible Alecton qui se plaît aux guerres funestes, aux trahi-
sons, aux criminelles calomnies : monstre du Tartare, objet de
haine, même pour son père Pluton, et que détestent ses cruelles
sœurs, tant il prend de hideuses formes, tant ses traits sont horribles, et tant se multiplient sur sa tête les noires couleuvres!
Junon, par ces paroles, irrite ses fureurs : « Fille de la Nuit, de

Vincor ab Ænea! Quod si mea numina non sunt   310
Magna satis, dubitem haud equidem implorare quod usquam est.
Flectere si nequeo Superos, Acheronta movebo.
Non dabitur regnis, esto, prohibere Latinis,
Atque immota manet fatis Lavinia conjux :
At trahere, atque moras tantis licet addere rebus;   315
At licet amborum populos exscindere regum.
Hac gener atque socer coeant mercede suorum.
Sanguine Trojano et Rutulo dotabere, virgo;
Et Bellona manet te pronuba. Nec face tantum
Cisseis prægnans ignes enixa jugales;   320
Quin idem Veneri partus suus, et Paris alter,
Funestæque iterum recidiva in Pergama tædæ. »
Hæc ubi dicta dedit, terras horrenda petivit.
Luctificam Alecto dirarum ab sede sororum
Infernisque ciet tenebris; cui tristia bella,   325
Iræque, insidiæque, et crimina noxia cordi.
Odit et ipse pater Pluton, odere sorores
Tartareæ monstrum : tot sese vertit in ora,
Tam sævæ facies, tot pullulat atra colubris!
Quam Juno his acuit verbis, ac talia fatur :   330

toi seule j'attends un service : qu'il soit ton ouvrage! ne laisse point flétrir d'un affront ma gloire et ma puissance ; empêche les compagnons d'Énée de s'allier à Latinus par un mariage, et de s'établir sur le sol de l'Ausonie. Tu peux armer l'un contre l'autre les frères les mieux unis, semer la haine au sein des familles, secouer sous leurs toits tes fouets et tes torches funèbres. Tu as, pour nuire, mille prétextes, mille moyens. Déploie ton génie fécond : romps la paix projetée ; sème partout les fureurs de la guerre, et qu'au même instant une jeunesse ardente veuille, demande et saisisse les armes ! »

Aussitôt Alecton, infectée des poisons de la Gorgone, s'envole vers le Latium, pénètre dans le haut palais du roi de Laurente, et assiége le seuil silencieux d'Amate. Déjà l'arrivée des Troyens et l'hymen retardé de Turnus livraient la mère de Lavinie aux soucis inquiets, aux emportements d'une femme irritée. La déesse arrache un des serpents de sa chevelure azurée, le lance sur la reine et l'insinue jusqu'au fond de son cœur, afin que tout le palais soit troublé de ses transports. Le monstre se glisse entre les vêtements d'Amate, effleure son sein, déroule ses anneaux, sans la toucher : il l'abuse et l'égare en lui soufflant son haleine de vipère. Tantôt l'immense reptile se replie en collier d'or au cou d'Amate ; tantôt il pend en longues bandelettes, enlacé dans

« Hunc mihi da proprium, virgo sata Nocte, laborem,
Hanc operam, ne noster honos infractave cedat
Fama loco ; neu connubiis ambire Latinum
Æneadæ possint, Italosve obsidere fines.
Tu potes unanimos armare in prælia fratres,   335
Atque odiis versare domos ; tu verbera tectis
Funereasque inferre faces ; tibi nomina mille,
Mille nocendi artes : fecundum concute pectus ;
Disjice compositam pacem ; sere crimina belli :
Arma velit, poscatque simul, rapiatque juventus. »   340
Exin Gorgoneis Alecto infecta venenis
Principio Latium et Laurentis tecta tyranni
Celsa petit, tacitumque obsedit limen Amatæ :
Quam super adventu Teucrûm, Turnique hymenæis,
Femineæ ardentem curæque iræque coquebant.   345
Huic dea cæruleis unum de crinibus anguem
Conjicit, inque sinum præcordia ad intima subdit,
Quo furibunda domum monstro permisceat omnem.
Ille, inter vestes et levia pectora lapsus,
Volvitur attactu nullo, fallitque furentem,   350
Vipeream inspirans animam ; fit tortile collo
Aurum, ingens coluber, fit longæ tænia vitæ,

ses cheveux, ou il glisse légèrement sur tout son corps. Tant que l'humide poison ne porte dans les sens de la reine que les premières atteintes, et ne fait courir dans ses veines qu'un feu secret qui ne remplit pas encore son cœur de sa terrible flamme, elle se plaint sans emportement : c'est une mère tendre qui pleure sur sa fille et sur l'hymen qui lui destine un époux phrygien : « Eh quoi ! s'écrie-t-elle, père insensible, vous livrez donc Lavinie à des exilés troyens ! Vous n'avez pitié ni de votre fille, ni de vous-même, ni d'une mère éplorée, que laissera, au premier souffle de l'Aquilon, ce perfide ravisseur, entraînant avec lui la vierge au delà des mers ! N'est-ce pas ainsi qu'un pâtre de Phrygie pénétra dans Lacédémone, enleva la fille de Léda, et la conduisit dans les remparts de Troie ? Que devient votre foi sacrée ? Que devient votre long amour pour les vôtres ? Où sont les gages de cette main tant de fois donnée à Turnus, votre parent ? S'il vous faut un gendre étranger, si les destins l'ont ainsi ordonné, et si l'oracle de Faunus, votre père, vous impose cette loi, toute terre libre de votre sceptre est, je le crois, étrangère pour nous : voilà le sens de l'oracle ; et Turnus, si l'on remonte à l'origine de sa maison, n'a-t-il pas pour aïeux Inachus et Acrisius, et pour patrie Mycènes ? »

Mais dès qu'elle voit ses plaintes vaines et Latinus inflexible ;

    Innectitque comas, et membris lubricus errat.
    Ac dum prima lues udo sublapsa veneno
    Pertentat sensus, atque ossibus implicat ignem,   355
    Necdum animus toto percepit pectore flammam,
    Mollius, et solito matrum de more, locuta est,
    Multa super nata lacrymans Phrygiisque hymenæis:
    « Exsulibusne datur ducenda Lavinia Teucris,
    O genitor ! nec te miseret natæque tuique ?   360
    Nec matris miseret, quam primo Aquilone relinquet
    Perfidus, alta petens, abducta virgine, prædo ?
    At non sic Phrygius penetrat Lacedæmona pastor,
    Ledæamque Helenam Trojanas vexit ad arces ?
    Quid tua sancta fides ? quid cura antiqua tuorum,   365
    Et consanguineo toties data dextera Turno ?
    Si gener externa petitur de gente Latinis,
    Idque sedet, Faunique premunt te jussa parentis,
    Omnem equidem sceptris terram quæ libera nostris
    Dissidet, externam reor, et sic dicere divos: 370
    Et Turno, si prima domus repetatur origo,
    Inachus Acrisiusque patres, mediæque Mycenæ. »
    His ubi nequidquam dictis experta Latinum

dès que le poison du serpent infernal a pénétré dans ses veines et envahi tout son corps, l'infortunée, dont d'horribles images troublent la raison, précipite ses pas dans l'enceinte immense de la ville, et court errante, en proie à son délire. Tel, dans de vastes portiques, court et se meut, sous le fouet qui l'excite, le sabot que font tourner des enfants : la jeune troupe en extase admire, sans les comprendre, les mouvements du buis agile, et, par des coups redoublés, ranime sa vitesse. Telle, et non moins agitée, la reine court en désordre dans toute la ville, au milieu de ses habitants belliqueux. Et bientôt, dans sa fureur, qui s'accroît encore, s'emportant à de plus grands excès, elle feint les orgies des Ménades, s'enfuit dans les hautes forêts, et, sur les monts que couvrent d'épais ombrages, cache sa fille pour la dérober aux Troyens, ou pour retarder un hymen qu'elle abhorre : « Évoé ! crie-t-elle dans son égarement : viens, Bacchus ! toi seul es digne de cette vierge ! c'est pour toi seul qu'elle a pris le thyrse léger, pour toi qu'elle se mêle à nos chœurs et qu'elle nourrit sa chevelure sacrée. »

La Renommée sème en volant cette nouvelle ; soudain la même fureur enflamme toutes les mères, et les mêmes transports leur font chercher de nouvelles demeures. Les épaules nues et les cheveux livrés aux vents, elles désertent leurs foyers : d'autres rem-

Contra stare videt, penitusque in viscera lapsum
Serpentis furiale malum, totamque pererrat : 375
Tum vero infelix, ingentibus excita monstris,
Immensam sine more furit lymphata per urbem.
Ceu quondam torto volitans sub verbere turbo,
Quem pueri magno in gyro vacua atria circum
Intenti ludo exercent : ille actus habena 380
Curvatis fertur spatiis : stupet inscia supra
Impubesque manus, mirata volubile buxum ;
Dant animos plagæ. Non cursu segnior illo
Per medias urbes agitur populosque feroces.
Quin etiam in silvas, simulato numine Bacchi, 385
Majus adorta nefas, majoremque orsa furorem,
Evolat, et natam frondosis montibus abdit,
Quo thalamum eripiat Teucris, tædasque moretur :
Évoe ! Bacche, fremens, solum te virgine dignum
Vociferans ; etenim molles tibi sumere thyrsos, 390
Te lustrare choros, sacrum tibi pascere crinem.
Fama volat ; furiisque accensas pectore matres
Idem omnes simul ardor agit nova quærere tecta.
Deseruere domos ; ventis dant colla comasque.

plissent les airs de tremblants hurlements, et, couvertes de peaux sauvages, brandissent des lances où le pampre s'enlace. Au milieu d'elles, dans son délire, la reine agite un pin embrasé, et chante l'hymen de sa fille et de Turnus. Elle roule des yeux sanglants, et tout à coup crie d'une voix farouche : « O vous toutes, mères du Latium, écoutez-moi ! S'il reste encore dans vos cœurs sensibles quelque pitié pour les malheurs d'Amate, et si les droits des mères vous sont chers, dénouez les bandelettes qui retiennent vos cheveux, et, avec moi, célébrez les orgies ! »

C'est ainsi qu'au milieu des forêts, dans les antres déserts des bêtes sauvages, Alecton presse la reine des aiguillons de Bacchus. Dès qu'elle croit avoir assez excité ses premiers transports, avoir troublé les projets et toute la maison de Latinus, la sinistre déesse ouvre ses ailes ténébreuses, et vole vers les murs de l'audacieux Rutule, cette ville que Danaé, fille d'Acrise, conduisant une colonie d'Argiens, fonda, dit-on, quand le rapide Notus la jeta sur ces bords. Ses premiers habitants l'appelèrent Ardée : ce nom célèbre, elle l'a conservé; mais sa fortune n'est plus. C'est là qu'au fond de son palais, Turnus, vers le milieu de la nuit, se livrait aux douceurs du repos. Alecton quitte son affreux visage et ses membres de Furie : elle prend les traits d'une vieille

Ast aliæ tremulis ululatibus æthera complent, 395
Pampineasque gerunt incinctæ pellibus hastas.
Ipsa inter medias flagrantem fervida pinum
Sustinet, ac natæ Turnique canit hymenæos,
Sanguineam torquens aciem; torvumque repente
Clamat : « Io, matres, audite, ubi quæque, Latinæ; 400
Si qua piis animis manet infelicis Amatæ
Gratia, si juris materni cura remordet,
Solvite crinales vittas, capite orgia mecum. »
Talem inter silvas, inter deserta ferarum,
Reginam Alecto stimulis agit undique Bacchi. 405
Postquam visa satis primos acuisse furores,
Consiliumque omnemque domum vertisse Latini,
Protinus hinc fuscis tristis dea tollitur alis
Audacis Rutuli ad muros; quam dicitur urbem
Acrisioneis Danae fundasse colonis, 410
Præcipiti delata Noto. Locus Ardea quondam
Dictus avis; et nunc magnum tenet Ardea nomen;
Sed fortuna fuit. Tectis hic Turnus in altis
Jam mediam nigra carpebat nocte quietem.
Alecto torvam faciem et furialia membra 415
Exuit : in vultus sese transformat aniles,

femme, sillonne de rides son front impur, ceint d'une bandelette sacrée ses cheveux blancs, et se couronne d'olivier : elle devient Calybé, vieille prêtresse de Junon et gardienne de son temple. Elle se présente ainsi au jeune prince, et lui parle en ces mots : « Turnus, consens-tu donc à perdre le fruit de tant de travaux? Souffriras-tu qu'un sceptre qui t'appartient passe aux mains d'une colonie troyenne? Le roi te refuse une épouse et la dot achetée de ton sang : pour héritier de ton trône il cherche un prince étranger ! Va maintenant, pour l'ingrat qui te joue, affronter encore les dangers! écrase les bataillons de Tyrrhène! Assure le repos des Latins ! C'est la puissante fille de Saturne qui, tandis que tu reposes dans la nuit paisible, m'a ordonné de venir te parler sans détour. Lève-toi donc, arme la jeunesse, ouvre-lui les portes pour la conduire aux combats, et, sur les bords riants du fleuve où se sont établis les Phrygiens, immole leurs chefs et brûle leurs vaisseaux : tel est l'ordre suprême des dieux. Et si le roi Latinus persiste à te refuser sa fille; s'il reste infidèle à sa parole, qu'il connaisse Turnus, et que lui-même enfin fasse l'épreuve de ta valeur dans les combats. »

Le jeune héros, raillant la prêtresse, réplique à son tour et lui dit : « La nouvelle de l'arrivée d'une flotte troyenne entrée dans les eaux du Tibre n'a pas, comme tu le crois, échappé à mon

  Et frontem obscenam rugis arat; induit albos
  Cum vitta crines; tum ramum innectit olivæ:
  Fit Calybe, Junonis anus templique sacerdos,
  Et juveni ante oculos his se cum vocibus offert : 420
  « Turne, tot incassum fusos patiere labores,
  Et tua Dardaniis transcribi sceptra colonis?
  Rex tibi conjugium et quæsitas sanguine dotes
  Abnegat; externusque in regnum quæritur heres.
  I nunc, ingratis offer te, irrise, periclis; 425
  Tyrrhenas, i, sterne acies; tege pace Latinos.
  Hæc adeo tibi me, placida quum nocte jaceres,
  Ipsa palam fari omnipotens Saturnia jussit.
  Quare age, et armari pubem portisque moveri
  Lætus in arma para, et Phrygios, qui flumine pulchro 430
  Consedere, duces, pictasque exure carinas.
  Cœlestum vis magna jubet. Rex ipse Latinus,
  Ni dare conjugium et dicto parere fatetur,
  Sentiat, et tandem Turnum experiatur in armis. »
  Hic juvenis, vatem irridens, sic orsa vicissim 435
  Ore refert : « Classes invectas Tibridis alveo,
  Non, ut rere, meas effugit nuntius aures.

oreille. Ne cherche pas à m'effrayer par de telles alarmes : l'auguste Junon ne m'a point oublié. Mais toi, que l'âge a vaincue, toi dont la raison affaiblie connaît mal les faits et la vérité, d'inutiles soucis t'agitent, ô ma mère ! et te rendent, au milieu des querelles des rois, le jouet de vaines terreurs. Borne ta sollicitude aux images et aux temples des dieux, et laisse aux guerriers les soins de la guerre et de la paix. »

Ces mots allument la colère d'Alecton. Turnus parlait encore, qu'un tremblement soudain s'empare de ses membres, et ses yeux restent fixes, tant la furie fait siffler de serpents, tant sa figure apparaît horrible ! Tandis qu'il veut parler et que sa bouche cherche en vain des sons et des paroles, elle lance sur lui des regards enflammés, dresse sur sa tête deux couleuvres, fait résonner son fouet, et de sa bouche furieuse exhale sa rage en ces mots : « Me voilà, dit-elle, moi vaincue par l'âge, et dont la raison affaiblie connaît mal les faits et la vérité ! moi que d'inutiles soins agitent, et qui, dans les querelles des rois, suis le jouet de vaines terreurs ! Regarde ; je viens du séjour des Furies : je porte dans mes mains la guerre et la mort. » Elle dit, et lance sur le jeune guerrier une torche fumante qui brille d'une sombre flamme, et qu'elle lui enfonce dans le cœur.

Turnus est réveillé soudain par un violent effroi, et la sueur

Ne tantos mihi finge metus : nec regia Juno
Immemor est nostri.
Sed te victa situ verique effeta senectus,   440
O mater ! curis nequidquam exercet, et arma
Regum inter falsa vatem formidine ludit.
Cura tibi divûm effigies et templa tueri :
Bella viri pacemque gerant, quis bella gerenda. »
Talibus Alecto dictis exarsit in iras.   445
At juveni oranti subitus tremor occupat artus;
Diriguere oculi ; tot Erinnys sibilat hydris,
Tantaque se facies aperit ! Tum flammea torquens
Lumina, cunctantem et quærentem dicere plura
Reppulit, et geminos erexit crinibus angues,   450
Verberaque insonuit, rabidoque hæc addidit ore :
« En ego victa situ, quam veri effeta senectus
Arma inter regum falsa formidine ludit ;
Respice ad hæc : adsum dirarum ab sede sororum ;
Bella manu letumque gero. »   455
Sic effata facem juveni conjecit, et atro
Lumine fumantes fixit sub pectore tædas.
Olli somnum ingens rumpit pavor, ossaque et artus

qui ruisselle de ses membres inonde tout son corps. Frémissant et furieux, il demande des armes, il cherche des armes sur sa couche et dans son palais. L'amour du fer, la fureur impie des combats, et surtout la vengeance, le mettent hors de lui. Telle, quand la flamme nourrie par un bois aride échauffe avec bruit les flancs d'un vase d'airain, l'onde agitée frémit et bouillonne, monte fumante en écume, ne peut plus être contenue, et déborde exhalant une noire vapeur dans les airs. Turnus mande sur-le-champ les chefs de ses guerriers : il leur annonce qu'il va marcher contre Latinus, violateur des traités : il leur ordonne de prendre les armes, de défendre l'Italie, et de chasser l'ennemi hors des frontières. Seul, il suffira contre les Troyens et les Latins. Il dit, et il invoque la faveur des dieux. Cependant les Rutules, à l'envi, s'excitent aux combats. Les uns admirent, dans Turnus, l'éclat de sa beauté et de sa jeunesse; les autres, les rois ses aïeux ; d'autres, les exploits par lesquels son bras s'est illustré.

Tandis que Turnus enflamme les Rutules d'une belliqueuse audace, Alecton déploie ses ailes infernales, et vole au camp des Troyens. Elle médite un nouvel artifice, en voyant sur le rivage le jeune Iule occupé à tendre des pièges aux bêtes sauvages, ou à les poursuivre à la course. La vierge du Cocyte souffle aux chiens

Perfundit toto proruptus corpore sudor.
Arma amens fremit, arma toro tectisque requirit. 460
Sævit amor ferri, et scelerata insania belli;
Ira super. Magno veluti quum flamma sonore
Virgea suggeritur costis undantis aheni,
Exsultantque æstu latices; furit intus æquæ vis,
Fumidus atque alte spumis exuberat amnis; 465
Nec jam se capit unda : volat vapor ater ad auras.
Ergo iter ad regem, polluta pace, Latinum
Indicit primis juvenum, et jubet arma parari,
Tutari Italiam, detrudere finibus hostem :
Se satis ambobus Teucrisque venire Latinisque. 470
Hæc ubi dicta dedit, divosque in vota vocavit,
Certatim sese Rutuli exhortantur in arma.
Hunc decus egregium formæ movet atque juventæ;
Hunc atavi reges, hunc claris dextera factis.
Dum Turnus Rutulos animis audacibus implet, 475
Alecto in Teucros Stygiis se concitat alis,
Arte nova, speculata locum quo littore pulcher
Insidiis cursuque feras agitabat Iulus.
Hic subitam canibus rabiem Cocytia virgo
Objicit, et noto nares contingit odore, 480

ÉNÉIDE, LIVRE VII.

une rage soudaine, frappe leurs narines d'une odeur qui leur est connue, et les lance sur les traces d'un cerf qu'ils poursuivent avec ardeur : telle fut la première cause de tant de maux, et ce fut ainsi que s'allumèrent les fureurs de la guerre dans les champs du Latium.

Un cerf d'une beauté rare et d'une haute ramure, ravi à la mamelle de sa mère, était nourri par les enfants de Tyrrhée, et par Tyrrhée lui-même, intendant des troupeaux du roi et gardien de ses vastes domaines. Docile et soumis, il était l'objet des soins de la jeune Silvie, sœur des fils de Tyrrhée. Elle enlaçait à son jeune bois des guirlandes légères, peignait son poil sauvage, et le lavait d'une onde pure. Se laissant aisément manier, et habitué à la table de son maître, il errait dans les bois, revenait de lui-même vers le seuil connu, et souvent, à une heure avancée de la nuit, regagnait le toit domestique. Ce jour-là, écarté au loin, il suivait le courant du fleuve, et cherchait le frais sur la rive verdoyante, quand la meute d'Iule vient le relancer avec furie. Ascagne lui-même, qu'excite un grand désir d'être loué pour son adresse, lance une flèche de son arc recourbé ; une divinité guide sa main : le trait siffle, vole, atteint le cerf et s'enfonce dans ses flancs. L'animal blessé fuit vers son refuge accoutumé, regagne en gémissant son étable, et, tout sanglant, par un bra-

Ut cervum ardentes agerent : quæ prima malorum
Causa fuit, belloque animos accendit agrestes.
Cervus erat forma præstanti et cornibus ingens,
Tyrrhidæ pueri quem matris ab ubere raptum
Nutribant, Tyrrheusque pater, cui regia parent   485
Armenta, et late custodia credita campi.
Assuetum imperiis soror omni Silvia cura
Mollibus intexens ornabat cornua sertis,
Pectebatque ferum, puroque in fonte lavabat.
Ille, manum patiens, mensæque assuetus herili,   490
Errabat silvis, rursusque ad limina nota
Ipse domum sera quamvis se nocte ferebat.
Hunc procul errantem rabidæ venantis Iuli
Commovere canes, fluvio quum forte secundo
Deflueret, ripaque æstus viridante levaret.   495
Ipse etiam, eximiæ laudis succensus amore,
Ascanius curvo direxit spicula cornu :
Nec dextræ erranti deus abfuit; actaque multo
Perque uterum sonitu perque ilia venit arundo.
Saucius at quadrupes nota intra tecta refugit,   500
Successitque gemens stabulis, questuque, cruentus

27.

mement plaintif qui remplit toute la maison, il semble implorer un appui. Silvie accourt la première : dans sa douleur, elle meurtrit ses bras et appelle du secours : à ses cris se rassemblent les rustiques habitants de cette terre ; ils accourent soudain (car l'horrible Furie est cachée dans le bois silencieux) : l'un s'arme d'un tison noirci par la flamme, l'autre d'un énorme bâton chargé de nœuds. De tout ce qui se rencontre sous leurs mains la colère fait des armes. Tyrrhée, qui, en ce moment, à l'aide de coins qu'il enfonce, fendait un chêne en quatre, saisit sa hache, appelle ses compagnons et s'avance à leur tête.

Cependant la cruelle déesse, qui, de son lieu d'observation, épie le moment de nuire, s'élance sur le toit de l'étable, et, de là, fait entendre le signal connu des pasteurs : dans la trompe recourbée elle enfle sa voix infernale. Alors toute la forêt tremble, et ses profondeurs retentissent d'un bruit affreux : on l'entendit au loin sur le lac de Diane; on l'entendit sur les blanchissantes ondes du Nar sulfureux, jusqu'aux sources du Vélinus; et les mères épouvantées pressèrent leurs enfants contre leur sein. Soudain les laboureurs indomptés s'arment de toutes parts, et volent au lieu où la trompe fatale a donné le signal. De son côté, la jeunesse troyenne ouvre le camp, et se précipite au secours d'As-

<pre>
    Atque imploranti similis, tectum omne replebat.
    Silvia prima soror, palmis percussa lacertos,
    Auxilium vocat, et duros conclamat agrestes.
    Olli (pestis enim tacitis latet aspera silvis)   505
    Improvisi adsunt : hic torre armatus obusto,
    Stipitis hic gravidi nodis ; quod cuique repertum
    Rimanti, telum ira facit. Vocat agmina Tyrrheus,
    Quadrifidam quercum cuneis ut forte coactis
    Scindebat, rapta spirans immane securi.   510
    At sæva e speculis tempus dea nacta nocendi
    Ardua tecta petit stabuli, et de culmine summo
    Pastorale canit signum, cornuque recurvo
    Tartaream intendit vocem : qua protinus omne
    Contremuit nemus, et silvæ intonuere profundæ.   515
    Audiit et Triviæ longe lacus, audiit amnis
    Sulfurea Nar albus aqua, fontesque Velini;
    Et trepidæ matres pressere ad pectora natos.
    Tum vero ad vocem celeres, qua buccina signum
    Dira dedit, raptis concurrunt undique telis   520
    Indomiti agricolæ ; necnon et Troia pubes
    Ascanio auxilium castris effundit apertis.
    Direxere acies : non jam certamine agresti,
</pre>

cagne. On se range en bataille : ce n'est plus un combat rustique où l'on n'a pour armes que de lourds bâtons et des tiges durcies par la flamme : on saisit le fer à double tranchant ; une horrible moisson de glaives nus hérisse la plaine ; l'airain resplendit sous la lumière du soleil et la renvoie jusqu'aux cieux. Ainsi, lorsqu'au premier souffle des vents orageux les flots commencent à blanchir, la mer s'enfle peu à peu, et bientôt, soulevées du fond de l'abîme, les vagues s'élèvent jusqu'aux nues.

Au premier rang combat le jeune Almon, l'aîné des fils de Tyrrhée : une flèche siffle et le renverse ; le fer s'enfonce dans sa gorge, intercepte l'humide chemin de la voix, et étouffe sa vie dans le sang. D'autres guerriers tombent, et, parmi eux, le vieux Galésus, qui s'avançait entre les combattants, offrant la paix aux deux partis : c'était le plus juste et le plus riche des habitants de l'Ausonie : cinq troupeaux de brebis, cinq troupeaux de bœufs, rentraient dans ses étables, et cent charrues ouvraient ses sillons.

Tandis que, dans les plaines, les chances du combat se balancent, fière d'avoir tenu ses promesses, d'avoir ensanglanté les armes et semé le carnage de ce premier combat, Alecton abandonne l'Hespérie, s'élève dans les cieux, et, triomphante, adresse à Junon ce superbe langage : « Voilà la discorde et la guerre

Stipitibus duris agitur sudibusve præustis ;
Sed ferro ancipiti decernunt, atraque late   525
Horrescit strictis seges ensibus, æraque fulgent
Sole lacessita, et lucem sub nubila jactant.
Fluctus uti primo cœpit quum albescere vento,
Paulatim sese tollit mare, et altius undas
Erigit, inde imo consurgit ad æthera fundo.   530
Hic juvenis primam ante aciem, stridente sagitta,
Natorum Tyrrhei fuerat qui maximus, Almo
Sternitur : hæsit enim sub gutture vulnus, et udæ
Vocis iter tenuemque inclusit sanguine vitam.
Corpora multa virûm circa, seniorque Galæsus,   535
Dum paci medium se offert, justissimus unus
Qui fuit, Ausoniisque olim ditissimus arvis :
Quinque greges illi balantum, quina redibant
Armenta, et terram centum vertebat aratris.
Atque ea per campos æquo dum Marte geruntur,   540
Promissi dea facta potens, ubi sanguine bellum
Imbuit, et primæ commisit funera pugnæ,
Deserit Hesperiam, et, cœli convexa, per auras
Junonem victrix affatur voce superba :
« En perfecta tibi bello discordia tristi ;   545

allumées au gré de vos désirs! j'ai rougi les mains des Troyens du sang de l'Ausonie : dites maintenant que les peuples deviennent amis, et qu'entre eux il y ait alliance! Je ferai plus encore, si vous m'assurez de votre consentement : par de vives rumeurs j'entraînerai dans cette querelle les cités voisines, j'embraserai les cœurs des fureurs de Mars; de tous côtés viendront des combattants, et dans les champs je sèmerai des armes. » — « C'est assez de terreurs et d'artifices, dit Junon. La guerre a maintenant une cause : les deux partis ont combattu, et les premières armes qu'offrit le hasard sont déjà teintes de sang. Que l'illustre fils de Vénus et le vieux roi des Latins célèbrent de telles noces et de tels hyménées! Toi, si tu errais plus longtemps sur la terre, le souverain qui règne dans le haut Olympe ne le souffrirait pas. Retire-toi. Si, pour le succès, d'autres soins sont encore nécessaires, je les dirigerai moi-même. » Ainsi parle la fille de Saturne ; et l'affreuse Euménide s'élève sur ses ailes hérissées de serpents, abandonne les hautes régions du jour, et regagne les sombres bords du Cocyte.

Il est, au centre de l'Italie, entre deux monts escarpés, un lieu connu et renommé dans plus d'une contrée : c'est la vallée d'Amsancte. Des forêts profondes pressent ses flancs de leurs épaisses ombres. Au milieu, roule avec fracas un torrent qui, dans

> Dic in amicitiam coeant, et fœdera jungant,
> Quandoquidem Ausonio respersi sanguine Teucros.
> Hoc etiam his addam, tua si mihi certa voluntas :
> Finitimas in bella feram rumoribus urbes,
> Accendamque animos insani Martis amore, 550
> Undique ut auxilio veniant ; spargam arma per agros. »
> Tum contra Juno : « Terrorum et fraudis abunde est :
> Stant belli causæ; pugnatur cominus armis :
> Quæ fors prima dedit, sanguis novus imbuit arma.
> Talia connubia et tales celebrent hymenæos 555
> Egregium Veneris genus et rex ipse Latinus.
> Te super ætherias errare licentius auras
> Haud pater ille velit, summi regnator Olympi.
> Cede locis. Ego, si qua super fortuna laborum est,
> Ipsa regam. » Tales dederat Saturnia voces : 560
> Illa autem attollit stridentes anguibus alas,
> Cocytique petit sedem, supera ardua linquens.
> Est locus Italiæ medio sub montibus altis,
> Nobilis et fama multis memoratus in oris,
> Amsancti valles : densis hunc frondibus atrum 565
> Urget utrinque latus nemoris, medioque fragosus

son cours tortueux, brise sur les rochers son onde retentissante. Là s'ouvre une caverne horrible, soupirail du noir empire de Pluton, vaste gouffre d'où l'Achéron débordé exhale d'impures vapeurs ; l'odieuse Érinnys se plonge dans cet abîme, et délivre de sa présence la terre et le ciel.

Cependant la fille de Saturne achève de mettre la dernière main à cette guerre. Du champ de bataille la foule des pasteurs se précipite dans la ville. Ils rapportent le corps du jeune Almon et le cadavre défiguré de Galésus ; ils implorent les dieux, et ils conjurent Latinus. Turnus paraît, et, dans le tumulte des reproches adressés aux Troyens, sa voix redouble la terreur. Il se plaint qu'on appelle au trône les fils de Teucer, qu'on s'allie à des Phrygiens, et que lui, on le chasse !

En même temps, tandis qu'en proie aux fureurs de Bacchus, et excitées par le nom puissant d'Amate, les mères bondissent dans les hautes forêts, leurs fils se rassemblent de toutes parts, et de leurs cris fatiguent le dieu des combats. Égarés par une divinité contraire, tous au mépris des auspices, au mépris des oracles des cieux, demandent à l'instant cette guerre fatale. La foule se presse autour du palais. Le roi résiste inflexible à leurs clameurs, comme un rocher reste immobile au sein des mers, quand, dans

Dat sonitum saxis et torto vortice torrens.
Hic specus horrendum, sævi spiracula Ditis,
Monstratur, ruptoque ingens Acheronte vorago
Pestiferas aperit fauces ; quis condita Erinnys,   570
Invisum numen, terras cœlumque levabat.
Nec minus interea extremam Saturnia bello
Imponit regina manum. Ruit omnis in urbem
Pastorum ex acie numerus, cæsosque reportant
Almonem puerum, fœdatique ora Galæsi ;   575
Implorantque deos, obtestanturque Latinum.
Turnus adest, medioque in crimine cædis et ignis
Terrorem ingeminat : « Teucros in regna vocari ;
Stirpem admisceri Phrygiam ; se limine pelli. »
Tum, quorum attonitæ Baccho nemora avia matres   580
Insultant thiasis (neque enim leve nomen Amatæ),
Undique collecti coeunt, Martemque fatigant.
Ilicet infandum cuncti contra omina bellum,
Contra fata deûm, perverso numine, poscunt :
Certatim regis circumstant tecta Latini.   585
Ille, velut pelagi rupes immota, resistit :
Ut pelagi rupes, magno veniente fragore,
Quæ sese, multis circum latrantibus undis,

la tempête, il est assailli par les vagues aboyantes. En vain mugissent à l'entour les écueils et les brisants que blanchit l'écume : il refoule l'algue déchirée sur ses flancs, et se soutient par sa masse.

Mais enfin, aucun effort ne peut triompher de cette aveugle fureur, et tout marche au gré de la cruelle Junon. En vain plus d'une fois Latinus atteste et le ciel et les dieux : « Hélas! s'écriet-il, nous périssons, et l'orage nous entraîne. Malheureux! vous paierez ce forfait de votre sang sacrilége. Toi, Turnus aussi, tu porteras la peine du parjure, et tu adresseras aux dieux des vœux trop tardifs. Pour moi, le repos m'est assuré; je touche au port, et ne suis privé que d'une mort paisible. » Il n'ajoute plus rien, se retire au fond de son palais, et abandonne les rênes de l'empire.

Il était dans le Latium un usage sacré, que gardèrent depuis les villes albaines, et que conserve encore Rome, maîtresse du monde, quand elle appelle Mars à de nouveaux combats, soit qu'elle porte la guerre et ses alarmes aux Gètes, aux Hyrcaniens, aux Arabes, soit qu'elle veuille marcher contre les Indiens, s'avancer vers les lieux où naît l'aurore, et redemander aux Parthes ses étendards. Il est, dans un temple, deux portes de la guerre (c'est ainsi qu'on les nomme), consacrées par la religion et par la frayeur qu'inspire l'impitoyable Mars. Ces portes sont

Mole tenet ; scopuli nequidquam et spumea circum
Saxa fremunt, laterique illisa refunditur alga. 590
Verum, ubi nulla datur cæcum exsuperare potestas
Consilium, et sævæ nutu Junonis eunt res,
Multa deos aurasque pater testatus inanes :
« Frangimur, heu ! fatis, inquit, ferimurque procella!
Ipsi has sacrilego pendetis sanguine pœnas, 595
O miseri! Te, Turne, nefas, te triste manebit
Supplicium, votisque deos venerabere seris.
Nam mihi parta quies, omnisque in limine portus;
Funere felici spolior. » Nec plura locutus
Sepsit se tectis, rerumque reliquit habenas. 600
Mos erat Hesperio in Latio, quem protinus urbes
Albanæ coluere sacrum, nunc maxima rerum
Roma colit, quum prima movent in prælia Martem,
Sive Getis inferre manu lacrymabile bellum,
Hyrcanisve, Arabisve parant, seu tendere ad Indos, 605
Auroramque sequi, Parthosque reposcere signa.
Sunt geminæ belli portæ (sic nomine dicunt)
Relligione sacræ et sævi formidine Martis:

fermées par cent verrous d'airain et par d'éternelles chaînes de fer. Janus, à qui la garde du temple est confiée, n'en quitte jamais le seuil. Dès qu'un irrévocable décret du sénat a résolu la guerre, le consul, vêtu de la trabée Quirinale, la toge ceinte à la manière des Gabiens, ouvre ces portes aux gonds mugissants, et lui-même appelle les combats : aussitôt la jeunesse romaine applaudit, et le clairon guerrier répond par ses rauques accords. C'est ainsi que les Latins pressaient leur chef de suivre l'ancien usage, de déclarer la guerre aux Troyens, et d'ouvrir ces portes fatales : mais le roi s'abstient de les toucher, rejette avec horreur cet odieux ministère, et se cache dans les ombres du palais.

Alors la reine des dieux, descendant du ciel, pousse elle-même de sa main les portes trop lentes, les fait crier sur leurs gonds, et rompt les barrières de fer qui retiennent la guerre captive. Soudain l'Ausonie, si longtemps calme et immobile, s'embrase. Les uns se préparent à s'avancer à pied dans la plaine ; les autres s'élancent avec une ardeur guerrière sur des coursiers poudreux ; l'huile onctueuse dérouille les boucliers, et rend son premier éclat au fer des javelots ; le tranchant des haches est aiguisé sur la pierre ; on aime à déployer les étendards, à écouter la voix elliqueuse des clairons. Des armes sont forgées dans cinq grandes cités : la puissante Atine, la superbe Tibur, Ardée, Crustumère,

```
Centum ærei claudunt vectes, æternaque ferri
Robora; nec custos absistit limine Janus.              610
Has, ubi certa sedet patribus sententia pugnæ,
Ipse, Quirinali trabea cinctuque Gabino
Insignis, reserat stridentia limina consul;
Ipse vocat pugnas; sequitur tum cetera pubes,
Æreaque assensu conspirant cornua rauco.              615
Hoc et tum Æneadis indicere bella Latinus
More jubebatur, tristesque recludere portas.
Abstinuit tactu pater, aversusque refugit
Fœda ministeria, et cæcis se condidit umbris.
Tum regina deûm, cœlo delapsa, morantes               620
Impulit ipsa manu portas, et cardine verso
Belli ferratos rupit Saturnia postes.
Ardet inexcita Ausonia atque immobilis ante:
Pars pedes ire parat campis; pars arduus altis
Pulverulentus equis furit: omnes arma requirunt.      625
Pars leves clypeos et spicula lucida tergunt
Arvina pingui, subiguntque in cote secures;
Signaque ferre juvat, sonitusque audire tubarum.
Quinque adeo magnæ positis incudibus urbes
```

et Antemne couronnée de tours. C'est là qu'on creuse l'armure qui doit protéger la tête du soldat; que le saule s'arrondit en boucliers, que l'argent flexible s'étend sur les cuissards polis, sur les cuirasses d'airain. Le soc et la faux perdent leurs antiques honneurs : partout les laboureurs oublient l'amour de la charrue, et retrempent aux fourneaux les épées de leurs aïeux. Déjà le clairon sonne; déjà les ordres, tracés sur les tessères, sont portés dans les rangs : l'un court à ses lambris enlever son casque, l'autre soumet au joug ses chevaux frémissants, saisit son bouclier, revêt sa cuirasse à triples mailles d'or, et ceint sa fidèle épée.

Maintenant ouvrez-moi l'Hélicon, Muses, et soutenez mes chants : dites quels rois prirent part à la lutte; quels peuples suivirent leurs étendards, et couvrirent de leurs phalanges ces plaines; quels guerriers illustraient déjà l'Italie, terre féconde en héros, et quel fut l'embrasement de cette guerre. ô Muses! vous en avez gardé le souvenir, et vous pouvez retracer l'histoire de ces temps antiques dont à peine un bruit faible est arrivé jusqu'à nous.

Le premier qui se présente avec ses bataillons armés, c'est le farouche Mézence, le contempteur des dieux, venu des bords de Tyrrhène. A ses côtés marche son fils Lausus, qui, sans Turnus de Laurente, serait le plus beau des guerriers; Lausus, habile

> Tela novant : Atina potens, Tiburque superbum, 630
> Ardea, Crustumerique, et turrigeræ Antemnæ.
> Tegmina tuta cavant capitum, flectuntque salignas
> Umbonum crates ; alii thoracas aenos,
> Aut leves ocreas lento ducunt argento.
> Vomeris huc, et falcis honos, huc omnis aratri 635
> Cessit amor; recoquunt patrios fornacibus enses.
> Classica jamque sonant; it bello tessera signum.
> Hic galeam tectis trepidus rapit ; ille frementes
> Ad juga cogit equos; clypeumque auroque trilicem
> Loricam induitur, fidoque accingitur ense. 640
> Pandite nunc Helicona, deæ, cantusque movete :
> Qui bello exciti reges, quæ quemque secutæ
> Complerint campos acies ; quibus Itala jam tum
> Floruerit terra alma viris, quibus arserit armis :
> Et meministis enim, divæ, et memorare potestis : 645
> Ad nos vix tenuis famæ perlabitur aura.
> Primus init bellum Tyrrhenis asper ab oris
> Contemptor divûm Mezentius, agminaque armat.
> Filius huic juxta Lausus, quo pulchrior alter
> Non fuit, excepto Laurentis corpore Turni : 650

à dompter les chevaux, à terrasser les bêtes féroces, conduit mille guerriers qui l'ont suivi des remparts d'Agylla : vain secours, qui ne pourra sauver ce prince digne d'être fils plus heureux et d'avoir un autre père que Mézence.

Après eux, Aventinus, fils d'Hercule et beau comme Hercule lui-même, fait briller dans la plaine son char couronné de palmes et ses coursiers souvent victorieux. Sur son bouclier est représenté le glorieux trophée de son père, l'hydre aux cent têtes, où les serpents enlacent leurs replis. La prêtresse Rhéa, simple mortelle, unie à un dieu, mit secrètement au jour ce guerrier dans les bois du mont Aventin, après que le héros de Tirynthe, vainqueur de Géryon, se fut arrêté dans les champs de Laurente, et eut baigné dans le fleuve de Tyrrhène les taureaux enlevés à l'Ibérie. Les soldats d'Aventinus sont armés de javelots et d'un bois creusé qui recèle un fer aigu, et combattent avec le poignard et la javeline des Sabins. Lui-même s'avance à pied, ramenant sur ses épaules l'immense dépouille d'un lion dont la crinière hérissée et les dents blanches se dressent sur sa tête : il arrive au palais du roi, dans cet effrayant appareil, et, comme Hercule, il couvre ses épaules de ce manteau sauvage.

Viennent ensuite deux frères, Catillus et l'ardent Coras : Argiens d'origine, ils ont quitté les remparts de Tibur, qui reçut

Lausus, equûm domitor, debellatorque ferarum,
Ducit Agyllina nequidquam ex urbe secutos
Mille viros, dignus patriis qui lætior esset
Imperiis, et cui pater haud Mezentius esset.
Post hos insignem palma per gramina currum,   655
Victoresque ostentat equos, satus Hercule pulchro
Pulcher Aventinus, clypeoque, insigne paternum,
Centum angues, cinctamque gerit serpentibus hydram;
Collis Aventini silva quem Rhea sacerdos
Furtivum partu sub luminis edidit auras,   660
Mixta deo mulier, postquam Laurentia victor,
Geryone exstincto, Tirynthius attigit arva,
Tyrrhenoque boves in flumine lavit Iberas.
Pila manu sævosque gerunt in bella dolones,
Et tereti pugnant mucrone, veruque Sabello.   665
Ipse pedes, tegumen torquens immane leonis,
Terribili impexum seta, cum dentibus albis
Indutus capiti, sic regia tecta subibat
Horridus, Herculeoque humeros innexus amictu.
Tum gemini fratres Tiburtia mœnia linquunt,   670
Fratris Tiburti dictam cognomine gentem,

son nom de Tiburte leur frère : ils s'avancent au premier rang de leurs bataillons, épaisse forêt de lances. Tels, enfants de la nue, deux Centaures descendent, à grands pas, du sommet neigeux de l'Homole et de l'Othrys : devant leur course rapide la vaste forêt s'ouvre, et les arbrisseaux, inclinés ou rompus, cèdent avec fracas.

A cette grande armée ne manque pas le fondateur de Préneste, Céculus, ce roi, fils de Vulcain, qui, né parmi les troupeaux, fut trouvé dans un foyer, comme on l'a cru dans tous les âges. Sous ses ordres marche une légion nombreuse d'agrestes combattants qui habitent la haute Préneste, les champs de Gabies consacrés à Junon, les frais vallons qu'arrose l'Anio, et les monts Herniciens aux sources jaillissantes, et ceux que tu nourris, opulente Anagnie, et ceux qui boivent tes eaux, fertilisante Amasène : tous ne portent pas les armes des guerriers; ils n'ont ni boucliers, ni chars retentissants; la plupart lancent, avec la fronde, le plomb arrondi ; d'autres agitent deux traits dans leurs mains : sur leur tête se hérisse la dépouille d'un loup ; leur jambe gauche est nue, et la droite couverte d'un cuir grossier.

Messape, le dompteur de chevaux, fils de Neptune, et qui ne craint ni la flamme ni le fer, a ressaisi son glaive, et réveillé ses

Catillusque, acerque Coras, Argiva juventus ;
Et primam ante aciem densa inter tela feruntur :
Ceu duo nubigenæ quum vertice montis ab alto
Descendunt Centauri, Homolen Othrymque nivalem 675
Linquentes cursu rapido ; dat euntibus ingens
Silva locum, et magno cedunt virgulta fragore.
Nec Prænestinæ fundator defuit urbis,
Vulcano genitum pecora inter agrestia regem,
Inventumque focis omnis quem credidit ætas, 680
Cæculus. Hunc legio late comitatur agrestis,
Quique altum Præneste viri, quique arva Gabinæ
Junonis, gelidumque Anienem, et roscida rivis
Hernica saxa colunt; quos, dives Anagnia, pascis ;
Quos, Amasene pater. Non illis omnibus arma, 685
Nec clypei currusve sonant : pars maxima glandes
Liventis plumbi spargit ; pars spicula gestat
Bina manu, fulvosque lupi de pelle galeros
Tegmen habent capiti ; vestigia nuda sinistri
Instituere pedis ; crudus tegit altera pero. 690
At Messapus, equûm domitor, Neptunia proles,
Quem neque fas igni cuiquam nec sternere ferro,
Jam pridem resides populos desuetaque bello

peuples depuis longtemps endormis dans la paix. Ici sont les Fescenniens et les Èques-Falisques ; là, ceux qui habitent les hauteurs du Soracte, les plaines de Flavinie, la montagne et les rives du lac de Ciminie, et le bois sacré de Capène. Ils marchent en bon ordre et chantent les louanges de leur roi. Tels, au retour de la pâture, les cygnes au plumage de neige fendent la nue légère, et, des sons mélodieux de leurs longs gosiers, font retentir au loin le Caïstre et le lac Asia. En voyant cette multitude, on l'eût prise, non pour des bataillons couverts d'airain, mais pour une nuée d'oiseaux qui, s'élançant de la haute mer, viennent, avec des cris rauques, s'abattre sur le rivage.

Bientôt s'avance un guerrier sorti du vieux sang des Sabins, le vaillant Clausus, qui conduit une armée immense, et vaut à lui seul une armée : il est la tige de la famille Claudia dont la tribu s'est répandue dans le Latium, depuis que la nation Sabine, reçue dans Rome, n'a plus eu d'autre patrie. Sous ses ordres marchent les cohortes d'Amiterne, les anciens Quirites, toutes les forces d'Eretum et de Mutusca fertile en oliviers ; et ceux qui habitent la ville de Nomente, les plaines de Rosea qu'arrose le Vélino, les affreux rochers de Tétrique, le mont Sévère, Caspérie, Forule et les bords de l'Himelle ; et ceux qui boivent les eaux du

    Agmina in arma vocat subito, ferrumque retractat.
    Hi Fescenninas acies, Æquosque Faliscos,   695
    Hi Soractis habent arces, Flaviniaque arva,
    Et Cimini cum monte lacum, lucosque Capenos.
    Ibant æquati numero, regemque canebant :
    Ceu quondam nivei liquida inter nubila cycni,
    Quum sese e pastu referunt, et longa canoros   700
    Dant per colla modos ; sonat amnis, et Asia longe
    Pulsa palus.
    Nec quisquam æratas acies ex agmine tanto
    Misceri putet ; aeriam sed gurgite ab alto
    Urgeri volucrum raucarum ad littora nubem.   705
    Ecce, Sabinorum prisco de sanguine, magnum
    Agmen agens Clausus, magnique ipse agminis instar,
    Claudia nunc a quo diffunditur et tribus et gens
    Per Latium, postquam in partem data Roma Sabinis.
    Una ingens Amiterna cohors, prisciquae Quirites,   710
    Ereti manus omnis, oliviferæque Mutuscæ ;
    Qui Nomentum urbem, qui Rosea rura Velini,
    Qui Tetricæ horrentes rupes, montemque Severum,
    Casperiamque colunt, Forulosque, et flumen Himellæ ;
    Qui Tibrim Fabarimque bibunt ; quos frigida misit   715

Tibre et du Fabaris ; et ceux qu'envoya la froide Nursie ; les phalanges d'Horta, et les peuples latins, ceux qui vivent sur les deux rives de l'Allia, nom fatal aux Romains. Le nombre de tous ces guerriers égale les vagues que roule la mer de Libye, lorsque, dans l'hiver, l'orageux Orion se plonge dans les ondes ; ou les épis serrés qui mûrissent aux champs de l'Hermus et dans les plaines jaunissantes de la Lycie. Leurs boucliers retentissent, et la terre tremble sous leurs pas.

D'un autre côté, Halesus, fils d'Agamemnon, ennemi du nom troyen, attelle à son char des chevaux rapides, entraîne avec lui et amène à Turnus mille peuples belliqueux : ceux qui cultivent les riants coteaux du Massique, chers à Bacchus, et les Auronces descendus de leurs hautes collines ; les Sidicins qui habitent les plaines ; les guerriers qui ont quitté Calès et les rives sablonneuses du Vulturne ; et le farouche Saticule, et la troupe des Osques. Ils sont armés de courts javelots qu'une longue courroie lance et ramène ; un petit bouclier de cuir couvre leur bras gauche, et ils combattent de près avec un glaive recourbé.

Tu ne seras pas oublié dans mes vers, Œbale, toi qui reçus, dit-on, le jour de la nymphe Sébéthis et de Télon, lorsque, dans sa vieillesse, il régnait à Caprée sur les Téléboens. Mais, non content des domaines paternels, le fils avait dès lors soumis à sa

  Nursia, et Hortinæ classes, populique Latini ;
  Quosque secans infaustum interluit Allia nomen :
  Quam multi Libyco volvuntur marmore fluctus,
  Sævus ubi Orion hibernis conditur undis ;
  Vel quum sole novo densæ torrentur aristæ,   720
  Aut Hermi campo, aut Lyciæ flaventibus arvis.
  Scuta sonant, pulsuque pedum tremit excita tellus.
  Hinc Agamemnonius, Trojani nominis hostis,
  Curru jungit Halesus equos, Turnoque feroces
  Mille rapit populos ; vertunt felicia Baccho   725
  Massica qui rastris, et quos de collibus altis
  Aurunci misere patres, Sidicinaque juxta
  Æquora ; quique Cales linquunt, amnisque vadosi
  Accola Vulturni, pariterque Saticulus asper,
  Oscorumque manus. Teretes sunt aclydes illis   730
  Tela, sed hæc lento mos est aptare flagello ;
  Lævas cetra tegit ; falcati cominus enses.
  Nec tu, carminibus nostris indictus abibis,
  Œbale, quem generasse Telon Sebethide nympha
  Fertur, Teleboum Capreas quum regna teneret   735
  Jam senior ; patriis sed non et filius arvis

domination les Sarrastes, et les plaines qu'arrose le Sarnus; les peuples de Rufra, de Batule, de Célène ; et les cultivateurs des champs qui dominent les remparts d'Abelle et ses riches vergers. Tous lancent de pesants javelots à la manière des Teutons : l'écorce du liége leur sert de casque; on voit briller leurs boucliers d'airain, briller leurs glaives d'airain.

Les montagnes de Nersa t'envoyèrent au combat, vaillant Ufens, célèbre par ta gloire et par le bonheur de tes armes. Les plus renommés entre tes guerriers sont les farouches Équicoles, chasseurs infatigables dans les forêts : ils ouvrent, sans quitter leurs armes, de durs sillons sur un sol ingrat, et se plaisent chaque jour à ravir un nouveau butin et à vivre de rapines.

A cette guerre vient aussi, envoyé par Archippe son roi, le valeureux Umbron, pontife de la nation des Marrubiens, et qui couronne son casque de l'olivier paisible. Il savait, de la voix et de la main, endormir les vipères et les dragons à l'haleine funeste ; il savait apaiser leur colère et guérir leurs morsures. Mais ses charmes assoupissants et ses herbes cueillies sur les montagnes des Marses furent sans vertu contre l'atteinte d'une lance troyenne. C'est toi, Umbron, que la forêt d'Anguitie, toi que le

```
          Contentus, late jam tum ditione premebat
          Sarrastes populos, et quæ rigat æquora Sarnus,
          Quique Rufras Batulumque tenent, atque arva Celennæ,
          Et quos maliferæ despectant mœnia Abellæ :              740
          Teutonico ritu soliti torquere cateias;
          Tegmina quis capitum raptus de subere cortex;
          Ærataeque micant peltæ, micat æreus ensis.
          Et te montosæ misere in prælia Nersæ,
          Ufens, insignem fama et felicibus armis,                745
          Horrida præcipue cui gens, assuetaque multo
          Venatu nemorum, duris Æquicula glebis :
          Armati terram exercent, semperque recentes
          Convectare juvat prædas, et vivere rapto.
          Quin et Marrubia venit de gente sacerdos,                750
          Fronde super galeam et felici comptus oliva,
          Archippi regis missu, fortissimus Umbro ;
          Vipereo generi et graviter spirantibus hydris
          Spargere qui somnos cantuque manuque solebat,
          Mulcebatque iras, et morsus arte levabat.                755
          Sed non Dardaniæ medicari cuspidis ictum
          Evaluit; neque eum juvere in vulnera cantus
          Somniferi, et Marsis quæsitæ montibus herbæ.
          Te nemus Anguitiæ, vitrea te Fucinus unda,
```

Fucin aux ondes transparentes, toi que les lacs limpides ont tant pleuré.

Comme lui marchait au combat le fils d'Hippolyte, remarquable par sa beauté, Virbius, envoyé par sa mère Aricie. Il avait été élevé dans la forêt d'Egérie, près des humides rivages où s'élève, toujours chargé d'offrandes, l'autel de Diane compatissante. Victime des artifices d'une marâtre, traîné par ses chevaux épouvantés, après avoir assouvi de son sang la vengeance d'un père, Hippolyte fut, dit-on, arraché du trépas par les sucs puissants de Péon et par l'amour de Diane. Il reparut sur la terre et revit la lumière éthérée. Alors le souverain des dieux, indigné qu'un mortel revînt des ténèbres infernales à la clarté du jour, atteignit de sa foudre l'inventeur d'un art si prodigieux, le fils d'Apollon, et le précipita dans les ondes du Styx. Mais Diane, cachant Hippolyte dans des retraites ignorées, confia ce prince à la nymphe Égérie et à l'ombre de ses bois : dès lors, seul et sans gloire, il y passa ses jours sous le nouveau nom de Virbius : de là vient que les chevaux sont encore tenus éloignés du temple de la déesse et de son bois sacré, depuis qu'épouvantés à la vue d'un monstre des mers, les coursiers que conduisait le jeune héros le renversèrent avec son char sur le rivage. Mais son fils n'en exerçait pas moins

  Te liquidi flevere lacus.   760
  Ibat et Hippolyti proles pulcherrima bello,
  Virbius ; insignem quem mater Aricia misit,
  Eductum Egeriæ lucis, humentia circum
  Littora, pinguis ubi et placabilis ara Dianæ. 764
  Namque ferunt fama Hippolytum, postquam arte novercæ
  Occiderit, patriasque explerit sanguine pœnas,
  Turbatis distractus equis, ad sidera rursus
  Ætheria et superas cœli venisse sub auras,
  Pæoniis revocatum herbis et amore Dianæ.
  Tum pater omnipotens, aliquem indignatus ab umbris 770
  Mortalem infernis ad lumina surgere vitæ,
  Ipse repertorem medicinæ talis et artis
  Fulmine Phœbigenam Stygias detrusit in undas.
  At Trivia Hippolytum secretis alma recondit
  Sedibus, et nymphæ Egeriæ nemorique relegat, 775
  Solus ubi in silvis Italis ignobilis ævum
  Exigeret, versoque ubi nomine Virbius esset.
  Unde etiam Triviæ templo lucisque sacratis
  Cornipedes arcentur equi, quod littore currum
  Et juvenem monstris pavidi effudere marinis. 780
  Filius ardentes haud secius æquore campi

ses ardents coursiers dans la plaine, et, sur son char, il s'élan-
çait aux combats.

Aux premiers rangs, le plus remarquable par sa beauté, Turnus
marche le fer à la main, et de toute la tête domine les chefs.
Son casque élevé, où flotte une triple aigrette, soutient la Chimère dont la gueule béante vomit les feux de l'Etna; et plus le
combat s'échauffe dans le carnage, plus semblent s'irriter la fureur du monstre et ses flammes. Sur l'or poli du bouclier brille
(image saisissante) la jeune Io, le front armé de cornes, déjà
couverte de poils, déjà génisse : on y voit Argus, gardien sévère
de la Nymphe, et son père Inachus épanchant un fleuve d'une
urne habilement ciselée. A la suite du héros, une nuée de fantas-
sins couverts de boucliers s'avance, serre ses rangs et s'étend
dans la plaine : c'est la jeunesse argienne et la troupe des Auronces; ce sont les Rutules, les vieux Sicaniens, les cohortes de
Sacranes, les Labiques au bouclier peint; et ceux, ô Tibre! qui
cultivent tes bords; et ceux, ô Numicus! dont les mains fertilisent tes rives sacrées; et ceux dont le soc tourmente les collines
Rutules et le mont de Circé; ceux encore que protége Jupiter
Anxur, et que Féronie couvre de ses verts et joyeux ombrages;
ceux dont les champs bordent le noir marais de Satura; ceux
enfin qui habitent les profondes vallées où le froid Ufens

```
   Exercebat equos, curruque in bella ruebat.
   Ipse inter primos præstanti corpore Turnus
   Vertitur, arma tenens, et toto vertice supra est.
   Cui triplici crinita juba galea alta Chimæram         785
   Sustinet Ætnæos efflantem faucibus ignes;
   Tam magis illa fremens, et tristibus effera flammis,
   Quam magis effuso crudescunt sanguine pugnæ.
   At levem clypeum sublatis cornibus Io
   Auro insignibat, jam setis obsita, jam bos;           790
   Argumentum ingens, et custos virginis Argus,
   Cælataque amnem fundens pater Inachus urna.
   Insequitur nimbus peditum, clypeataque totis
   Agmina densantur campis, Argivaque pubes;
   Auruncæque manus, Rutuli, veteresque Sicani,         795
   Et Sacranæ acies, et picti scuta Labici;
   Qui saltus, Tiberine, tuos, sacrumque Numici
   Littus arant, Rutulosque exercent vomere colles,
   Circæumque jugum; quis Jupiter Anxurus arvis
   Præsidet, et viridi gaudens Feronia luco;             800
   Qua Saturæ jacet atra palus, gelidusque per imas
```

cherche un chemin pour aller cacher son onde au sein des mers.

Derrière toutes ces phalanges s'avance la guerrière Camille, du pays des Volsques. Intrépide dans les combats, elle conduit de nombreux escadrons tout brillants d'airain. Ses mains délicates ne sont point accoutumées au fuseau ou à l'aiguille de Minerve ; mais la jeune vierge s'est exercée à supporter les rudes travaux de la guerre et à devancer la course des vents : elle volerait sur la cime verdoyante des moissons sans l'effleurer, et sans courber sous ses pas les tendres épis, ou, suspendue au-dessus de la surface des vagues, elle eût rasé les flots sans mouiller ses pieds rapides. De tous côtés, la jeunesse et les mères, quittant leurs champs et leurs maisons, se pressent sur son passage pour la voir. La foule stupéfaite admire sa belliqueuse audace, la pourpre royale qui couvre ses belles épaules, l'agrafe d'or qui noue ses cheveux, sa grâce à porter le carquois lycien, et son myrte champêtre que surmonte un fer de lance.

```
Quærit iter valles atque in mare conditur Ufens.
Hos super advenit Volsca de gente Camilla,
Agmen agens equitum et florentes ære catervas,
Bellatrix : non illa colo calathisve Minervæ          805
Femineas assueta manus, sed prælia virgo
Dura pati, cursuque pedum prævertere ventos.
Illa vel intactæ segetis per summa volaret
Gramina, nec teneras cursu læsisset aristas ;
Vel mare per medium, fluctu suspensa tumenti,        810
Ferret iter, celeres nec tingeret æquore plantas.
Illam omnis tectis agrisque effusa juventus
Turbaque miratur matrum, et prospectat euntem,
Attonitis inhians animis : ut regius ostro
Velet honos leves humeros, ut fibula crinem          815
Auro internectat, Lyciam ut gerat ipsa pharetram,
Et pastoralem præfixa cuspide myrtum.
```

LIVRE HUITIÈME

Dès que Turnus eut arboré l'étendard de la guerre sur les tours de Laurente, et que le son bruyant des clairons eut éclaté dans les airs; des que le héros eut excité l'ardeur de ses coursiers et secoué ses armes, soudain le Latium, troublé, s'émeut et se lève tout entier en tumulte; et la jeunesse furieuse s'enflamme d'une ardeur guerrière. Les principaux chefs, Messape, Ufens, et Mézence, le contempteur des dieux, assemblent de toutes parts de nouveaux guerriers et dépeuplent de laboureurs ces vastes plaines. Venulus est envoyé à la ville du grand Diomède pour lui demander du secours et lui apprendre que les Troyens sont dans le Latium : il lui dira qu'Énée vient d'aborder avec sa flotte et ses Pénates vaincus ; qu'il se prétend appelé par les destins à régner sur l'Italie; que déjà plusieurs peuples s'unissent à ce fils de Dardanus, et que son nom se répand au loin dans tout le Latium. Quel est le but de son entreprise, et que veut-

LIBER OCTAVUS.

Ut belli signum Laurenti Turnus ab arce
Extulit, et rauco strepuerunt cornua cantu,
Utque acres concussit equos, utque impulit arma,
Extemplo turbati animi; simul omne tumultu
Conjurat trepido Latium, sævitque juventus   5
Effera. Ductores primi, Messapus et Ufens,
Contemptorque deûm Mezentius, undique cogunt
Auxilia, et latos vastant cultoribus agros.
Mittitur et magni Venulus Diomedis ad urbem,
Qui petat auxilium, et Latio consistere Teucros,   10
Advectum Æneam classi, victosque Penates
Inferre, et fatis regem se dicere posci,
Edoceat, multasque viro se adjungere gentes
Dardanio, et late Latio increbrescere nomen :
Quid struat his cœptis, quem, si fortuna sequatur, 15

il, si la fortune le seconde? Diomède en jugera mieux que le roi des Rutules ou le roi Latinus.

Tandis que tout s'agite ainsi dans le Latium, à l'aspect de tant de mouvements, le héros troyen flotte dans un flux et reflux de soucis divers ; son esprit, incertain et agité, se partage tour à tour en une foule de projets différents. Telle, réfléchie sur l'onde qui frémit dans l'airain, la lumière du soleil ou celle de la lune radieuse s'élève vacillante, voltige au loin et va frapper les lambris du plafond.

Il était nuit, et, sur la terre, tous les êtres animés, les oiseaux et les troupeaux, dormaient, oubliant leurs fatigues dans un profond sommeil. Inquiet des périls de cette guerre, Énée se couche, sur le bord du fleuve, sous le froid éther de la voûte céleste, et livre enfin ses membres au sommeil longtemps attendu. Alors le Dieu même de la contrée, le Tibre aux riants ombrages, lui sembla, sous la forme d'un vieillard, s'élever entre le feuillage des peupliers : un léger vêtement de lin le revêt de ses plis azurés, et une couronne de roseaux ombrage ses cheveux ; il adresse la parole au héros, et calme ainsi ses ennuis : « O prince né du sang des dieux, toi qui nous rends Ilion arraché à ses ennemis, et qui conserves l'éternelle Pergame ; toi qu'attendaient Laurente et les

Eventum pugnæ cupiat, manifestius ipsi,
Quam Turno regi aut regi apparere Latino.
Talia per Latium : quæ Laomedontius heros
Cuncta videns, magno curarum fluctuat æstu,
Atque animum nunc huc celerem, nunc dividit illuc, 20
In partesque rapit varias, perque omnia versat :
Sicut aquæ tremulum labris ubi lumen ahenis,
Sole repercussum, aut radiantis imagine lunæ,
Omnia pervolitat late loca, jamque sub auras
Erigitur, summique ferit laquearia tecti. 25
Nox erat, et terras animalia fessa per omnes
Alituum pecudumque genus sopor altus habebat,
Quum pater in ripa gelidique sub ætheris axe
Æneas, tristi turbatus pectora bello,
Procubuit, seramque dedit per membra quietem. 30
Huic deus ipse loci, fluvio Tiberinus amœno,
Populeas inter senior se attollere frondes
Visus ; eum tenuis glauco velabat amictu
Carbasus, et crines umbrosa tegebat arundo.
Tum sic affari, et curas his demere dictis : 35
« O sate gente deûm, Trojanam ex hostibus urbem
Qui revehis nobis, æternaque Pergama servas,

champs des Latins, c'est ici ta demeure certaine, ici l'asile assuré de tes Pénates. Ne quitte point ces contrées, et ne te laisse point effrayer par la guerre qui te menace. Les dieux ont déposé leur colère et leur vengeance. Et, pour que tu ne te croies pas abusé par un vain songe, apprends que tu trouveras, couchée sous les chênes de ce rivage, une grande laie aux crins blancs, et pressés autour de ses mamelles trente petits nouveau-nés, blancs comme leur mère. Là sera l'emplacement de ta ville, et le terme assuré de tant de travaux ; et quand la révolution de six lustres s'achèvera, c'est là que ton fils Ascagne bâtira la ville d'Albe, au nom fameux. Je ne t'annonce rien de douteux. Maintenant écoute : je vais t'apprendre, en peu de mots, comment tu sortiras vainqueur des combats qui se préparent.

« Des Arcadiens, partis des États de Pallas sous la conduite d'Évandre, petit-fils de ce prince, se sont établis dans cette contrée, et ont bâti sur des monts une ville qu'ils appellent Pallantée, du nom de l'aïeul de leur roi. Ce peuple est toujours en guerre avec les Latins. A tes armes réunis les siennes et fais alliance avec lui. Moi-même je te guiderai sans détours entre mes rives ; j'aiderai les rameurs à vaincre et à remonter le courant de mes ondes. Lève-toi donc, fils d'une déesse, et dès que

```
Exspectate solo Laurenti arvisque Latinis,
Hic tibi certa domus; certi, ne absiste, Penates;
Neu belli terrere minis : tumor omnis et iræ        40
Concessere deûm.
Jamque tibi, ne vana putes hæc fingere somnum,
Littoreis ingens inventa sub ilicibus sus,
Triginta capitum fœtus enixa, jacebit,
Alba, solo recubans, albi circum ubera nati.        45
Hic locus urbis erit, requies ea certa laborum ;
Ex quo ter denis urbem redeuntibus annis
Ascanius clari condet cognominis Albam.
Haud incerta cano. Nunc qua ratione quod instat
Expedias victor, paucis, adverte, docebo.           50
Arcades his oris, genus a Pallante profectum,
Qui regem Evandrum comites, qui signa secuti,
Delegere locum, et posuere in montibus urbem
Pallantis proavi de nomine Pallanteum.
Hi bellum assidue ducunt cum gente Latina :         55
Hos castris adhibe socios, et fœdera junge.
Ipse ego te ripis et recto flumine ducam,
Adversum remis superes subvectus ut amnem.
Surge age, nate dea ; primisque cadentibus astris,
```

les astres pencheront vers leur déclin, adresse à Junon tes prières et par d'humbles supplications désarme son courroux menaçant. Tu t'acquitteras envers moi, quand tu seras vainqueur. Je suis le fleuve chéri du ciel, le Tibre à l'onde azurée, dont les flots abondants pressent ces rives et fertilisent ces riantes campagnes. C'est ici qu'est ma superbe demeure, et d'illustres cités s'élèvent dans les lieux où commence mon cours. » Il dit, et se replonge dans ses grottes profondes. La nuit et le sommeil s'éloignent du héros.

Il se lève, et, les yeux tournés vers les rayons naissants du soleil, il puise, selon l'usage, de l'eau du fleuve dans le creux de sa main, et fait entendre ces paroles : « Nymphes de Laurente, nymphes, mères des fleuves, et toi, dieu du Tibre, père de ces ondes sacrées, recevez Énée, et éloignez de lui tous les dangers. Toi qui compatis à mes revers, en quelque lieu que soit la source d'où tu sors si majestueux et si beau, roi des fleuves de l'Hespérie, toi dont le front porte un double croissant, tu seras toujours honoré de mes vœux et de mes offrandes. Daigne m'être propice, et confirme en ce moment la foi de tes oracles. »

Il dit, et choisit dans sa flotte deux birèmes garnies de leurs rameurs, et qu'il remplit de Troyens armés. Tout à coup, un étonnant prodige vient frapper ses regards : sous les ombrages

```
      Junoni fer rite preces, iramque minasque           60
      Supplicibus supera votis : mihi victor honorem
      Persolves. Ego sum, pleno quem flumine cernis
      Stringentem ripas, et pinguia culta secantem,
      Cæruleus Tibris, cœlo gratissimus amnis.
      Hic mihi magna domus, celsis caput urbibus exit. »  65
      Dixit; deinde lacu fluvius se condidit alto,
      Ima petens. Nox Ænean somnusque reliquit.
      Surgit, et, ætherii spectans orientia solis
      Lumina, rite cavis undam de flumine palmis
      Sustulit, ac tales effundit ad æthera voces :        70
      « Nymphæ, Laurentes Nymphæ, genus amnibus unde est,
      Tuque, o Tibri, tuo genitor cum flumine sancto,
      Accipite Ænean, et tandem arcete periclis.
      Quo te cumque lacus miserantem incommoda nostra
      Fonte tenet, quocumque solo pulcherrimus exis,      75
      Semper honore meo, semper celebrabere donis,
      Corniger Hesperidum fluvius regnator aquarum.
      Adsis o tantum, et propius tua numina firmes. »
      Sic memorat, geminasque legit de classe biremes,
      Remigioque aptat; socios simul instruit armis.      80
      Ecce autem, subitum atque oculis mirabile monstrum,
```

de la forêt qui borde la rive, il aperçoit, couchée sur l'herbe verdoyante, une laie blanche avec ses petits, blancs comme elle. C'est à toi, puissante Junon, à toi que le pieux Énée offre en sacrifice la mère et son troupeau.

Pendant toute la durée de la nuit, le Tibre calme ses vagues émues ; l'onde aplanie présente dans son cours la tranquille surface d'un étang ou l'image d'un marais paisible. La rame n'a point à lutter contre les flots. Aussi les Troyens poursuivent-ils rapidement leur course, au bruit d'un murmure joyeux. Les nefs goudronnées glissent sur les eaux : les flots du Tibre, étonnés de ce spectacle nouveau, admirent ces boucliers dont l'éclat brille au loin, et ces vaisseaux flottants ornés de peintures. Cependant, nuit et jour, la rame fend les ondes ; on suit, en le remontant, le fleuve dans ses longs détours, à l'ombre des arbres dont le faîte s'arrondit en voûte ; et les carènes sillonnent dans les flots paisibles l'image des vertes forêts.

Le soleil, dardant ses feux, avait atteint le milieu de sa course, lorsque sont aperçus, au loin, des murs, des tours et quelques toits épars, que la puissance romaine a depuis élevés jusqu'aux cieux : c'était alors l'humble royaume d'Évandre. Soudain on tourne les proues et l'on approche de la ville.

Ce jour-là même, dans un bois sacré, sous les murs de la ville,

Candida per silvam cum fetu concolor albo
Procubuit, viridique in littore conspicitur sus:
Quam pius Æneas tibi enim, tibi, maxima Juno,
Mactat, sacra ferens, et cum grege sistit ad aram.   85
Tibris ea fluvium, quam longa est, nocte tumentem
Leniit, et tacita refluens ita substitit unda,
Mitis ut in morem stagni placidæque paludis
Sterneret æquor aquis, remo ut luctamen abesset.
Ergo iter inceptum celerant rumore secundo.   90
Labitur uncta vadis abies : mirantur et undæ,
Miratur nemus insuetum fulgentia longe
Scuta virûm fluvio pictasque innare carinas.
Olli remigio noctemque diemque fatigant,
Et longos superant flexus, variisque teguntur   95
Arboribus, viridesque secant placido æquore silvas.
Sol medium cœli conscenderat igneus orbem,
Quum muros, arcemque procul, ac rara domorum
Tecta vident, quæ nunc Romana potentia cœlo
Æquavit : tum res inopes Evandrus habebat.   100
Ocius advertunt proras, urbique propinquant.
Forte die sollemnem illo rex Arcas honorem

le prince arcadien offrait à l'illustre fils d'Amphitryon et aux dieux de l'Olympe un sacrifice solennel. Avec lui, Pallas, son fils, les chefs de ses guerriers et son humble sénat, faisaient brûler l'encens, et au pied des autels fumait le sang des victimes. Dès qu'ils ont vu les vaisseaux glisser sous l'ombrage de la forêt, poussés par les rames silencieuses, la frayeur les saisit : tous se lèvent, et les tables sont abandonnées, quand l'entrépide Pallas défend d'interrompre le sacrifice : il saisit un javelot, court au rivage, et de loin, sur un tertre élevé : « Étrangers, s'écrie-t-il, quel dessein vous fait tenter ces routes inconnues ? où allez-vous ? qui êtes-vous ? est-ce la paix ou la guerre que vous nous apportez ? »

Alors, du haut de sa poupe, montrant le pacifique rameau d'olivier qu'il tient à la main : « Ce sont, dit Énée, des Troyens que vous voyez, et ces armes ne menacent que les Latins, qui, sans pitié pour notre exil et nos malheurs, nous déclarent une guerre injuste. Nous demandons Évandre. Rapportez-lui nos paroles, et dites-lui que les premiers chefs de la nation troyenne viennent solliciter son alliance et son appui. » Pallas, que ce grand nom frappe d'étonnement : « Ah ! qui que vous soyez, dit-il, descendez ! venez vous-même parler à mon père ; soyez notre hôte, et entrez dans notre demeure. » Puis il lui tend la main et

>Amphitryoniadæ magno divisque ferebat
>Ante urbem in luco. Pallas huic filius una,
>Una omnes juvenum primi, pauperque senatus,   105
>Thura dabant, tepidusque cruor fumabat ad aras.
>Ut celsas videre rates, atque inter opacum
>Allabi nemus, et tacitis incumbere remis,
>Terrentur visu subito, cunctique relictis
>Consurgunt mensis : audax quos rumpere Pallas   110
>Sacra vetat, raptoque volat telo obvius ipse,
>Et procul e tumulo : « Juvenes, quæ causa subegit
>Ignotas tentare vias ? quo tenditis ? inquit.
>Qui genus ? unde domo ? pacemne huc fertis, an arma ? »
>Tum pater Æneas puppi sic fatur ab alta,   115
>Paciferæque manu ramum prætendit olivæ :
>« Trojugenas ac tela vides inimica Latinis,
>Quos illi bello profugos egere superbo.
>Evandrum petimus : ferte hæc, et dicite lectos
>Dardaniæ venisse duces, socia arma rogantes. »   120
>Obstupuit tanto percussus nomine Pallas :
>« Egredere ! o, quicumque es, ait, coramque parentem
>Alloquere, ac nostris succede penatibus hospes. »

serre étroitement celle du héros. Ils s'éloignent des bords du fleuve et s'avancent dans le bois sacré. Énée adresse au roi ces paroles amies :

« O le plus vertueux des Grecs ! puisque c'est la volonté du sort qu'aujourd'hui je me présente à vous avec ces rameaux entrelacés de bandelettes, je n'ai pas craint de venir vous trouver, vous, Arcadien, chef d'un peuple grec, et que les liens du sang unissent aux Atrides. Mais la conscience de ma vertu, les oracles sacrés des dieux, nos ancêtres communs, et votre renommée, répandue par toute la terre, m'ont d'avance uni à vous, et me font obéir avec joie à l'ordre des destins. Dardanus, qui vint aborder dans la Troade et fut le premier fondateur d'Ilion, était, ainsi que les Grecs l'ont publié, fils d'Électre, l'une des Atlantides : Électre eut pour père le grand Atlas, qui soutient sur ses épaules la voûte éthérée. Vous, vous descendez de Mercure, qui fut enfanté par la belle Maïa sur le sommet glacé de Cyllène. Or, si l'on en croit la tradition, Maïa était fille du même Atlas qui soutient le ciel étoilé. Ainsi nos deux familles remontent, par le sang, à la même source. M'appuyant sur ces titres, je n'ai voulu employer, pour connaître vos dispositions, ni ambassade, ni artifice ; moi-même je n'ai pas craint de m'exposer et de venir vous trouver en suppliant. Les

    Excepitque manu, dextramque amplexus inhæsit.
    Progressi subeunt luco, fluviumque relinquunt.   125
    Tum regem Æneas dictis affatur amicis :
    « Optime Grajugenum, cui me Fortuna precari,
    Et vitta comptos voluit prætendere ramos,
    Non equidem extimui, Danaûm quod ductor et Arcas,
    Quodque ab stirpe fores geminis conjunctus Atridis :   130
    Sed mea me virtus, et sancta oracula divûm,
    Cognatique patres, tua terris didita fama,
    Conjunxere tibi, et fatis egere volentem.
    Dardanus, Iliacæ primus pater urbis et auctor,
    Electra, ut Graii perhibent, Atlantide cretus,   135
    Advehitur Teucros : Electram maximus Atlas
    Edidit, ætherios humero qui sustinet orbes.
    Vobis Mercurius pater est, quem candida Maia
    Cyllenæ gelido conceptum vertice fudit :
    At Maiam, auditis si quidquam credimus, Atlas,   140
    Idem Atlas generat, cœli qui sidera tollit.
    Sic genus amborum scindit se sanguine ab uno.
    His fretus, non legatos, neque prima per artem
    Tentamenta tui pepigi : me, me ipse meumque
    Objeci caput, et supplex ad limina veni.   145

Dauniens, ces peuples qui vous font une guerre cruelle, se flattent, s'ils repoussent les Troyens, qu'ils soumettront à leur joug toute l'Hespérie, et qu'ils asserviront les deux mers qui baignent son double rivage. Recevez ma foi et donnez-moi la vôtre. Nous possédons des cœurs vaillants, d'intrépides guerriers et une vaillante jeunesse éprouvée dans les combats. »

Ainsi parlait Énée, tandis qu'Évandre, observant et son visage et ses yeux, le parcourait tout entier du regard. Enfin, il lui répond ainsi en peu de mots : « Avec quelle joie, ô le plus vaillant des Troyens! je vous reçois et je vous reconnais! que j'aime, en vous voyant et en vous écoutant, à retrouver en vous les traits et la voix du grand Anchise, votre père! Je n'ai point oublié que Priam, fils de Laomédon, allant visiter les États de sa sœur Hésione, vint à Salamine, et traversa les froides contrées de l'Arcadie. Alors la fleur du jeune âge couvrait mes joues de son premier duvet. J'admirais les chefs troyens, j'admirais le fils de Laomédon lui-même; mais Anchise, par sa haute stature, s'élevait au-dessus de tous les autres. Avec toute l'ardeur de la jeunesse, je brûlais d'entretenir ce héros et de serrer sa main dans la mienne. Je l'abordai, et je m'empressai de le conduire dans les murs de Phénée. En me quittant, il me donna un riche carquois et des flèches

  Gens eadem, quæ te, crudeli Daunia bello
  Insequitur; nos si pellant, nihil abfore credunt
  Quin omnem Hesperiam penitus sua sub juga mittant,
  Et mare, quod supra, teneant, quodque alluit infra.
  Accipe, daque fidem : sunt nobis fortia bello 150
  Pectora, sunt animi, et rebus spectata juventus. »
  Dixerat Æneas : ille os oculosque loquentis
  Jamdudum, et totum lustrabat lumine corpus.
  Tum sic pauca refert : « Ut te, fortissime Teucrûm,
  Accipio agnoscoque libens ! ut verba parentis , 155
  Et vocem Anchisæ magni vultumque recordor !
  Nam memini Hesionæ visentem regna sororis
  Laomedontiaden Priamum, Salamina petentem,
  Protinus Arcadiæ gelidos invisere fines.
  Tum mihi prima genas vestibat flore juventa, 16
  Mirabarque duces Teucros, mirabar et ipsum
  Laomedontiaden; sed cunctis altior ibat
  Anchises. Mihi mens juvenili ardebat amore
  Compellare virum, et dextræ conjungere dextram.
  Accessi, et cupidus Phenei sub mœnia duxi. 165
  Ille mihi insignem pharetram Lyciasque sagittas

de Lycie, une chlamyde brodée d'or, et deux freins d'or, que possède maintenant mon fils Pallas. Ainsi, cette alliance que vous désirez, il y longtemps que ma main l'a formée. Et demain, dès que le jour sera rendu à la terre, vous partirez satisfaits de mes secours, et je vous aiderai de ma puissance. En attendant, puisque c'est comme amis que vous êtes venus, célébrez, de concert avec nous, cette fête annuelle, qu'il n'est pas permis de différer, et, dès ce moment, accoutumez-vous aux banquets de vos alliés. »

Il dit, et ordonne de rapporter sur les tables les coupes et les mets qu'on avait enlevés. Lui-même il place les Troyens sur des bancs de gazon, et, pour honorer le fils d'Anchise, il le fait asseoir sur son trône d'érable, que couvre la dépouille velue d'un lion. Alors une élite de jeunes Arcadiens et le prêtre de l'autel apportent les chairs fumantes des taureaux, remplissent les corbeilles des dons de Cérès et versent la liqueur de Bacchus. Énée et ses compagnons se repaissent du dos entier d'un bœuf et de ses entrailles consacrées.

Lorsque la faim est apaisée, et que l'appétit des convives est satisfait, le roi Évandre prend la parole et dit : « Cette fête solennelle, ce banquet, cet autel consacré à un dieu si puissant, ce n'est ni une superstition vaine, ni l'oubli des anciens dieux, qui les ont établis parmi nous ; mais échappés à d'affreux périls, dans

>
> Discedens, chlamydemque auro dedit intertextam,
> Frenaque bina, meus quæ nunc habet, aurea, Pallas.
> Ergo et, quam petitis, juncta est mihi fœdere dextra :
> Et, lux quum primum terris se crastina reddet, 170
> Auxilio lætos dimittam, opibusque juvabo.
> Interea sacra hæc, quando huc venistis amici,
> Annua, quæ differre nefas, celebrate faventes
> Nobiscum ; et jam nunc sociorum assuescite mensis. »
> Hæc ubi dicta, dapes jubet et sublata reponi. 175
> Pocula, gramineoque viros locat ipse sedili,
> Præcipuumque toro et villosi pelle leonis
> Accipit Ænean, solioque invitat acerno.
> Tum lecti juvenes certatim aræque sacerdos
> Viscera tosta ferunt taurorum, onerantque canistris 180
> Dona laboratæ Cereris, Bacchumque ministrant.
> Vescitur Æneas, simul et Trojana juventus,
> Perpetui tergo bovis et lustralibus extis.
> Postquam exempta fames, et amor compressus edendi,
> Rex Evandrus ait. « Non hæc sollemnia nobis, 185
> Has ex more dapes, hanc tanti numinis aram
> Vana superstitio, veterumque ignara deorum

notre reconnaissance, hôte troyen, nous renouvelons tous les ans ces sacrifices mérités.

« Regardez d'abord ce roc suspendu sur d'énormes rochers, les débris de ces masses au loin dispersées, et dans les flancs de la montagne cette demeure abandonnée, au milieu de ces ruines. Là s'ouvrait une caverne vaste et profonde, inaccessible aux rayons du soleil : c'était le repaire d'un monstre moitié homme, de l'effroyable Cacus. Ici, le sol fumait sans cesse d'un carnage récent, et sans cesse à la porte de l'antre pendaient des têtes humaines, sanglantes et livides. Le monstre était fils de Vulcain, et, dans sa marche de géant, il vomissait de noirs torrents de flamme.

« Enfin, le temps, propice à nos vœux, nous accorda la présence et le secours d'un dieu. Le grand vengeur des crimes, fier de la mort et des dépouilles du triple Géryon, Alcide, était arrivé. Il conduisait d'énormes et nombreux taureaux, prix de sa victoire, qui couvraient le vallon et les rives du fleuve. Cacus, poussé par les Furies, et pour ne laisser aucune fourbe sans y recourir, aucun crime sans l'oser, détourne de leurs pâturages quatre taureaux superbes, quatre génisses plus belles encore ; et, voulant déguiser les traces directes de leurs pieds, il les saisit par la

  Imposuit : sævis, hospes Trojane, periclis
  Servati facimus, meritosque novamus honores.
  Jam primum saxis suspensam hanc adspice rupem : 190
  Disjectæ procul ut moles, desertaque montis
  Stat domus, et scopuli ingentem traxere ruinam.
  Hic spelunca fuit, vasto submota recessu,
  Semihominis Caci facies quam dira tenebat,
  Solis inaccessam radiis, semperque recenti 195
  Cæde tepebat humus, foribusque affixa superbis
  Ora virûm tristi pendebant pallida tabo.
  Huic monstro Vulcanus erat pater : illius atros
  Ore vomens ignes, magna se mole ferebat.
  Attulit et nobis aliquando optantibus ætas 200
  Auxilium adventumque dei : nam maximus ultor,
  Tergemini nece Geryonis spoliisque superbus,
  Alcides aderat, taurosque hac victor agebat
  Ingentes ; vallemque boves amnemque tenebant.
  At furiis Caci mens effera, ne quid inausum 205
  Aut intractatum scelerisve dolive fuisset,
  Quattuor a stabulis præstanti corpore tauros
  Avertit, totidem forma superante juvencas ;
  Atque hos, ne qua forent pedibus vestigia rectis,

queue, les traîne à reculons vers sa caverne, et, ayant ainsi tourné en sens inverse les marques de leurs pas, il les cache dans son antre ténébreux. Nulle empreinte ne pouvait guider les recherches vers la caverne.

« Mais tandis que le fils d'Amphitryon rassemble dans les pâturages ses troupeaux rassasiés, et qu'il se dispose au départ, les taureaux font retentir de leurs mugissements ces bois et ces collines, qu'ils quittent à regret. Bientôt, du fond de l'antre, une génisse répond, mugit longuement, et trompe ainsi la vigilance et l'espoir de Cacus. Soudain une sombre fureur s'allume dans l'âme d'Alcide : il saisit ses armes, sa pesante et noueuse massue, et, d'une course rapide, s'élance au sommet de la montagne escarpée. Alors on vit, pour la première fois, Cacus pâlir et ses yeux se troubler. Plus vite que l'Eurus, il fuit, il vole vers sa demeure : la peur donne à ses pieds des ailes ; il s'enferme, et, rompant les chaînes de fer forgées par Vulcain, il fait tomber un énorme rocher qu'elles tenaient suspendu, et fortifie de ce rempart l'entrée de sa caverne. Le dieu de Tirynthe arrive, la fureur dans l'âme : il cherche partout un accès, et porte de tous côtés ses regards, en grinçant les dents. Trois fois, bouillant de colère, il parcourt tout le mont Aventin ; trois fois vainement il essaie

```
       Cauda in speluncam tractos, versisque viarum         210
       Indiciis raptos, saxo occultabat opaco.
       Quærentem nulla ad speluncam signa ferebant.
       Interea, quum jam stabulis saturata moveret
       Amphitryoniades armenta, abitumque pararet,
       Discessu mugire boves, atque omne querelis          215
       Impleri nemus, et colles clamore relinqui.
       Reddidit una boum vocem, vastoque sub antro
       Mugiit, et Caci spem custodita fefellit.
       Hic vero Alcidæ furiis exarserat atro
       Felle dolor : rapit arma manu, nodisque gravatum    220
       Robur, et ætherii cursu petit ardua montis.
       Tum primum nostri Cacum videre timentem,
       Turbatumque oculis. Fugit ilicet ocior Euro,
       Speluncamque petit : pedibus timor addidit alas.
       Ut sese inclusit, ruptisque immane catenis          225
       Dejecit saxum, ferro quod et arte paterna
       Pendebat, fultosque emuniit objice postes,
       Ecce furens animis aderat Tirynthius, omnemque
       Accessum lustrans, huc ora ferebat et illuc,
       Dentibus infrendens. Ter totum fervidus ira         230
       Lustrat Aventini montem ; ter saxea tentat
```

de repousser du seuil de l'antre l'énorme rocher ; trois fois, fatigué, il revient s'asseoir dans le vallon.

« Sur le dos de l'affreuse caverne, un rocher de toutes parts escarpé, et qui servait d'asile aux oiseaux de proie, élevait son sommet aigu dans les airs. Incliné à gauche, ce roc penchait vers le fleuve ; Hercule appuie à droite de tout son poids, le pousse, l'ébranle, l'arrache à ses profondes racines, et soudain le précipite : à ce choc, le vaste éther résonne, les deux rives tressaillent, et le fleuve recule épouvanté. Alors parut à découvert l'antre et l'immense palais de Cacus, et le jour pénétra dans ses cavités ténébreuses. De même, si la terre, ébranlée par de fortes secousses, entr'ouvrait ses abîmes, et mettait à nu les demeures infernales, ces pâles royaumes abhorrés des dieux, nos regards plongeraient dans les profondeurs du gouffre immense, et les mânes trembleraient en voyant descendre sur eux la lumière.

« Tout à coup surpris par cette clarté inattendue, Cacus, enfermé dans le fond de son antre, poussait d'étranges rugissements. D'en haut, Alcide le presse de ses traits, se fait des armes de tout, et lui lance des branches d'arbre et d'énormes quartiers de rocher. Mais lui, qu'aucune fuite ne peut plus dérober au péril, vomit de son gosier, ô prodige ! une immense fumée, enveloppe

```
        Limina nequidquam ; ter fessus valle resedit.
        Stabat acuta silex, præcisis undique saxis,
        Speluncæ dorso insurgens, altissima visu,
        Dirarum nidis domus opportuna volucrum.           235
        Hanc, ut prona jugo lævum incumbebat ad amnem,
        Dexter in adversum nitens concussit, et imis
        Avulsam solvit radicibus ; inde repente
        Impulit : impulsu quo maximus insonat æther :
        Dissultant ripæ, refluitque exterritus amnis.     240
        At specus et Caci detecta apparuit ingens
        Regia, et umbrosæ penitus patuere cavernæ :
        Non secus, ac si qua penitus vi terra dehiscens
        Infernas reseret sedes, et regna recludat
        Pallida, dis invisa, superque immane barathrum    245
        Cernatur, trepidentque immisso lumine Manes.
        Ergo insperata deprensum in luce repente,
        Inclusumque cavo saxo, atque insueta rudentem,
        Desuper Alcides telis premit, omniaque arma
        Advocat, et ramis vastisque molaribus instat.     250
        Ille autem ( neque enim fuga jam super ulla pericli )
        Faucibus ingentem fumum ( mirabile dictu !)
```

sa retraite d'obscures vapeurs pour se dérober à la vue de son
ennemi, et remplit la caverne d'une nuit fumante où la flamme
se mêle aux ténèbres. Alcide ne peut contenir sa rage : il bondit
et se précipite à travers les feux, à l'endroit où la fumée roule
ses flots les plus épais, où bouillonne dans l'antre immense le
plus noir brouillard. En vain Cacus vomissait dans l'ombre l'incendie : Alcide le saisit, l'étreint de ses bras puissants, fait jaillir
ses yeux de leurs orbites, et arrête dans son gosier desséché le
sang avec la vie. Soudain les portes sont arrachées, la noire demeure est ouverte : les taureaux dérobés, les larcins sacrilèges
apparaissent au jour. Le cadavre difforme est traîné dehors par
les pieds. On ne se lasse pas de regarder les yeux terribles du
géant, son visage, sa poitrine hérissée de poils, et ces feux qui
s'éteignent dans sa bouche béante.

« Dès lors fut instituée une fête en l'honneur du dieu, et, depuis
ce temps, le peuple célébra joyeusement cet anniversaire. Potitius,
qui en fut le fondateur, et la famille Pinaria, gardienne du culte
sacré d'Hercule, ont élevé dans ce bois cet autel, qui toujours sera
par nous appelé le grand autel, et que nous regarderons toujours
comme le plus grand. Vous donc, jeunes guerriers, en récompense d'une victoire si digne de louanges, couronnez vos têtes de

>   Evomit, involvitque domum caligine cæca,
>   Prospectum eripiens oculis, glomerataque sub antro
>   Fumiferam noctem, commixtis igne tenebris.   255
>   Non tulit Alcides animis, seque ipse per ignem
>   Præcipiti injecit saltu, qua plurimus undam
>   Fumus agit, nebulaque ingens specus æstuat atra.
>   Hic Cacum in tenebris incendia vana vomentem
>   Corripit, in nodum complexus, et angit inhærens   260
>   Elisos oculos, et siccum sanguine guttur.
>   Panditur extemplo foribus domus atra revulsis ;
>   Abstractæque boves, abjuratæque rapinæ
>   Cœlo ostenduntur ; pedibusque informe cadaver
>   Protrahitur : nequeunt expleri corda tuendo   265
>   Terribiles oculos, vultum, villosaque setis
>   Pectora semiferi, atque exstinctos faucibus ignes.
>   Ex illo celebratus honos, lætique minores
>   Servavere diem, primusque Potitius auctor,
>   Et domus Herculei custos Pinaria sacri   270
>   Hanc aram luco statuit, quæ maxima semper,
>   Dicetur nobis, et erit quæ maxima semper.
>   Quare agite, o juvenes ! tantarum in munere laudum,
>   Cingite fronde comas, et pocula porgite dextris,

feuillage, et, la coupe à la main, invoquez le dieu qui nous est commun, et offrez-lui avec joie des libations de vin. »

Il dit, et le peuplier, cher à Hercule, ombrage ses cheveux d'un feuillage à deux couleurs. Sa main saisit la coupe sacrée, à l'instant, tous, avec allégresse, épanchent du vin sur les tables et invoquent les dieux.

Cependant Vesper s'avançait dans l'Olympe incliné. Déjà les prêtres, et Potitius à leur tête, vêtus de peaux suivant la coutume, s'avancent portant des torches allumées. Ils renouvellent le banquet sacré : les mets de dessert couvrent les tables, et des bassins chargés d'offrandes sont déposés sur les autels. Alors, le front ceint de rameaux de peuplier, les Saliens se rangent, en chantant, autour des feux du sacrifice. Deux chœurs, l'un de jeunes gens, l'autre de vieillards, célèbrent, dans des hymnes, les exploits et la guerre d'Hercule. Ils rappellent comment, dans son berceau, il étouffa de ses mains deux serpents, premiers monstres que lui suscita sa marâtre ; comment il renversa par les armes les deux grandes cités de Troie et d'Œchalie ; comment, soumis au sceptre d'Eurysthée, il triompha de tant de périlleux travaux imposés par la haine fatale de Junon. « Héros invincible, c'est toi dont la main dompta les deux centaures, enfants de la nue, Hylée et Pholus. C'est toi qui terrassas le monstre

    Communemque vocate deum, et date vina volentes. » 275
    Dixerat : Herculea bicolor quum populus umbra
    Velavitque comas, foliisque innexa pependit ;
    Et sacer implevit dextram scyphus. Ocius omnes
    In mensam læti libant, divosque precantur.
    Devexo interea propior fit Vesper Olympo ; 280
    Jamque sacerdotes, primusque Potitius, ibant,
    Pellibus in morem cincti, flammasque ferebant.
    Instaurant epulas, et mensæ grata secundæ
    Dona ferunt, cumulantque oneratis lancibus aras.
    Tum Salii ad cantus, incensa altaria circum, 285
    Populeis adsunt evincti tempora ramis ;
    Hic juvenum chorus, ille senum, qui carmine laudes
    Herculeas et facta ferunt : ut prima novercæ
    Monstra manu, geminosque premens eliserit angues ;
    Ut bello egregias idem disjecerit urbes, 290
    Trojamque Œchaliamque ; ut duros mille labores
    Rege sub Eurystheo, fatis Junonis iniquæ,
    Pertulerit. « Tu nubigenas, invicte, bimembres
    Hylæumque Pholumque manu, tu Cressia mactas

de Crète et l'énorme lion du rocher de Némée. Tu fis trembler les marais Stygiens et le gardien des enfers couché dans son antre sanglant sur des os à moitié rongés. Ni aucun monstre, ni le géant Typhée lui-même et ses armes terribles n'effrayèrent ton audace, et ton cœur ne fut point troublé, quand les cent têtes de l'Hydre de Lerne se dressèrent contre toi. Salut ! digne fils de Jupiter, nouvel ornement de l'Olympe ! sois-nous propice, et favorise de ta présence le sacrifice que nous t'offrons. »

Tels sont les exploits que célèbrent les Saliens. Ils chantent aussi l'horrible caverne de Cacus et ce monstre lui-même vomissant des flammes. Tout le bois retentit de leurs accents, que répète l'écho des collines.

Ces devoirs divins remplis, tous rentrent dans la ville. Le roi, appesanti par l'âge, s'avançait appuyé sur Énée et sur son fils, et, par des entretiens divers, charmait la longueur du chemin. Le chef troyen promène des regards attentifs sur ces lieux qu'il admire : il interroge ; il écoute avec une joie avide l'histoire de ces antiques monuments. Alors Évandre, fondateur des murs de Rome, lui dit : « Ces bois eurent jadis pour habitants des Faunes, des Nymphes indigènes, et une race d'hommes nés du tronc des chênes les plus durs. Incultes et sans lois, ils ne savaient ni

    Prodigia, et vastum Nemea sub rupe leonem.   295
Te Stygii tremuere lacus, te janitor Orci,
Ossa super recubans antro semesa cruento ;
Nec te ullæ facies, non terruit ipse Typhœus,
Arduus, arma tenens ; non te rationis egentem
Lernæus turba capitum circumstetit anguis.   300
Salve, vera Jovis proles, decus addite divis :
Et nos, et tua dexter adi pede sacra secundo. »
Talia carminibus celebrant : super omnia Caci
Speluncam adjiciunt, spirantemque ignibus ipsum.
Consonat omne nemus strepitu, collesque resultant.   305
Exin se cuncti divinis rebus ad urbem
Perfectis referunt. Ibat rex obsitus ævo,
Et comitem Ænean juxta natumque tenebat
Ingrediens, varioque viam sermone levabat.
Miratur, facilesque oculos fert omnia circum   310
Æneas, capiturque locis, et singula lætus
Exquiritque auditque virûm monumenta priorum.
Tum rex Evandrus, Romanæ conditor arcis :
« Hæc nemora indigenæ Fauni Nymphæque tenebant,
Gensque virûm truncis et duro robore nata ;   315
Queis neque mos, neque cultus erat ; nec jungere tauros,

recueillir ni conserver les dons de Cérès, et ne se nourrissaient que de fruits sauvages et des produits d'une chasse pénible. Exilé de son royaume et fuyant les armes de Jupiter, Saturne descendit du haut de l'Olympe, et vint le premier dans cette contrée. Il rassembla ce peuple indocile, épars sur les montagnes; il lui donna des lois, et voulut que le pays où il avait trouvé un sûr asile fût appelé Latium. C'est sous son règne que brilla l'âge d'or si vanté, tant il gouvernait son peuple dans une paix profonde! Mais peu à peu la fureur de la guerre et la soif des richesses vinrent altérer par degrés et décolorer cet âge heureux. Alors arrivèrent les Ausoniens, les peuples de Sicanie, et souvent la terre de Saturne changea de nom. Elle eut des rois nouveaux, et parmi eux le farouche Tibris, géant énorme, dont le nom fut donné plus tard à notre Tibre; et l'antique Albula perdit le sien.

« Pour moi, banni de ma patrie, après avoir longtemps erré sur les mers lointaines, la Fortune toute-puissante et l'inévitable destin m'ont fixé dans ces lieux où m'appelaient encore les avertissements redoutables de la Nymphe Carmenta, ma mère, et les oracles du divin Apollon. »

Il dit, et, s'avançant, il montre au héros l'autel et la porte que les Romains ont nommée Carmentale : antique honneur rendu, dit-on, à la Nymphe Carmenta, qui, dans ses chants fatidiques,

  Aut componere opes norant, aut parcere parto;
  Sed rami atque asper victu venatus alebat.
  Primus ab ætherio venit Saturnus Olympo,
  Arma Jovis fugiens, et regnis exsul ademptis.   320
  Is genus indocile ac dispersum montibus altis
  Composuit, legesque dedit, Latiumque vocari
  Maluit, his quoniam latuisset tutus in oris.
  Aurea, quæ perhibent, illo sub rege fuerunt
  Sæcula : sic placida populos in pace regebat!   325
  Deterior donec paulatim ac decolor ætas,
  Et belli rabies, et amor successit habendi.
  Tum manus Ausonia et gentes venere Sicanæ ;
  Sæpius et nomen posuit Saturnia tellus.
  Tum reges, asperque immani corpore Tibris,   330
  A quo post Itali fluvium cognomine Tibrim
  Diximus ; amisit verum vetus Albula nomen.
  Me pulsum patria, pelagique extrema sequentem,
  Fortuna omnipotens et ineluctabile fatum
  His posuere locis, matrisque egere tremenda   335
  Carmentis Nymphæ monita, et deus auctor Apollo. »
  Vix ea dicta ; dehinc progressus, monstrat et aram,

la première annonça la future grandeur des fils d'Énée et la gloire du mont Palatin. Il lui montre encore le bois immense où le vaillant Romulus ouvrit aux étrangers un asile, et, sous une roche glacée, le Lupercal, nom emprunté à l'Arcadie, où Pan est appelé Lycéen. Il lui fait voir aussi le bois sacré d'Argilète, et, prenant ce lieu à témoin de son innocence, il raconte la mort de l'Argien, son hôte.

De là il conduit le héros à la roche Tarpéienne et au Capitole, aujourd'hui brillant d'or, mais alors hérissé de buissons sauvages. Déjà ce lieu redoutable inspirait aux pasteurs une terreur religieuse ; ils ne regardaient qu'en tremblant le bois et le rocher : « Ce bois, dit Évandre, et cette colline à la cime ombragée, on ne sait quel dieu, mais un dieu les habite. Souvent les Arcadiens ont cru y voir Jupiter lui-même, de son bras puissant agitant la noire égide et assemblant les orages. Ces deux villes, dont vous voyez les murs renversés, sont les débris des monuments de nos anciens héros : l'une fut bâtie par Janus, et l'autre par Saturne : celle-ci s'appelait Janicule, celle-là Saturnie. »

Pendant ces entretiens, ils approchaient de l'humble toit d'Évandre ; ils voyaient des troupeaux mugissants dispersés dans les lieux où sont maintenant le Forum et le superbe quartier des

```
Et Carmentalem Romano nomine portam,
Quam memorant Nymphæ priscum Carmentis honorem,
Vatis fatidicæ, cecinit quæ prima futuros              340
Æneadas magnos et nobile Pallanteum.
Hinc lucum ingentem, quem Romulus acer asylum
Rettulit, et gelida monstrat sub rupe Lupercal,
Parrhasio dictum Panos de more Lycæi.
Nec non et sacri monstrat nemus Argileti,              345
Testaturque locum, et letum docet hospitis Argi.
Hinc ad Tarpeiam sedem et Capitolia ducit,
Aurea nunc, olim silvestribus horrida dumis.
Jam tum relligio pavidos terrebat agrestes
Dira loci ; jam tum silvam saxumque tremebant.        350
« Hoc nemus, hunc, inquit, frondoso vertice collem
(Quis deus, incertum est) habitat deus : Arcades ipsum
Credunt se vidisse Jovem, quum sæpe nigrantem
Ægida concuteret dextra, nimbosque cieret.
Hæc duo præterea disjectis oppida muris,               355
Relliquias veterumque vides monumenta virorum.
Hanc Janus pater, hanc Saturnus condidit arcem :
Janiculum huic, illi fuerat Saturnia nomen. »
Talibus inter se dictis ad tecta subibant
Pauperis Evandri ; passimque armenta videbant          360
```

Carènes ; ils arrivent : « Voici, dit Évandre, le seuil que franchit Alcide après sa victoire ; voici le palais qui le reçut. Osez, ô mon hôte ! mépriser les richesses ; vous aussi, montrez-vous digne d'un dieu, et regardez sans dédain notre indigence. » Il dit, et conduit le grand Énée dans son étroite demeure, et le place sur un lit de feuillage, que recouvre la peau d'une ourse de Libye.

La nuit tombe, et de ses sombres ailes embrasse la terre. Cependant Vénus, dont le cœur maternel ne s'alarme pas sans sujet des menaces des Laurentins et du tumulte de l'Italie, s'adresse à Vulcain, et, sur la couche d'or de son époux, lui souffle par ces paroles un divin amour : « Tandis que les rois de la Grèce ravageaient par la guerre Pergame dévouée à leur vengeance, et ses remparts destinés à s'écrouler dans les flammes, je n'ai demandé, pour les malheureux Troyens, ni secours, ni armes à votre art puissant. Non, cher époux, je n'ai point voulu vous fatiguer par d'inutiles travaux : et cependant je devais beaucoup aux enfants de Priam, et souvent les cruelles infortunes d'Énée ont fait couler mes larmes. Maintenant les décrets de Jupiter l'ont conduit sur les rives des Rutules. Je viens donc, suppliante, implorer un dieu que je révère ; mère, je demande des

Romanoque Foro et lautis mugire Carinis.
Ut ventum ad sedes : « Hæc, inquit, limina victor
Alcides subiit; hæc illum regia cepit.
Aude, hospes, contemnere opes, et te quoque dignum
Finge deo, rebusque veni non asper egenis. » 365
Dixit, et angusti subter fastigia tecti
Ingentem Ænean duxit, stratisque locavit
Effultum foliis et pelle Libystidis ursæ.
Nox ruit, et fuscis tellurem amplectitur alis.
At Venus haud animo nequidquam exterrita mater, 370
Laurentumque minis et duro mota tumultu,
Vulcanum alloquitur, thalamoque hæc conjugis aureo
Incipit, et dictis divinum adspirat amorem :
« Dum bello Argolici vastabant Pergama reges
Debita, casurasque inimicis ignibus arces, 375
Non ullum auxilium miseris, non arma rogavi
Artis opisque tuæ, nec te, carissime conjux,
Incassumve tuos volui exercere labores,
Quamvis et Priami deberem plurima natis,
Et durum Æneæ flevissem sæpe laborem : 380
Nunc, Jovis imperiis, Rutulorum constitit oris.
Ergo eadem supplex venio, et sanctum mihi numen
Arma rogo, genetrix nato. Te filia Nerei,

armes pour mon fils. Jadis la fille de Nérée et l'épouse de Tithon surent vous fléchir par des larmes. Voyez combien de peuples se liguent, et combien de villes, à l'abri de leurs remparts, aiguisent le fer contre moi, et pour la ruine des miens. »

Elle dit, et, le voyant indécis, la déesse passe çà et là autour de lui ses bras blancs comme la neige, et le réchauffe d'un doux embrassement. Aussitôt Vulcain sent renaître son ardeur accoutumée ; un feu qu'il connaît le pénètre et court jusque dans la moelle de ses os. Ainsi un éclair brille dans la nuée fendue par le tonnerre, et la sillonne au loin d'une lumière éclatante. Vénus, qui connaît le pouvoir de ses charmes, s'aperçoit avec joie du succès de sa ruse. Alors le dieu, qu'enchaîne un éternel amour : « Pourquoi, dit-il, chercher si loin tant de raisons? Qu'est devenue votre confiance en moi, ô déesse? Si un semblable soin vous eût autrefois occupée, j'aurais pu, même alors, forger des armes pour les Troyens. Ni le puissant Jupiter, ni les destins n'empêchaient Troie de rester debout, et Priam de régner dix années encore. Si maintenant vous vous préparez à la guerre, et si telle est votre résolution, tout ce que mon art peut vous promettre de soin, tout ce qui peut, au moyen de mes forges et de mes soufflets, se fabriquer avec le fer, avec l'or mêlé à l'argent, vous devez l'attendre de moi. » A ces mots, il donne à son épouse les

```
            Te potuit lacrymis Tithonia flectere conjux.
         Adspice qui coeant populi, quæ mœnia clausis       385
         Ferrum acuant portis in me excidiumque meorum. »
         Dixerat, et niveis hinc atque hinc diva lacertis
         Cunctantem amplexu molli fovet : ille repente
         Accepit solitam flammam, notusque medullas
         Intravit calor, et labefacta per ossa cucurrit :    390
         Non secus atque olim, tonitru quum rupta corusco,
         Ignea rima micans percurrit lumine nimbos.
         Sensit læta dolis et formæ conscia conjux.
         Tum pater æterno fatur devinctus amore :
         « Quid causas petis ex alto ? fiducia cessit        395
         Quo tibi, diva, mei ? Similis si cura fuisset,
         Tum quoque fas nobis Teucros armare fuisset ;
         Nec Pater omnipotens Trojam, nec fata vetabant
         Stare, decemque alios Priamum superesse per annos.
         Et nunc, si bellare paras, atque hæc tibi mens est, 400
         Quidquid in arte mea possum promittere curæ,
         Quod fieri ferro liquidove potest electro,
         Quantum ignes animæque valent, absiste precando
         Viribus indubitare tuis. » Ea verba locutus,
```

embrassements qu'elle attend, et, couché sur son sein, il s'abandonne tout entier aux charmes d'un paisible sommeil.

Déjà la Nuit avait parcouru la moitié de sa carrière, et le premier repos avait banni le sommeil. C'était l'heure où la mère de famille qui n'a, pour soutenir sa vie, que l'humble travail du fuseau et l'industrie de Minerve, réveille le feu assoupi sous la cendre, et, ajoutant à son travail les heures de la nuit, surveille, à la clarté d'une lampe, la longue tâche de ses servantes, afin de pouvoir conserver chaste le lit conjugal et élever ses petits enfants. Tel, et non moins diligent, le dieu quitte sa couche voluptueuse pour vaquer aux travaux de son art.

Non loin des côtes de Sicile, et près de Lipare, l'une des Éoliennes, s'élève une île hérissée de hauts rochers toujours fumants. Sous ces rochers une caverne et des antres creusés par les feux des Cyclopes tonnent comme l'Etna : sans cesse ils retentissent au loin des gémissements de l'enclume sous les coups des lourds marteaux, du frémissement de l'acier qui étincelle, et du bruit des soufflets haletants qui animent le feu dans les fournaises. Cette île est la demeure de Vulcain, et s'appelle Vulcanie. C'est là que du haut de l'Olympe le dieu du feu descendit. Dans un antre immense, les Cyclopes Brontès, Stéropès et Pyracmon, les membres nus, assouplissaient le fer. Leurs mains travaillaient un

    Optatos dedit amplexus, placidumque petivit   405
    Conjugis infusus gremio per membra soporem.
    Inde ubi prima quies, medio jam Noctis abactæ
    Curriculo, expulerat somnum, quum femina primum,
    Cui tolerare colo vitam tenuique Minerva
    Impositum, cinerem et sopitos suscitat ignes,   410
    Noctem addens operi, famulasque ad lumina longo
    Exercet penso, castum ut servare cubile
    Conjugis, et possit parvos educere natos :
    Haud secus Ignipotens, nec tempore segnior illo,
    Mollibus e stratis opera ad fabrilia surgit.   415
    Insula Sicanium juxta latus Æoliamque
    Erigitur Liparen, fumantibus ardua saxis,
    Quam subter specus et Cyclopum exesa caminis
    Antra Ætnæa tonant, validique incudibus ictus
    Auditi referunt gemitum, striduntque cavernis   420
    Stricturæ chalybum, et fornacibus ignis anhelat :
    Vulcani domus, et Vulcania nomine tellus.
    Huc tunc Ignipotens cœlo descendit ab alto.
    Ferrum exercebant vasto Cyclopes in antro   425
    Brontesque, Steropesque, et nudus membra Pyracmon.

de ces foudres que Jupiter lance souvent des cieux sur la terre : une partie était achevée, l'autre encore imparfaite ; ils avaient réuni trois rayons de grêle épaisse entrelacés, trois d'une pluie orageuse, trois d'un feu éblouissant, et trois de l'Auster aux ailes rapides. Ils ajoutaient alors à leur ouvrage les éclairs effrayants, le bruit et l'épouvante, et les feux vengeurs du Ciel irrité. Plus loin, on se hâtait de forger pour Mars un char d'airain aux roues rapides, dont le bruit réveille les guerriers et les villes. D'autres polissaient à l'envi l'horrible égide dont Pallas s'arme dans sa fureur. On y voyait des serpents aux écailles d'or, des couleuvres entrelaçant leurs nœuds, et, sur le sein de la déesse, la Gorgone dont la tête séparée du cou lance d'affreux regards.

« Enlevez tout, dit Vulcain ; enfants de l'Etna, Cyclopes, emportez ces ouvrages commencés ; écoutez mes ordres : il s'agit d'armer un guerrier redoutable : c'est maintenant qu'il faut des bras vigoureux, d'agiles mains, et tout ce que l'art a de plus achevé ; hâtez-vous ! » Il ne dit que ces mots : à l'instant tous s'empressent et se partagent également le travail. L'airain et l'or coulent en ruisseaux ; l'homicide acier se fond et bouillonne sur la vaste fournaise : bientôt est formé l'immense bouclier qui suffirait à lui seul pour repousser tous les traits des Latins. Sur son

> His informatum manibus, jam parte polita,
> Fulmen erat, toto Genitor quæ plurima cœlo
> Dejicit in terras ; pars imperfecta manebat.
> Tres imbris torti radios, tres nubis aquosæ
> Addiderant, rutili tres ignis et alitis Austri : 430
> Fulgores nunc terrificos, sonitumque metumque
> Miscebant operi, flammisque sequacibus iras.
> Parte alia Marti currumque rotasque volucres
> Instabant, quibus ille viros, quibus excitat urbes ;
> Ægidaque horriferam, turbatæ Palladis arma, 435
> Certatim squamis serpentum auroque polibant,
> Connexosque angues, ipsamque in pectore divæ
> Gorgona, desecto vertentem lumina collo.
> « Tollite cuncta, inquit, cœptosque auferte labores,
> Ætnæi Cyclopes, et huc advertite mentem : 440
> Arma acri facienda viro. Nunc viribus usus,
> Nunc manibus rapidis, omni nunc arte magistra :
> Præcipitate moras. » Nec plura effatus : at illi
> Ocius incubuere omnes, pariterque laborem
> Sortiti : fluit æs rivis, aurique metallum, 445
> Vulnificusque chalybs vasta fornace liquescit.
> Ingentem clypeum informant, unum omnia contra

orbe arrondi sept orbes de métal s'étendent superposés. Les Cyclopes, armés d'énormes soufflets, aspirent l'air et le repoussent; d'autres trempent dans l'onde l'acier frémissant. L'antre gémit du bruit des marteaux sur l'enclume : les bras, soulevés avec effort, tombent et retombent en cadence sur la masse embrasée, que tournent en tout sens de mordantes tenailles.

Tandis que, dans ses forges éoliennes, le dieu de Lemnos presse l'ouvrage, Évandre, dans son humble demeure, est réveillé par les premiers rayons du jour et par le chant matinal des oiseaux nichés sous son toit. Le vieillard se lève, revêt sa tunique, et attache à ses pieds une chaussure tyrrhénienne. Il met sur ses épaules un baudrier d'où pend à son côté une épée d'Arcadie, et ramène sur sa poitrine une peau de panthère qui descend de son épaule gauche. Deux chiens, qui gardaient sa porte, marchent devant lui et accompagnent les pas de leur maître. Il allait trouver, dans sa demeure retirée, Énée, son hôte, pour s'entretenir avec lui des secours qu'il lui avait promis la veille. Énée, non moins matinal, allait trouver Évandre. L'un est suivi de son fils Pallas, l'autre de son fidèle Achate : ils se rencontrent, joignent leurs mains, et, assis dans l'intérieur du palais, ils reprennent librement leur entretien. Le roi parle le premier :

    Tela Latinorum, septenosque orbibus orbes
Impediunt : alii ventosis follibus auras
Accipiunt redduntque : alii stridentia tingunt   450
Æra lacu : gemit impositis incudibus antrum.
Illi inter sese multa vi brachia tollunt
In numerum, versantque tenaci forcipe massam.
Hæc pater Æoliis properat dum Lemnius oris,
Evandrum ex humili tecto lux suscitat alma,   455
Et matutini volucrum sub culmine cantus.
Consurgit senior, tunicaque induitur artus,
Et Tyrrhena pedum circumdat vincula plantis :
Tum lateri atque humeris Tegeæum subligat ensem,
Demissa ab læva pantheræ terga retorquens.   460
Necnon et gemini custodes limine ab alto
Præcedunt gressumque canes comitantur herilem.
Hospitis Æneæ sedem et secreta petebat,
Sermonum memor et promissi muneris, heros.
Nec minus Æneas se matutinus agebat.   465
Filius huic Pallas, illi comes ibat Achates.
Congressi jungunt dextras, mediisque resident
Ædibus, et licito tandem sermone fruuntur.
Rex prior hæc :

« Illustre chef des Troyens (car jamais, tant que vous vivrez, je n'avouerai que Troie soit vaincue et son empire détruit), le secours que nous pouvons vous offrir dans cette guerre est bien faible, et peu digne de votre grand nom. D'un côté, le fleuve Toscan nous enferme ; de l'autre, nous sommes pressés par les Rutules, et, jusque sous nos remparts, retentit le bruit de leurs armes. Mais je vous prépare l'alliance d'un peuple opulent et nombreux, qui unira ses armes aux vôtres : c'est une voie de salut que le hasard vous offre, et des destins propices vous amènent ici. Non loin, sur un antique rocher s'élève la ville d'Agylla, jadis fondée par des Lydiens, nation belliqueuse qui s'établit sur les monts d'Étrurie. Cette cité, longtemps florissante, tomba enfin sous les armes cruelles et sous l'orgueilleuse domination de Mézence. Vous dirai-je les exécrables meurtres et les crimes effrénés de ce tyran? Dieux ! faites retomber sur sa tête et sur sa race de semblables forfaits ! Ce monstre, par un affreux supplice, unissait des corps vivants à des cadavres, mains contre mains, bouche contre bouche ; et les victimes, souillées d'un sang infect, périssaient d'une mort lente dans ces effroyables embrassements. Mais enfin, lassés de ses fureurs impies, les citoyens prennent les armes, l'assiègent dans sa demeure, massacrent ses complices, et lancent la flamme au faîte de son palais.

« Maxime Teucrorum ductor, quo sospite nunquam   470
Res equidem Trojæ victas aut regna fatebor,
Nobis ad belli auxilium pro nomine tanto
Exiguæ vires : hinc Tusco claudimur amni ;
Hinc Rutulus premit, et murum circumsonat armis :
Sed tibi ego ingentes populos opulentaque regnis   475
Jungere castra paro, quam fors inopina salutem
Ostentat : fatis huc te poscentibus affers.
Haud procul hinc saxo colitur fundata vetusto
Urbis Agyllinæ sedes, ubi Lydia quondam
Gens, bello præclara, jugis insedit Etruscis.   480
Hanc multos florentem annos rex deinde superbo
Imperio et sævis tenuit Mezentius armis.
Quid memorem infandas cædes? quid facta tyranni
Effera? Di capiti ipsius generique reservent !
Mortua quin etiam jungebat corpora vivis,   485
Componens manibusque manus, atque oribus ora
(Tormenti genus!), et sanie taboque fluentes
Complexu in misero longa sic morte necabat.
At fessi tandem cives infanda furentem
Armati circumsistunt ipsumque domumque ;   490

Mézence, échappé du carnage, fuit chez les Rutules, et Turnus, qui l'accueille, combat pour le défendre. Mais, dans sa juste fureur, toute l'Étrurie s'est levée, et, prête à la guerre, elle redemande le tyran pour le livrer au supplice. A ces milliers de soldats, c'est vous, Énée, que je donnerai pour chef. Déjà leur flotte, pressée le long du rivage, frémit impatiente, et demande le signal du départ. Mais un vieil aruspice l'arrête par cet oracle : « Élite « des guerriers de Méonie, héritiers de la gloire de nos ancêtres, « un juste ressentiment vous arme, et Mézence a mérité votre « ardente vengeance. Mais il n'est permis à aucun enfant de « l'Italie de commander tant de forces réunies : choisissez des « chefs étrangers. » Effrayée par cet avis des dieux, l'armée des Étrusques reste inactive dans ces plaines. Tarchon lui-même m'envoie par ses ambassadeurs la couronne, le sceptre et tous les insignes de la royauté : il m'appelle dans son camp, et demande que je prenne les rênes de l'empire tyrrhénien. Mais l'épuisement de l'âge et la vieillesse glacée m'envient l'honneur de commander, et je n'ai plus la force qu'exigent les combats. J'engagerais mon fils à me remplacer, si le sang d'une mère sabine ne l'unissait à l'Italie. Mais vous, que favorisent l'âge et la naissance, vous que les destins appellent et que demandent les dieux, marchez, et

   Obtruncant socios, ignem ad fastigia jactant.
   Ille, inter cædes, Rutulorum elapsus in agros
   Confugere, et Turni defendier hospitis armis.
   Ergo omnis furiis surrexit Etruria justis;
   Regem ad supplicium præsenti Marte reposcunt.   495
   His ego te, Ænea, ductorem millibus addam.
   Toto namque fremunt condensæ littore puppes.
   Signaque ferre jubent : retinet longævus aruspex,
   Fata canens : « O Mæoniæ delecta juventus,
   Flos veterum virtusque virûm, quos justus in hostem   500
   Fert dolor, et merita accendit Mezentius ira,
   Nulli fas Italo tantam subjungere gentem ;
   Externos optate duces. » Tum Etrusca resedit
   Hoc acies campo, monitis exterrita divûm.
   Ipse oratores ad me regnique coronam   505
   Cum sceptro misit, mandatque insignia Tarchon,
   Succedam castris, Tyrrhenaque regna capessam.
   Sed mihi tarda gelu sæclisque effeta senectus
   Invidet imperium, seræque ad fortia vires.
   Natum exhortarer, ni mixtus matre Sabella   510
   Hinc partem patriæ traheret. Tu, cujus et annis
   Et generi fata indulgent, quem numina poscunt,

menez aux combats les Troyens et les Toscans réunis. Je veux aussi que Pallas, espoir et consolation de mes vieux ans, vous accompagne ; qu'il s'accoutume, sous un tel maître, à supporter les durs travaux de Mars ; qu'il contemple vos exploits, et vous admire dès ses plus jeunes ans. Je lui donnerai deux cents cavaliers, l'élite et la force de la jeunesse Arcadienne, et un nombre égal, offert par lui, marchera sous vos ordres. »

Il achevait à peine : Énée et le fidèle Achate, le regard immobile, gardaient le silence, et de sombres pensées agitaient leur esprit, quand, par un ciel sans nuages, Cythérée leur donne un signal favorable. Tout à coup l'éclair brille avec un grand bruit dans les régions éthérées ; la terre semble s'ébranler, et la trompette de Tyrrhène a retenti bruyamment dans les airs. Ils lèvent les yeux : les cieux grondent encore avec plus de fracas. Alors, à travers les nuages, dans une région sereine du ciel, ils voient des armes resplendir et s'entre-choquer à grand bruit. L'étonnement et l'effroi ont saisi les cœurs. Mais le héros troyen reconnaît, à ce bruit, les promesses de sa mère. « Cher hôte, dit-il, ne cherchez pas ce qu'annonce un tel prodige : c'est à moi qu'il s'adresse : c'est le signal que la déesse, ma mère, m'a promis de donner de l'Olympe, si la guerre m'est déclarée : elle

  Ingredere, o Teucrûm atque Italûm fortissime ductor.
  Hunc tibi præterea, spes et solatia nostri,
  Pallanta adjungam : sub te tolerare magistro   515
  Militiam et grave Martis opus, tua cernere facta
  Assuescat, primis et te miretur ab annis.
  Arcadas huic equites bis centum, robora pubis
  Lecta, dabo, totidemque suo tibi nomine Pallas. »
  Vix ea fatus erat, defixique ora tenebant   520
  Æneas Anchisiades et fidus Achates,
  Multaque dura suo tristi cum corde putabant,
  Ni signum cœlo Cytherea dedisset aperto.
  Namque improviso vibratus ab æthere fulgor
  Cum sonitu venit, et ruere omnia visa repente,   525
  Tyrrhenusque tubæ mugire per æthera clangor.
  Suspiciunt : iterum atque iterum fragor intonat ingens :
  Arma inter nubem, cœli in regione serena,
  Per sudum rutilare vident, et pulsa tonare.
  Obstupuere animis alii ; sed Troius heros   530
  Agnovit sonitum et divæ promissa parentis.
  Tum memorat : « Ne vero, hospes, ne quære profecto
  Quem casum portenta ferant : ego poscor Olympo.
  Hoc signum cecinit missuram diva creatrix,

m'annonce en même temps qu'elle va m'apporter, à travers les airs, une armure forgée par Vulcain. Hélas! de quel vaste carnage sont menacés les malheureux Laurentins! Quel châtiment, ô Turnus! t'est réservé par moi! Et toi, dieu du Tibre, que de boucliers, de casques et de corps de héros tu rouleras dans tes ondes! Et maintenant, qu'ils demandent la guerre, et qu'ils rompent les traités! »

A ces mots, il se lève, et d'abord, sur les autels d'Hercule, il réveille les feux assoupis : il aborde avec joie les Lares et les humbles Pénates qu'il avait visités la veille. Avec lui, Évandre et la jeunesse Troyenne immolent des brebis choisies, selon l'usage. Puis Énée tourne ses pas vers ses vaisseaux, et rejoint ses compagnons : parmi eux, il choisit les plus vaillants pour le suivre dans les combats; les autres, s'abandonnant à la pente du fleuve, descendent, sans le secours des rames, ses ondes propices, et vont annoncer au jeune Ascagne le succès du voyage de son père, et ces grands événements. Des chevaux sont donnés aux Troyens qui se rendent aux champs de Tyrrhène; on amène, pour le héros, un superbe coursier que couvre la peau fauve d'un lion dont les ongles d'or brillent au loin.

Bientôt, dans l'humble cité d'Évandre, la renommée publie que des cavaliers arcadiens vont se porter vers les frontières d'Étru-

```
        Si bellum ingrueret, Vulcaniaque arma per auras      535
    Laturam auxilio.
    Heu! quantæ miseris cædes Laurentibus instant!
    Quas pœnas mihi, Turne, dabis! quam multa sub undas
    Scuta virûm galeasque et fortia corpora volves,
        Tibri pater! Poscant acies, et fœdera rumpant! »     540
    Hæc ubi dicta dedit, solio se tollit ab alto :
    Et primum Herculeis sopitas ignibus aras
    Excitat, hesternumque Larem, parvosque Penates
    Lætus adit; mactant lectas de more bidentes
        Evandrus pariter, pariter Trojana juventus.          545
    Post hinc ad naves graditur, sociosque revisit :
    Quorum de numero, qui sese in bella sequantur,
    Præstantes virtute legit : pars cetera prona
    Fertur aqua, segnisque secundo defluit amni,
        Nuntia ventura Ascanio rerumque patrisque.           550
    Dantur equi Teucris Tyrrhena petentibus arva :
    Ducunt exsortem Æneæ, quem fulva leonis
    Pellis obit totum, præfulgens unguibus aureis.
    Fama volat parvam subito vulgata per urbem,
        Ocius ire equites Tyrrheni ad limina regis.          555
```

rie. Soudain les mères tremblantes redoublent leurs vœux : leur crainte augmente avec le danger, et déjà l'image de Mars leur apparaît plus terrible. Évandre, quand son fils va partir, prend sa main, la lui serre avec tendresse, et, baigné de larmes intarissables, il lui dit : « Oh! si Jupiter me rendait mes années écoulées! Si j'étais tel qu'on me vit autrefois quand, sous les murs mêmes de Préneste, je renversai les premiers rangs de son armée, et que, vainqueur, je brûlai des monceaux de boucliers; quand, de cette main, j'envoyai dans le noir Tartare le roi Herilus qui, en naissant, reçut de Féronie, sa mère, ô prodige! trois âmes et une triple armure! Il fallait qu'il fût trois fois terrassé par la mort; et cependant ce bras lui enleva ses trois âmes, et le dépouilla de ses trois armures. Si j'étais encore à cet âge, mon fils, rien ne pourrait m'arracher à tes doux embrassements; et jamais Mézence, insultant à ma vieillesse, n'eût, si près de moi, égorgé tant de victimes, et dépeuplé sa ville de tant de citoyens. Mais vous, ô dieux! et toi, Jupiter, qui règnes sur les immortels, ayez pitié du roi des Arcadiens qui vous implore, et exaucez les vœux d'un père. Si vos décrets favorables, si les destins me conservent Pallas; si je vis pour le revoir et l'embrasser encore, prolongez encore mes jours : à ce prix, j'aurai le courage de supporter tous

    Vota metu duplicant matres, propiusque periclo
It timor, et major Martis jam apparet imago.
Tum pater Evandrus, dextram complexus euntis,
Hæret, inexpletum lacrymans, ac talia fatur :
« O mihi præteritos referat si Jupiter annos!   560
Qualis eram, quum primam aciem Præneste sub ipsa
Stravi, scutorumque incendi victor acervos,
Et regem hac Herilum dextra sub Tartara misi,
Nascenti cui tres animas Feronia mater
(Horrendum dictu!) dederat, terna arma movenda;   565
Ter leto sternendus erat; cui tunc tamen omnes
Abstulit hæc animas dextra, et totidem exuit armis :
Non ego nunc dulci amplexu divellerer usquam,
Nate, tuo; neque finitimus Mezentius unquam,
Huic capiti insultans, tot ferro sæva dedisset   570
Funera, tam multis viduasset civibus urbem.
At vos, o Superi! et divûm tu maxime rector,
Juppiter, Arcadii, quæso, miserescite regis,
Et patrias audite preces : si numina vestra
Incolumem Pallanta mihi, si fata reservant,   575
Si visurus eum vivo, et venturus in unum :
Vitam oro; patiar quemvis durare laborem.

les maux. Mais, ô Fortune! si tu me menaces d'un coup fatal, que maintenant, oui, maintenant, ma triste vie s'achève, tandis que le doute est mêlé à la crainte, et que l'avenir me laisse un espoir incertain; tandis que je te tiens encore dans cet embrassement, ô mon fils, mon dernier et mon seul bonheur! que je meure avant qu'un message funeste ne vienne blesser mes oreilles! » Ainsi dans ce suprême adieu s'épanche la douleur de ce père affligé. Il s'évanouit, et ses serviteurs l'emportent dans sa demeure.

Déjà l'escadron est sorti des portes de Pallantée. Énée et le fidèle Achate s'avancent les premiers : ils sont suivis des autres chefs troyens. Au centre, Pallas se distingue par sa chlamyde et par l'éclat de ses armes : tel, humide encore des eaux de l'Océan, Lucifer, de tous les astres le plus cher à Vénus, lève dans le ciel son front sacré et dissipe les ténèbres. Les mères tremblantes, debout sur les remparts, suivent des yeux, à travers un nuage de poussière, la troupe resplendissante d'airain. Par le plus court chemin, ils marchent à travers les buissons : un cri part, les rangs se forment, et, d'un pied retentissant, les chevaux, en cadence, battent les champs poudreux à pas précipités.

Près du fleuve qui baigne de ses fraîches ondes les murs de Céré, est un vaste bois au loin consacré par la piété de nos pères, et que de hautes collines, couronnées de noirs sapins, enferment

```
Sin aliquem infandum casum, Fortuna, minaris,
Nunc, o nunc liceat crudelem abrumpere vitam,
Dum curæ ambiguæ, dum spes incerta futuri,           580
Dum te, care puer, mea sera et sola voluptas,
Complexu teneo, gravior ne nuntius aures
Vulneret. » Hæc genitor digressu dicta supremo
Fundebat : famuli collapsum in tecta ferebant.
Jamque adeo exierat portis equitatus apertis ;        585
Æneas inter primos et fidus Achates;
Inde alii Trojæ proceres : ipse agmine Pallas
In medio, chlamyde et pictis conspectus in armis :
Qualis, ubi Oceani perfusus Lucifer unda,
Quem Venus ante alios astrorum diligit ignes,         590
Extulit os sacrum cœlo, tenebrasque resolvit.
Stant pavidæ in muris matres, oculisque sequuntur
Pulveream nubem, et fulgentes ære catervas.
Olli per dumos, qua proxima meta viarum,
Armati tendunt : it clamor, et agmine facto,          595
Quadrupedante putrem sonitu quatit ungulâ campum.
Est ingens gelidum lucus prope Cæritis amnem,
Relligione patrum late sacer : undique colles
```

de toutes parts. Les vieux Pélasges qui, les premiers, vinrent habiter le Latium, consacrèrent, dit-on, avec une fête annuelle, ce bois à Sylvain, dieu protecteur des champs et des troupeaux. Non loin de là, Tarchon et les Tyrrhéniens avaient assis leur camp fortifié par sa position même, et, du sommet des collines, l'œil pouvait découvrir toute leur armée et ses tentes couvrant au loin la plaine. Là, le héros et sa troupe d'élite s'arrêtent, et les guerriers et les chevaux se reposent de leurs fatigues.

Cependant, à travers les nuages de l'éther, la belle Vénus apporte le présent qu'elle a promis. De loin, elle aperçoit Énée qui s'était retiré à l'écart sur les frais rivages du fleuve. Soudain elle s'offre à ses regards, et lui adresse ces mots : « Voici les dons que je t'ai promis, et qui sont dus à l'art de mon époux. Maintenant, ô mon fils! n'hésite plus à provoquer au combat les Laurentins arrogants et le bouillant Turnus. » Elle dit, donne un baiser à son fils, et dépose, au pied d'un chêne, l'armure étincelante.

Énée, qu'un pareil présent honore et comble de joie, ne peut en rassasier ses yeux, et le parcourt tout entier de ses avides regards. Il admire, il tourne entre ses mains et entre ses bras ce casque qu'ombrage une aigrette terrible et qui vomit des flammes;

```
Inclusere cavi, et nigra nemus abjete cingunt.
Silvano fama est veteres sacrasse Pelasgos,        600
Arvorum pecorisque deo, lucumque diemque,
Qui primi fines aliquando habuere Latinos.
Haud procul hinc Tarcho et Tyrrheni tuta tenebant
Castra locis ; celsoque omnis de colle videri
Jam poterat legio, et latis tendebat in arvis.     605
Huc pater Æneas et bello lecta juventus
Succedunt, fessique et equos et corpora curant.
At Venus ætherios inter dea candida nimbos
Dona ferens aderat; natumque in valle reducta
Ut procul e gelido secretum flumine vidit,         610
Talibus affata est dictis, seque obtulit ultro :
« En perfecta mei promissa conjugis arte
Munera : ne mox aut Laurentes, nate, superbos,
Aut acrem dubites in prælia poscere Turnum. »
Dixit, et amplexus nati Cytherea petivit :         615
Arma sub adversa posuit radiantia quercu.
Ille, deæ donis et tanto lætus honore,
Expleri nequit, atque oculos per singula volvit :
Miraturque, interque manus et brachia versat
Terribilem cristis galeam flammasque vomentem,     620
```

cette épée foudroyante, cette énorme et impénétrable cuirasse d'airain, d'un rouge sanglant, et qui ressemble à la nue d'azur, lorsque, embrasée aux rayons du soleil, elle réfléchit au loin son éclat. Puis il contemple ces brillants cuissards où l'argent flexible se mêle à l'or le plus pur, et la lance redoutable, et l'ineffable travail du bouclier.

Connaissant les oracles des destins et les événements des âges à venir, le dieu du feu avait retracé sur ce bouclier les hauts faits de l'Italie et les triomphes des Romains. On y voyait toute la suite des descendants d'Ascagne, et la série des guerres qu'ils devaient soutenir. Au fond de l'antre verdoyant de Mars, une louve, nouvellement mère, était étendue; deux enfants jumeaux jouaient autour de ses mamelles, et tétaient sans effroi leur nourrice. Elle, tournant la tête, les caressait tour à tour, et façonnait leurs membres avec sa langue.

Non loin, on voyait Rome et les Sabines enlevées, contre le droit des gens, dans un vaste amphithéâtre, où l'on célébrait les jeux du Cirque. Soudain une guerre nouvelle s'élevait entre les sujets de Romulus et le vieux Tatius et les austères Sabins. Bientôt, la fureur des combats éteinte, les deux rois, armés, debout devant l'autel de Jupiter, la patère à la main, immolaient une laie pour cimenter leur alliance. Plus loin, deux quadriges

    Fatiferumque ensem, loricam ex ære rigentem,
    Sanguineam, ingentem, qualis quum cærula nubes
    Solis inardescit radiis, longeque refulget;
    Tum leves ocreas electro auroque recocto
    Hastamque, et clypei non enarrabile textum.   625
    Illic res Italas Romanorumque triumphos,
    Haud vatum ignarus venturique inscius ævi,
    Fecerat Ignipotens : illic genus omne futuræ
    Stirpis ab Ascanio, pugnataque in ordine bella.
    Fecerat et viridi fetam Mavortis in antro   630
    Procubuisse lupam ; geminos huic ubera circum
    Ludere pendentes pueros, et lambere matrem
    Impavidos : illam tereti cervice reflexam
    Mulcere alternos, et corpora fingere lingua.
    Nec procul hinc Romam, et raptas sine more Sabinas 635
    Consessu caveæ, magnis Circensibus actis,
    Addiderat, subitoque novum consurgere bellum
    Romulidis, Tatioque seni, Curibusque severis.
    Post idem, inter se posito certamine, reges
    Armati, Jovis ante aram, paterasque tenentes,   640
    Stabant, et cæsa jungebant fœdera porca.

rapides emportaient en sens contraire Metius, et dispersaient ses membres. (Perfide Albain, que n'avais-tu gardé tes serments!) Tullus faisait traîner dans la forêt les entrailles du parjure, et les ronces éparses dégouttaient de son sang. Ailleurs, Porsenna ordonnait aux Romains de recevoir Tarquin chassé du trône, et ses troupes nombreuses pressaient la ville assiégée. On voyait les descendants d'Énée courir aux armes pour défendre leur liberté, et le prince Toscan s'indigner et menacer, tandis que Coclès osait rompre devant lui le pont du Tibre, et que, brisant ses liens, la valeureuse Clélie traversait le fleuve à la nage.

Au sommet du bouclier, le gardien de la roche Tarpéienne, Manlius se tient debout devant le temple de Jupiter, et occupe le haut du Capitole. Là se hérisse d'un chaume récent le palais de Romulus. Une oie aux ailes argentées voltige sous les portiques dorés, et, par ses cris, annonce la présence des Gaulois. Les Gaulois se glissent à travers les buissons, et, protégés par les ténèbres d'une nuit profonde, ils vont surprendre la citadelle. On les reconnaît à leur chevelure d'or, à leurs vêtements d'or; leurs saies sont rayées de bandes brillantes, et à leur cou blanc comme le lait s'enlacent des colliers d'or; chacun de ces guerriers brandit dans ses mains deux javelots des Alpes, et un long bouclier protége tout son corps.

> Haud procul inde citæ Metium in diversa quadrigæ
> Distulerant (at tu dictis, Albane, maneres!),
> Raptabatque viri mendacis viscera Tullus
> Par silvam, et sparsi rorabant sanguine vepres. 645
> Necnon Tarquinium ejectum Porsenna jubebat
> Accipere, ingentique urbem obsidione premebat :
> Æneadæ in ferrum pro libertate ruebant.
> Illum indignanti similem, similemque minanti
> Adspiceres, pontem auderet quod vellere Cocles, 650
> Et fluvium vinclis innaret Clœlia ruptis.
> In summo custos Tarpeiæ Manlius arcis
> Stabat pro templo, et Capitolia celsa tenebat,
> Romuleoque recens horrebat regia culmo.
> Atque hic auratis volitans argenteus anser 655
> Porticibus, Gallos in limine adesse canebat.
> Galli per dumos aderant, arcemque tenebant,
> Defensi tenebris et dono noctis opacæ.
> Aurea cæsaries ollis, atque aurea vestis ;
> Virgatis lucent sagulis ; tum lactea colla 660
> Auro innectuntur : duo quisque Alpina coruscant
> Gæsa manu, scutis protecti corpora longis.

Ailleurs le dieu du feu avait représenté les Saliens frappant la terre en cadence, les Luperques tout nus, les Flamines avec leur houppe de laine, et les boucliers tombés du ciel. Sur des chars mollement suspendus, de chastes matrones promenaient dans la ville les images sacrées. Plus loin, on voit le séjour du Tartare, les gouffres profonds du dieu des enfers, et les supplices des criminels; et toi, Catilina, que menace un rocher suspendu sur ta tête, et qui trembles à l'aspect des Furies. Plus loin, on voyait les justes dans leur retraite, et Caton leur donnant des lois.

Entre toutes ces merveilles s'étend au loin l'image d'une mer agitée, roulant sur un fond d'or ses flots blanchis d'écume. A l'entour, des dauphins d'argent nagent en cercle, battent les vagues de leur queue, et fendent l'onde bouillonnante. Au centre, deux flottes aux proues d'airain représentent la bataille d'Actium. Sous cet appareil guerrier, Leucate paraît tout en feu, et l'or des armes est réfléchi par les flots. D'un côté, c'est Auguste César entraînant aux combats l'Italie, le sénat et le peuple, les Pénates et les grands dieux de Rome : il se tient debout sur sa poupe élevée; deux flammes jaillissent de son front joyeux, et sur sa tête brille l'astre paternel. Non loin, fier et terrible, Agrippa, que secondent les vents et les dieux, s'avance avec sa troupe;

```
        Hic exsultantes Salios, nudosque Lupercos,
        Lanigerosque apices, et lapsa ancilia cœlo
        Extuderat : castæ ducebant sacra per urbem          665
        Pilentis matres in mollibus. Hinc procul addit
        Tartareas etiam sedes, alta ostia Ditis;
        Et scelerum pœnas ; et te, Catilina, minaci
        Pendentem scopulo, Furiarumque ora trementem;
        Secretosque pios ; his dantem jura Catonem.         670
        Hæc inter tumidi late maris ibat imago
        Aurea; sed fluctu spumabant cærula cano ;
        Et circum argento clari delphines in orbem
        Æquora verrebant caudis, æstumque secabant.
        In medio classes æratas, Actia bella,               675
        Cernere erat, totumque instructo Marte videres
        Fervere Leucaten, auroque effulgere fluctus.
        Hinc Augustus agens Italos in prælia Cæsar,
        Cum patribus, populoque, Penatibus et magnis dîs,
        Stans celsa in puppi: geminas cui tempora flammas   68
        Læta vomunt, patriumque aperitur vertice sidus.
        Parte alia, ventis et dîs Agrippa secundis,
        Arduus, agmen agens : cui, belli insigne superbum,
```

et sur sa tête brille la couronne rostrale, noble insigne de sa valeur.

De l'autre côté, fier de ses légions barbares, que distingue la variété de leurs armes, est Antoine, vainqueur des contrées de l'Aurore et des bords de la mer Rouge. Il entraîne avec lui l'Égypte, les forces de l'Orient, et jusqu'aux peuples de la Bactriane; et il est suivi, ô honte! d'une épouse égyptienne.

A la fois s'élancent les deux flottes : la mer écume et s'entr'ouvre sous les rames tranchantes et les proues à trois dents. Les vaisseaux gagnent la haute mer : on croirait voir, arrachées à leurs bases profondes, les Cyclades flotter, ou de hautes montagnes se heurter contre des montagnes, tant s'entre-choquent avec violence ces flottantes masses chargées de tours et de guerriers! L'étoupe enflammée, les traits armés de fer volent de tous côtés dans les airs; les plaines de Neptune sont rougies d'un immense carnage. Au milieu de ses vaisseaux, la reine, avec le sistre égyptien, anime ses soldats, et ne voit pas encore derrière elle deux serpents qui la menacent. Une foule de monstres, divinités bizarres, et l'aboyant Anubis, tiennent des traits dirigés contre Neptune, et Vénus, et Minerve; Mars, gravé sur le fer, exerce sa fureur au milieu de la mêlée; les terribles Euménides le secondent du haut des airs; la Discorde triomphante traîne çà et là sa robe déchirée, et Bellone la suit avec son fouet sanglant.

> Tempora navali fulgent rostrata corona.
> Hinc ope barbarica variisque Antonius armis, 685
> Victor ab Auroræ populis et littore rubro,
> Ægyptum viresque Orientis et ultima secum
> Bactra vehit; sequiturque (nefas!) Ægyptia conjux.
> Una omnes ruere, ac totum spumare, reductis
> Convulsum remis rostrisque tridentibus, æquor. 690
> Alta petunt : pelago credas innare revulsas
> Cycladas, aut montes concurrere montibus altos;
> Tanta mole viri turritis puppibus instant!
> Stuppea flamma manu telisque volatile ferrum
> Spargitur : arva nova Neptunia cæde rubescunt. 695
> Regina in mediis patrio vocat agmina sistro;
> Necdum etiam geminos a tergo respicit angues.
> Omnigenûmque deûm monstra, et latrator Anubis,
> Contra Neptunum et Venerem, contraque Minervam
> Tela tenent : sævit medio in certamine Mavors 700
> Cælatus ferro, tristesque ex æthere Diræ;
> Et scissa gaudens vadit Discordia palla,
> Quam cum sanguineo sequitur Bellona flagello.

De son temple d'Actium, Apollon contemple ce spectacle et bande son arc. Saisis d'une même terreur, le guerrier de l'Égypte et celui de l'Inde, l'Arabe et le Sabéen, tous se hâtent de fuir. La reine elle-même invoque les vents, fait lâcher les cordages et déployer toutes les voiles. Le dieu du feu l'a représentée le front déjà pâle de sa mort prochaine, et fuyant à travers le carnage, emportée par les vents et les ondes. Devant elle on voit une figure colossale : c'est le Nil qui, gémissant, déploie les longs plis de sa robe, et appelle les vaincus dans son sein azuré et dans ses profondes cavernes.

Cependant César, conduit trois fois dans Rome sur son char de triomphe, acquitte le vœu solennel qu'il a fait aux dieux de l'Italie, et leur consacre dans toute la ville trois cents temples magnifiques. Les chemins retentissent de joyeuses acclamations et du bruit des jeux et des applaudissements. Dans tous les temples les matrones forment des chœurs ; dans tous les temples s'élèvent des autels, et devant ces autels sont étendus des taureaux égorgés. Auguste lui-même, assis sur le seuil éclatant du bel Apollon, reçoit les présents des peuples, et les suspend aux superbes portiques. Devant lui s'avance une longue file de nations vaincues, aussi diverses par leur langage que par leurs vêtements et leurs armes. Ici, Vulcain avait représenté les peuples

    Actius hæc cernens arcum intendebat Apollo
    Desuper : omnis eo terrore Ægyptus, et Indi,   705
    Omnis Arabs, omnes vertebant terga Sabæi.
    Ipsa videbatur ventis regina vocatis
    Vela dare, et laxos jam jamque immittere funes.
    Illam inter cædes pallentem morte futura
    Fecerat Ignipotens undis et Iapyge ferri ;   710
    Contra autem magno mœrentem corpore Nilum,
    Pandentemque sinus, et tota veste vocantem
    Cæruleum in gremium latebrosaque flumina victos.
    At Cæsar, triplici invectus Romana triumpho
    Mœnia, dis Italis votum immortale sacrabat,   715
    Maxima ter centum totam delubra per Urbem.
    Lætitia ludisque viæ plausuque fremebant :
    Omnibus in templis matrum chorus, omnibus aræ :
    Ante aras terram cæsi stravere juvenci.
    Ipse, sedens niveo candentis limine Phœbi,   720
    Dona recognoscit populorum, aptatque superbis
    Postibus : incedunt victæ longo ordine gentes,
    Quam variæ linguis, habitu tam vestis et armis.
    Hic Nomadum genus, et discinctos Mulciber Afros;

nomades, et les Africains à la robe flottante; là les Cariens, les Léléges, et les Gélons armés de flèches; l'Euphrate déjà roulant ses ondes avec moins de fierté; les Morins qui habitent aux extrémités de la terre; le Rhin à la double corne, et les Dahes indomptés, et l'Araxe indigné sous le pont qui l'outrage.

Telles sont les merveilles qu'Énée admire sur le bouclier de Vulcain, présent de sa mère. Sans connaître ces événements, il aime à en contempler l'image, et il charge sur ses épaules ces armes où sont retracées la gloire et les destins de ses descendants.

<pre>
Hic Lelegas, Carasque sagittiferosque Gelonos   725
Finxerat: Euphrates ibat jam mollior undis,
Extremique hominum Morini, Rhenusque bicornis,
Indomitique Dahæ, et pontem indignatus Araxes.
Talia per clypeum Vulcani, dona parentis,
Miratur, rerumque ignarus imagine gaudet,   730
Attollens humero famamque et fata nepotum.
</pre>

LIVRE NEUVIÈME

Tandis que ces événements s'accomplissent sur un point éloigné, la fille de Saturne, Junon, envoie Iris du haut de l'Olympe vers l'audacieux Turnus. En ce moment le prince était assis à l'écart, au fond d'un vallon sacré, dans le bois de Pilumnus, son aïeul. « Turnus, lui dit-elle de sa bouche de rose, ce qu'aucun des dieux n'eût osé promettre à tes vœux, un hasard heureux vient te l'offrir en ce jour. Énée est absent : sa ville, ses compagnons, sa flotte, il a tout quitté pour se rendre au mont Palatin et à la royale demeure d'Évandre ; ce n'est pas assez : il a pénétré jusqu'aux dernières villes de Corythe ; il arme une troupe agreste de Lydiens et de pâtres. Que tardes-tu à demander tes coursiers et ton char ? Ne perds pas un moment pour t'emparer de son camp en désordre. » Elle dit, s'élève, en planant, dans les airs, et, dans sa fuite, trace dans la nue un arc immense de lumière.

LIBER NONUS.

Atque ea diversa penitus dum parte geruntur,
Irim de cœlo misit Saturnia Juno
Audacem ad Turnum : luco tum forte parentis
Pilumni Turnus sacrata valle sedebat.
Ad quem sic roseo Thaumantias ore locuta est : 5
« Turne, quod optanti divûm promittere nemo
Auderet, volvenda dies en attulit ultro.
Æneas, urbe, et sociis, et classe relicta,
Sceptra Palatini sedemque petit Evandri.
Nec satis : extremas Corythi penetravit ad urbes, 10
Lydorumque manum, collectos armat agrestes.
Quid dubitas ? nunc tempus equos, nunc poscere currus :
Rumpe moras omnes, et turbata arripe castra. »
Dixit, et in cœlum paribus se sustulit alis,
Ingentemque fuga secuit sub nubibus arcum. 15

Turnus l'a reconnue, et, les mains tendues vers les astres, il la suit des yeux, et lui dit : « Iris, ornement du ciel, quelle divinité t'envoie pour moi du haut de l'Olympe? D'où viennent ces torrents de clarté? Je vois le ciel s'ouvrir, et les étoiles errer dans le firmament. J'obéis à ce brillant présage, et je te suis, qui que tu sois, dieu qui m'appelles au combat. » A ces mots, il s'approche du fleuve, et, puisant à la surface une onde pure, il adresse de nombreuses prières aux dieux et remplit l'air de ses vœux.

Déjà dans la plaine l'armée entière se déploie au loin, riche de coursiers, riche de vêtements brodés d'or et aux couleurs éclatantes. Messape commande les premiers rangs ; les derniers marchent sous les ordres des fils de Tyrrhée. Au centre, Turnus s'avance, les armes à la main, et domine de toute la tête les autres guerriers. Tel, gonflé des ondes de sept fleuves paisibles, le Gange coule dans un calme silencieux ; tel le Nil, retirant ses eaux qui fécondent le sol, se renferme dans son lit.

Tout à coup les Troyens voient d'épais nuages de poussière s'élever dans les airs, et les ténèbres couvrir la plaine. Caïcus le premier, du sommet d'une tour qui fait face à l'ennemi : « Quel noir tourbillon s'avance vers nous? aux armes, compagnons! aux armes! aux remparts! attention! voilà l'ennemi! » Soudain les

    Agnovit juvenis, duplicesque ad sidera palmas
    Sustulit, et tali fugientem est voce secutus :
    « Iri, decus cœli, quis te mihi nubibus actam
    Detulit in terras? unde hæc tam clara repente
    Tempestas? medium video discedere cœlum,   20
    Palantesque polo stellas : sequor omina tanta,
    Quisquis in arma vocas. » Et sic effatus, ad undam
    Processit, summoque hausit de gurgite lymphas,
    Multa deos orans, oneravitque æthera votis.
    Jamque omnis campis exercitus ibat apertis,   25
    Dives equûm, dives pictai vestis et auri.
    Messapus primas acies, postrema coercent
    Tyrrhidæ juvenes : medio dux agmine Turnus
    Vertitur, arma tenens, et toto vertice supra est.
    Ceu septem surgens sedatis amnibus altus   30
    Per tacitum Ganges, aut pingui flumine Nilus,
    Quum refluit campis, et jam se condidit alveo.
    Hic subitam nigro glomerari pulvere nubem
    Prospiciunt Teucri, ac tenebras insurgere campis.
    Primus ab adversa conclamat mole Caicus :   35
    « Quis globus, o cives! caligine volvitur atra?
    Ferte citi ferrum, date tela, scandite muros :

Troyens, à grands cris, se pressent aux portes du camp, et couvrent les murailles. Tel était l'ordre prescrit par leur habile chef, au moment de son départ : quoi qu'il advînt en son absence, ils ne devaient point engager imprudemment le combat en pleine campagne ; leur tâche était de défendre, à l'abri des retranchements, leur camp et leurs murs. En vain l'honneur et la colère aiguillonnent leur courage : dociles à l'ordre qu'ils ont reçu, ils opposent leurs portes à l'ennemi, et l'attendent, tout armés, et retranchés dans leurs tours.

A la tête de vingt cavaliers d'élite, Turnus a rapidement devancé la marche trop lente de ses troupes, et se montre déjà sous les murs de la ville. Il monte un coursier de Thrace tacheté de blanc, et un panache de pourpre s'agite sur son casque d'or. « Jeunes guerriers, dit-il, qui de vous me suit? Qui le premier marche à l'ennemi? Me voilà! » Il dit, et son javelot, lancé avec force, vole dans les airs : c'est le signal du combat : puis il se porte fièrement dans la plaine. Une vive clameur s'élève parmi ses compagnons, qui le suivent avec un frémissement horrible. Ils s'étonnent de l'inaction des Troyens. Quoi! ne pas se montrer en plaine, ne pas se porter en armes au-devant de l'ennemi, et rester enfermés dans leur camp! Turnus, furieux, fait, de côté et d'autre, le tour des murs avec son coursier, et cherche quelque

Hostis adest, eia! » Ingenti clamore per omnes
Condunt se Teucri portas, et mœnia complent.
Namque ita discedens præceperat optimus armis   40
Æneas: si qua interea fortuna fuisset,
Neu struere auderent aciem, neu credere campo ;
Castra modo et tutos servarent aggere muros.
Ergo, etsi conferre manum pudor iraque monstrat,
Objiciunt portas tamen, et præcepta facessunt,   45
Armatique cavis exspectant turribus hostem.
Turnus, ut ante volans tardum præcesserat agmen,
Viginti lectis equitum comitatus, et urbi
Improvisus adest : maculis quem Thracius albis
Portat equus, cristaque tegit galea aurea rubra :   50
« Ecquis erit mecum, juvenes? qui primus in hostem?
En, » ait : et jaculum adtorquens emittit in auras.
Principium pugnæ, et campo sese arduus infert.
Clamore excipiunt socii, fremituque sequuntur
Horrisono; Teucrûm mirantur inertia corda :   55
Non æquo dare se campo, non obvia ferre
Arma viros, sed castra fovere. Huc turbidus atque huc
Lustrat equo muros, aditumque per avia quærit.

accès détourné. Tel, au milieu d'une froide nuit, et battu de la pluie et des vents, un loup embusqué explore en frémissant toutes les issues d'un bercail, tandis qu'à l'abri du danger les agneaux bêlent sous leur mère : l'animal avide et cruel s'acharne contre sa proie absente : la rage d'une faim prolongée et sa gueule altérée de sang accroissent son supplice. Ainsi la colère du Rutule s'allume à la vue des murs et du camp, et la fureur l'embrase jusque dans la moelle des os. Comment trouver un accès? Par quel moyen faire sortir les Troyens de leurs retranchements, et les attirer dans la plaine?

La flotte, adossée contre un des côtés du camp qui la cachait, était doublement protégée par les retranchements et par les eaux du fleuve. Turnus y vole, pousse ses compagnons triomphants à la livrer aux flammes, et déjà un brandon en feu arme sa main furieuse : tous s'élancent à ce signal : la présence de Turnus les excite, et chacun s'arme d'une torche embrasée. Les foyers sont dépouillés ; ces brandons jettent une sinistre clarté, et la flamme pétillante s'élève en tourbillons dans les airs.

Quelle divinité, ô Muses! détourna de la flotte troyenne ce terrible incendie, et repoussa loin de leurs vaisseaux ces feux redoutables? Dites : c'est une tradition antique, mais que le temps n'a pas effacée.

 Ac veluti pleno lupus insidiatus ovili,
 Quum fremit ad caulas, ventos perpessus et imbres, 60
 Nocte super media; tuti sub matribus agni
 Balatum exercent : ille, asper et improbus, ira
 Sævit in absentes; collecta fatigat edendi
 Ex longo rabies, et siccæ sanguine fauces.
 Haud aliter Rutulo, muros et castra tuenti, 65
 Ignescunt iræ ; duris dolor ossibus ardet :
 Qua tentet ratione aditus, et quæ via clausos
 Excutiat Teucros vallo, atque effundat in æquor.
 Classem, quæ lateri castrorum adjuncta latebat,
 Aggeribus septam circum et fluvialibus undis, 70
 Invadit, sociosque incendia poscit ovantes,
 Atque manum pinu flagranti fervidus implet.
 Tum vero incumbunt : urget præsentia Turni,
 Atque omnis facibus pubes accingitur atris.
 Diripuere focos ; piceum fert fumida lumen 75
 Tæda, et commixtam Vulcanus ad astra favillam.
 Quis deus, o Musæ! tam sæva incendia Teucris
 Avertit? tantos ratibus quis depulit ignes?
 Dicite : prisca fides facto, sed fama perennis.

Lorsqu'Énée construisait ses vaisseaux au pied du mont Ida, et se préparait à parcourir l'immensité des flots, la mère des dieux, Cybèle, adressa, dit-on, ces paroles au grand Jupiter : « O mon fils! accorde à ta mère chérie ce qu'elle demande au maître de l'Olympe. Une forêt de pins, qui couronnait l'Ida, faisait depuis longtemps mes délices : au sommet de la montagne, dans ce bois obscurci de noirs sapins et d'érables touffus, on m'apportait des offrandes. Je donnai ces arbres avec joie au descendant de Dardanus, dépourvu de vaisseaux. Maintenant une terreur secrète m'agite et me tourmente. Dissipe ma crainte, et que les prières d'une mère aient sur toi ce pouvoir : permets que ces vaisseaux résistent, inébranlables, à la fureur des vents et aux courses les plus longues, et que ce soit un titre pour eux d'être nés sur nos montagnes. » — « O ma mère! lui répond le dieu qui régit à son gré les astres du ciel, que demandez-vous aux destins? Que souhaitez-vous pour ces vaisseaux! Des navires, ouvrage d'une main mortelle, auraient droit à l'immortalité! Énée affronterait sans péril tant de périls imprévus! A quel dieu une telle puissance fut-elle jamais accordée? Non ; mais lorsque, arrivés au terme de leur course, ils auront touché les bords de l'Ausonie, et conduit le chef Troyen aux champs de Laurente, tous ceux qui auront

    Tempore quo primum Phrygia formabat in Ida   80
    Æneas classem, et pelagi petere alta parabat,
    Ipsa deûm fertur genitrix Berecynthia magnum
    Vocibus his affata Jovem : « Da, nate, petenti,
    Quod tua cara parens domito te poscit Olympo.
    Pinea silva mihi, multos dilecta per annos,   85
    Lucus in arce fuit summa, quo sacra ferebant,
    Nigranti picea trabibusque obscurus acernis :
    Has ego Dardanio juveni, quum classis egeret,
    Læta dedi : nunc sollicitam timor anxius angit.
    Solve metus, atque hoc precibus sine posse parentem :   90
    Neu cursu quassatæ ullo, neu turbine venti
    Vincantur : prosit nostris in montibus ortas. »
    Filius huic contra, torquet qui sidera mundi :
    « O genitrix! quo fata vocas? aut quid petis istis?
    Mortaline manu factæ immortale carinæ   95
    Fas habeant? certusque incerta pericula lustret
    Æneas? cui tanta deo permissa potestas?
    Imo, ubi defunctæ finem portusque tenebunt
    Ausonios, olim quæcumque evaserit undis,
    Dardaniumque ducem Laurentia vexerit arva,   100
    Mortalem eripiam formam, magnique jubebo

échappé à la fureur des flots, je les dépouillerai de leur forme mortelle, pour en faire autant de Néréides, qui, compagnes désormais de Doto et de Galatée, fendront comme elles les vagues écumantes. » Il dit, prend le Styx et ses noirs torrents à témoin de la foi de ses promesses : il fait un signe de tête, et de ce signe il ébranle tout l'Olympe.

Il était donc arrivé, le jour promis, et les Parques avaient accompli les temps fixés, lorsque l'attentat de Turnus avertit Cybèle d'écarter l'incendie loin des vaisseaux sacrés. Tout à coup brille aux yeux une clarté nouvelle : un nuage immense, venu de l'Orient, traverse le ciel, au bruit des chœurs de l'Ida, et une voix formidable retentit dans les airs et frappe d'effroi les Troyens et les Rutules. « Rassurez-vous, Troyens, et ne vous armez point pour défendre mes vaisseaux : Turnus incendiera plutôt les mers que ces pins qui me sont consacrés ; et vous, rompez les liens qui vous arrêtent ; allez, divinités de l'onde, la mère des dieux l'ordonne. » La voix a parlé : soudain les vaisseaux, brisant leur câble, s'éloignent du rivage, plongent et s'enfoncent dans les flots, à la manière des dauphins ; puis (ô prodige!) ils reparaissent et nagent à la surface sous la forme de jeunes nymphes, dont le nombre égale celui des proues d'airain qui bordaient le rivage. Les Ru-

    Æquoris esse deas : qualis Nereia Doto
    Et Galatea secant spumantem pectore pontum. »
    Dixerat : idque ratum Stygii per flumina fratris,
    Per pice torrentes atraque voragine ripas   105
    Annuit, et totum nutu tremefecit Olympum.
    Ergo aderat promissa dies, et tempora Parcæ
    Debita complerant, quum Turni injuria matrem
    Admonuit ratibus sacris depellere tædas.
    Hic primum nova lux oculis effulsit, et ingens   110
    Visus ab Aurora cœlum transcurrere nimbus,
    Idæique chori ; tum vox horrenda per auras
    Excidit, et Troum Rutulorumque agmina complet :
    « Ne trepidate meas, Teucri, defendere naves,
    Neve armate manus ; maria ante exurere Turno,   115
    Quam sacras dabitur pinus. Vos ite solutæ,
    Ite, deæ pelagi : genitrix jubet. » Et sua quæque
    Continuo puppes abrumpunt vincula ripis,
    Delphinûmque modo demersis æquora rostris
    Ima petunt. Hinc virgineæ (mirabile monstrum!)   120
    Quot prius æratæ steterant ad littora proræ
    Reddunt se totidem facies pontoque feruntur.
    Obstupuere animis Rutuli ; conterritus ipse

tules s'épouvantent : Messape lui-même s'effraie, et ses coursiers sont saisis d'effroi ; le Tibre étonné ralentit son cours avec un sourd murmure, et remonte vers sa source.

Mais rien n'abat l'audacieuse confiance de Turnus : lui-même, il relève le courage des siens, et les gourmande en ces termes : « Ce sont les Troyens que menacent ces prodiges ; Jupiter leur ravit leur moyen ordinaire de salut ; il leur ferme la mer ; pour eux, plus d'espoir de fuir ; la moitié du monde leur est interdite ; la terre est en notre pouvoir ; l'Italie entière marche contre eux. Que m'importent les oracles et les promesses des dieux dont se vantent les Phrygiens? Ils ont touché les bords de la fertile Ausonie : voilà leur destinée et les vœux de Vénus accomplis. Et moi aussi, j'ai mes destins : c'est d'anéantir cette race coupable, qui me ravit mon épouse. Les seuls Atrides sont-ils sensibles à un pareil affront? et Mycènes a-t-elle seule le droit de prendre les armes? N'est-ce donc point assez pour eux d'avoir péri une fois !... Une seule faute ne suffisait-elle pas à ce peuple, et ne devait-il pas désormais haïr toutes les femmes? Ils mettent leur confiance dans ces retranchements, dans ces fossés profonds, faibles barrières contre la mort ; mais n'ont-ils pas vu les murs de Troie, ouvrage de Neptune, s'écrouler dans les flammes? Qui

```
         Turbatis Messapus equis ; cunctatur et amnis
         Rauca sonans, revocatque pedem Tiberinus ab alto.      125
         At non audaci cessit fiducia Turno :
         Ultro animos tollit dictis, atque increpat ultro :
         « Trojanos hæc monstra petunt ; his Juppiter ipse
         Auxilium solitum eripuit : non tela, nec ignes
         Exspectant Rutulos. Ergo maria invia Teucris,          130
         Nec spes ulla fugæ ; rerum pars altera adempta est.
         Terra autem in nostris manibus ; tot millia gentes
         Arma ferunt Italæ ! Nil me fatalia terrent,
         Si qua Phryges præ se jactant responsa deorum.
         Sat fatis Venerique datum, tetigere quod arva          135
         Fertilis Ausoniæ Troes : sunt et mea contra
         Fata mihi, ferro sceleratam exscindere gentem,
         Conjuge præreptâ ; nec solos tangit Atridas
         Iste dolor, solisque licet capere arma Mycenis.
         Sed periisse semel satis est : peccare fuisset         140
         Ante satis, penitus modo non genus omne perosos
         Femineum. Quibus hæc medii fiducia valli,
         Fossarumque moræ, leti discrimina parva,
         Dant animos : at non viderunt mœnia Trojæ,
         Neptuni fabricata manu, considere in ignes?            145
```

de vous, élite de guerriers, est prêt à briser ces retranchements avec le fer, et à forcer avec moi ce camp tremblant d'effroi? Je n'ai besoin, pour vaincre de tels ennemis, ni d'armes forgées par Vulcain, ni de mille vaisseaux. Dût toute l'Étrurie s'unir à leurs efforts, ils n'auront à craindre ni les ténèbres, ni le honteux larcin d'un *Palladium*, ni le massacre des gardes d'une citadelle : nous ne nous cacherons point lâchement dans les sombres flancs d'un cheval de bois : c'est à la clarté du grand jour, et à la face de tous, que j'embraserai leurs murailles. Qu'ils ne croient point avoir affaire ici aux enfants de Danaüs, à ces Pelasges que le seul Hector arrêta dix ans au pied des murs de Troie. Mais la plus grande partie du jour est écoulée ; vous l'avez bien employée : employez-en le reste, guerriers, à réparer vos forces, et préparez-vous au combat. »

Cependant Messape reçoit l'ordre d'investir de sentinelles vigilantes les portes du camp, et d'entretenir des feux allumés autour des remparts. Quatorze chefs d'élite, dont chacun commande à cent jeunes guerriers brillants d'or et d'aigrettes de pourpre, sont chargés de la surveillance des murs. Ils vont de côté et d'autre, et se relèvent tour à tour ; puis, étendus sur l'herbe, ils s'abreuvent de la liqueur de Bacchus, et vident les coupes d'airain. Les

    Sed vos, o lecti ! ferro quis scindere vallum
    Apparat, et mecum invadit trepidantia castra?
    Non armis mihi Vulcani, non mille carinis
    Est opus in Teucros : addant se protinus omnes
    Etrusci socios : tenebras et inertia furta   150
    Palladii, cæsis summæ custodibus arcis,
    Ne timeant ; nec equi cæca condemur in alvo :
    Luce, palam, certum est igni circumdare muros.
    Haud sibi cum Danais rem faxo et pube Pelasga
    Esse putent, decimum quos distulit Hector in annum. 155
    Nunc adeo, melior quoniam pars acta diei,
    Quod superest, læti bene gestis corpora rebus
    Procurate, viri ; et pugnam sperate parari. »
    Interea vigilum excubiis obsidere portas
    Cura datur Messapo, et mœnia cingere flammis.   160
    Bis septem, Rutulo muros qui milite servent,
    Delecti : ast illos centeni quemque sequuntur
    Purpurei cristis juvenes, auroque corusci.
    Discurrunt, variantque vices, fusique per herbam
    Indulgent vino, et vertunt crateras ahenos.   165
    Collucent ignes ; noctem custodia ducit

feux brillent de toutes parts. et la garde passe dans le jeu une nuit sans sommeil.

Du haut de leurs murailles, les Troyens en armes observent l'ennemi : dans l'effroi qui les agite, ils visitent les portes, et joignent par des ponts les tours aux remparts : des traits sont apportés en grand nombre. Mnesthée et l'ardent Sergeste excitent leurs compagnons : c'est sur eux qu'Énée s'est reposé surtout du soin d'être, si quelque danger l'exige, les guides de la jeunesse et les chefs du camp. Toute l'armée, prenant sa part du péril, veille le long des murs, et occupe à tour de rôle les différents postes qu'il faut défendre.

L'une des portes était gardée par le fils d'Hyrtacus, Nisus, plein d'une ardeur belliqueuse. Sorti des forêts de l'Ida giboyeux, habile à lancer le javelot et la flèche rapide, il avait suivi la fortune d'Énée : à ses côtés était Euryale, son compagnon, le plus beau parmi les guerriers de l'armée troyenne, enfant dont les joues laissaient à peine apparaître le premier duvet de la jeunesse. Unis de l'amitié la plus tendre, ensemble ils volaient aux combats ; en ce moment même, un commun devoir les retenait tous deux à la garde d'une porte.

« Sont-ce les dieux, mon cher Euryale, dit Nisus à son ami, qui m'embrasent de cette ardeur, ou chacun de nous se fait-il un dieu de sa passion? Depuis longtemps je brûle de combattre ou

```
Insomnem ludo.
Hæc super e vallo prospectant Troes, et armis
Alta tenent; necnon trepidi formidine portas
Explorant, pontesque et propugnacula jungunt :        170
Tela gerunt. Instant Mnestheus acerque Serestus,
Quos pater Æneas, si quando adversa vocarent,
Rectores juvenum et rerum dedit esse magistros.
Omnis per muros legio, sortita periclum,
Exculbat, exercetque vices, quod cuique tuendum est.  175
Nisus erat portæ custos, acerrimus armis,
Hyrtacides ; comitem Æneæ quem miserat Ida
Venatrix, jaculo celerem levibusque sagittis ;
Et juxta comes Euryalus, quo pulchrior alter
Non fuit Æneadum, Trojana neque induit arma,         180
Ora puer prima signans intonsa juventa.
His amor unus erat, pariterque in bella ruebant :
Tum quoque communi portam statione tenebant.
Nisus ait: « Dine hunc ardorem mentibus addunt,
Euryale? an sua cuique deus fit dira cupido?        185
```

de tenter quelque grande entreprise ; mon âme n'est pas satisfaite d'un tranquille repos. Tu vois l'aveugle sécurité des Rutules : leurs feux ne brillent plus que de loin en loin ; ils sont ensevelis dans le sommeil et dans l'ivresse, et partout règne le silence : apprends donc ce que je médite, et quelle pensée vient de surgir dans mon esprit. Tous, et le peuple et les chefs, demandent qu'Énée soit rappelé, et que des messagers soient envoyés, qui rapportent des nouvelles certaines. Si l'on me promet ce que je demanderai pour toi (car, pour moi, la gloire d'un tel exploit me suffit), je crois pouvoir trouver, au pied de cette colline, un chemin qui me conduira aux murs de Pallantée. »

Frappé d'étonnement, Euryale, qu'excite un vif amour de gloire, répond en ces termes à son ardent ami :

« Quoi! Nisus, dédaignes-tu d'associer Euryale à de si grands projets? Te laisserai-je courir seul à de tels dangers? Sont-ce là les leçons que j'ai reçues de mon père, le vaillant Opheltès, au milieu des alarmes d'un long siége et des périls d'Ilion? est-ce ainsi que tu m'as vu agir, depuis que j'ai suivi avec toi le magnanime Énée et ses destins? Ce cœur, oui certes, ce cœur sait mépriser la vie ; et je ne croirais pas acheter trop cher l'honneur où tu cours, en le payant de mon sang. »

>   Aut pugnam, aut aliquid jam dudum invadere magnum
>   Mens agitat mihi, nec placida contenta quiete est.
>   Cernis quæ Rutulos habeat fiducia rerum :
>   Lumina rara micant ; somno vinoque sepulti
>   Procubuere ; silent late loca : percipe porro   190
>   Quid dubitem, et quæ nunc animo sententia surgat.
>   Ænean acciri omnes, populusque patresque
>   Exposcunt, mittique viros qui certa reportent.
>   Si tibi, quæ posco, promittunt (nam mihi facti
>   Fama sat est), tumulo videor reperire sub illo   195
>   Posse viam ad muros et mœnia Pallantea. »
>   Obstupuit magno laudum percussus amore
>   Euryalus ; simul his ardentem affatur amicum :
>   « Mene igitur socium summis adjungere rebus,
>   Nise, fugis? Solum te in tanta pericula mittam?   200
>   Non ita me genitor, bellis assuetus, Opheltes
>   Argolicum terrorem inter Trojæque labores
>   Sublatum erudiit, nec tecum talia gessi,
>   Magnanimum Ænean et fata extrema secutus.
>   Est hic, est animus lucis contemptor, et istum   205
>   Qui vita bene credat emi, quo tendis, honorem. »

« Je ne me suis jamais défié de ton courage, reprend Nisus, et le doute ne m'était pas permis. Puissent Jupiter et les dieux, favorables à mon entreprise, me ramener triomphant près de toi ! Mais si la fortune, si quelque dieu ennemi, me poussent à ma perte (tu vois combien de hasards j'ai à courir), je veux que tu me survives : ton âge a plus de droits à la vie : si je succombe, il me restera un ami pour dérober mon corps au vainqueur, ou pour le racheter et lui donner la sépulture; ou, si la fortune s'y oppose, tu consoleras mes mânes absents, en les honorant d'un tombeau. Me préservent les dieux de causer une si grande douleur à ta malheureuse mère; elle qui, seule de toutes les mères, a osé suivre son fils, et a dédaigné l'asile qu'Aceste lui offrait! — Vains prétextes! s'écrie Euryale; ma résolution est inébranlable : hâtons-nous. » Il dit, éveille ceux que leur tour de garde appelait à les remplacer, leur livre le poste, et suit Nisus vers la tente du roi.

C'était le moment où, sur la terre, tout ce qui respire cherchait dans les bras du sommeil l'oubli des soucis et des fatigues du jour : les chefs de l'armée et l'élite de la jeunesse tenaient conseil sur les graves intérêts de l'État. Debout, appuyés sur leurs longues lances, et le bouclier au bras, ils délibéraient, au centre du

Nisus ad hæc : « Equidem de te nil tale verebar,
Nec fas; non : ita me referat tibi magnus ovantem
Juppiter, aut quicumque oculis hæc aspicit æquis.
Sed si quis (quæ multa vides descrimine tali),   210
Si quis in adversum rapiat, casusve, deusve,
Te superesse velim: tua vita dignior ætas.
Sit qui me raptum pugna, pretiove redemptum,
Mandet humo solita; aut, si qua id fortuna vetabit,
Absenti ferat inferias, decoretque sepulcro.   215
Neu matri miseræ tanti sim causa doloris,
Quæ te sola, puer, multis e matribus ausa,
Persequitur, magni nec mœnia curat Acestæ. »
Ille autem : « Causas nequidquam nectis inanes,
Nec mea jam mutata loco sententia cedit.   220
Acceleremus, » ait. Vigiles simul excitat: illi
Succedunt, servantque vices : statione relicta,
Ipse comes Niso graditur, regemque requirunt.
Cetera per terras omnes animalia somno
Laxabant curas et corda oblita laborum :   225
Ductores Teucrûm primi, delecta juventus,
Consilium summis regni de rebus habebant,
Quid facerent quisve Æneæ jam nuntius esset.

camp, sur les mesures à prendre, et sur le choix du messager qu'il fallait députer vers Énée, lorsque Nisus et Euryale se présentèrent, demandant avec instance d'être admis sur-le-champ : « L'affaire est importante, disent-ils ; quelques moments donnés à les entendre ne seront point perdus. » Iule le premier se hâte de les accueillir, et ordonne à Nisus de parler. Alors, le fils d'Hyrtacus : « Compagnons d'Énée, dit-il, prêtez-nous une oreille favorable, et ne jugez pas surtout nos projets d'après notre âge. Les Rutules, ensevelis dans le sommeil et dans le vin, gardent un profond silence : non loin de la porte du camp la plus voisine de la mer, nous avons découvert un endroit commode pour les surprendre ; leurs feux, qu'ils n'ont pas entretenus, ne font plus qu'exhaler dans les airs une noire fumée. Laissez-nous profiter d'une aussi favorable occasion : nous nous rendrons auprès d'Énée, dans les murs de Pallantée, et bientôt vous nous verrez revenir chargés, je l'espère, des dépouilles de l'ennemi, après avoir fait un grand carnage. Ne craignez pas que la route nous égare. Dans nos chasses assidues au fond des sombres vallées, nous avons vu les premières maisons de la ville, et tout le cours du fleuve nous est connu. »

Le vieil Alétès, dont l'âge a mûri l'esprit, s'écrie alors :

« Dieux de la patrie, dieux protecteurs de Troie, non, vous ne voulez pas détruire entièrement la race de Teucer, puisque vous

Stant longis adnixi hastis, et scuta tenentes,
Castrorum et campi medio : tum Nisus et una   230
Euryalus confestim alacres admittier orant :
Rem magnam, pretiumque moræ fore. Primus Iulus
Accepit trepidos, ac Nisum dicere jussit.
Tum sic Hyrtacides : « Audite o mentibus æquis,
Æneadæ, neve hæc nostris spectentur ab annis,   235
Quæ ferimus. Rutuli somno vinoque sepulti
Conticuere ; locum insidiis conspeximus ipsi,
Qui patet in bivio portæ quæ proxima ponto ;
Interrupti ignes, aterque ad sidera fumus
Erigitur : si fortuna permittitis uti,   240
Quæsitum Æneam ad mœnia Pallantea
Mox hic cum spoliis, ingenti cæde peracta,
Affore cernetis. Nec nos via fallit euntes ;
Vidimus obscuris primam sub vallibus urbem
Venatu assiduo, et totum cognovimus amnem. »   245
Hic annis gravis atque animi maturus Aletes :
« Di patrii, quorum semper sub numine Troja est,
Non tamen omnino Teucros delere paratis,

inspirez tant de courage et d'audace à ses jeunes défenseurs. »
En parlant ainsi, il serrait leurs mains dans les siennes, les pressait dans ses bras, et baignait de larmes leur front et leur visage.
« Quel prix, jeunes guerriers, pourra jamais récompenser un pareil dévouement! Votre conscience et les dieux vous donneront d'abord le plus flatteur de tous; puis le pieux Énée fera le reste, et le jeune Ascagne n'oubliera jamais un tel service! »

« Bien plus, reprend Ascagne, moi qui ne vois de salut que dans le retour de mon père, j'en jure par mes Pénates puissants, par les Lares d'Assaracus et par le sanctuaire de l'auguste Vesta, tout ce que la fortune, ô Nisus! a mis en mon pouvoir, tout ce qu'elle me permet d'espérer, est à vous : ramenez-moi mon père; rendez-moi sa présence; alors je ne redouterai plus rien. Je vous donnerai deux coupes d'argent, enrichies de figures en relief, artistement travaillées, et que mon père a conquises dans Arisba vaincue; deux trépieds, deux grands talents d'or, et un antique cratère, présent de la Sidonienne Didon. Mais, si la victoire remet un jour entre nos mains le sceptre de l'Italie, et si nous tirons au sort le butin, vous avez remarqué le coursier de Turnus et sa superbe armure : eh bien! Nisus, ce coursier, cette armure, cette rouge aigrette, vous appartiennent d'avance, et ne seront

Quum tales animos juvenum et tam certa tulistis
Pectora! » Sic memorans, humeros dextrasque tenebat
Amborum, et vultum lacrymis atque ora rigabat. 250
« Quæ vobis, quæ digna, viri, pro laudibus istis
Præmia posse rear solvi? pulcherrima primum
Di moresque dabunt vestri; tum cetera reddet
Actutum pius Æneas, atque integer ævi 255
Ascanius, meriti tanti non immemor unquam. »
« Imo ego vos, cui sola salus, genitore reducto,
Excipit Ascanius, per magnos, Nise, Penates,
Assaracique Larem, et canæ penetralia Vestæ,
Obtestor; quæcumque mihi fortuna fidesque est, 260
In vestris pono gremiis: revocate parentem;
Reddite conspectum; nihil illo triste recepto.
Bina dabo argento perfecta atque aspera signis
Pocula, devicta genitor quæ cepit Arisba;
Et tripodas geminos; auri duo magna talenta; 265
Cratera antiquum, quem dat Sidonia Dido.
Si vero capere Italiam sceptrisque potiri
Contigerit victori, et prædæ ducere sortem,
Vidisti quo Turnus equo, quibus ibat in armis
Aureus; ipsum illum, clypeum, cristasque rubentes, 270

point soumis aux caprices du sort. A ces présents mon père ajoutera douze belles captives, autant de captifs, complétement armés, et ce que le roi Latinus possède de domaines. Pour toi, héroïque enfant, toi dont l'âge se rapproche encore plus du mien, je te donne, dès ce moment, la première place dans mon cœur, et je t'adopte pour compagnon de tous mes travaux; inséparables désormais, je ne chercherai la gloire que pour la partager avec toi; que je fasse la paix ou la guerre, pour l'action comme pour le conseil, j'aurai en toi une confiance entière. »

Euryale lui répond : « Si la fortune se montre favorable à mes projets, aucun instant de ma vie ne démentira cette courageuse entreprise; mais j'implore de vous une grâce, préférable pour moi à tous les dons. J'ai une mère, issue de la race antique de Priam : l'infortunée! rien n'a pu la retenir loin de moi, ni le sol natal, ni la ville bâtie par Aceste. Elle ignore les dangers que je vais courir, et je pars, hélas! sans lui faire mes adieux! j'en atteste et la Nuit, et votre main droite, je ne pourrais soutenir les larmes de ma mère. Consolez sa misère, je vous en conjure, et prenez pitié de son abandon! Que je parte avec cette assurance, et je n'en braverai que plus hardiment les périls qui m'attendent. »

    Excipiam sorti, jam nunc tua præmia, Nise.
    Præterea bis sex genitor lectissima matrum
    Corpora, captivosque dabit, suaque omnibus arma;
    Insuper his, campi quod rex habet ipse Latinus.
    Te vero, mea quem spatiis propioribus ætas   275
    Insequitur, venerande puer, jam pectore toto
    Accipio, et comitem casus complector in omnes.
    Nulla meis sine te quæretur gloria rebus;
    Seu pacem, seu bella geram, tibi maxima rerum
    Verborumque fides. »
                Contra quem talia fatur   280
Euryalus : « Me nulla dies tam fortibus ausis
Dissimilem arguerit; tantum Fortuna secunda,
Haud adversa, cadat! sed te super omnia dona
Unum oro : genitrix Priami de gente vetusta
Est mihi, quam miseram tenuit non Ilia tellus   285
Mecum excedentem, non mœnia regis Acestæ.
Hanc ego nunc ignaram hujus quodcumque periculi est,
Inque salutatam linquo; Nox et tua testis
Dextera, quod nequeam lacrymas perferre parentis.
At tu, oro, solare inopem, et succurre relictæ.   290
Hanc sine me spem ferre tui : audentior ibo

Les Troyens, vivement émus, lui donnent des larmes, surtout le bel Iule, à qui cette image de piété filiale serre le cœur, en lui rappelant son père : « Je te promets, dit-il, tout ce que méritent de si grands desseins : oui, ta mère sera la mienne : il ne lui manquera que le nom de Créuse. Quelle que soit l'issue de l'entreprise, être la mère d'Euryale ne sera pas un faible titre à ma reconnaissance. J'en jure par cette tête, sur laquelle mon père avait coutume de jurer, tout ce que je te promets, à toi, si tu reviens, et si la fortune te seconde, je le promets aussi à ta mère et à ta famille. »

C'est ainsi qu'il parle en pleurant ; et de son épaule il détache son épée dorée, chef-d'œuvre merveilleux du Crétois Lycaon, et habilement ajustée dans un fourreau d'ivoire. Mnesthée donne à Nisus la dépouille d'un lion hérissé, et le fidèle Alétès échange son casque contre le sien.

Ils partent, suivis de l'élite des jeunes gens et des vieillards, qui les accompagne de ses vœux jusqu'aux portes. Ascagne, en qui le courage et la prudence virile ont devancé les années, les charge de nombreux messages pour son père : vaines paroles que les vents emportent et dissipent dans les nues.

In casus omnes. »
   Percussa mente dederunt
Dardanidæ lacrymas ; ante omnes pulcher Iulus,
Atque animum patriæ strinxit pietatis imago.
Tum sic effatur : 295
« Spondeo digna tuis ingentibus omnia cœptis :
Namque erit ista mihi genitrix, nomenque Creusæ
Solum defuerit ; nec partum gratia talem
Parva manet : casus factum quicumque sequentur,
Per caput hoc juro, per quod pater ante solebat, 300
Quæ tibi polliceor reduci rebusque secundis,
Hæc eadem matrique tuæ generique manebunt. »
Sic ait illacrymans ; humero simul exuit ensem
Auratum, mira quem fecerat arte Lycaon
Gnossius, atque habilem vagina aptarat eburna. 305
Dat Niso Mnestheus pellem horrentisque leonis
Exuvias ; galeam fidus permutat Aletes.
Protinus armati incedunt ; quos omnis ætates
Primorum manus ad portas juvenumque senumque
Prosequitur votis : nec non et pulcher Iulus, 310
Ante annos animumque gerens curamque virilem,
Multa patri portanda dabat mandata : sed auræ
Omnia discerpunt, et nubibus irrita donant.

Déjà les deux guerriers ont franchi les fossés, et pénétré, à la faveur des ombres, dans ce camp qui doit leur être fatal, mais où ils porteront auparavant le carnage et la mort. Ils voient des guerriers étendus çà et là sur l'herbe et ensevelis dans le sommeil et dans le vin ; des chars dételés sur le rivage ; des hommes couchés entre les roues et les harnais ; des armes et des coupes confondues au hasard : « Euryale, dit Nisus, c'est ici qu'il nous faut oser ; l'occasion nous appelle, et voici le chemin. Toi, pour qu'aucune troupe ennemie ne puisse nous surprendre par derrière, veille, et observe au loin. Je me charge, moi, de t'ouvrir, par le carnage, une large route. »

A ces mots, il fond silencieusement, le glaive en main, sur le superbe Rhamnès, qui, endormi sur un amas de tapis, exhalait à pleine poitrine un ronflement profond : roi lui-même, et de plus augure cher au roi Turnus ; mais sa vaine science ne put détourner le coup qui le frappa. Près de lui, trois esclaves étaient couchés au hasard parmi les armes : Nisus les immole, ainsi que l'écuyer de Rémus, et le conducteur de son char, étendu sous ses chevaux, et dont il tranche le cou qui pendait sur sa poitrine. Puis il abat la tête de Rémus lui-même, et le tronc palpite dans un sang noir qui baigne à gros bouillons le lit et la terre fumante. Il égorge aussi Lamyrus, Lamus, le jeune et beau Sarranus qui,

Egressi superant fossas, noctisque per umbram
Castra inimica petunt, multis tamen ante futuri   315
Exitio. Passim somno vinoque per herbam
Corpora fusa vident, arrectos littore currus,
Inter lora rotasque viros, simul arma, jacere,
Vina simul : prior Hyrtacides sic ore locutus :
« Euryale, audendum dextra ; nunc ipsa vocat res.   320
Hac iter est : tu, ne qua manus se attollere nobis
A tergo possit, custodi, et consule longe.
Hæc ego vasta dabo, et lato te limite ducam. »
Sic memorat, vocemque premit ; simul ense superbum
Rhamnetem aggreditur, qui forte tapetibus altis   325
Exstructus, toto proflabat pectore somnum :
Rex idem, et regi Turno gratissimus augur ;
Sed non augurio potuit depellere pestem.
Tres juxta famulos temere inter tela jacentes,
Armigerumque Remi premit, aurigamque sub ipsis   330
Nactus equis, ferroque secat pendentia colla ;
Tum caput ipsi aufert domino, truncumque relinquit
Sanguine singultantem : atro tepefacta cruore
Terra torique madent : nec non Lamyrumque, Lamumque,

après avoir passé une grande partie de la nuit au jeu, enfin vaincu par Bacchus, s'abandonnait au sommeil. Heureux, s'il avait fait durer son jeu autant que la nuit, et s'il eût veillé jusqu'au jour! Tel un lion affamé porte le ravage dans une bergerie : poussé par une faim cruelle, il dévore et déchire le faible troupeau, muet d'épouvante, et, d'une gueule ensanglantée, il pousse d'affreux rugissements.

Euryale ne fait pas un moindre carnage : une égale fureur l'anime. Une foule de guerriers sans nom, Fadus, Herbesus, Rhétus, Abaris, reçoivent un trépas imprévu. Rhétus veillait et voyait tout; mais, dans son effroi, il se tenait caché derrière un immense cratère : au moment où il se lève pour s'enfuir, Euryale lui plonge son épée tout entière dans la poitrine, et l'en retire après une mort certaine. Rhétus expire et rend avec son âme des flots de vin mêlés de sang. Déjà l'ardent Euryale, poursuivant ses exploits furtifs, était parvenu au quartier de Messape, où il voyait les derniers feux s'éteindre, tandis que les coursiers, attachés, broutaient le gazon : Nisus s'apercevant que la fureur du carnage emportait trop loin son jeune ami : « C'en est assez, dit-il; le jour va nous trahir; nous sommes suffisamment vengés : la route nous est ouverte à travers les rangs ennemis. »

  Et juvenem Sarranum, illa qui plurima nocte   335
Luserat, insignis facie, multoque jacebat
Membra deo victus : felix, si protinus illum
Æquasset nocti ludum, in lucemque tulisset!
Inpastus ceu plena leo per ovilia turbans,
(Suadet enim vesana fames), mandilque trahitque   340
Molle pecus, mutumque metu : fremit ore cruento.
Nec minor Euryali cædes : incensus et ipse
Perfurit; ac multam in medio sine nomine plebem,
Fadumque, Herbesumque subit, Rhœtumque, Abarimque,
Ignaros : Rhœtum vigilantem, et cuncta videntem ;   345
Sed magnum metuens se post cratera tegebat :
Pectore in adverso totum cui cominus ensem
Condidit assurgenti, et multa morte recepit.
Purpuream vomit ille animam, et cum sanguine mixta
Vina refert moriens. Hic furto fervidus instat ;   350
Jamque ad Messapi socios tendebat, ubi ignem
Deficere extremum, et religatos rite videbat
Carpere gramen equos : breviter quum talia Nisus,
(Sensit enim nimia cæde atque cupidine ferri) :
« Absistamus, ait ; nam lux inimica propinquat,   355
Pœnarum exhaustum satis est ; via facta per hostes. »

Ils laissent un grand nombre d'armes faites d'argent massif, ainsi que des cratères et des tapis magnifiques. Euryale se contente du baudrier de Rhamnès, enrichi de clous dorés. Cédicus avait jadis envoyé ce présent à Rémulus de Tibur, pour se l'attacher, quoique éloigné de lui, par les liens de l'hospitalité ; Rémulus, en mourant, le légua à son petit-fils ; et le sort des armes le fit passer, après la mort de celui-ci, entre les mains des Rutules. Euryale s'en empare, le suspend vainement à ses robustes épaules, et couvre sa tête du casque de Messape, orné d'une brillante aigrette. Enfin les deux guerriers sortent du camp et cherchent à gagner un sûr abri.

Cependant, tandis que le reste de l'armée stationne en bon ordre dans la plaine, trois cents cavaliers, envoyés de Laurente, s'avançaient bien armés sous les ordres de Volscens, et apportaient un message au roi Turnus. Déjà ils touchaient aux portes du camp ; ils allaient en franchir l'enceinte, lorsqu'ils aperçurent de loin deux guerriers se détournant par un sentier, à gauche. Le casque trahit l'imprudent Euryale, en réfléchissant dans l'ombre les rayons indiscrets de la lune. Ce fut un indice fatal. Du milieu de sa troupe, Volscens s'écrie : « Arrêtez, guerriers, que cherchez-vous ? qui êtes-vous, ainsi armés ? où allez-vous ? » Ils ne répondent rien ; les deux amis s'enfoncent rapidement

Multa virûm solido argento perfecta relinquunt
Armaque, craterasque simul, pulchrosque tapetas.
Euryalus phaleras Rhamnetis, et aurea bullis
Cingula, Tiburti Remulo ditissimus olim   360
Quæ mittit dona, hospitio quum jungeret absens,
Cædicus ; ille suo moriens dat habere nepoti ;
Post mortem bello Rutuli pugnaque potiti ;
Hæc rapit, atque humeris nequidquam fortibus aptat.
Tum galeam Messapi habilem cristisque decoram   365
Induit : excedunt castris, et tuta capessunt.
Interea præmissi equites ex urbe Latina,
Cetera dum legio campis instructa moratur,
Ibant, et Turno regi responsa ferebant,
Tercentum, scutati omnes, Volscente magistro.   370
Jamque propinquabant castris, murosque subibant,
Quum procul hos lævo flectentes limite cernunt ;
Et galea Euryalum sublustri noctis in umbra
Prodidit immemorem, radiisque adversa refulsit.
Haud temere est visum. Conclamat ab agmine Volscens,
« State, viri ; quæ causa viæ ? quive estis in armis ? 376
Quove tenetis iter ? » Nihil illi tendere contra ;

dans l'épaisseur du bois, et se confient à la nuit. Les cavaliers s'emparent des sentiers dont les détours leur sont connus, et placent des sentinelles à toutes les issues. Cette forêt était, de toutes parts, hérissée de broussailles et d'yeuses touffues, et obstruée de ronces épaisses : à peine quelques rares sentiers s'ouvraient dans ses noires profondeurs. L'obscure épaisseur du feuillage et le poids de son butin embarrassent la marche d'Euryale, que la frayeur égare bientôt dans ces routes inconnues. Nisus, qui ne s'en est point aperçu, continue de fuir : déjà il avait échappé à l'ennemi, et gagné les lieux qui furent depuis appelés *Albains*, du nom d'Albe : le roi Latinus y avait alors de longues métairies.

Il s'arrête, se retourne, ne voit pas son ami.... « Malheureux Euryale! où t'ai-je laissé? où te chercher maintenant? » Il se jette aussitôt dans les détours embarrassés de cette perfide forêt, parcourt les sentiers déjà parcourus et les buissons silencieux. Il entend les pas des chevaux, le bruit des armes et les signaux des soldats qui les poursuivent. Bientôt un cri frappe ses oreilles : il voit Euryale, qui, trompé par la nuit et par les lieux, et troublé par cette attaque imprévue, est tombé entre les mains de l'ennemi, qui l'entraîne malgré sa vaine résistance. Que faire?

Sed celerare fugam in silvas, et fidere nocti.
Objiciunt equites sese ad divortia nota
Hinc atque hinc, omnemque aditum custode coronant.
Silva fuit late dumis atque ilice nigra   381
Horrida, quam densi complerant undique sentes ;
Rara per occultos ducebat semita calles.
Euryalum tenebræ ramorum onerosaque præda
Impediunt, fallitque timor regione viarum.   385
Nisus abit : jamque imprudens evaserat hostes,
Atque locos, qui post Albæ de nomine dicti
Albani ; tum rex stabula alta Latinus habebat.
Ut stetit, et frustra absentem respexit amicum :
« Euryale infelix, qua te regione reliqui?   390
Quave sequar? » Rursus perplexum iter omne revolvens
Fallacis silvæ, simul et vestigia retro
Observata legit, dumisque silentibus errat.
Audit equos, audit strepitus et signa sequentum.
Nec longum in medio tempus, quum clamor ad aures   395
Pervenit, ac videt Euryalum, quem jam manus omnis,
Fraude loci et noctis, subito turbante tumultu,
Oppressum rapit, et conantem plurima frustra.
Quid faciat? qua vi juvenem, quibus audeat armis

quelle force, quelles armes peuvent leur arracher son jeune ami ? Se jettera-t-il au milieu des glaives ennemis pour y trouver une mort glorieuse ? Soudain, ramenant son bras en arrière, il balance un javelot, et, levant les yeux vers la Lune, il lui adresse cette prière : « O déesse, dit-il, ô toi, l'honneur des astres et la protectrice des forêts, fille de Latone, sois-moi favorable, et seconde mon entreprise. Si jamais Hyrtacus, mon père, chargea, en ma faveur, tes autels de ses dons ; si j'ajoutai quelquefois moi-même à ses offrandes, en suspendant aux voûtes ou en fixant aux portiques de tes temples le tribut de ma chasse, fais que je disperse cet escadron ; et dirige mes traits à travers les airs. »

Il dit ; et, de tout l'effort de son bras, lance un javelot qui fend les ombres de la nuit, et vient s'enfoncer dans le dos de Sulmon ; il s'y brise, et le bois en éclats lui traverse le cœur. Sulmon tombe, saisi par le froid de la mort, au milieu du sang qu'il vomit, et son flanc palpite avec de longs murmures. Les Rutules regardent autour d'eux : et, tandis qu'ils s'agitent en tumulte, Nisus, encouragé par ce premier succès, lance un second trait, qui frappe Tagus aux deux tempes, et se fixe en fumant au milieu de son cerveau. L'impétueux Volscens, furieux de ne pouvoir découvrir d'où le trait est parti : « Eh bien ! c'est toi, dit-il, qui vas

> Eripere ? an sese medios moriturus in enses 400
> Inferat, et pulchram properet per vulnera mortem ?
> Ocius adducto torquens hastile lacerto,
> Suspiciens altam Lunam, sic voce precatur :
> « Tu, dea, tu præsens nostro succurre labori,
> Astrorum decus, et nemorum Latonia custos. 405
> Si qua tuis unquam pro me pater Hyrtacus aris
> Dona tulit, si qua ipse meis venatibus auxi,
> Suspendive tholo, aut sacra ad fastigia fixi,
> Hunc sine me turbare globum, et rege tela per auras. »
> Dixerat, et toto connixus corpore ferrum 410
> Conjicit : hasta volans noctis diverberat umbras,
> Et venit aversi in tergum Sulmonis, ibique
> Frangitur, ac fisso transit præcordia ligno.
> Volvitur ille vomens calidum de pectore flumen
> Frigidus, et longis singultibus ilia pulsat. 415
> Diversi circumspiciunt. Hoc acrior idem
> Ecce aliud summa telum librabat ab aure.
> Dum trepidant, iit hasta Tago per tempus utrumque
> Stridens, trajectoque hæsit tepefacta cerebro.
> Sævit atrox Volscens, nec teli conspicit usquam 420
> Auctorem, nec quo se ardens immittere possit.

payer de ton sang la mort de ces deux guerriers. » Aussitôt, le fer en main, il fond sur Euryale. Nisus, éperdu, hors de lui, ne peut résister à sa douleur et s'arrache aux ténèbres qui le cachaient ; il s'élance, il s'écrie : « Moi !... c'est moi !... me voici ! J'ai tout fait ; tournez vos armes contre moi... ; c'est moi qui suis le coupable : cet enfant n'a rien pu, rien osé ; j'en atteste ce ciel et ces astres qui le savent ! il a seulement trop aimé son malheureux ami. » Il disait, et déjà le fer, poussé avec force, a traversé les côtes d'Euryale, et brisé sa blanche poitrine : il roule expirant ; ses beaux membres sont inondés de sang, et sa tête défaillante retombe sur ses épaules. Ainsi une fleur brillante, que la charrue a tranchée, languit et meurt ; ainsi le pavot, affaissé par une pluie violente, baisse la tête et se penche sur sa tige.

Cependant Nisus se précipite au milieu des ennemis ; il ne cherche que Volscens ; c'est sur Volscens lui seul que s'acharne sa vengeance : en vain on le serre, on le presse de tous côtés : rien ne l'arrête ; il fait tournoyer son glaive foudroyant, jusqu'à ce qu'il l'ait plongé dans la bouche du Rutule, ouverte pour crier, et qu'il ait arraché, en mourant, la vie à son ennemi. Percé de coups, il se jette sur son ami expiré,

« Tu tamen interea calido mihi sanguine pœnas
Persolves amborum, » inquit. Simul ense recluso
Ibat in Euryalum : tum vero exterritus, amens,
Conclamat Nisus, nec se celare tenebris   425
Amplius, aut tantum potuit perferre dolorem :
« Me, me ! adsum qui feci ; in me convertite ferrum,
O Rutuli ! mea fraus omnis ; nihil iste nec ausus,
Nec potuit : cœlum hoc et conscia sidera testor :
Tantum infelicem nimium dilexit amicum. »   430
Talia dicta dabat ; sed viribus ensis adactus
Transadigit costas, et candida pectora rumpit.
Volvitur Euryalus leto, pulchrosque per artus
It cruor, inque humeros cervix collapsa recumbit :
Purpureus veluti quum flos, succisus aratro,   435
Languescit moriens ; lassove papavera collo
Demisere caput, pluvia quum forte gravantur.
At Nisus ruit in medios, solumque per omnes
Volscentem petit, in solo Vulscente moratur.
Quem circum glomerati hostes hinc cominus atque hinc
Proturbant : instat non secius, ac rotat ensem   441
Fulmineum ; donec Rutuli clamantis in ore
Condidit adverso, et moriens animam abstulit hosti.
Tum super exanimum sese projecit amicum

et s'endort auprès de lui du paisible sommeil de la mort.

Couple heureux! si mes vers ont quelque pouvoir, vous vivrez éternellement dans le souvenir des hommes ; on parlera de vous, tant que la race d'Énée siégera sur l'immuable rocher du Capitole, et que le sang de Romulus donnera des lois à l'univers.

Chargés de butin et de dépouilles, les Rutules vainqueurs rapportent en pleurant le corps inanimé de Volscens dans leur camp, où la désolation n'est pas moindre à la vue de Rhamnès égorgé, de Sarranus, de Numa et de tant d'autres chefs, enveloppés dans le même carnage. On se porte en foule, à travers les ruisseaux d'un sang qui fume encore, dans ces lieux témoins de meurtres récents ; on se presse autour des cadavres et des guerriers à demi morts. On reconnaît parmi les dépouilles le casque éclatant de Messape, et ce baudrier si chèrement reconquis !

Déjà l'Aurore, abandonnant la couche dorée de Tithon, éclairait la terre de ses premiers feux, et le soleil, par sa lumière, rendait aux objets leur forme et leurs couleurs, lorsque Turnus, armé lui-même, appelle aux armes ses guerriers, et rassemble en bataille sa troupe resplendissante d'airain : chacun des chefs excite, par diverses rumeurs, la fureur des soldats. On fait plus : sur deux fers de lances, spectacle affreux ! sont attachées les têtes

Confossus, placidaque ibi demum morte quievit.   445
Fortunati ambo! si quid mea carmina possunt,
Nulla dies unquam memori vos eximet ævo,
Dum domus Æneæ Capitoli immobile saxum
Accolet, imperiumque pater Romanus habebit.
Victores præda Rutuli spoliisque potiti   450
Volscentem exanimum flentes in castra ferebant.
Nec minor in castris luctus, Rhamnete reperto
Exsangui, et primis una tot cæde peremptis,
Sarranoque, Numaque : ingens concursus ad ipsa
Corpora, seminecesque viros, tepidaque recentem   455
Cæde locum, et plenos spumanti sanguine rivos.
Agnoscunt spolia inter se, galeamque nitentem
Messapi, et multo phaleras sudore receptas.
Et jam prima novo spargebat lumine terras
Tithoni croceum linquens Aurora cubile ;   460
Jam sole infuso, jam rebus luce retectis,
Turnus in arma viros, armis circumdatus ipse,
Suscitat, æratasque acies in prœlia cogit :
Quisque suas, variisque acuunt rumoribus iras.
Quin ipsa arrectis, visu miserabile, in hastis   465
Præfigunt capita, et multo clamore sequuntur

31.

d'Euryale et de Nisus, que l'armée suit en poussant de grands cris. Les Troyens aguerris ont déployé toutes leurs forces sur le côté gauche des remparts ; car leur droite est bordée par le fleuve : ils gardent leurs larges fossés, et se tiennent avec tristesse sur leurs tours élevées : ils voient en même temps, au bout des piques, ces têtes, hélas! trop connues, et d'où découle un sang noir et épais.

Déjà la Renommée aux ailes rapides a répandu l'affreuse nouvelle dans la ville épouvantée ; ce bruit arrive bientôt aux oreilles de la mère d'Euryale, et soudain la chaleur abandonne les membres de cette infortunée. Les fuseaux échappent de ses doigts ; son ouvrage tombe à ses pieds. Éperdue, hors d'elle-même, s'arrachant les cheveux, et poussant des cris lamentables, elle se précipite vers les remparts, et s'élance aux premiers rangs. les guerriers, les périls, les traits de l'ennemi, elle oublie tout; puis elle remplit les airs de ses plaintes :

« Euryale, c'est donc toi que je vois? toi qui devais être le dernier appui de ma vieillesse, as-tu bien pu, cruel, me laisser seule? Quand tu courais à de si grands périls, ta malheureuse mère n'a pu te dire le dernier adieu! Hélas! sur une terre inconnue, tu vas être la proie des chiens et des vautours! et ta mère ne t'a point rendu les devoirs funèbres, fermé tes yeux,

Euryali et Nisi.
Æneadæ duri murorum in parte sinistra
Opposuere aciem, nam dextera cingitur amni,
Ingentesque tenent fossas, et turribus altis   470
Stant mœsti : simul ora virûm præfixa movebant,
Nota nimis miseris, atroque fluentia tabo.
Interea pavidam volitans pennata per urbem
Nuntia Fama ruit, matrisque allabitur aures
Euryali : at subitus miseræ calor ossa reliquit ;   475
Excussi manibus radii, revolutaque pensa.
Evolat infelix, et femineo ululatu,
Scissa comam, muros amens atque agmina cursu
Prima petit : non illa virûm, non illa pericli
Telorumque memor ; cœlum dehinc questibus implet :
« Hunc ego te, Euryale, adspicio? Tune, illa senectæ   481
Sera meæ requies, potuisti linquere solam,
Crudelis? nec te, sub tanta pericula missum,
Affari extremum miseræ data copia matri!
Heu! terra ignota, canibus date præda Latinis   485
Alitibusque, jaces! nec te tua funera mater
Produxi, pressive oculos, aut vulnera lavi,

lavé tes blessures, et n'a pu te couvrir de ce tissu que nuit et jour je me hâtais d'achever, consolant par ce travail les ennuis de ma vieillesse! Où te chercher? quel coin de terre recèle ton corps, tes membres déchirés et ta dépouille sanglante? Voilà donc, ô mon fils, ce que tu me rapportes de toi! voilà ce que j'ai suivi à travers tant de mers et de contrées diverses! S'il vous reste quelque pitié, Rutules, frappez-moi, lancez sur moi tous vos traits. Que je tombe la première sous vos coups! Ou toi, puissant maître des dieux, aie pitié de moi, et qu'un trait de ta foudre précipite dans le Tartare cette tête odieuse, puisque je ne puis autrement rompre la trame de ma cruelle vie. »

Ces larmes ont ému tous les cœurs; un gémissement lugubre circule dans tous les rangs, et les courages abattus restent sans force pour les combats. A la vue du deuil qu'elle répand parmi les soldats, Idéus et Actor, par l'ordre d'Ilionée et d'Ascagne qui fond en larmes, la prennent dans leurs bras et la portent dans sa demeure.

Cependant la trompette a fait retentir au loin les terribles accents de l'airain sonore; l'armée lui répond par ses cris, et le ciel en mugit. Déjà, formant la tortue, les Volsques accourent, et se disposent à combler les fossés et à arracher les palissades. Une partie d'entre eux cherche un accès et dresse des échelles pour escalader les murailles, aux endroits où la troupe moins serrée

Veste tegens, tibi quam noctes festina diesque
Urgebam, et tela curas solabar aniles.
Quo sequar? aut quæ nunc artus avulsaque membra, 490
Et funus, lacerum tellus habet? hoc mihi de te,
Nate, refers? hoc sum terraque marique secuta?
Figite me, si qua est pietas; in me omnia tela
Conjicite, o Rutuli; me primam absumite ferro :
Aut tu, magne pater divûm, miserere, tuoque   495
Invisum hoc detrude caput sub Tartara telo,
Quando aliter nequeo crudelem abrumpere vitam. »
Hoc fletu concussi animi, mœstusque per omnes
It gemitus; torpent infractæ ad prœlia vires.
Illam incedentem luctus Idæus et Actor,   500
Ilionei monitu et multum lacrymantis Iuli,
Corripiunt, interque manus sub tecta reponunt.
At tuba terribilem sonitum procul ære canoro
Increpuit : sequitur clamor, cœlumque remugit.
Accelerant acta pariter testudine Volsci,   505
Et fossas implere parant, ac vellere vallum.
Quærunt pars aditum, et scalis adscendere muros,

laisse des intervalles presque vides. Les Troyens, de leur côté, habitués par un long siége à la défense de leurs murs, accablent l'ennemi d'une grêle de traits, le repoussent avec des pieux armés de fer, ou roulent des pierres d'un poids énorme pour rompre, si c'est possible, cette voûte d'airain, à l'abri de laquelle, sous leur épaisse tortue, les assiégeants bravent tous les dangers. Enfin les Rutules succombent ; car à l'endroit même où l'ennemi plus serré les menace de plus près, les Troyens roulent et précipitent une vaste et lourde masse : elle tombe avec fracas sur les Rutules qu'elle écrase, et brise le rempart de boucliers qui les protége. Les Rutules, malgré leur audace, ne songent plus à prolonger le combat sous l'abri de la tortue, et s'efforcent de chasser les Troyens de leurs retranchements, en lançant d'innombrables javelots. Plus loin, Mézence, terrible à voir, agite une torche de pin d'Étrurie et lance des brandons fumants, tandis que le fils de Neptune, Messape, dompteur de coursiers, arrache les palissades, et demande des échelles pour monter à l'assaut.

O vous, Muses, et toi surtout, Calliope, je vous en conjure, soutenez ma voix! Dites par quel carnage, par quelles funérailles se signala le glaive de Turnus ; quels guerriers furent précipités aux enfers. Déroulez avec moi ces grandes images de la guerre :

  Qua rara est acies, interlucetque corona
  Non tam spissa viris. Telorum effundere contra
  Omne genus Teucri, ac duris detrudere contis, 510
  Assueti longo muros defendere bello.
  Saxa quoque infesto volvebant pondere, si qua
  Possent tectam aciem perrumpere, quum tamen omnes
  Ferre juvat subter densa testudine casus.
  Nec jam sufficiunt : nam, qua globus imminet ingens, 515
  Immanem Teucri molem volvuntque ruuntque,
  Quæ stravit Rutulos late, armorumque resolvit
  Tegmina. Nec curant cæco contendere Marte
  Amplius audaces Rutuli, sed pellere vallo
  Missilibus certant. 520
  Parte alia horrendus visu quassabat Etruscam
  Pinum, et fumiferos infert Mezentius ignes.
  At Messapus, equum domitor, Neptunia proles,
  Rescindit vallum, et scalas in mœnia poscit.
  Vos, o Calliope, precor, aspirate canenti, 525
  Quas ibi tunc ferro strages, quæ funera Turnus
  Ediderit : quem quisque virum demiserit Orco :
  Et mecum ingentes oras evolvite belli :

vous vous en souvenez, ô déesses, et vous pouvez en éterniser la mémoire.

Une tour, d'une prodigieuse hauteur, et garnie de ponts élevés, s'élevait dans un lieu favorable : tous les Rutules unissaient leurs efforts pour la prendre d'assaut, et faisaient tout pour la renverser : les Troyens, de leur côté, la défendaient en lançant des pierres, et, par ses larges embrasures, faisaient pleuvoir une grêle de traits. Turnus, le premier, jette un brandon ardent qui s'attache aux flancs de la tour : bientôt la flamme, excitée par le vent, saisit la charpente, et se fixe dans les portes qu'elle consume. Les Troyens que la tour renferme cherchent en vain, dans leur effroi, à fuir le péril qui les menace ; et tandis qu'ils se pressent et se portent en masse du côté qu'épargne encore le fléau, la tour, fléchissant sous le poids, s'écroule tout à coup, et tout le ciel retentit d'un épouvantable fracas. Entraînés dans cette chute immense, les Troyens tombent à demi morts sur le sol, percés de leurs propres traits, ou la poitrine traversée par des éclats de bois. Deux guerriers, Hélénor et Lycus, échappent seuls, et avec peine, à ce grand désastre. Le plus âgé des deux, Hélénor, était fils du roi de Méonie : Licymnie sa mère, une simple esclave, l'avait mis au jour secrètement et envoyé au siége de Troie avec des armes interdites à sa naissance : guerrier sans gloire, il portait une épée et un bouclier sans ornement. Dès qu'il se voit au

Et meministis enim, divæ, et memorare potestis.
Turris erat vasto suspectu et pontibus altis, 530
Opportuna loco ; summis quam viribus omnes
Expugnare Itali, summaque evertere opum vi
Certabant ; Troes contra defendere saxis,
Perque cavas densi tela intorquere fenestras.
Princeps ardentem conjicit lampada Turnus, 535
Et flammam affixit lateri ; quæ plurima vento
Corripuit tabulas, et postibus hæsit adesis.
Turbati trepidare intus, frustraque malorum
Velle fugam : dum se glomerant, retroque residunt
In partem quæ peste caret, tum pondere turris 540
Procubuit subito, et cœlum tonat omne fragore.
Seminces ad terram, immani mole secuta,
Confixique suis telis, et pectora duro
Transfossi ligno, veniunt : vix unus Helenor
Et Lycus elapsi : quorum primævus Helenor, 545
Mæonio regi quem serva Licymnia furtim
Sustulerat, vetitisque ad Trojam miserat armis,
Ense levis nudo, parmaque inglorius alba.

milieu de la troupe nombreuse de Turnus et pressé de tous côtés par les Latins, tel qu'une bête féroce qui, partout enveloppée d'un cercle de chasseurs, se déchaîne avec fureur contre les dards, se jette au-devant d'une mort certaine, et d'un bond franchit les épieux, le jeune Hélénor se précipite au milieu des ennemis, là où les piques et les javelots plus serrés lui assurent une mort inévitable.

Mais, plus prompt à la course, Lycus fuit au travers des ennemis et des armes : déjà il est au pied des murs : il s'efforce d'en atteindre le faîte et de joindre sa main à celles que lui tendent ses compagnons. Turnus, un javelot à la main, le poursuit en courant, et insulte en ces termes à sa défaite : « Insensé, as-tu cru pouvoir nous échapper? » Aussitôt il saisit le guerrier suspendu, et l'arrache avec un large pan de muraille. Tel l'oiseau de Jupiter fond sur le lièvre timide ou sur le cygne au blanc plumage, et les enlève dans ses serres sanglantes au plus haut des cieux : tel un loup cruel entraîne loin du bercail le jeune agneau que rappellent en vain les longs bêlements de sa mère. Une immense clameur se fait entendre : on s'avance, on comble les fossés ; on lance au faîte des remparts des torches ardentes.

Ilionée, du poids d'un roc, fragment énorme d'une montagne, écrase Lucétius, au moment où il approche la torche incendiaire

```
            Isque ubi se Turni media inter millia vidit,
            Hinc acies atque hinc acies adstare Latinas :        550
            Ut fera, quæ, densa venantum septa corona,
            Contra tela furit, seseque haud nescia morti
            Injicit, et saltu supra venabula fertur :
            Haud aliter juvenis medios moriturus in hostes
            Irruit, et, qua tela videt densissima, tendit.        555
            At pedibus longe melior Lycus, inter et hostes,
            Inter et arma, fuga muros tenet, altaque certat
            Prendere tecta manu, sociûmque attingere dextras.
            Quem Turnus, pariter cursu teloque secutus,
            Increpat his victor : « Nostrasne evadere, demens,    560
            Sperasti te posse manus? » Simul arripit ipsum
            Pendentem, et magna muri cum parte revellit
            Qualis ubi, aut leporem, aut candenti corpore cycnum
            Sustulit alta petens pedibus Jovis armiger uncis ;
            Quæsitum aut matri multis balatibus agnum             565
            Martius a stabulis rapuit lupus. Undique clamor
            Tollitur : invadunt, et fossas aggere complent;
            Ardentes tædas alii ad fastigia jactant.
            Ilioneus saxo atque ingenti fragmine montis
```

ÉNÉIDE, LIVRE IX.

de l'une des portes. D'un javelot habilement lancé, Liger perce Émathion : Asylas, dont la flèche porte au loin un trépas imprévu, renverse Corynée. Vainqueur d'Ortygius, Cénée tombe à son tour sous les coups de Turnus, qui immole à la fois Ithys, Clonius, Dioxippe, Promulus, Sagaris, et Ida qui se tenait au sommet des tours. Privernus est tué par Capys : la lance de Témille l'avait effleuré ; et l'imprudent, jetant son bouclier, avait porté la main à sa blessure : une flèche ailée fend les airs, lui cloue la main au côté gauche, et rompt d'un coup mortel les conduits secrets de la respiration.

Le fils d'Arcens brillait par l'éclat de ses armes, par les riches broderies de sa chlamyde, que l'Ibérie teignit d'un sombre incarnat, et par la beauté de son visage : son père, qui l'avait envoyé vers Énée, l'éleva dans le bois de Mars, sur les bords du Symèthe, où l'on voit, arrosé du sang des victimes, le clément autel de Palicus. Mézence, posant sa javeline, fait siffler trois fois autour de sa tête les courroies de sa fronde ; le plomb brûlant s'échappe et vient frapper, en le brisant, le front d'Arcens, qu'il étend mort dans des flots de poussière.

Ce fut alors que le jeune Ascagne, habitué jusque-là à n'effrayer que les hôtes timides des forêts, lança, dit-on, sa première

Lucetium, portæ subeuntem, ignesque ferentem ; 570
Emathiona Liger, Corynæum sternit Asylas ;
Hic jaculo bonus, hic longe fallente sagitta :
Ortygium Cæneus, victorem Cænea Turnus ;
Turnus Itym, Cloniumque, Dioxippum, Promulumque,
Et Sagarim, et summis stantem pro turribus Idan ; 575
Privernum Capys : hunc primo levis hasta Temillæ
Strinxerat ; ille manum projecto tegmine demens
Ad vulnus tulit : ergo alis allapsa sagitta,
Et lævo affixa est lateri manus, abditaque intus
Spiramenta animæ letali vulnere rumpit. 580
Stabat in egregiis Arcentis filius armis,
Pictus acu chlamydem, et ferrugine clarus Ibera,
Insignis facie, genitor quem miserat Arcens,
Eductum Martis luco, Symæthia circum
Flumina, pinguis ubi et placabilis ara Palici : 585
Stridentem fundam, positis Mezentius hastis,
Ipse ter adducta circum caput egit habena,
Et media adversi liquefacto tempora plumbo
Diffidit, ac multa porrectum extendit arena.
Tum primum bello celerem intendisse sagittam 590
Dicitur, ante feras solitus terrere fugaces,

flèche guerrière, et sa main renversa le courageux Numanus, surnommé Rémulus, que l'hymen avait naguère uni à la plus jeune des sœurs de Turnus : tout fier de cette alliance avec le sang royal, il marchait en avant des premiers rangs, et criait d'une voix tonnante :

« Eh quoi! Phrygiens, deux fois captifs, vous ne rougissez pas de vous laisser assiéger de nouveau dans vos retranchements, et de mettre des remparts entre vous et la mort! Les voilà donc ceux qui viennent nous disputer nos femmes, les armes à la main! Quel dieu ou quelle fureur insensée vous amène en Italie? Ce n'est point aux Atrides, ce n'est point à l'artificieux Ulysse que vous avez affaire ici. Race aguerrie dès notre berceau, à peine nos enfants sont-ils nés, que nous les plongeons dans les fleuves, et que nous endurcissons leurs membres au sein des ondes glacées par un froid rigoureux. Chasseurs intrépides, ils fatiguent les forêts de leurs courses. Dompter un coursier, tendre l'arc et décocher le trait, voilà leurs jeux. Habituée à tout supporter et à vivre de peu, notre jeunesse dompte le sol avec la charrue, ou renverse les villes en combattant. Nous passons notre vie le fer à la main, et du revers de nos lances nous fatiguons les flancs des taureaux. Le poids de la vieillesse n'ôte rien aux forces de notre âme ni à notre vigueur : chez nous le casque

    Ascanius, fortemque manu fudisse Numanum,
Cui Remulo cognomen erat, Turnique minorem
Germanam, nuper thalamo sociatus, habebat.
Is primam ante aciem digna atque indigna relatu   595
Vociferans, tumidusque novo præcordia regno
Ibat, et ingentem sese clamore ferebat :
« Non pudet obsidione iterum valloque teneri,
Bis capti Phryges, et morti prætendere muros?
En qui nostra sibi bello connubia poscunt!   600
Quis deus Italiam, quæ vos dementia adegit?
Non hic Atridæ, nec fandi fictor Ulysses :
Durum ab stirpe genus, natos ad flumina primum
Deferimus, sævoque gelu duramus et undis;
Venatu invigilant pueri, silvasque fatigant;   605
Flectere ludus equos, et spicula tendere cornu.
At patiens operum, parvoque assueta juventus,
Aut rastris terram domat, aut quatit oppida bello.
Omne ævum ferro teritur, versaque juvencûm
Terga fatigamus hasta; nec tarda senectus   610
Debilitat vires animi, mutatque vigorem.
Canitiem galea premimus; semperque recentes

presse encore les cheveux blancs ; notre bonheur est de rapporter sans cesse de nouvelles dépouilles, et de vivre du butin conquis sur l'ennemi. Pour vous, le safran et la pourpre éclatante brillent sur vos vêtements : la paresse vous charme, et vous ne respirez que les danses ; il vous faut des tuniques aux longues manches et des mitres renouées avec des rubans. Allez, véritables Phrygiennes, car vous n'êtes pas des Phrygiens : allez ; n'entendez-vous pas déjà la flûte au double son, les cymbales et le buis sonore de la mère des dieux qui vous appellent sur le Dindyme ou l'Ida ? Laissez les armes aux hommes, et renoncez au fer. »

Indigné de tant d'arrogance et d'audace, Ascagne bande son arc, et ajuste la flèche ; puis, étendant les deux bras, il s'arrête et adresse à Jupiter ces mots suppliants : « O Jupiter, daigne seconder cet audacieux essai de mes forces ! J'ornerai moi-même tes temples de dons solennels ; j'immolerai au pied de tes autels un jeune taureau blanc, aux cornes dorées, dont la tête atteint celle de sa mère, et qui frappe déjà de la corne, et dont le pied fait voler au loin la poussière. »

Le père des dieux l'entendit : soudain la foudre gronde à gauche, dans une partie sereine du ciel ; en même temps résonne l'arc homicide : la flèche vole, et va frapper en sifflant la tête de Rémulus, dont elle déchire et traverse les tempes. « Viens insul-

    Comportare juvat prædas, et vivere rapto.
    Vobis picta croco, et fulgenti murice vestis ;
    Desidiæ cordi ; juvat indulgere choreis ;   615
    Et tunicæ manicas, et habent redimicula mitræ.
    O vere Phrygiæ, neque enim Phryges ! ite per alta
    Dindyma, ubi assuetis biforem dat tibia cantum :
    Tympana vos buxusque vocant Berecynthia Matris
    Idææ : sinite arma viris, et cedite ferro. »   620
    Talia jactantem dictis, ac dira canentem,
    Non tulit Ascanius ; nervoque obversus equino
    Intendit telum, diversaque brachia ducens
    Constitit, ante Jovem supplex per vota precatus :
    « Juppiter omnipotens, audacibus annue cœptis.   625
    Ipse tibi ad tua templa feram solemnia dona,
    Et statuam ante aras aurata fronte juvencum
    Candentem, pariterque caput cum matre ferentem,
    Jam cornu petat et pedibus qui spargat arenam. »
    Audiit et cæli Genitor de parte serena   630
    Intonuit lævum : sonat una fatifer arcus.
    Effugit horrendum stridens adducta sagitta,
    Perque caput Remuli venit, et cava tempora ferro

ter maintenant à la valeur par tes discours arrogants ! Voilà comme répondent à leurs ennemis ces Phrygiens deux fois captifs ! » Ascagne ne dit que ces mots ; les Troyens l'accueillent avec des cris et des transports de joie, et la fierté de leur succès les élève jusqu'aux nues.

Cependant Apollon, assis sur un nuage, contemplait de la sphère étoilée l'armée des Rutules et le camp des Troyens : il adresse ces mots au vainqueur : « Courage, enfant ! déploie ta jeune valeur ; c'est ainsi que l'on monte aux astres. Fils des dieux, des dieux naîtront de toi : toutes les guerres ordonnées par le destin devront s'apaiser sous la race d'Assaracus : Troie ne peut plus te contenir. » Il dit, descend du haut des cieux, écarte les nuages, et se rend auprès d'Ascagne, sous les traits du vieux Butès : autrefois écuyer d'Anchise, et gardien fidèle de son palais, Butès avait été attaché par Énée à la personne d'Ascagne. Apollon avait emprunté sa voix, son teint, ses cheveux blancs, et son armure au bruit terrible. « Contente-toi, fils d'Énée, dit-il au jeune prince bouillant encore de l'ardeur du combat, d'avoir impunément fait tomber Numanus sous tes coups. Rends grâces de ce premier succès au grand Apollon, qui ne t'envie point des armes égales aux siennes : mais désormais, en-

> Trajicit. « I, verbis virtutem illude superbis !
> Bis capti Phryges hæc Rutulis responsa remittunt. »   635
> Hæc tantum Ascanius : Teucri clamore sequuntur,
> Lætitiaque fremunt, animosque ad sidera tollunt.
> Ætheria tum forte plaga crinitus Apollo
> Desuper Ausonias acies urbemque videbat,
> Nube sedens, atque his victorem affatur Iulum :   640
> « Macte nova virtute, puer ; sic itur ad astra,
> Dis genite, et geniture deos : jure omnia bella
> Gente sub Assaraci fato ventura resident :
> Nec te Troja capit. » Simul, hæc effatus, ab alto
> Æthere se mittit, spirantes dimovet auras,   645
> Ascaniumque petit : formam tum vertitur oris
> Antiquum in Buten. Hic Dardanio Anchisæ
> Armiger ante fuit, fidusque ad limina custos ;
> Tum comitem Ascanio pater addidit. Ibat Apollo
> Omnia longævo similis, vocemque, coloremque,   650
> Et crines albos, et sæva sonoribus arma ;
> Atque his ardentem dictis affatur Iulum :
> « Sit satis, Æneade, telis impune Numanum
> Oppetiisse tuis ; primam hanc tibi magnus Apollo
> Concedit laudem, et paribus non invidet armis ;   655

fant, épargne-toi d'autres luttes. » A ces mots, Apollon se dérobe rapidement à la vue des mortels, et disparaît dans les airs vaporeux. Les chefs troyens ont reconnu le dieu et ses armes divines, et, dans sa fuite, ont entendu résonner son carquois. Dociles à ses avis, ils modèrent l'ardeur belliqueuse d'Ascagne, et l'éloignent du combat; pour eux, ils revolent vers l'ennemi, et courent au-devant de tous les dangers.

Un cri général s'élève sur toute la ligne des remparts; tous les arcs sont tendus; les traits volent; le sol en est jonché; les boucliers, les casques retentissent du choc répété des armes, au milieu d'une affreuse mêlée. Telle, la pluie, accourue des régions du couchant, sous l'influence des chevreaux orageux, bat la terre inondée; telle, une grêle épaisse se précipite des nuages, lorsque Jupiter en courroux, déchaînant les vents du midi, et, avec eux, les noires tempêtes, déchire le flanc des nuées.

Pandarus et Bitias, fils d'Alcanor l'Idéen, que la sauvage Iéra éleva dans le bois sacré de Jupiter, et qui égalaient par leur haute stature les sapins et les monts de leur patrie, ouvrent la porte dont la garde leur fut confiée par le chef, et, pleins de confiance dans leur valeur, provoquent l'ennemi à la franchir. Eux-mêmes, dans l'intérieur, se placent à droite et à gauche devant

Cetera parce, puer, bello. » Sic orsus Apollo
Mortales medio aspectus sermone reliquit,
Et procul in tenuem ex oculis evanuit auram.
Agnovere deum proceres divinaque tela
Dardanidæ, pharetramque fuga sensere sonantem.   660
Ergo avidum pugnæ dictis ac numine Phœbi
Ascanium prohibent; ipsi in certamina rursus
Succedunt, animasque in aperta pericula mittunt.
It clamor totis per propugnacula muris;
Intendunt acres arcus, amentaque torquent.   665
Sternitur omne solum telis: tum scuta cavæque
Dant sonitum flictu galeæ; pugna aspera surgit:
Quantus ab occasu veniens, pluvialibus Hædis,
Verberat imber humum; quam multa grandine nimbi
In vada præcipitant, quum Juppiter horridus austris   670
Torquet aquosam hiemem, et cœlo cava nubila rumpit.
Pandarus et Bitias, Idæo Alcanore creti,
Quos Jovis eduxit luco silvestris Iera,
Abietibus juvenes patriis et montibus æquos,
Portam, quæ ducis imperio commissa, recludunt   675
Freti armis, ultroque invitant mœnibus hostem.
Ipsi intus dextra ac læva pro turribus adstant

les tours ; ils sont couverts d'une armure de fer, et sur leurs têtes altières flamboie une aigrette éclatante. Tels, sur les rives du Pô, et sur les bords riants de l'Athésis, dont les eaux limpides coulent alentour, deux chênes superbes élèvent jusqu'aux ciel leurs têtes touffues, et balancent leur cime aérienne. Soudain les Rutules se précipitent par la porte qui leur est ouverte. Bientôt Quercens, Aquicole, l'impétueux Tmarus et le brave Hémon, ont pris la fuite avec toutes leurs troupes, ou laissé leur vie sur le seuil même de la porte. La fureur se ranime alors dans le cœur des combattants : les Troyens se rassemblent sur un seul et même point : ils osent en venir aux mains et s'avancer hors des remparts.

Turnus, sur un point éloigné, se livrait à sa fureur et portait le trouble dans les rangs de l'ennemi, lorsqu'on lui vient announcer que les Troyens, échauffés par un récent carnage, ont laissé des portes ouvertes. A cette nouvelle, il abandonne le point qu'il attaquait, et, bouillant de colère, il court à la porte défendue par ces frères orgueilleux. Antiphate, fils illégitime du grand Sarpédon et d'une mère thébaine, s'offre le premier aux coups de Turnus. Un javelot fatal atteint le guerrier, pénètre dans les profondeurs de sa poitrine, et fait jaillir de sa blessure des flots d'un

Armati ferro, et cristis capita alta corusci :
Quales aeriæ liquentia flumina circum,
Sive Padi ripis, Athesim seu propter amœnum,   680
Consurgunt geminæ quercus, intonsaque cœlo
Attollunt capita, et sublimi vertice nutant.
Irrumpunt, aditus Rutuli ut videre patentes.
Continuo Quercens, et pulcher Aquicolus armis,
Et præceps animi Tmarus, et Mavortius Hæmon,   685
Agminibus totis aut versi terga dedere,
Aut ipso portæ posuere in limine vitam.
Tum magis increscunt animis discordibus iræ ;
Et jam collecti Troes glomerantur eodem,
Et conferre manum et procurrere longius audent.   690
Ductori Turno, diversa in parte furenti,
Turbantique viros, perfertur nuntius hostem
Fervere cæde nova, et portas præbere patentes.
Deserit inceptum, atque, immani concitus ira,
Dardaniam ruit ad portam fratresque superbos ;   695
Et primum Antiphaten (is enim se primus agebat),
Thebana de matre nothum Sarpedonis alti,
Conjecto sternit jaculo : volat Itala cornus
Aera per tenerum, stomachoque infixa sub altum

sang noir et écumant ; le fer s'échauffe dans le poumon où il reste fixé. Mérops, Érymanthe, Aphidnus, sont terrassés à leur tour. Puis, voyant Bitias le feu dans les yeux, et la rage dans le cœur, Turnus l'attaque, non avec un javelot (un javelot ne lui eût pas ôté la vie), mais avec une phalarique, qui, lancée avec vigueur, part, aussi prompte que la foudre, avec un horrible sifflement. Ni la double épaisseur du cuir de taureau, ni les doubles mailles d'or de sa fidèle cuirasse ne peuvent soutenir la violence du choc : le géant chancelle et tombe : la terre en gémit, et sur lui son bouclier résonne avec un bruit horrible. Ainsi tombe parfois, sur le rivage de Baïes, une vaste digue de pierres que l'on précipite dans les flots : ainsi, entraînés dans sa chute, ces débris se heurtent au fond de l'abîme des mers : les ondes se troublent, et, à leur surface, bouillonne un noir limon. A ce bruit, Prochyte tremble jusqu'en ses fondements, et Inarime, qui, par l'ordre de Jupiter, pèse de tout son poids sur l'audacieux Typhée, ressent une violente secousse.

Alors le dieu des combats, Mars, accroît le courage et les forces des Latins, et retourne dans leurs cœurs ses cuisants aiguillons, en même temps qu'il envoie aux Troyens la Fuite et la sombre Épouvante. Pleins du dieu qui leur souffle son esprit

  Pectus abit : reddit specus atri vulneris undam   700
  Spumantem, et fixo ferrum in pulmone tepescit.
  Tum Meropem atque Erymantha manu, tum sternit Aphidnum :
  Tum Bitian ardentem oculis, animisque frementem,
  Non jaculo : neque enim jaculo vitam ille dedisset :
  Sed magnum stridens contorta phalarica venit,   705
  Fulminis acta modo ; quam nec duo taurea terga,
  Nec duplici squama lorica fidelis et auro
  Sustinuit : collapsa ruunt immania membra ;
  Dat tellus gemitum, et clypeum super intonat ingens :
  Qualis in Euboico Baiarum littore quondam   710
  Saxea pila cadit, magnis quam molibus ante
  Constructam jaciunt ponto ; sic illa ruinam
  Prona trahit, penitusque vadis illisa recumbit :
  Miscent se maria, et nigræ attolluntur arenæ ;
  Tum sonitu Prochyta alta tremit, durumque cubile   715
  Inarime Jovis imperiis imposta Typhœo.
  Hic Mars armipotens animum viresque Latinis
  Addidit, et stimulos acres sub pectore vertit ;
  Immisitque Fugam Teucris atrumque Timorem.
  Undique conveniunt, quoniam data copia pugnæ,   720

guerrier, les Rutules accourent de toutes parts pour se joindre à la mêlée.

Voyant son frère étendu sans vie, la fortune qui devient contraire et les dangers qui menacent les Troyens, Pandarus appuie fortement ses larges épaules contre la porte, la fait tourner avec effort sur ses gonds, et laisse en dehors des murs un grand nombre des siens engagés dans un sanglant combat, tandis qu'il enferme dans le camp une foule de Rutules qui s'y sont précipités. L'imprudent n'a pas aperçu l'audacieux Turnus s'élançant au milieu de la foule, et c'est lui-même qui l'enferme dans la ville, comme un tigre féroce au milieu d'un timide troupeau. Soudain un feu nouveau jaillit des yeux de Turnus ; ses armes retentissent avec un bruit effrayant ; son aigrette sanglante s'agite sur sa tête, et son bouclier jette de brillants éclairs. Aussitôt les Troyens reconnaissent avec effroi son visage odieux et sa stature de géant. Pandarus, brûlant de venger la mort de son frère, s'avance et s'écrie : « Ce n'est point ici le palais qu'Amata te destine pour dot : tu n'es pas dans les murs d'Ardée, ta patrie, mais dans un camp ennemi, d'où rien ne pourra t'arracher. — Eh bien, lui répond Turnus avec un sourire dédaigneux, commence, si tu en as le courage, et viens te mesurer avec moi. Bientôt tu raconteras à Priam que tu as trouvé ici un autre Achille. »

Bellatorque animo deus incidit.
Pandarus, ut fuso germanum corpore cernit,
Et quo sit fortuna loco, qui casus agat res.
Portam vi multa converso cardine torquet,
Obnixus latis humeris, multosque suorum   725
Mœnibus exclusos duro in certamine linquit ;
Ast alios secum includit recipitque ruentes :
Demens! qui Rutulûm in medio non agmine regem
Viderit irrumpentem, ultroque incluserit urbi,
Immanem veluti pecora inter inertia tigrim.   730
Continuo nova lux oculis effulsit, et arma
Horrendum sonuere ; tremunt in vertice cristæ
Sanguineæ, clypeoque micantia fulgura mittunt.
Agnoscunt faciem invisam atque immania membra
Turbati subito Æneadæ ; tum Pandarus ingens   735
Emicat, et, mortis fraternæ fervidus ira,
Effatur : « Non hæc dotalis regia Amatæ,
Nec muris cohibet patriis media Ardea Turnum.
Castra inimica vides ; nulla hinc exire potestas. »
Olli subridens sedato pectore Turnus :   740
« Incipe, si qua animo virtus, et consere dextram ;

Il dit : Pandarus rassemble ses forces, et lui lance un javelot hérissé de nœuds, et que recouvre une dure écorce : mais il n'a blessé que l'air ; Junon a détourné le coup, et le trait s'enfonce dans la porte. « En voici un que tu n'éviteras pas de même ; aussi est-il lancé par un autre bras que le tien ! » Ainsi parle Turnus, et, se redressant, il lève sa redoutable épée, qu'il laisse retomber sur le front de Pandarus, entre les deux tempes, et, par une horrible blessure, sépare ses deux joues, que ne couvrait pas encore le duvet de l'adolescence. La terre retentit, ébranlée sous le poids du géant : sa cervelle sanglante souille ses armes, et sa tête, partagée, pend également sur l'une et l'autre épaule.

Les Troyens fuient, glacés de terreur ; et si Turnus eût profité de ce moment d'effroi pour briser les portes et introduire son armée, ce jour était le dernier de la guerre et du peuple Troyen ; mais la fureur et la soif du carnage entraînent l'ardent guerrier au milieu des ennemis. D'abord il attaque Phaléris, puis Gygès, à qui il coupe le jarret ; et les traits qu'il leur dérobe, il les lance au dos des fuyards : Junon anime ses forces et son courage. Halys, et Phégée, dont il a percé le bouclier, ne tardent pas à suivre

> Hic etiam inventum Priamo narrabis Achillem. »
> Dixerat. Ille rudem nodis et cortice crudo
> Intorquet, summis adnixus viribus, hastam.
> Excepere auræ vulnus ; Saturnia Juno   745
> Detorsit veniens, portæque infigitur hasta.
> « At non hoc telum, mea quod vi dextera versat,
> Effugies ; neque enim is teli nec vulneris auctor. »
> Sic ait, et sublatum alte consurgit in ensem,
> Et mediam ferro gemina inter tempora frontem   750
> Dividit, impubesque immani vulnere malas.
> Fit sonus : ingenti concussa est pondere tellus ;
> Collapsos artus atque arma cruenta cerebro
> Sternit humi moriens ; atque illi partibus æquis
> Huc caput atque illuc humero ex utroque pependit. 755
> Diffugiunt versi trepida formidine Troes :
> Et, si continuo victorem ea cura subisset,
> Rumpere claustra manu, sociosque immittere portis,
> Ultimus ille dies bello gentique fuisset.
> Sed furor ardentem cædisque insana cupido   760
> Egit in adversos.
> Principio Phalerim et succiso poplite Gygen
> Excipit ; hinc raptas fugientibus ingerit hastas
> In tergum : Juno vires animumque ministrat.
> Addit Halym comitem, et confixa Phegea parma ; 765

leurs compagnons. Ensuite il immole Alcandre, Halius, Noémion et Prytanis qui, ignorant ce qui se passait, continuaient à combattre du haut des murs. Lyncée s'avance contre lui, en invitant ses compagnons à le suivre ; mais, protégé par le rempart, Turnus le prévient, et fait voler d'un seul coup sa tête et son casque. Puis il terrasse Amycus, ce destructeur des bêtes sauvages, plus habile que tout autre à imprégner les traits d'un venin subtil et à armer le fer de poison ; Clytius, fils d'Éole, et Créthée, l'ami et le compagnon des Muses, qui, toujours amoureux des vers et de la musique, mariait la poésie aux sons du luth, et chantait les coursiers, les exploits des héros et les combats.

A la nouvelle du massacre de leurs compagnons, Mnesthée et le courageux Séreste accourent. Ils voient les Troyens dispersés et l'ennemi dans leurs murs. Mnesthée, à cet aspect : « Lâches ! où fuyez-vous ? Avez-vous d'autres murs, d'autres remparts ? Un seul homme, que vos retranchements cernent de tous côtés, aura impunément semé tant de sang au milieu de vous, et moissonné l'élite de nos guerriers ! Ni les maux de la patrie, ni vos anciens dieux, ni le grand Énée n'émeuvent vos cœurs du moindre sentiment de honte et de pitié ! »

> Ignaros deinde in muris Martemque cientes
> Alcandrumque, Haliumque, Noemonaque, Prytanimque.
> Lyncea tendentem contra, sociosque vocantem,
> Vibranti gladio connixus ab aggere dexter
> Occupat : huic uno dejectum cominus ictu 770
> Cum galea longe jacuit caput : inde ferarum
> Vastatorem Amycum, quo non felicior alter
> Ungere tela manu, ferrumque armare veneno ;
> Et Clytium Æoliden, et amicum Crethea Musis,
> Crethea Musarum comitem, cui carmina semper 775
> Et citharæ cordi, numerosque intendere nervis ;
> Semper equos, atque arma virûm, pugnasque canebat.
> Tandem ductores, audita cæde suorum,
> Conveniunt Teucri, Mnestheus acerque Serestus ;
> Palantesque vident socios, hostemque receptum. 780
> Et Mnestheus : « Quo deinde fugam ? quo tenditis ? inquit.
> Quos alios muros, quæ jam ultra mœnia habetis ?
> Unus homo, et vestris, o cives, undique septus
> Aggeribus, tantas strages impune per urbem
> Ediderit ? juvenum primos tot miserit Orco ? 785
> Non infelicis patriæ, veterumque deorum,
> Et magni Æneæ segnes miseretque pudetque ? »

Ces paroles rendent le courage aux Troyens ; ils se rallient en rangs épais, et attendent l'ennemi de pied ferme. Turnus se retire insensiblement, et ménage sa retraite du côté de la ville qui borde le fleuve. Les Troyens, en poussant de grands cris, se précipitent sur ses pas. Ainsi une troupe de chasseurs presse et menace un lion de ses traits redoutables. Effrayé, mais terrible encore et lançant des regards furieux, le lion recule un moment ; mais sa colère et son courage l'empêchent de fuir et de se précipiter, comme il le voudrait, à travers les dards et les chasseurs : ainsi Turnus, indécis, recule à pas lents, et son âme bouillonne de rage ; deux fois même il s'élance au milieu des ennemis, et deux fois il repousse contre les remparts les Troyens dispersés. Mais le camp s'ébranle tout entier et se réunit contre lui : en présence de tant d'ennemis, Junon n'ose plus le protéger. L'aérienne Iris, descendue de l'Olympe, lui a transmis de la part de Jupiter des ordres menaçants, si Turnus ne s'éloigne des hauts remparts des Troyens. Le jeune héros oppose en vain son bras et son bouclier à la grêle de traits qui fond sur lui et retentit sans cesse sur son casque sonore ; sa puissante armure plie et se brise sous l'effort des pierres ; son panache est renversé, et son bouclier ne

```
Talibus accensi firmantur, et agmine denso
Consistunt. Turnus paulatim excedere pugna,
Et fluvium petere, ac partem quæ cingitur amni.        790
Acrius hoc Teucri clamore incumbere magno,
Et glomerare manum : ceu sævum turba leonem
Quum telis premit infensis ; at territus ille,
Asper, acerba tuens, retro redit ; et neque terga
Ira dare aut virtus patitur, nec tendere contra,       795
Ille quidem hoc cupiens, potis est per tela virosque.
Haud aliter retro dubius vestigia Turnus
Improperata refert, et mens exæstuat ira.
Quin etiam bis tum medios invaserat hostes :
Bis confusa fuga per muros agmina vertit :             800
Sed manus e castris propere coit omnis in unum ;
Nec contra vires audet Saturnia Juno
Sufficere ; aeriam cœlo nam Juppiter Irim
Demisit, germanæ haud mollia jussa ferentem,
Ni Turnus cedat Teucrorum mœnibus altis.               805
Ergo nec clypeo juvenis subsistere tantum,
Nec dextra valet : injectis sic undique telis
Obruitur ! strepit assiduo cava tempora circum
Tinnitu galea, et saxis solida æra fatiscunt ;
Discussæque jubæ capiti ; nec sufficit umbo            810
```

suffit plus à tant de coups portés à la fois. Les Troyens et le foudroyant Mnesthée font voler à l'envi les javelots et les dards. Inondé de la sueur noirâtre qui baigne tout son corps, ne tirant plus de sa poitrine qu'une haleine qui bat péniblement ses flancs, le héros rutule se jette tout armé dans le fleuve : le Tibre le reçoit dans son sein, le soutient mollement sur ses ondes, et le rend, purifié des souillures du carnage, aux vœux de ses compagnons qu'il retrouve avec joie.

    Ictibus ; ingeminant hastis et Troes, et ipse
    Fulmineus Mnestheus : tum toto corpore sudor
    Liquitur, et piceum (nec respirare potestas)
    Flumen agit; fessus quatit æger anhelitus artus.
    Tum demum præceps saltu sese omnibus armis   815
    In fluvium dedit : ille suo cum gurgite flavo
    Accepit venientem, ac mollibus extulit undis,
    Et lætum sociis, abluta cæde, remisit

LIVRE DIXIÈME

Cependant s'ouvre le palais de l'Olympe, séjour des immortels. Le père des dieux et le roi des hommes convoque son conseil dans la demeure étoilée. C'est là que, du haut de son trône, ses regards, embrassant toute la terre, s'arrêtent sur le camp des Troyens et sur les peuples du Latium. Les dieux prennent place dans l'enceinte ouverte des deux côtés, et Jupiter commence ainsi : « Augustes habitants des cieux, pourquoi ce changement dans vos intentions? Pourquoi ces haines jalouses qui vous divisent? J'avais défendu que l'Italie en vînt aux prises avec les Troyens. Pourquoi cette discorde vient-elle contrarier ma volonté? quelle crainte a poussé les deux peuples à s'armer et à commencer la guerre? Il viendra (gardez-vous d'en hâter le terme) le temps fixé pour les combats, lorsque, du sommet des Alpes entr'ouvertes, l'insolente Carthage menacera les remparts de Rome d'un immense désastre : donnez alors un libre cours à vos haines, et faites appel à la violence ; mais laissez, jusque-là, les événements

LIBER DECIMUS.

Panditur interea domus omnipotentis Olympi,
Conciliumque vocat divûm pater atque hominum rex
Sideream in sedem, terras unde arduus omnes,
Castraque Dardanidum adspectat, populosque Latinos.
Considunt tectis bipatentibus ; incipit ipse :   5
« Cœlicolæ magni, quianam sententia vobis
Versa retro, tantumque animis certatis iniquis?
Abnueram bello Italiam concurrere Teucris.
Quæ contra vetitum discordia? quis metus, aut hos,
Aut hos, arma sequi, ferrumque lacessere suasit?   10
Adveniet justum pugnæ, ne arcessite, tempus,
Quum fera Carthago Romanis arcibus olim
Exitium magnum atque Alpes immittet apertas :
Tum certare odiis, tum res rapuisse licebit.

s'accomplir, et que l'harmonie règne entre vous : telle est ma volonté. »

Ainsi parle Jupiter en peu de mots; mais la belle Vénus réplique plus longuement : « O mon père, toi dont l'éternelle puissance gouverne les hommes et les dieux, seul appui que nous puissions désormais implorer, tu vois à quel excès les Rutules portent leur audace; avec quelle insolence Turnus, monté sur son superbe coursier, et enflé de ses premiers succès, nous insulte et nous brave. Les Troyens n'ont plus de remparts qui les protègent : l'ennemi a franchi les portes : la guerre est au centre même des murailles, et les fossés regorgent de sang. Énée, absent, l'ignore. Serons-nous donc partout et toujours assiégés? L'ennemi menace encore les murs naissants d'une nouvelle Troie. Une autre armée se lève, et le fils de Tydée abandonne l'Étolie pour venir fondre sur les Troyens : qui sait si de nouvelles blessures ne m'attendent pas, et si ta fille n'est pas encore exposée aux armes d'un mortel?

« Si les Troyens ont abordé l'Italie sans ton aveu, et contre ta volonté, qu'ils expient leur faute; retire-leur ton appui; mais s'ils n'ont fait qu'obéir à la voix du ciel et des enfers, comment donc ose-t-on se permettre de changer tes décrets et de donner un autre cours aux destins? Rappellerai-je ici nos vaisseaux in-

Nunc sinite, et placitum læti componite fœdus. » 15
Juppiter hæc paucis : at non Venus aurea contra
Pauca refert :
« O Pater, o hominum divûmque æterna potestas!
(Namque aliud quid sit, quod jam implorare queamus?)
Cernis ut insultent Rutuli, Turnusque feratur 20
Per medios insignis equis, tumidusque secundo
Marte ruat: non clausa tegunt jam mœnia Teucros.
Quin intra portas atque ipsis prœlia miscent
Aggeribus murorum, et inundant sanguine fossæ;
Æneas ignarus abest. Nunquamne levari 25
Obsidione sines? muris iterum imminet hostis
Nascentis Trojæ; nec non exercitus alter,
Atque iterum in Teucros Ætolis surgit ab Arpis
Tydides. Equidem, credo, mea vulnera restant;
Et tua progenies mortalia demoror arma! 30
Si sine pace tua, atque invito numine, Troes
Italiam petiere, luant peccata, neque illos
Juveris auxilio : sin tot responsa secuti,
Quæ Superi Manesque dabant, cur nunc tua quisquam
Vertere jussa potest? aut cur nova condere fata? 35
Quid repetam exustas Erycino in littore classes?

cendiés dans les ports de la Sicile ; le roi des tempêtes déchaînant contre nous la fureur des vents ; Iris envoyée du haut des cieux ? — C'est à l'enfer maintenant (il ne restait plus que ce moyen à tenter) que l'on a recours ; et, déchaînée tout à coup sur la terre, l'affreuse Alecton inspire ses fureurs aux villes de l'Italie. Ce n'est plus au souverain pouvoir qu'aspire mon ambition : je m'en suis flattée, tant que la fortune a été pour nous ; qu'elle soit maintenant pour ceux que protége ta faveur. Mais s'il n'est point de région sur la terre dont ton implacable épouse ne ferme l'accès aux Troyens, je t'en conjure, ô mon père, par les ruines fumantes d'Ilion, qu'il me soit permis de soustraire Ascagne aux périls de la guerre ! Qu'il me reste du moins un petit-fils ! Si Énée est destiné à errer encore sur des mers inconnues, qu'il suive la route tracée par la Fortune, mais que l'on me permette de sauver son fils et de le dérober aux horreurs des combats. Amathonte, Paphos, Cythère, les bosquets d'Idalie reconnaissent mes lois : que le jeune Ascagne y trouve, loin des combats, une sécurité sans gloire. Que Carthage appesantisse alors son joug sur l'Ausonie, les Troyens n'y mettront plus d'obstacle. De quoi leur a servi d'échapper au fléau de la guerre, de fuir à travers les feux ennemis et d'épuiser tous les périls de la

<blockquote>
Quid tempestatum regem, ventosque furentes
Æolia excitos ? aut actam nubibus Irim ?
Nunc etiam Manes (hæc intentata manebat
Sors rerum) movet, et superis immissa repente   40
Allecto, medias Italûm bacchata per urbes.
Nil super imperio moveor ; speravimus ista,
Dum fortuna fuit : vincant, quos vincere mavis.
Si nulla est regio, Teucris quam det tua conjux
Dura, per eversæ, genitor, fumantia Trojæ   45
Excidia obtestor, liceat dimittere ab armis
Incolumem Ascanium, liceat superesse nepotem.
Æneas sane ignotis jactetur in undis,
Et, quamcumque viam dederit Fortuna, sequatur :
Hunc tegere, et diræ valeam subducere pugnæ.   50
Est Amathus, est celsa mihi Paphus, atque Cythera,
Idaliæque domus ; positis inglorius armis
Exigat hic ævum : magna ditione jubeto
Carthago premat Ausoniam : nihil urbibus inde
Obstabit Tyriis. Quid pestem evadere belli   55
Juvit, et Argolicos medium fugisse per ignes,
Totque maris vastæque exhausta pericula terræ,
Dum Latium Teucri recidivaque Pergama quærunt ?
</blockquote>

terre et des eaux pour venir chercher le Latium et une nouvelle Pergame? Ah! qu'il eût mieux valu fouler encore les cendres de la patrie et les champs où fut Troie! Rendez à ces malheureux, ô mon père, rendez le Xanthe et le Simoïs, et qu'il leur soit permis de subir encore une fois les destinées d'Ilion.

A ces mots, la reine des dieux, Junon, ne se possède plus, et s'écrie :

« Pourquoi me forcez-vous de rompre le long silence que je m'étais imposé, et de mettre au jour le ressentiment que je cache dans mon cœur? Quel dieu, je vous le demande, quel mortel ont engagé votre Énée à prendre les armes, et à se déclarer l'ennemi du roi Latinus! C'est sur la foi des oracles, ou plutôt des fureurs prophétiques de Cassandre, qu'il a cherché l'Italie ; soit ; mais lui ai-je conseillé d'abandonner son camp? de remettre encore une fois sa vie aux caprices des vents? de confier à un enfant la conduite de la guerre et la défense d'une ville? de s'allier aux Tyrrhéniens, et de troubler des nations paisibles? Quel dieu l'a trompé? en quoi ai-je abusé envers lui de ma puissance? et que font ici Junon et sa messagère Iris? Il est affreux, à vous entendre, que les peuples de l'Italie portent la flamme dans la nouvelle Troie, et que Turnus cherche à s'affermir sur le sol paternel ; Turnus, qui a Pilumnus pour aïeul, et pour mère la divine Vénilia? Est-il donc plus juste que, le fer et la flamme à la main, les

    Non satius, cineres patriæ insedisse supremos,
    Atque solum quo Troja fuit? Xanthum et Simoenta   60
    Redde, oro, miseris ; iterumque revolvere casus
    Da, Pater, Iliacos Teucris ! »
                   Tum regia Juno
    Acta furore gravi :
               « Quid me alta silentia cogis
    Rumpere, et obductum verbis vulgare dolorem?
    Ænean hominum quisquam divûmque subegit   65
    Bella sequi, aut hostem regi se inferre Latino?
    Italiam petiit fatis auctoribus : esto ;
    Cassandræ impulsus furiis : num linquere castra
    Hortati sumus, aut vitam committere ventis?
    Num puero summam belli, num credere muros?   70
    Tyrrhenamve fidem aut gentes agitare quietas?
    Quis deus in fraudem, quæ dura potentia nostri
    Egit? ubi hic Juno, demissave nubibus Iris?
    Indignum est Italos Trojam circumdare flammis
    Nascentem, et patria Turnum consistere terra,   75
    Cui Pilumnus avus, cui diva Venilia mater :
    Quid, face Trojanos atra vim ferre Latinis?

Troyens poursuivent les habitants du Latium, menacent de leur joug un sol étranger, et ravissent le bien d'autrui? Ils pourront se choisir des beaux-pères, et arracher au sein maternel des épouses déjà promises! tendre la main en signe de paix, tandis qu'ils arment leurs vaisseaux pour la guerre! Il vous sera permis de soustraire Énée au fer des Grecs, de lui substituer un fantôme nébuleux, et de faire de ses vaisseaux autant de Nymphes; et l'on me fera un crime, à moi, de prêter aux Rutules quelques secours! — *Énée, absent, l'ignore!...* qu'il l'ignore, qu'il soit absent. Maîtresse souveraine de Paphos, d'Idalie et de Cythère, qu'avez-vous besoin de provoquer une cité guerrière et des cœurs indomptables? Est-ce moi qui ai conspiré la ruine totale de l'empire de Priam? Moi, ou celui qui a exposé les Troyens à la vengeance des Grecs? Quel motif a subitement armé l'Europe et l'Asie? Qui a rompu la paix par un enlèvement clandestin? Est-ce par moi que l'adultère Troyen a triomphé de Sparte? Lui ai-je fourni des armes, ou ai-je fomenté la guerre en attisant sa coupable passion? C'est alors qu'il convenait de trembler pour vos chers Phrygiens : mais aujourd'hui vos plaintes sont trop tardives, et ces débats inutiles n'ont plus d'objet. »

Ainsi parla Junon; et son discours, diversement accueilli par les dieux, fut suivi d'un murmure prolongé : tel frémit, empri-

  Arva aliena jugo premere, atque avertere prædas?
  Quid soceros legere, et gremiis abducere pactas?
  Pacem orare manu, præfigere puppibus arma?   80
  Tu potes Æneau manibus subducere Graiûm,
  Proque viro nebulam, et ventos obtendere inanes,
  Et potes in totidem classem convertere Nymphas :
  Nos aliquid Rutulos contra juvisse nefandum est?
  Æneas ignarus abest; ignarus et absit.   85
  Est Paphus, Idaliumque tibi, sunt alta Cythera :
  Quid gravidam bellis urbem et corda aspera tentas?
  Nosne tibi fluxas Phrygiæ res vertere fundo
  Conamur? nos? an miseros qui Troas Achivis
  Objecit? Quæ causa fuit consurgere in arma   90
  Europamque Asiamque, et fœdera solvere furto?
  Me duce Dardanius Spartam expugnavit adulter?
  Aut ego tela dedi, fovive Cupidine bella?
  Tum decuit metuisse tuis : nunc sera querelis
  Haud justis assurgis, et irrita jurgia jactas. »   95
  Talibus orabat Juno; cunctique fremebant
  Cœlicolæ assensu vario : ceu flamina prima,
  Quum deprensa fremunt silvis, et cæca volutant

sonné dans la forêt, le premier souffle des vents, dont le sourd murmure annonce la tempête qui menace les matelots.

Alors le père des dieux, souverain arbitre de l'univers, prend la parole : soudain un profond silence règne dans l'Olympe; la terre tremble sur sa base, les zéphyrs retiennent leur haleine, et la mer calmée abaisse ses flots.

« Écoutez! et que mes paroles demeurent gravées dans votre souvenir. Puisque nulle alliance ne peut unir les Ausoniens aux Troyens, et que vos discordes n'ont point de terme ; quelles que soient désormais la fortune ou les espérances des deux peuples, Rutules ou Troyens sont égaux pour moi, soit que les Italiens tiennent Troie assiégée par l'ordre des destins, soit qu'une erreur funeste égare les Troyens, abusés par de faux oracles : je n'affranchis pas les Rutules du sort qui leur est réservé : chacun devra à lui-même ses revers ou ses succès. Jupiter, impartial, sera le même pour tous : les destins s'accompliront. »

Il dit, et prenant le Styx et ses noirs torrents à témoin de ses paroles, il fait un signe de tête qui ébranle tout l'Olympe. Il se lève alors et descend de son trône d'or; et le céleste cortége le reconduit jusqu'au seuil de son palais.

Cependant les Rutules, la flamme et le fer à la main, sèment la mort sur leurs pas, et menacent à la fois toutes les portes. Pressée

Murmura, venturos nautis prodentia ventos.
Tum Pater omnipotens, rerum cui summa potestas, 100
Infit : eo dicente, deûm domus alta silescit,
Et tremefacta solo tellus ; silet arduus æther ;
Tum Zephyri posuere ; premit placida æquora pontus.
« Accipite ergo animis, atque hæc mea figite dicta.
Quandoquidem Ausonios conjungi fœdere Teucris 105
Haud licitum, nec vestra capit discordia finem :
Quæ cuique est fortuna hodie, quam quisque secat spem,
Tros Rutulusve fuat, nullo discrimine habebo ;
Seu fatis Italûm castra obsidione teneantur,
Sive errore malo Trojæ monitisque sinistris. 110
Nec Rutulos solvo. Sua cuique exorsa laborem
Fortunamque ferent ; rex Juppiter omnibus idem.
Fata viam invenient. »
     Stygii per flumina fratris,
Per pice torrentes atraque voragine ripas
Adnuit, et totum nutu tremefecit Olympum. 115
Hic finis fandi : solio tum Juppiter aureo
Surgit ; cœlicolæ medium quem ad limina ducunt.
Interea Rutuli portis circum omnibus instant

de toutes parts dans l'enceinte de ses murailles, l'armée Troyenne n'a plus aucun moyen de fuir. En vain les malheureux se tiennent au haut des tours, et disséminent sur les remparts le peu de défenseurs qui leur restent. A leur tête se distinguent Asius, le fils d'Imbrasis, Thymète, les deux Assaracus, Castor et le vieux Thymbris ; deux frères de l'illustre Sarpédon, Thémon et Clarus, enfants de la haute Lycie. Digne rival et de Clytius son père et de son frère Mnesthée, Acmon de Lyrnesse s'avance, pliant sous le poids d'un rocher, vaste débris d'une montagne: les traits, les pierres, les brandons enflammés volent du haut de ces murs, et tous les arcs sont tendus. Parmi eux se fait remarquer le jeune Iule, tendre objet de la sollicitude de Vénus : sa tête est nue ; sa belle et longue chevelure que retient un réseau d'or flotte sur son cou blanc comme le lait. Telle une pierre précieuse, que l'art a enchâssée dans l'or, brille au front ou au cou d'une jeune beauté ; telle encore la blancheur de l'ivoire emprunte un nouvel éclat du buis ou du térébinthe d'Oricie dans lequel il est incrusté.

Et toi aussi, généreux Ismare, illustre rejeton d'une noble famille de la Méonie, où l'homme cultive un sol fertile, et que la

Sternere cæde viros, et mœnia cingere flammis.
At legio Æneadum vallis obsessa tenetur ; 120
Nec spes ulla fugæ : miseri stant turribus altis
Nequidquam, et rara muros cinxere corona :
Asius Imbrasides, Hicetaoniusque Thymœtes,
Assaracique duo, et senior cum Castore Thymbris,
Prima acies : hos germani Sarpedonis ambo, 125
Et Clarus, et Themon, Lycia comitantur ab alta.
Fert ingens toto connixus corpore saxum,
Haud partem exiguam montis, Lyrnessius Acmon,
Nec Clytio genitore minor, nec fratre Menestheo.
Hi jaculis, illi certant defendere saxis, 130
Molirique ignem, nervoque aptare sagittas.
Ipse inter medios, Veneris justissima cura,
Dardanius caput ecce puer detectus honestum,
Qualis gemma, micat, fulvum quæ dividit aurum,
Aut collo decus, aut capiti ; vel quale per artem 135
Inclusum buxo, aut Oricia terebintho,
Lucet ebur : fusos cervix cui lactea crines
Accipit, et molli subnectens circulus auro.
Te quoque magnanimæ viderunt, Ismare, gentes
Vulnera dirigere, et calamos armare veneno, 140
Mæonia generose domo, ubi pinguia culta

Pactole arrose de ses flots qui roulent de l'or, ces nations magnanimes te virent lancer des traits, et armer tes flèches de poison. Là étaient aussi Mnesthée, tout fier d'avoir glorieusement repoussé Turnus loin des remparts; et Capys, à qui la ville de Capoue doit son nom.

Tandis que les deux partis se livrent l'un à l'autre ces combats meurtriers, la flotte d'Énée fendait les flots au milieu de la nuit. A peine arrivé de chez Évandre au camp des Étruriens, Énée aborde leur roi, lui fait connaître son nom, sa naissance, ce qu'il demande, ce qu'il peut offrir lui-même ; les peuples que Mézence arme et rallie pour le seconder, et les emportements de Turnus ; puis il lui rappelle l'inconstance des choses humaines, et joint des prières à ses discours. Sans perdre un instant, Tarchon unit ses forces à celles du prince troyen et fait alliance avec lui. Affranchie de l'oracle qui enchaînait sa vaillance, la jeunesse lydienne, suivant l'ordre des dieux, s'embarque avec joie sous la conduite d'un chef étranger.

A la tête de la flotte s'avance le vaisseau d'Énée. Sur sa proue sont figurés les lions de Cybèle, et, au-dessus, le mont Ida, l'Ida, toujours si cher aux Troyens fugitifs. C'est là que le héros repasse et pèse dans son esprit les chances diverses de la guerre : assis à sa gauche, le jeune Pallas tantôt lui demande quels astres dirigent leur course à travers les ténèbres

```
        Exercentque viri, Pactolusque irrigat auro.
        Adfuit et Mnestheus, quem pulsi pristina Turni
        Aggere murorum sublimem gloria tollit ;
        Et Capys : hinc nomen Campanæ ducitur urbi.        145
        Illi inter sese duri certamina belli
        Contulerant : media Æneas freta nocte secabat.
        Namque, ut ab Evandro castris ingressus Etruscis,
        Regem adit, et regi memorat nomenque genusque ;
        Quidve petat, quidve ipse ferat ; Mezentius arma    150
        Quæ sibi conciliet, violentaque pectora Turni
        Edocet ; humanis quæ sit fiducia rebus
        Admonet, immiscetque preces : haut fit mora ; Tarchon
        Jungit opes, fœdusque ferit ; tum libera fati
        Classem conscendit jussis gens Lydia divûm,         155
        Externo commissa duci. Æneia puppis
        Prima tenet, rostro Phrygios subjuncta leones ;
        Imminet Ida super, profugis gratissima Teucris.
        Hic magnus sedet Æneas, secumque volutat
        Eventus belli varios ; Pallasque sinistro           160
        Affixus lateri jam quærit sidera, opacæ
```

de la nuit, tantôt quels dangers il a couru sur terre et sur mer.

Ouvrez-moi maintenant l'Hélicon, Muses, et inspirez mes chants : apprenez-moi quels peuples quittèrent l'Étrurie, et armèrent une flotte pour suivre la fortune d'Énée.

Massicus, qui monte le Tigre, fend le premier les flots de sa proue d'airain : il commande mille jeunes guerriers sortis des remparts de Clusium et de Cosa : des flèches, un carquois et un arc meurtrier, telles sont leurs armes. Il est suivi du farouche Abas, dont la troupe brille sous une armure éclatante ; un Apollon doré orne la poupe de son vaisseau. Populonie, sa patrie, lui avait confié six cents jeunes soldats, déjà formés aux travaux de la guerre ; et trois cents autres lui étaient venus de l'île d'Ilva, célèbre par ses inépuisables mines d'acier. Le troisième est Asylas, digne interprète des hommes et des dieux : les fibres des victimes, les corps célestes, le langage des oiseaux et les présages de la foudre, obéissent docilement à sa voix. Il commande mille guerriers, formés en bataillons épais, hérissés de lances : c'est Pise qui les a envoyés ; Pise, ville étrusque, fondée par une colonie venue des rives de l'Alphée. Derrière eux, paraît le bel Astur fier de son superbe coursier et de l'éclat varié de son armure. Trois cents soldats, partis des villes de Céré, de l'antique Pyrge, de l'insa-

> Noctis iter, jam quæ passus terraque marique.
> Pandite nunc Helicona, deæ, cantusque movete :
> Quæ manus interea Tuscis comitetur ab oris
> Ænean, armetque rates, pelagoque vehatur.   165
> Massicus ærata princeps secat æquora Tigri ;
> Sub quo mille manus juvenum, qui mœnia Clusi,
> Quique urbem liquere Cosas ; queis tela, sagittæ,
> Corytique leves humeris, et letifer arcus.
> Una torvus Abas : huic totum insignibus armis   170
> Agmen, et aurato fulgebat Apolline puppis :
> Sexcentos illi dederat Populonia mater
> Expertos belli juvenes ; ast Ilva trecentos
> Insula, inexhaustis Chalybum generosa metallis.
> Tertius, ille hominum divûmque interpres Asylas,   175
> Cui pecudum fibræ, cœli cui sidera parent,
> Et linguæ volucrum, et præsagi fulminis ignes,
> Mille rapit densos acie atque horrentibus hastis.
> Hos parere jubent Alphææ ab origine Pisæ,
> Urbs Etrusca solo : sequitur pulcherrimus Astur,   180
> Astur equo fidens et versicoloribus armis.
> Tercentum adjiciunt (mens omnibus una sequendi)
> Qui Cærete domo, qui sunt Minionis in arvis,

lubre Gravisque et des bords du Minion, marchent sous ses ordres, et tous se font une joie de le suivre.

Je ne t'oublierai point, Cynire, le plus intrépide chef des Liguriens ; et toi, Cupavon, qu'accompagne un petit nombre de guerriers, et dont le casque est ombragé de plumes de cygne : emblème de la métamorphose de ton père, dont l'amour fit le crime. On raconte, en effet, qu'accablé de la perte de son cher Phaëthon, Cycnus se retira à l'ombre des peupliers, autrefois sœurs de son ami : tout entier à sa douleur, qu'il s'efforçait d'adoucir par ses chants, il vit sa vieillesse se revêtir d'un blanc et moelleux plumage ; il quitta la terre, et s'éleva en chantant vers les astres. Son fils, qu'accompagnent des guerriers de son âge, fait marcher à force de rames l'énorme Centaure. Armé d'un gigantesque rocher, le monstre semble s'élancer de la proue sur les flots qu'il menace, et que sillonne profondément sa longue carène. Fils de la prophétesse Manto, et du fleuve qui baigne la Toscane, Ocnus amenait des rives de sa patrie une troupe nombreuse. C'est lui, ô Mantoue, qui a fondé tes murailles, et qui t'a donné le nom de sa mère ; Mantoue, justement fière de tes fondateurs d'origine diverse. Trois nations différentes se divisent chacune en quatre tribus, qui toutes se rattachent à toi, fortes du sang toscan qui coule dans leurs veines.

> Et Pyrgi veteres, intempestæque Graviscæ.
> Non ego te, Ligurum ductor fortissime bello, 185
> Transierim, Cinyra ; et paucis comitate Cupavo,
> Cujus olorinæ surgunt de vertice pennæ :
> Crimen amor vestrum, formæque insigne paternæ ;
> Namque ferunt luctu Cycnum Phaethontis amati,
> Populeas inter frondes umbramque sororum 190
> Dum canit, et mœstum Musa solatur amorem,
> Canentem molli pluma duxisse senectam,
> Linquentem terras, et sidera voce sequentem.
> Filius, æquales comitatus classe catervas,
> Ingentem remis Centaurum promovet : ille 195
> Instat aquæ, saxumque undis immane minatur
> Arduus, et longa sulcat maria alta carina.
> Ille etiam patriis agmen ciet Ocnus ab oris,
> Fatidicæ Mantûs et Tusci filius amnis,
> Qui muros, matrisque dedit tibi, Mantua, nomen : 200
> Mantua, dives avis ; sed non genus omnibus unum :
> Gens illi triplex, populi sub gente quaterni ;
> Ipsa caput populis ; Tusco de sanguine vires.

Cinq cents guerriers marchent contre Mézence : le front ceint de verts roseaux, le Mincius, fils de Benacus, guide à travers les eaux leur proue menaçante. A leur suite s'avance pesamment Aulestès, qui frappe de cent avirons l'onde écumante : il est porté par l'énorme Triton, dont la conque effraie les mers ; c'est, de la tête aux flancs, un homme qui nage ; le ventre se termine en baleine, et le flot écumant murmure sous la poitrine du monstre. Tels sont les guerriers d'élite qui, montés sur trente vaisseaux, fendent la plaine liquide, et volent au secours des Troyens.

Déjà le jour avait quitté le ciel, et la brillante Phébé, sur son char nocturne, foulait le milieu du firmament. Assis à la poupe de son vaisseau, Énée, à qui les soucis ne permettent aucun repos, préside lui-même au gouvernail et à la direction des voiles. Tout à coup s'offre à sa rencontre le chœur aimable de ces nymphes qui, de vaisseaux qu'elles étaient, sont devenues, par la volonté de Cybèle, des divinités de la mer : égales en nombre à celui des navires qui avaient bordé le fleuve, elles fendaient les flots d'un mouvement égal, reconnaissaient de loin leur roi, et l'entouraient d'un joyeux cortége.

La plus éloquente d'entre elles, Cymodocée, appuyée d'une main sur la poupe du vaisseau d'Énée, tandis que l'autre la sou-

    Hinc quoque quingentos in se Mezentius armat,
    Quos patre Benaco, velatus arundine glauca,   205
    Mincius infesta ducebat in æquora pinu.
    It gravis Aulestes, centenaque arbore fluctus
    Verberat assurgens : spumant vada marmore verso.
    Hunc vehit immanis Triton, et cærula concha
    Exterrens freta : cui laterum tenus hispida nanti   210
    Frons hominem præfert, in pristin desinit alvus ;
    Spumea semifero sub pectore murmurat unda.
    Tot lecti proceres ter denis navibus ibant
    Subsidio Trojæ, et campos salis ære secabant.
    Jamque dies cœlo concesserat, almaque curru   215
    Noctivago Phœbe medium pulsabat Olympum :
    Æneas (neque enim membris dat cura quietem)
    Ipse sedens clavumque regit, velisque ministrat.
    Atque illi medio in spatio chorus ecce suarum
    Occurrit comitum : Nymphæ, quas alma Cybele   220
    Numen habere maris, Nymphasque e navibus esse
    Jusserat, innabant pariter, fluctusque secabant,
    Quot prius æratæ steterant ad littora proræ.
    Agnoscunt longe regem, lustrantque choreis.
    Quarum quæ fandi doctissima Cymodocea,   225

tient sur la surface des ondes silencieuses, instruit en ces mots le prince du prodige qu'il ignore :

« Veilles-tu, fils des dieux ? veille, et donne un libre essor à tes voiles. Tu vois en nous ces pins nés sur la cime sacrée de l'Ida, aujourd'hui Nymphes de la mer, naguère tes vaisseaux. Le perfide Rutule nous menaçait du fer et de la flamme : nous avons à regret brisé les câbles qui nous arrêtaient au rivage ; et nous te cherchions sur les vastes mers, lorsque, touchée de notre sort, la bienveillante Cybèle nous a donné de passer notre vie sous les ondes en qualité de déesses. Cependant le jeune Ascagne est étroitement pressé dans ses retranchements, en butte aux traits ennemis et à la belliqueuse fureur des Latins. Déjà les cavaliers que t'envoie l'Arcadie, réunis aux braves Toscans, occupent le poste qui leur est assigné : mais Turnus fait ses dispositions, pour leur opposer sa cavalerie, et prévenir leur jonction avec ton camp. Lève-toi, et qu'aux premiers rayons de l'Aurore renaissante, tes compagnons soient sous les armes : pour toi, prends ce bouclier invincible, ouvrage de Vulcain, et dont il a entouré le contour d'un cercle d'or. Demain (si mes paroles méritent de ta part quelque confiance) le soleil éclairera un effroyable carnage des Rutules. »

Pone sequens, dextra puppim tenet, ipsaque dorso
Eminet, ac læva tacitis subremigat undis.
Tum sic ignarum alloquitur :
                « Vigilasne, deûm gens,
Ænea? vigila, et velis immitte rudentes.
Non sumus Ideæ sacro de vertice pinus,   230
Nunc pelagi Nymphæ, classis tua. Perfidus ut nos
Præcipites ferro Rutulus flammaque premebat,
Rupimus invitæ tua vincula, teque per æquor
Quærimus. Hanc genitrix faciem miserata refecit,
Et dedit esse deas, ævumque agitare sub undis. 235
At puer Ascanius muro fossisque tenetur,
Tela inter media atque horrentes Marte Latinos.
Jam loca jussa tenet forti permixtus Etrusco
Arcas eques : medias illis opponere turmas,
Ne castris jungant, certa est sententia Turno. 240
Surge age, et Aurora socios veniente vocari
Primus in arma jube, et clypeum cape, quem dedit ipse
Invictum ignipotens, atque oras ambiit auro.
Crastina lux, mea si non irrita dicta putaris,
Ingentes Rutulæ spectabit cædis acervos. »   245
Dixerat ; et dextra discedens impulit altam,

Elle dit, et, en s'éloignant, pousse, d'une main encore savante dans son art, la poupe du vaisseau, qui fuit plus prompt que le javelot ou la flèche qui rivalise avec les vents : le reste de la flotte s'élance à sa suite. Frappé d'étonnement à la vue de ces prodiges, le fils d'Anchise y puise toutefois un nouveau courage ; et, les yeux levés vers le ciel : « Mère auguste des dieux ! ô vous qui protégez Dindyme et les villes couronnées de tours ; vous qui attelez à votre char des lions dociles au frein, c'est vous qui aujourd'hui me guidez aux combats ; confirmez cet heureux augure, et soyez-nous favorable. »

Il dit, et cependant la lumière, de retour, avait chassé devant elle les ombres de la nuit. Énée commande, et soudain les enseignes se déploient, les courages se raniment, et les guerriers se disposent au combat. Debout à l'extrémité de la poupe, le héros est déjà en présence des Troyens et de son camp ; puis, de la main gauche, il élève son bouclier resplendissant : du haut de leurs remparts, les Troyens poussent un cri qui monte jusqu'au ciel. L'espoir ranime leur fureur. Les traits pleuvent de leurs mains, aussi nombreux, aussi serrés que les grues du Strymon, lorsqu'elles traversent bruyamment les plaines de l'air, et qu'elles fuient l'Auster pluvieux en poussant des cris de joie.

Cependant cette ardeur des assiégés étonne le prince Rutule et

Haud ignara modi, puppim : fugit illa per undas
Ocior et jaculo et ventos æquante sagitta :
Inde aliæ celerant cursus. Stupet inscius ipse
Tros Anchisiades ; animos tamen omine tollit.   250
Tum breviter, supera adspectans convexa, precatur :
« Alma parens Idæa deûm, cui Dindyma cordi,
Turrigeræque urbes, bijugique ad frena leones,
Tu mihi nunc pugnæ princeps, tu rite propinques
Augurium, Phrygibusque adsis pede, diva, secundo. »
Tantum effatus ; et interea revoluta ruebat   255
Matura jam luce dies, noctemque fugarat.
Principio sociis edicit, signa sequantur,
Atque animos aptent armis, pugnæque parent se.
Jamque in conspectu Teucros habet et sua castra,   260
Stans celsa in puppi ; clypeum quum deinde sinistra
Extulit ardentem. Clamorem ad sidera tollunt
Dardanidæ e muris : spes addita suscitat iras :
Tela manu jaciunt : quales sub nubibus atris
Strymoniæ dant signa grues, atque æthera tranant   265
Cum sonitu, fugiuntque Notos clamore secundo.

les chefs de l'armée latine : mais cet étonnement cesse bientôt à l'aspect des poupes tournées vers le rivage, et de la mer couverte de vaisseaux. Ils voient les éclairs qui jaillissent du casque d'Énée, la pourpre flamboyante de son panache, et les torrents de feu que vomit l'or de son bouclier. Ainsi, par une nuit sereine, de sanglantes comètes jettent de lugubres clartés : tel encore le brûlant Sirius se lève, apportant aux tristes mortels la soif et les maladies, et attriste le ciel de son funèbre éclat.

Cependant l'audacieux Turnus ne perd pas l'espoir de s'emparer du rivage, et d'en repousser l'ennemi. Il exhorte, il encourage les siens : « Le voilà, ce que vous désiriez, s'écrie-t-il, le voilà ! Mars lui-même vous livre vos ennemis. Songez à vos femmes, à vos foyers, aux exploits et à la gloire de vos pères. Courons au rivage, tandis que les Troyens effrayés sortent de leurs vaisseaux d'un pas encore mal assuré. A ceux qui osent, la Fortune vient en aide. »

Il dit, et désigne en même temps ceux qui marcheront avec lui, et ceux qui resteront en observation autour des murs assiégés.

Mais déjà, du haut des poupes, des ponts sont jetés, par ordre d'Énée, pour le débarquement. Plusieurs, saisissant le moment où le retour du flot vers la haute mer laisse le sable à découvert,

> At Rutulo regi ducibusque ea mira videri
> Ausoniis, donec versas ad littora puppes
> Respiciunt, totumque allabi classibus æquor.
> Ardet apex capiti, cristisque e vertice flamma   270
> Funditur, et vastos umbo vomit aureus ignes :
> Non secus ac liquida si quando nocte cometæ
> Sanguinei lugubre rubent, aut Sirius ardor :
> Ille sitim morbosque ferens mortalibus ægris
> Nascitur, et lævo contristat lumine cœlum.   275
> Haud tamen audaci Turno fiducia cessit
> Littora præcipere, et venientes pellere terra.
> Ultro animos tollit dictis, atque increpat ultro :
> « Quod votis optastis, adest, perfringere dextra ;
> In manibus Mars ipse, viri : nunc conjugis esto   280
> Quisque suæ tectique memor ; nunc magna referto
> Facta, patrum laudes. Ultro occurramus ad undam,
> Dum trepidi, egressique labant vestigia prima :
> Audentes Fortuna juvat. »
> Hæc ait, et secum versat, quos ducere contra,   285
> Vel quibus obsessos possit concredere muros.
> Interea Æneas socios de puppibus altis
> Pontibus exponit. Multi servare recursus
> Languentis pelagi, et brevibus se credere saltu ;

s'élancent à terre ; d'autres glissent le long des rames. En explorant la côte, Tarchon a remarqué un endroit où l'onde se brise et recule sans murmure, et où le flux inoffensif de la mer vient glisser sans obstacle. Il y tourne aussitôt sa proue, et s'adressant à ses compagnons : « Allons, troupe d'élite, dit-il, courage ! appuyez fortement sur vos rames ; enlevez, transportez vos vaisseaux ; que leur proue fende cette plage ennemie, et que leur carène s'y ouvre un large sillon. Dût mon vaisseau périr en abordant, qu'importe, pourvu que je touche la terre ! » Il a parlé : soudain l'onde écume sous l'effort des rameurs, et les vaisseaux se creusent dans le sable un lit où ils s'arrêtent bientôt sans obstacle et sans danger. Le tien fut moins heureux, brave Tarchon ! engagé dans les sables et suspendu sur de funestes écueils, il fatigue vainement les flots ; puis il se brise, laisse ses guerriers à la merci des ondes : les débris flottants des rames et des bancs de rameurs leur rendent plus difficile l'accès du rivage, d'où le reflux les repousse avec violence.

Turnus ne perd pas un instant : il se hâte de rassembler toute son armée, qui présente bientôt aux Troyens un front formidable.

Les clairons se font entendre : Énée le premier (présage heureux du succès !) fond sur ces bandes agrestes ; et déjà il a im-

Per remos alii. Speculatus littora Tarchon, 290
Qua vada non spirant, nec fracta remurmurat unda,
Sed mare inoffensum crescenti allabitur æstu,
Advertit subito proras, sociosque precatur :
« Nunc, o lecta manus, validis incumbite remis :
Tollite, ferte rates ; inimicam findite rostris 295
Hanc terram, sulcumque sibi premat ipsa carina.
Frangere nec tali puppim statione recuso,
Arrepta tellure semel. » Quæ talia postquam
Effatus Tarchon, socii consurgere tonsis,
Spumantesque rates arvis inferre Latinis, 300
Donec rostra tenent siccum, et sedere carinæ
Omnes innocuæ. Sed non puppis tua, Tarchon !
Namque inflicta vadis dorso dum pendet iniquo,
Anceps, sustentata diu, fluctusque fatigat,
Solvitur, atque viros mediis exponit in undis ; 305
Fragmina remorum quos et fluitantia transtra
Impediunt, retrahitque pedem simul unda relabens.
Nec Turnum segnis retinet mora : sed rapit acer
Totam aciem in Teucros, et contra in littore sistit.
Signa canunt : primus turmas invasit agrestes 310

molé Théron, et jeté l'épouvante parmi les Latins. Fier de sa taille, qui dominait tous les autres guerriers, l'imprudent Théron ose provoquer Énée ; mais le triple airain de sa cuirasse, et l'or qui durcit sa tunique, ne peuvent le protéger contre le glaive ennemi, qui, dans son flanc déchiré, s'abreuve de sang. Il frappe ensuite Lichas, qui jadis, retiré du sein d'une mère expirée, fut consacré à Phébus, pour avoir échappé, en naissant, au fer cruel. Bientôt après, le héros immole le vigoureux Cissée et l'énorme Gyas, dont la massue terrassait des bataillons entiers. Rien ne les protége, ni les armes d'Hercule, ni la force de leurs bras, ni Mélampus, leur père, qui fut le compagnon d'Alcide, tant que de rudes travaux exercèrent sa valeur sur la terre. Pharon proférait d'impuissantes bravades : le javelot d'Énée vole, et s'enfonce dans sa bouche béante.

Tu allais tomber aussi sous les coups du héros troyen, infortuné Cydon, que le blond Clytius, dont la joue se couvre d'un naissant duvet, captive et entraîne sur ses pas, et tu ne songerais plus à tes perpétuels amours pour les jeunes gens, si la troupe réunie des fils de Phorcus ne se fût jetée au-devant du coup qui te menaçait : ils sont sept frères : sept traits partent à la fois de leurs mains : les uns vont rebondir, repoussés par le casque et le bouclier du héros, et les autres, détournés par la

Æneas, omen pugnæ, stravitque Latinos,
Occiso Therone, virûm qui maximus ultro
Ænean petit : huic gladio perque ærea suta,
Per tunicam squalentem auro, latus haurit apertum.
Inde Lichan ferit, exsectum jam matre perempta, 315
Et tibi, Phœbe, sacrum, casus evadere ferri
Quod licuit parvo. Nec longe, Cissea durum,
Immanemque Gyan, sternentes agmina clava,
Dejecit leto : nihil illos Herculis arma,
Nec validæ juvere manus, genitorque Melampus, 320
Alcidæ comes, usque graves dum terra labores
Præbuit. Ecce Pharo, voces dum jactat inertes,
Intorquens jaculum clamanti sistit in ore.
Tu quoque, flaventem prima lanugine malas
Dum sequeris Clytium infelix, nova gaudia, Cydon, 325
Dardania stratus dextra, securus amorum,
Qui juvenum tibi semper erant, miserande, jaceres,
Ni fratrum stipata cohors foret obvia, Phorci
Progenies : septem numero septenaque tela
Conjiciunt : partim galea clypeoque resultant 330
Irrita ; deflexit partim stringentia corpus

puissante Vénus, ne font qu'effleurer son corps. Énée s'adresse au fidèle Achate : « Donne-moi, lui dit-il, ces javelots qui ont renversé tant de Grecs dans les plaines de Troie (ma main n'en lancera pas un en vain contre les Rutules). Il saisit une énorme javeline ; il la lance : elle vole, traverse l'airain du bouclier de Méon, et déchire à la fois sa cuirasse et sa poitrine. Son frère Alcanor accourt et soutient de la main son frère qui chancelle ; un second trait part et traverse le bras d'Alcanor, poursuit sa route sanglante, et le bras mourant d'Alcanor reste suspendu par les nerfs à son épaule. Numitor arrache le trait du corps de son frère, et le renvoie à Énée ; mais il ne lui est pas permis de toucher le héros, et la cuisse du grand Achate en est à peine effleurée.

Plein de confiance dans sa jeunesse et dans sa force, le chef des Sabins, Clausus, fait voler de loin sa pesante javeline : elle atteint profondément Dryope au-dessous du menton, lui perce la gorge, et lui ravit du même coup la parole et la vie : son front frappe la terre, et sa bouche vomit un sang épais. Trois jeunes Thraces, du noble sang de Borée, et trois fils d'Idas, qu'Ismare, leur patrie, avait envoyés aux combats, tombent diversement frappés. Halésus, la troupe des Auronces, et le fils de Neptune,

  Alma Venus. Fidum Æneas affatur Achaten :
  « Suggere tela mihi (non ullam dextera frustra
  Torserit in Rutulos) steterunt quæ in corpore Graiûm
  Iliacis campis. » Tum magnam corripit hastam, 335
  Et jacit : illa volans clypei transverberat æra
  Mæonis, et thoraca simul cum pectore rumpit.
  Huic frater subit Alcanor, fratremque ruentem
  Sustentat dextra : trajecto missa lacerto
  Protinus hasta fugit, servatque cruenta tenorem ; 340
  Dexteraque ex humero nervis moribunda pependit.
  Tum Numitor, jaculo fratris de corpore rapto,
  Ænean petiit : sed non et figere contra
  Est licitum, magnique femur perstrinxit Achatæ.
  Hic Curibus, fidens primævo corpore, Clausus 345
  Advenit, et rigida Dryopen ferit eminus hasta
  Sub mentum graviter pressa, pariterque loquentis
  Vocem animamque rapit, trajecto gutture : at ille
  Fronte ferit terram, et crassum vomit ore cruorem.
  Tres quoque Threicios Boreæ de gente suprema, 350
  Et tres, quos Idas pater et patria Ismara mittit,
  Per varios sternit casus. Accurrit Halesus,
  Auruncæque manus : subit et Neptunia proles,

Messape, à la tête de sa cavalerie, accourent prendre part à l'action : les deux partis se repoussent l'un l'autre tour à tour : ils combattent sur le seuil même de l'Ausonie. Tels les vents ennemis se livrent des combats avec une ardeur et des forces égales : ni les vents, ni les nuages, ni les flots ne cèdent ; la lutte est longue et douteuse, tant est grande de part et d'autre l'opiniâtreté des combattants ! Les phalanges latines et troyennes se heurtent avec la même violence : pied contre pied, guerrier contre guerrier, leur masse épaisse s'entre-choque.

Non loin de là, les torrents avaient encombré la plaine de quartiers de rochers et d'arbustes arrachés au rivage : obligés de combattre à pied, contre leur usage, sur ce terrain inaccessible à la cavalerie, les Arcadiens fuyaient en désordre, poursuivis par les Latins. A cet aspect, le jeune Pallas indigné, et mêlant alternativement les reproches et les prières : « Où fuyez-vous, compagnons? s'écrie-t-il : je vous en conjure, au nom de vos premiers exploits, au nom d'Évandre, votre chef, et des guerres où il a triomphé ; au nom de l'espoir que je nourris de devenir le digne émule de la gloire paternelle, arrêtez ; ce n'est point à l'agilité de vos pieds qu'il faut confier votre salut : c'est le fer qui doit nous frayer un chemin à travers les rangs ennemis ! Voyez ces épais bataillons : c'est là que notre illustre patrie vous rappelle sur les

```
       Insignis Messapus equis : expellere tendunt
       Nunc hi, nunc illi ; certatur limine in ipso            355
       Ausoniæ. Magno discordes æthere venti
       Prœlia ceu tollunt, animis et viribus æquis :
       Non ipsi inter se, non nubila, non mare cedunt :
       Anceps pugna diu ; stant obnixi : omnia contra.
       Haud aliter Trojanæ acies aciesque Latinæ               360
       Concurrunt ; hæret pede pes, densusque viro vir.
       At parte ex alia, qua saxa rotantia late
       Impulerat torrens, arbustaque diruta ripis,
       Arcadas, insuetos acies inferre pedestres,
       Ut vidit Pallas Latio dare terga sequaci,              365
       ( Aspera quis natura loci dimittere quando
       Suasit equos), unum quod rebus restat egenis,
       Nunc prece, nunc dictis virtutem accendit amaris :
       « Quo fugitis, socii? per vos et fortia facta,
       Per ducis Evandri nomen, devictaque bella,             370
       Spemque meam, patriæ quæ nunc subit æmula laudi,
       Fidite ne pedibus ; ferro rumpenda per hostes
       Est via, qua globus ille virûm densissimus urget :
       Hac vos et Pallanta ducem patria alta reposcit.
```

pas de Pallas. Les dieux ne sont point contre nous; mortels, nous combattons contre des mortels, et nous avons comme eux du courage et des bras. D'ailleurs, enfermés, d'un côté, par l'immense étendue des mers, la terre ne nous laisse, de l'autre, aucun espoir de fuite. Est-ce dans les flots ou dans Troie qu'il faut nous jeter? »

Il dit, et se précipite au milieu des rangs épais de l'ennemi. Le premier que son mauvais destin amène sous ses coups, c'est Lagus : il s'efforçait de soulever une énorme pierre, quand le javelot du fils d'Évandre vint s'enfoncer dans cette partie du dos où l'épine sépare les côtes. Le vainqueur se baissait pour arracher le trait arrêté dans la plaie : irrité par la mort cruelle de son ami, Hisbon se flatte de surprendre Pallas; il fond sur lui : mais il est prévenu lui-même, et déjà le glaive est plongé dans son poumon gonflé de rage. Sthénélus, Anchémole, fils de Rhétus, et amant incestueux de sa belle-mère, suivent bientôt Hisbon. Et vous aussi, vous tombez dans les champs rutules, fils jumeaux de Daucus, Laride et Thymber, que la plus parfaite ressemblance confondait quelquefois (douce et charmante erreur!) aux yeux même de vos parents! Hélas! le glaive de Pallas va mettre entre vous une bien cruelle différence! Toi, Thymber, le glaive du fils d'Évandre te tranche la tête; et toi, Laride, ta main droite coupée

Numina nulla premunt : mortali urgemur ab hoste 375
Mortales ; totidem nobis animæque manusque.
Ecce maris magno claudit nos objice pontus :
Deest jam terra fugæ : pelagus Trojamne petemus? »
Hæc ait, et medius densos prorumpit in hostes.
Obvius huic primum, fatis adductus iniquis, 380
Fit Lagus : hunc, magno vellit dum pondere saxum,
Intorto figit telo, discrimina costis
Per medium qua spina dabat; hastamque receptat
Ossibus hærentem. Quem non super occupat Hisbo,
Ille quidem hoc sperans : nam Pallas ante ruentem, 385
Dum furit, incautum crudeli morte sodalis,
Excipit, atque ensem tumido in pulmone recondit.
Hinc Sthenelum petit, et Rhœti de gente vetusta
Anchemolum, thalamos ausum incestare novercæ.
Vos etiam gemini, Rutulis cecidistis in arvis, 390
Daucia, Laride-Thymberque, simillima proles,
Indiscreta suis, gratusque parentibus error :
At nunc dura dedit vobis discrimina Pallas ;
Nam tibi, Thymbre, caput Evandrius abstulit ensis ;
Te decisa suum, Laride, dextera quærit ; 395

te cherche encore, et tes doigts défaillants tressaillent et veulent ressaisir le fer.

Les Arcadiens sont enflammés par les discours et les exploits de leur chef; le dépit, la honte d'avoir cédé un moment les ramènent plus ardents sur le champ de bataille. Pallas perce Rhétée, qui fuyait, emporté par son char : ce court intervalle retarda seul le trépas d'Ilus; car c'est lui que cherchait le trait fatal, lorsque Rhétée vint se jeter au-devant, pour échapper à tes coups, vaillant Teuthras, et à ceux de ton frère Tyrès. Précipité de son char, il expire, et ses pieds frappent le sol des Rutules. Ainsi, lorsque secondé par les vents, qui se lèvent au gré de ses vœux, un berger a semé l'incendie dans un champ hérissé de chaume, la flamme, faisant de rapides progrès, étend bientôt ses ravages sur la plaine entière; content de son ouvrage, le berger applaudit du haut d'un roc au triomphe de l'incendie : ainsi tes guerriers se précipitent en masse sur l'ennemi, et ton cœur s'en réjouit, ô Pallas. Mais un dangereux adversaire, l'intrépide Halésus, s'avance en s'abritant sous son armure. Déjà Ladon, Phérès, Demodocus sont tombés sous ses coups; il tranche de son glaive foudroyant la main de Strymonius, levée pour le frapper à la gorge : il frappe d'une pierre Thoas au visage, et disperse ses os mêlés à sa cervelle sanglante. Prévoyant l'avenir, le père d'Ha-

 Semianimesque micant digiti, ferrumque retractant.
 Arcadas accensos monitu, et præclara tuentes
 Facta viri, mixtus dolor et pudor armat in hostes.
 Tum Pallas bijugis fugientem Rhœtea præter
 Trajicit : hoc spatium, tantumque moræ fuit Ilo : 400
 Ilo, namque procul validam direxerat hastam,
 Quam medius Rhœteus intercipit, optime Teuthra,
 Te fugiens fratremque Tyren; curruque volutus
 Cædit semianimis Rutulorum calcibus arva.
 Ac velut, optato ventis æstate coortis, 405
 Dispersa immittit silvis incendia pastor ;
 Correptis subito mediis, extenditur una
 Horrida per latos acies Vulcania campos ;
 Ille sedens victor flammas despectat ovantes :
 Non aliter sociûm virtus coit omnis in unum, 410
 Teque juvat, Palla. Sed bellis acer Halesus
 Tendit in adversos, seque in sua colligit arma.
 Hic mactat Ladona, Pheretaque, Demodocumque ;
 Strymonio dextram fulgenti deripit ense
 Elatam in jugulum ; saxo ferit ora Thoantis, 415
 Ossaque disperdit cerebro permixta cruento.

lésus l'avait longtemps caché dans les forêts : mais à peine la mort eut fermé les yeux appesantis du vieillard, que les Parques étendirent leur main sur ce fils, et le dévouèrent aux traits d'Évandre. Avant d'engager le combat, Pallas prie en ces termes : « Dieu du Tibre, dirige le trait que mon bras va lancer, et fraie-lui une route à travers le cœur d'Halésus : les armes, les riches dépouilles du vaincu, je les suspendrai à l'un des chênes de tes bords. » Le dieu l'entendit ; et tandis qu'Halésus couvre Imaon, le malheureux livre lui-même au trait de l'Arcadien sa poitrine désarmée.

Mais Lausus, le plus ferme rempart de son armée, se hâte de rassurer ses bataillons effrayés. Abas vient s'offrir à ses coups ; il l'immole : Abas, dont la valeur arrêtait ou retardait la victoire. Arcadiens, Étrusques, sont terrassés par Lausus, et vous l'êtes aussi, Troyens échappés au fer des Grecs. Les bataillons se heurtent avec des forces égales, sous des chefs d'une égale vaillance. Les derniers rangs se serrent contre les premiers, et la foule s'épaissit tellement, qu'elle ne peut plus mouvoir ni ses armes ni ses bras. Pallas, à la tête des siens, et Lausus de son côté, pressent, échauffent le carnage : leur beauté est remarquable, et leur âge presque le même ; mais ni l'un ni l'autre ne reverra les champs paternels ; ainsi l'exige le sort. Toutefois le souverain du vaste Olympe ne permet pas qu'ils se mesurent ensemble : le destin

Fata canens silvis genitor celarat Halesum ;
Ut senior leto canentia lumina solvit,
Injecere manum Parcæ, telisque sacrarunt
Evandri. Quem sic Pallas petit, ante precatus :   420
« Da nunc, Tibri pater, ferro, quod missile libro,
Fortunam atque viam duri per pectus Halesi ;
Hæc arma exuviasque viri tua quercus habebit. »
Audiit illa deus ; dum texit Imaona Halesus,
Arcadio infelix telo dat pectus inermum.   425
At non cæde viri tanta perterrita Lausus,
Pars ingens belli, sinit agmina : primus Abantem
Oppositum interimit, pugnæ nodumque moramque.
Sternitur Arcadiæ proles ; sternuntur Etrusci ;
Et vos, o Graiis imperdita corpora, Teucri.   430
Agmina concurrunt ducibusque et viribus æquis :
Extremi addensant acies, nec turba moveri
Tela manusque sinit. Hinc Pallas instat et urget ;
Hinc contra Lausus, nec multum discrepat ætas,
Egregii forma ; sed queis fortuna negarat   435
In patriam reditus. Ipsos concurrere passus

veut qu'ils succombent sous les coups d'un ennemi plus redoutable.

Cependant la sœur de Turnus court avertir son frère de secourir Lausus : Turnus, sur son char rapide, s'élance dans la mêlée, et, à peine au milieu de ses compagnons : « Arrêtez, dit-il, arrêtez; c'est à moi seul de marcher contre Pallas : c'est à moi seul que Pallas est dû : je voudrais que son père fût là, témoin du combat! » Il dit, et les Rutules, dociles à ses ordres, lui laissent le champ libre. Surpris de ce ton superbe et de la prompte obéissance des Rutules, Pallas contemple Turnus avec étonnement : il porte et reporte les yeux sur sa taille gigantesque, et le parcourt tout entier d'un regard farouche; puis il repousse par ces mots les arrogantes paroles de son ennemi : « Ou tes riches dépouilles, dont je vais m'emparer, ou une mort illustre feront ma gloire : l'un et l'autre sort est égal aux yeux de mon père; cesse tes menaces. » Il dit, et s'avance dans l'espace ouvert aux combattants. La crainte a glacé le cœur des Arcadiens. Turnus s'élance de son char : c'est à pied et de près qu'il veut combattre Pallas. Tel un lion, apercevant du haut d'une colline un taureau qui s'apprête au combat dans la plaine, fond impétueusement sur lui : tel Turnus se précipite sur son ennemi. Déjà il est à la portée du javelot : Pallas impatient de voir si la fortune,

Haud tamen inter se magni regnator Olympi :
Mox illos sua fata manent majore sub hoste.
Interea soror alma monet succurrere Lauso
Turnum, qui volucri curru medium secat agmen.   440
Ut vidit socios : « Tempus desistere pugnæ ;
Solus ego in Pallanta feror; soli mihi Pallas
Debetur ; cuperem ipse parens spectator adesset. »
Hæc ait ; et socii cesserunt æquore jusso.
At, Rutulûm abscessu, juvenis tum jussa superba   445
Miratus, stupet in Turno, corpusque per ingens
Lumina volvit, obitque truci procul omnia visu ;
Talibus et dictis it contra dicta tyranni :
« Aut spoliis ego jam raptis laudabor opimis,
Aut leto insigni : sorti pater æquus utrique est.   450
Tolle minas. » Fatus, medium procedit in æquor.
Frigidus Arcadibus coit in præcordia sanguis.
Desiluit Turnus bijugis ; pedes apparat ire
Cominus : utque leo, specula quum vidit ab alta
Stare procul campis meditantem in prœlia taurum,   455
Advolat : haud alia est Turni venientis imago.
Hunc ubi contiguum missæ fore credidit hastæ,

dans cette lutte inégale, secondera son audace, adresse cette prière au ciel : « Je t'en conjure, puissant Alcide, au nom de l'hospitalité que tu as trouvée chez mon père, au banquet où tu t'es assis quoique étranger, favorise mon généreux projet : que Turnus mourant me voie lui enlever ses armes sanglantes, et que ses derniers regards soient forcés de reconnaître son vainqueur ! » Alcide entendit le jeune guerrier, et, étouffant dans son cœur un profond gémissement, il verse des larmes inutiles. « Mon fils, lui dit avec bienveillance le père des dieux, les jours des mortels sont comptés, et le temps que dure leur vie est court, irréparable ; mais étendre sa renommée par ses hauts faits, voilà l'œuvre de la vertu. Combien d'enfants des dieux sont tombés sous les murs de Troie ! Sarpédon lui-même, mon fils, n'a-t-il pas péri ? Turnus aussi est appelé par son destin, et il touche aux bornes du temps marqué pour sa vie. » Il dit, et détourne les yeux des champs des Rutules.

Pallas cependant, d'un bras vigoureux, fait voler son javelot, et tire du fourreau son étincelante épée : le trait fend l'air, se fraie un passage à travers les bords du bouclier de Turnus, et effleure légèrement l'épaule du gigantesque guerrier : Turnus, sans s'étonner, et après avoir balancé quelque temps la longue javeline

Ire prior Pallas, si qua fors adjuvet ausum
Viribus imparibus ; magnumque ita ad æthera fatur :
« Per patris hospitium, et mensas, quas advena adisti,
Te precor, Alcide, cœptis ingentibus adsis :   461
Cernat semineci sibi me rapere arma cruenta,
Victoremque ferant morientia lumina Turni. »
Audiit Alcides juvenem, magnumque sub imo
Corde premit gemitum, lacrymasque effundit inanes. 465
Tum genitor natum dictis affatur amicis :
« Stat sua cuique dies ; breve et irreparabile tempus
Omnibus est vitæ ; sed famam extendere factis,
Hoc virtutis opus. Trojæ sub mœnibus altis
Tot nati cecidere deûm ; quin occidit una   470
Sarpedon, mea progenies : etiam sua Turnum
Fata vocant, metasque dati pervenit ad ævi. »
Sic ait, atque oculos Rutulorum rejicit arvis.
At Pallas magnis emittit viribus hastam,
Vaginaque cava fulgentem deripit ensem.   475
Illa volans, humeri surgunt qua tegmina summa,
Incidit, atque viam clypei molita per oras,
Tandem etiam magno strinxit de corpore Turni.
Hic Turnus ferro præfixum robur acuto

armée d'un fer aigu : « Voyons, dit-il, si les traits que je lance pénètrent plus avant que les tiens ! » Il dit, et déjà, malgré les lames de fer et d'airain, malgré les cuirs épais qui recouvrent le bouclier de Pallas, malgré la résistance de la cuirasse, le trait fatal les traverse et s'enfonce profondément dans la poitrine du jeune guerrier. En vain il arrache de sa blessure le fer tout fumant; son sang et sa vie s'échappent à la fois; il tombe sur sa blessure : sa chute fait retentir ses armes, et sa bouche presse en mourant le sol ensanglanté. Debout devant lui, Turnus s'écrie : « Arcadiens, ne manquez pas de dire à Évandre, de ma part, que je lui envoie son fils tel qu'il a mérité de le revoir. Qu'il lui rende toutefois les honneurs de la sépulture ; c'est une consolation que je lui accorde largement. L'hospitalité donnée à Énée lui coûtera cher. » A ces mots, il presse du pied gauche l'allas inanimé, et lui enlève le lourd et riche baudrier où l'art de Clonus a retracé dans l'épaisseur de l'or le crime des Danaïdes : une troupe de jeunes époux égorgés dans une nuit d'hymen, et les couches nuptiales inondées de sang. Maintenant Turnus triomphe et se réjouit, en se voyant maître de ces dépouilles. O aveuglement des mortels imprévoyants qui, dans leur ignorance du sort et de l'avenir, ne mettent plus de terme à leur orgueil, et se laissent enfler par

In Pallanta diu librans jacit, atque ita fatur : 480
« Aspice, num mage sit nostrum penetrabile telum. »
Dixerat : at clypeum, tot ferri terga, tot æris,
Quum pellis toties obeat circumdata tauri,
Vibranti medium cuspis transverberat ictu,
Loricæque moras et pectus perforat ingens. 485
Ille rapit calidum frustra de vulnere telum :
Una eademque via sanguisque animusque sequuntur.
Corruit in vulnus ; sonitum super arma dedere ;
Et terram hostilem moriens petit ore cruento.
Quem Turnus super assistens : 490
« Arcades, hæc, inquit, memores mea dicta referte
Evandro : qualem meruit, Pallanta remitto.
Quisquis honos tumuli, quidquid solamen humandi est,
Largior : haud illi stabunt Æneia parvo
Hospitia. » Et lævo pressit pede, talia fatus, 495
Exanimem, rapiens immania pondera baltei,
Impressumque nefas : una sub nocte jugali
Cæsa manus juvenum fœde, thalamique cruenti ;
Quæ Clonus Eurytides multo cælaverat auro :
Quo nunc Turnus ovat spolio gaudetque potitus. 500
Nescia mens hominum fati sortisque futuræ,

le succès ! Le temps viendra où Turnus regrettera de ne pouvoir racheter la vie de Pallas, et maudira ce jour et ces dépouilles. Cependant un nombreux cortége des compagnons du jeune héros l'emporte étendu sur son bouclier. O toi, l'honneur de ton père, et l'objet de sa douleur, quand il va te revoir, le même jour t'a jeté dans les combats et a mis fin à ta vie ! Mais du moins tu laisses, sur le champ de bataille, des monceaux de Rutules immolés.

Bientôt Énée est instruit d'un si grand malheur, non par la voix de la renommée, mais par un message certain : les Troyens sont à deux doigts de leur perte et commencent à s'enfuir ; il est temps de leur venir en aide. Son glaive moissonne tout ce qu'il rencontre, et s'ouvre avec fureur un large chemin à travers la foule. C'est toi qu'il cherche, Turnus, toi, qui t'enorgueillis d'un meurtre récent. Pallas, Évandre, cette table hospitalière à laquelle, étranger, il fut admis, cette main offerte comme gage d'alliance et d'amitié, toutes ces circonstances sont encore sous ses yeux. Il saisit et entraîne vivants les quatre fils de Sulmon et ceux d'Ufens, en nombre égal, victimes qui seront immolées aux mânes de Pallas et dont le sang captif arrosera son bûcher !

Il dirige ensuite un javelot meurtrier contre Magus ; mais agus s'y dérobe adroitement, et le trait vole au-dessus de sa

> Et servare modum, rebus sublata secundis !
> Turno tempus erit, magno quum optaverit emptum
> Intactum Pallanta, et quum spolia ista diemque
> Oderit ! At socii multo gemitu lacrymisque   505
> Impositum scuto referunt Pallanta frequentes.
> O dolor atque decus magnum rediture parenti !
> Hæc te prima dies bello dedit, hæc eadem aufert,
> Quum tamen ingentes Rutulorum linquis acervos !
> Nec jam fama mali tanti, sed certior auctor   510
> Advolat Æneæ : tenui discrimine leti
> Esse suos ; tempus verais succurrere Teucris.
> Proxima quæque metit gladio, latumque per agmen
> Ardens limitem agit ferro ; te, Turne, superbum
> Cæde nova quærens. Pallas, Evander, in ipsis   515
> Omnia sunt oculis : mensæ, quas advena primas
> Tunc adiit, dextræque datæ. Sulmone creatos
> Quattuor hic juvenes, totidem, quos educat Ufens,
> Viventes rapit, inferias quos immolet umbris,
> Captivoque rogi perfundat sanguine flammas.   520
> Inde Mago procul infensam contenderat hastam :
> Ille astu subit ; at tremebunda supervolat hasta ;

tête sans l'atteindre. Il tombe aux genoux d'Énée, et lui dit, en le suppliant : « Par les mânes d'Anchise, par les espérances qui croissent avec le jeune Iule, je t'en conjure, conserve un fils à son père, un père à son fils! Je possède un magnifique palais dont les souterrains recèlent d'immenses trésors et une grande quantité d'or encore brut ou déjà façonné. Ce n'est pas de moi que dépend la victoire des Troyens : un si haut prix ne saurait être attaché à la vie d'un seul homme. — Tous ces trésors dont tu parles, lui répond Énée, garde-les pour les tiens. Turnus, en égorgeant Pallas, a rompu tout commerce entre nous. Voilà ce que veulent les mânes de mon père Anchise, voilà ce que veut Iule. » Il dit, saisit de sa main gauche le casque de Magus, lui rejette la tête en arrière, et lui plonge dans la gorge son glaive tout entier. Non loin de là, le fils d'Hémon, consacré au culte d'Apollon et de Diane, le front ceint du bandeau sacré, se faisait remarquer par son riche vêtement et par l'éclat de ses armes : Énée l'attaque, le poursuit, le renverse et l'immole : la mort l'enveloppe soudain de ses ombres épaisses. Sergeste rassemble et enlève sur ses épaules les armes du vaincu, pour t'en faire un trophée, puissant dieu de la guerre.

Céculus, issu de Vulcain, et Umbro, venu des montagnes du

>Et genua amplectens effatur talia supplex :
>« Per patrios manes, et spes surgentis Iuli,
>Te precor, hanc animam serves natoque patrique.   525
>Est domus alta ; jacent penitus defossa talenta
>Cælati argenti ; sunt auri pondera facti
>Infectique mihi : non hic victoria Teucrûm
>Vertitur ; haud anima una dabit discrimina tanta. »
>Dixerat ; Æneas contra cui talia reddit :   530
>« Argenti atque auri memoras quæ multa talenta,
>Gnatis parce tuis. Belli commercia Turnus
>Sustulit ista prior jam tum Pallante perempto.
>Hoc patris Anchisæ manes, hoc sentit Iulus. »
>Sic fatus, galeam læva tenet, atque reflexa   535
>Cervice orantis capulo tenus applicat ensem.
>Nec procul Hæmonides, Phœbi Triviæque sacerdos,
>Infula cui sacra redimibat tempora vitta,
>Totus collucens veste atque insignibus armis :
>Quem congressus agit campo, lapsumque superstans   540
>Immolat, ingentique umbra tegit ; arma Serestus
>Lecta refert humeris, tibi, rex Gradive, tropæum.
>Instaurant acies Vulcani stirpe creatus
>Cæculus, et veniens Marsorum montibus Umbro.

ays des Marses, rallient leurs bataillons et les ramènent au
ombat : Énée se jette sur eux avec fureur. Déjà son glaive a
ranché la main gauche d'Anxur, et brisé tout l'orbe de son bou-
lier. Anxur, trop confiant au pouvoir de paroles magiques
u'il avait prononcées, portait ses espérances jusqu'au ciel et
s'était promis de longues années et une heureuse vieillesse.
out fier de sa brillante armure, Tarquitus, fils du fruit des
mours de la nymphe Dryope avec le dieu Faune, ose s'opposer
l'élan du héros; mais un javelot, ramené en arrière et lancé
avec vigueur, perce à la fois l'énorme bouclier et la cuirasse de
cet imprudent ennemi. En vain il a recours à la prière, en vain
il s'apprête à prononcer de nombreuses paroles : déjà sa tête
oule sur le sol, et, repoussant du pied son tronc encore palpitant, Énée lui adresse ces paroles pleines d'amertume : « Reste
à sans sépulture, guerrier redoutable! ta tendre mère ne con-
fiera pas tes restes à la terre et ne les enfermera pas dans le
tombeau de tes pères : tu seras la proie des vautours, ou les
ots t'entraîneront dans leurs gouffres, et les poissons avides
uceront tes membres déchirés. »

Aussitôt il fond sur Anthée et Lycas qui combattaient aux
remiers rangs de l'armée de Turnus; il poursuit le courageux
uma, le blond Camertès, fils du magnanime Volscens, Camertès
ont les possessions s'étendaient au loin dans l'Ausonie et dont

    Dardanides contra furit : Anxuris ense sinistram   545
Et totum clypei ferro dejecerat orbem;
Dixerat ille aliquid magnum, vimque adfore verbo
Crediderat, cœloque animum fortasse ferebat,
Canitiemque sibi et longos promiserat annos.
Tarquitus exsultans contra fulgentibus armis,   550
Silvicolæ Fauno Dryope quem Nympha crearat,
Obvius ardenti sese obtulit : ille reducta
Loricam clypeique ingens onus impedit hasta.
Tum caput orantis nequidquam, et multa parantis
Dicere, deturbat terræ; truncumque tepentem   555
Provolvens, super hæc inimico pectore fatur :
« Istic nunc, metuende, jace. Non te optima mater
Condet humi, patriove onerabit membra sepulcro;
Alitibus linquere feris, aut gurgite mersum
Unda feret, piscesque impasti vulnera lambent. »   560
Protinus Antæum et Lycam, prima agmina Turni,
Persequitur, fortemque Numam, fulvumque Camertem,
Magnanimo Volscente satum, ditissimus agri
Qui fuit Ausonidum, et tacitis regnavit Amyclis.

la silencieuse Amyclée reconnaissait les lois. Tel Égéon, aux cent bras, aux cent mains, vomissait, dit-on, des torrents de feu par cinquante bouches et cinquante poitrines, lorsque, luttant contre les foudres de Jupiter, il faisait retentir un nombre égal de boucliers, et brandissait autant d'épées. Tel, à mesure que son glaive s'échauffe au carnage, Énée victorieux exerce sa fureur dans toute la plaine.

Le voilà qui se précipite contre les quatre coursiers attelés au char de Niphée : dès qu'ils aperçoivent le héros frémissant de colère s'é ancer sur eux, ils reculent épouvantés, jettent au loin leur guide, et entraînent le char jusqu'aux bords du fleuve. Deux chevaux éclatants de blancheur font voler au plus fort de la mêlée Lucagus et son frère Liger : Liger tient les rênes, Lucagus brandit un glaive infatigable. Énée s'indigne de cette audacieuse ardeur; il se précipite et leur apparaît formidable et les menaçant de sa lance. « Tu ne vois ici, lui dit Liger, ni les chevaux de Diomède, ni le char d'Achille, ni les champs phrygiens ; mais tu vas y trouver la fin de la guerre et le terme de tes jours. » Les paroles insensées de Lig r s'envolent au loin : Énée, pour toute réponse, lance un javelot à son ennemi. Tandis

  Ægæon qualis, centum cui brachia dicunt 565
  Centenasque manus, quinquaginta oribus ignem
  Pectoribusque arsisse, Jovis quum fulmina contra
  Tot paribus streperet clypeis, tot stringeret enses :
   Sic toto Æneas desævit in æquore victor,
   Ut semel intepuit mucro.
       Quin ecce Niphæi 570
  Quadrijuges in equos adversaque pectora tendit :
  Atque illi, longe gradientem et dira frementem
  Ut videre, metu versi, retroque ruentes,
  Effunduntque ducem, rapiuntque ad littora currus.
  Interea bijugis infert se Lucagus albis 575
  In medios, fraterque Liger ; sed frater habenis
  Flectit equos ; strictum rotat acer Lucagus ensem.
  Haud tulit Æneas tanto fervore furentes :
  Irruit, adversaque ingens apparuit hasta.
  Cui Liger : 580
  « Non Diomedis equos, nec currus cernis Achillis,
  Aut Phrygiæ campos : nunc belli finis et ævi
  His dabitur terris. » Vesano talia late
  Dicta volant Ligeri ; sed non et Troius heros
  Dicta parat contra ; jaculum nam torquet in hostem. 585
  Lucagus ut pronus pendens in verbera telo

que Lucagus, penché sur les rênes, stimule avec un dard ses deux coursiers, et que, le pied gauche déjà hors du char, il s'apprête au combat, le trait mortel traverse les bords inférieurs de l'étincelant bouclier, et se plonge dans l'aine gauche de Lucagus : précipité de son char, le guerrier roule mourant sur la poussière. Le vainqueur lui adresse alors ces paroles amères : « N'accuse point tes coursiers, ils n'ont pas trahi la vitesse de ta course; l'ennemi, par aucune ruse, par aucun fantôme, ne les a effrayés; c'est toi qui leur as abandonné les rênes en te précipitant de ton char. » Il dit, et s'empare des coursiers. Cependant l'infortuné Liger, tombé du même char, tendait au héros troyen une main désarmée : « Par toi, lui dit-il, par les parents qui ont engendré un héros tel que toi, je t'en conjure, héros troyen, laisse-moi la vie, et prends pitié d'un suppliant ! » Il en eût dit davantage ; Énée l'interrompt : « Ce n'est pas ainsi que tu parlais il n'y a qu'un instant. Meurs; et hâte-toi, en bon frère, de rejoindre ton frère. » Puis, lui perçant le cœur, il enfonce son glaive jusqu'aux sources secrètes de la vie.

Ainsi à travers les champs le héros troyen semait partout la mort : avec moins de fureur, un torrent impétueux, un noir tourbillon exercent leurs ravages. Ascagne et ses compagnons franchissent enfin les portes de leur camp, inutilement assiégé.

Cependant Jupiter adressant le premier la parole à Junon, lui

    Admonuit bijugos, projecto dum pede lævo
    Aptat se pugnæ, subit oras hasta per imas
    Fulgentis clypei, tum lævum perforat inguen;
    Excussus curru moribundus volvitur arvis.   590
    Quem pius Æneas dictis affatur amaris :
    « Lucage, nulla tuos currus fuga segnis equorum
    Prodidit, aut vanæ vertere ex hostibus umbræ ;
    Ipse rotis saliens juga deseris. » Hæc ita fatus
    Arripuit bijugos : frater tendebat inermes   595
    Infelix palmas, curru delapsus eodem :
    « Per te, per qui te talem genuere parentes,
    Vir Trojane, sine hanc animam, et miserere precantis. »
    Pluribus oranti Æneas : « Haud talia dudum
    Dicta dabas : morere, et fratrem ne desere frater. »   600
    Tum latebras animæ pectus mucrone recludit.
    Talia per campos edebat funera ductor
    Dardanius, torrentis aquæ, vel turbinis atri
    More furens. Tandem erumpunt, et castra relinquunt
    Ascanius puer et nequidquam obsessa juventus.   605
    Junonem interea compellat Juppiter ultro :

dit : « O ma sœur, ô mon épouse chérie, ainsi que vous le pensiez avec raison, Vénus protége les Troyens; ils n'ont ni force ni courage dans les combats, ni constance dans le danger. » — « Auguste et cher époux, lui répond Junon d'un ton soumis, pourquoi réveiller les chagrins d'une épouse qui redoute vos paroles amères ? Si votre amour pour moi était ce qu'il fut, ce qu'il devrait toujours être, vous ne me refuseriez pas, vous qui pouvez tout, la faveur d'arracher Turnus aux combats, et de le conserver sain et sauf à son père Daunus. Qu'il périsse donc, et que son sang généreux satisfasse la haine des Troyens. Son origine pourtant le rattache à nous : il compte Pilumnus au nombre de ses aïeux, et souvent sa main a chargé vos autels de riches offrandes. » Le roi de l'Olympe éthéré lui répond en peu de mots : « Si c'est un délai et quelques jours de plus à vivre que vous me demandez pour ce jeune guerrier qu'attend une mort prochaine, et si vous comprenez bien que là doit se borner la grâce que vous me demandez, enlevez Turnus, et dérobez-le par une prompte fuite au destin qui le menace. Ma complaisance peut aller jusque-là ; mais si votre prière cache des vœux plus hardis, si vous croyez que le sort des combats va changer au gré de vos désirs, vous nourrissez une vaine espérance. » — « Pourquoi, dit Junon en

« O germana mihi atque eadem gratissima conjux,
Ut rebare, Venus, nec te sententia fallit,
Trojanas sustentat opes : non vivida bello
Dextra viris, animusque ferox patiensque pericli. » 610
Cui Juno submissa : « Quid, o pulcherrime conjux,
Sollicitas ægram et tua tristia dicta timentem ?
Si mihi, quæ quondam fuerat, quamque esse decebat,
Vis in amore foret, non hoc mihi namque negares,
Omnipotens, quin et pugnæ subducere Turnum, 615
Et Dauno possem incolumem servare parenti.
Nunc pereat, Teucrisque pio det sanguine pœnas :
Ille tamen nostra deducit origine nomen,
Pilumnusque illi quartus pater, et tua larga
Sæpe manu multisque oneravit limina donis. » 620
Cui rex ætherei breviter sic fatur Olympi :
« Si mora præsentis leti tempusque caduco
Oratur juveni, meque hoc ita ponere sentis,
Tolle fuga Turnum, atque instantibus eripe fatis.
Hactenus indulsisse vacat : sin altior istis 625
Sub precibus venia ulla latet, totumque moveri
Mutarive putas bellum, spes pascis inanes. »
Cui Juno allacrymans : « Quid si, quod voce gravaris,

pleurant. votre cœur ne m'accorderait-il pas ce que votre bouche semble craindre de me promettre : la vie de Turnus ? mais si je ne m'abuse, malgré son innocence, une mort funeste lui est réservée. Oh ! que ne suis-je le jouet d'une vaine terreur, et que ne voulez-vous, car vous le pouvez, revenir sur le fatal décret ! »

A ces mots, elle s'élance des hauteurs du ciel ; enveloppée d'un nuage, elle traverse rapidement les airs, s'avance vers l'armée Troyenne et le camp des Latins. Alors, ô prodige ! la déesse, avec une vapeur de ce nuage, forme, à l'image d'Énée, une ombre légère et sans force, qu'elle revêt des armes du héros : Elle imite son bouclier, l'aigrette qui flotte sur sa tête divine, lui prête de vaines paroles, des sons sans idées, et lui donne la démarche du fils d'Anchise. Telles apparaissent, dit-on, après le trépas, les ombres des morts; tels encore les songes légers se jouent des sens assoupis. Cependant le faux Énée se présente fièrement devant les rangs ; il défie Turnus au combat, et le provoque par des paroles outrageuses. Turnus le presse et lui lance un javelot qui fend l'air en sifflant : le fantôme tourne le dos, et prend la fuite. Persuadé que son rival cède et se reconnaît vaincu, Turnus triomphe, et son cœur abusé s'enivre d'un chimérique espoir : « Où fuis-tu, Énée ? renonces-tu donc à l'hyménée qui t'est promis? Cette contrée, que tu as cherchée à travers tant de

  Mente dares, atque hæc Turno rata vita maneret?
  Nunc manet insontem gravis exitus, aut ego veri 630
  Vana feror. Quod ut o potius formidine falsa
  Ludar, et in melius tua, qui potes, orsa reflectas! »
  Hæc ubi dicta dedit, cœlo se protinus alto
  Misit, agens hiemem, nimbo succincta per auras ;
  Iliacamque aciem et Laurentia castra petivit. 635
  Tum dea nube cava tenuem sine viribus umbram
  In faciem Æneæ, (visu mirabile monstrum!)
  Dardaniis ornat telis ; clypeumque, jubasque
  Divini assimulat capitis ; dat inania verba,
  Dat sine mente sonum, gressusque effingit euntis : 640
  Morte obita quales fama est volitare figuras,
  Aut quæ sopitos deludunt somnia sensus.
  At primas læta ante acies exsultat imago,
  Irritatque virum telis, et voce lacessit.
  Instat cui Turnus, stridentemque eminus hastam 645
  Conjicit ; illa dato vertit vestigia tergo.
  Tum vero Æneam aversum ut cedere Turnus
  Credidit, atque animo spem turbidus hausit inanem :
  « Quo fugis, Ænea ? thalamos ne desere pactos ;

mers, c'est ma main qui va te la donner. » En criant ainsi de toutes ses forces, il le poursuit, brandit son épée étincelante, et ne s'aperçoit pas que les vents emportent sa joie.

Par hasard, un vaisseau qui avait amené de Clusium le roi Osinius se trouvait encore amarré aux pointes d'un rocher, avec des échelles dressées, et son pont abattu. L'image tremblante du héros fugitif se hâte d'y chercher un asile : Turnus s'y précipite à sa suite ; mais à peine a-t-il atteint la proue, la fille de Saturne rompt le câble, et pousse le navire qu'entraîne le reflux des ondes.

Cependant Énée appelle au combat Turnus absent et livre à la mort tous les guerriers qui se trouvent sur son passage, tandis que, ne cherchant plus à se cacher, son ombre s'est dissipée, confondue avec les nuages, et que les vents emportent Turnus au milieu des flots. Ignorant la cause de ce prodige, et maudissant la puissance à laquelle il doit son salut, Turnus, élevant ses mains et sa voix vers le ciel, s'écrie :

« Puissant maître des dieux, m'avez-vous donc condamné à encourir un tel soupçon de lâcheté, et à recevoir un pareil châtiment ? Où vais-je ? D'où suis-je venu ? Comment, après ma fuite apparente, oserai-je reparaître ? Reverrai-je encore mon camp et les murs de

>   Hac dabitur dextra tellus quæsita per undas. »   650
>   Talia vociferans sequitur, strictumque coruscat
>   Mucronem ; nec ferre videt sua gaudia ventos.
>   Forte ratis celsi conjuncta crepidine saxi
>   Expositis stabat scalis, et ponte parato,
>   Qua rex Clusinis advectus Osinius oris.   655
>   Huc sese trepida Æneæ fugientis imago
>   Conjicit in latebras ; nec Turnus segnior instat,
>   Exsuperatque moras, et pontes transilit altos.
>   Vix proram attigerat, rumpit Saturnia funem,
>   Avulsamque rapit revoluta per æquora navem.   660
>   Illum autem Æneas absentem in prœlia poscit ;
>   Obvia multa virûm demittit corpora morti.
>   Tum levis haud ultra latebras jam quærit imago ;
>   Sed sublime volans nubi se immiscuit atræ,
>   Quum Turnum medio interea fert æquore turbo.   665
>   Respicit ignarus rerum, ingratusque salutis,
>   Et duplices cum voce manus ad sidera tendit :
>   « Omnipotens genitor, tanton' me crimine dignum
>   Duxisti, et tales voluisti expendere pœnas ?
>   Quo feror ? unde abii ? quæ me fuga, quemve reducet ?
>   Laurentesne iterum muros aut castra videbo ?   671

Laurente ? Que dira cette foule de guerriers qui ont suivi ma fortune et mes étendards, et que j'ai laissés (ô crime!) en proie aux horreurs du trépas? Ils fuient épouvantés ; je les vois ; j'entends les plaintes des mourants. Que faire? quelle terre m'ouvrira assez profondément ses entrailles? Mais non, vents cruels, prenez plutôt pitié de moi ; c'est moi, c'est Turnus qui vous implore : jetez, brisez ce navire contre les rochers, au milieu des syrtes et des sables inaccessibles aux Rutules et au bruit de ma honte. »

En parlant ainsi, il flotte incertain entre mille projets, formés tour à tour. Doit-il, pour effacer un tel déshonneur, se percer de son glaive et plonger dans ses flancs un fer impitoyable? se jettera-t-il au milieu des flots, pour regagner le bord à la nage, et se précipiter encore au milieu des bataillons ennemis ? Trois fois il tente l'un et l'autre de ces moyens ; trois fois la puissante Junon l'arrête et réprime, par pitié, sa fureur. Le vaisseau glisse et fend la mer, et, poussé par des vents et des flots qui le secondent, il porte bientôt Turnus au pied des murs de l'antique Ardée, où règne son père.

Cependant, Mézence, par l'ordre de Jupiter, le remplace sur le champ de bataille, et fond tout à coup sur les Troyens triomphants. Les bataillons tyrrhéniens accourent en masse : seul, il est l'objet de toute leur haine ; seul, le but de tous leurs traits. Mais, tel

  Quid manus illa virûm, qui me meaque arma secuti?
  Quosque (nefas!) omnes infanda in morte reliqui?
  Et nunc palantes video, gemitumque cadentum
  Accipio. Quid ago? aut quæ jam satis ima dehiscat   675
  Terra mihi? vos o potius miserescite, venti!
  In rupes, in saxa (volens vos Turnus adoro)
  Ferte ratem, sævisque vadis immittite Syrtes,
  Quo neque me Rutuli, nec conscia fama sequatur. »
  Hæc memorans, animo nunc huc, nunc fluctuat illuc : 680
  An sese mucrone ob tantum dedecus amens
  Induat, et crudum per costas exigat ensem ;
  Fluctibus an jaciat mediis, et littora nando
  Curva petat, Teucrûmque iterum se reddat in arma.
  Ter conatus utramque viam ; ter maxima Juno   685
  Continuit, juvenemque animo miserata repressit.
  Labitur alta secans fluctuque æstuque secundo.
  Et patris antiquam Dauni defertur ad urbem.
  At Jovis interea monitis Mezentius ardens
  Succedit pugnæ, Teucrosque invadit ovantes.   690
  Concurrunt Tyrrhenæ acies, atque omnibus uni,
  Uni odiisque viro telisque frequentibus instant.

qu'un énorme rocher qui s'avance fièrement au sein des vastes mers, exposé aux fureurs des vents et des flots, et qui brave, immobile, les menaces du ciel et des ondes conjurées, le terrible Mézence immole Hébrus, le fils de Dolichaon; Latagus, et Palmus qui fuyait devant lui : Latagus marchait à lui : Mézence lui brise la tête avec un énorme fragment de rocher; il coupe le jarret au lâche Palmus, et le laisse roulant sur la poussière : il donne ses armes et l'aigrette de son casque à Lausus, qui en charge aussitôt sa tête et ses épaules. Il égorge Évanthès le Phrygien et Mimas, compagnon de Pâris, et du même âge que lui. Mimas, fils d'Amycus et de Théano, était né la nuit même où la reine, fille de Cissée, croyant porter une torche dans ses flancs, mettait au monde Pâris. Mais Pâris a trouvé un tombeau dans sa ville natale, et Mimas gît ignoré dans les champs laurentins. Ainsi, lorsqu'un vieux sanglier, dont les pins du Vésuve ont longtemps assuré la retraite, et que les marais de Laurente nourrirent longtemps dans leur forêt de roseaux, se précipite du haut des montagnes pour échapper à la meute qui le poursuit ; dès qu'il se voit pris dans les rets, il s'arrête et frémit de rage, et son dos se hérisse. Aucun des chasseurs n'ose braver de près sa colère; mais leurs flèches et leurs cris le harcellent prudemment de loin ; l'intrépide

Ille, velut rupes, vastum quæ prodit in æquor,
Obvia ventorum furiis expostaque ponto,
Vim cunctam atque minas perfert cœlique marisque, 695
Ipsa immota manens ; prolem Dolichaonis Hebrum
Sternit humi, cum quo Latagum, Palmumque fugacem :
Sed Latagum saxo atque ingenti fragmine montis
Occupat os faciemque adversam : poplite Palmum
Succiso volvi segnem sinit ; armaque Lauso   700
Donat habere humeris, et vertice figere cristas.
Nec non Evanthen Phrygium, Paridisque Mimanta
Æqualem comitemque, una quem nocte Theano
In lucem genitori Amyco dedit, et face prægnans
Cisseis regina Parin : Paris urbe paterna   705
Occubat ; ignarum Laurens habet ora Mimanta.
Ac velut ille canum morsu de montibus altis
Actus aper, multos Vesulus quem pinifer annos
Defendit, multosque palus Laurentia, silva
Pastus arundinea, postquam inter retia ventum est, 710
Substitit, infremuitque ferox, et inhorruit armos ;
Nec cuiquam irasci propiusve accedere virtus ;
Sed jaculis tutisque procul clamoribus instant :
Ille autem impavidus partes cunctatur in omnes,

animal fait de tous côtés face à l'ennemi, grince des dents, et secoue les dards enfoncés dans son dos. Ainsi de tous ces guerriers qu'une juste colère anime contre Mézence, aucun n'ose fondre sur lui le fer en main : c'est de loin que leurs dards et leurs cris le provoquent.

Acron, Grec d'origine, avait quitté les antiques frontières de Corythe, laissant imparfait son hymen préparé. Il portait l'épouvante et la mort dans les rangs ennemis : Mézence le distingue au milieu de la mêlée, à l'éclat de son panache et à l'écharpe de pourpre, présent de sa fiancée. Quand un lion, rendu plus furieux par la faim qui le presse, erre dans les forêts à la recherche d'une proie, s'il aperçoit un chevreuil craintif ou un cerf fier de sa haute ramure, il ouvre, joyeux, une gueule immense, hérisse sa crinière, se jette sur sa proie et s'acharne sur ses entrailles; sa gueule avide est inondée d'un sang noir. Tel le fougueux Mézence se précipite au plus fort de la mêlée. Le malheureux Acron tombe sous ses coups, frappe de ses pieds la terre, et ensanglante ses armes brisées. Orode fuyait : Mézence dédaigne de le renverser et de lancer un trait incertain ; il le devance, l'attaque face à face, et triomphe, non par la ruse, mais par la force des armes. Pressant ensuite du pied et de la lance le corps de son ennemi : « Amis, s'écrie-t-il, le voilà gisant, ce grand Orode, le solide rempart de son armée ! »

    Dentibus infrendens, et tergo decutit hastas :   715
    Haud aliter, justæ quibus est Mezentius iræ,
    Non ulli est animus stricto concurrere ferro ;
    Missilibus longe et vasto clamore lacessunt.
    Venerat antiquis Corythi de finibus Acron,
    Graius homo, infectos linquens profugus hymenæos :   720
    Hunc ubi miscentem longe media agmina vidit,
    Purpureum pennis et pactæ conjugis ostro :
    Impastus stabula alta leo ceu sæpe peragrans
    (Suadet enim vesana fames) si forte fugacem
    Conspexit capream, aut surgentem in cornua cervum,   725
    Gaudet, hians immane, comasque arrexit, et hæret
    Visceribus super incumbens ; lavit improba teter
    Ora cruor :
    Sic ruit in densos alacer Mezentius hostes.
    Sternitur infelix Acron, et calcibus atram   730
    Tundit humum expirans, infractaque tela cruentat.
    Atque idem fugientem haud est dignatus Oroden
    Sternere, nec jacta cæcum dare cuspide vulnus ;
    Obvius adversoque occurrit, seque viro vir
    Contulit, haud furto melior, sed fortibus armis.   735
    Tum super abjectum posito pede nixus et hasta :

Ses compagnons répondent par des cris de triomphe et d'allégresse. « Qui que tu sois, dit Orode expirant, tu ne jouiras pas longtemps de ta victoire ; je serai vengé. Un pareil sort t'attend, et, comme moi, tu seras bientôt couché dans ces plaines. » — « En attendant, lui répond Mézence avec un sourire où se mêle la colère, meurs ! Quant à moi, le père des dieux et des hommes disposera de mon sort. » A ces mots, il retire sa lance du corps de son ennemi ; un dur repos, un sommeil de fer pèse sur les paupières d'Orode, et ses yeux se ferment pour une nuit éternelle.

Cédicus immole Alcathoüs ; Sacrator, Hydaspe ; Rapon, Parthenius et le robuste Orsès ; Clonius et Éricète tombent sous les coups de Messape. L'un expire, renversé, dans le choc, par son coursier sans frein ; l'autre, en combattant à pied son ennemi à pied. Le Lycien Agis s'avance ; Valérus, digne héritier de la valeur paternelle, l'étend à ses pieds. Thronius est terrassé par Salius, qui l'est, à son tour, par Néalcès, Néalcès qui lance habilement le javelot et la flèche perfide.

Ainsi se balançaient avec égalité le deuil et les funérailles, au gré du farouche dieu de la guerre. Les vainqueurs, les vaincus frappent et tombent avec un égal courage ; aucun ne songe à la fuite. Les dieux, dans le palais de Jupiter, déplorent l'acharne-

> « Pars belli haud temnenda, viri, jacet altus Orodes. »
> Conclamant socii lætum pæana secuti.
> Ille autem exspirans : « Non me, quicumque es, inulto,
> Victor, nec longum lætabere : te quoque fata 740
> Prospectant paria, atque eadem mox arva tenebis. »
> Ad quem subridens mixta Mezentius ira :
> « Nunc morere : ast de me divûm pater atque hominum rex
> Viderit. » Hoc dicens eduxit corpore telum :
> Olli dura quies oculos et ferreus urget 745
> Somnus ; in æternam clauduntur lumina noctem.
> Cædicus Alcathoum obtruncat, Sacrator Hydaspen,
> Partheniumque Rapo et prædurum viribus Orsen :
> Messapus Cloniumque, Lycaoniumque Ericeten :
> Illum infrenis equi lapsu tellure jacentem, 750
> Hunc peditem pedes. Et Lycius processerat Agis.
> Quem tamen haud expers Valerus virtutis avitæ
> Dejicit ; at Thronium Salius, Saliumque Nealces,
> Insignis jaculo et longe fallente sagitta.
> Jam gravis æquabat luctus et mutua Mavors 755
> Funera ; cædebant pariter, pariterque ruebant
> Victores victique ; neque his fuga nota, neque illis.
> Di Jovis in tectis iram miserantur inanem

ment des deux partis et les rudes épreuves auxquelles les mortels sont soumis. D'un côté Vénus, de l'autre Junon, contemplent ces combats, et la pâle Tisiphone exerce ses fureurs au milieu de la mêlée.

Mézence, une énorme javeline à la main, parcourt fièrement le champ de bataille. Tel, s'avançant au milieu des vastes gouffres de Nérée, le puissant Orion se fraie une route à travers les flots, dont ses épaules dominent la surface, ou, rapportant de la cime des monts un orme antique, de ses pieds foule la terre et cache son front dans les nues : tel apparaît Mézence sous sa formidable armure. Énée, qui l'aperçoit de loin dans la mêlée, se dispose à marcher contre lui. Incapable d'effroi, Mézence attend, immobile, son magnanime ennemi, et lui oppose son inébranlable masse. Mesurant ensuite de l'œil l'espace que va parcourir sa javeline : « Mon bras, dit-il, et le trait qu'il lance, voilà les dieux dont j'invoque et attends le secours. C'est à toi que je voue, ô Lausus, les dépouilles enlevées à ce brigand : tu t'en revêtiras ; tu seras le trophée de ma victoire sur Énée. » Il dit, et le trait a déjà sifflé dans les airs ; mais, repoussé par l'impénétrable bouclier, il va frapper, loin de là, le brave Antor dont il perce le flanc : Antor, compagnon d'Hercule et Argien d'origine, s'était attaché à Évandre, et fixé dans une ville d'Italie. Il tombe, le malheureux ! frappé

Amborum, et tantos mortalibus esse labores :
Hinc Venus, hinc contra spectat Saturnia Juno ; 760
Pallida Tisiphone media inter millia sævit.
At vero ingentem quatiens Mezentius hastam
Turbidus ingreditur campo. Quam magnus Orion,
Quum pedes incedit medii per maxima Nerei
Stagna viam scindens, humero supereminet undas ; 765
Aut, summis referens annosam montibus ornum,
Ingrediturque solo, et caput inter nubila condit :
Talis se vastis infert Mezentius armis.
Huic contra Æneas, speculatus in agmine longo,
Obvius ire parat : manet imperterritus ille, 770
Hostem magnanimum opperiens, et mole sua stat ;
Atque oculis spatium emensus quantum satis hastæ :
« Dextra mihi deus et telum, quod missile libro,
Nunc adsint ! voveo prædonis corpore raptis
Indutum spoliis ipsum te, Lause, tropæum 775
Æneæ. » Dixit, stridentemque eminus hastam
Jecit ; at illa volans clypeo est excussa, proculque
Egregium Antoren latus inter et ilia figit ;
Herculis Antoren comitem, qui missus ab Argis
Hæserat Evandro, atque Itala consederat urbe. 780

d'un trait qui ne lui était pas destiné ; il regarde le ciel et se ressouvient en mourant de sa douce Argos. Énée lance à l'instant son javelot : en vain le vaste bouclier de Mézence lui oppose un triple airain et la triple épaisseur des cuirs qui le recouvrent ; le trait les traverse, et pénètre dans l'aine de Mézence, où le coup vient s'amortir. Le sang coule de la blessure : à cet aspect, Énée tire avec joie son épée, et fond impétueusement sur son ennemi troublé. Alarmé pour son père chéri, Lausus tremble, et des pleurs coulent le long de ses joues. Héroïque guerrier, si l'avenir peut croire à tant de dévouement et de piété filiale, je n'oublierai dans mes vers ni tes nobles actions ni ta mort déplorable.

Blessé, hors de combat, et traînant le javelot enfoncé dans son bouclier, Mézence se retirait à pas lents. Déjà, le bras levé, Énée allait frapper son ennemi. quand Lausus, se jetant entre les deux rivaux, se présente au-devant du glaive suspendu, et protège la retraite de son père en le couvrant de son bouclier. Les Latins poussent de grands cris, et lancent de toutes parts une foule de traits : Énée, furieux, se tient à couvert sous l'abri de ses armes. Ainsi, lorsque les nuages se précipitent en torrents de grêle sur les campagnes, laboureurs, bergers, tout fuit : le voyageur se

    Sternitur infelix alieno vulnere, cœlumque
    Adspicit, et dulces moriens reminiscitur Argos.
    Tum pius Æneas hastam jacit : illa per orbem
    Ære cavum triplici, per lignea terga, tribusque
    Transiit intextum tauris opus, imaque sedit   785
    Inguine ; sed vires haud pertulit. Ocius ensem
    Æneas, viso Tyrrheni sanguine lætus,
    Eripit a femine, et trepidanti fervidus instat.
    Ingemuit cari graviter genitoris amore,
    Ut vidit, Lausus, lacrymæque per ora volutæ,   790
    Hic mortis duræ casum, tuaque optima facta,
    (Si qua fidem tanto est operi latura vetustas)
    Non equidem, nec te, juvenis memorande, silebo.
    Ille pedem referens, et inutilis, inque ligatus
    Cedebat, clypeoque inimicum hastile trahebat.   795
    Prorupit juvenis, seseque immiscuit armis ;
    Jamque assurgentis dextra plagamque ferentis
    Æneæ subiit mucronem, ipsumque morando
    Sustinuit : socii magno clamore sequuntur,
    Dum genitor nati parma protectus abiret :   800
    Telaque conjiciunt, proturbantque eminus hostem
    Missilibus. Furit Æneas, tectusque tenet se.
    Ac velut, effusa si quando grandine nimbi

réfugie dans quelque antre écarté, sur le bord d'un fleuve, ou dans les flancs d'un rocher escarpé : il s'y tient caché tant que dure l'orage, et attend que le soleil de retour lui permette de reprendre ses travaux. Tel, assailli de tous côtés d'un nuage de traits, Énée brave l'effort de la tempête et attend que la foudre ait cessé de gronder. C'est Lausus qu'il gourmande, Lausus qu'il menace. « Pourquoi courir à la mort? ton audace est plus grande que tes forces ; ton aveugle tendresse pour ton père t'abuse. » Mais Lausus n'écoute que son ardeur imprudente : une violente colère s'allume dans le cœur d'Énée, et les Parques filent les derniers moments de Lausus. Énée lui enfonce sa terrible épée au milieu du corps, et l'y plonge tout entière. La pointe traverse le bouclier, trop faible armure de l'audacieux, et la tunique dont sa mère avait tissu l'or flexible : le sang inonde son sein; sa vie quitte à regret son corps et s'envole chez les Mânes.

A l'aspect de ce pâle visage, si cruellement défiguré par la mort, le fils d'Anchise gémit, vivement ému, et tend une main compatissante : son cœur paternel s'attendrit en pensant à son fils Iule : « Maintenant, s'écrie-t-il, que puis-je faire, ô malheureux enfant! pour honorer dignement tant de courage et de vertu? Ces

Præcipitant, omnis campis diffugit arator,
Omnis et agricola, et tuta latet arce viator,   805
Aut amnis ripis, aut alti fornice saxi,
Dum pluit in terris ; ut possint, sole reducto,
Exercere diem : sic obrutus undique telis
Æneas nubem belli, dum detonet, omnem
Sustinet, et Lausum increpitat, Lausoque minatur :   810
« Quo moriture ruis, majoraque viribus audes?
Fallit te incautum pietas tua. » Nec minus ille
Exsultat demens : sævæ jamque altius iræ
Dardanio surgunt ductori, extremaque Lauso
Parcæ fila legunt : validum namque exigit ensem   815
Per medium Æneas juvenem, totumque recondit.
Transiit et parmam mucro, levia arma minacis,
Et tunicam, molli mater quam neverat auro ;
Implevitque sinum sanguis : tum vita per auras
Concessit mœsta ad Manes, corpusque reliquit.   820
At vero ut vultum vidit morientis et ora,
Ora modis Anchisiades pallentia miris,
Ingemuit miserans graviter, dextramque tetendit,
Et mentem patriæ strinxit pietatis imago.
« Quid tibi nunc, miserande puer, pro laudibus istis, 825
Quid pius Æneas tanta dabit indole dignum?

armes qui te charmaient, je te les laisse; et (si cette faveur te touche encore) je te rends au tombeau et aux cendres de tes pères! Ce qui peut te consoler de cette mort funeste, c'est que tu tombes sous les coups du grand Énée. » Il dit, et, gourmandant la lenteur des compagnons de Lausus, il soulève lui-même le jeune guerrier dont le sang souillait la belle chevelure.

Cependant Mézence, languissamment appuyé sur le tronc d'un arbre, étanchait avec l'eau du Tibre le sang de sa blessure : son casque est suspendu aux rameaux d'un saule voisin, et sa pesante armure est étendue sur la prairie. Entouré de l'élite de ses guerriers, faible, respirant à peine, et la tête inclinée sur sa poitrine que couvre une barbe longue et épaisse, c'est le danger de son fils qui seul l'occupe et l'inquiète; il envoie de nombreux messagers pour lui porter ses ordres et le ramener auprès de lui. Cependant les soldats de Lausus rapportent en pleurant, étendu sur ses armes, le corps du jeune guerrier, enlevé par une mort héroïque. Ces cris, ces gémissements confirment bientôt les tristes pressentiments de Mézence. Il souille de poussière ses cheveux blancs, lève ses mains vers le ciel, et tient embrassé le corps de son fils. « O mon fils, s'écrie-t-il, ai-je donc pu aimer la vie au point de souffrir que celui qui est né de mon sang se livrât, à ma place, au fer de l'ennemi ! C'est à tes blessures que je dois mon salut, à

  Arma, quibus lætatus, habe tua ; teque parentum
  Manibus et cineri, si qua est ea cura, remitto.
  Hoc tamen infelix miseram solabere mortem :
  Æneæ magni dextra cadis. » Increpat ultro   830
  Cunctantes socios, et terra sublevat ipsum,
  Sanguine turpantem comptos de more capillos.
  Interea genitor Tiberini ad fluminis undam
  Vulnera siccabat lymphis, corpusque levabat
  Arboris acclinis trunco : procul ærea ramis   835
  Dependet galea, et prato gravia arma quiescunt.
  Stant lecti circum juvenes ; ipse æger, anhelans,
  Colla fovet, fusus propexam in pectore barbam ;
  Multa super Lauso rogitat, multosque remittit
  Qui revocent, mœstique ferant mandata parentis.   840
  At Lausum socii exanimem super arma ferebant
  Flentes, ingentem, atque ingenti vulnere victum.
  Agnovit longe gemitum præsaga mali mens :
  Canitiem multo deformat pulvere, et ambas
  Ad cœlum tendit palmas, et corpore inhæret :   845
  « Tantane me tenuit vivendi, nate, voluptas,
  Ut pro me hostili paterer succedere dextræ

à mort que je dois la vie ! Ah ! je sens maintenant toute l'amertume de l'exil, toute la profondeur de ma blessure. C'est moi, mon fils, qui ai souillé ton nom de mon opprobre, en excitant la haine et en me faisant chasser du trône et dépouiller du sceptre paternel. Je devais une expiation à ma patrie et au juste ressentiment de mes peuples. Que n'ai-je racheté par mille morts une vie criminelle ! Et je vis ! et je ne renonce pas aux hommes et à la lumière ! mais j'y renoncerai. »

Il dit, se soulève sur sa cuisse blessée, et retardé, mais non abattu par la douleur, il se fait amener son cheval : c'était sa gloire, sa consolation ; c'est avec lui qu'il sortait victorieux de tous les combats. Le voyant triste, il lui adresse ces paroles : « Rhèbe, nous avons vécu longtemps, s'il est un long temps pour les mortels ; aujourd'hui nous reviendrons vainqueurs, et tu rapporteras les dépouilles sanglantes et la tête d'Énée ; tu vengeras avec moi les douleurs de Lausus, ou, si la force ne m'ouvre point un chemin pour punir le meurtrier de mon fils, nous périrons ensemble ; car tu as trop de cœur pour subir un joug étranger, et tu n'accepterais par pour maîtres des Troyens. »

En achevant ces mots, il prend sur le coursier sa place accoutumée et charge ses mains de javelots acérés ; sur sa tête brille

Quem genui ? Tuane hæc genitor per vulnera servor,
Morte tua vivens ? Heu ! nunc misero mihi demum
Exsilium infelix ! nunc alte vulnus adactum ! 850
Idem ego, nate, tuum maculavi crimine nomen,
Pulsus ob invidiam solio sceptrisque paternis.
Debueram patriæ pœnas odiisque meorum :
Omnes per mortes animam sontem ipse dedissem !
Nunc vivo, neque adhuc homines lucemque relinquo ! 855
Sed linquam. » Simul hoc dicens attollit in ægrum
Se femur, et, quanquam vis alto vulnere tardat,
Haud dejectus, equum duci jubet : hoc decus illi,
Hoc solamen erat ; bellis hoc victor abibat
Omnibus. Alloquitur mœrentem, et talibus infit : 860
« Rhœbe, diu (res si qua diu mortalibus ulla est)
Viximus : aut hodie victor spolia illa cruenta
Et caput Æneæ referes, Lausique dolorum
Ultor eris mecum ; aut, aperit si nulla viam vis,
Occumbes pariter : neque enim, fortissime, credo 865
Jussa aliena pati, et dominos dignabere Teucros. »
Dixit, et exceptus tergo consueta locavit
Membra, manusque ambas jaculis oneravit acutis,
Ære caput fulgens, cristaque hirsutus equina.

un casque d'airain, hérissé d'une crinière de cheval. C'est ainsi qu'il s'élance au milieu des ennemis. Au fond de son cœur ulcéré bouillonnent à la fois la honte, la rage jointe au désespoir, la tendresse paternelle mêlée de fureur, et la conscience de son courage. Trois fois, sur le champ de bataille, il appelle Énée d'une voix formidable. Énée le reconnaît et s'écrie, transporté de joie : « Puissent le maître des dieux et le grand Apollon te mettre aux prises avec moi ! »

Il dit et court à sa rencontre, en le menaçant de sa lance. « Cruel, répond Mézence, à quoi bon ces vaines menaces, après m'avoir ravi mon fils? C'était le seul moyen de me faire périr. Je ne crains pas la mort, et je ne révère aucun dieu. Cesse de menacer ; je viens pour mourir, mais reçois d'abord les dons que je t'envoie. »

Il dit, et soudain un javelot est lancé, puis un second, puis un troisième. Mézence décrit un vaste cercle autour d'Énée, dont le bouclier d'or résiste à tous les coups. Trois fois Mézence voltige sur la gauche de son ennemi, en le harcelant de ses traits ; trois fois le héros Troyen tourne en se couvrant de son bouclier hérissé d'une forêt de dards. Mais bientôt, fatigué des lenteurs de cette lutte inégale, las d'arracher tant de javelots, Énée, après avoir balancé quelque temps, se précipite et lance son javelot au milieu

<pre>
  Sic cursum in medios rapidus dedit : æstuat ingens   870
Uno in corde pudor, mixtoque insania luctu,
Et furiis agitatus amor, et conscia virtus :
Atque hic Æneam magna ter voce vocavit.
Æneas agnovit eum, lætusque precatur :
« Sic pater ille deûm faciat, sic altus Apollo !   875
Incipias conferre manum. »
Tantum effatus, et infesta subit obvius hasta.
Ille autem : « Quid me, erepto, sævissime, nato,
Terres? hæc via sola fuit, qua perdere posses.
Nec mortem horremus, nec divûm parcimus ulli :   880
Desine : jam venio moriturus, et hæc tibi porto
Dona prius. » Dixit, telumque intorsit in hostem :
Inde aliud super atque aliud figitque, volatque
Ingenti gyro ; sed sustinet aureus umbo.
Ter circum adstantem lævos equitavit in orbes,   885
Tela manu jaciens ; ter secum Troius heros
Immanem ærato circumfert tegmine silvam.
Inde ubi tot traxisse moras, tot spicula tædet
Vellere, et urgetur pugna congressus iniqua,
Multa movens animo, jam tandem erumpit, et inter   890
</pre>

des tempes du belliqueux coursier; l'animal se cabre, bat l'air de ses pieds, renverse son cavalier, et tombe lui-même sur son maître, qu'il embarrasse et accable de son poids. Les Troyens, les Latins remplissent à la fois le ciel de leurs clameurs.

Énée accourt, tire son glaive du fourreau : « Où est maintenant, dit-il, ce terrible Mézence ? qu'est devenue son indomptable audace ? » Mézence, revenant à lui, lève les yeux au ciel : « Impitoyable ennemi, pourquoi m'outrager et me menacer de la mort ? tu peux sans crime m'égorger ; je ne suis pas venu au combat pour être épargné ; et mon Lausus n'a point fait avec toi ce honteux traité. Je ne te demande qu'une grâce (s'il en est une pour l'ennemi vaincu) : permets qu'un peu de terre couvre mon corps. Je n'ignore point de quelle haine implacable je suis l'objet. Je t'en conjure, dérobe mes restes à tant de fureur, et fais-moi partager le tombeau de mon fils. » Il dit, reçoit dans la gorge le fer qu'il attendait ; et son âme s'enfuit avec des flots de sang dont ses armes sont inondées.

```
Bellatoris equi cava tempora conjicit hastam.
Tollit se arrectum quadrupes, et calcibus auras
Verberat, effusumque equitem super ipse secutus
Implicat, ejectoque incumbit cernuus armo.
Clamore incendunt cœlum Troesque Latinique.           895
Advolat Æneas, vaginaque eripit ensem,
Et super hæc : « Ubi nunc Mezentius acer, et illa
Effera vis animi ? » Contra Tyrrhenus, ut auras
Suspiciens hausit cœlum, mentemque recepit :
« Hostis amare, quid increpitas, mortemque minaris ?  900
Nullum in cæde nefas ; nec sic ad prœlia veni,
Nec tecum meus hæc pepigit mihi fœdera Lausus.
Unum hoc, per, si qua est victis venia hostibus, oro :
Corpus humo patiare tegi. Scio acerba meorum
Circumstare odia : hunc, oro, defende furorem,       905
Et me consortem nati concede sepulcro. »
Hæc loquitur, juguloque haud inscius accipit ensem,
Undantique animam diffundit in arma cruore.
```

LIVRE ONZIÈME

Cependant l'Aurore s'élevant a quitté le sein des mers. Malgré le soin qui le presse de donner la sépulture à ses compagnons, malgré le trouble où l'a jeté la mort de Pallas, Énée consacre les premiers instants du jour renaissant à s'acquitter envers les dieux. Sur le tertre voisin s'élève par son ordre un chêne antique que le fer a dépouillé de ses rameaux. C'est à toi, dieu puissant de la guerre, que le vainqueur érige ce brillant trophée des armes conquises sur Mézence. Déjà sont adaptés au tronc de l'arbre l'aigrette encore humectée de sang, les javelots rompus et la cuirasse percée en douze endroits; à la gauche est suspendu le bouclier d'airain, et au cou, l'épée à la poignée d'ivoire.

Le prince s'adresse alors aux principaux guerriers dont la foule se presse autour de lui, et excite ses compagnons triomphants : « Amis, leur dit-il, la plus grande partie de notre tâche est accomplie; soyez sans inquiétude sur ce qui nous reste à faire désormais. Les voilà ces prémices de nos victoires, ces dépouilles

LIBER UNDECIMUS.

Oceanum interea surgens Aurora reliquit.
Æneas, quanquam et sociis dare tempus humandis
Precipitant curæ, turbataque funere mens est,
Vota deûm primo victor solvebat Eoo.
Ingentem quercum decisis undique ramis 5
Constituit tumulo, fulgentiaque induit arma,
Mezenti ducis exuvias, tibi, magne, tropæum,
Bellipotens; aptat rorantes sanguine cristas,
Telaque trunca viri, et bis sex thoraca petitum
Perfossumque locis; clypeumque ex ære sinistræ 10
Subligat, atque ensem collo suspendit eburnum.
Tum socios (namque omnis eum stipata tegebat
Turba ducum) sic incipiens hortatur ovantes :
« Maxima res effecta, viri; timor omnis abesto,
Quod superest : hæc sunt spolia, et de rege superbo 15

d'un roi superbe ; lui-même le voilà gisant par la force de mon bras ! C'est à Laurente maintenant, c'est contre le roi Latinus qu'il faut marcher. Préparez vos armes avec ardeur, et attendez-vous, d'un moment à l'autre, au signal des combats. Ainsi rien n'arrêtera votre élan, quand la volonté des dieux ordonnera de lever les étendards et d'ouvrir un champ libre à la valeur de nos jeunes guerriers. Mais confions d'abord à la terre (seul honneur qu'ils attendent sur les sombres bords de l'Achéron) les corps de nos compagnons restés jusqu'ici sans sépulture. Hâtez-vous donc de rendre les suprêmes honneurs à ces âmes généreuses dont le sang nous a conquis une nouvelle patrie. Que notre premier soin soit de conduire Pallas à la cité désolée d'Évandre. Ce n'est pas le courage qui lui a manqué en ce jour funèbre qui l'a plongé dans l'ombre du trépas. »

Il dit, et retourne en pleurant vers le lieu où le vénérable Acétès veillait auprès des restes inanimés de Pallas : autrefois écuyer d'Évandre, Acétès était devenu, sous de moins favorables auspices, le gouverneur de son fils chéri. Là se trouvaient réunis tous les serviteurs, la foule des Troyens, et les Troyennes éplorées, les cheveux épars suivant la coutume. Dès que le héros a pénétré sous les hauts portiques, elles frappent leur poitrine, et le palais

    Primitiæ ; manibusque meis Mezentius hic est.
    Nunc iter ad regem nobis murosque Latinos.
    Arma parate animis, et spe præsumite bellum ;
    Ne qua mora ignaros, ubi primum vellere signa
    Annuerint superi, pubemque educere castris,   20
    Impediat, segnesve metu sententia tardet.
    Interea socios inhumataque corpora terræ
    Mandemus : qui solus honos Acheronte sub imo est.
    Ite, ait ; egregias animas, quæ sanguine nobis
    Hanc patriam peperere suo, decorate supremis   25
    Muneribus ; mœstamque Evandri primus ad urbem
    Mittatur Pallas, quem non virtutis egentem
    Abstulit atra dies, et funere mersit acerbo. »
    Sic ait illacrymans, recipitque ad limina gressum,
    Corpus ubi exanimi positum Pallantis Acœtes   30
    Servabat senior, qui Parrhasio Evandro
    Armiger ante fuit ; sed non felicibus æque
    Tum comes auspiciis caro datus ibat alumno.
    Circum omnis famulûmque manus, Trojanaque turba,
    Et mœstum Iliades crinem de more solutæ.   35
    Ut vero Æneas foribus sese intulit altis,
    Ingentem gemitum tunsis ad sidera tollunt
    Pectoribus, mœstoque immugit regia luctu.

retentit de gémissements et de sanglots. En voyant la tête de Pallas appuyée sur le lit funéraire, son visage aussi blanc que la neige et, sur sa blanche poitrine, cette large blessure faite par le glaive Ausonien, Énée ne peut retenir ses larmes : « Malheureux enfant, s'écrie t-il, la fortune, prête à me sourire, avait donc décidé que tu ne me verrais pas possesseur de mes nouveaux États, et que tu ne rentrerais pas vainqueur au foyer paternel! Ce n'est pas là ce que j'avais promis à Évandre en le quittant, lorsque, dans les embrassements qui attendrirent nos adieux, il m'envoyait à la conquête d'un grand empire et m'annonçait, dans sa sollicitude, quels peuples aguerris et redoutables j'aurais à combattre. Peut-être, en ce même moment, flatté d'une vaine espérance, forme-t-il des vœux ; peut-être charge-t-il les autels de présents pour obtenir des dieux le retour de ce fils que nous lui renvoyons, hélas ! privé de la vie et n'attendant plus rien de la faveur céleste! Malheureux père, tu verras donc les funérailles de ton fils! Voilà ce retour, ces triomphes que tu attendais sur la foi de mes promesses! Du moins tu ne le verras pas couvert de honteuses blessures, et il ne t'aura pas fait désirer la mort, en achetant son salut au prix du déshonneur. »

Après avoir ainsi exprimé sa douleur, Énée fait enlever ces dé-

Ipse, caput nivei fultum Pallantis et ora
Ut vidit, lævique patens in pectore vulnus   40
Cuspidis Ausoniæ, lacrymis ita fatur obortis :
« Tene, inquit, miserande puer, quum læta veniret,
Invidit Fortuna mihi, ne regna videres
Nostra, neque ad sedes victor veherere paternas?
Non hæc Evandro de te promissa parenti   45
Discedens dederam, quum me complexus euntem
Mitteret in magnum imperium, metuensque moneret
Acres esse viros, cum dura prœlia gente.
Et nunc ille quidem spe multum captus inani
Fors et vota facit, cumulatque altaria donis :   50
Nos juvenem exanimum, et nil jam cœlestibus ullis
Debentem, vano mœsti comitamur honore.
Infelix, nati funus crudele videbis!
Hi nostri reditus, exspectatique triumphi!
Hæc mea magna fides! at non, Evandre, pudendis   55
Vulneribus pulsum aspicies ; nec sospite dirum
Optabis nato funus pater. Hei mihi, quantum
Præsidium, Ausonia, et quantum tu perdis, Iule! »
Hæc ubi deflevit, tolli miserabile corpus

plorables restes, et désigne un corps de mille guerriers d'élite pour composer le cortége funèbre et mêler leurs larmes à celles d'Évandre : faible consolation d'un si grand deuil, mais bien due à ce malheureux père ! Cependant on se hâte de former un léger brancard avec des rameaux d'arbousier et de chêne entrelacés et parés de leur feuillage.

C'est sur ce lit agreste que l'on place le fils d'Évandre : semblable à la douce violette ou à la pâle hyacinthe que vient de cueillir une main virginale : la fleur conserve encore son éclat et sa beauté, mais la terre maternelle ne lui fournit plus les sucs qui la nourrissaient. Énée fait ensuite apporter deux superbes voiles, où l'or brille sur la pourpre : c'est l'ouvrage de Didon, qui se plut à les ourdir de sa main, en nuançant la trame d'un mince filet d'or. De l'un (triste et dernier hommage de sa douleur!) Énée revêt le corps de Pallas, et il étend l'autre autour de cette belle chevelure que la flamme va dévorer. D'après son ordre, une portion considérable du butin fait à la suite des divers combats, les coursiers et les armes que le jeune guerrier avait enlevés lui-même à l'ennemi, sont portés par une longue file de soldats : puis suivent tristement, et les mains attachées derrière le dos, les malheureux captifs dévoués aux mânes de Pallas, et dont

Imperat, et toto lectos ex agmine mittit 60
Mille viros, qui supremum comitentur honorem,
Intersintque patris lacrymis, solatia luctus
Exigua ingentis, misero sed debita patri.
Haud segnes alii crates et molle feretrum
Arbuteis texunt virgis et vimine querno, 65
Exstructosque toros obtentu frondis inumbrant.
Hic juvenem agresti sublimem stramine ponunt :
Qualem virgineo demessum pollice florem
Seu mollis violæ, seu languentis hyacinthi,
Cui neque fulgor adhuc, necdum sua forma recessit ; 70
Non jam mater alit tellus, viresque ministrat.
Tum geminas vestes ostroque auroque rigentes
Extulit Æneas, quas illi læta laborum
Ipsa suis quondam manibus Sidonia Dido
Fecerat, et tenui telas discreverat auro : 75
Harum unam juveni supremum mœstus honorem
Induit, arsurasque comas obnubit amictu ;
Multaque præterea Laurentis præmia pugnæ
Aggerat, et longo prædam jubet ordine duci.
Addit equos et tela quibus spoliaverat hostem. 80
Vinxerat et post terga manus, quos mitteret umbris

le sang arrosera les flammes du bûcher : les chefs de l'armée portent des trophées chargés des armes et du nom des vaincus. On amène le malheureux Acétès, accablé par l'âge : tantôt ses mains frappent sa poitrine ou déchirent son visage; tantôt, dans son désespoir, il se roule sur la poussière. A la suite des chars, teints du sang des Rutules, marche Éthon, le cheval de bataille de Pallas : dépouillé de ses ornements, il s'avance plein de tristesse, et de grosses larmes coulent de ses yeux. Des guerriers portent la lance et le casque : le reste de l'armure est au pouvoir du vainqueur. Enfin vient une triste phalange de Troyens, d'Étrusques et d'Arcadiens, qui marchent la lance renversée.

Lorsque ce long cortége se fut déployé au loin, Énée s'arrêta, et, tirant de son sein un profond soupir : « Hélas! dit-il, la source de nos larmes est loin d'être tarie. Le sort cruel des combats nous prépare d'autres sujets de douleur. Reçois l'éternel adieu, magnanime Pallas ! Adieu pour jamais ! » Il dit, et prenant le chemin des remparts, il rentre dans le camp.

Cependant des envoyés se présentent, le rameau pacifique à la main : ils sont députés par le roi Latinus et viennent réclamer, pour les ensevelir, les corps que le glaive meurtrier sema gisants dans la plaine : « La guerre, disent-ils, n'a plus rien à faire avec

Inferias, cæso sparsuros sanguine flammam;
Indutosque jubet truncos hostilibus armis
Ipsos ferre duces, inimicaque nomina figi.
Ducitur infelix ævo confectus Acœtes, 85
Pectora nunc fœdans pugnis, nunc unguibus ora;
Sternitur et toto projectus corpore terræ.
Ducunt et Rutulo perfusos sanguine currus.
Post bellator equus, positis insignibus, Æthon
It lacrymans, guttisque humectat grandibus ora. 90
Hastam alii galeamque ferunt; nam cetera Turnus
Victor habet. Tum mœsta phalanx, Teucrique sequuntur,
Tyrrhenique duces, et versis Arcades armis.
Postquam omnis longe comitum processerat ordo,
Substitit Æneas, gemituque hæc edidit alto : 95
« Nos alias hinc ad lacrymas eadem horrida belli
Fata vocant. Salve æternum mihi, maxime Palla,
Æternumque vale. » Nec plura effatus, ad altos
Tendebat muros, gressumque in castra ferebat.
Jamque oratores aderant ex urbe Latina, 100
Velati ramis oleæ, veniamque rogantes :
Corpora, per campos ferro quæ fusa jacebant,
Redderet, ac tumulo sineret succedere terræ;

des vaincus et des morts : Énée doit épargner ceux qu'il appelait naguère du nom d'hôtes et de beau-père.

Le pieux héros accueille avec bonté leurs justes demandes, et il ajoute ces mots : « Peuples latins, quelle fâcheuse destinée vous a engagés dans cette guerre funeste ? et pourquoi avoir repoussé notre amitié ? Vous demandez la paix pour les morts, pour ceux qu'a frappés le sort des combats !... que ne puis-je l'accorder aussi aux vivants ! jamais je ne serais venu en ces lieux, sans l'ordre des destins qui y marquaient ma demeure. Ce n'est point à la nation que je fais la guerre ; mais votre roi a dédaigné mon alliance pour me préférer celle de Turnus. C'était donc à Turnus d'épargner le sang qui a coulé, en venant se mesurer avec moi, s'il voulait en effet terminer la guerre par le glaive et chasser les Troyens de l'Italie. Il vivrait, celui des deux à qui son bras ou le ciel eussent assuré la vie. Allez maintenant, et livrez aux flammes du bûcher vos malheureux concitoyens. »

Ainsi parle Énée. Frappés d'étonnement, les envoyés se regardaient en silence. Alors le vieux Drancès, qu'une longue inimitié anime sans cesse contre le jeune Turnus, prend la parole en ces termes : « Héros, dont les exploits surpassent de si loin l'éclatante renommée, quels éloges pourraient dignement célébrer tant

Nullum cum victis certamen et æthere cassis ;
Parceret hospitibus quondam socerisque vocatis.   105
Quos bonus Æneas, haud aspernanda precantes,
Prosequitur venia, et verbis hæc insuper addit :
« Quænam vos tanto fortuna indigna, Latini,
Implicuit bello, qui nos fugiatis amicos ?
Pacem me exanimis et Martis sorte peremptis   110
Oratis ? equidem et vivis concedere vellem.
Nec veni, nisi fata locum sedemque dedissent ;
Nec bellum cum gente gero : rex nostra reliquit
Hospitia, et Turni potius se credidit armis.
Æquius huic Turnum fuerat se opponere morti :   115
Si bellum finire manu, si pellere Teucros
Apparat, his mecum decuit concurrere telis :
Vixet, cui vitam deus aut sua dextra dedisset.
Nunc ite, et miseris supponite civibus ignem. »
Dixerat Æneas : olli obstupuere silentes,   120
Conversique oculos inter se atque ora tenebant.
Tum senior semperque odiis et crimine Drances
Infensus juveni Turno, sic ore vicissim
Orsa refert : « O fama ingens, ingentior armis,
Vir Trojane, quibus cœlo te laudibus æquem ?   125

de gloire ? Qu'admirer le plus en vous, de votre justice ou de vos travaux guerriers ? Du moins, nous reporterons avec reconnaissance vos paroles dans notre patrie, et si la fortune nous y aide, nous vous unirons au roi Latinus : que Turnus aille chercher d'autres alliances. Que dis-je ? ces murs que le sort vous a promis, nous travaillerons à les élever, et nous serons heureux de porter sur nos épaules les pierres destinées à construire la nouvelle Troie. »

Ainsi parle Drancès : son discours est suivi d'un murmure unanime d'approbation. Sur la foi d'une trêve de douze jours, Troyens et Latins, fraternellement confondus, se répandent sur les monts et dans les bois voisins. Sous les coups de la hache au double tranchant le frêne retentit, et le pin altier tombe abattu. Le coin aigu déchire le chêne robuste et le cèdre odorant. Les chariots gémissent sous le poids des ormes.

Mais déjà, messagère d'un si grand malheur, l'agile Renommée, qui publiait naguère les premiers triomphes de Pallas, a rempli d'effroi Évandre, son palais et la ville tout entière. Aussitôt les Arcadiens courent aux portes, et, selon l'antique usage, agitent des torches funéraires, qui prolongent au loin leur clarté sur la route et dans la campagne. Le cortége troyen qui s'avance de son

```
        Justitiæne prius mirer, belline laborum ?
        Nos vero hæc patriam grati referemus ad urbem ;
        Et te, si qua viam dederit fortuna, Latino
        Jungemus regi : quærat sibi fœdera Turnus.
        Quin et fatales murorum attollere moles,           130
        Saxaque subvectare humeris Trojana juvabit. »
        Dixerat hæc, unoque omnes eadem ore fremebant.
        Bis senos pepigere dies, et, pace sequestra,
        Per silvas Teucri, mixtique impune Latini
        Erravere jugis. Ferro sonat icta bipenni            135
        Fraxinus ; evertunt actas ad sidera pinus ;
        Robora nec cuneis et olentem scindere cedrum,
        Nec plaustris cessant vectare gementibus ornos.
        Et jam Fama volans, tanti prænuntia luctus,
        Evandrum, Evandrique domos et mœnia complet,      140
        Quæ modo victorem Latio Pallanta ferebat.
        Arcades ad portas ruere, et de more vetusto
        Funereas rapuere faces : lucet via longo
        Ordine flammarum, et late discriminat agros.
        Contra turba Phrygum veniens plangentia jungunt   145
        Agmina. Quæ postquam matres succedere tectis
        Viderunt, mœstam incendunt clamoribus urbem.
```

côté se réunit aux Arcadiens, et ils entrent ensemble dans la ville qui retentit soudain des cris plaintifs que poussent les mères éplorées. Mais aucune force ne peut retenir Évandre : il s'élance au milieu des rangs et se jette sur le lit funèbre où repose Pallas, qu'il tient embrassé. Ses larmes et ses gémissements le suffoquent, et lorsque enfin sa douleur livre à peine un faible passage à sa voix : « Est-ce là, ô Pallas, ce que tu avais promis à ton père ! Tu devais n'affronter qu'avec prudence les fureurs de Mars ! Je savais tout ce que l'espérance de la gloire a de charme et de séduction pour un jeune cœur dans le premier essai des combats. O douloureuses prémices du courage d'un jeune héros ! rude et cruel apprentissage de la guerre ! Mes vœux, mes prières, les dieux ont tout repoussé ! Et toi, ô vertueuse épouse, quel bonheur pour toi, que la mort ait épargné tant de douleur à ta tendresse ! Mais moi, je n'ai vécu, je n'ai prolongé mes tristes destinées que pour survivre à mon fils ! Que n'ai-je suivi la fortune des Troyens ! je serais tombé sous le fer des Rutules ; et c'est moi, au lieu de Pallas, que cette pompe funèbre accompagnerait aujourd'hui. Ce n'est pas vous que j'accuse, ô Troyens, ni votre alliance, ni l'hospitalité dont nos mains ont serré les nœuds : ce sort cruel était dû à ma vieillesse. Si la destinée de mon fils était de succomber avant le temps, il me sera doux de penser que des milliers de Volsques ont été immolés par son bras, et

At non Evandrum potis est vis ulla tenere;
Sed venit in medios : feretro Pallanta reposto
Procubuit super, atque hæret lacrymansque gemensque,
Et via vix tandem voci laxata dolore est :   151
« Non hæc, o Palla, dederas promissa parenti :
Cautius ut sævo velles te credere Marti !
Haud ignarus eram, quantum nova gloria in armis,
Et prædulce decus primo certamine posset.   155
Primitiæ juvenis miseræ, bellique propinqui
Dura rudimenta ! et nulli exaudita deorum
Vota precesque meæ ! Tuque, o sanctissima conjux,
Felix morte tua, neque in hunc servata dolorem !
Contra ego vivendo vici mea fata, superstes   160
Restarem ut genitor. Troum socia arma secutum
Obruerent Rutuli telis ! animam ipse dedissem,
Atque hæc pompa domum me, non Pallanta, referret !
Nec vos arguerim, Teucri, nec fœdera, nec quas
Junximus hospitio dextras : sors ista senectæ   165
Debita erat nostræ. Quod si immatura manebat
Mors natum, cæsis Volscorum millibus ante,

qu'il vous facilite, en mourant, l'entrée du Latium. Quels honneurs funèbres pourrais-je ajouter, ô mon fils, à ceux que te rendent aujourd'hui le pieux Énée, les illustres Phrygiens, les chefs étrusques et toute leur armée? Qu'ils sont glorieux ces trophées chargés des dépouilles de tous les ennemis que tu as terrassés! Et toi, Turnus aussi, tu ne serais plus qu'un énorme tronc couvert d'armes, si Pallas avait eu ton âge et la force que donnent les années... Mais, hélas! c'est trop vous arrêter, ô Troyens; allez, et ne manquez pas de dire à votre roi : « Après la mort de Pallas, si je prolonge encore une vie odieuse, c'est dans l'espoir que ton bras, qui doit Turnus et au fils et au père, nous vengera : c'est tout ce que j'attends désormais de toi et de la Fortune. La vie ne saurait plus avoir pour moi de douceurs; mais je veux porter cette consolation à mon fils dans le profond séjour des Mânes. »

Cependant l'aurore, de retour, avait éclairé la terre et ramené pour les malheureux mortels les travaux et les peines. Déjà Énée et Tarchon avaient construit des bûchers sur le rivage. Là chacun, selon l'antique usage, porte les corps des siens; les feux s'allument; de noires et épaisses vapeurs cachent au loin le ciel sous un voile de ténèbres. Trois fois les guerriers, couverts de leurs armes brillantes, ont fait le tour des bûchers; trois fois les cavaliers

    Ducentem in Latium Teucros, cecidisse juvabit.
    Quin ego non alio digner te funere, Palla,
    Quam pius Æneas, et quam magni Phryges, et quam 170
    Tyrrhenique duces, Tyrrhenûm exercitus omnis.
    Magna tropæa ferunt, quos dat tua dextera leto.
    Tu quoque nunc stares immanis truncus in armis,
    Esset par ætas, et idem si robur ab annis,
    Turne. Sed infelix Teucros quid demoror armis ? 175
    Vadite, et hæc memores regi mandata referte :
    Quod vitam moror invisam, Pallante perempto,
    Dextera causa tua est; Turnum natoque patrique
    Quam debere vides : meritis vacat hic tibi solus
    Fortunæque locus. Non vitæ gaudia quæro, 180
    Nec fas ; sed nato Manes perferre sub imos. »
    Aurora interea miseris mortalibus almam
    Extulerat lucem, referens opera atque labores.
    Jam pater Æneas, jam curvo in littore Tarchon
    Constituere pyras. Huc corpora quisque suorum 185
    More tulere patrum, subjectisque ignibus atris
    Conditur in tenebras altum caligine cœlum.
    Ter circum accensos, cincti fulgentibus armis,

circulent autour des feux funèbres en poussant des cris lamentables. Ils arrosent de pleurs la terre et leurs armes. Les cris des soldats et les accents guerriers de la trompette montent vers le ciel. Les uns jettent dans les flammes les dépouilles ravies aux Latins égorgés, des casques, des épées, des freins, des roues brûlantes ; les autres, des dons connus, ces boucliers et ces armes qui ont si mal servi leur valeur. De nombreux taureaux tombent, immolés, autour des bûchers, et le sang des porcs et des brebis enlevés aux campagnes voisines en arrose la flamme. Rangés le long du rivage, les guerriers regardent les feux qui dévorent leurs compagnons, et veillent auprès de ces bûchers à demi consumés. Rien ne peut les arracher à ce triste spectacle, jusqu'à ce que l'humide nuit ait fait tourner le ciel semé d'étoiles resplendissantes. De leur côté, les malheureux Latins ont dressé également de nombreux bûchers. Les corps de leurs guerriers sont en partie inhumés sur ces bords mêmes, et transportés en partie dans les champs voisins ou renvoyés à la ville ; tout le reste est jeté pêle-mêle dans les flammes, sans ordre et sans distinction. D'innombrables feux brillent de toutes parts et éclairent au loin ces vastes plaines. La troisième aurore avait chassé du ciel les froides ombres de la nuit : la foule attristée vient recueillir, au milieu de

```
Decurrere rogos ; ter mœstum funeris ignem
Lustravere in equis, ululatusque ore dedere.              190
Spargitur et tellus lacrymis, sparguntur et arma.
It cœlo clamorque virûm clangorque tubarum.
Hinc alii spolia occisis derepta Latinis
Conjiciunt igni, galeas, ensesque decoros,
Frenaque, ferventesque rotas ; pars munera nota,          195
Ipsorum clypeos, et non felicia tela.
Multa boum circa mactantur corpora Morti ;
Setigerosque sues, raptasque ex omnibus agris
In flammam jugulant pecudes. Tum littore toto
Ardentes spectant socios, semiustaque servant             200
Busta ; neque avelli possunt, nox humida donec
Invertit cœlum stellis fulgentibus aptum.
Nec minus et miseri diversa in parte Latini
Innumeras struxere pyras, et corpora partim
Multa virûm terræ infodiunt, avectaque partim             205
Finitimos tollunt in agros, urbique remittunt ;
Cetera, confusæque ingentem cædis acervum,
Nec numero nec honore cremant : tunc undique vasti
Certatim crebris collucent ignibus agri.
Tertia lux gelidam cœlo dimoverat umbram :                210
```

ces cendres à peine éteintes, les ossements confondus dans le brasier, et les recouvre d'un monceau de terre encore tiède.

Mais c'est dans l'opulente ville de Latinus que le désespoir éclate dans toute sa force, et que la consternation est à son comble. C'est là que de tendres mères, de jeunes épouses, des sœurs désolées, des fils restés orphelins se répandent en imprécations contre cette funeste guerre et contre l'hymen de Turnus. « Qu'il aille, dit-on, qu'il aille, les armes à la main, tenter le sort des combats, puisqu'il prétend aux honneurs du rang suprême et au sceptre de l'Italie. » L'implacable Drancès aggrave encore ces reproches : il affirme que c'est Turnus seul que provoque Énée, lui seul qu'il défie au combat. Mais une foule de voix s'élèvent en faveur de Turnus qui a pour lui la haute protection de la reine et la renommée que lui ont faite sa bravoure et ses exploits.

Au milieu de ces agitations et de ce tumulte, on apprend, pour comble de maux, le retour et la réponse des ambassadeurs envoyés auprès de Diomède : ils n'ont rien obtenu : l'or, les présents, les prières, tout a été vainement prodigué : il faut que les Latins cherchent d'autres auxiliaires, ou demandent la paix au chef des Troyens. Accablé de ces tristes nouvelles, Latinus cède à l'excès de sa douleur. La colère des dieux, ces tombeaux récents qui s'offrent à ses regards, l'avertissent

```
    Mœrentes altum cinerem et confusa ruebant
    Ossa focis, tepidoque onerabant aggere terræ.
    Jam vero in tectis, prædivitis urbe Latini,
    Præcipuus fragor et longi pars maxima luctus.
    Hic matres, miseræque nurus, hic cara sororum      215
    Pectora mœrentum, puerique parentibus orbi,
    Dirum exsecrantur bellum Turnique hymenæos ;
    Ipsum armis, ipsumque jubent decernere ferro,
    Qui regnum Italiæ et primos sibi poscat honores.
    Ingravat hæc sævus Drances, solumque vocari       220
    Testatur, solum posci in certamina Turnum.
    Multa simul contra variis sententia dictis
    Pro Turno, et magnum reginæ nomen obumbrat ;
    Multa virum meritis sustentat fama tropæis.
    Hos inter motus, medio in flagrante tumultu,      225
    Ecce super mœsti magna Diomedis ab urbe
    Legati responsa ferunt : nihil omnibus actum
    Tantorum impensis operum ; nil dona, neque aurum,
    Nec magnas valuisse preces ; alia arma Latinis
    Quærenda, aut pacem Trojano ab rege petendam.    230
    Deficit ingenti luctu rex ipse Latinus.
```

qu'Énée vient par l'ordre du destin qui l'appelle et le protége.

Il convoque aussitôt le conseil de la nation et les grands de l'État. Ils accourent en foule, et leurs flots se précipitent vers le palais. Latinus, le front chargé d'ennuis, prend au milieu d'eux la place que lui assignent son âge et son rang, et ordonne aux envoyés revenus de la ville Étolienne d'expliquer exactement à l'assemblée le résultat de leur mission et la réponse qu'ils ont reçue. Alors un grand silence s'établit, et Vénulus, obéissant au roi, s'exprime ainsi :

« Citoyens, après les traverses d'un long et périlleux voyage, nous avons vu Diomède, sa colonie Argienne, et nous avons touché la main qui renversa les murs d'Ilion. Ce héros victorieux fondait alors une ville nouvelle au pied du Gargan, dans les champs de l'Iapygie, et l'appelait Argyripe, du nom de sa patrie. Admis en sa présence, et libres de parler devant lui, nous offrons nos dons, et nous faisons connaître notre nom, notre patrie; quels ennemis nous ont déclaré la guerre, et le motif qui nous amène auprès de lui.

« Il nous écoute et nous répond avec bonté :
— « O nations fortunées, sur qui régna Saturne, antiques Ausoniens, quel destin jaloux de votre repos vous a précipités dans

Fatalem Æneam manifesto numine ferri,
Admonet ira deûm, tumulique ante ora recentes.
Ergo concilium magnum primosque suorum
Imperio accitos alta intra limina cogit.   235
Olli convenere, fluuntque ad regia plenis
Tecta viis. Sedet in mediis et maximus ævo,
Et primus sceptris, haud læta fronte, Latinus.
Atque hic legatos Ætola ex urbe remissos,
Quæ referant, fari jubet, et responsa reposcit   240
Ordine cuncta suo. Tum facta silentia linguis,
Et Venulus dicto parens ita farier infit :
« Vidimus, o cives, Diomedem Argivaque castra,
Atque iter emensi casus superavimus omnes ;
Contigimusque manum, qua concidit Ilia tellus.   245
Ille urbem Argyripam, patriæ cognomine gentis,
Victor Gargani condebat Iapygis arvis.
Postquam introgressi, et coram data copia fandi,
Munera præferimus, nomen patriamque docemus :
Qui bellum intulerint, quæ causa attraxerit Arpos.   250
Auditis ille hæc placido sic reddidit ore :
— « O fortunatæ gentes, Saturnia regna,
Antiqui Ausonii, quæ vos fortuna quietos

une guerre dont vous ignorez l'issue? Quelle leçon vous donnaient cependant ceux dont les armes victorieuses ont porté le ravage dans les champs troyens, sans parler de ceux qui périrent sous les remparts mêmes d'Ilion, et que le Simoïs engloutit dans ses ondes : nous avons expié nos crimes par des supplices et des châtiments dont Priam lui-même aurait pitié, s'il pouvait être témoin de nos infortunes. Rappellerai-je la tempête déchaînée par Minerve, les écueils de l'Eubée et le roc vengeur de Capharée? Pour prix de cette fatale conquête, jeté sur les bords les plus opposés, Ménélas traîne son exil par-delà les colonnes de Protée; Ulysse a vu les Cyclopes de l'Etna. Vous dirai-je le règne de Néoptolème; Idoménée chassé de son trône et de ses états, et les Locriens réfugiés sur les côtes de la Libye? Le roi de Mycènes lui-même, le chef de la Grèce, Agamemnon a succombé, au seuil même de son palais, sous le poignard de sa criminelle épouse, et l'adultère Égisthe a fait tomber dans ses piéges le vainqueur de l'Asie. Et moi, les dieux jaloux ne m'ont-ils pas envié la douceur de revoir la belle Calydon et d'embrasser une épouse chérie? Maintenant encore n'ai-je pas sous les yeux d'effrayants prodiges : mes malheureux compagnons prenant leur essor dans les airs et transformés en oiseaux qui se voient condamnés au supplice d'errer sur le bord des fleuves, et de remplir les rochers de leurs cris douloureux?

Sollicitat, suadetque ignota lacessere bella?
Quicumque Iliacos ferro violavimus agros,   255
(Mitto ea, quæ muris bellando exhausta sub altis,
Quos Simois premat ille viros), infanda per orbem
Supplicia et scelerum pœnas expendimus omnes,
Vel Priamo miseranda manus. Scit triste Minervæ
Sidus, et Euboicæ cautes, ultorque Caphareus.   260
Militia ex illa diversum ad littus adacti,
Atrides Protei Menelaus ad usque columnas
Exsulat; Ætneos vidit Cyclopas Ulysses.
Regna Neoptolemi referam, versosque Penates
Idomenei? Libycone habitantes littore Locros?   265
Ipse Mycenæus magnorum ductor Achivûm
Conjugis infandæ prima intra limina dextra
Oppetiit : devictam Asiam subsedit adulter.
Invidisse deos, patriis ut redditus aris
Conjugium optatum, et pulchram Calydona viderem!   270
Nunc etiam horribili visu portenta sequuntur,
Et socii amissi petierunt æthera pennis,
Fluminibusque vagantur aves, (heu! dira meorum
Supplicia!) et scopulos lacrymosis vocibus implent.

Mais j'ai dû prévoir et redouter ces maux, depuis le jour où mon audace sacrilége osa combattre les dieux même, et outrager par une blessure la main de Vénus. Gardez-vous de me pousser à de pareilles luttes! Après la ruine de Pergame, je n'ai plus à combattre les Troyens : je veux oublier ce qu'ils ont souffert, et je ne m'en réjouis pas. Les présents que vous m'avez apportés de votre patrie, réservez-les pour Énée. Tous deux, en présence l'un de l'autre, nous avons mesuré nos forces ; croyez-en mon expérience : qu'il est terrible sous le bouclier! avec quelle vigueur il darde le javelot! Si la Phrygie avait enfanté deux guerriers tels que lui, ce sont les Troyens qui seraient venus mettre le siège devant nos villes, et la Grèce eût pleuré sa défaite. C'est Hector, c'est Énée qui ont arrêté l'effort et le progrès de nos armes, et qui ont retardé pendant dix ans la victoire des Grecs. Ils furent également célèbres, l'un et l'autre, par leur courage et leurs exploits ; mais Énée l'emportait par sa piété. Croyez-m'en donc : recherchez à tout prix son alliance, et gardez-vous de mesurer vos armes avec ses armes. —

« Telles furent, ô le meilleur des rois, la réponse de Diomède et son opinion sur cette guerre importante. »

A peine Vénulus a-t-il parlé, son discours excite parmi les Au-

Hæc adeo ex illo mihi jam speranda fuerunt 275
Tempore, quum ferro cœlestia corpora demens
Appetii, et Veneris violavi vulnere dextram.
Ne vero, ne me ad tales impellite pugnas.
Nec mihi cum Teucris ullum post eruta bellum
Pergama, nec veterum memini lætove malorum. 280
Munera, quæ patriis ad me portastis ab oris,
Vertite ad Æneam. Stetimus tela aspera contra,
Contulimusque manus : experto credite, quantus
In clypeum assurgat, quo turbine torqueat hastam.
Si duo præterea tales Idæa tulisset 285
Terra viros, ultro Inachias venisset ad urbes
Dardanus, et versis lugeret Græcia fatis.
Quidquid apud duræ cessatum est mœnia Trojæ,
Hectoris Æneæque manu victoria Graiûm
Hæsit, et in decimum vestigia rettulit annum. 290
Ambo animis, ambo insignes præstantibus armis ;
Hic pietate prior. Coeant in fœdera dextræ,
Qua datur ; ast armis concurrant arma, cavete. » —
« Et responsa simul quæ sint, rex optime, regis
Audisti, et quæ sit magno sententia bello. » 295
Vix ea legati, variusque per ora cucurrit

soniens troublés un frémissement confus. Ainsi, quand des rochers s'opposent à l'élan impétueux d'un torrent, l'onde emprisonnée mugit, et les rives voisines retentissent du fracas des eaux bouillonnantes.

Dès que le calme fut rétabli, et que le murmure eut expiré sur les lèvres des assistants, le roi invoque les dieux et, du haut de son trône, parle en ces termes : « J'eusse désiré, et il eût été mieux, sans doute, de statuer d'abord sur ces grands intérêts, et ce n'est pas le moment d'assembler un conseil, quand l'ennemi assiége nos murailles. Nous soutenons une guerre sans issue contre le sang des dieux, contre des guerriers invincibles, que nul combat ne lasse, et que les revers ne découragent ni ne désarment. L'espoir que vous pouviez mettre dans le secours des Étoliens, il y faut renoncer : chacun de nous ne peut plus espérer qu'en lui-même ; vous voyez donc où nous en sommes réduits ; vous voyez de vos yeux, vous touchez de vos mains les ruines que nos désastres accumulent autour de nous. Je n'accuse personne : tout ce que pouvait faire le courage, il l'a fait ; l'État a déployé tout ce qu'il avait de forces et de ressources.

« Apprenez maintenant quel projet occupe mon esprit irrésolu ; je vais vous en instruire en peu de mots.

« Je possède un antique domaine qui s'étend à l'occident du

```
       Ausonidum turbata fremor : ceu saxa morantur
       Quum rapidos amnes, fit clauso gurgite murmur,
       Vicinæque fremunt ripæ crepitantibus undis.
       Ut primum placati animi, et trepida ora quierunt,     300
       Præfatus divos, solio rex infit ab alto :
       « Ante equidem summa de re statuisse, Latini,
       Et vellem, et fuerat melius ; non tempore tali
       Cogere concilium, quum muros assidet hostis.
       Bellum importunum, cives, cum gente deorum           305
       Invictisque viris gerimus, quos nulla fatigant
       Prælia, nec victi possunt abfistere ferro.
       Spem, si quam adscitis Ætolûm habuistis in armis,
       Ponite. Spes sibi quisque ; sed hæc quam angusta, videtis.
       Cetera qua rerum jaceant perculsa ruina,             310
       Ante oculos interque manus sunt omnia vestras.
       Nec quemquam incuso : potuit quæ plurima virtus
       Esse, fuit ; toto certatum est corpore regni.
       Nunc adeo, quæ sit dubiæ sententia menti,
       Expediam, et paucis (animos adhibete) docebo.        315
       Est antiquus ager Tusco mihi proximus amni,
       Longus in occasum, fines super usque Sicanos ;
```

Tibre jusqu'aux limites des Sicaniens ; les Auronces et les Rutules le cultivent ; ils tourmentent avec le soc les arides collines, dont les âpres sommets servent de pâturage à leurs troupeaux. Cédons aux Troyens, pour prix de leur amitié, tout ce territoire et ces hautes montagnes couronnées de pins. Dictons les conditions équitables d'une heureuse alliance, et associons les Troyens à notre empire. Si ce pays a tant de charmes pour eux, qu'ils s'y fixent, qu'ils y fondent des remparts. S'ils veulent, au contraire, chercher d'autres contrées et une autre nation ; s'ils désirent quitter notre sol, construisons-leur avec le chêne d'Italie vingt vaisseaux et même plus, selon leurs besoins : les matériaux sont à deux pas du fleuve ; les Troyens fixeront eux-mêmes le nombre et la forme des bâtiments ; les ouvriers, l'airain, les agrès, nous leur fournirons tout. En outre, je suis d'avis que nous choisissions dans les premières familles du Latium cent députés chargés de leur porter des paroles amies, et de se présenter à eux, les rameaux de la paix à la main. Pour présents, ils leurs remettront de l'ivoire, des talents d'or, en y joignant la chaise curule et la trabée, insignes de notre royauté. Délibérez, et sauvez-nous. »

Alors se lève ce même Drancès, que tourmente l'aiguillon d'une envie perfide et d'un amer ressentiment contre Turnus. Riche, habile à la parole, mais guerrier timide ; sachant ouvrir des avis

        Aurunci Rutulique serunt, et vomere duros
        Exercent colles, atque horum asperrima pascunt.
        Hæc omnis regio, et celsi plaga pinea montis,   320
        Cedat amicitiæ Teucrorum ; et fœderis æquas
        Dicamus leges, sociosque in regna vocemus :
        Considant, si tantus amor, et mœnia condant.
        Sin alios fines aliamque capessere gentem
        Est animus, poscuntque solo decedere nostro,   325
        Bis denas Italo texamus robore naves,
        Seu plures complere valent : jacet omnis ad undam
        Materies : ipsi numerumque modumque carinis
        Præcipiant ; nos æra, manus, navalia demus.
        Præterea, qui dicta ferant et fœdera firment,   330
        Centum oratores prima de gente Latinos
        Ire placet, pacisque manu prætendere ramos,
        Munera portantes, aurique eborisque talenta,
        Et sellam regni trabeamque insignia nostri.
        Consulite in medium, et rebus succurrite fessis. »   335
        Tum Drances idem infensus, quem gloria Turni
        Obliqua invidia stimulisque agitabat amaris,
        Largus opum, et lingua melior, sed frigida bello

importants; puissant à captiver l'esprit du peuple; fils d'un père sans nom, mais fier de sa noblesse maternelle, tel était Drancès. C'est par ces mots qu'il aigrit et amasse la colère des auditeurs contre son ennemi : « Excellent roi, tout ce que vous avez dit n'a rien d'obscur et n'a pas besoin de nos suffrages. Chacun sait très-bien ce qu'exige le salut du peuple, mais personne n'ose le dire. Qu'il nous laisse donc la liberté de parler, et rabatte sa présomption, celui dont l'influence malheureuse et le génie sinistre (car je dirai la vérité, bien qu'il me menace de son glaive et de la mort) ont fait périr l'élite de nos chefs, et plongé dans le deuil la ville entière ; celui qui tente l'attaque du camp troyen, en se fiant à la fuite, et qui prétend effrayer le ciel même de ses armes.

« A ces présents que vous destinez aux Troyens ajoutez un nouveau don : que nulle violence n'empêche un père de donner à sa fille un gendre illustre, digne d'un tel hymen, et de cimenter la paix par une alliance éternelle. Si telle est toutefois la terreur dont un seul homme glace tous les cœurs et tous les esprits, conjurons Turnus de laisser le roi et la patrie user du droit qui leur appartient. Quand cesseras-tu, ô Turnus, toi la source et la cause de tous nos désastres, de jeter tes concitoyens

    Dextera, consiliis habitus non futilis auctor,
    Seditione potens ; genus huic materna superbum   340
    Nobilitas dabat, incertum de patre ferebant ;
    Surgit, et his onerat dictis atque aggerat iras :
    « Rem nulli obscuram, nostræ nec vocis egentem
    Consulis, o bone rex. Cuncti se scire fatentur
    Quid fortuna ferat populi ; sed dicere mussant.   345
    Det libertatem fandi, flatusque remittat,
    Cujus ob auspicium infaustum moresque sinistros
    (Dicam equidem, licet arma mihi mortemque minetur)
    Lumina tot cecidisse ducum, totamque videmus
    Consedisse urbem luctu ; dum Troia tentat   350
    Castra, fugæ fidens, et cœlum territat armis.
    Unum etiam donis istis, quæ plurima mitti
    Dardanidis dicique jubes, unum, optime regum,
    Adjicias ; nec te ullius violentia vincat,
    Quin natam egregio genero dignisque hymenæis   355
    Des, pater, et pacem hanc æterno fœdere firmes.
    Quod si tantus habet mentes et pectora terror,
    Ipsum obtestemur, veniamque oremus ab ipso :
    Cedat ; jus proprium regi patriæque remittat.
    Quid miseros toties in aperta pericula cives   360
    Projicis, o Latio caput horum et causa malorum?

dans un abîme de maux? Il n'est plus de salut dans la guerre : nous te demandons tous la paix, Turnus, et avec elle le gage qui seul peut en garantir la durée. Moi le premier, que tu regardes comme ton ennemi, et qui ne me défends pas de l'être, je viens te supplier : prends pitié des tiens; dépose ton orgueil; vaincu, retire-toi. Nos défaites nous ont fait voir assez de funérailles; nous avons assez porté la désolation dans nos campagnes. Si la gloire te touche; si ton cœur se sent capable d'un généreux courage; s'il te faut absolument un sceptre pour dot, affronte avec confiance le fer de l'ennemi. Faut-il que, pour assurer à Turnus une épouse du sang royal, nous autres, tourbe vile, privés de tombeaux et de larmes, nous couvrions les champs de nos cadavres? Va donc, si tu as du cœur, s'il te reste quelque chose du courage de tes pères, va regarder en face le rival qui te provoque! »

A ce discours, la colère de Turnus ne se contient plus; il gémit, et son courroux éclate en ces termes :

« Ta bouche, Drancès, est toujours féconde en paroles, quand la guerre réclame des bras. Ton poste au conseil est toujours le premier occupé; mais qu'importe ce vain bruit de mots pompeux que tu prodigues sans danger, lorsque de forts retranchements te séparent de l'ennemi, et que nos fossés ne sont pas encore inondés de sang? Fais donc tonner ton éloquence; c'est ta coutume :

> Nulla salus bello : pacem te poscimus omnes,
> Turne; simul pacis solum inviolabile pignus.
> Primus ego, invisum quem tu tibi fingis, et esse
> Nil moror, en supplex venio : miserere tuorum,   365
> Pone animos, et pulsus abi. Sat funera fusi
> Vidimus, ingentes et desolavimus agros.
> Aut, si fama movet, si tantum pectore robur
> Concipis, et si adeo dotalis regia cordi est,
> Aude, atque adversum fidens fer pectus in hostem.   370
> Scilicet, ut Turno contingat regia conjux,
> Nos, animæ viles, inhumata infletaque turba,
> Sternamur campis! et jam tu, si qua tibi vis,
> Si patrii quid Martis habes, illum aspice contra,
> Qui vocat. »   375
> Talibus exarsit dictis violentia Turni;
> Dat gemitum, rumpitque has imo pectore voces :
> « Larga quidem Drance, semper, tibi copia fandi,
> Tum quum bella manus poscunt; patribusque vocatis
> Primus ades; sed non replenda est curia verbis,   380
> Quæ tuto tibi magna volant, dum distinet hostem
> Agger murorum, nec inundant sanguine fossæ.

accuse-moi de lâcheté,. toi, Drancès, dont la valeur a entassé des monceaux de Troyens immolés par ton bras ; toi, dont les trophées décorent nos plaines! Ce que peut un bouillant courage, veux-tu en faire l'épreuve sur l'heure? nous n'irons pas loin chercher l'ennemi : il est là, à nos portes. Marchons à sa rencontre! qui t'arrête! Ta bravoure résidera-t-elle toujours dans ta langue habile aux vains discours et dans tes pieds si prompts à la fuite? Moi vaincu! Eh! qui donc, misérable, peut, de bonne foi, m'accuser d'être vaincu, moi qui ai grossi le Tibre du sang des Troyens; moi qui ai détruit d'un seul coup, dans son dernier rejeton, toute la postérité d'Évandre, et dépouillé les Arcadiens de leurs armes! Tel ne m'ont point vu Bitias et le géant Pandarus, et ces milliers de Troyens qu'en un seul jour je précipitai dans le Tartare, quoiqu'enfermé dans leurs remparts et entouré de leurs retranchements. Point de salut dans la guerre, dis-tu! Insensé! C'est à Énée et à tes partisans qu'il faut tenir un pareil langage. Continue, en attendant, de semer ici le trouble et les alarmes, d'exalter les forces d'un peuple deux fois vaincu, et de rabaisser les armes des Latins. Que n'ajoutes-tu que les chefs des Myrmidons, que Diomède, Achille ont reculé devant les Troyens, et qu'à leur abord dans nos contrées, l'Aufide épouvanté a remonté vers sa

> Proinde tona eloquio, solitum tibi; meque timoris
> Argue tu, Drance : quando tot stragis acervos
> Teucrorum tua dextra dedit, passimque tropæis   385
> Insignis agros. Possit quid vivida virtus,
> Experiare licet ; nec longe scilicet hostes
> Quærendi nobis : circumstant undique muros.
> Imus in adversos? Quid cessas? an tibi Mavors
> Ventosa in lingua, pedibusque fugacibus istis   390
> Semper erit?
> Pulsus ego! aut quisquam merito, fœdissime, pulsum
> Arguet, Iliaco tumidum qui crescere Thybrim
> Sanguine, et Evandri totam cum stirpe videbit
> Procubuisse domum, atque exutos Arcadas armis?   395
> Haud ita me experti Bitias et Pandarus ingens,
> Et quos mille die victor sub Tartara misi,
> Inclusus muris, hostilique aggere septus.
> Nulla salus bello! capiti cane talia, demens,
> Dardanio, rebusque tuis. Proinde omnia magno   400
> Ne cessa turbare metu, atque extollere vires
> Gentis bis victæ, contra premere arma Latini.
> Nunc et Myrmidonum proceres Phrygia arma tremiscunt,
> Nunc et Tydides, et Larissæus Achilles ;

source?... Et ce vil artisan de calomnies ne feint de trembler devant mes menaces que pour me charger d'un crime de plus. Ne crains rien, Drancès; jamais cette main ne ravira une âme comme la tienne : ton âme habite un corps digne d'elle : qu'elle y reste.

« Je reviens maintenant, ô mon père, à vous et au grave sujet de ces délibérations. Si vous n'avez plus aucune confiance dans le succès de nos armes; si nous sommes abandonnés à ce point; si un premier échec nous a laissés sans ressources et sans espoir d'aucun retour de la fortune, demandons la paix, j'y consens, et tendons des mains suppliantes!... Oh! si nous possédions quelque chose encore de notre antique valeur, qu'il nous semblerait heureux le guerrier auquel une mort glorieuse sur le champ de bataille a épargné la douleur d'un tel spectacle!... Que dis-je? ne nous reste-t-il pas encore une brillante et nombreuse jeunesse? Si tous les peuples de l'Italie sont prêts à voler à notre secours; si leur triomphe d'un moment a coûté tant de sang aux Troyens, et si leur perte est au moins égale à la nôtre, pourquoi reculer honteusement dès le premier pas; pourquoi trembler avant d'avoir entendu le signal du combat? Le temps, dans la perpétuelle mobilité de son cours, amène souvent d'heureux changements, et la

  Amnis et Hadriacas retro fugit Aufidus undas.   405
  Vel quum se pavidum contra mea jurgia fingit
  Artificis scelus, et formidine crimen acerbat.
  Nunquam animam talem dextra hac, absiste moveri,
  Amittes : habitet tecum, et sit pectore in isto.
  Nunc ad te, et tua magna, pater, consulta revertor. 410
  Si nullam nostris ultra spem ponis in armis,
  Si tam deserti sumus, et semel agmine verso
  Funditus occidimus, neque habet Fortuna regressum,
  Oremus pacem, et dextras tendamus inertes.
  Quanquam o! si solitæ quidquam virtutis adesset,   415
  Ille mihi ante alios fortunatusque laborum,
  Egregiusque animi, qui, ne quid tale videret,
  Procubuit moriens, et humum semel ore momordit.
  Sin et opes nobis, et adhuc intacta juventus,
  Auxilioque urbes Italæ populique supersunt :   420
  Sin et Trojanis cum multo gloria venit
  Sanguine; suntque illis sua funera, parque per omnes
  Tempestas : cur indecores in limine primo
  Deficimus? cur ante tubam tremor occupat artus?
  Multa dies variique labor mutabilis ævi   425
  Rettulit in melius; multos alterna revisens

Fortune se fait un jeu habituel de remettre dans une ferme assiette ceux qu'elle a renversés. Diomède nous refuse l'appui de ses armes; mais n'avons-nous pas Messape, l'invulnérable Tolumnius, et tous les chefs de nos nombreux alliés! Quelle gloire un jour pour le Latium de n'avoir dû son salut qu'à ses propres forces! N'avons-nous pas aussi la reine des Volsques, l'héroïque Camille, à la tête de sa cavalerie et de ses escadrons brillants d'airain? Si je fais seul obstacle au bonheur public; si c'est moi seul que le Troyen appelle au combat, et si ce défi vous plaît, je ne me crois pas encore assez haï de la Victoire pour sacrifier de si belles espérances. Oui, je marcherai avec courage contre mon rival, fût-il supérieur au grand Achille, fût-il couvert, comme lui, d'armes forgées par les mains de Vulcain. Turnus, qui prétend ne le céder en valeur à aucun de ses aïeux, se dévoue tout entier à vous, à Latinus, mon beau-père! C'est moi seul qu'Énée défie : tant mieux! Je le souhaite ardemment. Si les dieux sont contre nous, que Drancès ne meure pas à ma place; ou, si la gloire devient la récompense de mon courage, qu'il ne me l'enlève pas. »

Tandis que, dans leurs perplexités, ils se livraient à ces violents débats, Énée levait son camp et mettait son armée en mouvement. Tout à coup, au milieu d'un grand tumulte, un messager

>   Lusit, et in solido rursus Fortuna locavit.
>   Non erit auxilio nobis Ætolus et Arpi :
>   At Messapus erit, felixque Tolumnius, et quos
>   Tot populi misere duces ; nec tarda sequetur   430
>   Gloria delectos Latio et Laurentibus agris.
>   Est et Volscorum egregia de gente Camilla,
>   Agmen agens equitum et florentes ære catervas.
>   Quod si me solum Teucri in certamina poscunt,
>   Idque placet, tantumque bonis communibus obsto,   435
>   Non adeo has exosa manus Victoria fugit,
>   Ut tanta quidquam pro spe tentare recusem.
>   Ibo animis contra ; vel magnum præstet Achillem,
>   Factaque Vulcani manibus paria induat arma
>   Ille licet. Vobis animam hanc soceroque Latino,   440
>   Turnus ego, haud ulli veterum virtute secundus,
>   Devovi. Solum Æneas vocat? Et vocet, oro.
>   Nec Drances potius, sive est hæc ira deorum,
>   Morte luat ; sive est virtus et gloria, tollat. »
>   Illi hæc inter se dubiis de rebus agebant   445
>   Certantes : castra Æneas aciemque movebat.
>   Nuntius ingenti per regia tecta tumultu
>   Ecce ruit, magnisque urbem terroribus implet :

se précipite dans le palais, et remplit la ville d'une vive terreur :
« Voilà les Troyens! Voilà l'armée tyrrhénienne! Ils descendent
des rives du Tibre en ordre de bataille, et inondent au loin la
plaine. » Aussitôt les cœurs se troublent; les esprits ébranlés
s'émeuvent et s'agitent sous l'aiguillon terrible de la colère : on
demande à grands cris des armes ; la jeunesse frémit, impatiente
de voler au combat; les vieillards pleurent et murmurent; un
bruit confus de clameurs discordantes s'élève jusqu'au ciel. Ainsi
retentit de cris divers un bois profond où viennent de fondre des
légions d'oiseaux ; ou tels encore l'Éridan poissonneux et l'écho
babillard des étangs voisins répètent le chant rauque des cygnes
rassemblés sur leurs bords. Aussitôt, profitant de l'occasion :
« Courage! s'écrie Turnus, délibérez tranquillement, et vantez-
nous les charmes de la paix, tandis que l'ennemi se jette sur la
patrie les armes à la main! » Sans en dire davantage, il s'échappe
à l'instant et s'élance hors du palais. « Volusus, dit-il, fais prendre les armes aux Volsques, et arme tes Rutules ; que Messape et
son frère Coras déploient leur cavalerie dans la plaine; que l'on
s'assure de toutes les issues de la ville ; que les tours soient garnies de soldats, et que le reste de l'armée soit prêt à marcher où
mes ordres l'appelleront. »

Déjà, de toutes les parties de la ville, on court aux remparts.
Latinus, troublé de ce contre-temps funeste, quitte le conseil

Instructos acie Tiberino a flumine Teucros,
Tyrrhenamque manum totis descendere campis.   450
Extemplo turbati animi, concussaque vulgi
Pectora, et arrectæ stimulis haud mollibus iræ.
Arma manu trepidi poscunt; fremit arma juventus ;
Flent mœsti mussantque patres. Hinc undique clamor
Dissensu vario magnus se tollit in auras :   455
Haud secus atque alto in luco quum forte catervæ
Consedere avium, piscosove amne Padusæ
Dant sonitum rauci per stagna loquacia cycni.
« Imo, ait, o cives, arrepto tempore, Turnus,
Cogite concilium, et pacem laudate sedentes :   460
Illi armis in regna ruunt. » Nec plura locutus
Corripuit sese, et tectis citus extulit altis.
« Tu, Voluse, armari Volscorum edice maniplis ;
Duc, ait, et Rutulos ; equitem, Messapus, in armis,
Et cum fratre Coras, latis diffundite campis.   465
Pars aditus urbis firment, turresque capessant :
Cetera, qua jusso, mecum manus inferat arma. »
Ilicet in muros tota discurritur urbe.

et ajourne la délibération sur ses projets pacifiques. Il s'accuse vivement lui-même de n'avoir pas, de son plein gré, accueilli le héros troyen, et de ne l'avoir point associé, comme gendre, à son empire. Les Latins creusent des fossés en avant des portes; on amène de grosses pierres et des pièces de bois. Les rauques accents du clairon donnent le sanglant signal des combats.

Les femmes et les enfants se pressent sur les murailles; l'extrême péril appelle tout le monde. Cependant la reine, au milieu d'un nombreux cortége de femmes, se rend au temple de Pallas, chargée des offrandes destinées à la déesse : la jeune Lavinie, cause innocente de tant de malheurs, marche à côté de sa mère, ses beaux yeux tristement baissés. Elles entrent dans le temple, le parfument d'encens, et, à l'entrée du sanctuaire, exhalent ces douloureuses prières : « Puissante déesse des combats, arbitre de la guerre, vierge Tritonienne, brise de ta main les armes du brigand phrygien; lui-même, renverse-le sur le sol, et qu'il expire étendu devant nos portes altières. »

Turnus, furieux, s'arme à la hâte pour le combat : déjà il a revêtu sa cuirasse hérissée d'écailles d'airain, et chaussé ses brodequins d'or. La tête encore nue, il avait ceint son épée. Tout resplendissant d'or, il accourt du haut de la citadelle : son cœur

```
Concilium ipse pater et magna incepta Latinus
Deserit, ac tristi turbatus tempore differt ;                470.
Multaque se incusat, qui non acceperit ultro
Dardanium Ænean, generumque adsciverit urbi.
Præfodiunt alii portas, aut saxa sudesque
Subvectant : bello dat signum rauca cruentum
Buccina. Tum muros varia cinxere corona                      475
Matronæ puerique : vocat labor ultimus omnes.
Nec non ad templum summasque ad Palladis arces
Subvehitur magna matrum regina caterva,
Dona ferens ; juxtaque comes Lavinia virgo,
Causa malis tantis, oculos dejecta decoros.                  480
Succedunt matres, et templum thure vaporant,
Et mœstas alto fundunt de limine voces :
« Armipotens, belli præses, Tritonia virgo,
Frange manu telum Phrygii prædonis, et ipsum
Pronum sterne solo, portisque effunde sub altis. »           485
Cingitur ipse furens certatim in prælia Turnus.
Jamque adeo Rutulum thoraca indutus ahenis
Horrebat squamis, surasque incluserat auro ;
Tempora nudus adhuc, laterique accinxerat ensem,
```

tressaille, et déjà, en espérance, il se précipite sur l'ennemi. Tel, libre enfin de ses liens, un coursier s'échappe de sa prison, et s'empare de la plaine qui s'ouvre devant lui : tantôt il court dans la prairie vers les cavales ; tantôt il se plonge dans le fleuve accoutumé : frémissant, il redresse la tête avec une noble fierté, et sa flottante crinière se joue sur son cou et sur ses épaules.

Camille, à la tête de ses troupes Volsques, s'offre d'abord à la rencontre de Turnus. Aux portes mêmes de la ville, elle s'élance de son coursier : ses guerriers l'imitent et mettent, comme elle, pied à terre : « Turnus, dit-elle, s'il est permis d'avoir quelque confiance dans son courage, j'oserai, je vous l'assure, soutenir le choc des escadrons troyens, et marcher ensuite contre la cavalerie tyrrhénienne. Laissez-moi tenter les premiers hasards du combat, et vous, avec l'infanterie, restez au pied des murs, et défendez ces remparts. » Turnus, le regard attaché sur la vierge redoutable : « O vierge, l'honneur de l'Italie, comment vous exprimer, comment vous prouver ma reconnaissance? Puisque votre courage s'élève au-dessus de tous les dangers, partagez avec moi les travaux de la guerre. La Renommée et mes émissaires m'apprennent d'une manière certaine que l'audacieux Énée a détaché en avant sa cavalerie légère pour battre la plaine, tan-

```
       Fulgebatque alta decurrens aureus arce ;              490
       Exsultatque animis, et spe jam præcipit hostem.
       Qualis, ubi abruptis fugit præsepia vinclis
       Tandem liber equus, campoque potitus aperto,
       Aut ille in pastus armentaque tendit equarum ;
       Aut assuetus aquæ perfundi flumine noto              495
       Emicat, arrectisque fremit cervicibus alte
       Luxurians, luduntque jubæ per colla, per armos.
       Obvia cui, Volscorum acie comitante, Camilla
       Occurrit, portisque ab equo regina sub ipsis
       Desiluit ; quam tota cohors imitata, relictis,       500
       Ad terram defluxit, equis ; tum talia fatur :
       « Turne, sui merito si qua est fiducia forti,
       Audeo, et Æneadum promitto occurrere turmæ,
       Solaque Tyrrhenos equites ire obvia contra.
       Me sine prima manu tentare pericula belli ;          505
       Tu pedes ad muros subsiste, et mœnia serva. »
       Turnus ad hæc, oculos horrenda in virgine fixus :
       « O, decus Italiæ, virgo, quas dicere grates,
       Quasve referre parem? sed nunc, est omnia quando
       Iste animus supra, mecum partire laborem.            510
       Æneas, ut fama fidem missique reportant
```

dis qu'il s'approche lui-même par les hauteurs, avec le reste de son armée, pour surprendre la ville. Mais je lui prépare une embuscade dans le chemin creux de la forêt, et des soldats armés fermeront la double issue de ce défilé. Apprêtez-vous à recevoir vigoureusement la cavalerie tyrrhénienne : Messape, les Latins et les braves Tiburniens seront avec vous. Soyez leur chef, et chargez-vous des soins du commandement. » Il dit, et, par de semblables discours, il excite au combat Messape et les autres chefs; puis, il vole à l'ennemi.

Entre deux collines, que cache une masse épaisse de feuillages, serpente un vallon dont la gorge étroite est d'un accès pénible et dangereux : le défilé est dominé par un plateau qu'on ne soupçonne pas, et d'où l'on peut, en sûreté, fondre sur l'ennemi à droite et à gauche, ou faire rouler sur lui d'énormes rochers : c'est un poste favorable pour les ruses de guerre et les embuscades. Turnus se rend dans ce lieu par des routes qui lui sont connues; il s'en empare, et s'établit dans ces bois perfides.

Cependant, au séjour des dieux, la fille de Latone confie ses vives alarmes à l'agile Opis, l'une de ses nymphes, et lui dit avec douleur : « Camille s'engage dans une guerre funeste, ô vierge, et c'est en vain qu'elle se couvre de nos armes : Camille

```
        Exploratores, equitum levia improbus arma
        Præmisit, quaterent campos ; ipse, ardua montis
        Per deserta jugo properans, adventat ad urbem.
        Furta paro belli convexo in tramite silvæ,           515
        Ut bivias armato obsidam milite fauces.
        Tu Tyrrhenum equitem collatis excipe signis ;
        Tecum acer Messapus erit, turmæque Latinæ,
        Tiburnique manus : ducis et tu concipe curam. »
        Sic ait, et paribus Messapum in prælia dictis        520
        Hortatur, sociosque duces ; et pergit in hostem.
        Est curvo anfractu valles, accommoda fraudi
        Armorumque dolis ; quam densis frondibus atrum
        Urget utrimque latus ; tenuis quo semita ducit,
        Angustæque ferunt fauces aditusque maligni.          525
        Hanc super in speculis summoque in vertice montis
        Planities ignota jacet, tutique receptus ;
        Seu dextra lævaque velis occurrere pugnæ,
        Sive instare jugis, et grandia volvere saxa.
        Huc juvenis nota fertur regione viarum ;             530
        Arripuitque locum, et silvis insedit iniquis.
        Velocem interea superis in sedibus Opim,
        Unam ex virginibus sociis sacraque caterva.
```

m'est plus chère qu'aucune autre; ma tendresse pour elle n'est pas un sentiment né d'hier, un caprice, un attrait subit. Métabe, son père, chassé de ses États par ses propres sujets, auxquels sa tyrannie l'avait rendu odieux, et forcé de quitter l'antique Priverne, associa sa fille encore enfant aux dangers de la guerre et aux fatigues de l'exil, et du nom de Casmille, sa mère, par un léger changement, il l'appela Camille. Lui-même la portait pressée sur son sein, et cherchait, dans sa fuite, les sommets escarpés, les bois solitaires, harcelé de tous côtés par les traits des Volsques acharnés à sa poursuite. Sa course le conduit aux bords de l'Amasène, dont les eaux débordaient en écumant sur ses rives inondées, tant la pluie était tombée des nuages en abondance! Métabe s'apprêtait à le franchir à la nage; mais, tremblant pour son cher fardeau, il cède à la tendresse paternelle, il renonce à son premier projet, et s'arrête à celui-ci : il était armé d'une longue et forte javeline, chargée de nœuds et durcie au feu : il enveloppe sa fille dans une écorce de liége sauvage, l'attache adroitement au milieu de sa javeline, et m'adresse cette prière : — « Déesse des forêts, auguste fille de Latone, je te consacre

  Compellabat, et has tristi Latonia voces
  Ore dabat : « Graditur bellum ad crudele Camilla,   535
  O virgo, et nostris nequidquam cingitur armis :
  Cara mihi ante alias ; neque enim novus iste Dianæ
  Venit amor, subitaque animum dulcedine movit.
  Pulsus ob invidiam regno viresque superbas,
  Priverno antiqua Metabus quum excederet urbe,   540
  Infantem, fugiens media inter prælia belli,
  Sustulit exsilio comitem, matrisque vocavit
  Nomine Casmillæ, mutata parte, Camillam.
  Ipse, sinu præ se portans, juga longa petebat
  Solorum nemorum ; tela undique sæva premebant,   545
  Et circumfuso volitabant milite Volsci.
  Ecce, fugæ medio, summis Amasenus abundans
  Spumabat ripis : tantus se nubibus imber
  Ruperat ! Ille, innare parans, infantis amore
  Tardatur, caroque oneri timet. Omnia secum   550
  Versanti subito vix hæc sententia sedit :
  Telum immane, manu valida quod forte gerebat
  Bellator, solidum nodis et robore cocto,
  Huic natam, libro et silvestri subere clausam,
  Implicat, atque habilem mediæ circumligat hastæ;   555
  Quam dextra ingenti librans, ita ad æthera fatur :
  « Alma, tibi hanc, nemorum cultrix, Latonia virgo,

cette enfant, moi, son père : suppliante, et tenant tes armes pour la première fois, elle fuit l'ennemi à travers les airs. O déesse, elle t'appartient; accepte-la comme telle, au moment où je la confie aux vents incertains. » —

« Il dit, et lance sa javeline d'un bras vigoureux; le fleuve en retentit, et, au-dessus du rapide courant, avec le trait qui siffle vole l'infortunée Camille. Métabe, que l'ennemi est près d'atteindre, se jette dans le fleuve ; et, parvenu bientôt au bord opposé, arrache au vert gazon sa javeline et sa fille désormais consacrée à Diane. Aucune ville ne l'abrita et ne le reçut dans ses murs; l'âpreté de ses mœurs ne lui permettait pas, d'ailleurs, de demander l'hospitalité. Comme les pâtres, il vivait sur les monts déserts. Là, au milieu des buissons et dans d'affreuses cavernes, il nourrissait sa fille du lait d'une cavale sauvage, dont il pressait les mamelles sur ses lèvres délicates.

A peine l'enfant avait-elle imprimé sur le sol la trace de ses premiers pas, que son père chargea ses mains d'un javelot aigu, et sur ses faibles épaules suspendit un arc et des flèches. Au lieu d'une tresse d'or, au lieu d'une longue robe flottante, la peau d'un tigre pendait de sa tête sur son dos qu'elle couvrait. Déjà sa main d'enfant lançait une flèche légère ; et, balançant au-

Ipse pater famulam voveo ; tua prima per auras
Tela tenens supplex hostem fugit. Accipe, testor,
Diva, tuam, quæ nunc dubiis committitur auris. » 560
Dixit, et adducto contortum hastile lacerto
Immittit: sonuere undæ ; rapidum super amnem
Infelix fugit in jaculo stridente Camilla.
At Metabus, magna propius jam urgente caterva,
Dat sese fluvio, atque hastam cum virgine victor 565
Gramineo, donum Triviæ, de cespite vellit.
Non illum tectis ullæ, non mœnibus, urbes
Accepere, neque ipse manus feritate dedisset :
Pastorum et solis exegit montibus ævum.
Hic natam, in dumis interque horrentia lustra, 570
Armentalis equæ mammis et lacte ferino
Nutribat, teneris immulgens ubera labris.
Utque pedum primis infans vestigia plantis
Institerat, jaculo palmas oneravit acuto,
Spiculaque ex humero parvæ suspendit et arcum. 575
Pro crinali auro, pro longæ tegmine pallæ,
Tigridis exuviæ per dorsum a vertice pendent.
Tela manu jam tum tenera puerilia torsit,
Et fundam tereti circum caput egit habena.

tour de sa tête les courroies de la fronde, elle abattait la grue du Strymon et le cygne plus blanc que la neige. En vain une foule de mères tyrrhéniennes la souhaitèrent pour bru : mettant sa joie à servir Diane, elle ne cesse de cultiver chastement son goût pour les armes et pour la virginité. Combien j'eusse désiré que, modérant son ardeur guerrière, elle ne s'efforçât pas d'attaquer les Troyens! Elle m'est chère et serait devenue l'une de mes compagnes. Mais puisqu'un destin cruel lui est réservé, descends du ciel, Nymphe, et rends-toi dans les plaines du Latium, où se livre, sous de malheureux auspices, une funeste bataille. Prends ces armes, et retire de ce carquois une flèche vengeresse. Troyen ou Ausonien, quiconque aura profané par une blessure le corps sacré de Camille, me paiera ce sang précieux de son propre sang. J'enlèverai ensuite dans un nuage le corps de l'infortunée et ses armes, qui ne lui seront pas ravies, et je la déposerai dans la tombe de ses pères. »

Elle dit : la Nymphe fend avec bruit les plaines de l'air au milieu d'un noir tourbillon.

Cependant, la phalange troyenne s'avance vers les murs, et la cavalerie étrusque se déploie tout entière, en escadrons égaux, sous les ordres de ses chefs. Le coursier bondit, frappant la plaine d'un pied impatient, et lutte, en se tournant çà et là, contre le

  Strymoniamque gruem, aut album dejecit olorem.   580
  Multæ illam frustra Tyrrhena per oppida matres
  Optavere nurum : sola contenta Diana,
  Æternum telorum et virginitatis amorem
  Intemerata colit. Vellem haud correpta fuisset
  Militia tali, conata lacessere Teucros ;   585
  Cara mihi comitumque foret nunc una mearum.
  Verum age, quandoquidem fatis urgetur acerbis,
  Labere, Nympha, polo, finesque invise Latinos,
  Tristis ubi infausto committitur omine pugna.
  Hæc cape, et ultricem pharetra deprome sagittam :   590
  Hac, quicumque sacrum violarit vulnere corpus,
  Tros Italusve, mihi pariter det sanguine pœnas.
  Post ego nube cava miserandæ corpus et arma
  Inspoliata feram tumulo, patriæque reponam. »
  Dixit : at illa leves cœli delapsa per auras   595
  Insonuit, nigro circumdata turbine corpus.
  At manus interea muris Trojana propinquat,
  Etruscique duces, equitumque exercitus omnis,
  Compositi numero in turmas : fremit æquore toto
  Insultans sonipes, et pressis pugnat habenis,   600

frein qui maîtrise sa fougue. Le champ de bataille se hérisse au loin d'une moisson de lances, et resplendit du feu des armes. Messape et les agiles Latins, Coras avec son frère, et l'escadron de Camille s'avancent, de l'autre côté, contre les Troyens : tous, la lance en arrêt, brandissent leur javeline ; l'arrivée des guerriers et le hennissement des chevaux font retentir les airs d'un bruit terrible. Les deux armées s'arrêtent à la portée du trait : soudain s'élève une immense clameur ; on pousse les coursiers frémissants, et, pressés comme les flocons d'une neige épaisse, les traits dérobent la clarté du jour. Aussitôt Tyrrhène et le bouillant Aconte fondent l'un sur l'autre, la lance en avant ; dans ce choc impétueux, le poitrail de leurs coursiers se heurte et se brise avec fracas : Aconte, désarçonné, est jeté au loin avec la rapidité de la foudre, ou comme une pierre lancée par une baliste : il expire dans sa chute. Le trouble et l'épouvante se mettent aussitôt dans les rangs des Latins : ils rejettent leurs boucliers en arrière, et poussent leurs chevaux vers la ville. Les Troyens les poursuivent, conduits par le brave Asylas. Déjà ils touchaient aux portes : les Latins, à leur tour poussent un grand cri, font faire volte-face à leurs dociles coursiers : les Troyens fuient et se

```
        Huc obversus et huc ; tum late ferreus hastis
        Horret ager, campique armis sublimibus ardent.
        Nec non Messapus contra, celeresque Latini,
        Et cum fratre Coras, et virginis ala Camillæ,
        Adversi campo apparent, hastasque reductis         605
        Protendunt longe dextris, et spicula vibrant ;
        Adventusque virûm fremitusque ardescit equorum.
        Jamque intra jactum teli progressus uterque
        Substiterat : subito erumpunt clamore, frementesque
        Exhortantur equos ; fundunt simul undique tela     610
        Crebra nivis ritu, cœlumque obtexitur umbra.
        Continuo adversis Tyrrhenus et acer Aconteus
        Connixi incurrunt hastis, primique ruinam
        Dant sonitu ingenti, perfractaque quadrupedantum
        Pectora pectoribus rumpunt. Excussus Aconteus     615
        Fulminis in morem, aut tormento ponderis acti,
        Præcipitat longe, et vitam dispergit in auras.
        Extemplo turbatæ acies, versique Latini
        Rejiciunt parmas, et equos ad mœnia vertunt.
        Troes agunt ; princeps turmas inducit Asylas.      620
        Jamque propinquabant portis, rursusque Latini
        Clamorem tollunt, et mollia colla reflectunt :
        Hi fugiunt, penitusque datis referuntur habenis.
```

replient à toute bride. Tels, soumis au mouvement alternatif qui les pousse, les flots de la mer tantôt envahissent le rivage, inondent les rochers d'écume, et s'étendent en lames sinueuses, tantôt abandonnent la grève en bouillonnant, et, revenant sur eux-mêmes, emportent, dans leur reflux, les pierres qu'ils avaient roulées. Deux fois les Étrusques ont repoussé les Rutules jusqu'au pied des murailles ; deux fois, repoussés à leur tour, ils ont tourné le dos, en se couvrant de leurs boucliers.

Mais un troisième choc a mis aux prises les deux armées tout entières; on s'attaque corps à corps; partout se font entendre les cris plaintifs des mourants; les armes, les combattants, les chevaux nagent pêle-mêle dans des flots de sang. Une affreuse bataille s'engage.

Orsiloque, n'osant attaquer Rémulus de front, dirige contre son cheval un javelot, dont le fer l'atteint à l'oreille et s'y enfonce. Furieux de l'insupportable douleur que lui cause sa blessure, l'animal se cabre, redresse son poitrail, bat l'air de ses pieds et renverse son cavalier. Catillus immole Iolas, ainsi que le terrible Herminius, également redoutable par sa valeur, sa taille et ses armes ; sa tête est nue, et sur ses épaules nues flotte une blonde chevelure. Son audace semble défier les blessures; tant il présente de surface aux coups de l'ennemi! Mais le trait a percé de part

    Qualis ubi alterno procurrens gurgite pontus
    Nunc ruit ad terras, scopulosque superjacit undam   625
    Spumeus, extremamque sinu perfundit arenam ;
    Nunc rapidus retro, atque æstu revoluta resorbens
    Saxa fugit, littusque vado labente relinquit.
    Bis Tusci Rutulos egere ad mœnia versos ;
    Bis rejecti armis respectant terga tegentes.   630
    Tertia sed postquam congressi in prælia totas
    Implicuere inter se acies, legitque virum vir,
    Tum vero et gemitus morientum, et sanguine in alto
    Armaque, corporaque, et permixti cæde virorum
    Semianimes volvuntur equi ; pugna aspera surgit.   635
    Orsilochus Remuli, quando ipsum horrebat adire,
    Hastam intorsit equo, ferrumque sub aure reliquit :
    Quo sonipes ictu furit arduus, altaque jactat,
    Vulneris impatiens, arrecto pectore, crura :
    Volvitur ille excussus humi. Catillus Iolan,   640
    Ingentemque animis, ingentem corpore et armis,
    Dejicit Herminium ; nudo cui vertice fulva
    Cæsaries, nudique humeri ; nec vulnera terrent ;
    Tantus in arma patet ! latos huic hasta per armos

en part les larges épaules du guerrier qui, dans les convulsions de la douleur, se tord et se replie sur lui-même. Des torrents d'un sang noir coulent de tous côtés ; les combattants sèment partout le carnage, ou se jettent au-devant des glaives ennemis pour trouver une mort glorieuse.

Au milieu de cette affreuse mêlée bondit l'amazone Camille, le sein nu pour le combat, et le carquois sur l'épaule. Tantôt sa main fait voler une grêle de traits rapides ; tantôt la pesante hache à deux tranchants arme son bras infatigable : sur ses épaules retentissent l'arc d'or et les armes de Diane. Sa retraite et sa fuite même, quand elle s'y voit forcée, sont encore redoutables pour l'ennemi, que ses flèches ne cessent de harceler. Autour d'elle se trouve l'élite de ses compagnes, la vierge Larina, Tulla, et Tarpeia qui brandit une hache d'airain, jeunes Italiennes que la divine Camille avait choisies pour faire l'ornement de sa cour, et pour la seconder dans les travaux de la paix comme dans les périls de la guerre. Ainsi lorsque les Amazones foulent les rives du Thermodon et font la guerre avec leurs armes peintes, tantôt elles entourent Hippolyte, tantôt elles suivent, en poussant des hurlements confus, le char de la belliqueuse Penthésilée, et bondissent en agitant leurs boucliers courbés en forme de croissant.

Quel fut le premier, quel fut le dernier qui tomba sous ton

  Acta tremit, duplicatque virum transfixa dolore.   645
  Funditur ater ubique cruor : dant funera ferro
  Certantes, pulchramque petunt per vulnera mortem.
  At medias inter cædes exsultat Amazon,
  Unum exserta latus pugnæ, pharetrata Camilla ;
  Et nunc lenta manu spargens hastilia densat ;   650
  Nunc validam dextra rapit indefessa bipennem :
  Aureus ex humero sonat arcus, et arma Dianæ.
  Illa etiam, si quando in tergum pulsa recessit,
  Spicula converso fugientia dirigit arcu.
  At circum lectæ comites, Larinaque virgo,   655
  Tullaque, et æratam quatiens Tarpeia securim,
  Italides : quas ipsa decus sibi dia Camilla
  Delegit, pacisque bonas bellique ministras :
  Quales Threiciæ quum flumina Thermodontis
  Pulsant, et pictis bellantur Amazones armis :   660
  Seu circum Hippolyten, seu quum se Martia curru
  Penthesilea refert, magnoque ululante tumultu
  Feminea exsultant lunatis agmina peltis.
  Quem telo primum, quem postremum, aspera virgo,

glaive, vierge redoutable? Combien de corps as-tu renversés mourants dans la poussière? Le premier est Eunée, fils de Clytius. Au moment où il s'avance, la poitrine découverte, Camille le transperce de sa longue javeline : il tombe en vomissant des flots de sang, se roule sur sa blessure, et mord l'arène ensanglantée. Elle immole ensuite Liris et Pagasus : l'un, renversé par son cheval tué sous lui, s'efforçait de ressaisir les rênes ; l'autre vole à son secours, et, tandis qu'il lui tend une main désarmée, soudain frappés tous deux, ils tombent ensemble sous le même coup. Elle joint à ceux-ci Amaster, fils d'Hippotas ; elle poursuit, et de loin menace de sa lance Térée, Harpalycus, Démophoon et Chromis : autant de traits s'échappent de ses mains, autant de guerriers phrygiens succombent : l'un d'eux, Ornytus le chasseur, se faisait remarquer de loin par son coursier d'Apulie et par la singularité de son armure : la peau d'un taureau se déploie sur ses larges épaules ; son énorme tête est couverte de la gueule d'un loup qui, béante, montre ses blanches dents ; un épieu rustique arme sa main : il court au milieu des escadrons, qu'il dépasse de toute la tête. Camille s'ouvre un chemin jusqu'à lui à travers sa troupe en désordre ; elle l'atteint, le perce de sa lance, et, d'un cœur irrité, lui parle ainsi : « Pensais-tu donc, Tyr-

Dejicis? aut quot humi morientia corpora fundis? 665
Eunæum Clytio primum patre ; cujus apertum
Adversi longa transverberat abjete pectus.
Sanguinis ille vomens rivos cadit, atque cruentam
Mandit humum, moriensque suo se in vulnere versat.
Tum Lirim, Pagasumque super : quorum alter habenas
Suffosso revolutus equo dum colligit, alter 671
Dum subit, ac dextram labenti tendit inermem,
Præcipites pariterque ruunt. His addit Amastrum
Hippotaden ; sequiturque incumbens eminus hasta
Tereaque, Harpalycumque, et Demophoonta, Chromimque ;
Quotque emissa manu contorsit spicula virgo, 676
Tot Phrygii cecidere viri. Procul Ornytus armis
Ignotis et equo venator Iapyge fertur :
Cui pellis latos humeros erepta juvenco
Pugnatori operit ; caput ingens oris hiatus 680
Et malæ texere lupi cum dentibus albis,
Agrestisque manus armat sparus : ipse catervis
Vertitur in mediis, et toto vertice supra est.
Hunc illa exceptum (neque enim labor agmine verso)
Trajicit, et super hæc inimico pectore fatur : 685
« Silvis te, Tyrrhene, feras agitare putasti?

rhénien, avoir affaire ici aux bêtes sauvages des forêts? Voici le jour où ton arrogance est punie par la main d'une femme : toutefois tu pourras dire aux Mânes de tes pères que tu es tombé sous le glaive de Camille. » Puis elle se précipite sur Orsiloque et Butès, deux géants Troyens : elle atteint et frappe Butès à l'endroit où un faible intervalle laisse le cou à nu entre le casque et la cuirasse, et où le bouclier pend au bras gauche ; elle resserre le cercle dans un espace plus étroit, et poursuit, à son tour, celui qui la poursuivait : se dressant alors de toute sa hauteur, elle lève sa lourde hache et brise du même coup les armes et le crâne du guerrier qui implore vainement sa pitié ; sa cervelle fumante lui couvre le visage de sang.

Tout à coup le fils d'Aunus, guerrier de l'Apennin, se trouve en présence de Camille : à sa vue, interdit, effrayé, il s'arrête. Aunus ne le cédait en perfidie à nul des Liguriens, tant que les destins lui permirent de tromper. Voyant qu'il ne peut fuir pour éviter le combat et pour échapper à la reine qui le poursuit, il médite une nouvelle ruse, un nouvel artifice et, s'écrie : « Qu'y a-t-il de si glorieux pour une femme à se fier dans la vigueur de son cheval ? Au lieu de songer à fuir, ose mettre pied à terre et viens te mesurer de plus près avec moi : tu sauras bientôt qui

   Advenit qui vestra dies muliebribus armis
   Verba redargueret. Nomen tamen haud leve patrum
   Manibus hoc referes, telo cecidisse Camillæ. »
   Protinus Orsilochum et Buten, duo maxima Teucrûm 690
   Corpora : sed Buten aversum cuspide fixit
   Loricam galeamque inter, qua colla sedentis
   Lucent, et lævo dependet parma lacerto ;
   Orsilochum, fugiens magnumque agitata per orbem,
   Eludit gyro interior, sequiturque sequentem ; 695
   Tum validam perque arma viro perque ossa securim,
   Altior exsurgens, oranti et multa precanti
   Congeminat : vulnus calido rigat ora cerebro.
   Incidit huic, subitoque adspectu territus hæsit
   Apenninicolæ bellator filius Auni, 700
   Haud Ligurum extremus, dum fallere fata sinebant.
   Isque, ubi se nullo jam cursu evadere pugnæ
   Posse, neque instantem reginam avertere cernit,
   Consilio versare dolos ingressus et astu,
   Incipit hæc : « Quid tam egregium, si femina forti 705
   Fidis equo ? dimitte fugam, et te cominus æquo
   Mecum crede solo, pugnæque accinge pedestri :
   Jam nosces ventosa ferat cui gloria fraudem. »

doit porter la peine de sa folle présomption. » Il dit : Camille qu'enflamment la colère et l'indignation remet son cheval à l'une de ses compagnes, et s'avance intrépide avec des armes égales, à pied, l'épée nue et couverte d'un simple et léger bouclier. Mais le jeune guerrier, triomphant déjà du succès de sa ruse, prend soudain son vol, et s'enfuit en tournant la bride de son cheval, dont il hâte, à coups d'éperons, la course rapide. « Perfide Ligurien, dont le cœur s'enfle d'un vain orgueil, c'est en vain que tu as appelé à ton aide ta fourbe héréditaire, et, malgré ton artifice, tu ne retourneras pas vivant vers le trompeur Aunus. » A ces mots, prompte comme la foudre, elle s'élance avec impétuosité, devance le coursier, le saisit par le frein, attaque de front son ennemi, qu'elle immole à sa vengeance. Tel, du haut d'un rocher, l'épervier, oiseau sacré, se précipite non moins facilement sur la colombe qui s'élève dans les nues ; il la saisit, l'étreint, et de ses griffes tranchantes lui déchire les entrailles. Le sang et les plumes arrachées tombent du haut des airs.

Cependant le père des hommes et des dieux, assis au plus haut de l'Olympe, contemple avec attention ce spectacle. Il réveille dans le cœur du Tyrrhénien Tarchon l'ardeur des combats, et vivement aiguillonne sa colère. Tarchon se précipite donc sur son coursier au milieu du carnage et des bataillons ébranlés. Il appelle chacun

Dixit : at illa furens, acrique accensa dolore,
Tradit equum comiti, paribusque resistit in armis,   710
Ense pedes nudo, puraque interrita parma.
At juvenis, vicisse dolo ratus, avolat ipse,
Haud mora, conversisque fugax aufertur habenis,
Quadrupedemque citum ferrata calce fatigat.
« Vane ligus, frustraque animis elate superbis,   715
Nequidquam patrias tentasti lubricus artes ;
Nec fraus te incolumem fallaci perferet Auno. »
Hæc fatur virgo, et pernicibus ignea plantis
Transit equum cursu, frenisque adversa prehensis
Congreditur, pœnasque inimico ex sanguine sumit :   720
Quam facile accipiter saxo sacer ales ab alto
Consequitur pennis sublimem in nube columbam,
Comprensamque tenet, pedibusque eviscerat uncis :
Tum cruor et vulsæ labuntur ab æthere plumæ.
At non hæc nullis hominum sator atque deorum   725
Observans oculis summo sedet altus Olympo.
Tyrrhenum Genitor Tarchonem in prælia sæva
Suscitat, et stimulis haud mollibus injicit iras.
Ergo inter cædes cedentiaque agmina Tarchon
Fertur equo, variisque instigat vocibus alas,   730

par son nom ; il rallie et ramène les fuyards au combat, et gourmande en ces mots leur effroi : « Quelle terreur subite s'est emparée de vos esprits, lâches Tyrrhéniens, qu'aucun reproche, qu'aucune injure n'émeut! Eh quoi ! une femme vous met en désordre ! une femme vous fait fuir devant elle! Pourquoi donc ce fer, pourquoi ces traits qui arment vainement vos bras débiles? Vous êtes moins indolents pour les combats nocturnes de Vénus, et quand la flûte recourbée vous appelle aux fêtes de Bacchus, alors vous savez vous jeter sur les mets et sur les coupes qui garnissent la table du festin. Voilà ce que vous aimez, voilà ce qui vous charme ; heureux, si un aruspice favorable annonce un banquet sacré, et si une grasse victime vous appelle au fond des bois! »

Il dit, et, prêt à mourir, il pousse son cheval au milieu de la mêlée. Dans sa fureur, il s'élance sur Vénulus : il le saisit, le serre avec force dans ses bras vigoureux, l'enlève de cheval et l'emporte. Un cri s'élève jusqu'au ciel, et tous les Latins tournent les yeux de ce côté : Tarchon, prompt comme l'éclair, vole dans la plaine, portant l'homme et son armure. Il arrache, en la brisant par le bout, le fer qui arme la lance de son ennemi, et cherche, pour le frapper du coup mortel, l'endroit où l'armure laisse un intervalle libre. Vénulus écarte avec résistance la main suspendue sur sa gorge, et oppose la force à la force. Tel un aigle, au plu-

Nomine quemque vocans, reficitque in prælia pulsos.
« Quis metus, o nunquam dolituri, o semper inertes
Tyrrheni, quæ tanta animis ignavia venit?
Femina palantes agit, atque hæc agmina vertit!
Quo ferrum, quidve hæc gerimus tela irrita dextris? 735
At non in Venerem segnes nocturnaque bella,
Aut, ubi curva choros indixit tibia Bacchi,
Exspectare dapes, et plenæ pocula mensæ ;
Hic amor, hoc studium ; dum sacra secundus aruspex
Nuntiet, ac lucos vocet hostia pinguis in altos. » 740
Hæc effatus, equum in medios, moriturus et ipse,
Concitat, et Venulo adversum se turbidus infert,
Dereptumque ab equo dextra complectitur hostem,
Et gremium ante suum multa vi concitus aufert.
Tollitur in cœlum clamor, cunctique Latini 745
Convertere oculos. Volat igneus æquore Tarchon,
Arma virumque ferens ; tum summa ipsius ab hasta
Defringit ferrum, et partes rimatur apertas,
Qua vulnus letale ferat : contra ille repugnans
Sustinet a jugulo dextram, et vim viribus exit. 750
Utque volans alte raptum quum fulva draconem

mage fauve, enlève, dans son vol à travers les airs, le serpent qu'il a saisi, l'enlace dans ses serres, et lui plonge ses griffes dans les flancs : le reptile blessé roule et déroule ses replis tortueux, hérisse ses écailles, et dresse, avec d'horribles sifflements, une tête menaçante : vains efforts! le bec impitoyable achève de le déchirer, et l'aigle bat l'air de son aile victorieuse. Ainsi Tarchon emporte en triomphe la proie qu'il vient d'enlever du milieu des guerriers de Tibur. Animés par l'exemple et par le succès de leur chef, les Tyrrhéniens s'élancent en avant.

Cependant Aruns, dont le jour fatal est venu, voltige, un javelot à la main, autour de la légère Camille, et, plus rusé qu'elle, épie le moment favorable pour la surprendre. Se jette-t-elle avec fureur au milieu des combattants, Aruns la suit et s'attache silencieusement à ses pas. S'éloigne-t-elle des rangs ennemis et revient-elle victorieuse, Aruns, tournant les rênes de son coursier, le dirige furtivement de son côté. Il l'approche sur un point, il l'approche sur un autre ; il circule partout autour d'elle, et balance perfidement une flèche assurée.

Sur ces entrefaites, Chorée, consacré à Cybèle, et jadis pontife de cette déesse, se fait remarquer de loin par l'éclat resplendissant de ses armes phrygiennes. Il presse un écumant coursier, revêtu d'une peau que recouvrent des lames et des écailles d'airain doré, en forme de plumes. Lui-même, brillant d'une pourpre

> Fert aquila, implicuitque pedes, atque unguibus hæsit ;
> Saucius at serpens sinuosa volumina versat,
> Arrectisque horret squamis, et sibilat ore,
> Arduus insurgens : illa haud minus urget obunco   755
> Luctantem rostro, simul æthera verberat alis.
> Haud aliter prædam Tiburtum ex agmine Tarchon
> Portat ovans. Ducis exemplum eventumque secuti
> Mæonidæ incurrunt. Tum fatis debitus Aruns
> Velocem jaculo et multa prior arte Camillam   760
> Circuit, et, quæ sit fortuna facillima, tentat.
> Qua se cumque furens medio tulit agmine virgo,
> Hac Aruns subit, et tacitus vestigia lustrat ;
> Qua victrix redit illa, pedemque ex hoste reportat,
> Hac juvenis furtim celeres detorquet habenas.   765
> Hos aditus, jamque hos aditus, omnemque pererrat
> Undique circuitum ; et certam quatit improbus hastam.
> Forte sacer Cybelæ Chloreus, olimque sacerdos,
> Insignis longe Phrygiis fulgebat in armis,
> Spumantemque agitabat equum, quem pellis ahenis   770
> In plumam squamis, auro conserta, tegebat.

étrangère de couleur sombre, lançait des traits de Gortyne avec un arc de Lycie : un carquois d'or résonne sur ses épaules ; sa tête est couverte d'un casque d'or, et une agrafe d'or rassemble les plis ondoyants de sa jaune chlamyde : l'aiguille a brodé sa tunique et l'armure phrygienne qui recouvre ses cuisses. L'amazone, soit pour suspendre des armes troyennes aux voûtes d'un temple, soit qu'elle voulût se parer à la chasse de ce riche butin, poursuit aveuglément, parmi tous les combattants, Chorée lui seul, et, se jetant sans précaution au milieu de la mêlée, brûle, avec une ardeur de femme, de conquérir cette riche proie. Aruns, qui lui tendait un piége, saisit cette occasion pour lui lancer son javelot, en adressant aux dieux cette prière : « Puissant Apollon, gardien du Soracte sacré, toi que nous adorons avant tous les dieux ; toi pour qui nous entretenons la flamme de nos pins entassés ; pour qui, dans notre zèle pieux, nous foulons avec confiance les charbons ardents du brasier ; donne à mes armes d'effacer notre honte. Je ne demande, pour prix de la victoire, ni la dépouille de l'amazone, ni aucun butin ; d'autres exploits illustreront mon nom ; mais que ce cruel fléau tombe sous mes coups, et je consens à retourner sans gloire dans ma patrie. »

```
        Ipse, peregrina ferrugine clarus et ostro,
        Spicula torquebat Lycio Gortynia cornu :
        Aureus ex humeris sonat arcus, et aurea vati
        Cassida ; tum croceam chlamydemque sinusque crepantes
        Carbaseos fulvo in nodum collegerat auro,           776
        Pictus acu tunicas et barbara tegmina crurum.
        Hunc virgo, sive ut templis præfigeret arma
        Troia, captivo sive ut se ferret in auro
        Venatrix, unum ex omni certamine pugnæ              780
        Cæca sequebatur, totumque incauta per agmen
        Femineo prædæ et spoliorum ardebat amore.
        Telum ex insidiis quum tandem tempore capto
        Concitat, et superos Aruns sic voce precatur :
        « Summe deûm, sancti custos Soractis Apollo,        785
        Quem primi colimus, cui pineus ardor acervo
        Pascitur, et medium freti pietate per ignem
        Cultores multa premimus vestigia pruna,
        Da, Pater, hoc nostris aboleri dedecus armis,
        Omnipotens : non exuvias, pulsæve tropæum           790
        Virginis, aut spolia ulla peto : mihi cetera laudem
        Facta ferent ; hæc dira meo dum vulnere pestis
        Pulsa cadat, patrias remeabo inglorius urbes. »
```

Apollon entendit ces vœux d'Aruns : il en exauça une partie, et laissa l'autre se disperser au sein de l'air : il permit au guerrier suppliant de renverser Camille par une mort soudaine ; mais il ne lui accorda pas de revoir sa patrie, et ses dernières paroles furent emportées par les vents orageux. Lors donc que le trait lancé par Aruns a sifflé dans les airs, tous les esprits, dans le trouble qui les agite, tous les regards se tournent vers la reine ; mais le bruit de l'air agité, le vol sifflant du dard, elle ne s'en aperçoit qu'au moment où le fer se plonge au-dessous de son sein découvert, et, dans une plaie profonde, s'abreuve de son sang virginal. Ses compagnes accourent éperdues, et soutiennent leur reine qui tombe. Effrayé plus que tous les autres, Aruns s'enfuit avec une joie mêlée de crainte ; il n'ose plus se fier à sa lance, ni affronter les flèches de l'amazone. Tel, avant que les traits ennemis le poursuivent, s'échappe un loup qui vient de tuer un berger ou un superbe taureau : il fuit, effrayé de son audace, et s'enfonce dans les bois en serrant honteusement sa queue tremblante : tel Aruns, troublé, se dérobe à tous les yeux, et, trop heureux de fuir, se mêle à la foule des combattants.

Camille mourante s'efforce cependant d'arracher le trait de sa

> Audiit, et voti Phœbus succedere partem
> Mente dedit, partem volucres dispersit in auras.   795
> Sterneret ut subita turbatam morte Camillam,
> Annuit oranti ; reducem ut patria alta videret,
> Non dedit ; inque notos vocem vertere procellæ.
> Ergo, ut missa manu sonitum dedit hasta per auras,
> Convertere animos acres, oculosque tulere   800
> Cuncti ad reginam Volsci : nihil ipsa nec auræ,
> Nec sonitus memor, aut venientis ab æthere teli ;
> Hasta sub exsertam donec perlata papillam
> Hæsit, virgineumque alte bibit acta cruorem.
> Concurrunt trepidæ comites, dominamque ruentem   805
> Suscipiunt. Fugit ante omnes exterritus Aruns,
> Lætitia mixtoque metu ; nec jam amplius hastæ
> Credere, nec telis occurrere virginis audet.
> Ac velut ille, prius quam tela inimica sequantur,
> Continuo in montes sese avius abdidit altos,   810
> Occiso pastore, lupus, magnove juvenco,
> Conscius audacis facti, caudamque remulcens
> Subjecit pavitantem utero, silvasque petivit :
> Haud secus ex oculis se turbidus abstulit Aruns,
> Contentusque fuga mediis se immiscuit armis.   815
> Illa manu moriens telum trahit : ossa sed inter

blessure ; mais, profondément engagé entre les côtes, le fer reste dans la plaie : Camille tombe inanimée ; ses paupières s'affaissent sous le froid de la mort ; son visage perd les brillantes couleurs qui l'animaient. Alors, près d'expirer, elle s'adresse à l'une de ses compagnes, Acca, la plus fidèle de toutes, seule confidente de ses plus secrètes pensées : « Acca, ma sœur, lui dit-elle, jusqu'ici mes forces ont servi mon courage ; mais c'en est fait, ma blessure est mortelle, et, autour de moi, tout s'enveloppe de ténèbres. Hâte-toi de porter cet avis à Turnus : qu'il prenne ma place au combat, et qu'il repousse les Troyens de la ville!... Adieu ! » A ces mots, les rênes échappent à ses mains défaillantes ; son corps glisse jusqu'à terre ; puis, sous le froid qui glace ses membres, elle s'affranchit peu à peu des liens du corps ; elle penche son cou languissant et sa tête que la mort a saisie, et laisse tomber ses armes : son âme indignée s'enfuit, en gémissant, chez les ombres. Alors une immense clameur s'élève jusqu'aux astres resplendissants : la mort de Camille anime les combattants d'une fureur nouvelle. Troyens, Étrusques, Arcadiens, tous se réunissent pour fondre à la fois sur l'ennemi.

Cependant, attentive aux ordres de Diane, la fidèle Opis, depuis longtemps assise sur les hauteurs des monts voisins, contemplait sans effroi le champ de bataille. Tout à coup, au milieu des cris

Ferreus ad costas alto stat vulnere mucro.
Labitur exsanguis ; labuntur frigida letho
Lumina ; purpureus quondam color ora reliquit.
Tum sic exspirans Accam, ex æqualibus unam, 820
Alloquitur, fida ante alias quæ sola Camillæ,
Quicum partiri curas ; atque hæc ita fatur :
« Hactenus, Acca soror, potui : nunc vulnus acerbum
Conficit, et tenebris nigrescunt omnia circum.
Effuge, et hæc Turno mandata novissima perfer : 825
Succedat pugnæ, Trojanosque arceat urbe.
Jamque vale. » Simul his dictis linquebat habenas,
Ad terram non sponte fluens. Tum frigida toto
Paulatim exsolvit se corpore, lentaque colla
Et captum letho posuit caput, arma relinquens ; 830
Vitaque cum gemitu fugit indignata sub umbras.
Tum vero immensus surgens ferit aurea clamor
Sidera : dejecta crudescit pugna Camilla ;
Incurrunt densi simul omnis copia Teucrûm,
Tyrrhenique duces, Evandrique Arcadis alæ. 835
At Triviæ custos jamdudum in montibus Opis
Alta sedet summis, spectatque interrita pugnas.

que poussent les guerriers furieux, elle aperçoit Camille victime d'une mort funeste. Elle gémit, et du fond de son cœur laisse échapper ces paroles : « Hélas! vierge infortunée, que tu es punie cruellement d'avoir voulu combattre les Troyens! c'est donc en vain que, fidèle au culte de Diane, tu as suivi la déesse dans les forêts! en vain tu as chargé tes épaules de nos carquois! Ta reine, du moins, prend soin de ta renommée à tes derniers moments : ton nom ne sera pas sans gloire parmi les nations, et il ne sera pas dit que ta mort soit restée sans vengeance. Quiconque a profané par une blessure ton corps sacré paiera ce crime de son sang. »

Au pied d'une haute montagne s'élevait un tertre ombragé de chênes touffus : c'était le tombeau de Dercenne, ancien roi de Laurente. C'est là qu'un vol rapide a porté la belle Nymphe; c'est de là que son œil cherche et reconnaît bientôt Aruns, brillant sous son armure, et gonflé d'un vain orgueil : « Où vas-tu? s'écrie-t-elle, dirige tes pas de ce côté; viens-y chercher la mort, digne prix du trépas de Camille! Méritais-tu de mourir aussi sous les flèches de Diane? »

Elle dit, tire de son carquois une flèche rapide, et bande avec colère son arc vengeur; déjà les deux extrémités se réunissent, et,

 Utque procul medio juvenum in clamore furentum
Prospexit tristi mulctatam morte Camillam,
Ingemuitque, dediditque has imo pectore voces :   840
« Heu! nimium, virgo, nimium crudele luisti
Supplicium, Teucros conata lacessere bello!
Nec tibi desertæ in dumis coluisse Dianam
Profuit, aut nostras humero gessisse pharetras.
Non tamen indecorem tua te regina reliquit   845
Extrema jam in morte; neque hoc sine nomine letum
Per gentes erit, aut famam patieris inultæ.
Nam quicumque tuum violavit vulnere corpus,
Morte luet merita. » Fuit ingens monte sub alto
Regis Dercenni terreno ex aggere bustum   850
Antiqui Laurentis, opacaque ilice tectum :
Hic dea se primum rapido pulcherrima nisu
Sistit, et Aruntem tumulo speculatur ab alto.
Ut vidit fulgentem armis, ac vana tumentem :
« Cur, inquit, diversus abis? huc dirige gressum,   855
Huc periture veni, capias ut digna Camillæ
Præmia : tune etiam telis moriere Dianæ? »
Dixit, et aurata volucrem Threissa sagittam
Deprompsit pharetra, cornuque infensa tetendit.
Et duxit longe, donec curvata coirent   860

tandis que de sa main gauche elle touche la pointe du dard, elle ramène de la droite la corde contre son sein. Le trait vole : Aruns entend le bruit de la flèche qui siffle et résonne dans l'air, et le fer s'enfonce dans son corps. Il expire, pousse un dernier gémissement, et ses compagnons l'abandonnent dans la poussière des champs où il gît oublié et inconnu. Opis reprend son vol vers l'Olympe.

Privé de sa reine, le léger escadron de Camille s'enfuit le premier ; les Rutules fuient épouvantés ; le bouillant Atinas fuit de même ; les chefs découragés et les bataillons en désordre cherchent un sûr abri, et tournent leurs chevaux vers les remparts. Vivement poursuivis par les Troyens qui leur apportent la mort, aucun d'eux n'ose leur opposer ses armes ou soutenir le choc de l'ennemi : leurs arcs détendus pendent sur leurs épaules languissantes, et leurs coursiers battent la plaine de leurs pieds rapides. De noirs tourbillons de poussière s'élèvent et roulent jusqu'aux remparts ; et, du sommet des tours, les femmes, se meurtrissant le sein, poussent vers les astres des cris lamentables.

Ceux qui, les premiers, se sont précipités vers les portes ouvertes, sont écrasés par la foule des ennemis et de leurs compagnons, serrés et confondus dans cette horrible mêlée. Au lieu

> Inter se capita, et manibus jam tangeret æquis,
> Læva aciem ferri, dextra nervoque papillam.
> Extemplo teli stridorem aurasque sonantes
> Audiit una Arruns, hæsitque in corpore ferrum.
> Illum exspirantem socii atque extrema gementem   865
> Obliti ignoto camporum in pulvere linquunt :
> Opis ad æthereum pennis aufertur Olympum.
> Prima fugit, domina amissa, levis ala Camillæ ;
> Turbati fugiunt Rutuli ; fugit acer Atinas ;
> Disjectique duces, desolatique manipli   870
> Tuta petunt, et equis aversi ad mœnia tendunt.
> Nec quisquam instantes Teucros letumque ferentes
> Sustentare valet telis, aut sistere contra :
> Sed laxos referunt humeris languentibus arcus,
> Quadrupedumque putrem cursu quatit ungula campum.
> Volvitur ad muros caligine turbidus atra   875
> Pulvis, et e speculis percussæ pectora matres
> Femineum clamorem ad cœli sidera tollunt.
> Qui cursu portas primi irrupere patentes,
> Hos inimica super mixto premit agmine turba ;   880
> Nec miseram effugiunt mortem ; sed limine in ipso,

d'éviter une mort déplorable, ils expirent, percés de coups, sur le seuil des murs de la ville, devant les remparts de leur patrie, et devant l'asile même de leurs demeures. D'autres ferment les portes, refusent d'ouvrir un passage à leurs compagnons, et, malgré leurs prières, n'osent les recevoir dans les murailles. Alors commence un horrible carnage de ceux qui défendent l'entrée de la ville et de ceux qui se précipitent pour combattre. Exclus des remparts, sous les yeux de leurs parents en larmes, les uns roulent, entraînés par l'impétueux courant de la foule, dans les fossés escarpés; les autres, dans leur aveugle fureur, lancent à toute bride leurs coursiers contre les portes, et cherchent à rompre, comme avec un bélier, ces barrières inébranlables. Les femmes elles-mêmes, dans ce combat suprême, excitées par un véritable amour de la patrie et par l'exemple de Camille, font pleuvoir, du haut des remparts, une grêle de traits; et, quand le fer leur manque, elles lancent d'énormes troncs de chênes et des pieux durcis au feu; elles courent et brûlent de mourir les premières pour la défense des murailles.

Cependant ces sinistres nouvelles parviennent jusqu'à Turnus, dans la forêt : Acca lui apprend l'horrible confusion qui règne partout : la destruction de l'armée des Volsques, la mort de Camille, la marche et le succès de l'ennemi furieux, devenu maître du champ de bataille, et la terreur qui déjà s'est emparée de la ville. Turnus, hors de lui, (ainsi l'exigent les ordres cruels de Ju-

    Mœnibus in patriis, atque inter tuta domorum,
    Confixi exspirant animas. Pars claudere portas;
    Nec sociis aperire viam, nec mœnibus audent
    Accipere orantes; oriturque miserrima cædes   885
    Defendentum armis aditus, inque arma ruentum.
    Exclusi, ante oculos lacrymantumque ora parentum,
    Pars in præcipites fossas, urgente ruina,
    Volvitur; immissis pars cæca et concita frenis
    Arietat in portas et duros objice postes.   890
    Ipsæ de muris summo certamine matres,
    (Monstrat amor verus patriæ) ut videre Camillam,
    Tela manu trepidæ jaciunt, ac robore duro
    Stipitibus ferrum sudibusque imitantur obustis
    Præcipites, primæque mori pro mœnibus ardent.   895
    Interea Turnum in silvis sævissimus implet
    Nuntius, et juveni ingentem fert Acca tumultum :
    Deletas Volscorum acies, cecidisse Camillam,
    Ingruere infensos hostes, et Marte secundo
    Omnia corripuisse; metum jam ad mœnia ferri.   900

piter), abandonne la colline qu'il occupait et les bois impénétrables. A peine avait-il disparu et entrait-il dans la plaine, qu'Énée, arrivé dans les défilés ouverts, franchit les hauteurs, et sort de l'épaisseur des bois. Ainsi l'un et l'autre marchent rapidement vers la ville avec toute leur armée, et ne sont plus séparés par un long intervalle. Énée a vu de loin la plaine fumante de poussière, et la marche des bataillons de Laurente : Turnus, en même temps, a reconnu le redoutable Énée sous les armes ; il a entendu le pas des hommes et le souffle des chevaux hennissants. Sur-le-champ ils en viendraient aux mains et commenceraient le combat, si le brillant Phébus ne plongeait dans les flots d'Ibérie ses coursiers fatigués, et si le jour tombant ne ramenait la nuit. Les deux chefs prennent position devant la ville, et s'entourent de retranchements.

>Ille furens (et sæva Jovis sic numina poscunt)
>Deserit obsessos colles, nemora aspera linquit.
>Vix e conspectu exierat, campumque tenebat,
>Quum pater Æneas saltus ingressus apertos,
>Exsuperatque jugum, silvaque evadit opaca. 905
>Sic ambo ad muros rapidi, totoque feruntur
>Agmine, nec longis inter se passibus absunt ;
>Ac simul Æneas fumantes pulvere campos
>Prospexit longe, Laurentiaque agmina vidit,
>Et sævum Ænean agnovit Turnus in armis, 910
>Adventumque pedum flatusque audivit equorum.
>Continuoque ineant pugnas, et prælia tentent,
>Ni roseus fessos jam gurgite Phœbus Ibero
>Tingat equos, noctemque die labente reducat.
>Considunt castris ante urbem, et mœnia vallant. 915

LIVRE DOUZIÈME

Quand Turnus voit que les Latins, brisés par les revers, cedent au découragement, qu'on lui demande l'accomplissement de ses promesses, et que tous les yeux sont fixés sur lui, il relève lui-même son courage, et s'enflamme d'une implacable colère. Tel, dans les champs de la Libye, un lion qui vient d'être profondément blessé à la poitrine par des chasseurs, se prépare alors seulement au combat, secoue sur sa tête son épaisse crinière, brise sans effroi le trait dont l'a percé son ennemi embusqué, et rugit de sa gueule sanglante : telle s'accroît la fureur au cœur de l'ardent Turnus. Dans le trouble qui l'agite, il aborde le roi, et lui dit : « Turnus est tout prêt : plus de prétexte maintenant pour ces lâches Phrygiens de revenir sur leur parole, et d'échapper à leur engagement. Je vais combattre : offrez le sacrifice, ô mon père, et dictez les termes du traité. Bientôt, sous les yeux des Latins, spectateurs immobiles de cette lutte, ou mon bras enverra au Tartare ce Troyen,

LIBER DUODECIMUS.

Turnus ut infractos adverso Marte Latinos
Defecisse videt, sua nunc promissa reposci,
Se signari oculis, ultro implacabilis ardet,
Attollitque animos : Pœnorum qualis in arvis,
Saucius ille gravi venantum vulnere pectus,   5
Tum demum movet arma leo, gaudetque comantes
Excutiens cervice toros, fixumque latronis
Impavidus frangit telum, et fremit ore cruento :
Haud secus accenso gliscit violentia Turno.
Tum sic affatur regem, atque ita turbidus infit :   10
« Nulla mora in Turno ; nihil est quod dicta retractent
Ignavi Æneadæ, nec, quæ pepigere, recusent.
Congredior. Fer sacra, Pater, et concipe fœdus.
Aut hac Dardanium dextra sub Tartara mittam,
Desertorem Asiæ (sedeaut spectentque Latini),   15

déserteur de l'Asie et, seul avec mon glaive, je repousserai les reproches que tous m'adressent, ou Énée sera maître des vaincus, et aura Lavinie pour épouse. »

Latinus lui répond avec calme : « Jeune et magnanime guerrier, plus vous excellez par le courage et par l'audace, plus je dois, avec une prudente sollicitude, prévoir les suites et peser les chances du combat. Vous possédez les États de Daunus votre père et les nombreuses cités conquises par votre valeur : l'or et le cœur de Latinus vous appartiennent également. Le Latium et le territoire Laurentin offrent encore d'autres jeunes vierges que leur naissance rend dignes de vous. Souffrez que je vous expose sans détour des vérités peu agréables sans doute, et pénétrez-vous bien de mes paroles. Les oracles des dieux et des hommes me défendaient d'unir ma fille à aucun de ses anciens prétendants. Vaincu par ma tendresse pour vous, vaincu par le sang qui nous lie et par les larmes d'une épouse désolée, j'ai rompu tous mes engagements ; j'ai ravi ma fille à son futur époux, et j'ai entrepris une guerre impie. De ce moment, vous voyez, Turnus, quels désastres ont suivi cette guerre, dont vous supportez vous-même les plus rudes travaux. Vaincus dans deux grandes batailles, à peine abritons-nous dans ces murs l'espoir de l'Italie. Notre sang a réchauffé les eaux du Tibre, et les ossements de nos guerriers blanchissent au loin nos

   Et solus ferro crimen commune refellam ;
   Aut habeat victos ; cedat Lavinia conjux. »
   Olli sedato respondit corde Latinus :
   « O præstans animi juvenis, quantum ipse feroci
   Virtute exsuperas, tanto me impensius æquum est 20
   Consulere, atque omnes metuentem expendere casus.
   Sunt tibi regna patris Dauni, sunt oppida capta
   Multa manu ; nec non aurumque animusque Latino est.
   Sunt aliæ innuptæ Latio et Laurentibus agris,
   Nec genus indecores. Sine me hæc haud mollia fatu 25
   Sublatis aperire dolis ; simul hæc animo hauri :
   Me natam nulli veterum sociare procorum
   Fas erat, idque omnes divique hominesque canebant.
   Victus amore tui, cognato sanguine victus,
   Conjugis et mœstæ lacrymis, vincla omnia rupi : 30
   Promissam eripui genero ; arma impia sumpsi.
   Ex illo qui me casus, quæ, Turne, sequantur
   Bella, vides ; quantos primus patiare labores.
   Bis magna victi pugna vix urbe tuemur
   Spes Italas ; recalent nostro Tiberina fluenta 35
   Sanguine adhuc, campique ingentes ossibus albent.

plaines. Pourquoi revenir tant de fois sur mes pas? Pourquoi changer follement de pensée? Si je suis prêt à faire alliance avec les Troyens après la mort de Turnus, pourquoi plutôt ne pas terminer la guerre, quand Turnus est vivant? Que diront les Rutules, mes alliés, que dira le reste de l'Italie, si je vous livre au trépas (que le sort démente mes paroles!) pour avoir recherché ma fille et mon alliance? Songez aux hasards de la guerre; prenez pitié de votre vieux père qui gémit loin de vous, dans Ardée, votre patrie. »

Loin de calmer l'irritation de Turnus, ces paroles ne font qu'aigrir et envenimer la blessure de son cœur ulcéré. Dès qu'il lui fut possible de parler, il répondit en ces termes : « Quittez, mon père, quittez, dans mon intérêt même, cette sollicitude, et laissez-moi chercher la gloire au prix du trépas. Nous aussi, nous savons, d'une main exercée, lancer un fer vigoureux, et le sang suit de près les coups que nous portons. La déesse, sa mère, ne sera pas toujours là pour couvrir d'un nuage la lâcheté de sa fuite, en se cachant elle-même dans une ombre vaine. »

Cependant la reine, effrayée des chances de ce nouveau combat, pleurait, et, mourante de douleur, s'efforçait de modérer l'ardeur de son gendre : « Turnus, par ces larmes que vous me voyez répandre, par la gloire d'Amate, si un tel motif peut encore vous

Quo referor toties? quæ mentem insania mutat?
Si, Turno exstincto, socios sum adscire paratus,
Cur non incolumi potius certamina tollo?
Quid consanguinei Rutuli, quid cetera dicet   40
Italia, ad mortem si te (Fors dicta refutet!)
Prodiderim, natam et connubia nostra petentem?
Respice res bello varias; miserere parentis
Longævi, quem nunc mœstum patria Ardea longe
Dividit. » Haudquaquam dictis violentia Turni   45
Flectitur : exsuperat magis, ægrescitque medendo.
Ut primum fari potuit, sic institit ore :
« Quam pro me curam geris, hanc precor, optime, pro me
Deponas, letumque sinas pro laude pacisci.
Et nos tela, pater, ferrumque haud debile dextra   50
Spargimus, et nostro sequitur de vulnere sanguis.
Longe illi dea mater erit, quæ nube fugacem
Feminea tegat, et vanis sese occulat umbris. »
At regina, nova pugnæ conterrita sorte,
Flebat, et ardentem generum moritura tenebat :   55
« Turne, per has ego te lacrymas, per si quis Amatæ
Tangit honos animum, (spes tu nunc una, senectæ

toucher, ô vous, mon unique espoir et le soutien de ma triste vieillesse, vous de qui dépendent la renommée et l'empire de Latinus, et sur qui s'appuie toute notre maison chancelante, je ne vous demande qu'une grâce : renoncez à cette lutte contre les Troyens. Quelle que soit pour vous l'issue du combat, elle sera la même pour moi : en même temps que vous j'abandonnerai une vie odieuse, et je ne verrai pas Énée devenir mon gendre, et moi sa captive. » Lavinie accueille les paroles de sa mère en inondant ses joues de larmes brûlantes : le feu, qui se porte à son visage, l'échauffe et le colore d'une vive rougeur. Tel l'ivoire de l'Inde brille sous l'éclat d'une teinture de pourpre, ou telle la blancheur des lis rougit en se mêlant à l'incarnat des roses. Transporté d'amour, et les yeux attachés sur Lavinie, Turnus n'en est que plus ardent au combat. « O ma mère, dit-il à la reine, je vous en conjure, que ces larmes, que ces présages funestes ne me suivent pas au milieu des périls de cette lutte redoutable ; car, en présence même de la mort, Turnus n'est plus libre de différer. Idmon, charge-toi d'un message : porte au roi des Phrygiens ces paroles peu faites pour lui plaire : — demain, quand l'Aurore, montée sur son char de pourpre, rougira le ciel de ses premiers feux, qu'il ne pousse point les Troyens contre les Rutules ; que les Troyens et les Rutules laissent reposer leurs armes ; que son sang ou le mien

  Tu requies miseræ ; decus imperiumque Latini
  Te penes ; in te omnis domus inclinata recumbit ;
  Unum oro : desiste manum committere Teucris.   60
  Qui te cumque manent isto certamine casus,
  Et me, Turne, manent : simul hæc invisa relinquam
  Lumina, nec generum Æneam captiva videbo. »
  Accepit vocem lacrymis Lavinia matris
  Flagrantes perfusa genas ; cui plurimus ignem   65
  Subjecit rubor, et calefacta per ora cucurrit.
  Indum sanguineo veluti violaverit ostro
  Si quis ebur, aut mixta rubent ubi lilia multa
  Alba rosa : tales virgo dabat ore colores.
  Illum turbat amor, figitque in virgine vultus :   70
  Ardet in arma magis, paucisque affatur Amatam :
  « Ne, quæso, ne me lacrymis, neve omine tanto
  Prosequere in duri certamina Martis euntem,
  O mater ; neque enim Turno mora libera mortis.
  Nuntius hæc, Idmon, Phrygio mea dicta tyranno   75
  Haud placitura refer : Quum primum crastina cœlo
  Puniceis invecta rotis Aurora rubebit,
  Non Teucros agat in Rutulos : Teucrûm arma quiescant

mette fin à cette guerre : c'est sur ce champ de bataille qu'il faut conquérir l'hymen de Lavinie. »

A ces mots, il se hâte de retourner à son palais. Il demande ses chevaux, et se réjouit de les voir, à son approche, frémir d'ardeur. Orithye elle-même fit jadis ce beau présent à Pilumnus : leur blancheur surpasse la neige, et leur course devance les vents. Autour d'eux, les écuyers, empressés, frappent leur poitrail d'une main caressante, ou peignent leur ondoyante crinière. Cependant Turnus charge ses épaules d'une cuirasse couverte d'or et d'airain blanc. Il ajuste son épée, son bouclier, son casque surmonté de deux aigrettes rouges. Cette épée, le dieu du feu l'avait forgée lui-même pour Daunus, père du héros, et l'avait trempée brûlante dans les eaux du Styx. Il saisit ensuite avec violence une énorme javeline, appuyée contre une haute colonne, au milieu du palais; puis, brandissant cette arme, enlevée jadis à l'Aurunce Actor, et qui frémit sous sa main, il s'écrie : « Toi qui répondis toujours à mon appel, ô ma lance, voici le moment de servir mon courage. Le grand Actor te portait jadis, et te voici dans la main de Turnus. Fais que je puisse terrasser cet efféminé Phrygien, arracher, déchirer sa cuirasse, et souiller dans la poussière sa chevelure bouclée par un fer chaud et tout imprégnée de myrrhe. »

 Et Rutulûm : nostro dirimamus sanguine bellum.
 Illo quæratur conjux Lavinia campo. » 80
 Hæc ubi dicta dedit, rapidusque in tecta recessit,
 Poscit equos, gaudetque tuens ante ora frementes,
 Pilumno quos ipsa decus dedit Orithyia,
 Qui candore nives anteirent, cursibus auras.
 Circumstant properi aurigæ, manibusque lacessunt 85
 Pectora plausa cavis, et colla comantia pectunt.
 Ipse dehinc auro squalentem alboque orichalco
 Circumdat loricam humeris ; simul aptat habendo
 Ensemque, clypeumque, et rubræ cornua cristæ :
 Ensem, quem Dauno ignipotens deus ipse parenti 90
 Fecerat, et Stygia candentem tinxerat unda.
 Exin, quæ mediis ingenti adnixa columnæ
 Ædibus adstabat, validam vi corripit hastam,
 Actoris Aurunci spolium, quassatque trementem,
 Vociferans : « Nunc, o nunquam frustrata vocatus 95
 Hasta meos, nunc tempus adest : te maximus Actor,
 Te Turni nunc dextra gerit : da sternere corpus,
 Loricamque manu valida lacerare revulsam
 Semiviri Phrygis, et fœdare in pulvere crines
 Vibratos calido ferro, myrrhaque madentes. » 100

Ainsi s'exhale sa fureur : son visage lance d'ardentes étincelles, et le feu brille dans ses yeux enflammés. Tel, préludant au combat, un jeune taureau fait entendre d'effroyables mugissements, essaie ses cornes menaçantes en luttant contre des troncs d'arbres, frappe l'air à coups redoublés, et, préludant au combat, fait voler la poussière autour de lui. De son côté, non moins terrible sous l'armure que lui donna sa mère, Énée aiguillonne son courage, et donne cours à sa fureur : heureux des conditions offertes, il se réjouit de pouvoir ainsi terminer la guerre. Il rassure ses compagnons et calme les alarmes d'Iule, en leur découvrant les arrêts du destin. Ensuite des envoyés sont chargés de porter sa réponse au roi Latinus, et de lui dicter les lois de la paix.

Le lendemain, à peine le jour naissant dore de sa clarté la cime des montagnes, à peine les coursiers du Soleil, sortis du gouffre profond des mers, soufflent de leurs naseaux des flots de lumière, déjà les Troyens et les Rutules mesurent et disposent, sous les remparts de la ville, l'espace destiné au combat. Au milieu, sont les foyers sacrés et des autels de gazon pour les dieux des deux peuples. Voilés de lin, et le front couronné de verveine, les prêtres apportent l'eau et le feu. Les portes de la ville s'ouvrent, et les légions latines, armées de leurs longs javelots, se

  His agitur furiis, totoque ardentis ab ore
Scintillæ absistunt ; oculis micat acribus ignis.
Mugitus veluti quum prima in prælia taurus
Terrificos ciet, atque irasci in cornua tentat,
Arboris obnixus trunco, ventosque lacessit   10
Ictibus, et sparsa ad pugnam proludit arena.
Nec minus interea maternis sævus in armis
Æneas acuit Martem, et se suscitat ira,
Oblato gaudens componi fœdere bellum.
Tum socios, mœstique metum solatur Iuli,   110
Fata docens ; regique jubet responsa Latino
Certa referre viros, et pacis dicere leges.
Postera vix summos spargebat lumine montes
Orta dies, quum primum alto se gurgite tollunt
Solis equi, lucemque elatis naribus efflant :   115
Campum ad certamen magnæ, sub mœnibus urbis,
Dimensi, Rutulique viri, Teucrique parabant,
In medioque focos, et dis communibus aras
Gramineas : alii fontemque ignemque ferebant,
Velati lino, et verbena tempora vincti.   120
Procedit legio Ausonidum, pilataque plenis
Agmina se fundunt portis : hinc Troius omnis,

répandent, impatientes, hors des murs. Les Troyens, les Toscans, diversement armés, s'avancent de leur côté ; tous sont munis de fer, comme si Mars les appelait aux luttes meurtrières. Au milieu de cette foule de combattants, voltigent les chefs, que distingue l'éclat de l'or et de la pourpre : Mnesthée, de la race d'Assaracus ; le brave Asylas, et Messape, dompteur de coursiers et fils de Neptune. Au signal donné, les deux armées se replient dans leurs limites, fixent leurs lances dans la terre, et déposent leurs boucliers. Les femmes, le peuple sans armes, les vieillards affaiblis par l'âge, viennent avec empressement assister à ce spectacle : ils couvrent les tours et les toits des maisons, ou se pressent debout au-dessus des hautes portes de la ville.

Du sommet de ce mont, appelé maintenant *Albain* (alors sans nom, sans honneur et sans gloire), Junon regardait la plaine, les deux armées et la ville de Latinus. Soudain elle s'adresse à la sœur de Turnus, déesse qui préside aux eaux stagnantes et aux fleuves retentissants : c'est un honneur que Jupiter, le puissant souverain de l'Olympe, lui accorda pour prix de la virginité qu'il lui ravit. « Nymphe, la gloire des fleuves, toi qui es si chère à mon cœur, tu sais que je t'ai préférée à toutes les femmes du Latium qui sont entrées dans la couche infidèle du

Tyrrhenusque ruit variis exercitus armis :
Haud secus instructi ferro, quam si aspera Martis
Pugna vocet. Nec non mediis in millibus ipsi   125
Ductores auro volitant ostroque decori,
Et genus Assaraci Mnestheus, et fortis Asylas,
Et Messapus equûm domitor, Neptunia proles.
Utque, dato signo, spatia in sua quisque recessit,
Defigunt tellure hastas, et scuta reclinant.   130
Tum studio effusæ matres, et vulgus inermum,
Invalidique senes, turres et tecta domorum
Obsedere ; alii portis sublimibus adstant.
At Juno e summo, qui nunc Albanus habetur,
(Tum neque nomen erat, nec honos, aut gloria monti), 135
Prospiciens tumulo, campum adspectabat, et ambas
Laurentum Troumque acies, urbemque Latini.
Extemplo Turni sic est affata sororem,
Diva deam, stagnis quæ fluminibusque sonoris
Præsidet ; hunc illi rex ætheris altus honorem   140
Juppiter erepta pro virginitate sacravit :
« Nympha, decus fluviorum, animo gratissima nostro,
Scis ut te cunctis unam, quæcumque Latinæ
Magnanimi Jovis ingratum adscendere cubile,

magnanime Jupiter, et que je t'ai avec plaisir donné une place dans le ciel. Apprends, Juturne, ton malheur, et ne m'en accuse pas. Tant que la Fortune a paru le souffrir, tant que les Parques ont permis que le succès favorisât le Latium, j'ai protégé Turnus et tes remparts. Mais aujourd'hui je vois ce jeune guerrier affronter les chances d'une lutte inégale. L'heure des Parques approche, et une force ennemie va s'appesantir sur lui. Je ne veux être témoin ni de ce combat ni de ce traité funeste. Toi, si tu peux faire quelque chose de plus pour ton frère, il faut te hâter : peut-être reste-t-il une chance meilleure à l'infortune que nous redoutons. » A peine a-t-elle parlé, que Juturne, en pleurant, frappe trois fois et quatre fois de ses mains sa belle poitrine : « Ce n'est pas l'instant des pleurs, lui dit la fille de Saturne. Vole, et, si c'est possible, arrache ton frère à la mort, ou bien rallume la guerre, et romps le traité conclu. C'est moi qui t'autorise à tout oser. » Ces conseils laissent Juturne incertaine et en proie aux plus vives inquiétudes.

Cependant les rois s'avancent : Latinus se montre, dans un pompeux appareil, sur un char attelé de quatre chevaux : son front est ceint de douze rayons d'or resplendissants, symbole du Soleil, son aïeul : Turnus vient ensuite sur un char traîné par deux blancs coursiers, et brandit dans sa main deux javelines

```
        Prætulerim, cœlique libens in parte locarim :        145
        Disce tuum, ne me incuses, Juturna, dolorem.
        Qua visa est fortuna pati, Parcæque sinebant
        Cedere res Latio, Turnum et tua mœnia texi :
        Nunc juvenem imparibus video concurrere fatis,
        Parcarumque dies et vis inimica propinquat.           150
        Non pugnam aspicere hanc oculis, non fœdera possum.
        Tu, pro germano si quid præsentius audes,
        Perge ; decet : forsan miseros meliora sequentur. »
        Vix ea, quum lacrymas oculis Juturna profudit,
        Terque quaterque manu pectus percussit honestum.      155
        « Non lacrymis hoc tempus, ait Saturnia Juno ;
        Accelera, et fratrem, si quis modus, eripe morti ;
        Aut tu bella cie, conceptumque excute fœdus.
        Auctor ego audendi »  Sic exhortata reliquit
        Incertam, et tristi turbatam vulnere mentis.          160
        Interea reges, ingenti mole Latinus
        Quadrijugo vehitur curru, cui tempora circum
        Aurati bis sex radii fulgentia cingunt,
        Solis avi specimen : bigis it Turnus in albis,
        Bina manu lato crispans hastilia ferro.               165
```

armées d'un large fer. De l'autre côté, le père de la nation romaine, Énée, tout brillant du feu que jettent son bouclier et ses armes divines, sort de son camp et s'avance : à ses côtés marche Ascagne, cet autre espoir de la puissante Rome. Un prêtre, vêtu d'une robe blanche, amène un jeune porc et une brebis dont le fer n'a pas enlevé la toison, et approche ces victimes des autels embrasés. L'œil fixé du côté de l'Orient, les rois présentent la farine et le sel, marquent avec le glaive le front des victimes, et de leurs coupes répandent sur les autels le vin des libations.

Alors Énée, l'épée nue à la main : « O Soleil, dit-il, ô terre d'Italie, pour qui j'ai pu supporter de si durs travaux ; puissant maître des dieux, et toi, fille de Saturne, devenue plus favorable pour moi (je te supplie de l'être) ; et toi, illustre Mars, toi qui tiens entre tes mains le sort des combats ; et vous, Fontaines et Fleuves, et vous, divinités de l'air et des mers azurées, je vous invoque : soyez témoins de mes promesses. Si la victoire se déclare pour Turnus, les vaincus se retireront dans la ville d'Évandre ; Iule abandonnera cette contrée ; les Troyens s'engagent à ne plus prendre les armes, et à ne plus attaquer avec le fer ce royaume. Mais si la victoire vient prouver que Mars nous est favorable (comme je le crois fermement, et puissent les dieux con-

   Hinc pater Æneas, Romanæ stirpis origo,
   Sidereo flagrans clypeo et cœlestibus armis,
   Et juxta Ascanius, magnæ spes altera Romæ,
   Procedunt castris, puraque in veste sacerdos
   Setigeræ fetum suis, intonsamque bidentem 170
   Attulit, admovitque pecus flagrantibus aris.
   Illi, ad surgentem conversi lumina solem,
   Dant fruges manibus salsas, et tempora ferro
   Summa notant pecudum, paterisque altaria libant.
   Tum pius Æneas stricto sic ense precatur : 175
   « Esto nunc Sol testis et hæc mihi terra vocanti,
   Quam propter tantos potui perferre labores,
   Et Pater omnipotens, et tu, Saturnia Juno,
   Jam melior, jam diva, precor ; tuque, inclyte Mavors,
   Cuncta tuo qui bella, Pater, sub numine torques ; 180
   Fontesque fluviosque voco, quæque ætheris alti
   Relligio, et quæ cæruleo sunt numina ponto :
   Cesserit Ausonio si fors victoria Turno,
   Convenit Evandri victos discedere ad urbem ;
   Cedet Iulus agris ; nec post arma ulla rebelles 185
   Æneadæ referent, ferrove hæc regna lacessent.
   Sin nostrum annuerit nobis victoria Martem,

firmer mon espoir!), je ne prétends pas que l'Italie obéisse aux Troyens, et je ne demande pas pour moi l'empire. Que, sous d'égales lois, une éternelle alliance unisse deux peuples invincibles. Je leur donnerai mon culte et mes dieux : Latinus, mon beau-père, conservera son pouvoir dans la guerre comme dans la paix. Les Troyens me bâtiront des remparts, et à cette ville Lavinie donnera son nom. »

Ainsi parle Énée le premier; à son tour, Latinus, regardant le ciel, et tendant la main droite vers les astres : « Énée, dit-il, moi aussi, j'atteste la terre, la mer, les astres, les enfants de Latone, Janus au double front, la puissance des dieux infernaux et le sanctuaire de l'inflexible Pluton : et puisse m'entendre le père des dieux, dont la foudre sanctionne les traités! J'atteste encore ces autels que je touche, ces feux sacrés et les dieux que j'invoque : quoi qu'il arrive désormais, les Latins ne rompront ni cette paix ni cette alliance : jamais puissance, quelle qu'elle soit, ne changera ma volonté; non, quand cette puissance confondrait, sous les eaux d'un déluge, la terre avec les mers, ou précipiterait le ciel dans le Tartare. Ce que je dis est aussi vrai qu'il est certain que ce sceptre (par hasard il tenait son sceptre à la main) ne poussera plus ni feuilles ni rameaux, et ne donnera plus d'ombrage, depuis que, séparé du tronc et de la terre qui le nourris-

```
        (Ut potius reor, et potius dî numine firment!)
    Non ego nec Teucris Italos parere jubebo,
    Nec mihi regna peto ; paribus se legibus ambæ        190
    Invictæ gentes æterna in fœdera mittant.
    Sacra deosque dabo : socer arma Latinus habeto ;
    Imperium sollemne socer : mihi mœnia Teucri
    Constituent, urbique dabit Lavinia nomen. »
    Sic prior Æneas; sequitur sic deinde Latinus,        195
    Suspiciens cœlum, tenditque ad sidera dextram :
    « Hæc eadem, Ænea, terram, mare, sidera, juro,
    Latonæque genus duplex, Janumque bifrontem,
    Vimque deûm infernam, et duri sacraria Ditis ;
    Audiat hæc Genitor, qui fœdera fulmine sancit :     200
    Tango aras ; medios ignes et numina testor :
    Nulla dies pacem hanc Italis nec fœdera rumpet,
    Quo res cumque cadent ; nec me vis ulla volentem
    Avertet; non, si tellurem effundat in undas,
    Diluvio miscens, cœlumque in Tartara solvat :       205
    Ut sceptrum hoc (dextra sceptrum nam forte gerebat)
    Nunquam fronde levi fundet virgulta, neque umbras,
    Quum semel in silvis imo de stirpe recisum
```

ÉNÉIDE, LIVRE XII.

sait, il a perdu, sous le coup du fer tranchant, ses branches et sa chevelure : arbre jadis, maintenant la main de l'artiste l'a entouré d'un airain brillant, et l'a remis aux rois de Laurente comme un signe de leur pouvoir. »

C'est en ces termes qu'ils confirmaient leur alliance au milieu des chefs de l'armée. Alors, suivant l'usage, ils arrosent la flamme du sang des victimes consacrées; on arrache leurs entrailles palpitantes, et l'on en remplit les plats dont on charge les autels.

Mais depuis longtemps le combat semble inégal aux Rutules, et leurs cœurs sont agités de mouvements divers, surtout quand ils voient de plus près la disparité des forces. Leur sollicitude s'accroît, à la vue de Turnus qui s'avance d'un pas silencieux, les yeux baissés, et s'incline en suppliant devant l'autel : ses joues sont livides, et la pâleur couvre son jeune front.

Dès qu'elle s'aperçoit du progrès toujours croissant de ces murmures et des dispositions incertaines et chancelantes de la multitude, Juturne, sœur de Turnus, se glisse dans cette foule, sous la forme menteuse de Camerte, guerrier issu d'une noble race, fils d'un père qui avait illustré son nom par sa valeur, et lui-même redoutable dans les combats : elle se mêle au milieu des rangs, et, par un habile artifice, sème des bruits divers : « O Rutules, s'écrie-t-elle, ne rougissez-vous pas de souffrir qu'un seul homme

```
    Matre caret, posuitque comas et brachia ferro ;
    Olim arbos, nunc artificis manus ære decoro         210
    Inclusit, patribusque dedit gestare Latinis. »
    Talibus inter se firmabant fœdera dictis,
    Conspectu in medio procerum. Tum rite sacratas
    In flammam jugulant pecudes, et viscera vivis
    Eripiunt, cumulantque oneratis lancibus aras.       215
    At vero Rutulis impar ea pugna videri
    Jamdudum, et vario misceri pectora motu ;
    Tum magis, ut propius cernunt, non viribus æquis.
    Adjuvat, incessu tacito progressus, et aram
    Suppliciter venerans, demisso lumine, Turnus,       220
    Tabentesque genæ, et juvenali in corpore pallor.
    Quem simul ac Juturna soror crebrescere vidit
    Sermonem, et vulgi variare labantia corda,
    In medias acies, formam assimulata Camerti,
    Cui genus a proavis ingens, clarumque paternæ       225
    Nomen erat virtutis, et ipse acerrimus armis,
    In medias dat sese acies, haud nescia rerum,
    Rumoresque serit varios, ac talia fatur :
    «Non pudet, o Rutuli, pro cunctis talibus unam
```

expose sa vie pour toute une armée composée de guerriers vaillants? Ne sommes-nous pas, égaux en nombre et en forces? Regardez : voilà toute cette armée que les destins ont envoyée contre nous, les Troyens, les Arcadiens et les Étrusques acharnés contre Turnus : à peine, si la moitié seulement de notre armée combattait, pourraient-ils opposer un adversaire à chacun de nous. Certes, la gloire élèvera jusqu'aux dieux celui qui se dévoue au pied de leurs autels pour le salut commun, et son nom immortel vivra dans toutes les bouches ; et nous, n'ayant plus de patrie, nous subirons le joug de maîtres insolents, nous qui restons ici spectateurs oisifs du combat ! » Ce discours accroît de plus en plus, par sa flamme, la révolte des esprits, et un murmure circule dans tous les rangs. Ces mêmes Laurentins, ces mêmes Latins ont changé de pensée : eux qui naguère se plaisaient à espérer la fin des combats et la sécurité, maintenant ils demandent des armes ; ils veulent que le traité soit rompu, et s'apitoient sur le sort injuste de Turnus.

A cette ruse, Juturne en joint une autre plus puissante encore : elle fait apparaître dans les hauteurs de l'air un prodige trompeur qui porte dans les esprits fascinés un trouble indicible. L'oiseau fauve de Jupiter, volant dans l'éther embrasé, poursuivait les oiseaux du rivage et la troupe bruyante du bataillon ailé, lorsque,

```
    Objectare animam? numerone, an viribus æqui      230
    Non sumus? En omnes et Troes et Arcades hi sunt,
    Fatalisque manus, infensa Etruria Turno :
    Vix hostem, alterni si congrediamur, habemus.
    Ille quidem ad Superos, quorum se devovet aris,
    Succedet fama, vivusque per ora feretur ;        235
    Nos, patria amissa, dominis parere superbis
    Cogemur, qui nunc lentis consedimus arvis. »
    Talibus incensa est juvenum sententia dictis
    Jam magis atque magis ; serpitque per agmina murmur.
    Ipsi Laurentes mutati, ipsique Latini :          240
    Qui sibi jam requiem pugnæ rebusque salutem
    Sperabant, nunc arma volunt, fœdusque precantur
    Infectum, et Turni sortem miserantur iniquam.
    His aliud majus Juturna adjungit, et alto
    Dat signum cœlo : quo non præsentius ullum      245
    Turbavit mentes Italas, monstroque fefellit.
    Namque volans rubra fulvus Jovis ales in æthra
    Littoreas agitabat aves, turbamque sonantem
    Agminis aligeri, subito quum lapsus ad undas
```

tout à coup, s'abattant sur les ondes, terrible, il saisit dans ses
serres tranchantes un cygne plus beau que tous les autres. Les
Italiens sont tout entiers à ce spectacle : soudain, ô merveille !
tous les oiseaux, suspendant leur fuite, se rallient en poussant
des cris, obscurcissent l'air de leurs ailes, et fondent, comme un
nuage épais, sur leur ennemi : enfin vaincu par la force, et accablé
par son fardeau, l'aigle lâche sa proie qui retombe dans le fleuve ;
et il va se cacher dans les nues.

Alors les Rutules, saluant de leurs acclamations ce présage, étendent les mains pour saisir leurs armes. L'augure Tolumnius s'é-
crie le premier : « Voilà, oui, voilà ce que j'ai tant de fois demandé :
j'accepte ce présage, et je reconnais la voix des dieux. C'est moi,
moi qui vous guiderai ; prenez vite vos armes, ô malheureux, vous
que cet odieux étranger se flatte d'effrayer par la guerre comme
de faibles oiseaux, et dont les rivages sont désolés par la violence
d'un insolent ennemi. Il fuira, et ses vaisseaux rapides l'empor-
teront au loin sur les mers : vous tous, d'un accord unanime,
serrez les rangs, et défendez par les armes le roi qu'on veut vous
ravir. »

A ces mots, il court, et lance, en face de lui, un javelot aux
ennemis. Le trait vole en sifflant, et, inévitable, fend les airs.
Aussitôt une immense clameur s'élève : tous les bataillons s'é-

    Cycnum excellentem pedibus rapit improbus uncis. 250
    Arrexere animos Itali, cunctæque volucres
    Convertunt clamore fugam, (mirabile visu!)
    Ætheraque obscurant pennis, hostemque per auras
    Facta nube premunt, donec vi victus et ipso
    Pondere defecit, prædamque ex unguibus ales 255
    Projecit fluvio, penitusque in nubila fugit.
    Tum vero augurium Rutuli clamore salutant,
    Expediuntque manus ; primusque Tolumnius augur :
    « Hoc erat, hoc votis, inquit, quod sæpe petivi :
    Accipio, agnoscoque deos. Me, me duce ferrum 260
    Corripite, o miseri, quos improbus advena bello
    Territat, invalidas ut aves, et littora vestra
    Vi populat ; petet ille fugam, penitusque profundo
    Vela dabit : vos unanimi densate catervas,
    Et regem vobis pugna defendite raptum. » 265
    Dixit, et adversos telum contorsit in hostes
    Procurrens ; sonitum dat stridula cornus, et auras
    Certa secat : simul hoc, simul ingens clamor, et omnes
    Turbati cunei, calefactaque corda tumultu.
    Hasta volans, ut forte novem pulcherrima fratrum 270

branlent, et une tumultueuse colère s'allume dans tous les cœurs. Par hasard, en face de Tolumnius, se trouvaient réunis neuf frères d'une remarquable beauté, tous fils de l'Arcadien Gylippe et d'une Tyrrhénienne, son épouse fidèle : le trait va frapper l'un d'eux au milieu du corps, à l'endroit où le baudrier s'appuie sur le ventre, et où l'agrafe mordante en réunit les deux extrémités. Le jeune guerrier, que distinguent sa beauté et l'éclat de ses armes, a les côtes transpercées, et tombe sans vie sur l'arène. A cette vue, ses frères, généreuse phalange, que la douleur enflamme, saisissent, d'une main furieuse, les uns leur glaive, les autres leurs javelots, et se précipitent en aveugles sur l'ennemi. A leur rencontre accourent les bataillons laurentins, tandis que, de leur côté, se précipitent, comme un torrent, les Troyens, les Agylliniens, et les Arcadiens avec leurs armes peintes. La même ardeur guerrière les anime tous. Les autels sont mis au pillage : tout le ciel s'obscurcit d'un sombre nuage de traits ; la terre est inondée d'une pluie de fer : on enlève les coupes et les feux sacrés. Latinus lui-même s'enfuit, emportant ses dieux outragés par la violation du traité. Les uns attellent leurs chars ; les autres s'élancent d'un bond sur leurs coursiers, et se présentent l'épée nue.

Impatient de rompre le traité, Messape pousse son cheval sur Aulestès, roi des Tyrrhéniens, revêtu des insignes de sa

Corpora constiterant contra, quos fida crearat
Una tot Arcadio conjux Tyrrhena Gylippo :
Horum unum ad medium, teritur qua sutilis alvo
Balteus, et laterum juncturas fibula mordet,
Egregium forma juvenem et fulgentibus armis,   275
Transadigit costas, fulvaque effundit arena.
At fratres, animosa phalanx, accensaque luctu,
Pars gladios stringunt manibus, pars missile ferrum
Corripiunt, cæcique ruunt. Quos agmina contra
Procurrunt Laurentum ; hinc densi rursus inundant   280
Troes, Agyllinique, et pictis Arcades armis.
Sic omnes amor unus habet decernere ferro.
Diripuere aras : it toto turbida cœlo
Tempestas telorum, ac ferreus ingruit imber ;
Craterasque focosque ferunt. Fugit ipse Latinus   285
Pulsatos referens infecto fœdere divos.
Infrenant alii currus, aut corpora saltu
Subjiciunt in equos, et strictis ensibus adsunt.
Messapus regem, regisque insigne gerentem,
Tyrrhenum Aulesten, avidus confundere fœdus,   290
Adverso proterret equo : ruit ille recedens,

royauté : celui-ci recule et tombe à la renverse, la tête et les épaules embarrassées dans les autels qu'il n'a pas vus. Messape accourt furieux, et, sourd à ses prières, le frappe violemment du haut de son cheval, et le perce de sa longue javeline. « C'est bien, dit il ; voilà une victime plus agréable aux dieux. » Les Italiens arrivent, et dépouillent le cadavre encore chaud.

Corynée saisit sur l'autel un tison ardent, et, au moment où Ébusus s'avance pour le frapper, il lui en présente le feu au visage : la longue barbe d'Ébusus s'enflamme, et répand une odeur infecte : Corynée, profitant de son trouble, se jette sur lui, le saisit de la main gauche par les cheveux, le presse fortement du genou contre la terre, et lui plonge dans le flanc sa tranchante épée. Podalire poursuit et menace de son glaive le pasteur Alsus qui se précipitait, au premier rang, à travers les traits; mais Alsus se retourne, et d'un revers de sa hache lui fend par le milieu le front et le menton ; son sang jaillit au loin et arrose ses armes : un dur repos et un sommeil de fer s'appesantissent sur ses yeux, qu'une nuit éternelle vient fermer.

Cependant le pieux Énée, le tête nue, tendait une main désarmée, et rappelait les siens par ses cris : « Où courez-vous? D'où a surgi cette discorde subite? Oh! réprimez ces colères. Le traité

    Et miser oppositis a tergo involvitur aris
    In caput, inque humeros. At fervidus advolat hasta
    Messapus, teloque orantem multa trabali
    Desuper altus equo graviter ferit, atque ita fatur :   295
    « Hoc habet ; hæc melior magnis data victima divis. »
    Concurrunt Itali, spoliantque calentia membra.
    Obvius ambustum torrem Corynæus ab ara
    Corripit, et venienti Ebuso plagamque ferenti
    Occupat os flammis : olli ingens barba reluxit,   300
    Nidoremque ambusta dedit : super ipse secutus
    Cæsariem læva turbati corripit hostis,
    Impressoque genu nitens, terræ applicat ipsum ;
    Sic rigido latus ense ferit. Podalirius Alsum
    Pastorem, primaque acie per tela ruentem,   305
    Ense sequens nudo superimminet : ille securi
    Adversi frontem mediam mentumque reducta
    Disjicit, et sparso late rigat arma cruore.
    Olli dura quies oculos et ferreus urget
    Somnus ; in æternam clauduntur lumina noctem.   310
    At pius Æneas dextram tendebat inermem
    Nudato capite, atque suos clamore vocabat :
    « Quo ruitis? quæve ista repens discordia surgit?

est conclu, et toutes les conditions sont réglées ; c'est à moi seul de combattre ; fiez-vous à moi, et bannissez vos alarmes : cette main assurera l'alliance jurée ; les sacrifices offerts réservent Turnus à moi seul. » Tandis qu'il parle ainsi, une flèche aux ailes rapides vient, en sifflant, le frapper. Quelle main l'a lancée? Quel effort l'a poussée à travers les airs? Qui procure aux Rutules tant de gloire? est-ce le hasard? est-ce un dieu? On l'ignore : l'honneur de ce fait mémorable est resté dans l'ombre, et nul ne se vanta de la blessure d'Énée.

Dès que Turnus a vu Énée se retirer du champ de bataille, et les chefs des Troyens se troubler, une soudaine espérance le ranime et l'enflamme ; il demande ses chevaux et ses armes, et saute fièrement sur son char, dont il prend les rênes en main. Il vole, et d'intrépides guerriers tombent en foule sous ses coups ; beaucoup d'autres sont renversés à demi morts sous les roues de son char qui écrase des bataillons entiers : des traits qu'il leur arrache il perce les fuyards. Tel, sur les rives de l'Hèbre glacé, Mars, altéré de sang, frappe son bouclier retentissant, et, semant la guerre, lâche la bride à ses coursiers furieux : dans la plaine ouverte devant eux ils volent, plus rapides que le Notus et le Zéphyre ; les extrémités de la Thrace gémissent sous le bruit de

> O cohibete iras! ictum jam fœdus, et omnes
> Compositæ leges ; mihi jus concurrere soli ; 315
> Me sinite, atque auferte metus ; ego fœdera faxo
> Firma manu : Turnum debent hæc jam mihi sacra. »
> Has inter voces, media inter talia verba,
> Ecce viro stridens alis allapsa sagitta est,
> Incertum qua pulsa manu, quo turbine adacta ; 320
> Quis tantam Rutulis laudem casusne, deusne,
> Attulerit : pressa est insignis gloria facti ;
> Nec sese Æneæ jactavit vulnere quisquam.
> Turnus, ut Ænean cedentem ex agmine vidit,
> Turbatosque duces, subita spe fervidus ardet : 325
> Poscit equos, atque arma simul, saltuque superbus
> Emicat in currum, et manibus molitur habenas.
> Multa virûm volitans dat fortia corpora leto ;
> Seminices volvit multos, aut agmina curru
> Proterit, aut raptas fugientibus ingerit hastas. 330
> Qualis apud gelidi quum flumina concitus Hebri
> Sanguineus Mavors clypeo increpat, atque furentes
> Bella movens immittit equos : illi æquore aperto
> Ante Notos Zephyrumque volant ; gemit ultima pulsu
> Thraca pedum ; circumque atræ Formidinis ora. 335

leurs pas; la sombre épouvante, la colère, les embûches, cortége du dieu, marchent autour de son char. Tel l'impétueux Turnus pousse au milieu du carnage ses chevaux fumants de sueur, et foule sans pitié les cadavres des vaincus : les pas rapides de ses coursiers font jaillir partout une rosée de sang, et frappent à coups redoublés l'arène qu'elle inonde. Déjà sont tombés Sthénélus, Thamyris et Pholus, ces derniers atteints de près, et l'autre de loin. De loin aussi sont frappés les deux fils d'Imbrasus, Glaucus et Ladès, que leur père avait élevés dans la Lycie, et formés également aux exercices de la guerre, soit pour combattre à pied, soit pour devancer à cheval les vents rapides.

D'un autre côté, s'avançait au milieu de la mêlée Eumède, valeureux descendant de l'antique Dolon : il a le nom de son aïeul, l'âme et le bras de son père, qui jadis, pour aller épier les Grecs dans leur camp, osa demander comme récompense le char du fils de Pélée. Le glaive de Diomède paya d'un autre prix une telle audace, et Dolon n'aspira plus aux coursiers d'Achille. Dès que Turnus l'a de loin aperçu dans la plaine, il lui lance, à longue distance, un léger javelot, arrête ses coursiers, saute à bas de son char, se jette sur son ennemi terrassé et à demi mort, et, du pied lui pressant le cou, lui arrache des mains son glaive, et lui en

      Iræque, Insidiæque, dei comitatus, aguntur.
      Talis equos alacer media inter prælia Turnus
      Fumantes sudore quatit, miserabile cæsis
      Hostibus insultans; spargit rapida ungula rores
      Sanguineos, mixtaque cruor calcatur arena.   340
      Jamque neci Sthenelumque dedit, Thamyrimque, Pholumque;
      Hunc congressus et hunc, illum eminus : eminus ambo
      Imbrasidas, Glaucum atque Laden, quos Imbrasus ipse
      Nutrierat Lycia, paribusque ornaverat armis,
      Vel conferre manum, vel equo prævertere ventos.   345
      Parte alia media Eumedes in prælia fertur,
      Antiqui proles bello præclara Dolonis;
      Nomine avum referens, animo manibusque parentem;
      Qui quondam, castra ut Danaûm speculator adiret,
      Ausus Pelidæ pretium sibi poscere currus :   350
      Illum Tydides alio pro talibus ausis
      Affecit pretio; nec equis adspirat Achillis.
      Hunc procul ut campo Turnus prospexit aperto,
      Ante levi jaculo longum per inane secutus,
      Sistit equos bijuges, et curru desilit, atque   355
      Semianimi lapsoque supervenit, et, pede collo
      Impresso, dextræ mucronem extorquet, et alto

plonge la lame brillante dans la gorge, en ajoutant ces mots :
« Les voilà, ô Troyen, ces champs que tu voulais conquérir par
la guerre ; mesure l'Hespérie avec ton corps gisant : tel est le prix
que je réserve à ceux qui osent m'attaquer par le fer ; c'est ainsi
qu'ils bâtissent des villes. »

Asbutès, Chlorée, Sybaris, Darès, Thersiloque, Thymétès renversé sur le cou de son cheval abattu, vont bientôt rejoindre Eumède. Ainsi, lorsque, du fond de l'Édonie, Borée se précipite avec fracas sur la mer Égée, les flots, violemment repoussés par les vents, viennent battre le rivage, et les nuages fuient à travers le ciel : tels, partout où Turnus s'ouvre une voie dans la mêlée, les bataillons plient, et les combattants en déroute se dispersent : le héros s'abandonne tout entier à sa fougue, et la brise qui vient au-devant de son char agite son aigrette ondoyante. Indigné de tant d'acharnement et d'audace, Phégée s'élance vers le char, et, saisissant par le frein écumant les ardents coursiers de Turnus, s'efforce de détourner leurs pas. Tandis qu'il est entraîné et demeure suspendu au joug, la large javeline atteint son dos resté découvert, pénètre au travers de sa cuirasse à double maille, et l'effleure d'une légère blessure. Il se retourne alors, oppose son bouclier à l'ennemi, et, brandissant son glaive, il appelait ses com-

Fulgentem tingit jugulo, atque hæc insuper addit :
« En, agros, et quam bello, Trojane, petisti,
Hesperiam metire jacens : hæc præmia, qui me   360
Ferro ausi tentare, ferunt ; sic mœnia condunt. »
Huic comitem Asbuten conjecta cuspide mittit ;
Chloreaque, Sybarimque, Daretaque, Thersilochumque,
Et sternacis equi lapsum cervice Thymœten.
Ac velut Edoni Boreæ quum spiritus alto   365
Insonat Ægæo, sequiturque ad littora fluctus,
Qua venti incubuere ; fugam dant nubila cœlo :
Sic Turno, quacumque viam secat, agmina cedunt,
Conversæque ruunt acies ; fert impetus ipsum,
Et cristam adverso curru quatit aura volantem.   370
Non tulit instantem Phegeus animisque frementem ;
Objicit sese ad currum, et spumantia frenis
Ora citatorum dextra detorsit equorum.
Dum trahitur, pendetque jugis, hunc lata retectum
Lancea consequitur, rumpitque infixa bilicem   375
Loricam, et summum degustat vulnere corpus.
Ille tamen clypeo objecto conversus in hostem
Ibat, et auxilium ducto mucrone petebat :
Quum rota præcipitem et procursu concitus axis

pagnons à son secours, lorsque, dans sa course impétueuse, le char le heurte et le renverse : Turnus fond sur lui, et, le frappant entre le haut de la cuirasse et la partie inférieure du casque, il lui tranche la tête avec son épée, et laisse le tronc sur l'arène.

Tandis que Turnus victorieux sème la mort dans la plaine, Mnesthée et le fidèle Achate, accompagnés d'Ascagne, ont ramené au camp Énée couvert de sang, et appuyant, l'un après l'autre, sur sa longue javeline ses pas mal assurés. Il s'irrite, et s'efforce d'arracher le trait dont le bois s'est brisé ; il réclame les secours les plus prompts : il veut qu'on ouvre la plaie avec une large épée, qu'on fouille les profondeurs où se cache le dard, et qu'on se hâte de le rendre aux combats.

Déjà s'était présenté le disciple chéri d'Apollon, Iasus, fils d'Iapis : jadis épris pour lui d'une vive tendresse, Apollon lui communiqua avec joie les secrets de sa divine science, la connaissance des augures, la musique et l'art de lancer les flèches rapides. Mais, pour prolonger les jours de son père mourant, il aima mieux apprendre à connaître les vertus des plantes et l'art de guérir, et cultiver dans l'obscurité une science modeste. Énée se tenait debout, frémissant d'impatience, appuyé sur sa longue javeline : entouré d'une foule de jeunes guerriers et d'Ascagne en pleurs, il reste insensible à leurs plaintes. Le vieillard, la robe

<pre>
Impulit, effuditque solo; Turnusque secutus,   380
Imam inter galeam, summi thoracis et oras,
Abstulit ense caput, truncumque reliquit arenæ.
Atque ea dum campis victor dat funera Turnus,
Interea Ænean Mnestheus, et fidus Achates,
Ascaniusque comes castris statuere cruentum,   385
Alternos longa nitentem cuspide gressus.
Sævit, et infracta luctatur arundine telum
Eripere, auxilioque viam, quæ proxima, poscit :
Ense secent lato vulnus, telique latebram
Rescindant penitus, seseque in bella remittant.   390
Jamque aderat Phœbo ante alios dilectus Iapis
Iasides ; acri quondam cui captus amore
Ipse suas artes, sua munera, lætus Apollo
Augurium, citharamque dabat, celeresque sagittas.
Ille, ut depositi proferret fata parentis,   395
Scire potestates herbarum, usumque medendi
Maluit, et mutas agitare inglorius artes.
Stabat acerba fremens, ingentem nixus in hastam,
Æneas, magno juvenum et mœrentis Iuli
Concursu, lacrymis immobilis. Ille retorto   400
</pre>

retroussée, selon l'usage de Péon, se hâte d'employer tous les moyens que fournissent à son art la dextérité de la main et la puissance des herbes d'Apollon. Vains efforts! Le fer résiste aux doigts qui le remuent et à la pince mordante. La fortune n'est pas propice à ses soins, et Apollon, son maître, l'abandonne. Et cependant l'effroi règne de plus en plus dans la plaine, et le danger se rapproche. Une épaisse poussière couvre le ciel; les cavaliers s'avancent, et une grêle de traits vient tomber au milieu du camp : dans les airs s'élèvent les cris horribles des combattants et des mourants.

Alors Vénus, vivement frappée des souffrances imméritées de son fils, cueille sur le mont Ida le dictame aux feuilles cotonneuses et à la fleur de pourpre. Cette plante n'est pas inconnue de la chèvre sauvage, quand une flèche rapide s'est fixée dans ses flancs. Vénus, cachée dans un nuage obscur, apporte le dictame, en imprègne l'eau contenue dans un vase brillant, et lui donne une secrète vertu en y mêlant les sucs salutaires de l'ambroisie et l'odorante panacée. Le vieux Iapis, sans connaître la puissance de cette eau, en arrose la plaie : soudain la douleur a fui tout entière du corps d'Énée; le sang s'est arrêté au fond de la blessure ; la flèche, d'elle-même, suit la main et se dégage sans effort;

Pæonium in morem senior succinctus amictu,
Multa manu medica Phœbique potentibus herbis
Nequidquam trepidat ; nequidquam spicula dextra
Sollicitat, prensatque tenaci forcipe ferrum.
Nulla viam Fortuna regit ; nihil auctor Apollo   405
Subvenit ; et sævus campis magis ac magis horror
Crebrescit, propiusque malum est. Jam pulvere cœlum
Stare vident ; subeuntque equites, et spicula castris
Densa cadunt mediis. It tristis ad æthera clamor
Bellantum juvenum, et duro sub Marte cadentum.   410
Hic Venus, indigno nati concussa dolore,
Dictamnum genitrix Cretæa carpit ab Ida,
Puberibus caulem foliis et flore comantem
Purpureo : non illa feris incognita capris
Gramina, quum tergo volucres hæsere sagittæ.   415
Hoc Venus, obscuro faciem circumdata nimbo,
Detulit : hoc fusum labris splendentibus amnem
Inficit, occulte medicans, spargitque salubres
Ambrosiæ succos, et odoriferam panaceam.
Fovit ea vulnus lympha longævus Iapis   420
  gnorans ; subitoque omnis de corpore fugit
Quippe dolor ; omnis stetit imo vulnere sanguis.

et le héros a recouvré toute sa vigueur. « Des armes! s'écrie Iapis, vite des armes pour Énée! Que tardez-vous? » Et lui-même, je premier, l'enflamme d'une belliqueuse ardeur. « Non, ajoute-t-il, ce résultat n'est pas dû à des forces humaines ni aux secrets de mon art, et ce n'est pas ma main qui vous sauve, ô Énée : un dieu plus puissant agit ici, et vous appelle à de plus grands exploits. »

Le héros, avide de combattre, a déjà chaussé ses brodequins d'or; il s'indigne des retards, et brandit sa lance. Aussitôt qu'il s'est armé de son bouclier, et qu'il a endossé sa cuirasse, il embrasse Ascagne en l'entourant de ses armes, et, à travers son casque, lui effleurant le front d'un baiser, il lui dit : « Enfant, apprends de moi la vertu et la vraie constance dans les rudes travaux; d'autres t'enseigneront le bonheur. Aujourd'hui mon bras armé assurera ton salut, et tu recueilleras le noble fruit de ma victoire. Et toi, bientôt, quand tu auras atteint un âge plus mûr, garde ces souvenirs, rappelle en ton esprit l'exemple des tiens, et que ton courage s'anime en songeant que tu es le fils d'Énée et le neveu d'Hector. » A peine a-t-il parlé, qu'il franchit fièrement les portes, en brandissant dans sa main un énorme javelot : en même temps, suivis d'un épais bataillon, Anthée et Mnesthée se précipitent; toute l'armée s'écoule du camp qu'elle

> Jamque secuta manum, nullo cogente, sagitta
> Excidit, atque novæ rediere in pristina vires.
> « Arma citi properate viro! quid statis? » Iapis   425
> Conclamat, primusque animos accendit in hostem.
> « Non hæc humanis opibus, non arte magistra
> Proveniunt; neque te, Ænea, mea dextera servat :
> Major agit deus, atque opera ad majora remittit. »
> Ille, avidus pugnæ, suras incluserat auro   430
> Hinc atque hinc, oditque moras, hastamque coruscat.
> Postquam habilis lateri clypeus loricaque tergo est,
> Ascanium fusis circum complectitur armis,
> Summaque per galeam delibans oscula fatur :
> « Disce, puer, virtutem ex me verumque laborem,   435
> Fortunam ex aliis. Nunc te mea dextera bello
> Defensum dabit, et magna inter præmia ducet.
> Tu facito, mox quum matura adoleverit ætas,
> Sis memor, et te, animo repetentem exempla tuorum,
> Et pater Æneas et avunculus excitet Hector. »   440
> Hæc ubi dicta dedit, portis sese extulit ingens,
> Telum immane manu quatiens : simul agmine denso
> Antheusque Mnestheusque ruunt; omnisque relictis

abandonne : alors, de toutes parts, s'élève une sombre poussière, et la terre ébranlée tremble sous le bruit des pas.

Dès que Turnus, du haut d'un tertre opposé, les a vus s'approcher, dès que les Ausoniens les ont vus, une frayeur glacée court jusqu'au fond de leurs os. Juturne, la première, avant tous les Latins, entend et reconnaît ce bruit, et s'enfuit épouvantée. Énée vole et entraîne avec lui ses noirs bataillons. Tel un nuage déchaîné du haut des cieux par la tempête franchit les mers et se précipite sur la terre : les malheureux laboureurs, hélas ! prévoyant ses ravages, sont saisis de terreur : il va briser, renverser les arbres, ruiner les moissons, tout dévaster sur son passage : les vents volent devant lui, et font retentir le rivage de leur choc impétueux : tel, le chef des Troyens lance son armée contre l'ennemi ; ses bataillons se serrent en colonnes épaisses. Thymbrée frappe de son glaive le pesant Osiris ; Mnesthée égorge Archétius, Achate Épulon, et Gyas Ufens : il tombe lui-même, l'augure Tolumnius, qui le premier avait lancé un trait contre les Troyens. Une clameur s'élève jusqu'au ciel, et les Rutules, à leur tour repoussés et tournant leurs dos poudreux, s'enfuient à travers la plaine. Énée ne daigne pas immoler ces ennemis, ni poursuivre ceux qui l'attendent de pied ferme et ceux qui de loin lui lancent

    Turba fluit castris : tum cæco pulvere campus
    Miscetur, pulsuque pedum tremit excita tellus.   445
    Vidit ab adverso venientes aggere Turnus,
    Videre Ausonii, gelidusque per ima cucurrit
    Ossa tremor. Prima ante omnes Juturna Latinos
    Audiit, agnovitque sonum, et tremefacta refugit.
    Ille volat, campoque atrum rapit agmen aperto.   450
    Qualis ubi ad terras abrupto sidere nimbus
    It mare per medium : miseris, heu ! præscia longe
    Horrescunt corda agricolis ; dabit ille ruinas
    Arboribus, stragemque satis ; ruet omnia late ;
    Ante volant, sonitumque ferunt ad littora venti :   455
    Talis in adversos ductor Rhœteius hostes
    Agmen agit : densi cuneis se quisque coactis
    Agglomerant. Ferit ense gravem Thymbræus Osirim,
    Archetium Mnestheus, Epulonem obtruncat Achates,
    Ufentemque Gyas ; cadit ipse Tolumnius augur,   460
    Primus in adversos telum qui torserat hostes.
    Tollitur in cœlum clamor, versique vicissim
    Pulverulenta fuga Rutuli dant terga per agros.
    Ipse neque aversos dignatur sternere morti ;
    Nec pede congressos æquo, nec tela ferentes   465

des traits : c'est Turnus seul qu'il cherche à travers ces sombres nuages de poussière ; c'est lui seul qu'il appelle aux combats. Alarmée du danger de son frère, Juturne fait tomber du timon et renverse entre les rênes Métisque, qui conduit le char de Turnus : Métisque reste étendu sur la poussière : elle-même le remplace, et, se donnant, par la voix, par les traits, par les armes, une exacte ressemblance avec lui, elle dirige de ses mains les rênes flottantes. Comme une hirondelle voltige autour de la vaste demeure d'un maître opulent, et, d'une aile rapide, tourne autour des hauts parvis, en recueillant dans l'air une chétive nourriture pour sa couvée babillarde : son cri résonne tantôt sous de longs portiques, tantôt autour des humides étangs : ainsi Juturne pousse ses coursiers au milieu des ennemis, fait voler de tous côtés son char rapide, et de tous côtés montre son frère triomphant ; et, pour l'empêcher d'en venir aux mains avec Énée, elle l'entraîne au loin.

Cependant, à travers ces circuits tortueux, Énée poursuit vivement Turnus, observe ses traces, et l'appelle à grands cris au milieu des bataillons en désordre ; mais chaque fois qu'il jette les yeux sur son rival, et qu'il s'efforce d'atteindre à la course ses chevaux aux pieds ailés, chaque fois Juturne détourne le char, et le pousse dans une direction opposée. Hélas ! Que faire ? Vai-

Insequitur : solum densa in caligine Turnum
Vestigat lustrans, solum in certamina poscit.
Hoc concussa metu mentem Juturna virago
Aurigam Turni media inter lora Metiscum
Excutit, et longe lapsum temone relinquit :   470
Ipsa subit, manibusque undantes flectit habenas,
Cuncta gerens, vocemque, et corpus, et arma Metisci.
Nigra velut magnas domini quum divitis ædes
Pervolat, et pennis alta atria lustrat hirundo,
Pabula parva legens, nidisque loquacibus escas :   475
Et nunc porticibus vacuis, nunc humida circum
Stagna sonat : similis medios Juturna per hostes
Fertur equis, rapidoque volans obit omnia curru :
Jamque hic germanum, jamque hic ostentat ovantem
Nec conferre manum patitur ; volat avia longe.   480
Haud minus Æneas tortos legit obvius orbes,
Vestigatque virum, et disjecta per agmina magna
Voce vocat. Quoties oculos conjecit in hostem,
Alipedumque fugam cursu tentavit equorum,
Aversos toties currus Juturna retorsit.   485
Heu ! quid agat ? vario nequidquam fluctuat æstu.

nement son esprit incertain flotte au gré d'une foule de soins et de sentiments contraires. Messape, qui, dans sa course rapide, tenait à la main deux flexibles javelots, armés de fer, en balance un avec vigueur, et le lance d'une main sûre contre le héros. Énée s'arrête, et, fléchissant le genou, s'abrite sous son bouclier; mais le javelot atteignit le sommet du casque, dont il abattit la haute aigrette. La fureur d'Énée est à son comble : honteux de se voir le jouet et la victime d'une ruse qui lui présente et lui ravit tour à tour son ennemi, il prend à témoin Jupiter et les autels, garants de la foi violée : il se jette, terrible, au milieu de la mêlée ; il immole sans pitié et au hasard tout ce qui s'offre à ses coups ; sa rage ne connaît plus de frein.

Quel dieu va maintenant me retracer, quels chants pourront décrire tant d'horreurs et de carnage. et le trépas de tant de héros immolés tour à tour par Turnus et par le héros troyen? Comment permis-tu, ô Jupiter, ce choc effroyable entre des peuples que devait unir une éternelle paix ?

Énée se jette sur le Rutule Sucron (et ce premier combat suspend la fougue des Troyens) : il le frappe dans le flanc ; et, par le chemin de la plus prompte mort, il lui plonge sa terrible épée entre les côtes, ce rempart qui s'étend devant la poitrine pour la

    Diversæque vocant animum in contraria curæ.
    Huic Messapus, uti læva duo forte gerebat
    Lenta, levis cursu, præfixa hastilia ferro,
    Horum unum certo contorquens dirigit ictu.   490
    Substitit Æneas, et se collegit in arma,
    Poplite subsidens : apicem tamen incita summum
    Hasta tulit, summasque excussit vertice cristas.
    Tum vero assurgunt iræ, insidiisque subactus,
    Diversos ubi sensit equos currumque referri,   495
    Multa Jovem et læsi testatur fœderis aras,
    Jam tandem invadit medios, et Marte secundo
    Terribilis, sævam nullo discrimine cædem
    Suscitat, irarumque omnes effundit habenas.
    Quis mihi nunc tot acerba deus, quis carmine cædes   500
    Diversas, obitumque ducum, quos æquore toto
    Inque vicem nunc Turnus agit, nunc Troius heros,
    Expediat? tanton' placuit concurrere motu,
    Juppiter, æterna gentes in pace futuras?
    Æneas Rutulum Sucronem (ea prima ruentes   505
    Pugna loco statuit Teucros) haud multa moratus,
    Excipit in latus, et, qua fata celerrima, crudum
    Transadigit costas et crates pectoris ensem.

protéger. Turnus attaque, à pied, Amycus renversé de son cheval, et son frère Diorès : il frappe l'un de sa longue javeline, au moment où il s'avance sur lui, et l'autre de son épée ; puis il attache à son char leurs deux têtes coupées, et les emporte dégouttantes de sang. Énée immole Talus, Tanaïs et le vaillant Céthégus, terrassés tous les trois du même choc, et, avec eux, le jeune Onytès, fils d'Échion et de Péridie. Turnus égorge deux frères venus de la Lycie et des champs d'Apollon, et le jeune Arcadien Ménètes, que ne sauva point de la mort son horreur pour les combats : simple pêcheur, né d'une famille pauvre, il habitait les bords de Lerne : il ne connaissait point les palais des grands, et son père n'ensemençait que les terres d'autrui. Tel qu'un incendie, allumé aux deux extrémités d'une forêt aride, la dévore en pétillant ; ou tels que deux torrents écumeux qui, se précipitant du haut des montagnes, courent à grand bruit à la mer, après avoir tout ravagé sur leur passage ; tels Énée et Turnus s'élancent impétueux au milieu des combattants : au fond de leur cœur indomptable bouillonne une ardente colère, que le sang et le carnage peuvent seuls assouvir.

Murranus faisait sonner bien haut ses ancêtres et la longue suite de rois latins dont il était issu : un énorme bloc de pierre,

Turnus equo dejectum Amycum, fratremque Diorem,
Congressus pedes, hunc venientem cuspide longa, 510
Hunc mucrone ferit ; curruque abscisa duorum
Suspendit capita, et rorantia sanguine portat.
Ille Talon, Tanaimque neci, fortemque Cethegum,
Tres uno congressu, et mœstum mittit Onyten,
Nomen Echionium, matrisque genus Peridiæ : 515
Hic fratres Lycia missos et Apollinis agris,
Et juvenem exosum nequidquam bella Menœteu
Arcada ; piscosæ cui circum flumina Lernæ
Ars fuerat, pauperque domus ; nec nota potentum
Limina ; conductaque pater tellure serebat. 520
Ac velut immissi diversis partibus ignes
Arentem in silvam et virgulta sonantia lauro ;
Aut ubi decursu rapido de montibus altis
Dant sonitum spumosi amnes, et in æquora currunt,
Quisque suum populatus iter : non segnius ambo 525
Æneas Turnusque ruunt per prælia ; nunc, nunc
Fluctuat ira intus ; rumpuntur nescia vinci
Pectora ; nunc totis in vulnera viribus itur.
Murranum hic, atavos et avorum antiqua sonantem
Nomina, per regesque actum genus omne Latinos, 530

qu'Énée saisit et fait tourbillonner d'un bras vigoureux, renverse Murranus de son char et l'étend sur le sol. Embarrassé dans les rênes et le timon, les roues l'entraînent, et ses chevaux, qui ne connaissent plus leur maître, le foulent sous leurs pieds.

Turnus accourt au-devant d'Hyllus, qui se précipitait sur lui en frémissant de colère ; il lui lance son javelot dans les tempes : traversant son casque d'or, le trait s'enfonce dans son cerveau. Ton bras, ô Crétée, le plus vaillant des Grecs, n'a pu te soustraire au glaive de Turnus. Les dieux n'ont pas couvert Cupencus de leur appui contre l'approche d'Énée : il présente sa poitrine au fer du héros, et son bouclier d'airain n'oppose point d'obstacle au coup mortel. Et toi aussi, Éole, les champs laurentins te virent expirer et couvrir la terre de ton corps énorme, toi que n'avaient pu renverser ni les phalanges argiennes, ni Achille, destructeur du royaume de Priam : c'est ici qu'était marqué le terme de tes jours : tu avais un magnifique palais au pied de l'Ida, un magnifique palais à Lernesse, et tu as un tombeau dans les plaines de Laurente.

Les deux armées entières, tous les Latins, tous les Troyens, prennent part au combat : Mnesthée, le bouillant Séreste, Messape, le dompteur de coursiers, le courageux Asylas, la phalange des Toscans et les cavaliers arcadiens d'Évandre, tous déploient

Præcipitem scopulo atque ingentis turbine saxi
Excutit, effunditque solo : hunc lora et juga subter
Provolvere rotæ ; crebro super ungula pulsu
Incita, nec domini memorum proculcat equorum.
Ille ruenti Hyllo, animisque immane frementi,   535
Occurrit, telumque aurata ad tempora torquet :
Olli per galeam fixo stetit hasta cerebro.
Dextera nec tua te, Graiûm fortissime, Creteu,
Eripuit Turno ; nec di texere Cupencum,
Ænea veniente, sui : dedit obvia ferro   540
Pectora, nec misero clypei mora profuit ærei.
Te quoque Laurentes viderunt, Æole, campi
Oppetere, et late terram consternere tergo :
Occidis, Argivæ quem non potuere phalanges
Sternere, nec Priami regnorum eversor Achilles ;   545
Hic tibi mortis erant metæ : domus alta sub Ida ;
Lyrnessi domus alta ; solo Laurente sepulcrum.
Totæ adeo conversæ acies, omnesque Latini,
Omnes Dardanidæ : Mnestheus acerque Serestus,
Et Messapus equûm domitor, et fortis Asylas,   550
Tuscorumque phalanx, Evandrique Arcades alæ :
Pro se quisque viri summa nituntur opum vi ;

à l'envi leurs forces et la valeur de leurs bras. Point de trêve, point de délai : une affreuse mêlée s'engage de toutes parts.

Cependant Vénus inspire à son fils le projet de diriger ses attaques contre la ville même, et de jeter, par cet assaut imprévu, le trouble parmi les Latins. En promenant ses regards de tout côté, pour distinguer Turnus au milieu des bataillons épars, Énée aperçoit la ville exempte des troubles de la guerre et impunément tranquille. Enflammé à l'idée seule d'un exploit plus digne de lui, il appelle Mnesthée, Sergeste et le brave Séreste : une foule de Troyens se pressent autour d'Énée, sans quitter leurs boucliers ni leurs javelots. Le héros, du haut d'un tertre, leur parle en ces termes : « Que mes ordres n'éprouvent aucun retard : Jupiter est pour nous : quelque hardie que paraisse l'entreprise, qu'elle n'étonne l'audace d'aucun de vous. Cette ville superbe, cause de la guerre et siége de l'empire de Latinus, eh bien ! ce jour même, je la renverserai ; ce jour même, je couvrirai la terre de ses débris fumants, si ses habitants se refusent à subir le joug, et à reconnaître la loi du vainqueur. Attendrai-je donc plus longtemps qu'il plaise à Turnus de venir se mesurer avec moi, et affronter la honte d'une seconde défaite ? O citoyens ! c'est ici qu'a pris naissance cette guerre sacrilége. Armez-vous de torches, et courez, la flamme à la main, réclamer la foi des traités. »

    Nec mora, nec requies ; vasto certamine tendunt.
    Hic mentem Æneæ genitrix pulcherrima misit,
    Iret ut ad muros, urbique adverteret agmen   555
    Ocius, et subita turbaret clade Latinos.
    Ille, ut vestigans diversa per agmina Turnum,
    Huc atque huc acies circumtulit, aspicit urbem
    Immunem tanti belli atque impune quietam.
    Continuo pugnæ accendit majoris imago ;   560
    Mnesthea, Sergestumque vocat, fortemque Serestum,
    Ductores ; tumulumque capit, quo cetera Teucrûm
    Concurrit legio ; nec scuta aut spicula densi
    Deponunt. Celso medius stans aggere fatur :
    « Ne qua meis esto dictis mora : Juppiter hac stat :   565
    Neu quis ob inceptum subitum mihi segnior ito.
    Urbem hodie, causam belli, regna ipsa Latini,
    Ni frenum accipere et victi parere fatentur,
    Eruam, et æqua solo fumantia culmina ponam.
    Scilicet exspectem, libeat dum prælia Turno   570
    Nostra pati, rursusque velit concurrere victus ?
    Hoc caput, o cives, hæc belli summa nefandi.
    Ferte faces propere, fœdusque reposcite flammis. »

Il dit ; tous les cœurs s'enflamment d'une même ardeur. Les bataillons se forment en colonne, serrent les rangs et se portent sur la ville. Déjà les échelles sont dressées, déjà les feux apparaissent. Les uns courent aux portes, et égorgent les premiers qu'ils rencontrent ; les autres brandissent des javelots et obscurcissent le ciel d'une nuée de traits. Énée, à la tête des siens, est déjà sous les murs de la ville : la main levée vers le ciel, il accuse à haute voix Latinus : il atteste les dieux qu'on le force à reprendre les armes ; que les Italiens ont deux fois provoqué la guerre, deux fois rompu les traités. Cependant les assiégés, dans leur effroi, sont en proie à de violents discords. Les uns veulent que l'on ouvre les portes aux Troyens, et entraînent avec eux le roi lui-même sur les remparts. Les autres prennent les armes, et persistent à défendre leurs murs. Ainsi, lorsqu'un pasteur a découvert des abeilles dans le creux d'un rocher, qu'il remplit d'une amère fumée ; troublées, effrayées, elles s'agitent en désordre au milieu de leurs remparts de cire, et s'excitent à la colère par de longs bourdonnements ; une noire vapeur roule sous leur toit : le rocher retentit intérieurement d'un sourd murmure ; la fumée s'échappe dans les airs.

Les Latins fatigués sont frappés d'une nouvelle infortune, et un deuil cruel vient troubler la ville tout entière. Quand la

```
Dixerat, atque animis pariter certantibus omnes
Dant cuneum, densaque ad muros mole feruntur.       575
Scalæ improviso, subitusque apparuit ignis.
Discurrunt alii ad portas, primosque trucidant ;
Ferrum alii torquent, et obumbrant æthera telis.
Ipse inter primos dextram sub mœnia tendit
Æneas, magnaque incusat voce Latinum ;              580
Testaturque deos, iterum se ad prælia cogi ;
Bis jam Italos hostes ; hæc altera fœdera rumpi.
Exoritur trepidos inter discordia cives :
Urbem alii reserare jubent, et pandere portas
Dardanidis, ipsumque trahunt in mœnia regem ;       585
Arma ferunt alii, et pergunt defendere muros :
Inclusas ut quum latebroso in pumice pastor
Vestigavit apes, fumoque implevit amaro ;
Illæ intus trepidæ rerum per cerea castra
Discurrunt, magnisque acuunt stridoribus iras ;     590
Volvitur ater odor tectis ; tum murmure cæco
Intus saxa sonant ; vacuas it fumus ad auras.
Accidit hæc fessis etiam fortuna Latinis,
Quæ totam luctu concussit funditus urbem.
```

reine voit, du haut de son palais, l'ennemi s'avancer, entourer les
murailles de brandons enflammés, elle invoque en vain le secours
des bataillons rutules et des guerriers de Turnus : elle ne les
aperçoit nulle part. Elle se persuade alors que le jeune héros a
péri en combattant ; elle s'accuse, dans son égarement, d'être la
cause coupable de tant de maux : après avoir exhalé en discours
insensés son désespoir furieux, et résolue à mourir, elle déchire
de sa propre main sa robe de pourpre, en fait un lien qu'elle
attache à une poutre élevée, et dont le nœud devient l'instrument
d'une mort hideuse. Le bruit de ce malheur ne tarde pas à se répandre parmi les Latines ; et la première de toutes, Lavinie, sa
fille, arrache sa blonde chevelure et meurtrit ses joues de rose.
Les femmes qui l'environnent partagent sa vive douleur, et tout le
palais retentit de leurs gémissements. Bientôt cette funeste nouvelle se répand dans toute la ville, et une morne stupeur con-
sterne les esprits. Accablé de la cruelle mort de sa femme et de
la ruine qui menace Laurente, Latinus déchire ses habits, souille
ses cheveux blancs d'une immonde poussière : combien il se reproche de n'avoir pas accueilli tout d'abord le héros troyen, et
de ne l'avoir pas de lui-même adopté pour gendre !

Cependant Turnus, à l'extrémité de la plaine, poursuit encore
quelques fuyards ; mais son ardeur n'est plus la même, et il se

  Regina ut tectis venientem prospicit hostem,   595
  Incessi muros, ignes ad tecta volare ;
  Nusquam acies contra Rutulas, nulla agmina Turni :
  Infelix pugnæ juvenem in certamine credit
  Exstinctum ; et, subito mentem turbata dolore,
  Se causam clamat, crimenque, caputque malorum ; 600
  Multaque per mœstum demens effata furorem,
  Purpureos moritura manu discindit amictus,
  Et nodum informis leti trabe nectit ab alta.
  Quam cladem miseræ postquam accepere Latinæ,
  Filia prima manu flavos Lavinia crines, 605
  Et roseas laniata genas, tum cetera circum
  Turba furit : resonant late plangoribus ædes.
  Hinc totam infelix vulgatur fama per urbem :
  Demittunt mentes ; it scissa veste Latinus,
  Conjugis attonitus fatis, urbisque ruina, 610
  Canitiem immundo perfusam pulvere turpans ;
  Multaque se incusat, qui non acceperit ante
  Dardanium Æneam, generumque adsciverit ultro.
  Interea extremo bellator in æquore Turnus
  Palantes sequitur paucos, jam segnior, atque 615

plaît de moins en moins à voir la fougueuse allure de ses coursiers. Soudain, apportés par les vents, arrivent jusqu'à lui les cris confus d'une terreur dont il ignore les causes : le bruit de la ville en désordre et les murmures lamentables frappent son oreille attentive. « Hélas! dit-il, quel deuil affreux trouble nos remparts? D'où vient cette horrible clameur qui, de toute la ville, me parvient jusqu'ici? » Il dit, et, hors de lui, il retient les rênes, et s'arrête pour écouter. Alors sa sœur, qui, sous la figure du cocher Métisque, dirigeait le char et l'attelage, le prévint en ces mots : « Turnus, c'est par ici qu'il nous faut poursuivre les Troyens ; c'est le chemin que nous ouvre la Victoire : Énée fond sur les Italiens et s'abandonne à toute sa fureur guerrière. Et nous aussi, portons la mort parmi les Troyens : tu ne resteras au-dessous de lui ni par le nombre des victimes, ni par la gloire du combat. — Ma sœur, lui répond Turnus, je t'ai reconnue dès le moment où, par tes artifices, tu as rompu le traité et t'es jetée au milieu des combats ; et maintenant tu ne peux m'abuser, quoique déesse. Mais qui donc t'a fait descendre de l'Olympe pour t'imposer une si rude tâche? Est-ce pour voir la mort cruelle de ton malheureux frère? Car, maintenant, que ferai-je? et quel espoir de salut me laisse la Fortune? J'ai vu le plus cher de mes compagnons d'armes, Murranus, expirer en m'appelant à son se-

```
    Jam minus atque minus successu lætus equorum.
    Attulit hunc illi cæcis terroribus aura
    Commistum clamorem, arrectasque impulit aures
    Confusæ sonus urbis et illætabile murmur.
      « Hei mihi! quid tanto turbantur mœnia luctu?        620
    Quisve ruit tantus diversa clamor ab urbe? »
    Sic ait, adductisque amens subsistit habenis :
    Atque huic, in faciem soror ut conversa Metisci
    Aurigæ, currumque et equos et lora regebat,
    Talibus occurrit dictis : « Hac, Turne, sequamur       625
    Trojugenas, qua prima viam victoria pandit ;
    Sunt alii qui tecta manu defendere possint.
    Ingruit Æneas Italis, et prælia miscet ;
    Et nos sæva manu mittamus funera Teucris.
    Nec numero inferior, pugnæ nec honore, recedes. »      630
    Turnus ad hæc :
      « O soror, et dudum agnovi, quum prima per artem
    Fœdera turbasti, teque hæc in bella dedisti ;
    Et nunc nequidquam fallis dea. Sed quis Olympo
    Demissam tantos voluit te ferre labores?               635
    An fratris miseri letum ut crudele videres?
```

cours ; j'ai vu ce grand guerrier succomber à une grande blessure. Il a péri de même, le malheureux Ufens, pour ne pas être témoin de notre honte ; ses armes et son corps sont au pouvoir des Troyens. Il ne manque plus à mon déshonneur que de laisser détruire nos foyers ! et ne faut-il pas que mon bras réfute les discours de Drancès ? Moi, reculer ! cette terre verrait fuir Turnus ! La mort est-elle donc un si grand malheur ? Soyez-moi propices, dieux des enfers, puisque les dieux du ciel me retirent leur appui. Pure d'un pareil opprobre, mon âme sans tache ne descendra point vers vous indigne de mes illustres aïeux. »

A peine a-t-il dit ces mots, que Sacès, qui vole à travers les ennemis sur un coursier écumant, arrive, blessé d'une flèche au visage, et, implorant à haute voix le secours de Turnus, se précipite vers lui : « Turnus, nous n'avons plus d'espoir qu'en vous ; prenez pitié des vôtres. Énée tonne contre nos remparts ; il menace de renverser les hautes tours de Laurente et de détruire la ville de fond en comble. Déjà les brandons enflammés volent sur les toits : c'est sur vous que se portent tous les vœux, que se tournent tous les regards. Latinus lui-même hésite sur le choix d'un gendre et sur l'alliance qu'il doit rechercher. Vous dirai-je encore plus ? La reine, si fidèle à son amitié pour vous, s'est

Nam quid ago? aut quæ jam spondet Fortuna salutem?
Vidi oculos ante ipse meos me voce vocantem,
Murranum, quo non superat mihi carior alter,
Oppetere ingentem, atque ingenti vulnere victum.   640
Occidit infelix, ne nostrum dedecus Ufens
Aspiceret : Teucri potiuntur corpore et armis.
Exscindine domos (id rebus defuit unum)
Perpetiar? dextra nec Drancis dicta refellam?
Terga dabo! et Turnum fugientem hæc terra videbit!   645
Usque adeone mori miserum est? vos, o mihi, Manes,
Este boni, quoniam superis aversa voluntas.
Sancta ad vos anima, atque istius inscia culpæ
Descendam, magnorum haud unquam indignus avorum.»
Vix ea fatus erat : medios volat ecce per hostes   650
Vectus equo spumante Saces, adversa sagitta
Saucius ora, ruitque implorans nomine Turnum :
« Turne, in te suprema salus ; miserere tuorum.
Fulminat Æneas armis, summasque minatur
Dejecturum arces Italûm, excidioque daturum ;   655
Jamque faces ad tecta volant. In te ora Latini,
In te oculos referunt ; mussat rex ipse Latinus,
Quos generos vocet, aut quæ sese ad fœdera flectat.

tuée de sa propre main, et, dans son effroi, a fui la lumière. Messape et le bouillant Atinas soutiennent seuls aux portes tout l'effort des assiégeants : d'épais bataillons les pressent de toutes parts, et l'on voit partout se hérisser une moisson de fer et d'épées nues ; et cependant le char de Turnus parcourt tranquillement une plaine déserte ! »

Interdit, accablé de tout ce qu'il entend, Turnus reste plongé dans un morne silence. Au fond de son cœur bouillonnent à la fois la honte, l'égarement mêlé à la douleur, l'amour furieux, et la conscience de sa valeur. Dès que les ombres se sont dissipées, et que la lumière est rendue à son esprit, il tourne vers la ville des regards enflammés de courroux, et, du haut de son char, il la contemple. Tout à coup, il aperçoit un immense tourbillon de flammes ondoyantes s'élevant d'étage en étage jusqu'aux cieux, et dévorant la tour dont il avait lui-même dressé la charpente posée sur des roues et garnie de ponts élevés : « C'en est fait, ma sœur, s'écrie-t-il à cet aspect, le destin l'emporte : cesse de m'arrêter plus longtemps : courons où m'appellent les dieux et la Fortune ennemie. Je vais combattre Énée, j'y suis résolu ; je veux subir la mort dans tout ce qu'elle a d'affreux. Tu ne me verras pas plus longtemps sans honneur, ô ma sœur ; je t'en

Præterea regina, tui fidissima, dextra
Occidit ipsa sua, lucemque exterrita fugit. 660
Soli pro portis Messapus et acer Atinas
Sustentant aciem ; circum hos utrinque phalanges
Stant densæ, strictisque seges mucronibus horret
Ferrea : tu currum deserto in gramine versas ! »
Obstupuit varia confusus imagine rerum 665
Turnus, et obtutu tacito stetit. Æstuat ingens
Imo in corde pudor, mixtoque insania luctu,
Et furiis agitatus amor, et conscia virtus.
Ut primum discussæ umbræ, et lux reddita menti,
Ardentes oculorum orbes ad mœnia torsit 670
Turbidus, eque rotis magnam respexit ad urbem.
Ecce autem, flammis inter tabulata volutus
Ad cœlum undabat vortex, turrimque tenebat,
Turrim, compactis trabibus quam eduxerat ipse,
Subdideratque rotas, pontesque instraverat altos. 675
« Jam jam fata, soror, superant ; absiste morari :
Quo deus et quo dura vocat Fortuna, sequamur.
Stat conferre manum Æneæ ; stat, quidquid acerbi est,
Morte pati ; nec me indecorem, germana, videbis
Amplius : hunc, oro, sine me furere ante furorem. » 680

prie, laisse-moi, avant de mourir, me livrer tout entier à ma fureur. »

A ces mots, il s'élance à bas de son char, vole à travers les ennemis, à travers les traits, et, abandonnant sa sœur éplorée, il s'ouvre un chemin rapide au milieu des bataillons. Tel un rocher, arraché par les vents, déraciné par une pluie subite, ou miné par l'âge et par le temps, roule et se précipite du sommet d'un mont escarpé : dans sa course impétueuse, il entraîne avec lui les forêts, les troupeaux, les bergers, et va bondir au loin dans la plaine : tel Turnus, à travers les bataillons en désordre, court aux murs de la ville, à l'endroit où des flots de sang baignent la terre, et où, sous le vol des flèches, l'air siffle; il fait signe de la main, et d'une voix puissante: « Arrêtez, Rutules, s'écrie-t-il, et vous, Latins, suspendez le combat. Quel que soit l'arrêt du destin, c'est à moi de le subir; c'est à moi d'expier pour vous la rupture du traité, à moi seul de combattre. » Aussitôt les rangs s'écartent, et laissent un espace libre.

Au seul nom de Turnus, Énée abandonne les murs et les hautes tours, franchit tous les obstacles, suspend tous les travaux, et, tressaillant de joie, fait retentir son armure qu'il agite d'une main impatiente : aussi grand que l'Athos, aussi grand que l'Eryx, aussi grand que l'antique Apennin lui-même, quand il résonne du

> Dixit, et e curru saltum dedit ocius arvis;
> Perque hostes, per tela ruit, mœstamque sororem
> Deserit, ac rapido cursu media agmina rumpit.
> Ac veluti, montis saxum de vertice præceps
> Quum ruit, avulsum vento, seu turbidus imber   685
> Proluit, aut annis solvit sublapsa vetustas,
> Fertur in abruptum magno mons improbus actu,
> Exsultatque solo, silvas, armenta, virosque
> Involvens secum : disjecta per agmina Turnus
> Sic urbis ruit ad muros, ubi plurima fuso   690
> Sanguine terra madet, striduntque hastilibus auræ;
> Significatque manu, et magno simul incipit ore :
> «Parcite jam, Rutuli ; et vos, tela inhibete, Latini ;
> Quæcumque est fortuna, mea est ; me verius unum
> Pro vobis fœdus luere, et decernere ferro. »   695
> Discessere omnes medii, spatiumque dedere.
> At pater Æneas, audito nomine Turni,
> Deserit et muros, et summas deserit arces,
> Præcipitatque moras omnes ; opera omnia rumpit,
> Lætitia exsultans, horrendumque intonat armis :   700
> Quantus Athos, aut quantus Eryx, aut ipse, coruscis
> Quum fremit ilicibus, quantus, gaudetque nivali

bruit de ses yeuses frémissantes, et se réjouit en élevant dans les airs sa cime neigeuse.

Troyens, Rutules, Italiens, tous, à l'envi, tournent sur eux leurs regards : et ceux qui défendaient les remparts, et ceux qui ébranlaient avec le bélier le pied des murs, tous ont déchargé leurs épaules de leurs armes : Latinus lui-même voit avec étonnement ces deux héros, nés dans de différentes parties du monde, armés du glaive pour se mesurer et pour combattre.

Pour eux, dès qu'au milieu de la plaine un libre espace leur est ouvert, d'un soudain élan, après avoir de loin fait voler dans l'air leurs javelines, ils se précipitent l'un contre l'autre, et commencent la lutte en heurtant l'airain sonore de leurs boucliers : la terre en gémit. Alors, avec leurs épées, ils se portent des coups rapides et multipliés : le hasard et la bravoure se mêlent et se confondent. Ainsi, lorsque, dans la vaste forêt de Sila, ou sur le sommet du Taburne, deux taureaux furieux accourent au combat en heurtant leurs fronts ennemis, les pâtres effrayés s'éloignent, le troupeau s'arrête, muet de terreur, et les génisses attendent avec anxiété le résultat de la lutte qui doit assurer l'empire à l'un des deux, et donner un chef au troupeau. Les deux rivaux se servent de toutes leurs forces pour se faire d'horribles blessures ; ils se déchirent et se percent avec leurs cornes : un sang abondant inonde leurs cous et leurs épaules, et la forêt tout entière retentit

```
         Vertice se attollens pater Apenninus ad auras.
         Jam vero et Rutuli certatim, et Troes, et omnes
         Convertere oculos Itali, quique alta tenebant      705
         Mœnia, quique imos pulsabant ariete muros ;
         Armaque deposuere humeris : stupet ipse Latinus,
         Ingentes, genitos diversis partibus orbis,
         Inter se coiisse viros, et cernere ferro.
         Atque illi, ut vacuo patuerunt æquore campi,       710
         Procursu rapido, conjectis eminus hastis,
         Invadunt Martem clypeis atque ære sonoro.
         Dat gemitum tellus ; tum crebros ensibus ictus
         Congeminant : fors et virtus miscentur in unum.
         Ac velut, ingenti Sila, summove Taburno,           715
         Quum duo conversis inimica in prælia tauri
         Frontibus incurrunt, pavidi cessere magistri ;
         Stat pecus omne metu mutum, mussantque juvencæ,
         Quis nemori imperitet, quem tota armenta sequantur :
         Illi inter sese multa vi vulnera miscent,          720
         Cornuaque obnixi infigunt, et sanguine largo
         Colla armosque lavant ; gemitu nemus omne remugit :
```

de leurs mugissements. Tels le Troyen Énée et le fils de Daunus, par le choc de leurs boucliers, remplissent l'air d'un horrible fracas. Cependant, tenant à la main une balance en équilibre, Jupiter y place les destinées contraires des deux héros, pour voir quelle victime le sort a choisie, et quel plateau penchera sous le poids de la mort.

Turnus, croyant l'instant favorable, se dresse de toute sa hauteur, et, de son épée qu'il lève, frappe son adversaire. Les Troyens et les Latins, troublés, poussent un cri, et les deux armées demeurent en suspens; mais le perfide acier se rompt, trahit l'ardent guerrier au milieu de son effort, et ne lui laisse de ressource que la fuite. Il fuit plus rapide que l'Eurus, quand il voit cette poignée inconnue, restée seule dans sa main désarmée. On dit que, dans la première ardeur du combat, Turnus, par mégarde, au moment où il montait précipitamment sur son char, saisit, au lieu du glaive paternel, l'épée de Métisque, son écuyer. Tant qu'il n'eut à poursuivre qu'une armée en déroute, ce fer lui avait suffi; mais quand il fut aux prises avec les armes divines de Vulcain, ce glaive fabriqué par une main mortelle se brisa par le choc, comme une glace fragile : ses débris brillent épars sur l'arène. Turnus, éperdu, fuit de côté et d'autre dans la plaine, va, revient, et court partout au hasard; mais toute issue lui est fermée; ici,

    Haud aliter Tros Æneas, et Daunius heros
    Concurrunt clypeis : ingens fragor æthera complet.
    Juppiter ipse duas æquato examine lances   725
    Sustinet, et fata imponit diversa duorum :
    Quem damnet labor, et quo vergat pondere letum.
    Emicat hic, impune putans, et corpore toto
    Alte sublatum consurgit Turnus in ensem,
    Et ferit. Exclamant Troes trepidique Latini,   730
    Arrectæque amborum acies. At perfidus ensis
    Frangitur, in medioque ardentem deserit ictu,
    Ni fuga subsidio subeat : fugit ocior Euro,
    Ut capulum ignotum dextramque adspexit inermem.
    Fama est, præcipitem, quum prima in prælia junctos 735
    Conscendebat equos, patrio mucrone relicto,
    Dum trepidat, ferrum aurigæ rapuisse Metisci ;
    Idque diu, dum terga dabant palantia Teucri,
    Suffecit ; postquam arma dei ad Vulcania ventum est,
    Mortalis mucro, glacies ceu futilis, ictu   740
    Dissiluit : fulva resplendent fragmina arena.
    Ergo amens diversa fuga petit æquora Turnus :
    Et nunc huc, inde huc incertos implicat orbes :

par les Troyens dont la foule qui l'entoure présente un obstacle
infranchissable ; là, par de vastes marais, et, plus loin, par de
hautes murailles. Énée ne l'en poursuit pas avec moins d'ardeur,
quoique ses genoux, encore affaiblis par sa blessure, rendent sa
course moins facile et moins prompte : il le presse, et son pied
touche le pied de son ennemi épouvanté. Tel un chien de chasse,
s'il vient à trouver un cerf arrêté par un fleuve, ou entouré d'un
épouvantail de plumes rouges, ne cesse de le harceler en courant
et en aboyant : le cerf, effrayé à la vue du piége et de la rive escarpée, s'égare en mille tours et détours : mais l'ardent limier
s'attache à sa proie, qu'il suit la gueule béante : déjà il la tient ou
croit du moins la tenir ; ses dents font entendre un craquement ;
mais il ne mord que l'air, qui trompe son avidité. Alors un cri
s'élève, auquel répondent les rives et les lacs d'alentour, et tout
le ciel retentit de ces tumultueuses clameurs. Turnus, dans sa
fuite, gourmande tous les Rutules, les appelant chacun par leur
nom, et leur redemande son glaive. Énée menace d'une soudaine
vengeance et de la mort quiconque approchera. Il répand la terreur dans cette foule tremblante, en lui faisant craindre l'entière
destruction de la ville ; et, malgré sa blessure, il presse son ennemi. Cinq fois, dans leur course, ils ont fait le tour de la lice, et
autant de fois ils sont revenus sur leurs pas ; car, dans cette

    Undique enim densa Teucri inclusere corona,
    Atque hinc vasta palus, hinc ardua mœnia cingunt   745
    Nec minus Æneas, quanquam tardata sagitta
    Interdum genua impediunt, cursumque recusant,
    Insequitur, trepidique pedem pede fervidus urget.
    Inclusum veluti si quando flumine nactus
    Cervum, aut puniceæ septum formidine pennæ,   750
    Venator cursu canis et latratibus instat ;
    Ille autem, insidiis et ripa territus alta,
    Mille fugit refugitque vias : at vividus Umber
    Hæret hians, jamjamque tenet, similisque tenenti
    Increpuit malis, morsuque elusus inani est.   755
    Tum vero exoritur clamor ; ripæque lacusque
    Responsant circa, et cœlum tonat omne tumultu.
    Ille simul fugiens, Rutulos simul increpat omnes,
    Nomine quemque vocans, notumque efflagitat ensem.
    Æneas mortem contra præsensque minatur   760
    Exitium, si quisquam adeat ; terretque trementes,
    Excisurum urbem minitans, et saucius instat.
    Quinque orbes explent cursu, totidemque retexunt
    Huc illuc : neque enim levia aut ludicra petuntur

lutte, ils ne se disputent point un prix frivole et sans importance :
il s'agit de la vie et du sang de Turnus.

En ce lieu même, s'élevait un olivier aux feuilles amères, consacré au dieu Faune : cet arbre était naguère révéré des matelots : c'est là que, sauvés du naufrage, ils avaient coutume d'attacher les dons qu'ils offraient au dieu de Laurente, et de suspendre les vêtements consacrés; mais les Troyens, sans respect pour cet arbre vénérable, n'avaient pas craint de l'abattre, afin de laisser le champ libre aux combattants. Là se dressait la javeline d'Énée : lancée avec vigueur, elle s'y était fixée, et les racines l'y retenaient fortement engagée. Le héros, en se courbant, veut l'arracher, et poursuivre avec ce fer celui qu'il ne peut atteindre à la course. Alors Turnus, que la frayeur met hors de lui : « Faune, dit-il, je t'en conjure, prends pitié de moi! Et toi, Terre protectrice, si j'ai toujours été fidèle à ton culte, que les Troyens, au contraire, ont profané par une guerre impie, retiens ce fer qu'on veut t'arracher. »

Il dit, et sa prière n'a pas vainement imploré ce secours divin. Énée se consume en efforts impuissants, et le tronc obstiné refuse de lâcher prise. Tandis que le héros continue de lutter, impatient, contre l'obstacle, la déesse, fille de Daunus, profite du moment, reprend la forme de l'écuyer Métisque, et rapporte à

  Præmia ; sed Turni de vita et sanguine certant.   765
  Forte sacer Fauno foliis oleaster amaris
  Hic steterat, nautis olim venerabile lignum,
  Servati ex undis ubi figere dona solebant
  Laurenti divo, et votas suspendere vestes;
  Sed stirpem Teucri nullo discrimine sacrum   770
  Sustulerant, puro ut possent concurrere campo.
  Hic hasta Æneæ stabat : huc impetus illam
  Detulerat fixam, et lenta in radice tenebat.
  Incubuit, voluitque manu convellere ferrum
  Dardanides, teloque sequi, quem prendere cursu   775
  Non poterat. Tum vero amens formidine Turnus :
  « Faune precor, miserere, inquit ; tuque optima ferrum
  Terra tene ; colui vestros si semper honores,
  Quos contra Æneadæ bello fecere profanos. »
  Dixit, opemque dei non cassa in vota vocavit :   780
  Namque diu luctans, lentoque in stirpe moratus,
  Viribus haud ullis valuit discludere morsus
  Roboris Æneas. Dum nititur acer et instat,
  Rursus in aurigæ faciem conversa Metisci
  Procurrit, fratrique ensem dea Daunia reddit.   785

son frère son épée. Indignée de cette audace, Vénus accourt et dégage elle-même, de la racine qui le retient, le javelot de son fils. Les deux rivaux reprennent fièrement leur courage en même temps que leurs armes : celui-ci se fie à son épée ; celui-là brandit sa menaçante javeline ; et ils s'avancent l'un contre l'autre, transportés de toutes les fureurs de Mars.

Cependant le dieu tout-puissant de l'Olympe parle ainsi à Junon qui, du haut d'un nuage resplendissant, contemplait le combat : « Quelle sera, ô mon épouse, l'issue de cette lutte ? que vous faut-il de plus ? Vous ne l'ignorez pas, et vous-même l'avouez : les destins assignent à Énée une place dans le ciel parmi les Indigètes, et doivent élever ce héros jusqu'aux astres. Quels sont vos projets ? quel espoir vous retient dans ces nuages glacés ? Convenait-il qu'un dieu fût blessé par la main d'un mortel, et que Juturne (sans vous, que pouvait-elle ?) rendît à Turnus son épée, et l'espoir aux vaincus ? Cessez enfin vos ressentiments, et cédez à nos prières : qu'un courroux si violent ne tourmente plus votre cœur en secret, et que de noirs soucis ne laissent point de trace sur votre gracieux visage. Le moment suprême est venu. Vous avez pu poursuivre les Troyens sur terre et sur mer, allumer une guerre cruelle, porter la désolation dans une famille, et troubler par la douleur les joies de l'hymen : mais je défends d'aller plus loin. »

Quod Venus audaci Nymphæ indignata licere,
Accessit, telumque alta ab radice revellit.
Olli sublimes, armis animisque refecti,
Hic gladio fidens, hic acer et arduus hasta,
Adsistunt contra, certamine Martis anheli.   790
Junonem interea rex omnipotentis Olympi
Alloquitur, fulva pugnas de nube tuentem :
« Quæ jam finis erit, conjux ? quid denique restat ?
Indigetem Æneam scis ipsa, et scire fateris,
Deberi cœlo, fatisque ad sidera tolli.   795
Quid struis ? aut qua spe gelidis in nubibus hæres ?
Mortalin' decuit violari vulnere divum ?
Aut ensem (quid enim sine te Juturna valeret ?)
Ereptum reddi Turno, et vim crescere victis ?
Desine jam tandem, precibusque inflectere nostris ; 800
Nec te tantus edat tacitam dolor ; et mihi curæ
Sæpe tuo dulci tristes ex ore recursent.
Ventum ad supremum est. Terris agitare vel undis
Trojanos potuisti infandum accendere bellum ,
Deformare domum, et luctu miscere hymenæos :   805
Ulterius tentare veto. » Sic Juppiter orsus ;

Ainsi parla Jupiter : Junon, le front baissé, lui répond : « Votre volonté m'était connue, grand Jupiter ; aussi ai-je, quoique bien malgré moi, abandonné Turnus et la terre. Autrement me verriez-vous ici, seule sur un nuage, supporter tant d'affronts ? Non, non ; armée de feux vengeurs, je serais sur le champ de bataille, et j'entraînerais les Troyens à des combats qui leur seraient funestes. J'ai conseillé à Juturne, je l'avoue, de secourir son malheureux frère ; j'ai bien voulu qu'elle osât plus encore pour lui sauver la vie, pourvu qu'elle ne fît usage elle-même ni de l'arc ni des flèches : j'en jure par la source inexorable du Styx, qui seul peut frapper d'une religieuse terreur les dieux de l'Olympe. C'en est fait, je cède et renonce pour toujours à ces odieux combats. Mais je demande pour le Latium, pour l'honneur de votre race, ce que ne défendent pas les arrêts du destin. Lorsque les deux peuples, puisqu'il le faut, affermiront la paix par un heureux hymen ; lorsque, par leur alliance, ils seront associés sous des lois communes, ne permettez pas que les Latins, fils de cette terre, deviennent des Troyens, et en prennent le nom, ni que ces peuples changent leur langage et leur manière de se vêtir. Que le Latium soit maintenu à toujours ; que les rois albains subsistent pendant les siècles, et que Rome doive un jour son accroissement et sa puissance à la valeur ita-

  Sic dea submisso contra Saturnia vultu :
  « Ista quidem quia nota mihi tua, magne, voluntas,
  Juppiter, et Turnum et terras invita reliqui.
  Nec tu me aeria solam nunc sede videres   810
  Digna indigna pati ; sed flammis cincta sub ipsam
  Starem acie, traheremque inimica in prælia Teucros.
  Juturnam misero, fateor, succurrere fratri
  Suasi, et pro vita majora audere probavi ;
  Non ut tela tamen, non ut contenderet arcum : 815
  Adjuro Stygii caput implacabile fontis,
  Una superstitio superis quæ reddita divis.
  Et nunc cedo equidem, pugnasque exosa relinquo.
  Illud te, nulla fati quod lege tenetur,
  Pro Latio obtestor, pro majestate tuorum : 820
  Quum jam connubiis pacem felicibus, esto,
  Component, quum jam leges et fœdera jungent,
  Ne vetus indigenas nomen mutare Latinos.
  Neu Troas fieri jubeas, Teucrosque vocari,
  Aut vocem mutare viros, aut vertere vestes. 825
  Sit Latium, sint Albani per sæcula reges ;
  Sit Romana potens Itala virtute propago :

lienne. Troie a péri : souffrez que son nom périsse avec elle. »

Le créateur des hommes et des choses lui répond en souriant : « Sœur de Jupiter, et fille de Saturne, vous roulez dans votre cœur de tels flots de colère! Allons, calmez une fureur inutile. Ce que vous me demandez, je vous l'accorde ; les Ausoniens conserveront le langage et les coutumes de leurs pères ; ils ne changeront point de nom : les Troyens se confondront avec les Latins, auxquels l'avantage restera. Le même culte réunira les deux peuples autour des mêmes autels; et il n'y aura plus dans le Latium que des Latins parlant une même langue. De ce mélange des deux sangs sortira une race qui surpassera en vertu les hommes et les dieux, et nul peuple n'honorera vos autels de plus d'hommages. »

Junon approuve ces paroles, et change avec joie les sentiments de son cœur. Aussitôt elle abandonne le nuage et remonte dans l'Olympe. Cependant le père des dieux roule dans son esprit un autre projet : il veut éloigner Juturne de son frère et du champ de bataille. Il est deux fléaux qu'on nomme Furies. La Nuit sombre les produisit dans un seul et même enfantement avec l'infernale Mégère, hérissa également leurs têtes de serpents tortueux, et leur donna des ailes aussi rapides que le vent. Elles se montrent devant le trône de Jupiter, sur le seuil de ce roi redou-

```
    Occidit, occideritque sinas cum nomine Troja. »
    Olli subridens hominum rerumque repertor :
    « Et germana Jovis, Saturnique altera proles,          830
    Irarum tantos volvis sub pectore fluctus !
    Verum age, et inceptum frustra submitte furorem :
    Do quod vis ; et me victusque volensque remitto.
    Sermonem Ausonii patrium moresque tenebunt ;
    Utque est, nomen erit ; commixti corpore tantum       835
    Subsident Teucri : morem ritusque sacrorum
    Adjiciam, faciamque omnes uno ore Latinos.
    Hinc genus, Ausonio mixtum quod sanguine surget,
    Supra homines, supra ire deos pietate videbis ;
    Nec gens ulla tuos æque celebrabit honores. »         840
    Annuit his Juno, et mentem lætata retorsit :
    Interea excedit cœlo, nubemque reliquit.
    His actis, aliud genitor secum ipse volutat,
    Juturnamque parat fratris dimittere ab armis.
    Dicuntur geminæ pestes cognomine Diræ,                845
    Quas et Tartaream Nox intempesta Megæram
    Uno eodemque tulit partu, paribusque revinxit
    Serpentum spiris, ventosasque addidit alas.
    Hæ Jovis ad solium, sævique in limine regis
```

table, et jettent l'épouvante parmi les faibles mortels, quand le roi des dieux leur prépare l'horrible mort et les maladies, ou qu'il menace de la guerre les cités coupables. Jupiter envoie du haut des airs un de ces monstres agiles, et lui ordonne de se présenter à Juturne comme un présage. La furie part et se précipite sur la terre en tourbillon impétueux. Telle, chassée violemment par la corde qui la pousse, vole, inaperçue à travers les ombres, la flèche que le Parthe ou le Crétois ont armée de sucs empoisonnés, et qui porte avec elle une mort inévitable : telle fond sur la terre la fille de la Nuit.

Dès qu'elle a touché le sol occupé par les deux armées, elle se renferme tout entière sous la forme de ce petit oiseau qui, perché la nuit sur les tombeaux ou sur les toits déserts, attriste longtemps les ténèbres de son chant lugubre. Sous cette forme, elle passe et repasse devant Turnus en poussant un cri, et frappe de l'aile son bouclier. Une étrange torpeur, causée par l'effroi, engourdit les membres de Turnus; ses cheveux se dressent d'horreur, et sa voix s'arrête au passage. Au bruit aigu de son vol sinistre, la malheureuse Juturne a reconnu de loin le monstre infernal : dans son désespoir elle arrache ses cheveux, meurtrit son sein et se déchire le visage. « O Turnus, que peut maintenant ta

    Apparent, acuuntque metum mortalibus ægris,   850
Si quando letum horrificum morbosque deûm rex
Molitur, meritas aut bello territat urbes.
Harum unam celerem demittit ab æthere summo
Juppiter, inque omen Juturnæ occurrere jussit.
Illa volat, celerique ad terram turbine fertur :   855
Non secus ac nervo per nubem impulsa sagitta,
Armatam sævi Parthus quam felle veneni,
Parthus, sive Cydon, telum immedicabile, torsit,
Stridens et celeres incognita transilit umbras :
Talis se sata Nocte tulit, terrasque petivit.   860
Postquam acies videt Iliacas atque agmina Turni,
Alitis in parvæ subitam collecta figuram,
Quæ quondam in bustis aut culminibus desertis
Nocte sedens, serum canit importuna per umbras ;
Hanc versa in faciem, Turni se pestis ob ora   865
Fertque refertque sonans, clypeumque everberat alis.
Illi membra, novus solvit formidine torpor ;
Arrectæque horrore comæ, et vox faucibus hæsit.
At, procul ut Diræ stridorem agnovit et alas,
Infelix crines scindit Juturna solutos,   870
Unguibus ora soror fœdans et pectora pugnis :

sœur pour ton salut? quelle ressource ai-je encore dans mon malheur? par quel art prolonger ta vie? Puis-je résister à ce monstre? Il ne me reste plus qu'à m'éloigner. Oiseaux de malheur, ne redoublez pas mon effroi : je vous reconnais au battement de vos ailes et à vos cris sinistres. Je ne m'abuse pas sur les ordres impérieux du grand Jupiter. Voilà donc le prix dont il paie ma virginité! Pourquoi m'a-t-il rendue immortelle et affranchie du trépas? Du moins, je pourrais terminer de si cruelles douleurs, et mon ombre suivrait celle de mon malheureux frère. Immortelle! moi! mais quel bien peut m'être agréable sans toi, ô mon frère? Oh! que la terre plutôt s'entr'ouvre sous mes pas, et m'engloutisse, quoique déesse, dans ses abîmes les plus profonds! » Elle dit, et, poussant un long gémissement, elle couvre sa tête d'un voile azuré, et se plonge au fond du fleuve.

Énée cependant presse de plus en plus son rival : la main armée d'un énorme javelot, il lui adresse ces dures paroles : « Que veut dire ce nouveau délai, Turnus, et que tardes-tu encore? Ce n'est plus à la course, c'est de près, c'est avec des armes redoutables qu'il faut combattre. Prends toutes les formes que tu voudras; imagine, mets en usage tout ce que peut le courage ou l'artifice; souhaite de t'envoler jusqu'aux astres ou de te cacher au fond des entrailles de la terre. — Cruel ennemi, lui répond Turnus

« Quid nunc te tua, Turne, potest germana juvare?
Aut quid jam miseræ superat mihi? qua tibi lucem
Arte morer? talin' possum me opponere monstro?
Jam jam linquo acies. Ne me terrete timentem,   875
Obscenæ volucres : alarum verbera nosco,
Letalemque sonum ; nec fallunt jussa superba
Magnanimi Jovis. Hæc pro virginitate reponit!
Quo vitam dedit æternam? cur mortis adempta est
Conditio? possem tantos finire dolores   880
Nunc certe, et misero fratri comes ire per umbras.
Immortalis ego! aut quidquam mihi dulce meorum
Te sine, frater, erit? o quæ satis alta dehiscat
Terra mihi, Manesque deam demittat ad imos! »
Tantum effata, caput glauco contexit amictu   885
Multa gemens, et se fluvio dea condidit alto.
Æneas instat contra, telumque coruscat
Ingens, arboreum, et sævo sic pectore fatur :
« Quæ nunc deinde mora est? aut quid jam, Turne, retractas?
Non cursu, sævis certandum est cominus armis.   890
Verte omnes tete in facies, et contrahe quidquid
Sive animis, sive arte vales ; opta ardua pennis

en secouant la tête, cesse de m'insulter; ce ne sont pas tes vaines bravades qui m'épouvantent : ce sont les dieux, c'est Jupiter, déclaré contre moi. »

Sans en dire davantage, il aperçoit dans la plaine une énorme pierre, borne antique et gigantesque qui, par hasard, se trouvait là pour marquer les limites de deux champs voisins et prévenir ainsi les procès. A peine douze hommes des plus vigoureux, tels que maintenant la terre les produit, pourraient-ils en supporter le poids sur leurs épaules. Turnus la saisit d'une main frémissante ; et, se redressant de toute sa hauteur, il prend son élan pour la jeter à son ennemi ; mais il ne se reconnaît plus lui-même, quand il s'agit de courir, de se précipiter sur son adversaire, de soulever ou de mouvoir ce poids énorme. Ses genoux chancellent ; son sang glacé se fige dans ses veines. La pierre roule sans force dans le vide des airs, et s'arrête sans pouvoir franchir l'espace et atteindre le but. Ainsi, quand le repos de la nuit a fermé nos yeux appesantis par le sommeil, nous essayons en songe des courses impuissantes : vains efforts, au milieu desquels la fatigue nous accable. Notre langue est sans mouvement ; notre corps cherche en vain ses forces accoutumées ; la voix et la parole nous font défaut : ainsi l'implacable Furie déjoue tous les efforts que tente le courage de Turnus. En proie à une foule de sentiments

```
          Astra sequi, clausumque cava te condere terra. »
          Ille caput quassans : « Non me tua fervida terrent
          Dicta, ferox ; di me terrent, et Juppiter hostis. »      895
          Nec plura effatus, saxum circumspicit ingens,
          Saxum antiquum, ingens, campo quod forte jacebat,
          Limes agro positus, litem ut discerneret arvis :
          Vix illud lecti bis sex cervice subirent,
          Qualia nunc hominum producit corpora tellus ;            900
          Ille manu raptum trepida torquebat in hostem,
          Altior insurgens, et cursu concitus heros.
          Sed neque currentem se, nec cognoscit euntem,
          Tollentemve manu, saxumque immane moventem :
          Genua labant, gelidus concrevit frigore sanguis.         905
          Tum lapis ipse viri, vacuum per inane volutus,
          Nec spatium evasit totum, nec pertulit ictum.
          Ac velut in somnis, oculos ubi languida pressit
          Nocte quies, nequidquam avidos extendere cursus
          Velle videmur, et in mediis conatibus ægri               910
          Succidimus ; non lingua valet, non corpore notæ
          Sufficiunt vires, nec vox aut verba sequuntur :
          Sic Turno, quacumque viam virtute petivit.
```

divers, il promène un regard inquiet sur la ville et sur les Rutules. Tremblant, incertain, il ne voit que le trait fatal qui le menace : plus de moyen d'échapper ni d'assaillir son ennemi : son char, sa sœur qui le guidait, tout a disparu.

Au milieu de cette irrésolution, Énée, le javelot en main, épie le moment favorable, et, rassemblant toutes ses forces, lance de loin le trait homicide. Jamais la pierre chassée violemment par une machine de guerre ne fait un bruit plus formidable ; jamais la foudre n'éclate avec un tel fracas. Le javelot d'Énée, comme un noir tourbillon, vole, portant avec lui la mort cruelle, perce l'extrémité de la cuirasse et les bords sinueux du bouclier formé de sept cuirs épais, et pénètre en sifflant dans le milieu de la cuisse. Turnus tombe, frappé, en pliant le jarret, et couvre la terre de son corps de géant.

Les Rutules poussent un cri lamentable, dont retentissent les monts d'alentour, et que répètent au loin les forêts profondes.

Turnus tourne humblement vers Énée ses yeux et sa voix suppliante : « Je l'ai mérité, dit-il : je ne te demande pas la vie : use de ta fortune. Mais si la douleur d'un père infortuné peut émouvoir ton cœur, je t'en conjure, souviens-toi d'Anchise qui fut pour toi un père tel que le mien, et prends pitié de la vieillesse

---

Successum dea dira negat : tum pectore sensus
Vertuntur varii. Rutulos adspectat et urbem,   915
Cunctaturque metu, telumque instare tremiscit ;
Nec quo se eripiat, nec qua vi tendat in hostem,
Nec currus usquam videt aurigamque sororem.
Cunctanti telum Æneas fatale coruscat,
Sortitus fortunam oculis, et corpore toto   920
Eminus intorquet. Murali concita nunquam
Tormento sic saxa fremunt, nec fulmine tanti
Dissultant crepitus. Volat atri turbinis instar
Exitium dirum hasta ferens, orasque recludit
Loricæ, et clypei extremos septemplicis orbes ;   925
Per medium stridens transit femur : incidit ictus
Ingens ad terram duplicato poplite Turnus.
Consurgunt gemitu Rutuli, totusque remugit
Mons circum, et vocem late nemora alta remittunt.
Ille humilis supplexque oculos dextramque precantem   930
Protendens : « Equidem merui, nec deprecor, inquit ;
Utere sorte tua : miseri te si qua parentis
Tangere cura potest, oro, (fuit et tibi talis
Anchises genitor), Dauni miserere senectæ :
Et me, seu corpus spoliatum lumine mavis.   935

de Daunus ; rends-moi aux miens, ou, si tu l'aimes mieux, rends-leur mon corps privé de la vie. La victoire te reste, et les Ausoniens ont vu Turnus vaincu te tendre les mains. Lavinie est ton épouse : ne porte pas plus loin la haine. » Énée, encore dans l'ardeur du combat, s'arrête, en roulant les yeux ; son bras, prêt à frapper, reste suspendu : déjà la pitié pénétrait de plus en plus dans son cœur hésitant, quand il vit briller sur l'épaule de Turnus le fatal baudrier, qu'il connaissait si bien : ce baudrier du jeune Pallas, dont le guerrier rutule chargeait ses épaules, comme d'un trophée, depuis le jour où il avait renversé sous ses coups le fils d'Évandre. A la vue de ces dépouilles, monuments d'une douleur cruelle, Énée, enflammé de fureur, et terrible de colère : « Toi que pare la dépouille des miens, s'écrie-t-il, tu m'échapperais ! C'est Pallas qui t'immole par ma main, Pallas qui se venge dans ton sang criminel. »

En disant ces mots, le bouillant Énée lui plonge son glaive au fond de la poitrine. Aussitôt le froid de la mort glace les membres de Turnus, et son âme indignée s'enfuit en gémissant chez les ombres.

Redde meis. Vicisti, et victum tendere palmas
Ausonii videre : tua est Lavinia conjux :
Ulterius ne tende odiis. » Stetit acer in armis
Æneas, volvens oculos, dextramque repressit ;
Et jam jamque magis cunctantem flectere sermo   940
Cœperat : infelix humero quum apparuit alto
Balteus, et notis fulserunt cingula bullis
Pallantis pueri, victum quem vulnere Turnus
Straverat, atque humeris inimicum insigne gerebat.
Ille, oculis postquam sævi monumenta doloris   945
Exuviasque hausit, furiis accensus, et ira
Terribilis : « Tune hinc spoliis indute meorum
Eripiare mihi ? Pallas te hoc vulnere, Pallas
Immolat, et pœnam scelerato ex sanguine sumit. »
Hoc dicens, ferrum adverso sub pectore condit   950
Fervidus : ast illi solvuntur frigore membra,
Vitaque cum gemitu fugit indignata sub umbras.

FIN.

TABLE

Étude sur Virgile.. 1
Les Bucoliques... 61
Les Géorgiques... 113
L'Énéide... 221

www.ingramcontent.com/pod-product-compliance
Lightning Source LLC
Chambersburg PA
CBHW061950300426
44117CB00010B/1280